KRAFT
ROUSSEAUS »EMILE«

ROUSSEAUS
»EMILE«

Lehr- und Studienbuch

von

Volker Kraft

3. Auflage

KLINKHARDT

1997

VERLAG JULIUS KLINKHARDT · BAD HEILBRUNN

Die Deutsche Bibliothek – CIP-Einheitsaufnahme

Kraft, Volker
Rousseaus »Emile« : Lehr- und Studienbuch / von Volker Kraft. -
3. Aufl. – Bad Heilbrunn : Klinkhardt, 1997
Zugl.: Kiel, Univ., Diss., 1984 u.d.T.: Kraft, Volker: Natur und Norm
ISBN 3–7815–0919–2

Gesamtherstellung: WB-Druck GmbH & Co. Buchproduktions-KG, Rieden
Printed in Germany 1997
Gedruckt auf chlorfrei gebleichtem alterungsbeständigem Papier
ISBN 3–7815–0919–2

VORWORT

Die vorliegende Veröffentlichung basiert auf meiner als Dissertationsdruck erschienenen Arbeit "Natur und Norm. Rousseaus 'Emile' als anthropologischer Idealtypus der Moralerziehung"(Kiel 1984). Wiederholte Nachfragen ließen es wünschenswert erscheinen, die Studie neu zu verlegen und vor allem studentischen Lesern leichter zugänglich zu machen. Der ursprüngliche Text hat an verschiedenen Stellen Überarbeitungen, Korrekturen und Ergänzungen erfahren. Das Literaturverzeichnis ist aktualisiert und übersichtlicher gegliedert worden. Hinzugefügt wurde ein Interpretationsschema, das sich sowohl in einschlägigen Lehrveranstaltungen als auch bei der individuellen Prüfungsvorbereitung bewährt hat.
Die Schrift zielt nicht nur auf die engere fachwissenschaftliche Diskussion, sondern versucht darüber hinaus, eine didaktische Absicht einzulösen: als klassischer Text der Pädagogik soll der "Emile" lehrbar, d.h. in seinen Strukturen transparent gemacht und als Theorie lesbar werden.
Daher läßt sich das vorliegende Buch auf zweierlei Weise gebrauchen:
Zum einen empfiehlt es sich als kommentierender Begleiter für die individuelle Lektüre des Originaltextes. Der umfangreich erscheinende Apparat der Anmerkungen wurde mit Absicht beibehalten, da in den Fußnoten vielfach nicht nur der entsprechende *französische* Originaltext, sondern auch zahlreiche Verweise auf andere Werke oder Briefe Rousseaus zu finden sind, was der intensiven Beschäftigung zugute kommen dürfte.
Zum anderen läßt sich "Rousseaus 'Emile'" als eine Einführung in pädagogisches Denken lesen. Es ist eine biographisch-systematisch gestaltete Einladung in die Wissenschaft von der Erziehung. Einführende Texte wecken allerdings häufig die fälschliche Erwartung, besonders einfach oder vereinfachend zu sein. Das ist hier nicht gemeint. Vielmehr geht es dieser "Einführung" darum, Einblicke in die Architektonik einer pädagogischen Theorie zu ermöglichen. So kann durchsichtig und beobachtbar werden, wie bestimmte Entscheidungen, die getroffen werden, die spezifische Gestalt der Theorie bedingen. Anders gesagt: Was kommt vom Phänomen der Erziehung zum Vorschein, wenn man sich der Begriffe Rousseaus bedient?

Als einführendes Lehr- und Studienbuch ist "Rousseaus 'Emile'" jedoch nicht nur in inhaltlicher, sondern auch in methodischer Hinsicht zu gebrauchen: Exemplarisch wird gezeigt , wie klassische Texte der Pädagogik hermeneutisch bearbeitet werden können, damit sie den Status komparativer Allgemeinheit erreichen, also mit anderen Erziehungskonzeptionen vergleichbar werden. Theoretische Distanzierungen dieser Art sind für den Prozeß einer "selbstreflexiven Konsolidierung" der Erziehungswissenschaft unerläßlich.

Die Veröffentlichung wäre nicht ohne die Unterstützung anderer zustandegekommen, denen an dieser Stelle zu danken ist :
Neben dem Verlag Julius Klinkhardt gebührt Frau Annette Marx, die das ursprüngliche Typoskript mit Kompetenz und Langmut in die Form moderner Textverarbeitung gebracht hat, besonderer Dank wie auch meinem Freund und Kollegen Dr. Ekkehart W. Müller, der die Mühe einer genauen Durchsicht der Druckvorlage auf sich nahm.

Kiel, im August 1993 Volker Kraft

Nach der 1995 erschienenen zweiten Auflage wurde es zur Freude des Verfassers in überraschend kurzer Zeit notwendig, eine dritte Auflage vorzubereiten. Abgesehen von einigen kleineren Korrekturen, konnte der Text selbst unverändert bleiben. Das Literaturverzeichnis wurde jedoch aktualisiert und um einige Titel ergänzt.

Kiel, im August 1997 Volker Kraft

INHALTSVERZEICHNIS

+ siehe B (S. 315)!

Einleitung

Rousseau gilt als Klassiker, und zwar im ursprünglichen Sinne des Wortes, als ein Denker also, der sich ausdrücklich der antiken Tradition verpflichtet fühlt und sich an ihr orientiert. So gibt es nicht nur einen "Rousseauismus nach Rousseau", eine eigene Rousseau-Tradition, sondern auch einen "Rousseauismus vor Rousseau". Rousseau hatte die Fülle der Antike gleichsam in sich - sicherlich ein Grund dafür, daß er eine eigene Tradition zu begründen vermochte. Aus der zeitlichen Distanz betrachtet erscheint er als brodelnder Schmelztiegel am Beginn der Neuzeit, in dem antikes und zeitgenössisches Gedankengut so ineinander aufgehen, daß etwas unverwechselbar Neues und Eigenes daraus entstehen konnte.[1]

Nicht zuletzt gilt Rousseau durch seinen 1762 erschienenen Roman "Emile ou de l'éducation" als Klassiker der Pädagogik. Daher gibt es auch in der Pädagogik eine eigene Rousseau-Rezeption und -Tradition und auch eine Rousseau-Legende. Sein Einfluß auf die Geschichte der Erziehung ist so nachhaltig und mächtig, daß es eher sinnvoll erscheint, einmal die Frage zu stellen, wer von seinem Gedankengut eigentlich unberührt geblieben ist, als die lange Reihe derer aufzuzählen, die von ihm direkt oder indirekt beeinflußt worden sind, sich mehr oder weniger intensiv mit ihm beschäftigt oder gar, wie nur wenige, gleichsam durch ihn "hindurchgedacht" haben.

Ein Blick in einige neuere Schriften zur Geschichte der Pädagogik zeigt, welche große Bedeutung Rousseau übereinstimmend zugeschrieben wird: So endet für Snyders "Die große Wende der Pädagogik" in einer "Rousseauistischen Synthese", U. Herrmann greift die Formel von der "kopernikanischen Wende" zu einer "Pädagogik vom Kinde aus" auf und Blankertz spricht gar - vermutlich in Anlehnung an Kuhn Assoziationen an die großen Etappen der Wissenschaftsgeschichte weckend - von dem "Paradigma moderner europäischer

---

[1] Vgl. dazu Judith N. Shklar: Rousseau's Two Models: Sparta and the Age of Gold, in: Political Science Quarterly, 81, 1966, S. 25-51. - Die erhaltene Plato-Ausgabe Rousseaus hat analysiert M.J. Silverthorne: Rousseau's Plato, in: Studies on Voltaire and the Eighteenth Century, Vol. 116, Oxfordshire 1973, S. 235-249. - Die Formel "rousseauisme avant Rousseau" geht auf Mornet zurück, worauf M. Rang (vgl. Anmerkung 4) hinweist (S. 45).

Pädagogik".[2]

Rousseau habe, so Blankertz, als erster die "Eigenstruktur des Sachverhaltes Erziehung selber" (a.a.O., S. 72) herausgearbeitet und U. Herrmann schreibt: "Rousseau schuf in der literarischen Form der fiktiven Biographie in pädagogischer Absicht das Artikulations- und Gestaltungsprinzip der Lebenslaufbeschreibung, in der einerseits das jeweils aktuelle erzieherische Handeln im Verhältnis von Erzieher und Zögling, andererseits die Dimension der Zeit - der Weg vom Kind zum Erwachsenen - miteinander verschränkt wurden. Pädagogische Reflexion meint seitdem nicht nur isolierte Kasuistik..., sondern Erweiterung der Perspektive auf die künftige Identität des Heranwachsenden" (a.a.O., S. 136). Das sind Urteile, die exemplarisch belegen mögen, welch unbestritten herausragende Stellung Rousseau in der Geschichte der Pädagogik zuerkannt wird: eben ein Klassiker.[3]

Um so mehr muß es überraschen, daß nicht nur die pädagogische Rousseau-Rezeption in Deutschland eine wenig erforschte Thematik ist - U. Herrmann selbst weist in dem o.a. Aufsatz auf diesen eklatanten Mangel hin -, sondern daß die Pädagogen sich in forschender Weise überhaupt wenig mit Rousseau auseinandergesetzt zu haben scheinen, ein zum Nachdenken Anlaß gebender Sachverhalt, den kein Geringerer als M. Rang in der Einleitung zu seinem grundlegenden Werk "Rousseaus Lehre vom Menschen" ausspricht.[4] Auch nach diesem Werk ist - zumindest in Deutschland - keine größere erziehungswissenschaftliche Abhandlung über Rousseau erschienen, wenngleich er häufig, wie bei Klassikern üblich, als unerschöpflicher "theoretischer Steinbruch" genutzt wird.[5]

Es besteht offenbar ein Mißverhältnis zwischen der Rousseau zugeschriebenen Bedeutung und der detaillierten forschenden Beschäftigung mit seinen Konzepten, ein

---

2 G. Snyders: Die große Wende der Pädagogik. Die Entdeckung des Kindes und die Revolution der Erziehung im 17. und 18. Jahrhundert in Frankreich. Paderborn 1971 (Paris 1965). - U. Herrmann: Die Pädagogik der Philanthropen, in: H. Scheuerl (Hg.): Klassiker der Pädagogik. München 1979, Band 1, S. 135-158. - H. Blankertz: Die Geschichte der Pädagogik. Von der Aufklärung bis zur Gegenwart. Wetzlar 1982, S. 69ff.

3 Vgl. zu diesem mehrfach verwendeten Begriff die ältere Studie von W. Döring: Zur pädagogischen Problematik des Begriffs des Klassischen. Berlin/Leipzig 1934.

4 M. Rang: Rousseaus Lehre vom Menschen. Göttingen 1965², S.7ff.

5 So z.B. H. Paschen: Logik der Erziehungswissenschaft. Düsseldorf 1979, S. 35f. Paschen stellt die Pädagogik Rousseaus der Einleitung von H. Roth zum Gutachten des Deutschen Bildungsrates "Begabung und Lernen" gegenüber.

Faktum, das angemessen nur im Kontext sorgfältiger wirkungsgeschichtlicher Analysen aufzuhellen ist.[6] Wie immer deren Ergebnisse im einzelnen auch ausfallen, mit Sicherheit werden dabei zwei typische Probleme zum Vorschein kommen: zum einen die Person Rousseaus und zum anderen die Struktur des "Emile".
Mit seinen "Bekenntnissen" hatte Rousseau sich selbst in epochemachender Weise zum Thema gemacht, und es ist daher nicht verwunderlich, daß sich andere in Auseinandersetzungen mit ihm häufig eben dieser (Be-)Kenntnisse bedient haben.[7] Vor allem die Diskrepanz zwischen Lebensführung und theoretischen Entwürfen erregte die Gemüter immer wieder aufs neue. Das ist verständlich: Man stelle sich nur einen Klassiker der Nationalökonomie vor, der - eines angemessenen Umgangs mit Geld völlig unfähig - von Schulden überhäuft sein Leben im Armenhaus beenden muß; und dann gar jemanden, der die ganze Menschheit über Erziehung zu belehren sich anmaßt, aber im praktischen Umgang mit Kindern, mit eigenen wie mit fremden, nichts anzufangen vermag, sie einfach weggibt. Nicht die Widersprüchlichkeit der Person an sich, sondern die Art und Weise, sie zu "bekennen", ist es, die als Provokation empfunden worden sein dürfte und einer sachlichen Auseinandersetzung häufig entgegenstand. Es fehlt bis heute eine sorgfältige pädagogische Studie, die - der hermeneutischen Tradition verpflichtet - den Versuch unternimmt, die autobiographischen Ursprünge der pädagogischen

6 Das Programm einer Wirkungsgeschichte hat entfaltet M. Debesse: L'influence pédagogique de l'EMILE depuis deux siècles. Ses formes, son évolution, in: Jean-Jacques Rousseau et son œuvre. Problèmes et Recherches. Paris 1964 (Actes et Colloques), S. 205-217. Einen Blick in die Werkstatt historischer Pädagogik bietet der Aufsatz von R.L. Plancke/E. Verhofstadt: Beiträge zum Studium von Rousseaus Widerhall im Belgischen Geistesleben des 18. Jahrhunderts, in: Paedagogica Historica, Gent 1962, S. 481-515. Breite wirkungsgeschichtliche Schneisen schlagen J. Featherstone: Rousseau and Modernity, in: Daedalus, 107, 1978, 3, S. 167-192 sowie B.I. Schwartz: The Rousseau Strain in the Contemporary World, ebd., S. 193-206.

7 In literarischen Arbeiten zeigt sich dies am deutlichsten. In "Goethe und Tolstoi" schreibt Thomas Mann: "J.J. Rousseau war nicht das, was man unter einem 'Götterliebling' zu verstehen gewohnt ist. Der Vater der französischen Revolution war ein Elender, ein halb oder dreiviertel Verrückter, ein Selbstmörder zum Schlusse wahrscheinlich auch, und die Mischung aus Empfindsamkeit und Blasenkatarrh, welche die "Confessions" darstellen, ist rein ästhetisch genommen durchaus nicht nach jedermanns Geschmack... Und diesen weltumfassenden Gefühlserfolg verdankt er seinem Bunde mit der Natur - einem etwas einseitigen Bunde, wie man hinzufügen muß, denn dieser geniereiche Halbnarr und exhibitionistische Welterschütterer war ja eher ein Stiefkind der Allmutter als einer ihrer Lieblinge, eher ein Malheur von Geburt als ein Glücksfall natürlicher Begünstigung und Bevorteilung" (Th. Mann: Leiden und Größe der Meister. Frankfurt/M./Hamburg 1957, S. 49).

Ideen Rousseaus im einzelnen aufzudecken und im Sinne Schleiermachers gewissermaßen den "Sitz" des "Emile" im Leben seines Verfassers herauszuarbeiten.[8]

Nicht nur die Person, auch das Werk selbst ist voller Gegensätze und fordert daher zum Widerspruch heraus. Der "Emile" ist eher ein literarisches als ein philosophisches Werk, ein Erziehungsroman, ein dickes und weitschweifiges Buch, und, so Peters in angelsächsisch-freimütiger Offenheit "there are few who read Emile from cover to cover".[9] Wie mit seinem "contrat social" auf dem Gebiet der Politik und Soziologie, so erweist sich Rousseau - "Philosoph der Sehnsucht", wie Spranger ihn nennt - mit seinem "Emile" auf dem Gebiet der Erziehung als "the last of the classical utopists".[10] Der "Emile" ist eine Erziehungsutopie, eine narrative Vision, die insofern Realität bleibt, als sie wie ein Spiegel die Defizite der Gegenwart so in eine Zukunft projiziert, daß der Abstand ins Bewußtsein der Menschen kommen kann. Denn nur aus der Reflexion des Abstandes zwischen dem, was ist und dem, was sein sollte, kann die Einsicht in das erwachsen, was zu tun, zu verändern ist, nur so kann, um auf eine Formulierung Eigeldingers anzu-

---

8 Vgl. dazu P.-P. Clément: Jean-Jacques Rousseau de l'éros coupable à l'éros glorieux. Neuchâtel 1976. - Der Frage von Erziehungstheorie und eigener Praxis geht nach W. Kessen: Rousseau's Children, in: Daedalus. Journal of the American Academy of Arts and Science, 107, 1978, 3, S. 155-166.

9 R.S. Peters: The Paradoxes in Rousseau's Emile, in: ders.: Essays on Educators. London 1981, S. 15.

10 Judith N. Shklar (a.a.O., S. 26) schreibt weiter: "The object of these models (utopias, V.K.), however, was never to set up a perfect community, but simply to bring moral judgement to bear on the social misery to which men have so unnecessarily reduced themselves. For the fault is not in God, fate, or nature, but in ourselves - where it will remain. To recognize this, to accept it, to contemplate and judge; that was the function of the classical utopia. Utopia was neither in space nor in time. It was designed solely to induce moral recognition in the reader". Vgl. dazu von derselben Verfasserin: "The Political Theory of Utopia: From Melancholy to Nostalgia", in: Daedalus, 94, 1965, S. 367-381. Weiterhin J. Fabre: Réalité et Utopie dans la Pensée Politique de Rousseau, in: Annales Jean Jacques Rousseau 35, 1959-62, S. 181-216. - Die Sektion 6 des fünften Internationalen Kongresses zu Fragen der Aufklärung hat sich ebenfalls mit dem Thema "Utopies et Utopistes" beschäftigt: vgl. Studies on Voltaire and the Eighteenth Century, 191, 1980, S. 613ff. - In pädagogischer Hinsicht K. Sauer: Der utopische Zug in der Pädagogik. Weinheim 1964. - Utopie als Ausdruck des Auseinandertretens von Erfahrung und Erwartung untersucht im historischen Kontext R. Koselleck: Vergangene Zukunft. Zur Semantik geschichtlicher Zeiten. Frankfurt/M. 1979. - Die Wendung Sprangers findet sich in seinem Aufsatz "Jean Jacques Rousseau", in: E. Spranger: Gesammelte Schriften. Band 11, hrsg. v. O. Dürr. Heidelberg 1972, S. 39ff.

spielen, das Imaginäre Realität werden.[11]

Der utopische Charakter des "Emile" dürfte nicht nur dem Prinzen von Württemberg Schwierigkeiten bereitet haben, der sich - von Problemen der praktischen Umsetzung der Erziehungsmaximen Rousseaus geplagt - direkt an den großen Meister wendet, um Aufklärung zu erhalten, und der mit dem schlichten Satz beschieden wird: "Il ne faut pas voulouir des choses contradictoires".[12] Neben diesem utopischen Zug hat vor allem ein anderer Gegensatz, der zwischen einer politischen Erziehung, einer Erziehung zum Bürger, und einer individuellen Erziehung, der zum Menschen, bis heute die Leser in zwei Lager gespalten.[13] Der Streit scheint ohne Ende. Das liegt daran, daß der "Emile" primär Widersprüche zum Thema hat, nicht aber deren Lösungen, und genau das dürfte es sein, was ihn zu einem zeitlosen Werk macht.

Sowohl die Person Rousseaus als auch die Paradoxien des "Emile" sind - so lautete die Behauptung - über die Jahrhunderte hindurch immer problematische Konstanten der Rousseau-Rezeption in der Pädagogik gewesen. Dies zeigt sich auch an der ersten großen Rousseau-Rezeption in Deutschland, dem von J.H. Campe herausgegebenen sechzehnbändigen Revisionswerk der Philanthropen; allein vier Bände, fast 2500 Seiten sind der Übersetzung des "Emile" gewidmet, von den "Revisoren" sorgfältig mit zustimmenden oder kritisch distanzierenden Anmerkungen versehen.[14] Der mächtige Apparat der Anmerkungen weist auf das

---

11 M. Eigeldinger: Jean-Jacques Rousseau et la réalité de l'imaginaire. Neuchâtel 1962.

12 "Man sollte nichts Widersprüchliches wollen!" Vgl. dazu die Korrespondenz Rousseaus mit dem Prinzen von Württemberg, Th. Dufour (Hg.): Correspondance Générale de J.-J. Rousseau. Band 10. Paris 1928, S. 180ff. sowie S. 205ff. (Brief 1946 u. 1961).

13 Vgl. die Kurzfassung der Dissertation von T.E. Cook: Rousseau: Education and Politics, in: The Journal of Politics 37, 1975, S. 108-128. - Weiterhin A. Bloom: The Education of Democratic Man: Emile, in: Daedalus, 107, 1978, S. 135-153. Sehr genau beschreibt Groethuysen die einzelnen Konzeptionen (l'homme naturel, l'homme du peuple, l'homme civil) und die "dualité d'idéals chez Rousseau" (B. Groethuysen: J.-J. Rousseau. Paris 1949, S. 13-140).

14 J.H. Campe (Hg.): Allgemeine Revision des gesamten Schul- und Erziehungswesens von einer Gesellschaft practischer Erzieher. Wien und Braunschweig 1789-1792 (12.-15. Theil). Blankertz (a.a. 0., S. 80) bewertet das Rousseau-Verständnis der Philanthropen als "oberflächlich" und "naturalistisch". Er schreibt: "Sie eliminierten das utopische Element, verstanden es als persönliche Skurrilität des Autors, konnten der Gesellschaftskritik keinen produktiven Sinn abgewinnen und begnügten sich mit der Übernahme einiger partieller Einsichten" (ebd.). Ich halte diese Kritik für unzutreffend, wenn man berücksichtigt, welche Mühe allein die Kommentierung und Herausgabe des "Emile" bereitet haben dürfte; im übrigen

Motiv der Kommentatoren: der "Emile" soll eben "richtig" verstanden werden.[15] Die Autoren - allesamt Mitglieder der "Gesellschaft practischer Erzieher" - beschäftigen sich mit dem "Emile" demgemäß in praktischer Absicht, d.h. sie orientieren sich an folgender Frage: Welche der Vorschläge Rousseaus sind vernünftig, praktikabel und entsprechen unserer Erfahrung, welche stehen ihr entgegen?[16] Bei der Beantwortung dieser Frage bereitet den Verfassern allerdings nicht nur die Person Rousseaus Schwierigkeiten.[17] Auch das Werk selbst wird eher als eine literarische denn als eine philosophische Schrift aufgefaßt, und alle stimmen darin überein, daß der "Emile" ein mitreißender, meisterhaft geschriebener Roman sei. Daher steht für sie auch völlig außer Zweifel, daß Rousseau es notgedrungen mit der Wahrheit nicht so genau nehmen konnte: ein guter Schriftsteller muß eben übertreiben.[18] Aber kann man, so stellt Villaume in einer

---

vermag der Zwerg auf den Schultern des Riesen immer weiter zu schauen als der Riese: daß Blankertz mit anderen Fragen an den "Emile" herangeht als die Kommentatoren des Revisionswerkes, versteht sich von selbst.

15 Dies geht z.B. aus folgender Anmerkung (12. Theil, a.a.O., S.7f) hervor: "Und hiermit habe ich denn zugleich die Klasse von Lesern genannt, denen Rousseau nur, paradox oder nicht paradox, nützlich, in hohem Grade nützlich und ungeachtet seiner Fehler nicht schädlich sein kann: es sind diejenigen, die selbst über Erziehung nachgedacht haben, oder wenigstens selbst darüber nachzudenken vorzüglich fähig sind, mit einem Wort die Adepten... ihnen und nur ihnen sind die Stellen, in welchen die Mysterien der Erziehungskunst eingehüllt liegen, verständlich, und ohne Mißbrauch anwendbar; ein Pfuscher hat bis auf den heutgen Tag noch nichts aus dem R. gelernt."

16 Häufig finden sich Sätze wie diese: "Wenn es nur in der wirklichen Welt so wäre und seyn könnte" (Resewitz, 12. Theil, S. 154), "Indes ist dieser Satz des R. nicht allgemein wahr: die Erfahrung giebt häufige Ausnahmen" (Resewitz, Campe, 12, Theil, S. 160); "Alles theils übertrieben, theils falsch. Es wäre eine Beleidigung für den Leser meiner vorhergehenden Anmerkungen, wenn ich das Übertriebene und Falsche hier näher ins Licht stellen wollte" (Ehlers, Resewitz, 12. Theil, S. 171). Campe scheint derjenige gewesen zu sein, der - Rousseau am nächsten - sich um Vermittlung bemühte und die gelegentlich barschen Urteile seiner Kollegen nach dem Muster "Rousseau will eigentlich sagen..." zu relativieren versuchte.

17 "R. würde gewiß beim wirklichen Erziehen seinem der Welt nicht anpassenden Ideal bald entsagt, oder vielmehr bei seinem Geist und Charakter das Geschäft bald genug aufgegeben haben. Mit R. Geist läßt sich ein schöner Roman der Erziehung, der glänzende und originale Züge hat, leicht schreiben; aber seinem Geist und Charakter würde es schwer geworden seyn, irgend ein Kind in der wirklichen Welt zu erziehen. Resewitz" (12. Theil, a.a.O., S. 132).

18 "Welches Werk des Geistes aus der schönen Literatur - und als ein solches, nicht als eine eigentliche philosophische Abbildung muß man den Emil betrachten - würde bestehn, wenn man in den Aussprüchen der Dichter überall acroamatische Genauigkeit und Bestimmtheit der Begriffe und des Ausdrucks verlangen wollte? Campe" (12. Theil, a.a.O., S. 29).

Anmerkung die Kardinalfrage, die Rousseausche Methode überhaupt gebrauchen? "Im Ganzen und dem Buchstaben nach, glaube ich nicht", denn: "Da er aber den bloßen unbestimmten Menschen bildet, so kann er nicht verlangen, daß man seine Erziehungsmethode einführen soll" (a.a.O., 12. Theil, S. 10f.). Und daraus folgt: "Wer also diese Schrift nutzen will, muß nicht den Buchstaben derselben befolgen; sondern den Geist derselben zu finden suchen..." (ebd., S. 12).Die Kommentatoren gingen also in dem Bewußtsein ans Werk, daß der "Emile" *übersetzt* werden muß, und zwar im mehrfachen Sinne des Wortes: zunächst vom Französischen ins Deutsche, sodann von den Buchstaben in den "Geist" und erst dann in die durch einschlägige Erfahrungen geläuterte praktische Anwendung. Gerade dieses Motiv kommt in einer selten einmütig unterzeichneten Anmerkung (Trapp, Stuve, Campe, Resewitz, Heusinger) klar zum Ausdruck. Es heißt dort: "R. großes Verdienst ist also, daß er über Erziehung die Denker hat denken gelehrt. Diesen liegt nun ob, seine Poesie in Prosa zu übersetzen, seinen Rednerschmuck von seiner Philosophie zu scheiden, seine Lücken auszufüllen, seine Fragmente zu ergänzen, seine Behauptungen auf dem Probierstein der Vernunft und Erfahrung zu prüfen, Misdeutungen und Misanwendungen seiner Lehre zu verhüten, die großen theuren Wahrheiten, wovon er voll ist, in ein solches Licht zu stellen, das auch schwächere Augen nicht hindert, sie wahrzunehmen, und sich mit ihnen zu befreunden" (a.a.O., 12. Theil, S. 8).

In genau diesem Sinne besteht das Ziel der vorliegenden Arbeit darin, Rousseaus "Emile" zu "übersetzen": die narrative Vision soll als pädagogische Konstruktion erkennbar gemacht und damit lehrbar werden. Die dieses Vorhaben leitende Absicht ist praktisch, und das bedeutet in Anlehnung an Kant letztlich moralisch.[19] Von der moralischen Intention zum pädagogischen Handeln führt jedoch kein direkter Weg. Vielmehr bedarf es hierzu der Vermittlung durch Theorien. Das die Untersuchung bestimmende Interesse ist demnach nicht primär historisch, sondern

---

[19] Es ist aufschlußreich, daß Kant sich gerade am Ende seiner Einleitung in die Logik über das Praktische äußert. Es heißt dort: "Alles läuft zuletzt auf das *Praktische* hinaus; und in dieser Tendenz alles Theoretischen und aller Spekulation in Ansehung ihres Gebrauches besteht der praktische Wert unseres Erkenntnisses. Dieser Wert ist aber nur alsdenn ein *unbedingter*, wenn der *Zweck*, worauf der praktische Gebrauch unseres Erkenntnisses gerichtet ist, ein *unbedingter* Zweck ist. - Der einige unbedingte und letzte Zweck (Endzweck), worauf aller praktische Gebrauch unsers Erkenntnisses zuletzt sich beziehen muß, ist die Sittlichkeit, die wir um deswillen auch das *schlechthin* oder *absolut Praktische* nennen" (I. Kant: Schriften zur Metaphysik und Logik. Werkausgabe in 12 Bänden herausgegeben von W. Weischedel, Frankfurt/M. 1978, Band VI, S. 518).

systematisch gerichtet, das methodische Vorgehen ist hermeneutisch. Die fiktionalen - wenn auch mit explikativen Elementen durchsetzten - Texte Rousseaus sind ja nicht deshalb schon erziehungswissenschaftliche Sätze, weil Rousseau als Klassiker der Pädagogik gilt. Vielmehr stellt sich im Sinne hermeneutischer Technik die Aufgabe, die Texte zunächst ihres erzählerischen Gewandes zu berauben und sie dann auf ihren explikativen Gehalt zu verdichten, d.h. die pädagogischen Reflexionen Rousseaus so zusammenzustellen, daß sie mit anderen Erziehungskonzepten vergleichbar werden und somit den Status komparativer Allgemeinheit erreichen. Auf diese Weise vermag schließlich durch systematische Reduktion die Sache selbst, das, was Blankertz die "Eigenstruktur der Erziehung" nennt, zum Vorschein zu kommen. Dann ist es überhaupt erst möglich, über die Allgemeingültigkeit der Erziehungskonzeption Rousseaus zu urteilen.
Es wird also in der vorliegenden Arbeit der Versuch unternommen, den "Emile" im Sinne Hegels in pädagogischer Hinsicht zu konkretisieren.[20] Die abstrakten, unverbundenen Anschauungen Rousseaus sind daher so zusammenzufassen, daß die Idee der Erziehung, wie sie sich ihm zeigt, seine Weise der "Ideation", Gestalt gewinnen und ans Licht gebracht werden kann.[21]
Übersetzungen gelingen selten ohne Wörterbücher. Auch für die Transformation des "Emile" in eine theoretische Konstruktion ist es erforderlich, sich spezieller Hilfsmittel zu bedienen, genau gesagt zweier vermittelnder Theorien: zum einen der Theorie des Idealtypus im Sinne M. Webers - sie bezieht sich auf die Form des "Emile" als einer fiktionalen Erzählung - zum anderen der Biographischen

---

20 In der Einleitung zu den "Vorlesungen über die Geschichte der Philosophie" heißt es im Zusammenhang des Begriffes des "Konkreten": "Es ist ein gewöhnliches Vorurteil, die philosophische Wissenschaft habe es nur mit Abstraktionen, leeren Allgemeinheiten zu tun; die Anschauung, unser empirisches Selbstbewußtsein, unser Selbstgefühl, das Gefühl des Lebens sei dagegen das in sich Konkrete, in sich Bestimmte, Reiche. In der Tat steht die Philosophie im Gebiete des Gedankens; sie hat es damit mit Allgemeinheiten zu tun, ihr Inhalt ist abstrakt, aber nur der Form, dem Elemente nach; in sich selbst ist aber die Idee wesentlich konkret, die Einheit von unterschiedlichen Bestimmungen" (G.W. Hegel: Werke, Band 18, Frankfurt/M. 1971, S. 43).

21 In seinem 1939 erstmalig erschienenen Buch "Erfahrung und Urteil" erläutert Husserl bei der Begründung seiner Methode der "Wesenserschauung", in ausdrücklicher Anlehnung an Platon, das Verfahren der "ideierenden Abstraktion" oder "Ideation" (E. Husserl: Erfahrung und Urteil. Untersuchungen zur Genealogie der Logik. Hamburg 1972). Vgl. dazu W. Loch: Phänomenologische Pädagogik, in: D. Lenzen/K. Mollenhauer (Hg.): Theorien und Grundbegriffe der Erziehung und Bildung (Enzyklopädie Erziehungswissenschaft, Bd. 1), Stuttgart 1983, S. 155-173.

Erziehungstheorie – sie bezieht sich auf den Inhalt des "Emile" als einer Abhandlung über Erziehung.

Es ist bereits angedeutet worden, daß der "Emile" voller Paradoxien steckt - so unterstellt Rousseau etwa, daß es möglich sei, alle auf einen Heranwachsenden einwirkenden Einflüsse durch den Erzieher zu kontrollieren. Mit Hilfe der idealtypischen Konstruktion - dem wichtigsten methodischen Instrument der Verstehenden Soziologie - wird es möglich, die Paradoxien des "Emile" durch einen schlichten hermeneutischen Kunstgriff gewissermaßen methodisch zu entschärfen und ihnen ihren das Verständnis erschwerenden befremdlichen Charakter zunehmen.[22] Den "Emile" als eine idealtypische Konstruktion aufzufassen, heißt, ihn so zu lesen als hätte Rousseau die zahlreichen Widersprüche nicht nur in Kauf genommen, sondern als hätte er sie geradezu beabsichtigt, sie sozusagen bewußt eingebaut.

Ein Idealtypus wird gebildet, so sagt M. Weber, "durch einseitige Steigerung eines oder einiger Gesichtspunkte und durch Zusammenschluß einer Fülle von diffus und diskret, hier mehr, dort weniger, stellenweise gar nicht, vorhandener Einzelerscheinungen, die sich jenen einseitig herausgehobenen Gesichtspunkten fügen, zu einem in sich einheitlichen Gedankengebilde. In seiner begrifflichen Reinheit ist dieses Gedankenbild nirgends in der Wirklichkeit empirisch vorfindbar, es ist eine Utopie..." (siehe Anhang, S. 274). Idealtypen sind also gedankliche Konstruktionen, die vor allem für die Hypothesenbildung von heuristischer Bedeutung sind. Sie haben keinesfalls bereits den Status von Hypothesen oder gar Theorien.

Die Kommentatoren des Revisionswerkes haben offensichtlich den "Emile" ganz ähnlich aufgefaßt. Sie kannten idealtypische Konstruktionen der Sache nach, wenn ihnen der Begriff auch noch nicht geläufig sein konnte. In einer Anmerkung, in der es um die Denkweise Rousseaus geht, heißt es unter Berufung auf die Schriften eines gewissen Professor Garve, gleichsam zur Entschuldigung der zahlreichen schriftstellerischen Freiheiten, die Rousseau sich unbefangen genommen hat: "Man muß entweder das in der vollkommsten Allgemeinheit ausdrücken, was nur auf ei-

---

[22] Im Anhang (vgl.S. 268) wird "Die Bedeutung idealtypischer Konstrukte für die pädagogische Theoriebildung" näher erläutert, so daß an dieser Stelle auf eine eingehende Darstellung verzichtet werden kann. Es ist interessant, daß in einer neueren Studie der Versuch unternommen wird, Rousseau und Weber in soziologischer Hinsicht miteinander zu vergleichen. Leider widmet der Verfasser dem Denkstil der beiden keinen eigenen Abschnitt, sondern geht nur beiläufig auf diese Frage ein; vgl. J.G. Merquior: Rousseau and Weber. Two studies in the theory of legitimacy. London/Boston/Henley 1980.

nige Fälle paßt, oder man muß den höchsten Grad nennen, wo nur ein niedrigerer vorhanden ist. Ideen, die nur einige Verschiedenheiten haben, müssen durch die Verbergung ihrer Aehnlichkeiten zu einem vollkommenen Contraste erhöht, anderr, die sich nur in einigen Merkmalen ähnlich sind, zur vollkommenen Übereinstimmung gebracht werden. Man untersuche einmal die glänzendsten Ideen aus den besten philosophischen Dichtern unseres Jahrhunderts... und frage sich, ob die Sache genau immer so sey, wie sie sie vorstellen? Ob es nicht oft eben so viel Ausnahmen als Fälle gebe, die unter die Regeln passen? ob nicht etwas von der Wahrheit habe verschwiegen oder verfälscht werden müssen, um die Vorstellung stark und neu zu machen?' Dies ist ganz der Fall mit unserm R." (a.a.O., 12. Theil, S. 4).

Bevor der "Emile" als ein ganz bestimmter Idealtypus näher beschrieben werden soll, erscheint es zweckmäßig, zuvor kurz die zweite notwendige "Übersetzungshilfe" einzuführen. Sie wird erforderlich, weil jeder Versuch, den "Emile" in eine erziehungstheoretische Konstruktion umzuformen, voraussetzt, daß der "Übersetzer" bereits einen Begriff von Erziehung mitbringt. Sonst bietet sich, um eine Formulierung Hegels aus der Einleitung in die "Vorlesungen über die Geschichte der Philosophie" aufzugreifen, "dem ideenlosen Auge freilich nur ein unordentlicher Haufen von Meinungen dar" (a.a.O., S. 49).

Der dieser Untersuchung zugrundeliegende Erziehungsbegriff stammt aus der Biographischen Erziehungstheorie.[23] In ihr wird der Versuch unternommen, die Funktionen der Erziehung im Blick auf das zu erziehende Individuum im Horizont seines Lebenslaufes und in der Topik seiner Lebenswelt im Zusammenspiel von Lernfähigkeiten, Lernaufgaben, Lernhemmungen und Lernhilfen, kurz im Wechsel von curricularen Kompetenzen und pädagogischen Paradigmen zu bestimmen. Grundlegendes Spezifikationsprinzip ist das Lebensalter, aus dem sich die Stufen der Entwicklung und dementsprechend die Aufgaben der Erziehung ableiten lassen. In der "Auslegung der Erziehung durch den nach Lebensaltern gegliederten Lebenslauf" liegt, so Loch, die "zeitlose paradigmatische Bedeutung von Rousseaus "Emile" für die Erziehungstheorie und die wissenschaftstheoretische

---

[23] Vgl. dazu vor allem folgende Schriften von W. Loch: Lebenslauf und Erziehung. Essen 1979; Curriculare Kompetenzen und pädagogische Paradigmen. Zur anthropologischen Grundlegung einer biographischen Erziehungstheorie, in: Bildung und Erziehung, 32, 1979, S. 241-266; Zur Anthropologie der Lernhemmung, in: G. Klein/A. Möckel/M. Thalhammer (Hg.): Heilpädagogische Perspektiven in Erziehungsfeldern. Heidelberg 1982, S. 20-42; Stufen kindlichen Lernens als Aufgaben der Erziehung, in: W. Loch (Hg.) Lebensform und Erziehung. Essen 1983.

Selbstkontrolle der Pädagogik" (Lebenslauf und Erziehung, a.a.O., S. 109). Da also die Biographische Erziehungstheorie und der "Emile" das Spezifikationsprinzip "Lebensalter" gemeinsam haben, erscheint es in besonderer Weise ergiebig, beide zu konfrontieren. Während die Biographische Erziehungstheorie durch diese Gegenüberstellung historisch fundiert, systematisch weiter differenziert und narrativ illustriert werden kann, so erscheint eben dadurch der "Emile" nicht mehr als utopischer Erziehungsroman, sondern als ein Konstrukt der Erziehungstheorie.

In der vorliegenden Arbeit soll der "Emile" als ein anthropologischer Idealtypus der Moralerziehung aufgefaßt werden. Dies setzt voraus, daß hiervon deutlich unterscheidbare andere Idealtypen denkbar sind. Es sollen daher für die Zwecke der Abgrenzung zwei weitere Idealtypen knapp skizziert werden: ein soziologischer und ein theologischer Idealtypus der Moralerziehung.

In der moralischen Erziehung, der Erziehung zur Sittlichkeit, geht es zum einen darum, was als gut oder schlecht gelten soll, mithin um die ethischen Normen; zum anderen geht es um die Vermittlung und Übernahme dieser Normen, damit sie das Verhalten auch dann zu regeln vermögen, wenn kein anderer da ist, der ihre Einhaltung kontrollieren oder ihre Übertretung sanktionieren kann. In diesem Sinne besteht die Funktion des moralischen Bewußtseins darin, den anderen so im einzelnen zu verankern, daß er - dann gleichsam als "verallgemeinerter Anderer" - das Verhalten des einzelnen zu bestimmen vermag.[24] Die Frage dabei ist, wie die Normen begründet werden, welche Variablen den Prozeß der Internalisierung bestimmen und welche Funktion in diesem Zusammenhang der Erziehung zukommen muß bzw. ihr zugedacht wird.

In einem *theologischen* Idealtypus der Moralerziehung werden diese Fragen aus dem Kanon der *Pflichten des Menschen gegenüber Gott* beantwortet.[25]

---

[24] Zur Figur des "generalized other" vgl. G.H. Mead: Geist, Identität und Gesellschaft aus der Sicht des Sozialbehaviorismus. Frankfurt/M. 1968 (Mind, Self and Society. From the standpoint of a social behaviorist. Chicago 1934).

[25] In einem religionssoziologischen Exkurs (vgl. Kap. 6.) wird aufgewiesen, daß ein theologischer Idealtypus durchaus nicht nur auf Formen kirchlich gebundenen Gottesglaubens begrenzt sein muß. Ein historisches Beispiel für einen theologischen Idealtypus findet man - abgesehen von einschlägig religiös gebundenen Erziehungskonzeptionen - in den Schriften Johann Michael Sailers. In dem Buch "Über Erziehung für Erzieher" heißt es im Kontext der "Entwicklung moralischer Potenz": "Die schöne Kindlichkeit ist die Religion des Kindes. Gott ist ihm eine Mutter mit unendlicher Liebe, ein Vater mit allerfreuender Huld. Angeklammert an die Liebe, die Vater, Mutter heißt, ist es angeklammert an die Liebe, die Gott ist... Das Kind ehrt Gott im sanften Mutterblicke, den es liebend einsaugt, der Mann im herben Kelche, den er duldend austrinkt" (S. 70f.). Für Sailer ist Moral ohne Religion ein Widerspruch zur

Dementsprechend wird sowohl das Verhalten der Erzieher als auch die Interpretation der Reaktionen des Kindes aus dem religiösen Deutungssystem abgeleitet: im Judentum z.B. werden die Kinder am achten Tag nach der Geburt als Symbol des von Gott mit Abraham geschlossenen Bundes beschnitten, unabhängig davon, was sie dabei empfinden mögen bzw. welche Konsequenzen ein solcher Eingriff für die Entwicklung des Kindes haben mag.
In einem *soziologischen* Idealtypus dagegen stehen die *Pflichten des Menschen gegenüber anderen* im Mittelpunkt. Ein anschauliches Beispiel bietet die Kollektiverziehung Makarenkos: der Mensch ist, was er für das Kollektiv, die Gruppe der anderen, ist, und danach bestimmt sich das Verhalten der Erzieher.
In einem *anthropologischen* Idealtypus schließlich sind es die *Pflichten des Menschen gegenüber sich selbst,* die das Erziehungsgeschehen bestimmen.
Nun sind alle drei Idealtypen - sie gehören zum klassischen Bestand der abendländischen Pflichtenlehre - in gewisser Weise für jede Erziehung unverzichtbar. Die entscheidende Frage ist aber, welcher Idealtypus die Priorität erhält, womit begonnen werden soll? Rousseaus Antwort ist eindeutig anthropologisch, d.h. er löst gewissermaßen das Anfangsproblem der Erziehung, indem er die Pflichten des Menschen gegenüber sich selbst, als Prinzip der Selbsterhaltung, zum Ausgangspunkt macht.[26] Der anthropologische Idealtypus der Moralerziehung beginnt demnach dort, wo der Mensch beginnt: bei der Geburt. Die Art und Weise, in der der Mensch sich dann weiter entwickelt, wie er ernährt wird, wie er seine Wahrnehmungsfähigkeiten entfaltet, wie er sich zu bewegen, wie er sprechen lernt, wie ihm Dinge begegnen, wie er Wissen erwirbt, wie er mit anderen Umgang erfahren hat, wie er seinen Körper, seine Sexualität entdeckt, wie er glauben und lieben lernt, all das ist - als Ausdruck des durch das Lebensalter differenzierten Prinzips der Selbsterhaltung - für die Entwicklung und Entfaltung des moralischen Bewußtseins unmittelbar von Bedeutung. Daher sind auch die beiden anderen Idealtypen dem anthropologischen, folgt man Rousseau, letztlich unterzuordnen: da jeder Mensch zum Überleben und Leben andere braucht, hat er gegenüber diesen anderen auch Pflichten, und da jeder Mensch sich selbst einen

---

höchsten Würde des Menschen, und deswegen führt er das religiöse und das sittliche Gefühl im Begriff des "heiligen Gefühls" (S. 80) zusammen (zit. nach folgender Ausgabe: J.M. Sailer. Über Erziehung für Erzieher. Hamburg 1947).

26 Vgl. dazu H. Ebeling (Hg.): Subjektivität und Selbsterhaltung. Beiträge zur Diagnose der Moderne. Frankfurt/M. 1976.

Glauben schuldet, hat er auch Pflichten gegenüber Gott.
In seiner Darstellung großer Erziehergestalten hat H. Nohl einmal gesagt, man könne bei jedem Pädagogen fragen, an welches Alter er vor allem denke, das bestimme den ganzen Aufbau seiner Arbeit.[27] In Abwandlung dieses Satzes kann man bei jedem Pädagogen auch fragen, an welche Form der Erziehung er vor allem denkt. Der "Emile" ist demnach auch in der Form anthropologisch, da Rousseau es für notwendig erachtet, daß - um einen Menschen zu erziehen - ein anderer sich dieser Aufgabe letztlich ganz und gar widmen, sich ihr ausschließlich verschreiben muß. Die Dyade bildet die Grundform des erzieherischen Verhältnisses. Auch wenn es oberflächlich betrachtet häufig eher umgekehrt zu sein scheint; im Grunde sind Erzieher und Zögling wie durch einen Pakt miteinander verbunden.[28]
Anthropologisch ist der "Emile" als Idealtypus letztendlich auch in dem Ziel, das er verfolgt: einen Menschen zum Menschen zu erziehen, und zwar unabhängig von all den möglichen Rollen, die er später einmal zu spielen haben wird. Durch die Erziehung soll für Rousseau in erster Linie das zur Geltung gebracht werden, was ihn mit allen anderen verbindet, was ihn zu einem unabtrennbaren Teil seiner Gattung macht. Erst dann zeigt sich, was diesen einen als ein unverwechselbares Individuum von allen anderen unterscheidet. Rousseaus "Emile" kann demnach, so läßt sich zusammenfassen, in dreierlei Hinsicht als ein anthropologischer Idealtypus verstanden werden: intentional, material und formal.[29]
Aber warum wird von *Moralerziehung* gesprochen? Die Verwendung dieses

---

[27] H. Nohl: Erziehergestalten. Göttingen 1963³; im Zusammenhang einer Darstellung Pestalozzis geht Nohl auch auf Rousseau ein (S. 12ff.).

[28] Diesen Aspekt betont besonders H. Coulet: Le pacte pédagogique dans EMILE, in: Université de Neuchâtel (Hg.): Jean-Jacques Rousseau. Neuchâtel 1978, S. 69-93.

[29] Den "Emile" in materialer Hinsicht als anthropologischen Idealtypus der Moralerziehung zu bestimmen, soll auch auf die Art und Verwendung des Wissens hindeuten, die Rousseau im Sinne von Lévi-Strauss zu einem Mitbegründer der Anthropologie gemacht hat (vgl. Kap. 2.2, Anmerkung 14). Dazu H.H. Ritter: Claude Lévi-Strauss als Leser Rousseaus. Exkurse zu einer Quelle ethnologischer Reflexion, in: W. Lepenies/H.H. Ritter (Hg.): Orte des wilden Denkens. Zur Anthropologie von Claude Lévi-Strauss. Frankfurt/M. 1970, S. 113-159; G. Mercken-Spaas: The Social anthropology of Rousseau's Emile, in: Studies on Voltaire and the Eighteenth Century, 132, 1975, S. 137-181; R. Wokler: Perfectible Apes in Decadent Cultures: Rousseau's Anthropology Revisited, in: Daedalus 107, 1978, S. 107-134. Allgemeiner zu diesem Problemkreis W. Krauss: Zur Anthropologie des 18. Jahrhunderts. Die Frühgeschichte der Menschheit im Blickpunkt der Aufklärung. München/Wien 1979; W. Lepenies: Das Ende der Naturgeschichte. Wandel kultureller Selbstverständlichkeiten in den Wissenschaften des 18. und 19. Jahrhunderts. Frankfurt/M. 1978.

Begriffes wirft zumindest zwei Probleme auf.

Von Moralerziehung, damit kommt die Rede auf das erste Problem, wird hier deswegen gesprochen, weil sich die Arbeit auf die ersten vier Bücher des "Emile" beschränkt. Mit dem Ende des Jugendalters nämlich (4. Buch) sind alle drei notwendigen Komponenten der Moral eingeführt: die Pflichten des Menschen gegenüber sich selbst, gegenüber anderen und gegenüber Gott.

Nun besteht Rousseaus Leistung, wie bereits mehrfach angedeutet, gerade darin, daß er die Aufgaben der Erziehung von den Aufgaben her, die sich dem Individuum im Fortgang seines Lebenslaufes stellen, zu bestimmen versucht. Das Leben ist mit dem Jugendalter nicht zu Ende, es fängt ja gerade erst "richtig" an. Daher ist für Rousseau mit dem Erreichen des Jugendalters auch das Lernen nicht zu Ende: Emile muß weiterlernen, durch Reisen seine Kenntnisse über politische und soziale Verhältnisse erweitern und vor allem das Lieben, das Leben mit einer Frau, die Ehe lernen. Und selbst dann ist das Lernen noch nicht zu Ende, wie die Betrachtung des Romanfragmentes "Emile, Sophie oder die Einsamen" zeigt. Es gibt existentielle Krisen, die es - auf der Suche nach Identität allein auf sich selbst gestellt - zu bewältigen gilt. Mit dem Leben geht also das Lernen weiter. Aber entscheidend ist, daß jede Situation, die sich Emile als moralisches Problem stellt, letztlich nur durch Abwägung der drei Grundpflichten bewältigt wird. Das hierzu notwendige Rüstzeug, das moralische Inventar sozusagen, steht dem Menschen allerdings bereits am Ende des Jugendalters zu Gebote.

Der Begriff Moralerziehung, damit soll das zweite Problem angesprochen werden, macht auf einen für die Pädagogik grundlegenden Sachverhalt aufmerksam, der kurz anzudeuten ist.

"Man kann die eine und ganze Aufgabe der Erziehung in den Begriff *Moralität* fassen", so leitete Herbart 1804 seine Abhandlung "Über die ästhetische Darstellung der Welt als Hauptgeschäft der Erziehung" ein.[30] Demnach wäre es ein Pleonasmus, von einem anthropologischen Idealtypus der Moralerziehung zu sprechen. Vielmehr ist die Verwendung dieses Begriffes Ausdruck eines gewandelten Bewußtseins. Während für Herbart nicht nur außer Zweifel stand, welches das Hauptgeschäft der Erziehung zu sein habe, sondern auch die Bestimmung dessen, was als "moralisch", als "gut" zu gelten habe, eindeutig war, so ist dies heutzutage nicht mehr möglich. Der notwendige Konsens muß immer

---

30 Zitiert nach J.F. Herbart: Kleine pädagogische Schriften (besorgt v. A. Brückmann). Band II. Paderborn 1968, S. 39.

wieder mühsam errungen werden.
Dies ist kein Problem der Pädagogik allein - sie kann nicht "heiler" sein als die Welt, deren Teil sie ist - es trifft sie aber in spezifischer Weise, da sie ihrem Wesen nach darauf angewiesen ist, Ziel und Mittel möglichst eindeutig miteinander zu verbinden. Je unklarer aber das Ziel, desto verworrener notgedrungen die Wege. Wie aber, so stellt sich die Frage für die Pädagogik als Wissenschaft, ist auf diese Situation zu reagieren? Soll sich die Pädagogik, wie so oft, all derjenigen Probleme annehmen und für sie Zuständigkeit reklamieren, die in anderen gesellschaftlichen Bereichen nicht zu lösen sind - mit der Folge, ständig an selbstauferlegten Erwartungen zu scheitern? Soll sie ein Netz "irrtumsfreier Legitimitätsinseln" (z.B Waldorfschulen) propagieren, in denen zwar ungebrochen erzogen werden kann, wenn auch um den Preis eines vielerorts zerbrochenen Verhältnisses zur gesellschaftlichen Wirklichkeit? Oder soll sich die Pädagogik völlig aus ihrem Hauptgeschäft zurückziehen, d.h. sich ihres moralischen Anspruches entledigen, wodurch sie - nur konsequent zur "Antipädagogik" degeneriert - dann als erstes sich selbst aufzulösen hätte?[31]
In dieser Situation kann die Beschäftigung mit dem "Emile" Rousseaus als eines Idealtypus der Moralerziehung die Bedeutung einer - historisch gewendeten - wissenschaftstheoretischen Selbstkontrolle der Pädagogik erlangen. Möglicherweise vermag hierdurch die vor lauter Geschäftigkeit häufig verdrängte Frage nach dem Hauptgeschäft der Erziehung neu "geöffnet" werden. Denn es kann gegenwärtig durchaus der Eindruck entstehen, als gäbe es in der Erziehungswissenschaft nur zwei Modi, das Problem der Moral zu thematisieren: entweder wird die Moral immer dann ins Gespräch gebracht, wenn es darum geht, in restaurativer Absicht sich gegenseitig "Mut zur Erziehung" zu machen, worauf dann auch - mehr oder weniger mutig - entgegnet wird, oder aber die Probleme der Moral werden, in Theoreme der kognitiven Psychologie aufgelöst, sozialisationstheoretischen Konzepten so bruchlos eingefügt, daß das "Hauptgeschäft" der Erziehung als eines unter vielen erscheint. Und aus genau diesem Grund muß dann von *Moral*erziehung gesprochen werden.

---

[31] Vgl. dazu E.v. Braunmühl: Antipädagogik. Studien zur Abschaffung der Erziehung. Weinheim und Basel 1975. - Zur Auseinandersetzung mit "antipädagogischen" Konzepten vgl. A. Flitner: Konrad, sprach die Frau Mama: Über Erziehung und Nicht-Erziehung. Berlin 1982. J. Oelkers/Th. Lehmann: Antipädagogik: Herausforderung und Kritik. Braunschweig 1983.

Rousseau war Moralist.[32] Durch alle Sehnsüchte hindurch hat er sich letztlich zu der nüchternen Erkenntnis hindurchgelitten, daß die Fremdheit des Menschen sich selbst gegenüber, die Krise, der Bruch, zum anthropologischen Bestand gehört. Und deswegen ist es sinnlos, "schulmeisterlich pädagogisch" an vergangene, bessere Zeiten zu erinnern, sondern es kommt darauf an, dieser Einsicht entsprechend die Zukunft zu gestalten.[33]

Zum Abschluß dieser Einleitung erscheint es zweckmäßig, einige Anmerkungen zum Forschungsstand zu machen. Denn so weitgefächert das Denken Rousseaus, so umfangreich inzwischen auch die Rousseauliteratur, die, so M. Rang schon 1957, "für den einzelnen Forscher fast unübersehbar geworden" (a.a.O., S. 593) ist. Wird der Blickwinkel allerdings auf pädagogische Arbeiten begrenzt und unsere systematische Intention in Rechnung gestellt, dann sind an dieser Stelle – abgesehen von der Fülle kleinerer Arbeiten zu speziellen Thematiken, auf die zu gegebener Zeit aufmerksam gemacht wird – im wesentlichen drei Studien besonders hervorzuheben: die 1941 erschienene zweibändige Schrift von A. Ravier "L'éducation de l'homme nouveau", das bereits mehrfach erwähnte Buch von M. Rang "Rousseaus Lehre vom Menschen" und die 1960 in Genf veröffentlichte Studie "La Genèse et la rédaction de l'Emile de J.-J. Rousseau" von Peter D. Jimack.[34]

Der erste Band der Schrift von Ravier umfaßt eine "étude critique de l'Emile", der zweite in Ergänzung hierzu eine "étude historique de l'Emile"; letztere erstreckt sich auf zwei Bereiche, nämlich auf die Geschichte des veröffentlichten Werkes sowie auf die "autobiographischen Geschichten" des unveröffentlichten "Emile". - In den ersten zehn Kapiteln des ersten Bandes versucht Ravier ausschließlich eine

---

32 In dieser Hinsicht zeichnet sein Bild Ch.W. Hendel: Jean-Jacques Rousseau Moralist. London/New York 1934 (2 Bände).

33 In seiner Schrift "Die Zukunft in unserer Hand - Gedanken und Reflexionen des Präsidenten des Club of Rome" zeigt A. Peccei, welche Bedeutung er gerade der Erziehung im Hinblick auf die Gestaltung einer menschlichen Zukunft beimißt. In dem den Fragen der Erziehung gewidmeten Abschnitt "Die große verborgene Reserve" entwickelt er - im Grunde kulturkritisch rousseauistisch argumentierend - seine These, daß der "moderne Mensch seine Menschlichkeit wiederfinden" (S. 212) müsse (Wien-München-Zürich-New York 1981).

34 A. Ravier: "L'éducation de l'homme nouveau. Essai historique et critique sur le livre de l'Emile de J.-J. Rousseau. Lyon 1941 (2 Bände). - P.D. Jimack: La Genèse et la rédaction de L'Emile de J.-J. Rousseau. Etude sur l'histoire de l'ouvrage jusqu'à sa parution. Genf 1960 (Studies on Voltaire and the Eighteenth Century, Vol. 13).

Interpretation des "Emile" zu geben, ohne daß allerdings - in dieser Kritik ist Rang zuzustimmen - ein zentrales systematisches Prinzip erkennbar wäre.[35] Vielmehr versucht der Autor von verschiedenen Gesichtspunkten aus, die Struktur des "Emile" aufzuhellen. Nur im ll. Kapitel ("La dialectique des âges") widmet Ravier gut 70 Seiten dem Verhältnis von Lebensalter und daraus sich ableitenden Aufgaben der Erziehung. Ravier hat - zumindest in der Darstellung - diesen für uns zentralen Gesichtspunkt nicht zum Angelpunkt seiner Interpretation erhoben, wie die anderen Kapitel z.B. über das Glück, die Freiheit, das Gefühl zeigen.
M. Rangs Studie "Rousseaus Lehre vom Menschen", erstmals 1959 und dann 1965 unverändert in zweiter Auflage erschienen, gilt nach wie vor als Standardwerk der pädagogischen Rousseauforschung, und zwar offensichtlich nicht nur in Deutschland.[36] Rang hat sein Buch, so könnte man sagen, in rehabilitierender Absicht geschrieben, in dem Bemühen, Rousseau endlich die interpretierende Aufmerksamkeit entgegenzubringen, die seinen Schriften - zumindest in der deutschen Pädagogik - so lange versagt worden war. Rousseau verstehen, das heißt für Rang, Rousseau vor allem und zuerst aus seiner Zeit zu verstehen. Daher hat er seine Untersuchung historisch angelegt, wenn auch in systematischer Hinsicht aus der "Bemühung um eine anthropologische Begründung der Pädagogik" (a.a.O., S. 7) erwachsen. Die Lehren Rousseaus gewinnen Kontur, indem sie vor dem Hintergrund der Lehren seiner Zeit abgebildet werden, wobei der "Emile" für Rang den entscheidenden Zugang zum Denken Rousseaus eröffnet, wenn er ihn auch, die zahlreichen autobiographischen Reminiszenzen nicht übersehend, "als Gesamtkonzeption vom Erleben seines Autors (als) unabhängig" (a.a.O., S. 21) erachtet. - Das Bemühen Rangs, das Menschenbild Rousseaus möglichst vollständig aufzuzeichnen, seine Akzentuierung des historischen Aspektes sowie seine implizite pädagogische Theorie bringen es mit sich, daß die Entwicklung des "Emile" im Zusammenhang von Lebenslauf und Erziehung nicht durchgängig zum Vorschein kommt. Zumal Rang, den anthropo-

---

[35] Ein instruktives Beispiel, wie das Menschenbild Rousseaus unter *einem* systematischen Gesichtspunkt gezeichnet werden kann, gibt R. Dérathé: Le Rationalisme de Jean-Jacques Rousseau. Paris 1948.

[36] So war M. Rang 1962 in Paris auf dem Jubiläumskolloquium anläßlich des 250. Geburtstages Rousseaus, organisiert vom Comité National Pour La Commémoration de J.-J. Rousseau, als einziger deutscher Wissenschaftler mit einem eigenen Beitrag vertreten (abgedruckt in der Festschrift Jean-Jacques Rousseau et son œuvre, a.a.O., S. 195ff., vgl. Anmerkung 6).

logischen Dualismus im "Emile" stark betonend, die Entwicklung scharf in zwei Epochen ("existence" und "affection") unterteilt, wodurch der Blick auf die entwicklungslogisch notwendigen curricularen Kontinuitäten erschwert wird.
Ganz anders geht Jimack an den "Emile" heran, was sich bereits im Untertitel andeutet: "Etude sur l'histoire de l'ouvrage jusqu'à sa parution". Während bei Rang der "Emile" gleichsam aus der detaillierten Analyse des historischen Kontextes als ein systematisches Gebäude sich abzuzeichnen beginnt, entsteht bei Jimack der "Emile" im Rückgang von dem letzten bis hin zum vermeintlich ersten Manuskript, dem gemeinhin "manuscrit Favre" genannten. Abgesehen von den Arbeiten Leopold Favres und Massons sind die Manuskripte des "Emile" vorher noch nicht Gegenstand einer textkritischen Analyse gewesen. Die Arbeit Jimacks besteht aus drei Teilen: im ersten Teil geht es um "l'histoire externe de l'Emile", also um die Einzelheiten der jeweiligen Manuskripte, um die Geschichte ihrer Abfassung und schließlich um die Drucklegung. Im Mittelpunkt des zweiten Teils steht "l'histoire interne de l'Emile": hier gibt Jimack zunächst Hinweise auf die philosophischen Anfänge und die pädagogischen Reflexionen Rousseaus vor dem "Emile", um dann mit beeindruckender philologischer Kunstfertigkeit aus dem Vergleich der Manuskripte ein Bild von der Entwicklung des Ganzen (Kap. 7 und 8 "Développement d'ensemble: les âges de l'éducation" und als Fortsetzung "le Traité de l'éducation devient l'Emile") zu entwerfen. Der dritte Teil schließlich beschäftigt sich mit den Quellen des "Emile", d.h. einerseits mit der gelebten Erfahrung seines Verfassers, andererseits mit der, so könnte man sagen, erlesenen Erfahrung, mit Rousseaus Lektüre. Die besondere Bedeutung der Arbeit Jimacks liegt darin, daß durch seine Analyse - einmal abgesehen von den zahlreichen Details - vor allem der "originale" Rousseau deutlicher zum Vorschein kommt, da Rousseau vermutlich in den Anfängen seiner Arbeit zuerst seine eigenen Ideen zu Papier zu bringen versucht hat, die er dann im Fortgang, wohl auch mit zunehmendem Interesse an den Urteilen der erhofften Leser, in wachsendem Maße mit Kenntnissen, die er sich durch Studium anderer Autoren erworben hatte, angereichert haben dürfte.
Während Rang den "Emile" historisch-systematisch aufgearbeitet hat, hat Jimack mit seiner Studie die "Emile"-Interpretation editorisch-systematisch fundiert. Da unsere Studie demgegenüber den biographisch-systematischen Aspekt betont, stellt sie - wenn auch in sehr viel kleinerem Umfang - zu den genannten Arbeiten eine Ergänzung dar.
Zu Kapitel → Unsere Darstellung besteht aus sechs Kapiteln sowie einem Anhang, der die Bedeutung idealtypischer Konstrukte für die pädagogische Theoriebildung,

orientiert an den Schriften M. Webers und A. Schütz', behandelt..

Das *erste Kapitel* (S.20 - 43) soll, einen Überblick bietend, mit den pädagogischen Grundannahmen Rousseaus vertraut machen und den Platz der Erziehungslehre im Kontext seiner Philosophie andeuten.

Das *zweite Kapitel* (S.44 - 64) beschäftigt sich mit dem ersten Buch des "Emile", also mit der Zeit der frühen Kindheit, die - wie an den jeweiligen Lernaufgaben gezeigt wird - im Zeichen der emotionalen Fundierung des moralischen Bewußtseins steht.

Das *dritte Kapitel* (S.65 - 111) hat das umfangreichere zweite Buch zum Gegenstand, in dem Rousseau sich mit dem zweiten Abschnitt der Kindheit, der etwa vom zweiten bis zum zwölften Lebensjahr reicht, auseinandersetzt. In dieser Zeit dominieren die Dinge das Erziehungsgeschehen, über die das Kind gleichsam seine Welt zunehmend in den Griff bekommt.

In einem *vierten Kapitel* (S.112 - 147) geht es, dem dritten Buch des "Emile" entsprechend, um die kurze Zeit des "friedlichen Verstandesalters", die etwa vom 12.-15. Lebensjahr reicht. Hier muß - am Prinzip der Nützlichkeit orientiert - das "Richtige" in der "richtigen" Form gelernt werden.

Das vierte Buch ist das längste und befaßt sich mit den Lernaufgaben des Jugendalters, die im fünften und sechsten Kapitel behandelt werden. Zunächst wird im *fünften Kapitel* (S.148 - 202) die kritische Phase der "Zweiten Geburt", die Zeit der Pubertät, skizziert, weil durch den erwachenden Trieb alles, was es im Jugendalter zu lernen gilt, beeinflußt wird, also auch die beiden Teile des "Menschenstudiums", in denen der Heranwachsende im Umgang lernen muß, wie die Menschen wirklich sind, um sich vorstellen zu können, wie er eigentlich werden möchte. Im *sechsten Kapitel* (S.203 - 261) schließlich geht es zunächst um das Problem der Religion, das - als "Glaubensbekenntnis des savoyischen Vikars" - einen großen Raum einnimmt. Den Abschluß bildet eine Darstellung des Verhältnisses von Erzieher und Zögling, das sich im Jugendalter deutlich von den früheren Entwicklungsstufen unterscheidet.

5. Buch des „Emile" + s. Einleitung v. Reclam!
→ Leben Rousseaus + Entst. v. Emile

Rousseau: 1712 – 1778 → 18. Jhd.

1. Natürliche Entwicklung und naturgemäße Erziehung

Die *Form* des "Emile" als einer idealtypischen Konstruktion wird gesondert in einem Anhang erörtert. In diesem Teil geht es um den *Inhalt*, also um die Probleme, zu deren Klärung die Konstruktion einen Beitrag liefern soll. Das vorliegende Kapitel soll zwei Aufgaben erfüllen: es soll erstens mit den pädagogischen Grundannahmen Rousseaus vertraut machen, und es soll zweitens zeigen, daß die Pädagogik Rousseaus angemessen nur im Kontext seiner Philosophie zu verstehen ist. Die Frage, was Rousseau unter Erziehung versteht (1.1) führt zum ersten zentralen Begriff seines Denkens, zum Begriff der Natur (1.2). Die Reflexion über den Naturbegriff wird gesellschaftlich bedeutsam im Phänomen der Moral (1.3). Damit sind die Voraussetzungen gegeben, um die Grundbegriffe einer naturgemäßen Erziehung darstellen zu können (1.4); alle Überlegungen münden schließlich in die Frage nach dem Ziel der Erziehung ein (1.5).

1.1 Die drei Erzieher

"Wir werden schwach geboren und brauchen die Stärke. Wir haben nichts und brauchen Hilfe; wir wissen nichts und brauchen Vernunft. Was uns bei der Geburt fehlt und was wir als Erwachsene brauchen, das gibt uns die Erziehung".[1] So begründet Rousseau auf den ersten Seiten des "Emile", daß der Mensch auf Erziehung angewiesen ist. Allerdings ist damit zugleich der kleinste gemeinsame Nenner einer jeden pädagogischen Anthropologie klar umschrieben, und in der

---

1 Textgrundlage ist die kritische Gesamtausgabe der Schriften Rousseaus, die in nunmehr vier Bänden in der "Bibliothèque de La Pléiade" vorliegt (vgl. Literaturverzeichnis). Da in der vorliegenden Darstellung zum Zwecke durchsichtiger Beweisführung notgedrungen viel zitiert werden muß, werde ich im fortlaufenden Text einschlägige deutsche Übersetzungen verwenden, damit die Lesbarkeit nicht über Gebühr beeinträchtigt wird. An den Stellen, wo es mir notwendig oder hilfreich erschien, die Übersetzung mit dem Originaltext zu konfrontieren, erscheint das französische Original in der Fußnote. Alle anderen Angaben enthalten mit den entsprechenden Abkürzungen (vgl. Literaturverzeichnis) sowohl die französische als auch die deutsche Fundstelle. - UTB, S. 10 - "Nous naissons foibles, nous avons besoin de forces; nous naissons dépourvus de tout, nous avons besoin d'assistance; nous naissons stupides, nous avons besoin de jugement. Tout ce que nous n'avons pas à nôtre naissance et dont nous avons besoin étant grands nous est donné par l'éducation" (Pl.IV, S. 247). Bevor Rousseau sich für das Wort 'assistance' entschied, hat er zunächst 'subsistance' und dann 'alimens' (Nahrung) geschrieben (vgl. Pl.IV, S. 1293).

Folge dieses Gedankens scheint es nur noch eine Kette offener Fragen zu geben, denn: Was brauchen wir als Erwachsene, wie kann es herausgefunden werden, wie läßt es sich intersubjektiv gültig begründen, auf welche Weise wird darüber entschieden und wie eignet die ältere Generation der jüngeren und der Mensch letztlich sich selber das an, was er zum Leben braucht, kurz: was ist unter *Erziehung* zu verstehen? Für Rousseau gibt es drei "Erzieher": die Natur, die Menschen und die Dinge. "Die Natur entwickelt unsere Fähigkeiten und unsere Kräfte; die Menschen lehren uns den Gebrauch dieser Fähigkeiten und Kräfte. Die Dinge aber erziehen uns durch die Erfahrung, die wir mit ihnen machen, und durch die Anschauung". [2] Diese Dreiteilung der Erziehung, die Assoziationen an den pädagogischen Ternar des Aristoteles (physis, askesis und mathesis) weckt, wirft neue Probleme auf.[3] Denn das "Kollegium" der drei "Erzieher" besteht weder aus gleichberechtigten Partnern, noch ist ihnen Uneinigkeit fremd: "Widersprechen sie sich, so ist der Schüler schlecht erzogen und wird immer uneins mit sich sein" (UTB S. 10/Pl.IV, S. 247). Der konstruktive Charakter dieser Dreiteilung der Erziehung kann erst dann zur Geltung kommen, wenn die Einsicht in die zwischen diesen dreien bestehenden Abhängigkeiten hinzukommt. "Von den drei Arten der Erziehung hängt die Natur gar nicht, die der Dinge nur in gewisser Hinsicht von uns ab. Die der Menschen ist die einzige, die wir in unserer Gewalt haben; und auch da nur unter gewissen Voraussetzungen, denn wer kann hoffen, die Reden und die Handlungen derer überwachen zu können, die das Kind umgeben" (ebd.)? Ein voller Erziehungserfolg kann sich nur dann einstellen, wenn die drei "Erzieher" ihr Werk in einmütiger Weise verrichten. Das ist allerdings ein Glücksfall, der, wenn überhaupt, nur selten eintreten wird, da das Zusammenwirken von Natur, Menschen und Dingen eben nur zum Teil vom Menschen abhängt. Realistisch ist es

---

2 UTB, S. 10 - "Le developpement interne de nos facultés et de nos organes est l'éducation de la nature: l'usage qu'on nous apprend à faire de ce developpement est l'éducation des hommes; et l'acquis de nôtre propre expérience sur les objets qui nous affectent est l'éducation des choses" (Pl.IV, S. 247). Jimack weist darauf hin, daß Rousseau bei der Unterscheidung der drei Arten der Erziehung wahrscheinlich von der Plutarch zugeschriebenen Schrift über die Kindererziehung beeinflußt worden ist (Jimack, a.a.O., S. 266f.).

3 Zum pädagogischen Ternar vgl. H.M. Elzer: Bildungsgeschichte als Kulturgeschichte. Band I. Ratingen 1965, S. 64ff. - Zur aristotelischen Tradition in der Pädagogik vgl. Ders.: Bildungsgeschichte als Kulturgeschichte. Band II. Ratingen 1967, S. 31ff. Weiterhin: F. März: Problemgeschichte der Pädagogik. Bad Heilbrunn 1978 (Band I), 1980 (Band II). - Die Erziehung durch die "Dinge", die im wesentlichen aus Anschauung, Widerstandserfahrung und dadurch in Gang gesetzte Reflexion besteht, wird in einem eigenen Kapitel behandelt.

daher, bei größtmöglicher Sorgfalt "dem Ziel mehr oder weniger nahe zu kommen", was zur notwendigen Voraussetzung hat, "die beiden anderen nach dem Faktor auszurichten, über den wir nichts vermögen", denn: "das Ziel der Erziehung ist das Ziel der Natur selber" (UTB, S. 11/Pl.IV, S. 247)

1.2 Vergangenheit, Gegenwart und Zukunft im Begriff der Natur

Natur ist das Schlüsselwort, um Rousseaus Denken zu verstehen. Allerdings bedarf es der behutsamen Interpretation, da es für sich genommen noch keinen hinreichenden Schutz vor Mißverständnissen bietet.[4]
Das Denken Rousseaus nimmt seinen Ausgang von der Kritik der Gesellschaft und Kultur, in der er lebt (Gegenwart). Das Maß dieser Kritik erhält er durch die Reflexion auf einen vorgesellschaftlichen natürlichen Zustand des Menschen (Vergangenheit). Aus Kritik dessen, was ist und Reflexion dessen, was war, soll sich das erschließen lassen, was sein soll (Zukunft). Anders formuliert: In der Philosophie Rousseaus ist zu unterscheiden zwischen der ungebrochenen, heilen Natur des edlen Wilden, zwischen der durch Vergesellschaftung, also durch Normen, gebrochenen gefesselten Natur und zwischen der Natur als Norm selbst.[5]
Die letztgenannte Variante ist gewissermaßen die "Idee-Bedeutung der Natur", von der Weigand spricht, d.h. "für Rousseau hat die Natur die Bedeutung eines Maßes, um zu messen".[6] So verstanden ist Natur als idealtypischer Begriff aufzufassen,

---

4 Schinz sagt z.B.: "On voit bien...comme 'nature' ne signifie absolument rien chez Rousseau - parce qu'il signifie trop de choses" (A. Schinz: La pensée de J.J. Rousseau. Paris 1929, S. 502). - Vgl. zum Problem der Vieldeutigkeit des Naturbegriffs R. Spaemann: Zur Vorgeschichte von Rousseaus Naturbegriff, in: Archiv für Begriffsgeschichte, XI, 1967, 1, S. 59-74. Der Aufsatz ist aufgenommen in R. Spaemann: Rousseau - Bürger ohne Vaterland. München 1980, S. 57-77.

5 Fetscher vertritt ebenfalls die Auffassung, daß "Naturmensch" für Rousseau ein idealtypischer Begriff sei (S. 35). Dementsprechend zeichnet er sehr genau die Grade der Natürlichkeit nach (vgl. I. Fetscher: Rousseaus politische Philosophie. Zur Geschichte des demokratischen Freiheitsbegriffs. Frankfurt/M. 1978[2], S. 27ff.).

6 Kurt Weigand (Hg.): Jean-Jacques Rousseau. Schriften zur Kulturkritik. Hamburg 1978, S. LIII. - Luhmann/Schorr bringen das hier skizzierte Problem auf die Formel: "Natur ist Negativität *und* Negation der Negativität zugleich" (N. Luhmann/K.-E. Schorr: Reflexionsprobleme im Erziehungssystem. Stuttgart 1979, S. 64).

der das Unerreichbare beschreibt, um das Wirkliche beurteilen zu können.[7] Der "homme sauvage" des Naturzustandes und der "homme artificiel" der Gesellschaft markieren die beiden Pole, zwischen denen das Denken Rousseaus sich bewegt. So hält er in den beiden berühmten Preisschriften der Akademie von Dijon seinen Zeitgenossen den"homme sauvage" als Spiegelbild entgegen, nicht um - wie es dem Zeitgeist wohl eher entsprochen hätte - den Aufstieg von Wissenschaft und Künsten als unaufhaltsamen kulturellen Fortschritt zu preisen, sondern im Gegenteil, um das Ausmaß deutlich zu machen, in dem der Mensch sich von sich selbst, von seiner eigentlichen Bestimmung entfremdet hat.[8] Die Beweisführung bietet Angriffspunkte, und so ist es nicht verwunderlich, daß kein Geringerer als Voltaire gewissermaßen en passant zunächst dem Angriff mit lockerer Polemik zu begegnen vermag.[9] An dieser Reaktion Voltaires wird ein typisches Merkmal des 18. Jahrhunderts deutlich, das Cassirer folgendermaßen beschreibt: "Das achtzehnte Jahrhundert ruht, in seiner Dichtung wie in seiner Philosophie und Wissenschaft, in einer festen und fertigen Formwelt aus. In dieser Welt findet es die Wirklichkeit der Dinge gegründet und ihrenWert beschlossen und gesichert. Es erfreut sich an der eindeutigen Bestimmtheit, an dem klaren und scharfen Umriß der Dinge, an ihrer sicheren Umgrenzung; und es sieht die Fähigkeit zu solcher Bestimmung und Umgrenzung zugleich als die höchste subjektive Kraft des Menschen, als die Grundpotenz der 'Vernunft' selbst an. Rousseau ist der erste Denker, der diese Sicherheit nicht nur in Frage stellt, sondern der sie in ihren

---

7 Der hypothetische Naturbegriff Rousseaus wird "natürlich" ergänzt durch einen wirklichen Naturbegriff, der im Hinblick auf das Individuum als Vermögen (Anlage), Entwicklung und Reifung zur Geltung kommt (vgl. 1.4).

8 Vgl. H. Barth: Über die Idee der Selbstentfremdung des Menschen bei Rousseau, in: Z.f. philosoph. Forschung, 13, 1959, 1, S. 16-35.

9 In einem Brief vom 30.8.1755 bedankt sich Voltaire für die Zusendung der Preisschrift über die Ungleichheit u.a. mit folgenden Worten: "Man hat nie so viel Geist angewendet, um uns dumm zu machen; es überkommt einem förmlich die Lust, auf vier Füßen zu gehen, wenn man Ihr Werk liest...Herr Chappius benachrichtigt mich, daß Ihre Gesundheit vieles zu wünschen übrig lässt; Sie sollten Sie in der Luft Ihrer Heimat wieder herstellen, die Freiheit geniessen, mit mir die Milch unserer Kühe trinken und auf unseren Wiesen grasen..." (Hier zitiert nach G. Maugras: Philosophenzwist. Voltaire und J.J. Rousseau. Übersetzt von O. Schmidt. Wien 1895, S. 29. - Der Brief ist zu finden in Th. Besterman (Hg.): Voltaire's Correspondence. Genf 1957, S. 230-234 (Bd. XXVII).

Grundfesten erschüttert".[10] Diese Erschütterung ist radikal: "Er verneint und er zerschlägt in der Ethik und in der Politik, in der Religion wie in der Literatur und Philosophie, die geprägten Formen, die er vorfindet" (Cassirer, ebd.); - von gleicher Radikalität aber ist sein kreatives und unermüdliches, kontruktives Bemühen. Am "Staatsvertrag" und am "Emile" wird diese konstruktive Fähigkeit Rousseaus in besonderer Weise deutlich. Es ist Cassirer in diesem Kontext darin zuzustimmen, daß die Ziele dieser Bewegung zunächst "im Dunkeln" bleiben und Rousseau "über schwankende und häufig widerspruchsvolle Formulierungen nicht hinausgelangt" (S. 178). Vielmehr ist der Impuls von entscheidender Bedeutung, dem Rousseau mit einer Konsequenz zu folgen scheint, die gleichermaßen uneingeschränkte Bewunderung und schroffe Ablehnung hervorgerufen hat: "Und er wagt es, sich diesem Impuls zu überlassen: er stellt der wesentlich statischen Denkweise des Jahrhunderts seine eigene ganz persönliche Dynamik des Gedankens und seine Dynamik des Gefühls und der Leidenschaft gegenüber" (Cassirer, ebd.). Diese Art die Wirklichkeit zu betrachten mag zum Teil die Faszination erklären, die von ihm ausgeht, wie auch die häufig kontroversen Interpretationen, so betrachtet, verständlich würden. Wenn allerdings die von Rousseau aufgeworfenen Fragen mehr von den sie implizierenden Voraussetzungen her und weniger von den Ergebnissen betrachtet werden, dann wird deutlich, daß sie "in ihrer Reife und Vollendung eine *objektive* Problematik vor uns hinstellen, die weder allein für ihn selbst noch auch für seine Epoche gilt, sondern die, in voller Schärfe und Bestimmtheit, eine innere, strengsachliche Notwendigkeit in sich birgt" (Cassirer, S. 181). Diese objektive Problematik besteht in der Frage nach der Natur des Menschen. Das kritische Potential dieser Fragestellung kommt dann zum Vorschein, wenn ihre Implikationen betrachtet werden, denn: nach der Natur des Menschen zu fragen, nach seiner "eigentlichen" Bestimmung, heißt für Rousseau zugleich, sich um die Gestaltung gesellschaftlicher Verhältnisse zu bemühen, die diesem Wesen entsprechen. Immanuel Kant, von dem bekannt ist, daß der "Emile" zu seiner Lieblingslektüre zählte, hat diesen konstruktiven und in die Zukunft weisenden Charakter der vermeintlichen Fortschrittsfeindlichkeit Rousseaus klar erkannt und präzise auf den Begriff gebracht: "Rousseau wollte im Grunde nicht, daß der Mensch wiederum in den Naturzustand zurückgehen, sondern von der Stufe, auf der er jetzt steht, dahin

[10] E. Cassirer: Das Problem Jean Jacques Rousseau, in: Archiv für Geschichte der Philosophie, XLI, 1932, S. 178.

zurücksehen sollte".[11] Der Sinn der Retrospektive besteht in der Notwendigkeit und Verpflichtung, die Zukunft zu gestalten oder, wie Klaus Prange schreibt: "Die Formel von der Rückkehr zur Natur, eine Formel der Reduktion, soll als Forderung verstanden werden: vorwärts zu natürlichen Verhältnissen, zu einer Einrichtung des menschlichen Lebens, die jenem Grundbild entspricht".[12] Rousseaus Begriff der Natur, das wird nun deutlich, ist angemessen nur als ein dynamischer zu verstehen, natura naturans, nicht jedoch als statischer, natura naturata.[13] Die Natur markiert eben nicht nur das Ziel, sondern auch den Weg, die Methode. In eben diesem Sinne spricht Burgelin von Rousseaus Erziehungskonzeption als "dénaturation naturelle".[14]

"Dénaturation naturelle": das ist eine paradoxe Formulierung, die der Erläuterung bedarf. In der Vorstellung Rousseaus lebt der natürliche Mensch allein und bedarf seiner Mitmenschen nicht. Er ist materiell und seelisch unabhängig und ruht in sich. Er ist frei in dem Sinne, daß er nicht andere Menschen zur Befriedigung seiner Bedürfnisse nötig hat. Gefühlsmäßig ist er durch die Selbstliebe (amour-de-soi) bestimmt, ein für die Selbsterhaltung biologisch notwendiges Gefühl. Dieser Zustand ist gewissermaßen vormoralisch. Er bietet einerseits ein Bild von Ruhe, Frieden und völliger Ausgeglichenheit, aber er ist andererseits ein Zustand ohne Entwicklung, im Gleichgewicht gefangen. Durch den Prozeß der Arbeitsteilung verändert sich dieser Zustand der Homöostase. Die Menschen werden voneinander abhängig, sie beginnen Eigentum zu erwerben und fangen an, sich zu vergleichen. In dieser Situation der Vergesellschaftung entsteht die Eigenliebe (amour-propre),

---

11 I. Kant: Anthropologie in pragmatischer Hinsicht. Werkausgabe in 12 Bänden herausgegeben v. W. Weischedel, Suhrkamp, Frankfurt/M. 1978, Bd. XII, S. 681 (Alle folgenden Kant-Zitate sind dieser Ausgabe entnommen).

12 K. Prange: Pädagogik als Erfahrungsprozeß. Bd. II, Die Epochen der Erfahrung. Stuttgart 1979, S. 209.

13 Der Begriff der natura naturata findet sich wahrscheinlich zum ersten Mal zur Bezeichnung des Weltganzen in seinem Verhältnis zu Gott (natura) in der lateinischen Übersetzung des Kommentars des Averroes zu Aristoteles "De caelo I 1 268a 19". Gott als prima causa (als ein erstes Verursachendes) wurde dann nach Bonaventura natura naturans genannt (vgl. J. Hoffmeister: Wörterbuch der philosophischen Begriffe. Hamburg 1955², S. 422f.). Näheres bei Siebeck: Über die Entstehung der Termini natura naturans und natura naturata, in: Archiv für Geschichte der Philosophie, Bd. III, 1890, S. 370-378.

14 "...l'éducation soit intrinsèquement, si l'on ose dire, une dénaturation naturelle, qui porte l'enfant au-dessus de la nature sans jamais le fabriquer contre elle" (P. Burgelin: La Philosophie De L'existence De J.-J. Rousseau. Paris 1952, S. 484; vgl. auch S. 475-504).

ein "unnatürliches", egoistisches Gefühl, durch das die Menschen außer sich geraten, weil sie ihr Handeln und Denken zunehmend nach dem Urteil der anderen auszurichten beginnen.[15]
Dieser Vorgang der "dénaturation" ist also einerseits ein notwendiger Prozeß, ohne den der Mensch seine kulturellen und sozialen Fähigkeiten nicht entwickeln könnte, aber er bringt andererseits die Gefahr mit sich, daß der Mensch sich von seiner eigentlichen Natur entfernt: Einerseits kann der Mensch nur Mensch werden durch andere, andererseits entfremdet er sich eben dadurch von sich selbst. In diesem offensichtlichen Widerspruch ist der Grund dafür zu sehen, daß Rousseau bis heute zu unvereinbar erscheinenden Interpretationen Anlaß gegeben hat, ganz gleich ob auf dem Gebiet der Staatsphilosophie, der Gesellschaftstheorie oder der hier im Mittelpunkt stehenden Erziehungslehre.[16] Eine Betrachtung des Lebensweges Rousseaus und seiner umfangreichen autobiographischen Schriften läßt die Vermutung naheliegend erscheinen, dieser Widerspruch von Natur und Gesellschaft hätte auch ihn selbst ein Leben lang auseinandergerissen. In einer vergleichenden Studie über Sartre und Rousseau schreibt Beerling: "Er bewegte sich zwischen Konstruktionen. Der hypothetische Naturzustand war die erste, der vertragsmäßige Gesellschaftszustand die zweite. Der erste Zustand hat vielleicht oder vermutlich nie bestanden; der zweite wird nie bestehen können, weil die menschliche Korruptibilität gegenüber der Perfektibilität immer, und zwar unwiderstehlich, die Oberhand behält. Aus tiefster Entfremdung hat er die

---

15 Die Unterscheidung von "amour-de-soi und "amour-propre" geht auf Vauvenargues und Malebranche zurück. Speziell zum Einfluß Malebranches auf Rousseau vgl. E. Bréhier: Les lectures malebranchistes de Jean- Jacques Rousseau, in: Revue internationale de philosophie, 1938, 10, S. 98-120. Fetscher macht in einer interessanten Randbemerkung darauf aufmerksam, daß die Unterscheidung von "amour-de-soi" und "amour-propre" erstmals 1802 im Wörterbuch der Académie Française auftaucht, aus dem sie 1835 wieder entfernt wird, nachdem der Neologismus "égoisme" - 1762 erstmals von der Akademie anerkannt - den Begriff der "amour-propre" verdrängt zu haben scheint (Fetscher, a.a.O., S. 310f.).

16 Ein gutes Beispiel für extreme Einseitigkeit der Interpretation liefert auf staatsphilosophischem Gebiet B. Russell: "In unserer Zeit ist Hitler eine Folgeerscheinung Rousseaus..." (S. 567); "Das erste praktische Ergebnis seiner (Rousseaus, V. K.) Lehre war die Herrschaft Robespierres; die Diktaturen in Russland und Deutschland (und sie vor allem) sind teilweise Auswirkungen der Rousseauschen Doktrin. Welche weiteren Triumphe die Zukunft für seinen Geist noch bereit hält, wage ich nicht vorauszusagen" (S. 580); in: B. Russell: Philosophie des Abendlandes. Frankfurt/M. 1950 (London 1946).
Vgl. zu dieser Frage auch John W. Chapman: Rousseau - Totalitarian or Liberal. New York 1968.

Wiederherstellung des religiös-moralisch gedeuteten 'ordre de la nature' ersehnt und das paradoxe Ideal des natürlichen Menschen in einer notwendig unnatürlichen Gesellschaft angestrebt. Daran ist er gescheitert und irre geworden".[17] Die Grundfrage, die Rousseaus Denken beherrscht, lautet also: Wie kann der für die Entwicklung des Menschen notwendige Prozeß der "dénaturation" "natürlich" bleiben und gestaltet werden? Was ist zu tun, damit die durch Vergesellschaftung provozierte Eigenliebe (amour-propre) des Menschen ihm nicht seine natürliche Würde nimmt? Wie also müssen Menschen naturgemäß erzogen werden? Diese Fragen führen zum Problem der Moral, das im folgenden Abschnitt behandelt wird.

1.3 Die Idee der Entwicklung und das Problem der Moral

Rousseaus dynamischer Naturbegriff impliziert notwendig einen Begriff von *Entwicklung*.[18] Die Originalität Rousseaus zeigt sich nun in der Art und Weise, wie er in seinem Denken diesen Begriff zum Leuchten bringt: Einerseits ist die Idee der Entwicklung für das Verständnis jedes einzelnen Menschen von grundlegender Bedeutung, andererseits ist sie es in gleicher Weise für das Verständnis von Kultur und Gesellschaft. Dabei geht es Rousseau nicht um die formale Parallelität von Ontogenese und Phylogenese; dieser Gesichtspunkt ist zwar in seinem Denken enthalten, jedoch an keiner Stelle ausdrücklich systematisch entfaltet.[19] Rousseau

---

17 R.F. Beerling: Jean Jacques und Jean Paul. Rousseau, Sartre und die Zwangsidee der vollkommenen Transparenz, in: B. Waldenfels (Hg.): Phänomenologie und Marxismus. Bd. 2 Praktische Philosophie. Frankfurt/M. 1977, S. 179. - Zur Biographie Rousseaus vgl. die behutsame, psychoanalytisch orientierte, die Familienwelten in den Mittelpunkt rückende Arbeit von P.-P. Clément: Jean-Jacques Rousseau, de l'éros coupable à l'éros glorieux. Neuchâtel 1976. - Einen Einblick vermittelt auf literarische Weise der Roman von L. Feuchtwanger: Narrenweisheit oder Tod und Verklärung des Jean-Jacques Rousseau. Frankfurt/M. 1978 (erstmals 1952). Die Art und Weise, in der Feuchtwanger das Bild der Thérèse zeichnet, fordert allerdings zur Kritik heraus.

18 Die Idee der Entwicklung ist auch Ausdruck eines veränderten Wissenschaftsbewußtseins, eines Paradigmenwechsels im Sinne Kuhns, das sich von der Metaphysik entfernt, um sich der Erfahrung zuzuwenden. Der Entwicklungsgedanke ist dementsprechend auch bei anderen Denkern der Zeit ausgearbeitet; Rang (a.a.O., S. 95ff.) stellt dies ausführlich dar.

19 Im Hinblick auf die körperliche Entwicklung formulierte Ernst Haeckel im Rahmen seiner Abstammungslehre das "Biogenetische Grundgesetz". Van Scheltema hat - u.a. unter Berufung auf Rousseau (S. 12) - versucht, ein psychogenetisches Grundgesetz aufzustellen (vgl. F.A. van Scheltema: Die geistige Wiederholung. Der Weg des Einzelnen und seiner Ahnen. Bern 1954).

geht es um etwas anderes: Er betrachtet beide Entwicklungsdimensionen, die individuelle und die gesellschaftliche, unter demselben Vorzeichen: dem Problem der Moral. In dem berühmten Brief an den Erzbischof von Paris, Christophe de Beaumont, heißt es: "Der Hauptgrundsatz aller Moral, den ich in meinen Schriften befolgt und besonders in diesem letzten Werk (dem "Emile", d. Verf.) ganz auseinandergesetzt habe, lautet, daß der Mensch von Natur gut ist und die Gerechtigkeit und die Ordnung liebt, daß das menschliche Herz von Natur nicht verdorben ist und daß die ersten Regungen der Natur immer gut sind. Ich habe gezeigt, daß die einzige Leidenschaft, welche mit dem Menschen geboren wird, die Selbstliebe, an sich selbst in Rücksicht des Guten und des Bösen gleichgültig ist, daß sie bloß durch Zufälle und die Umstände, in welchen sie sich *entwickelt* (Hervorhebung vom Verf.), gut oder böse wird. Ich habe gezeigt, daß alle Laster, welche man dem menschlichen Herzen zuschreibt, ihm nicht natürlich sind, ich habe ihre Entstehungsart gezeigt und sozusagen ihre *Genealogie* (Hervorhebung vom Verf.) geschrieben und endlich habe ich gezeigt, wie durch die allmähliche Veränderung seiner natürlichen Güte der Mensch das geworden ist, was er jetzt ist".[20] Die Diskussion der mit diesen Sätzen aufgeworfenen Frage, ob der Mensch in Wahrheit von Natur aus gut oder schlecht oder weder das eine noch das andere ist, muß hier in den Hintergrund treten, damit die Bedeutung dieser Grundannahme Rousseaus herausgestellt werden kann. Es mag zwar sein, wie Kant schreibt, daß die Annahme, der Mensch sei von Natur aus gut, "vermutlich bloß eine gutmütige Voraussetzung der Moralisten von Seneca bis zu Rousseau" ist.[21] Entscheidend ist es vielmehr, zu erkennen, daß diese Voraussetzung für Rousseau eine notwendige Bedingung des Verstehens darstellt: Denn die Annahme, der Mensch sei von Natur

---

[20] Ritter, I., S. 508f. - "Le principe fondamental de *toute* morale, sur lequel j'ai raisonné dans tous mes Ecrits, et que j'ai développé dans ce dernier avec toute la clarté dont j'étois capable...; ...qu'elle ne devient bonne ou mauvaise que par accident et selon les circonstances dans lesquelles elle se *développe*...; j'en ai, suivi la généalogie..." (Pl.IV, S. 935f.). - Die grundlegende Bedeutung dieses Prinzips ist auch daran zu ermessen, daß Rousseau gerade in seiner vorletzten Schrift "Rousseau Juge De Jean Jacques", den "Dialogues", noch einmal schreibt: "L'Emile en particulier, ce livre tant lu, si peu entendu et si mal apprécié n'est qu'un traité de la bonté originelle de l'homme, destiné à montrer comment le vice et l'erreur, étrangers à sa constitution, s'y introduisent du dehors et l'altérent insensiblement" (Pl.I, S. 934). Die Aussage ist also wohlbegründet, daß dieses Prinzip wirklich ein Grundprinzip Rousseaus gewesen ist, das vom Anfang, den Preisschriften, bis zu seinem Tode sein ganzes Denken bestimmt hat.

[21] Kant, Metaphysik der Sitten, Werke Bd. VIII, S. 666.

aus böse, trägt nichts zum *Verständnis* des Bösen bei. Um nämlich das Böse *verstehen* zu können, muß man es vielmehr im Prozeß seiner Entwicklung betrachten. Dieses *genealogische* Verständnis des Bösen ist es, das Rousseau zwangsläufig auch in Widerspruch zur Meinung der Kirche bringen muß. An anderer Stelle des Briefes schreibt er dem Bischof: "Die Erbsünde erklärt alles, nur nicht ihren Grund, und diesen Grund muß man untersuchen...Sie sehen bloß den Menschen in den Händen des Teufels, und ich sehe, wie er hineingeraten ist...Wir geben, denke ich, alle beide zu, daß der Mensch gut erschaffen worden ist. Sie sagen aber er sei böse, *weil* er böse gewesen ist, und ich zeige, *wie* er böse geworden ist. Wer von uns beiden erforscht Ihrer Ansicht nach den Grund am besten"?[22] Durch die Grundüberzeugung, daß der Mensch von Natur aus gut sei, verbindet er Erziehung und Politik untrennbar miteinander. Denn wenn der Mensch von Natur aus gut ist und durch gesellschaftliche Umstände böse werden kann, dann müssen diese gesellschaftlichen Verhältnisse in besonderer Weise Beachtung finden. Diese Verbindung von Erziehung und Politik ist eine der praktischen Konsequenzen des optimistischen Menschenbildes Rousseaus, und sie ist Ausdruck von "jenem Bewußtsein der Verantwortung der Gesellschaft, das Rousseau als erster besessen und das er der gesamten Folgezeit eingepflanzt hat", wie Cassirer es ausdrückt (a. a.O., S. 209).

Das Problem der Moral stellt den Schnittpunkt dar, an dem sich individuelle und gesellschaftliche Perspektive der Entwicklung kreuzen müssen, und somit wird das Problem der Moral selbst zu einem Problem der Entwicklung: dies ist das Grundprinzip, das Rousseau als Angelpunkt seines Denkens ausdrücklich herausstellt.[23]

Dieses Prinzip kommt im Hinblick auf die Moralerziehung in modifizierter Weise

---

[22] Ritter, I., S. 513f. - "Le péché originel explique tout excepté son principe, et c'est ce principe qu'il s'agit d'expliquer...mais vous dites qu'il est méchant, parce qu'il a été méchant; et moi je montre comment il a été méchant" (Pl.IV, S. 939f.).

[23] Die Kenntnis der Motive des Briefes an Beaumont, Verteidigung und Rechtfertigung des EMILE, sollten die Interpreten dazu veranlassen, den systematischen Stellenwert der hierin gemachten Aussagen, bei aller Bedeutung, die ihnen zukommt, nicht zu überschätzen. Eine derartige Bewertung käme in die Gefahr, der Eigenart des Rousseauschen Denkens, die durch eine Mischung von expliziter Systematik und impulsiver Intuition gekennzeichnet ist, nicht hinreichend gerecht zu werden. Diese Gefahr sehe ich bei M. Bruppacher: Selbstverlust und Selbstverwirklichung. Die geistige Entwicklung des Menschen bei J.-J. Rousseau. Frankfurt/M. 1972, S. 26.

dergestalt zur Geltung, daß die natürliche Entwicklung des einzelnen Menschen und der Prozeß seiner Vergesellschaftung aus einem dialektischen Prozeß heraus ihre Synthese im moralischen Verhalten des Erwachsenen finden: aus dem Wechselspiel von "homme naturel" und "homme social" entwickelt sich der "homme moral". Die von Natur aus vorhandenen Anlagen und Lernfähigkeiten können sich demnach nur durch mitmenschlichen Umgang entwickeln; der Modus des Umgangs entscheidet über die Qualität der Entfaltung der natürlichen Lerndispositionen, wie letztere wieder den Einflußmöglichkeiten des Umgangs Grenzen setzen. Beide Entwicklungsformen bleiben immer auf ein gemeinsames Ziel gerichtet, auf die Bildung des moralischen Menschen. Denn nur im moralischen Verhalten liegt die Möglichkeit des Menschen begründet, sich von seiner eigentlichen Bestimmung nicht zu entfremden: als nur gesellschaftlich zu realisierende Form entspricht die "vertu" (Tugend) in gewisser Weise so der "bonté naturelle".[24] Der Mensch hat die Freiheit, den Prozeß der "dénaturation", als der Sozialisation, dadurch gewissermaßen wieder natürlich zu gestalten, indem er ihn am Ziel des moralischen Verhaltens ausrichtet. "Solange die Empfindsamkeit auf das Individuum beschränkt bleibt, haben seine Taten keinen moralischen Charakter. Erst wenn sie über sich hinauswirkt, beginnt er zu fühlen und bekommt den Begriff von Gut und Böse, der ihn wahrhaft zum Menschen und zu einem unabtrennbaren Teil seiner Gattung macht" (UTB, S. 220/Pl.IV, S. 501). Der Ursprung des moralisch Bösen liegt in der Freiheit des Menschen, wie Rousseau an anderer Stelle sagt.[25] Dementsprechend kann auch das moralisch Gute nur in der Freiheit des Menschen begründet sein. Es wäre nachgerade widersinnig, Gott darum zu bitten, "denn warum etwas erbitten, was er mir schon gegeben hat? Hat er mir nicht das Gewissen gegeben, das Gute zu lieben, die Vernunft, um es zu

---

[24] So betrachtet würde der Satz "Das Ziel der Erziehung ist das Ziel der Natur selber" durchsichtig und eher verständlich.

[25] "Alles, was er (der Mensch, V.K.) aus freiem Entschluß macht, gehört nicht in das geordnete System der Vorsehung und kann ihr nicht zur Last gelegt werden. Sie will das Böse nicht, das der Mensch tut, indem er die Freiheit mißbraucht, die sie ihm gegeben hat...Sie hat ihn frei gemacht, damit er aus freier Wahl das Gute tue und nicht das Böse...Aber sie hat seine Kraft so weit beschränkt, daß der Mißbrauch der Freiheit, die sie ihm gelassen hat, die allgemeine Ordnung nicht stören kann" (UTB, S. 293f.). - "Ich bemühte mich meinerseits, den Ursprung des physischen Bösen in der Natur der Materie und den des moralischen Bösen in der Freiheit des Menschen zu zeigen" (Winkler, Julie, S. 625). - Zum werkgeschichtlichen Kontext vgl. Rang, a.a.O., S. 41-92 und Jimack, a.a.O., S. 77-207 (L'histoire interne de l'Emile).

erkennen, die Freiheit, um es zu wollen. Wenn ich unrecht tue, habe ich keine Entschuldigung: ich tue es, weil ich es will" (UTB, S. 310/Pl.IV, S. 605). Ebenso widersinnig wäre es, von der Erziehung zu erwarten, einen Menschen "tugendhaft" zu machen; sie kann nicht mehr als die Grundlage dafür zu stiften versuchen. Einen "guten" Menschen zu formen, das ist ihre Aufgabe und Grenze zugleich. Im Verlauf seiner Erziehung bleibt der Mensch in der "unsicheren Freiheit eines Sklaven, dem man noch nichts befohlen hat. Nun, sei wahrhaft frei! Lerne, dein eigener Herr zu sein!...Du hast also eine neue Lehre vor Dir, und diese Lehre ist mühsamer als die erste: denn die Natur erlöst uns von den Übeln, die sie uns auferlegt, oder sie lehrt uns, sie zu ertragen. Sie lehrt uns aber nichts über diejenigen, die aus uns selbst kommen. Sie überläßt uns dann uns selber" (UTB, S. 490/Pl.IV, S. 818). Bevor allerdings der Mensch sich selber überlassen werden kann, müssen Natur, Menschen und Dinge das Erziehungswerk so verrichten, daß derjenige, der dann sich selber überlassen wird, für den dann folgenden Abschnitt seines Lebenslaufes hinreichend vorbereitet sein wird. Darin besteht die Verantwortung der Erzieher; auf welche Weise sie sie übernehmen sollen, darüber gehen die Ansichten auseinander. Rousseau sagt: "Wir arbeiten im Einklang mit der Natur: während sie den leiblichen Menschen bildet, versuchen wir den moralischen Menschen zu bilden. Unsere Fortschritte sind aber nicht gleichmäßig"(UTB, S. 335).[26] Die Frage lautet also: Auf welche Weise müssen für die Erziehung eines moralischen Menschen die natürliche Entwicklung und die "vergesellschaftende" Entwicklung in Einklang gebracht werden? Oder in Termini moderner Theorie: Wie sind Entwicklungspsychologie und Theorie der Sozialisation in einem anthropologischen Konzept der Moralerziehung zu verbinden? Das ist zugleich der Gedanke, der der vorliegenden Arbeit als Richtschnur dient.Es ist in den voranstehenden Abschnitten versucht worden, die Begründungen Rousseaus für die Notwendigkeit einer naturgemäßen Erziehung herauszuarbeiten. Um die wechselseitigen Zusammenhänge zwischen Naturgeschichte, Kulturkritik, gesellschaftlichen Verhältnissen und dem Problem der Moral als Grundproblem der Erziehung zeigen zu können, war ein weiter Blickwinkel erforderlich. Der Winkel wird nun verkleinert, damit in dem folgenden Abschnitt die Grundbegriffe einer naturgemäßen Erziehung in den Mittelpunkt rücken können.

---

26 "Nous travaillons de concert avec la nature, et tandis qu'elle forme l'homme physique nous tâchons de former l'homme moral; mais nos progrès ne sont pas les mêmes" (Pl.IV, S. 636).

1.4 Grundbegriffe naturgemäßer Erziehung

"Beobachtet die Natur und folgt dem Weg, den sie Euch zeigt" (UTB, S. 20).[27] Das hört sich so leicht an, und doch ist es eine einzige offene Frage, denn: auf welche Weise zeigt die Natur den Weg, wie ist er beschaffen, mit welchen Gefahren ist zu rechnen, wenn man ihn beschreitet, welche Aussichten bieten sich und schließlich, wohin führt er?

Die Idee der natürlichen Entwicklung ist nicht denkbar ohne das Vorhandensein einer natürlichen *Anlage*, weil etwas da sein muß, wenn etwas sich entwickeln soll. Rousseaus Gedankengang nimmt daher auch von hier seinen Ausgang: "Außer der allen Menschen gemeinsamen Beschaffenheit bringt ein jeder bei seiner Geburt besondere Anlagen mit, welche seine Fähigkeiten und seinen Charakter bestimmen und welche man weder zu verändern noch zu zwingen, sondern auszubilden und vollkommen zu machen hat. Alle Charaktere sind nach Herrn von Wolmars Meinung an sich gut und gesund. Es gebe keine Irrtümer in der Natur, sagt er. Alle Laster, die man der natürlichen Anlage zuschreibt, sind Auswirkungen der schlechten Bildung, die sie erhalten hat. Es gibt keinen Bösewicht, dessen Neigungen nicht große Tugenden hervorgebracht hätten, wenn sie besser gelenkt worden wären" (Winkler, Julie, S. 591).[28] Die Aufgabe der Erziehung besteht darin, das, was ein jeder - und jeder verschieden - an besonderen Anlagen mitbringt, auszubilden und vollkommen zu machen (perfectionner). Die natürlichen Anlagen bieten Möglichkeiten, allerdings nicht unbegrenzt, denn: "Behauptete nicht Plato, Ihr Lehrmeister, daß alles menschliche Wissen, alle Philosophie aus einer menschlichen Seele nicht mehr herausbringen könne, als was die Natur ihr mitgegeben habe: so wie alle chemischen Operationen aus einer Mischung niemals mehr Gold gewannen, als sie von Anfang an erhielt" (Winkler, Julie, S. 593/Pl.II, S. 565). Die natürlichen Anlagen bilden die Grundlage jeder Erziehung, sie eröffnen ihre Möglichkeiten und stecken ihr Grenzen. Auf die von Natur aus

---

27 "Observez la nature, et suivez la route qu'elle vous trace" (Pl.IV, S. 259). Dieses Prinzip ist nicht neu. Originell ist Rousseau hingegen in der systematischen Weise, in der er ihm in seinem Denken zu folgen versucht. Beispielsweise hat Fénelon in seiner Schrift über die Mädchenerziehung ganz ähnliche Maximen aufgestellt; die Bezüge zwischen Fénelon und Rousseau sind aus folgender Schrift ersichtlich: R. Spaemann: Reflexion und Spontaneität. Studien über Fénelon. Stuttgart 1963, vor allem S. 138ff. und S. 223ff.

28 "...Tous les caracteres sont bons et sains en eux-mêmes...Il n'y a point...d'erreurs dans la nature, Tous les vices qu'on impute au naturel sont l'effet des mauvaises formes qu'il a reçues...(Pl.II, S. 563).

vorhandenen Unterschiede haben die Menschen keinen Einfluß, wohingegen sie verantwortlich sind für das unterschiedliche Ausmaß an erzieherischer Zuwendung, das sie ihren Heranwachsenden zuteil werden lassen.[29]

Wenn aber alle Charaktere an sich gut und gesund sind, und wenn es dennoch "Bösewichter" gibt, dann kann dies nur bedeuten, daß die Macht der Erziehung gerade auch in destruktiver Weise zum Ausdruck kommen kann, nämlich immer dann, wenn dem Weg der Natur nicht gefolgt wird: "Nachdem man viel Mühe daran verschwendet hat, die wahren Gaben der Natur bei den Kindern zu verderben, sieht man jenen flüchtigen und eitlen Glanz, den man diesen Gaben vorzog, bald verblassen, ohne daß die erstickte natürliche Anlage jemals wiederkehrt; man verliert zugleich das, was man zerstörte, und das, was man geschaffen hat; endlich werden, zum Lohn für soviel unvernünftig angewandte Mühe, alle diese kleinen Wunderkinder Geister ohne Stärke und Menschen ohne Verdienst, die einzig und allein wegen ihrer Schwäche und ihrer Unbrauchbarkeit bemerkenswert sind" (Winkler, Julie, S. 591/Pl.II, S. 563f.). Offensichtlich hat das Abweichen vom Weg der Natur weitreichende und vernichtende Konsequenzen. Es besteht die Gefahr, daß die von Natur aus vorhandenen Möglichkeiten nicht nur nicht ausgebildet werden, folglich brach liegen und verkümmern können, sondern daß erzieherische Unvernunft in unwiederbringlicher Weise die natürlichen Lerndispositionen zu zerstören vermag. In dieser Einsicht scheint Rousseaus feuriger Eifer begründet zu sein, für seine Erziehungskonzeption zu streiten und seine Zeitgenossen von der Notwendigkeit zur Umkehr zu überzeugen.

Achtet die natürlichen Anlagen und vervollkommnet sie, wenn sie sich zeigen, so gut ihr könnt: diese erste Regel steht am Anfang jenes langen Weges der naturgemäßen Erziehung. Damit Anlagen sich entfalten können, bedarf der Mensch der *Fähigkeit zu lernen*, und auch sie, so Rousseau, besitzt er von Geburt an: "Wir lernen vom ersten Augenblick unseres Lebens. Unsere Erziehung beginnt mit der Geburt" (UTB, S. 15).[30]

---

[29] Hierbei hat Rousseau sehr wohl auch die materiellen Lebensbedingungen im Auge: "Eine der Grundregeln, die Herr von Wolmar am häufigsten wiederholt, lautet, daß das traurige und armselige Leben der Eltern fast alle Zeit die erste Ursache für die Verwilderung der Kinder sei" (Winkler, Julie, S. 556).

[30] Das Französische erlaubt es, die aktive Leistung des lernenden Subjekts sprachlich angemessener zu repräsentieren: "Nous commençons à nous instruire en commençant à vivre; nôtre education commence avec nous" (Pl.IV, S. 252). Vgl. auch "Nous naissons capables d'apprendre, mais ne sachant rien, ne connoissant rien" (Pl.IV, S. 279).

Im Vertrauen auf die im Kern guten natürlichen Anlagen, im Vertrauen auf die Kraft der natürlichen Entwicklung und im Vertrauen auf die Lernfähigkeit des Menschen liegt Rousseaus erzieherische Grundhaltung begründet: beobachten, abwarten, Zeit verlieren, eher zuwenig als zuviel tun, die erzieherischen Aktivitäten an den Entwicklungsnotwendigkeiten ausrichten. "Solange wir nicht wissen, was wir tun sollen, besteht die Weisheit darin, untätig zu bleiben. Von allen Grundsätzen hat der Mensch diesen am nötigsten und folgt ihm am wenigsten" (UTB, S. 488/Pl.IV, S. 815).[31] Diese Grundhaltung verhilft zu der Erkenntnis, daß unterschiedliche Grundformen der Erziehung identifiziert werden können. "Unsere erste Lehrerin ist die Amme. Erziehung (...) bedeutete bei den Alten Ernährung...Also sind Aufzucht, Erziehung und Unterricht drei ebenso verschiedene Dinge wie die Kinderfrau, der Erzieher und der Lehrer" (UTB, S. 15).[32] Von entscheidenderer Bedeutung ist jedoch das Prinzip, das zur Ausbildung dieser Grundformen führt: Es besteht darin, die Lebensalter zur Grundlage pädagogischer Reflexion und erzieherischen Handelns zu machen. Rousseau unterscheidet im "Emile" die Stadien der frühen Kindheit (enfance),das Knabenalter (âge puéril), das Jünglingsalter (adolescence), die Reifezeit (puberté) und das Stadium des jungen Erwachsenen (jeunesse). Bei genauerer Betrachtung ist diese Einteilung allerdings nicht frei von Ungereimtheiten, worauf Jimack in seiner exakten Analyse hinweist.[33] Die systematische Bedeutung dieses Prinzips

---

[31] An anderer Stelle heißt es: "Encore une fois il ne s'agit point de changer le caractère et de plier le naturel, mais au contraire de le pousser aussi loin qu'il peut aller, de le cultiver et d'empêcher qu'il ne dégénere; car c'est ainsi qu'un homme devient tout ce qu'il peut être, et que l'ouvrage de la nature s'acheve en lui par l'éducation. Or avant de cultiver le caractère il faut l'étudier, attendre paisiblement qu'il se montre, lui fournir les occasions de se montrer, et toujours s'abstenir de rien faire, plutôt que d'agir mal à propos" (N.H., Pl.II, S. 566).

[32] Diese Unterscheidung, die Rousseau erst im Laufe der Arbeit am EMILE eingefügt haben muß, da sie im Manuskript Favre fehlt, hat er von Varro entlehnt. - Aus dem Kontext geht hervor, daß Rousseau hier darum bemüht ist zu zeigen, daß die Erziehung unteilbar sei, man sie also nicht mehreren Personen unabhängig voneinander überlassen dürfe. - Der Gedanke, Grundformen der Erziehung zu unterscheiden, ist allerdings von systematischer Bedeutung für den Werdegang des Emile. - Die Tatsache, daß Rousseau "Ernährung" an die erste Stelle setzt, steht in einem interessanten Bezug zum trophologischen Paradigma der Biographischen Erziehungstheorie (W. Loch, a.a.O., S. 245).

[33] So heißt es z.B. am Ende der Einleitung des EMILE in der ersten vorliegenden Fassung (Manuskript Favre): l. L'age de nature 12; 2. L'age de raison 15; 3. L'age de force 20; 4. L'age de sagesse 25; 1. L'age de bonheur tout le reste de la vie - Prière à la fin" (Pl.IV, S. 60). - Im Laufe seiner Arbeit am EMILE verändert Rousseau mehrfach die Einteilung, verschiebt die Altersgrenzen, variiert die Überschriften. Auch die letzte Fassung ist offensichtlich nicht frei

wird jedoch dadurch nicht beeinträchtigt. Sie besteht im Sinne der naturgemäßen Erziehung darin, eben der Natur zu *folgen*. Und wenn man diesem Prinzip Folge leistet, dann wird sichtbar, daß die Natur des Menschen im Prozeß seiner Entwicklung unterschiedliche Formen annimmt, auf die dementsprechend auch mit unterschiedlichen Formen erzieherischen Handelns zu reagieren ist.

"Jedes Alter, jede Lebensstufe hat seine eigene Vollkommenheit und seine eigene Reife" (UTB, S. 149).[34] Die Aufgabe des Erziehers besteht darin, dem Zögling zur jeweils möglichen Vollkommenheit seiner Entwicklungsstufe zu verhelfen. Das Motiv für diese Haltung ist kein "technisches", allein in der Psychologie der Entwicklung begründetes, sondern es ist anthropologisch verankert, weil es die Achtung vor dem Glück jedes Menschenlebens zum Ausdruck bringt: "Hüten wir uns bei der Unsicherheit des menschlichen Lebens vor der falschen Klugheit, die Gegenwart der Zukunft zu opfern. Damit opfert man nur zu oft das, was ist, für das, was nicht sein wird. Bemühen wir uns, den Menschen in jedem Alter glücklich zu machen, damit er nicht etwa stirbt, ehe er es war" (UTB, S. 459).[35] Jeder Lebensabschnitt ist in der Vorstellung Rousseaus gewissermaßen ein eigenes kleines Leben mit spezifischen Fähigkeiten, Bedürfnissen, Sorgen, Nöten und Gefühlen: "So wechseln die Szenen im Leben. Jedes Alter hat seine Triebfedern, die es in Bewegung setzen; aber der Mensch bleibt sich immer gleich. Mit zehn Jahren wird er mit Kuchen gelenkt, mit zwanzig von einer Geliebten, mit dreißig von den Vergnügungen, mit vierzig vom Ehrgeiz, mit fünfzig vom Geiz (UTB, S. 475, Pl.IV, S. 799). Das Ziel, das das gesamte Leben ausrichtet, nämlich glücklich zu sein, das soll dementsprechend auch für jedes kleine Leben Geltung haben. Darin liegt der anthropologische Grund für den Eigenwert jedes Lebensabschnittes, wie Rousseau ihn beispielsweise mit Blick auf die Kindheit so zum Ausdruck

---

von Ungereimtheiten, was die Altersangaben und die Bezeichnungen der Lebensabschnitte anbelangt. Die Details dieses interessanten Phänomens erhellt Jimack, a.a.O., S. 152-178.

34 "Chaque age, chaque état de la vie a sa perfection convenable, sa sorte de maturité qui lui est propre" (Pl.IV, S. 418).

35 "Dans l'incertitude de la vie humaine évitons surtout la fausse prudence d'immoler le présent à l'avenir; c'est souvent immoler ce qui est à ce qui ne sera point. Rendons l'homme heureux dans tous les ages, de peur qu'après bien des soins il ne meure avant de l'avoir été" (Pl.IV, S. 781). - Vgl. dazu Rang: "Man wird einwenden, die Unterscheidung bestimmter Altersstufen sei uralt und ihre Berücksichtigung in der Erziehung eine pädagogische Banalität. Aber eben diese Banalität zum 'Aufbauprinzip' eines systematisch-pädagogischen Werkes gemacht und ihr einen weit über die erzieherische Bedeutung hinausgehenden philosophischen Sinn gegeben zu haben, darin bestand die originale Leistung Rousseaus" (a.a.O., S. 85).

bringt: "Die Natur will, daß Kinder Kinder sind, ehe sie Männer werden. Kehren wir diese Ordnung um, so erhalten wir frühreife Früchte, die weder reif noch schmackhaft sind und bald verfaulen: wir haben dann junge Gelehrte und alte Kinder. Die Kindheit hat eine eigene Art zu sehen, zu denken und zu fühlen, und nichts ist unvernünftiger, als ihr unsere Art unterschieben zu wollen" (UTB, S. 69).[36] Die jeweiligen Altersstufen, die kleinen Leben, haben einerseits also einen Wert für sich allein. Andererseits haben sie einen Wert, der über sie hinausweist, und zwar in Vergangenheit und Zukunft gleichermaßen. Die prospektive Funktion der Lebensalter besteht darin, daß die mehr oder weniger vollkommen gelungene Entwicklung der jeweils altersspezifischen Fähigkeiten die notwendige Voraussetzung dafür darstellt, daß die Lernaufgaben, die die nächste Stufe mit sich bringt, bewältigt werden können. Die retrospektive Funktion der Lebensalter besteht darin, daß sich aus der Art und Weise, wie die Lernaufgaben einer Altersstufe bewältigt werden, Hinweise ergeben können, was unter Umständen vorher versäumt oder fehlerhaft ausgebildet worden ist. "Derselbe Grund, aus dem er mit drei Jahren zum Schreihals wird, ist schuld daran, daß er im zwölften Jahre widerspenstig, im zwanzigsten streitsüchtig, im dreißigsten herrschsüchtig wird und sein ganzes Leben lang unerträglich bleibt" (Winkler, Julie, S. 601/Pl.II, S. 573). In dem anthropologischen Zusammenhang von Lebenslauf, Entwicklung und Erziehung obliegen dem Erzieher, neben den durch das jeweilige Alter der ihm Anvertrauten hervorgerufenen pädagogischen Handlungen, vor allem zwei übergreifende Pflichten. Es muß erstens darauf geachtet werden, daß der Zögling nicht aus dem *Gleichgewicht der Entwicklung* gerät: "Wenn man eine zu rasche Entwicklung nicht bremsen kann, so muß man in demselben Maß die Entwicklung beschleunigen, die ihr entspricht, derart, daß die Ordnung nicht umgekehrt wird, daß das, was zusammen fortschreiten soll, nicht getrennt wird und daß der Mensch, der in allen Augenblicken seines Lebens ein Ganzes ist, nicht mit einer seiner Fähigkeiten auf einem anderen Punkt der Entwicklung steht als mit den

---

[36] "La nature veut que les enfans soient enfans avant que d'être hommes. Si nous voulons pervertir cet ordre nous produirons des fruits précoces qui n'auront ni maturité ni saveur et ne tarderont pas à se corrompre: nous aurons de jeunes docteurs et de vieux enfans. L'enfance a des maniéres de voir, de penser, de sentir qui lui sont propres; rien n'est moins sensé que d'y vouloir substituer les nôtres ..." (Pl.IV, S. 319). Diese Passage dokumentiert deutlich den Einfluß Montaignes (vgl. Jimack, a.a.O., S. 280).

anderen"(UTB, S. 269f./ Pl.IV, S. 557).[37] Zweitens müssen die Erzieher dafür Sorge tragen, daß die *Übergänge* gelingen: "Wenn es Euch glückt, daß die jungen Leute beim Übergang in ein neues Lebensalter das vorhergegangene nicht verachten, daß sie mit ihren neuen Gewohnheiten die alten nicht ablegen und daß sie das Gute immer gerne tun, einerlei in welchem Alter sie es begonnen haben, nur dann habt ihr euer Erziehungswerk gerettet und ihr könnt eurer Zöglinge sicher sein bis ans Ende ihrer Tage" (UTB, S. 476/Pl.IV,S. 800).[38]

Zusammenfassend halten wir fest: Der Mensch entwickelt sich aufgrund seiner Fähigkeit zu lernen aus dem Zusammenspiel von naturbedingter Anlage und kulturbedingter, erzieherisch gestalteter Umwelt. Die Entwicklung durchläuft - durch die Lebensalter spezifiziert - verschiedene Stufen, wodurch unterschiedliche Grundformen der Erziehung bedingt werden. Jede Stufe hat einen Wert für sich und darüber hinaus eine Bedeutung für Vergangenheit und Zukunft des Menschen. Zwischen den Stufen gibt es Übergänge, die in besonderem Maße die Aufmerksamkeit des Erziehers erfordern. Seine Grundhaltung ist zuallererst durch Zurückhaltung geprägt, und seine Aufgabe besteht im wesentlichen darin, darauf zu achten, daß die Entwicklung gleichmäßig verlaufen kann.

Damit ist der Weg einer naturgemäßen Erziehung in groben Zügen beschrieben. Die Frage, wohin er letztlich führt, soll im folgenden abschließenden Abschnitt beantwortet werden.

---

37 Rousseau formuliert dieses Prinzip der gleichmäßigen Entwicklung im Hinblick auf das Verhältnis von Entwicklung der Leidenschaften und Entwicklung der Einsicht (Vernunft). Er meint damit, daß es z.B. im Falle eines körperlich frühreifen jungen Menschen keinen Sinn haben kann, diesen körperlichen Zustand zu negieren, sondern daß es dann darauf ankommt, die Vernunft so zu entwickeln, daß sich so schnell wie möglich wieder ein Entwicklungsgleichgewicht ergibt, damit die Leidenschaften gesteuert werden können. Diese Stelle veranschaulicht zugleich, auf welche Weise die erste Regel einer naturgemäßen Erziehung, naturam sequi, konkret Gestalt gewinnt.

38 Es ist interessant, daß auch in der modernen Sozialpsychologie im Zusammenhang mit dem Phänomen der "Statuspassage" das Problem des Übergangs zum Thema wird. A. Strauss schreibt: "Beim Statuswechsel sind Übergangsperioden unabdingbar, denn wir investieren oft viel in eine Position, nehmen sie in Besitz wie diese uns selbst, und es fällt uns nicht leicht, uns von ihr zu trennen...nach der formalen Zulassung zu dem neuen Status (ist) eine Toleranzperiode fast eine Notwendigkeit. Diese Toleranz wird rationalisiert mit Sätzen wie 'es braucht Zeit', 'er ist noch nicht ganz drin', 'wir alle machen am Anfang Fehler, bis wir lernen, daß...'. Aber man kann, statt das Schrittempo zu bremsen, auch zu eifrig, zu heftig sein" (A. Strauss: Spiegel und Masken. Die Suche nach Identität. Frankfurt/M. 1968 (1959), S. 111).

1.5 Das Ziel der Erziehung

Beobachtet die Natur und folgt dem Weg, den sie Euch zeigt, so lautete das Motto. Der Weg hat durch die vorangegangenen Beschreibungen wohl an Kontur gewonnen, aber wohin führt er letztlich, was hat derjenige zu erwarten, der ihn bis zum Ende beschreitet?

Es ist eingangs gesagt worden, das Ziel der Erziehung sei das Ziel der Natur selber. Die Reflexionen über das Moralproblem haben ergeben, daß das Ziel der Natur für Rousseau darin besteht, sich um ein "tugendhaftes" Leben zu bemühen. Demnach kommt es weniger darauf an, was man ist, sondern vielmehr darauf, wie man das ist, was man ist: "In der natürlichen Ordnung sind alle Menschen gleich; ihre gemeinsame Berufung ist: Mensch zu sein. Wer dafür gut erzogen ist, kann jeden Beruf, der damit in Beziehung steht, nicht schlecht versehen. Ob mein Schüler Soldat, Priester oder Anwalt wird, ist mir einerlei. Vor der Berufswahl der Eltern bestimmt ihn die Natur zum Menschen. Leben ist ein Beruf, den ich ihn lehren will. Ich gebe zu, daß er, wenn er aus meinen Händen kommt, weder Anwalt noch Soldat noch Priester sein wird, sondern in erster Linie Mensch" (UTB, S. 14/Pl.IV, S. 251f.).

Mensch zu sein, das ist allerdings für Rousseau keine Privatsache. Die Kenntnis der Lehre über den Staatsvertrag, auf den er übrigens auch im "Emile" an einer für diesen Zusammenhang bedeutsamen Stelle hinweist, verbietet ein solches Verständnis ebenso wie die Tatsache, daß Rousseau auch für den König von Polen Vorschläge für eine Nationalerziehung unterbreitet hat, ganz abgesehen von seiner glühenden Verehrung für die antiken Vorbilder.[39] Es bedarf allerdings nicht einmal der Kenntnis dieser zentralen Schriften, um den Nachweis zu führen, daß es Rousseau gerade auch im "Emile" nicht nur um den natürlichen, sondern auch um den gesellschaftlichen Menschen geht. So heißt es über den Vater als Erzieher:

---

39 Der Hinweis auf den "contrat social" findet sich auf S. 63/ UTB (Pl.IV, S. 311). - Den Einfluß Platons dokumentiert die Studie von C.-W. Hendel: J.-J. Rousseau, moraliste. London 1934. - Vgl. hierzu P. Burgelin, a.a.O.; "Il est vrai, toute enquête sur les sources déçoit. Mais la consonance la plus évidente est celle de Platon et des chrétiens de tradition platoniste: Là, il a découvert ses problèmes théoriques et ses thèmes: opposition de l'âme et du corps, immortalité, édification d'une politique et d'une pédagogie fondées en raison, rôle de l'amour primauté du Bien, existence d'un monde de valeurs" (S. 569). - Aufgrund seiner präzisen philologischen Recherchen in den Manuskripten des EMILE kommt Jimack allerdings zu einer anderen Gewichtung, zumindest was den EMILE anbelangt. In den Vordergrund rücken danach Plutarch, Montaigne und Locke (vgl. Jimack, a.a.O., S. 259-375).

"Wenn ein Vater nur Kinder zeugt und ernährt, so erfüllt er nur ein Drittel seiner Pflicht. Dem Geschlecht schuldet er Kinder, der Gesellschaft gemeinschaftsfähige Menschen und dem Staat Bürger" (UTB, S. 23/Pl.IV, S. 262).[40]
Staatsbürger, gemeinschaftsfähige Gesellschaftsmitglieder, aber doch in erster Linie Menschen, sagt Rousseau. Die in diesem Zusammenhang von ihm geprägte Formel "Leben als Beruf" bedarf nun noch der Erläuterung, denn sie ist mehrdeutig. Sie enthält zum einen implizit Rousseaus leidenschaftliches Plädoyer für das Leben, ein Gesichtspunkt, der angesichts des gegen ihn häufig erhobenen Vorwurfes des Totalitarismus hier ausdrücklich noch einmal hervorgehoben werden soll. So heißt es in dem zweiten Brief des Fragments "Emil und Sophie oder die Einsamen": "Er aber verschmähte meinen Rat und sagte hochmütig zu mir, daß er zu sterben verstehe. 'Mein Herr', sprach ich darauf zu ihm, 'es wäre noch besser, man verstünde zu leben'" (Winkler, S. 685/Pl.IV, S. 919). Zum anderen ist mit "Leben als Beruf" gemeint, daß dafür bestimmte Fähigkeiten erforderlich sind, die gelernt und gelehrt werden können. Im Sinne Rousseaus bedeutet "Leben" stets dreierlei: erleben, lieben und handeln können.[41] Unausgesprochen ist

---

40 Der Gegensatz von Natur und Gesellschaft durchzieht - als Individual- und als Nationalpädagogik - zwangsläufig auch die Erziehungslehre Rousseaus. Angesichts der Tatsache, daß in seinem Denken beide Dimensionen, die anthropologische, der eine naturgemäße Erziehung entspricht, und die gesellschaftliche, der eine öffentliche Erziehung entspricht, deutlich erkennbar sind, erscheint es wenig sinnvoll, darüber zu streiten, welche der beiden auf den ersten Rang zu setzen ist. Das Interesse sollte vielmehr darauf gerichtet werden, auf welche Weise Rousseau beide Perspektiven in stetigem Wechselspiel originell miteinander zu verbinden vermag. Ein naturgemäß erzogener Mensch wird ein guter Staatsbürger sein, wie umgekehrt ein guter Staatsbürger und gemeinschaftsfähiger Mensch nur sein kann, wer naturgemäß erzogen worden ist. Vgl. hierzu: M. Rang: Rousseaus Lehre vom Menschen. Göttingen 1965², S. 171-265, besonders S. 167; D. Benner: Hauptströmungen der Erziehungswissenschaft. Eine Systematik traditioneller und moderner Theorien. München 1973, S. 20-46, besonders S. 21f.

41 "Vivre, ce n'est pas respirer, c'est *agir*; c'est faire usage de nos organes, de nos sens, de nos facultés, de toutes les parties de nous-mêmes qui nous donnent le sentiment de nôtre existence. L'homme qui a le plus vécu n'est pas celui qui a compté le plus d'années; mais celui qui a le plus *senti la vie*"(Pl.IV, S. 253).
"C'est le prémier fruit des soins que j'ai pris dès sa jeunesse de lui former un cœur qui *sache aimer*" (Pl.IV, S. 781). "Ich weiß nicht, ob mein Zögling, der keine konventionellen Manieren gelernt hat und keine Gefühle heucheln kann, weniger liebenswürdig sein wird. Darum geht es hier nicht. Ich weiß nur, daß er liebesfähiger sein wird, und es wird mir schwer zu glauben, daß der, der nur sich selbst liebt, sich so verstellen kann, daß er genauso gefällt wie der, der aus der Zuneigung zu anderen ein neues Glücksgefühl zieht" (UTB, S. 233/ Pl.IV, S. 516).

in diesen drei Fähigkeiten auch immer die Tugend gemeint, Gutes zu tun, wenn man kann, da gerade das den Genuß des Lebens ausmacht: "Aber was sollte jemals Emile zur Eile treiben? Höchstens wenn es gilt, das Leben zu genießen. Sollte ich noch hinzufügen: Gutes zu tun, wenn er kann? Nein, denn das heißt ja eben, das Leben genießen" (UTB, S. 450/Pl.IV, S. 771). Worin aber besteht letztlich das Ziel des Lebens? "Das höchste Glück liegt darin, mit sich selbst zufrieden zu sein. Um diese Zufriedenheit zu erwerben, sind wir auf Erden und mit Freiheit begabt, von Leidenschaften versucht und vom Gewissen zurückgehalten" (UTB, S. 294/Pl.IV, S. 587). Und an anderer Stelle: "Glücklich zu sein, lieber Emil, ist das Ziel eines jeden empfindsamen Wesens. Das ist das erste Verlangen, das uns die Natur beschert und das einzige, das uns niemals verläßt. Aber wo ist das Glück? Wer weiß es?" (UTB, S. 488).[42]

Die Glückseligkeit ist ein Thema, das das gesamte 18. Jahrhundert beherrscht.[43] So ist es nicht weiter verwunderlich, daß es auch in vielen Variationen in den Schriften Rousseaus immer wieder anklingt. Für Martin Rang ist diese "Philosophie des Glücks" gewissermaßen der Generalschlüssel, mit dessen Hilfe sich die mannigfaltigen Rousseau interessierenden Themen dem Verständnis erschließen lassen. Rang schreibt: "Überall ist er bemüht, die kontrastierenden Phänomene der menschlichen Existenz zusammen zu sehen und zusammenzufassen zu einem umfassenden Bilde der ganzen menschlichen Existenz, worin deren primitive Wurzeln ebensowenig unterschlagen werden wie ihre sublimsten Gipfel. Möchte man aber diese Synthese in ein einziges Begriffswort fassen, so scheint mir am treffendsten, ganz schlicht von einer 'Philosophie des Glücks' zu sprechen. Jedenfalls bildet die Idee des wahren Glücks den Schlüssel zu fast allen Einzelthemen, die Rousseau beschäftigen, ob sie kulturphilosophischer oder pädagogischer, psychologischer oder moralischer, politischer oder theologischer Art waren. In dem Sinne ist sein ganzes Werk nichts als eine einzige 'Anweisung zum glücklichen Leben'".(Rang, a.a.O., S. 264f.). Diese Interpretation hilft allerdings, für sich genommen, noch nicht sehr viel weiter, und es könnte Rousseau über die Jahrhunderte hinweg mit den Worten des

---

[42] "Il faut être heureux, cher Emile; c'est la fin de tout être sensible; c'est le prémier desir que nous imprima la nature, et le seul qui ne nous quite jamais. Mais où est la bonheur? Qui le sait?" (Pl.IV, S. 814).

[43] Vgl, R. Mauzi: L'idée du bonheur dans la littérature et la pensée française au XVIIIe siècle. Paris 1960.

Aristoteles entgegengehalten werden: "Jedoch mit der Erklärung, die Glückseligkeit sei das höchste Gut, ist vielleicht nichts weiter gesagt, als was jedermann zugibt. Was verlangt wird, ist vielmehr, daß noch deutlicher angegeben werde, was sie ist."[44] Von welcher Art also ist das Glück, das Rousseau vor Augen hat?
Seine Antworten selbst geben ohne Zweifel zu Mißverständnissen Anlaß. "Ich sehne mich nach dem Augenblick, in dem ich, von den Fesseln des Körpers befreit, ohne Einschränkung und ohne Teilung ich sein werde und nur meiner selbst bedarf, um glücklich zu sein" (UTB, S. 309/Pl.IV, S. 604f.). Das klingt nach privatem Glück, nach Rückzug, nach Selbstbesinnung und Sich-Selbst-Genügen, und dieser Eindruck verstärkt sich noch, wenn es z.B. in den "Moralischen Briefen" heißt: "Ich erkannte, daß es vergeblich ist, sein Glück außerhalb seiner selbst zu suchen, wenn man versäumt, es in sich selbst zu entwickeln".[45] Ist das der Rousseau der Kulturkritik und des Staatsvertrages? Sind diese Sätze so gefährlich, daß sie nicht an die kirchlich kontrollierte Öffentlichkeit dringen sollten? Bleibt von dem leidenschaftlichen Kampf gegen widernatürliche gesellschaftliche Verhältnisse, von dem aufschreckenden Appell zur Veränderung am Ende nur noch Resignation, hinter der gerade noch ein Funke Hoffnung auf eigenes, selbstzufriedenes und in sich gekehrtes privates Glück zu glimmen scheint? Gibt es nur noch die zurückgelehnte philosophische Reflexion, die allenfalls von der Frage bewegt wird, wie denn Tugend und Glückseligkeit vereinbar sein können? Sicherlich nicht! Die Interpretation Ernst Cassirers weist in dieser entscheidenden Frage den Weg. Cassirer schreibt: "Sein (Rousseaus, V.K.) ganzes Denken ist von Anfang an von dem Problem der 'Glückseligkeit' bewegt: es sucht nach einer Einheit, einer Harmonie zwischen Tugend und Glückseligkeit. Hier ruft er die Hilfe der Religion an; hier klammert er sich an den Glauben an die Unsterblichkeit... Und doch ist es irrig, wenn man...an dieser Stelle den Mittelpunkt und Kernpunkt seiner Lehre sucht; wenn man seine Lehre als eine Antwort auf die Frage faßt, wie im menschlichen Dasein Glück und Tugend sich miteinander vereinen lassen. Denn Rousseau ist, auch dort wo er die Sprache des Eudämonismus spricht, über seine Problemstellung innerlich hinaus. Sein ethisch-

---

[44] Aristoteles: Nikomachische Ethik. Hrsg. v. G. Bien. Hamburg (Meiner) 1972, S. 11.

[45] "...je vis que c'est en vain qu'on cherche au loin son bonheur quand on neglige de le cultiver en soi même; car il a beau venir du dehors, il ne peut se rendre sensible qu'autant qu'il trouve au dedans une ame propre à le gouter" (Pl.IV, S. 1102). - Die "Lettres Morales" sind meines Wissens bisher noch nicht ins Deutsche übersetzt.

politisches Ideal verfolgt nicht, wie dasjenige Voltaires oder Diderots, rein utilitaristische Ziele. Er fragt nicht nach Glück oder Nutzen; es handelt sich ihm um die Würde des Menschen und ihre Sicherung und Verwirklichung" (Cassirer, a.a.O.,S. 204).[46]

Das heißt mit anderen Worten: Rousseau denkt sowohl an die subjektive als auch an die objektive Dimension des Glückseligkeitsprinzips. Für sein Erziehungsverständnis ist dabei das subjektive Glück von grundlegender Bedeutung. Denn das Denken Rousseaus gründet sich auf die Hoffnung, daß dieses subjektive Glück gewissermaßen eine Entwicklungslogik in sich trägt, die über es hinausreicht, nach dem Motto: Erzieht die Menschen so, daß sie in jedem Lebensalter glücklich sein können, dann werden sie gut. Das Glück aller kann sich eben nur aus dem Glück des jeweils Einzelnen ergeben.[47]

Unter diesem Gesichtspunkt einer "Teleologie des subjektiven Glücks" zeigen sich die Gemeinsamkeiten zwischen dem Rousseau der Politik und des Gesetzes und dem vermeintlich anderen der Natur, der Gefühle und Leidenschaften, dem Rousseau der Erziehung. Politik und Erziehung werden aneinandergekettet und so

---

46 Cassirers Rousseau-Interpretation ist deutlich von der Philosophie Kants bestimmt. An dieser Stelle stimme ich seiner Einschätzung allerdings ohne Einschränkung zu. Der Einfluß Rousseaus auf die Philosophie Kants ist im übrigen ein eigenes Thema, das hier nicht behandelt werden kann. Vgl. hierzu: L.E. Borowski/R.B. Jachmann/E.A.C. Wasianski: Immanuel Kant. Sein Leben in Darstellungen von Zeitgenossen. Berlin 1912. (Kant machte sich z.B. nicht viel aus Bildern und Gemälden. Nur in seinem Wohnzimmer hing ein Kupferstich mit dem Bildnis Rousseaus, wahrscheinlich ein Geschenk seines Freundes Ruffmann, wie berichtet wird. - Auch die Begebenheit, daß Kant nur ein einziges Mal seinen täglichen Spaziergang ausfallen ließ, als er über der Lektüre des EMILE die Zeit vergessen hatte, wird hierin nacherzählt.)
Über den Einfluß Rousseaus auf die Pädagogik Kants vgl. T. Weisskopf: Immanuel Kant und die Pädagogik. Beiträge zu einer Monographie. Zürich 1970. - A. Pinloche: Kant et Fichte et le problème de l'éducation, in: Kantstudien Bd. 1, 1897, S. 108-116. Weiterhin: E. Cassirer: Kants Leben und Lehre. Berlin 1918, S. 91-95. - K. Reich: Rousseau und Kant. Tübingen 1936. - H. Hoeffding: Rousseaus Einfluß auf die definitive Form der Kantischen Ethik, in: Kantstudien Bd. 2, 1898, S. 11-21. - G. Gurwitsch : Kant und Fichte als Rousseau-Interpreten, in: Kantstudien, Bd. 27, 1922, S. 138-164.

47 Die Analogie zum Staatsvertrag wird deutlich: Nur wenn die "volonté particulière" in der "volonté générale" aufgeht, gelangt der Mensch zu sich selbst. Hans Barth schreibt: "Die Aufhebung des Widerspruchs zwischen der "volonté générale" und der "volonté particulière" bedeutet die Aufhebung der Selbstentfremdung: Herrschaft der objektiven Vernunft, Einheit der subjektiven und objektiven Vernunft. Wenn diese Einheit der beiden Vernünfte hergestellt ist, dann ist der Mensch wahrhaft bei sich selbst, dann existiert er als "absolutes Ganzes", wie Rousseau sagt; er lebt aus seinem wahren Wesen heraus, bestimmt durch das, was er sein soll und sein kann" (H. Barth, a.a.O., S. 32).

in die Pflicht genommen, um gemeinsam die Voraussetzungen dafür zu schaffen, daß die Menschen zumindest nicht unglücklich zu werden brauchen, damit sie sich nicht böse verhalten, wenn sie schon nicht immer Gutes zu tun in der Lage sind: "Denn Leid und Laster sind untrennbar", wie es gegen Ende des "Emile" zu lesen ist, "und nur wenn der Mensch unglücklich ist, wird er böse" (UTB, S. 488/Pl.IV, S. 815).[48] Einen Menschen so zu erziehen, daß er glücklich werden kann, damit er nicht böse zu werden braucht, sondern vielmehr fähig und willens, Gutes zu tun: das ist das Motiv, das dem "Emile" Rousseaus zugrunde liegt.

Die Darstellung der Grundbegriffe einer naturgemäßen Erziehung im Horizont des menschlichen Lebenslaufes ist mit der Antwort auf die Frage nach ihrem Ziel zu einem vorläufigen Ende gelangt. In den folgenden Abschnitten muß nun die Probe auf die Grundsätze erbracht werden. Es wird zu zeigen sein, "wie aus den ersten Herzensregungen die ersten Regungen des Gewissens entstehen und wie aus den Gefühlen der Liebe und des Hasses die ersten Begriffe von Gut und Böse hervorgehen"; es soll deutlich werden, "daß Gerechtigkeit und Güte nicht nur abstrakte Worte und verstandesmäßig geformte Moralbegriffe sind, sondern wirkliche, durch die Vernunft erhellte Seelenregungen, die nichts anderes sind als ein geordneter Fortschritt unserer primitiven Neigungen. Ferner, daß man durch die Vernunft allein und unabhängig vom Gewissen kein natürliches Gesetz aufstellen kann; daß das ganze Naturrecht nur ein Hirngespinst ist, wenn es nicht auf ein natürliches Bedürfnis des menschlichen Herzens gründet" (UTB, S. 238f.).[49]

---

[48] "... car la peine et la vice sont inséparables et jamais l'homme ne devient méchant que lorsqu'il est malheureux". Rousseau sagt in den "Fragments Politiques" über das öffentliche Glück (Du Bonheur Public) u.a. folgendes: "L'état moral d'un peuple résulte moins de l'état absolu de ses membres que de leurs rapports entre eux" (Pl.III, S. 511); und weiter "Pour concevoir nettement comment un peuple peut être heureux, commençons par considérer l'état de ceux qui ne le sont pas. En cherchant ce qui leur manque pour l'être nous pourrons trouver ce que doit avoir celui qui l'est" (ebd.).

[49] Pl.IV, S. 522f. - Unmittelbar anschließend schreibt Rousseau: "Mais je songe que je n'ai point à faire ici des Traités de Métaphysique et de Morale, ni des cours d'études d'aucune espece; il me suffit de marquer l'ordre et le progrès de nos sentimens et de nos connoissances, relativement à notre constitution".

2. Die Anfänge der Moral

Die Art und Weise, in der die Erwachsenen auf die entwicklungsbedingten Bedürfnisse der Säuglinge und Kleinkinder eingehen, ist für die Entstehung des moralischen Bewußtseins von grundlegender Bedeutung. Diese These soll das vorliegende Kapitel bestimmen. Sie wird in zwei Schritten veranschaulicht. Zunächst wird in allgemeiner Weise die Bedeutung, die Rousseau der mütterlichen Fürsorge als Voraussetzung für eine naturgemäße Erziehung beimißt, zu beschreiben sein (2.1). In einem weiteren Abschnitt wird dann das Zusammenspiel von Lernaufgaben und Lernfähigkeiten in der frühen Kindheit (essen, wahrnehmen, sich bewegen, gehen und sprechen lernen) und entsprechenden Lernhilfen in curricularer Hinsicht skizziert (2.2).[1]

2.1 Die "materiellen" Voraussetzungen der gesellschaftlichen Ordnung

Die Beziehung zwischen Mutter und Kind bildet die Grundlage einer jeden Gesellschaft, und zwar in zweifacher Hinsicht: Einerseits, unter dem Aspekt der Selbsterhaltung der Gattung betrachtet, gibt es ohne Mütter keine Kinder und folglich keine Gesellschaften. Diese banale Tatsache thematisiert Rousseau - in deutlicher Anlehnung an seine frühen kulturkritischen Schriften - , wenn er sich über die Folgen einer Entwicklung Gedanken macht, in der das Muttersein zunehmend als Last empfunden wird: "Aber es genügt den Frauen nicht, ihre Kinder nicht mehr zu stillen, sie wollen überhaupt keine mehr, was eine natürliche Konsequenz ist. Sobald das Muttersein als Last empfunden wird, findet man die Mittel, sich seiner zu entledigen. Man will eine fruchtlose Ehe, in der man ungestört genießen kann. Der Reiz wendet sich gegen die Gattung, statt zu ihrer

---

[1] Als Terminus der Biographischen Erziehungsforschung bedeutet "curricular": für den Lebenslauf, das curriculum vitae, jedes Menschen bedeutsam oder unerläßlich. Vgl. dazu: W. Loch: Anfänge der Erziehung, in: F. Maurer (Hg.): Lebensgeschichte und Identität. Beiträge zu einer biographischen Anthropologie. Frankfurt/M. 1981, S. 31-83; in diesem Aufsatz sind auch weitere Grundbegriffe (die "curricularen Kompetenzen") der Biographischen Erziehungsforschung, auf die in diesem Abschnitt Bezug genommen wird, dargestellt und erläutert.

Vermehrung zu dienen".[2]

Andererseits, gewissermaßen qualitativ betrachtet, ist Rousseau der Auffassung, daß die Art und Weise, in der die Mütter ihre Rolle ausfüllen, für die Ausprägung gesellschaftlicher Ordnungen von grundlegender Bedeutung ist.[3] Die sittliche Ordnung soll entscheidend mit davon abhängen, wie Mütter ihre Mutterrolle leben: "Es ist nutzlos und entmutigend, Binsenwahrheiten zu wiederholen! Trotzdem hängt mehr davon ab, als man glaubt. Wenn ein jeder bei seinen Urpflichten anfangen wollte, so fangt bei den Müttern an, und ihr werdet über die Veränderungen staunen. Alles entspringt aus dieser ersten Entartung: die ganze sittliche Ordnung gerät durcheinander. Die natürlichen Regungen erlöschen...Wenn sich jedoch die Mütter dazu verstünden, ihre Kinder selber zu nähren, so werden sich die Sitten von selbst erneuern und die natürlichen Regungen erwachen".[4]

Es kommt also alles auf das *Wie* des Mutterseins an, betont Rousseau; darin

---

2 UTB, S. 18 - "Non contentes d'avoir cessé d'alaiter leurs enfans, les femmes cessent d'en vouloir faire. La consequence est naturelle. Dès que l'état de mére est onéreux, on trouve bientôt le moyen de s'en délivrer tout à fait: on veut faire un ouvrage inutile afin de le recommencer toujours, et l'on tourne au préjudice de l'espéce l'attrait donné pour la multiplier" (Pl.IV, S. 256). - Die Mutterrolle ist eng an die jeweils herrschenden Einstellungen Kindern gegenüber gebunden. Vgl. dazu Ph. Ariès: Geschichte der Kindheit. München/Wien 1975 (Paris 1960). Weiterhin: R. Mercier: L'enfant dans la société du XVIIIe siècle. Paris 1961.

3 Wenn hier von Müttern gesprochen wird, ist damit die Funktion des Bemutterns gemeint, die in den meisten Fällen von der leiblichen Mutter übernommen wird. Zu Zeiten Rousseaus war dies allerdings nicht der Fall. Vgl. dazu den Abschnitt 2.2 dieses Kapitels (Anmerkung 8).

4 UTB, S. 19 - "...Voulez-vous rendre chacun à ses premiers devoirs, commencez par les méres; vous serez étonnés des changements que vous produirez. Tout vient successivement de cette prémiére dépravation; tout l'ordre moral s'altére, le naturel s'éteint dans tous les cœurs...Mais que les méres daignent nourrir leurs enfans, les moeurs vont se réformer d'elles-mêmes, les sentimens de la nature se réveiller dans tous les cœurs,...ce prémier point, ce point seul va tout reunir" (Pl.IV, S. 257f.). - Interessanterweise nimmt Rousseau im 4. Buch den Gedanken einer grundlegenden Beziehung zwischen Ernährung und Entwicklung der Gefühle im Zusammenhang der Selbstliebe wieder auf: "Die Selbstliebe ist immer gut und entspricht der Ordnung...Wir müssen uns also lieben, um uns selbst zu erhalten. Wir müssen uns selbst mehr lieben als alles andere. Folglich lieben wir, was uns erhält. Jedes Kind hängt an seiner Amme. Romulus hing an der Wölfin, die ihn genährt hatte...Das erste Gefühl eines Kindes ist, sich selbst zu lieben. Das zweite geht daraus hervor: die zu lieben, die ihm nahestehen" (UTB, S. 212/Pl.IV, S. 492). Am Beispiel sogenannter primitiver Kulturen konnte M. Mead in ihren kultur-anthropologischen Studien eindrucksvolle Belege dafür liefern, in welcher Weise die Mutter-Kind-Beziehung die Struktur des Zusammenlebens beeinflußt. Vgl. M. Mead: Jugend und Sexualität in primitiven Gesellschaften. 3 Bde. München 1970 (Original New York 1928, 1930, 1935).

kommt zugleich ein leitender Gesichtspunkt der naturgemäßen Erziehung zur Geltung. Er besteht darin, nicht nur auf die physischen Bedürfnisse zu achten, auf das Körperliche, wenn ein Kind erzogen werden soll, sondern gerade auch auf das "Übrige": "Gewöhnlich achtet man nur auf das Physische, wenn nur das Kind lebt und nicht verkümmert; das übrige läßt man schleifen. Aber hier, wo die Erziehung mit der Geburt beginnt, ist das Kind vom ersten Tag an Schüler, nicht des Erziehers, sondern der Natur" (UTB, S. 37/Pl.IV, S. 279).

Allerdings ist auch das "übrige" auf ein rechtes Maß angewiesen, da der Weg der Natur auch durch ein "zuviel" verlassen werden kann. "Man kann auch auf dem entgegengesetzten Weg aus der Natur heraustreten, wenn eine Frau ihre Muttersorgen übertreibt: Wenn sie aus ihrem Kind ein Idol macht; wenn sie seine Schwäche vermehrt, um es zu verhindern, daß es sie fühlte, und wenn sie jeden Schmerz von ihm fernzuhalten sucht, ohne zu bedenken, wie vielen Unfällen und Gefahren sie es damit für die Zukunft preisgibt" (UTB, S. 20/Pl.IV, S. 259). Nicht zuviel und nicht zuwenig: auf alle Fälle von gleichbleibender Art soll die elterliche Fürsorge sein, die Rousseau vor Augen hat: "Wollt ihr aber, daß er (der natürliche Mensch, V.K.) seine ursprüngliche Form behält, so behütet ihn von seiner Geburt an. Bemächtigt euch seiner, sobald er geboren ist, und verlaßt ihn nicht mehr, bis er erwachsen ist, sonst gelingt es euch nicht" (UTB, S. 22/Pl.IV, S. 261). Denn: "Ein Kind kann nie gut erzogen sein, wenn es nacheinander durch viele Hände geht...Ein Kind darf keinen anderen Vorgesetzten kennen als seinen Vater und seine Mutter, oder, wenn es die nicht hat, seine Amme und seinen Erzieher" (UTB, S. 33/ Pl.IV, S. 274). Der Preis für einen häufigen Wechsel der Bezugspersonen ist hoch, und er muß später teuer bezahlt werden: "Die Kinder aus dem Hause gegeben, in Pensionaten, Klöstern und Internatsschulen verstreut, wenden ihre Liebe vom Elternhaus ab, oder besser gesagt, sie gewöhnen sich daran, an nichts gebunden zu sein" (UTB,S. 23/Pl.IV, S. 262).

Die Liebe zum Elternhaus setzt die Liebe im Elternhaus voraus. Ist sie nicht gegeben, dann zerfällt die Familie, und ihre Mitglieder werden einander fremd. Dann gibt es "keinen Vater, keine Mutter, keine Kinder, keine Brüder, keine Schwestern mehr. Man kennt sich kaum, wie sollte man sich lieben? Jeder denkt nur an sich. Ist das Heim aber traurig und verödet, so sucht man seine Vergnügungen anderswo" (UTB, S. 19/Pl.IV, S. 258). Gegenüber diesem traurigen Bild malt Rousseau die lebensfrohe Familie, die mit ihrem "Zauber des häuslichen Lebens" allein das beste "Gegengewicht gegen schlechte Sitten" (ebd.) sein kann. "Die lästigen Mühen, die man mit Kindern hat, werden angenehme

Pflicht, die Vater und Mutter unentbehrlicher und einander lieben macht: sie knüpft die Ehebande fester" (UTB, S. 19/Pl.IV, S. 258).[5]

Zusammenfassend halten wir fest: Rousseau sieht einen elementaren Zusammenhang zwischen der Ausprägung mütterlicher Fürsorge - in Konstanz, Modus und Ausmaß -, den Entwicklungsmöglichkeiten des Kindes (in der Sprache biographischer Erziehungsforschung: den curricularen Aussichten) und der sittlichen Ordnung einer Gesellschaft insgesamt.

Es wird im nächsten Abschnitt gezeigt werden, auf welche Weise dieser allgemeine Zusammenhang konkret Gestalt annimmt.

2.2 Die moralische Dimension der frühen Lernaufgaben

Als "physiologische Frühgeburt" (Portmann) ist das Neugeborene existentiell auf die Hilfe seiner Umgebung angewiesen. "Ein Neugeborenes ist elend und schwach und seine ersten Laute sind Klagen und Weinen. Es fühlt seine Bedürfnisse und kann sie nicht befriedigen; es ruft mit seinen Schreien die Hilfe anderer herbei. Hat es Hunger und Durst, so weint es; ist ihm zu warm oder zu kalt, so weint es; möchte es sich bewegen und man hält es still, so weint es; will es schlafen und man schüttelt es, so weint es... Mit diesen Tränen, die man so wenig beachtenswert hält, beginnt die Beziehung des Menschen zu allem, was ihn umgibt. Hier wird das erste Glied dieser langen Kette geschmiedet, aus der die Gesellschaftsordnung gebildet ist".[6] Aus dem Paradies der Homöostase im

---

5 Es wird hier der Auffassung Rangs widersprochen, daß Rousseau die frühkindliche Existenz als eine eigene sinnerfüllte Entwicklungsstufe ignoriere und das Mutter-Kind-Verhältnis und die Familie aus dem natürlichen Entwicklungsgang ausschließe (Rang, a.a.O., S. 276f.). Rang schreibt weiter: "Die Familie gilt für Rousseau ja überhaupt nicht als eine Urform des menschlichen Daseins...Rousseau greift denn auch auf das Familienideal, wie er es in der Nouvelle Héloïse geschildert hatte, erst ganz am Ende des EMILE, bei dessen Familiengründung zurück" (S. 277). Die angeführten Textstellen zeigen, daß Rousseau vielmehr bereits ganz am Anfang auf die Bedeutung der Familie aufmerksam macht.

6 UTB, S. 42 - "Comme le prémier état de l'homme est la misére et la foiblesse, ses prémiéres voix sont la plainte et les pleurs. L'enfant sent ses besoins et ne les peut satisfaire, il implore le secours d'autrui par des cris. S'il a faim ou soif il pleure, s'il a trop froid ou trop chaud il pleure, s'il a besoin de mouvement et qu'on le tienne en repos il pleure, s'il veut dormir et qu'on l'agite il pleure...De ces pleurs qu'on croiroit si peu dignes d'attention nait le prémier raport de l'homme à tout ce qui l'environne: ici se forge le prémier anneau de cette longue chaine dont l'ordre social est formé" (Pl.IV, S. 286).

Mutterleib vertrieben, beginnt das Leben mit Bedrohung, Hilflosigkeit und Ohnmacht, mit einer "schönen Wunde", wie Kafka sagt.[7] Diese erste Wunde heilt nicht von selbst. Damit sie sich schließen kann, bedarf der Säugling anderer Menschen, die ihre Pflichten gewissenhaft wahrnehmen, indem sie das kleine Kind liebevoll pflegen. "Mit dem Leben beginnen die Bedürfnisse. Das Neugeborene braucht eine Amme. Um so besser, wenn die Mutter bereit ist, ihre Pflichten zu übernehmen" (UTB, S. 31/Pl.IV, S. 272).[8]

Das Verhältnis zwischen Mutter und Säugling sieht - von außen betrachtet - sehr einseitig aus: das Neugeborene braucht alles, die Mutter soll es - pflichtgemäß - mit allem versorgen. Rousseau hingegen betrachtet diese Beziehung in anderer Weise, eben nicht auf Einseitigkeit gegründet, sondern auf das Prinzip der Gegenseitigkeit. Die Erwachsenen werden von dem kleinen Kind in die Pflicht genommen, es zu pflegen, und dadurch daß die Erwachsenen diese Aufgabe übernehmen, d.h. das Neugeborene versorgen und pflegen, entsteht im kleinen Kind ein Gefühl für die Pflicht. "Ohne Mutter gibt es kein Kind. Ihre Pflichten

---

7 "Mit einer schönen Wunde kam ich auf die Welt; das war meine ganze Ausstattung" (F. Kafka: Sämtliche Erzählungen (hrsg. v. P. Raabe). Frankfurt/M. und Hamburg 1970, S. 128.

Rousseau selbst hat - schenkt man seinen autobiographischen Aussagen Glauben - den lebensbedrohlichen Charakter der Situation eines Neugeborenen am eigenen Leib erfahren. Im 1. Buch seiner "Bekenntnisse" schreibt er: "Zehn Monate danach wurde ich, schwach und krank, geboren. Ich kostete meine Mutter das Leben, und meine Geburt war mein erstes Unglück...Ich kam fast sterbend zur Welt, und man hatte wenig Hoffnung, mich am Leben zu erhalten" (Winkler, S. 1l/Pl.I, S. 7).

8 Das Ammenwesen war zu Zeiten Rousseaus weit verbreitet, und es war nicht selbstverständlich, daß Mütter ihre Kinder selbst stillten. Vgl. dazu P. Robertson: "Es ist bekannt, daß Rousseau dafür eintrat, daß die Mütter ihre Kinder selbst säugten. Zu seiner Zeit war es fast allgemein Brauch in Frankreich, die Kinder, die in Städten geboren wurden, zu einer Säugamme aufs Land zu schicken. Mehr als achtzig Prozent der 21000 Babys, die in den 80er Jahren des achtzehnten Jahrhunderts in Paris geboren wurden, wurden zu professionellen Säugammen geschickt. Im Laufe der nächsten hundert Jahre hörte diese Praxis fast völlig auf; in den sechziger Jahren des neunzehnten Jahrhunderts betraf sie nur noch die Kinder von kleinen Kaufleuten und Handwerkern, deren Frauen im Geschäft benötigt wurden...Im Gefolge Rousseaus wurde in den meisten Büchern den Müttern empfohlen, ihre Kinder, wenn irgend möglich, selber zu säugen, und man hielt das auch nicht mehr für geschmacklos" (Das Heim als Nest: Mittelschichten-Kindheit in Europa im neunzehnten Jahrhundert, in: L. deMause: Hört ihr die Kinder weinen. Eine psychogenetische Geschichte der Kindheit. Frankfurt/M. 1977, S. 569). -
Es ist interessant, daß - auch etymologisch betrachtet - im Deutschen ein Zusammenhang zwischen "Pflege" und "Pflicht" besteht. Vgl. dazu F. Kluge: Etymologisches Wörterbuch der deutschen Sprache. Berlin 1957, S. 544.

sind gegenseitig. Werden sie auf einer Seite schlecht erfüllt, so werden sie auf der anderen vernachlässigt (werden, V.K.). Das Kind muß seine Mutter lieben, ehe es weiß, daß es dies muß. Wird die Stimme des Blutes nicht durch Gewohnheit und Fürsorge gestärkt, erlischt sie in den ersten Jahren, und das Herz stirbt gewissermaßen vor seiner Geburt".[9]

Um überleben zu können, muß das Neugeborene gepflegt und vor allem ernährt werden. Daher macht sich Rousseau eingehend Gedanken über die Zusammensetzung und Temperatur des Wassers, in dem man Neugeborene zu baden gewohnt ist, wie er sich auch mit den physiologischen Voraussetzungen einer gesunden Säuglingsernährung beschäftigt. Die Details dieser Überlegungen sind für uns heute nur noch von historischem Interesse. Von systematischer Bedeutung ist hingegen die Tatsache, daß Rousseau dem *Modus der Ernährung* weitreichende Konsequenzen beimißt. Er sagt: "Die Amme muß an Leib und Seele gesund sein: Charakterfehler und unreine Säfte können die Milch verderben; wenn man übrigens nur die physische Seite betrachtet, sieht man nur das halbe Problem. Ein guter Charakter ist ebenso wesentlich wie ein gutes Temperament. Ich will nicht sagen, daß ein Kind die Laster eines lasterhaften Weibes annimmt, aber ich sage, daß es darunter leidet. Ist sie ihm mit ihrer Milch nicht auch die Fürsorge schuldig, die Eifer, Geduld, Sanftmut und Sauberkeit verlangt? Ist sie gierig und im Essen unmäßig, verdirbt sie ihre Milch; ist sie jähzornig oder nachlässig, was wird aus dem armen Wesen, das ihr ausgeliefert ist und sich weder verteidigen noch beklagen kann" (UTB, S. 32f./Pl.IV, S. 273f.)? Die Art und Weise, in der das *trophologische Paradigma der Erziehung* verwirklicht wird, entscheidet demnach zuallererst darüber, welches Bild vom Leben im Neugeborenen entstehen kann, da Lust und Unlust (Schmerz) die ersten Eindrücke sind, die wahrgenommen werden.[10] Welches Bild von der Wirklichkeit wird im Kind entstehen, wenn es nachlässig, jähzornig, ungeduldig, ohne innere Anteilnahme

---

[9] UTB, S. 20 - "Pour de mére, point d'enfant. Entre eux les devoirs sont réciproques, et s'ils sont mal remplis d'un côté, ils seront négligés de l'autre. L'enfant doit aimer sa mére avant de savoir qu'il le doit. Si la voix du sang n'est fortifiée par l'habitude et les soins, elle s'éteint dans les prémieres années, et le coeur meurt, pour ainsi dire, avant que de naitre" (Pl.IV, S. 259).

[10] "Les prémiéres sensations des enfans sont purement affectives, ils n'apperçoivent que le plaisir et la douleur" (Pl.IV, S. 282). Zu kulturellen Unterschieden des trophologischen Paradigmas vgl. F. Renggli: Angst und Geborgenheit. Soziokulturelle Folgen der Mutter-Kind-Beziehung im ersten Lebensjahr. Reinbek 1976.

und von häufig wechselnden Personen ernährt wird? Es wird - wenn überhaupt - nur mit großer Mühe das auszubilden imstande sein, was Erikson als das "Ur-Vertrauen" bezeichnet, ein zum Leben notwendiges und dem Leben Fundament gebendes Gefühl.[11] Rousseau selbst verwendet in diesem Zusammenhang diese Kategorie explizit nicht, was sowohl lebens- als auch zeitgeschichtliche Gründe haben mag.[12] In seiner Sprache kommt die Notwendigkeit des Vertrauens als fundierendes Gefühl eher so zum Ausdruck: es muß vermieden werden, daß der naturbedingten schmerzhaften Situation des Neugeborenen noch - vermeidbare - kulturbedingte Schmerzen hinzugefügt werden, die im späteren Leben dann als naturbedingte Verhaltensweisen erscheinen.

Kulturbedingte Schmerzen werden nicht nur durch der Natur widersprechende Ernährungspraktiken hervorgerufen, sondern auch durch eine bestimmte Sitte des Wickelns, gegen die Rousseau sich mit harten Worten wendet: "Muß ein so grausamer Zwang nicht das Gemüt und den Charakter der Kinder beeinflussen? Ihr erster Eindruck ist Schmerz und Leid: nichts als Widerstände bei allen notwendigen Bewegungen; unglücklicher als ein Verbrecher in Ketten, strengen sie sich vergebens an, werden zornig und schreien. Ihr erster Laut ist weinen, sagt ihr? Das glaube ich wohl: ihr ärgert sie von Geburt an. Die ersten Geschenke, die ihr ihnen macht, sind Fesseln. Die erste Behandlung, die sie erfahren, ist Quälerei. Nur die Stimme können sie frei gebrauchen; warum sollen sie sich ihrer nicht bedienen, um sich zu beklagen? Sie schreien über das Leid, das ihr ihnen antut. So gefesselt würdet ihr noch lauter schreien" (UTB,S. 17/Pl.IV, S. 254f.).[13] Rousseau

---

[11] E.H. Erikson: Identität und Lebenszyklus. Frankfurt/M. 1980, S. 62-75 (Identity and the Life Cycle, New York 1959). Die Forschungen zum Phänomen des Hospitalismus zeigen die verheerenden Konsequenzen, wenn anstelle eines Ur-Vertrauens ein "Ur-Mißtrauen" die frühe Kindheit beherrscht.

[12] Auf die Kindheitserinnerungen Rousseaus ist bereits hingewiesen worden (Anm. 7). In seiner psychogenetischen Geschichte der Kindheit hat deMause ein Evolutionsmodell der Eltern-Kind-Beziehungen entwickelt, in dem die Entwicklungsformen dieser Beziehungen mit den Begriffen Kindesmord (bis 4. Jahrhundert), Weggabe (4.-13. Jhd.) Ambivalenz (4.-17. Jhd.), Intrusion (18. Jhd.), Sozialisation (19. - Mitte 20. Jhd.) und Unterstützung (ab Mitte des 20. Jh.) gekennzeichnet sind. Demnach wäre Rousseau dem Beginn der Phase der Intrusion zuzuordnen. Dies könnte als ein Grund dafür angesehen werden, daß er zwar auf das Kind hin gerichtet denkt, jedoch noch nicht radikal vom Kinde aus. Er thematisiert eher - aus der Perspektive des Erwachsenen - was ein Kind lernen muß und berücksichtigt zumindest nicht immer explizit die dieses Lernen ermöglichenden Voraussetzungen, also die spezifischen Lernfähigkeiten des Kindes.

[13] Hierzu Robertson: "Ein anderer von Rousseau kritisierter Brauch war das Wickeln; dennoch

empfiehlt dagegen weiche und weite, allen Gliedern Freiheit gebende Windeln sowie gepolsterte große Wiegen, in denen sich die Kinder nach Lust und ohne Gefahr bewegen können (vgl. UTB, S. 36/Pl.IV, S. 278).[14]
Ein Kind, das richtig gewickelt und gesund ist, dem es an nichts fehlt und das dennoch weint, kann, so Rousseau, nur aus "Gewohnheit und Eigensinn" (UTB, S. 47/Pl.IV, S. 291) weinen. Die Ausbildung derartiger Gewohnheiten bedarf äußerster Aufmerksamkeit seitens der Erwachsenen, denn Gewohnheiten bringen ambivalente Verhaltensdispositionen mit sich. Auf der einen Seite sind sie notwendig, um die Angst der Kinder zu verringern, z.B. wenn es darum geht, sie an neue Gegenstände oder Umgebungen zu gewöhnen.[15] Auf der anderen Seite können sie mit spezifischen Modi der Bedürfnisbefriedigung verknüpft werden und somit selber den Charakter von - vermeintlich natürlichen - Bedürfnissen

---

starb diese Gewohnheit in Frankreich so langsam aus, daß im Jahre 1891 in einem Buch über Kinderpflege der Verwunderung darüber Ausdruck verliehen wurde, daß es ein Jahrhundert nach Rousseau noch notwendig sei, vor jener Praxis zu warnen. Viele Ratgeber für Eltern drückten sich vorsichtig aus; obgleich in diesen Büchern niemals das alte feste Wickeln, das die Arme mit einbezog, empfohlen wurde, ließen doch viele den Müttern die Wahl zwischen einer abgeschwächten Form des Wickelns mit Bändern und einer Bekleidung nach 'englischer' Art, die Befestigungsvorrichtungen im Hosenzwickel aufwies und die 'culottes' genannt wurde. Ein Vorteil dieser Methode bestand darin, daß sie die Gewöhnung ans Nachttöpfchen erleichterte. Das feste Wickeln hatte das Baby oft so steif gemacht, daß es ihm weh tat, wenn man seine Windeln wechselte, was wiederum - wie in einem Teufelskreis - dazu führte, daß das Kindermädchen wenig Lust hatte, die Windeln zu wechseln. Deutsche Babys wurden fester und länger gewickelt als französische..." (a.a.O., S. 571). Auch andere Autoren der Zeit kritisieren diese Wickelpraxis. Dies stellt ausführlich dar R. Mercier: L'enfant dans la société du XVIIIe siècle. Paris 1961.

14 Rousseau verleiht diesen Empfehlungen dadurch Nachdruck, daß er sich auf Praktiken sogenannter primitiver Kulturen, "die alten Peruaner", sowie auf Reiseberichte beruft. Dieser - bei Rousseau in einer Fußnote versteckte - Hinweis macht auf einen anderen, wissenschaftsgeschichtlich bedeutsamen Zusammenhang aufmerksam, den Cl. Lévi-Strauss einmal in einem Festvortrag folgendermaßen ausgedrückt hat: "Rousseau ne fut pas seulement un observateur pénétrant de la vie paysanne, un lecteur passionné des livres de voyage, un analyste averti des coutumes et les croyances exotiques: sans crainte d'être démenti on peut affirmer que cette ethnologie qui n'existait pas encore, il l'avait, un plein siècle avant qu'elle ne fit son apparition, conçue, voulue et annoncée, la mettant d'emblée à son rang parmi les sciences naturelles et humaines déjà constituées; et qu'il avait même deviné sous quelle forme pratique grâce au mécénat individuel ou collectif - il lui serait donné de faire ses premiers pas... Rousseau ne s'est pas borné à prévoir l'ethnologie: il l'a fondée" (Cl. Lévi-Strauss: Jean-Jacques Rousseau, Fondateur Des Sciences De L'Homme. Neuchâtel 1962, S. 239f.).

15 "Es (das Kind, d. Verf.) fühlt sich so schwach, daß es alles Unbekannte fürchtet: die Gewohnheit, neue Gegenstände ohne Erregung zu sehen, bannt die Furcht" (UTB, S. 39/Pl.IV, S. 282).

annehmen: "Mißt man ihnen Nahrung und Schlaf auf die Minute zu, so werden sie ihnen um die gleiche Zeit unentbehrlich: und bald kommt das Verlangen nicht aus dem Bedürfnis, sondern aus der Gewohnheit; oder vielmehr, die Gewohnheit fügt den Naturbedürfnissen ein weiteres hinzu. Das muß man vermeiden. Die einzige Gewohnheit, die ein Kind annehmen darf, ist die, keine anzunehmen".[16]

Angesichts der zahlreichen entwicklungspsychologischen Befunde über die psychischen Bedürfnisse von Säuglingen und Kleinkindern erscheint es aus heutiger Sicht eher befremdlich, mit welcher Hartnäckigkeit Rousseau Naturbedürfnisse und kulturell erworbene Gewohnheiten auseinanderzuhalten versucht. Das hat einen einfachen Grund. Er ist darin zu sehen, daß Rousseau die Bedeutung der naturgemäßen Gewohnheiten (wieder) zum Vorschein bringen möchte. Naturgemäß sind Gewohnheiten nämlich immer dann, wenn sie dem Menschen dazu verhelfen, sich selbst zu disziplinieren, d.h. Herrschaft über sich zu erlangen. Es geht also nicht um das Potenzieren äußerer Zwänge, sondern vielmehr darum, sich selbstauferlegten Zwängen zu unterwerfen. Die Bedingung der Möglichkeit diese Fähigkeit zu erlernen, ist - und darauf soll hier aufmerksam gemacht werden - entscheidend davon abhängig, auf welche Weise die Interaktionen zwischen dem kleinen Kind und den es umgebenden Erziehern gestaltet werden: "Die ersten Kindertränen sind Bitten. Sieht man sich nicht vor, so werden Befehle daraus. Zuerst lassen sie sich nur helfen, zuletzt lassen sie sich bedienen. So entsteht aus ihrer Schwäche, von der das Gefühl ihrer Abhängigkeit kommt, der Begriff der Herrschaft und der Überlegenheit. Aber dieser Begriff wird weniger durch ihre Bedürfnisse als durch unsere Dienstbeflissenheit hervorgerufen, und so machen sich schon sittliche Wirkungen bemerkbar, deren Ursache nicht unmittelbar in der Natur liegt. Man sieht schon, warum es schon so früh wichtig ist, die geheime Absicht zu erkennen, die durch die Gebärde oder den

---

[16] UTB, S. 39 - "La nourriture et le sommeil *trop exactement* (Hervorhg. v. Verf.) mesurés leur deviennent necessaires au bout des mêmes intervalles, et bientot le desir ne vient plus du besoin mais de l' habitude, ou plustôt, l'habitude ajoûte un nouveau besoin à celui de la nature: voila ce qu'il faut prevenir. La seule habitude qu'on doit laisser prendre à l'enfant est de n'en contracter aucune" (Pl.IV, S. 282). Diese Stelle ist leicht mißzuverstehen, vor allem wenn sie mit dem Satz "Die Erziehung ist bestimmt nichts anderes als eine Gewohnheit" (UTB, S. 11/Pl.IV, S. 248) konfrontiert wird. Rousseau geht es, das zeigt der Kontext, um die Gewohnheiten, die der Natur gemäß sind: eben sie sollen durch die Erziehung herausgebildet werden, wohingegen es die "Angewohnheiten", die Marotten, zu verhindern gilt, da letztere das Kind nicht auf den Gebrauch der Freiheit vorbereiten. Im späteren Leben, wenn die Entwicklung weiter fortgeschritten und die Vernunft entwickelt ist, wird es um die "wirklichen Gewohnheiten" (UTB, S. 476/Pl.IV, S. 800f.) gehen.

Schrei ausgedrückt wird".[17] Die Alternative ist für Rousseau eindeutig: "Entweder tun wir, was ihm gefällt, oder wir verlangen, was uns gefällt. Entweder wir unterwerfen uns seinen Launen, oder wir unterwerfen es unseren. Es gibt keine Mitte: entweder gibt das Kind Befehle, oder es empfängt sie. So sind seine ersten Eindrücke die der Macht oder der Unterwerfung" (UTB, S. 22/Pl.IV, S. 261). Die Macht des Kindes besteht darin, die es umsorgenden Personen für seine Pflege in die Pflicht zu nehmen, die Unterwerfung darin, eben darauf in kindlicher Abhängigkeit ohne Einfluß zu sein. Es gibt durch das Prinzip der Gegenseitigkeit also doch eine Mitte, ein Gleichgewicht. Es kann sich allerdings in einer bedenklichen Weise verändern, nämlich dann, wenn Kinder entdecken, "daß sie die Erwachsenen ihrer Umgebung als Werkzeug betrachten können, und daß es von ihnen abhängt, sie zum Tun zu veranlassen; (dann) geben sie ihrer Neigung nach und gleichen so ihre Schwäche aus. Dann werden sie unbequem, tyrannisch, herrschsüchtig, boshaft und unbezähmbar, nicht aus angeborener, sondern aus anerzogener Herrschsucht. Denn man braucht keine lange Erfahrung um zu merken, wie angenehm es ist, durch andere Hände zu wirken und mit einem Zungenschlag dieWelt in Bewegung zu setzen" (UTB, S. 45/Pl.IV, S. 289).
Befehlen, gehorchen, tyrannisch, herrschsüchtig, unbezähmbar: diese Begriffe wecken eher Assoziationen an die Abgründe der "Schwarzen Pädagogik" und scheinen schlecht in die Sprache einer naturgemäßen Erziehung zu passen, deren erklärtes Ziel doch darin bestehen sollte, die Kinder auf jeder Stufe ihres Lebens glücklich zu machen.[18] Worin besteht der Grund dafür, daß Rousseau das Verhältnis von kleinen Kindern und Erwachsenen mit derart harten Worten belegt? Die Antwort findet sich am Ende des 1. Buches. Der Erfinder des EMILE faßt dort seine Vorstellungen über die frühkindliche Erziehung in vier Leitsätzen

---

[17] UTB, S. 43 - "Les prémiéres pleurs des enfans sont des priéres: si on n'y prend garde elles deviennent bientôt des ordres; ils commencent par se faire assister, ils finissent par se faire servir. Ainsi de leur propre foiblesse d'où vient d'abord le sentiment de leur dépendance, nait ensuite l'idée de l'empire et de la domination; mais cette idée étant moins excitée par leurs besoins que par nos services, ici commencent à se faire appercevoir les effets moraux dont la cause immédiate n'est pas dans la nature, et l'on voit déja pourquoi dès ce prémier age il importe de démêler l'intention secrette qui dicte le geste ou le cri" (Pl.IV, S. 287).

[18] Vgl. K. Rutschky (Hg.): Schwarze Pädagogik. Quellen zur Naturgeschichte der bürgerlichen Erziehung. Frankfurt/M.-Berlin-Wien 1977. "Die schwarze Pädagogik ist der tendenziöse Versuch, die Folgen und Begleiterscheinungen der Aufmerksamkeit zu dokumentieren, der Heranwachsende seit dem 18. Jh. ausgesetzt sind" (S. XV). Rousseau kommt in diesem Buch bezeichnenderweise nicht vor.

zusammen.[19] Und unmittelbar anschließend heißt es: "Der Sinn dieser Regeln ist, den Kindern mehr *wirkliche* (Hervorh. d. Verf.) Freiheit und weniger Macht zu geben, sie mehr selbst tun und weniger von anderen verlangen zu lassen. So gewöhnen sie sich früh daran, ihre Wünsche ihren Kräften anzupassen, und fühlen weniger den Mangel dessen, was nicht in ihrer Macht liegt."[20]
Die wirkliche Freiheit, so lautet die Lehre, ist eben diejenige, die auf einem Verhältnis von Wollen und Können beruht, das den realen Gegebenheiten, d.h. dem Stand der Entwicklung entspricht. Immer dann, wenn Menschen mehr (haben) wollen als sie können, tun sie selbst weniger und verlangen von anderen mehr.[21] In diesem elementaren Zusammenhang von Wollen und Können liegt der Schlüssel zum altersgemäßen Glück, und in jeder Phase des Lebenslaufes

---

[19] Die Leitsätze lauten:
1. "Kinder haben keine überschüssigen Kräfte. Sie haben nicht einmal genug Kräfte für all das, was die Natur von ihnen verlangt. Man muß ihnen also den Gebrauch aller Kräfte lassen, die die Natur ihnen gibt und die sie sowieso nicht mißbrauchen können.
2. Man muß ihnen helfen und in allem beistehen, was ihnen an Einsicht oder Kraft an dem ermangelt, was zu ihren körperlicher Bedürfnissen gehört.
3. In der Hilfe, die man ihnen gewährt, muß man sich einzig auf das wirklich Nützliche beschränken, ohne der Laune oder unvernünftigen Wünschen etwas zuzugestehen. Launen werden sie nicht quälen, wenn man sie nicht aufkommen hat lassen, da sie nicht in der Natur begründet sind.
4. Man muß ihre Sprache und ihre Zeichen sorgfältig studieren, damit man in einem Alter, in dem sie sich noch nicht verstellen können, unterscheiden kann, ob ihre Wünsche unmittelbar der Natur entspringen oder ihrem Gutdünken" (UTB, S. 45f./Pl. IV, S. 290).

[20] UTB, S. 46 - "L'esprit de ces régles est d'accorder aux enfans plus de liberté véritable et moins d'empire, de leur laisser plus faire par eux-mêmes et moins exiger d'autrui. Ainsi s'accoutumant de bonne heure à borner leurs desirs à leurs forces, ils sentiront peu la privation de ce qui ne sera pas en leur pouvoir" (Pl.IV, S. 290).

[21] Es fällt auf, daß E.H. Erikson in seinen vergleichenden Studien bei einigen Indianerstämmen Erziehungsmaximen gefunden hat, die den Prinzipien Rousseaus ganz ähnlich zu sein scheinen. Ein Beispiel mag dies verdeutlichen: "Dr. R.U. erzählte mir, wie sie in Arizona unter einer Gruppe von älteren Papagos saß und der Hausherr sich an seine kleine dreijährige Enkelin wandte und sie aufforderte, die Türe zu schließen. Die Türe war gewichtig und ging schwer zu. Das Kind versuchte es, aber die Tür bewegte sich nicht. Mehrmals wiederholte der Großvater: 'Ja, mach die Tür zu'. Niemand sprang auf, um dem Kind zu helfen, niemand nahm ihm die Verantwortung ab. Andererseits gab es keine Ungeduld, denn schließlich war das Kind klein. Sie saßen ernsthaft und warteten, bis es dem Kind gelang und der Großvater ihm feierlich dankte. Die Voraussetzung dabei ist, daß solch eine Aufgabe nicht gestellt wird, ehe das Kind sie bewältigen kann" (E.H. Erikson: Kindheit und Gesellschaft. Stuttgart 1979, S. 230).

gestaltet sich dieses Verhältnis durch Entwicklung und Lernen in anderer Weise.[22] Wirkliche Freiheit beruht auf einem ausgeglichenen Verhältnis von Wunsch und Fähigkeit. Das gilt es, von Anfang zu lehren und zu lernen, denn dieser Sachverhalt ist von curricularer Bedeutung. Ganz am Schluß des Romanfragmentes "Emile und Sophie oder die Einsamen", dem Versuch einer Fortsetzung des EMILE, wird diese curriculare Bedeutung des Verhältnisses vonWollen und Können sichtbar. Emile, der, verlassen von Frau und Familie, durch die Welt irrt und schließlich sogar als Sklave fremden Herren dienen muß, sagt über seinen im Grunde beklagenswerten Zustand: "Aus diesen Betrachtungen zog ich den Schluß, daß die Veränderung meiner Lage mehr scheinbar als wirklich sei; daß, wenn die Freiheit darin bestünde, zu tun, was einem beliebt, kein Mensch frei sei; daß alle schwach sind, von den Dingen abhängig, von der harten Notwendigkeit; daß derjenige, der am besten all das zu wollen versteht, was diese befiehlt, der freiste ist, da er niemals gezwungen ist, zu tun, was er nicht will...Die Zeit meiner Knechtschaft war die meiner Herrschaft, und niemals besaß ich soviel Gewalt über mich als zu der Zeit, da ich die Ketten der Barbaren trug" (Winkler, S. 683/Pl.IV, S. 917).

Zurück an den Anfang des Lebenslaufes: ernährt und gepflegt zu werden, das reicht aus um zu überleben, wohingegen es zum Leben weiterer Fähigkeiten bedarf. Das Kind muß wahrnehmen, gehen und sprechen lernen. Die Entwicklung der *sensumotorischen Kompetenz*, "die Fähigkeit und der damit verbundene Eifer zum sehend und hörend wahrnehmenden und mit den Händen begreifenden Lernen" (Loch, a.a.O., S. 55), ist für Rousseau von unmittelbarer Bedeutung für die Entwicklung der menschlichen Vernunft, der kognitiven Fähigkeiten des Menschen, und damit zugleich - mittelbar - für die Entstehung des moralischen Bewußtseins grundlegend.

Auf der Grundlage der primären Gefühle von Lust und Unlust entwickelt sich die Wahrnehmungsfähigkeit aus dem ständig wechselnden Zusammenspiel von Sehen, Hören und Begreifen. "Die ersten Eindrücke der Kinder sind reine Empfindungen: sie nehmen nur Lust und Schmerz wahr. Da sie weder gehen noch greifen können,

---

[22] Das Verhältnis von Wollen und Können hat für Rousseau eine unmittelbar moralische Bedeutung: "Alle Bosheit entspringt der Schwäche. Das Kind ist nur böse, weil es schwach ist. Macht es stark und es wird gut sein. Wer alles kann, tut niemals Böses" (UTB, S. 44/Pl.IV, S. 288). Der letzte Satz ist unsauber übersetzt. Es heißt im Original: "...celui qui pourroit tout ne *feroit* jamais de mal".

brauchen sie lange Zeit, um allmählich zur Empfindung der sie umgebenden Gegenstände zu kommen. Aber da diese immer weiter rücken, sich gewissermaßen von ihren Augen entfernen, nehmen sie auch Dimension und Gestalt an. So wird ihnen die Wiederholung der Eindrücke allmählich zur Gewohnheit".[23]
Die ungeteilte Aufmerksamkeit des Kindes ist auf seine "unmittelbaren Sinneseindrücke (gerichtet). Seine Empfindungen sind die ersten Bausteine seiner Erkenntnisse. Sie ihm in einer zweckmäßigen Ordnung zu bieten, heißt sein Gedächtnis vorbereiten, daß sie es eines Tages in derselben Folge seinem Verstand vermittelt. Da es nur auf seine Empfindungen achtet, genügt es zuerst, diese sehr deutlich mit den Gegenständen, die sie hervorrufen, zu verbinden. Das Kind will alles berühren, alles anfassen. Verhindert diese Unruhe nicht. Sie vermittelt ihm eine sehr notwendige Lehre. Es lernt Wärme, Kälte, Härte, Weichheit, Schwere, Leichtigkeit der Körper kennen und Größe, Gestalt und alle anderen Eigenschaften beurteilen, indem es sie betrachtet, befühlt, belauscht; indem es Gesichts- und Tasteindrücke vergleicht; indem es das Auge lehrt abzuschätzen, welchen Eindruck die Körper unter den Fingern erzeugen".[24]
Das Kind braucht Gegenstände, Dinge, damit es greifen lernen und die dazu

---

[23] UTB, S. 39 - "Les prémiéres sensations des enfans sont purement affectives, ils n'apperçoivent que le plaisir et la douleur. Ne pouvant ni marcher ni saisir ils ont besoin de beaucoup de tems pour se former peu à peu les sensations réprésentatives qui leur montrent les objets hors d'eux-mêmes; mais en attendant que ces objets s'étendent, s'éloignent, pour ainsi dire, de leurs yeux, et prennent pour eux des dimensions et des figures, le retour des sensations affectives commence à les soumettre à l'empire de l'habitude" (Pl.IV, S. 282).

[24] UTB, S. 40f. - "Dans le commencement de la vie où la mémoire et l'imagination sont encore inactives, l'enfant n'est attentif qu'à ce qui affecte actuellement ses sens. Ses sensations étant les prémiers matériaux de ses connoissances, les lui offrir dans un ordre convenable, c'est préparer sa mémoire à les fournir un jour dans le même ordre à son entendement: mais comme il n'est attentif qu'à ses sensations, il suffit d'abord de lui montrer bien distinctement la liaison de ces mêmes sensations avec les objets qui les causent. Il veut tout toucher, tout manier; ne vous opposez point à cette inquiétude; elle lui suggére un apprentissage très necessaire, c'est ainsi qu'il apprend à sentir la chaleur, le froid, la dureté, la molesse, la pesanteur, la légéreté des corps, à juger de leur grandeur, de leur figure et de toutes leurs qualités sensibles en regardant, palpant, écoutant, surtour en comparant la vüe au toucher, en estimant à l'oeil la sensation qu'ils feroient sous ses doigts" (Pl.IV, S. 284).
Ein anderer großer Genfer, Jean Piaget, hat, wie hier zu sehen ist, von Rousseau gelernt. Vgl. dazu J. Piaget: Psychologie der Intelligenz. Olten/Freiburg 1971. - Ders.: Das Erwachen der Intelligenz beim Kinde. Stuttgart 1969. - Ders.: Das moralische Urteil beim Kinde. Frankfurt/M. 1973.

erforderlichen Koordinationsleistungen üben kann.[25] Ohne das Greifen konkreter Dinge gibt es kein Begreifen abstrakter Sachverhalte. Dem Erzieher obliegt es, dem Kind geeignete Gegenstände zu präsentieren, es durch Darstellung dessen, was mit diesen Dingen anzufangen ist zu aktivieren und schließlich die ersten Versuche des kleinen Kindes im Medium des Kontaktes zu bekräftigen.[26] Die Auswahl der Gegenstände erfordert besondere Aufmerksamkeit, da das Kind Gefühle an sie bindet, sie - psychoanalytisch formuliert - emotional besetzt: "Warum soll die Erziehung eines Kindes nicht beginnen, ehe es spricht, ehe es hört, da schon die Auswahl der Gegenstände, die man ihm gibt, genügt, um es furchtsam oder mutig zu machen" (UTB, S. 40/Pl.IV, S. 282).[27]

Die kognitiven Leistungen des Menschen entwickeln sich auf der Basis der sensumotorischen Kompetenz. In welcher Beziehung steht diese Tatsache mittelbar, so lautete die Behauptung, zur Entwicklung des moralischen Bewußtseins? Für Rousseau besteht das moralische Bewußtsein aus zwei Komponenten: Gefühl und Vernunft. Er ist davon überzeugt, wie er an einem Beispiel zeigt, "daß das Gefühl für Recht und Unrecht dem Menschenherzen eingeboren ist" (UTB, S. 43/Pl.IV, S. 286).[28] Dieses "eingeborene" Gefühl bildet gewissermaßen das emotionale

[25] Es ist deutlich, wie in dieser Phase der Entwicklung bereits die "Dinge" als "Erzieher" wirken. Piaget hat das subtil beschrieben: "Die der sensumotorischen Intelligenz eigne Kontrolle ist äußeren Ursprungs: es sind die Dinge selbst, und nicht die ursprüngliche, aktiv das Wahre suchende intellektuelle Tätigkeit, welche den Organismus zwingen, seine Verhaltensweisen auszuwählen" (Das moralische Urteil beim Kinde, a.a.O., S. 454).

[26] Rousseaus kulturkritischer Eifer richtet sich auch gegen unangemessenes Spielzeug, das man Kindern zu geben pflegte: "Nichts kann mehr schlicht und einfach sein, nicht einmal mehr bei Kindern. Schellen aus Silber, Gold oder Korallen, geschliffenes Kristall, Klappern jeden Preises und jeder Art: Was für unnützer und schädlicher Tand! Nichts davon! Keine Schellen, keine Klappern! Kleine Zweige mit ihren Blättern und Früchten: ein Mohnkopf, in dem man den Samen rasseln hört, eine Stange Süßholz zum Lutschen und Kauen unterhalten es genauso wie der prächtigste Firlefanz und haben nicht den Nachteil, es von Geburt an den Luxus zu gewöhnen" (UTB, S. 47f./Pl.IV, S. 292).

[27] Für Dinge, die vom Kind in ganz bestimmter Weise emotional besetzt werden, hat Winnicott den Begriff "Übergangsobjekt" geprägt. Vgl. D.W. Winnicott: Übergangsobjekte und Übergangsphänomene, in: Psyche 23 (1969), S. 666ff.

[28] "Ich werde nie vergessen, wie eine Amme unter meinen Augen einen dieser unbequemen Schreihälse geschlagen hat. Er schwieg sofort: ich glaubte ihn eingeschüchtert. Ich sagte mir: Das wird eine Sklavenseele, bei der man nur mit Strenge etwas erreichen wird. Ich täuschte mich: das Unglückswesen erstickte vor Zorn. Der Atem war ihm stehengeblieben. Ich sah es blau werden. Im Augenblick danach kamen die schrillen Schreie. Zeichen der Entrüstung. Wut und Verzweiflung dieses Alters waren in diesen Tönen. Ich fürchtete, es könnte der Aufregung

Fundament der Moral. Hierauf gründet sich, als rationales Element, die menschliche Vernunft, also die Erkenntnis des Moralischen: "Die Vernunft allein *lehrt* (Hervorhebung v. Verf.) uns den Unterschied zwischen Gut und Böse. Das Gewissen läßt uns das eine lieben und das andere hassen. Es kann sich also nicht ohne die Vernunft entwickeln, obwohl es von ihr unabhängig ist. Ehe wir vernünftig geworden sind, tun wir das Gute und Böse, ohne es zu erkennen. Unsere Handlungen sind noch ohne moralischen Wert, obwohl ein solcher Wert im Gefühl durch Handlungen anderer, die sich auf uns beziehen, ausgelöst wird".[29] Mit anderen Worten heißt das: Die Moral des kleinen Kindes ist eine Moral des Gefühls, die, noch ohne jede Erkenntnis, durch die Reaktionen der das Kind umgebenden Personen aufgebaut wird. In dieser Moral des Gefühls sind allerdings zugleich die Bausteine verborgen, die benötigt werden, um später mit Hilfe der Vernunft zur Erkenntnis des Moralischen gelangen zu können. Deswegen ist für Rousseau die Art und Weise, in der die Umgebung auf die Bedürfnisse und Aktivitäten des kleinen Kindes reagiert, von so elementarer Bedeutung. Dies zeigt sich nicht nur im Zusammenhang der sensumotorischen Kompetenz, sondern auch bei einer weiteren frühkindlichen Lernaufgabe, nämlich dem sich bewegen und gehen Lernen, der Entwicklung der *lokomotorischen Kompetenz*. Es ist gezeigt worden, daß die Wahrnehmungsfähigkeit in engem Zusammenhang mit dem Moment der Bewegung steht. Eben war eine kleine Kugel noch fest umschlossen in der Hand des Kindes, jetzt rollt sie heraus, ist weiter entfernt und nicht mehr zu erreichen. Durch die Bewegung der Gegenstände eröffnet sich dem Kind der Raum. In dem Maße wie sich bewegende Gegenstände Räume eröffnen und die Bewegungsfähigkeit des Kindes wächst, vergrößert sich der Raum um das Kind herum. Das ist zunächst ganz leibhaftig zu verstehen: vom Rücken auf den Bauch und zurück, dann mehrmals bis an den Rand einer ausgebreiteten Decke, schließlich auf die Arme gestützt krabbelnd direkt auf einen Gegenstand zu und

---

erliegen. Hätte ich jemals daran gezweifelt, daß das Gefühl für Recht und Unrecht dem Menschenherzen eingeboren ist, so hätte mich dieses Beispiel überzeugt. Ich bin sicher, daß das Kind einen Feuerbrand auf seiner Hand weniger bemerkt hätte als diesen leichten Schlag, der allerdings in der Absicht gegeben war, es zu beleidigen" (UTB, S. 43/Pl.IV, S. 286f.).

29 UTB, S. 44 - "La raison seule nous apprend à connoitre le bien et le mal. La conscience qui nous fait aimer l'un et haïr l'autre, quoiqu'indépendante de la raison, ne peut donc se developper sans elle. Avant l'age de raison nous faisons le bien et le mal sans le connoitre, et il n'y a point de moralité dans nos actions, quoiqu'il y en ait quelquefois dans le sentiment des actions d'autrui qui ont rapport à nous" (Pl.IV, S. 288).

letztlich auf eigenen Beinen - noch unsicher und wackelig zwar - stehen und gehen können. Der erste "Raum" des Kindes war sein Körper. Durch die Entwicklung der lokomotorischen Kompetenz wird der Bereich des "Körper-Ichs" (Erikson) verlassen und durch die Erfahrungen sich erweiternder Räume relativiert. Rousseau hat genau gesehen, daß diese Erfahrungen der Bewegung und der Räume nicht nur notwendige Stufen der Denkentwicklung kennzeichnen, sondern daß dadurch zugleich eine für das moralische Bewußtsein notwendige Grunderkenntnis vermittelt wird: "Erst durch die Bewegung lernen wir, daß es Dinge gibt, die nicht wir sind. Durch unsere eigene Bewegung gelangen wir zum Begriff der Ausdehnung. Weil das Kind diesen Begriff noch nicht hat, streckt es unterschiedslos die Hand nach nahen und fernen Gegenständen aus. Dies Bemühen sieht so aus, als wolle es den Gegenständen befehlen, näher zu kommen, oder uns, sie ihm zu bringen. Aber nichts dergleichen...Tragt es also viel herum, von einem Ort zum anderen, um ihm die Ortsveränderung fühlbar zu machen und es die Beurteilung der Entfernungen zu lehren".[30]
Gerade in dieser Phase muß der vierte Leitsatz frühkindlicher Erziehung, in dem das angemessene Verständnis kindlicher Zeichen behandelt wird, beachtet werden. Rousseau veranschaulicht dies an folgender Szene: "Wenn das Kind in stummer Anstrengung die Hand ausstreckt, so glaubt es, den Gegenstand ergreifen zu können, weil es die Entfernung nicht abschätzen kann: es täuscht sich also. Wenn es weinend und schreiend die Hand ausstreckt, täuscht es sich nicht mehr über die Entfernung: es befiehlt dem Gegenstand näher zu kommen, oder euch, ihn ihm zu bringen. Im ersten Fall tragt es langsam und mit kleinen Schritten zum Gegenstand hin, in zweiten tut so, als ob ihr es gar nicht hört...Wichtig ist, daß es sich von früh an gewöhnt, weder den Menschen zu befehlen, denn es ist nicht ihr Herr, noch den Dingen, denn sie hören nicht. Wenn ein Kind etwas wünscht, das es sieht und das man ihm geben will, so ist es besser, man trägt es zum Gegenstand

---

[30] UTB, S. 41 - "Ce n'est que par le mouvement que nous apprenons qu'il y a des choses qui ne sont pas nous, et ce n'est que par nôtre propre mouvement que nous aquérons l'idée de l'étendüe. C'est parce que l'enfant n'a point cette idée qu'il tend indifféremment la main pour saisir l'objet qui le touche ou l'objet qui est à cent pas de lui. Cet effort qu'il fait vous paroit un signe d'empire, un ordre qu'il donne à l'objet de s'approcher ou à vous de le lui apporter, et point du tout... Ayez donc soin de le promener souvent, de le transporter d'une place à l'autre, de lui faire sentir le changement de lieu, afin de lui apprendre à juger des distances" (Pl.IV, S. 284f.). Die Originalität Rousseaus liegt darin, daß er - im Gegensatz zu Condillac - das Moment der Bewegung, der eigenen und der fremden, als Grundlage dafür ansieht, einen Begriff von Entfernung und Ausdehnung entwickeln zu können.

hin, als man bringt ihm dem Kind: aus dieser Praxis zieht es einen kindgemäßen Schluß, der ihm auf andere Art nicht zu vermitteln ist" (UTB, S. 43f./Pl.IV, S. 287f.). Das Prinzip, die Kinder von Anfang an darin zu bestärken, ihre eigenen Kräfte einzusetzen und zu üben und ihnen nur bei denjenigen Lernaufgaben Hilfestellungen zu geben, die sie aus eigener Kraft nicht zu bewältigen vermögen, ist gerade im Hinblick auf das Gehen-lernen, so Rousseau, unbedingt zu beachten. Er hält nichts davon, "pedantisch und lehrsüchtig, wie wir sind,...den Kindern bei(zu)bringen, was sie allein viel besser lernen, und (dabei) vergessen (wir) das, was wir allein ihnen hätten beibringen können. Gibt es etwas Dümmeres, als sie mühevoll gehen zu lehren"?[31] Die Pflicht der Erwachsenen besteht darin, die Kinder davor zu schützen, sich zu verletzen.[32] Darüber hinaus sollen sie den Kindern Raum geben und die Umgebung so auswählen oder gestalten, daß die Kleinen ihre entwicklungsnotwendigen Lernaufgaben ohne Angst und Gefahr üben können, das Gehen-Lernen eben am besten "mitten auf einer Wiese. Da kann er (Emile, d. Verf.) laufen, sich austoben und hundertmal am Tage fallen; um so besser lernt er wieder aufstehen. Die Wohltat, frei zu sein, wiegt viele Wunden auf. Mein Schüler wird oft blaue Flecken haben; dafür ist er aber immer guter Laune. Eure werden vielleicht weniger haben, dafür sind sie immer quengelig, immer angebunden, immer traurig. Ich zweifle, ob der Vorteil auf ihrer Seite ist" (UTB, S. 54/Pl.IV, S. 301). Wenn das Kind gehen kann, dann hat es in der Regel bereits eine andere Kompetenz zu entwickeln begonnen, die *Sprachfähigkeit*, d.h. "die ersten Entwicklungen fallen fast alle zusammen. Das Kind lernt fast gleichzeitig sprechen, essen und gehen" (UTB, S. 52/Pl.IV, S. 298).
Rousseau nimmt an - Forschungen zum Spracherwerb bestätigen dies - , daß sich die Sprachfähigkeit aus den ersten Mutter-Kind-Interaktionen heraus entwickelt.[33]

---

[31] UTB, S. 54 - "Notre manie enseignante et pédantesque est toujours d'apprendre aux enfans ce qu'ils apprendroient beaucoup mieux d'eux-mêmes, et d'oublier ce que nous aurions pu seuls leur enseigner..." (Pl.IV, S. 300).

[32] Vgl. den Zweiten Leitsatz frühkindlicher Erziehung (Anm. [19]).

[33] Vgl. dazu Bruner: "Aber manche Züge des LAD (Chomskys Theorie des Language Acquisition Device, d. Verf.) sind offensichtlich gründlich falsch. Die Sprachkenntnis des Kindes ist zutiefst davon abhängig, daß es sich zuvor Begriffe von der Welt angeeignet hat, auf die die Sprache sich bezieht. Dieser Punkt ist...durch Untersuchungsergebnisse in hohem Grade gesichert. Und es ist ebenfalls klar (und wird, wie ich hoffe, durch meinen Beitrag noch deutlicher werden), wie sehr der Spracherwerb von der Natur der Wechselbeziehung abhängig ist, die sich zwischen Mutter und Kind abspielt. Unsere bloße Anwesenheit oder Zuhörerschaft im Sprachgeschehen würde nicht genug an Einwirkung erbringen, daß wir die Sprache mit

Mutter und Kind "sprechen" miteinander, d.h. verständigen sich zunächst ohne Worte, durch nonverbale Zeichen. "Diese Sprache ist nicht artikuliert, aber sie ist betont, klingend und verständlich...Die Ammen sind unsere Lehrer in dieser Sprache: sie verstehen alles, was ihre Säuglinge sagen; sie antworten ihnen; sie führen mit ihnen zusammenhängende Gespräche...Die Kinder hören nicht den Sinn des Wortes, sondern den Ton, der es begleitet. Zur Sprache der Stimme gesellt sich nicht weniger kraftvoll die Sprache der Gebärde. Diese Gebärde liegt nicht in den schwachen Kinderhänden, sondern in ihren Gesichtern. Es ist erstaunlich, wieviel Ausdruck diese wenig ausgebildeten Züge schon haben; sie wechseln unbegreiflich schnell von einem Augenblick zum anderen: Lächeln, Verlangen und Schrecken huschen blitzartig darüber hin; man meint, jedesmal ein anderes Gesicht zu sehen" (UTB, S. 42/Pl.IV, S. 285).
Allmählich wird die nonverbale Kommunikation zwischen Mutter und Kind "lauter", d.h. das Kind beginnt, "nach und nach Laute nachzuahmen, die man sagt" (UTB, S. 48/Pl.IV, S. 293).[34] "Läßt man sie gewähren, üben sie sich zuerst in der Aussprache der leichten Silben; dann legen sie nach und nach einen Sinn hinein, den man aus ihren Gesten ablesen kann, und so geben sie uns ihre Wörter, ehe sie unsere erhalten" (UTB, S. 52/Pl.IV, S. 297f.). Dabei haben sie anfangs sozusagen "eine eigene Grammatik, in der die Satzlehre viel allgemeinere Regeln hat als unsere. Gäbe man genau acht, wäre man erstaunt über die Genauigkeit, mit der sie gewisse Analogien befolgen, sehr fehlerhafte zwar, wenn man will, aber sehr regelmäßige".[35] Rousseau betont für das Lernen der *Mutter*sprache die

---

Sicherheit lernen. Es ist unerläßlich, daß sie mit Interaktion verbunden ist"(J.S. Bruner: Wie das Kind lernt, sich sprachlich zu verständigen, in: Z.f.Päd. 23 (1977) 6, S. 830).

[34] Es ist beachtenswert, daß sich Rousseau im Hinblick auf das Erlernen der Sprache "gezwungen" sieht, auf die Nachahmungsfähigkeit des Kindes, die in seiner Theorie nur eine untergeordnete Rolle spielt, Bezug zu nehmen. Konsequenterweise muß dann auch das Verhalten der Erwachsenen als Modell Bedeutung erlangen: "Sprecht immer richtig in ihrer Gegenwart; sorgt, daß sie sich bei niemandem so wohl fühlen als bei euch, und ihr könnt sicher sein, daß sich ihre Sprache an eurer läutert, ohne daß ihr sie jemals zu tadeln braucht" (UTB, S. 49/Pl.IV, S. 294).

[35] UTB, S. 49 - "D'abord ils ont, pour ainsi dire, une grammaire de leur âge, dont la syntaxe a des régles plus générales que la nôtre, et si l'on y faisoit bien attention l'on seroit étonné de l'éxactitude avec laquelle ils suivent certaines analogies, très vicieuses, si l'on veut, mais très régulieres..." (Pl.IV, S. 293f.).
Vgl. dazu Bruner: "Trotz alledem hat uns Chomsky etwas ganz Wichtiges sehen gelehrt, nämlich daß das Kind mit der Fähigkeit ausgestattet ist, Vermutungen (Hypothesen) über die Sprache aufzustellen, die nicht allein das Ergebnis eines Lernens durch Assoziation und

Bedeutung des emotionalen Klimas, das Sprachmodell der Erwachsenen und die angemessene Verbindung zwischen Demonstration eines Gegenstandes und lautlichem Symbol.[36] Er warnt davor, in "unangebrachter Eile" die Kinder zum Sprechen bringen zu wollen, denn dadurch wird nur das Gegenteil erreicht: es stellen sich Sprachfehler ein. Genauso verwerflich ist es, die Kinder "ununterbrochen mit einem Wortschwall" zu betäuben, wo sie doch vielmehr eine klare Struktur, ein "stützendes Gerüst" (Bruner, a.a.O., S. 838), zum Lernen benötigen.[37] Am wichtigsten ist für Rousseau allerdings ein weiterer Gesichtspunkt: die altersgemäße Kongruenz von Sprechen und Verstehen. Denn die Gefahr liegt in seinen Augen darin, daß Kinder Worte benutzen, deren Sinn sie nicht verstehen. "Diese Unachtsamkeit auf den *wahren* (Hervorhebung d. Verf.) Sinn, den die Wörter für die Kinder haben, scheint mir die Ursache ihrer ersten Irrtümer zu sein. Diese Irrtümer wirken, selbst wenn sie richtiggestellt worden sind, für den Rest ihres Lebens auf ihre Geisteshaltung ein...Es ist sehr nachteilig, wenn es (das Kind, d. Verf.) über mehr Wörter als Begriffe verfügt; wenn es mehr sagen als denken kann" (UTB, S. 52/Pl.IV, S. 298). Das Prinzip der Kongruenz von Sprechen und Verstehen, Sagen und Denken, erscheint gewissermaßen als sprachliche Spielart des entwicklungsgemäßen Verhältnisses von Wollen und Können: Das Kind soll nur das sagen wollen, was es denken kann, so wie es nur das wünschen soll, was es im Rahmen seiner Möglichkeiten zu erreichen vermag. Erwachsene, die hierauf nicht achten, tun dem Kind keinen Gefallen. Sie leisten vielmehr der Entstehung falscher Vorstellungen und unangemessener Begriffe Vorschub, während in späteren Phasen des Lebenslaufes der Mensch gerade auf "richtige" Vorstellungen und angemessene Begriffe angewiesen ist, wenn es z.B. darum geht, eine moralische Entscheidung vernünftig treffen und begründen zu

---

Verstärkung sein können, und zwar Hypothesen darüber, welche Wörter wann und wo mit welchen Dingen zusammenpassen" (a.a.O., S. 830).

36 "Die ersten Laute, die es von uns hört, sollten selten, leicht, deutlich und oft wiederholt sein. Die Wörter sollen nur Gegenstände bezeichnen, die man dem Kind auch zeigen kann" (UTB, S. 48/Pl.IV, S. 293).

37 "Die unglückselige Leichtigkeit, die wir haben, uns mit Worten abzuspeisen, die wir nicht verstehen, beginnt früher als wir glauben. Der Schüler hört in der Schule den Wortschwall seines Lehrers, wie er im Wickel das Geplapper seiner Amme hörte" (UTB, S. 48/Pl.IV, S. 293).

können.[38] Die "wirkliche" Freiheit und der "wahre" Sinn werden in der frühen Kindheit emotional fundiert und - auf dieser Grundlage - im Laufe der Entwicklung kognitiv differenziert.

Wenn das Kind zu sprechen begonnen hat, dann ist der erste Meilenstein des Lebens erreicht. Bevor die nächste Etappe in Angriff genommen wird, soll die Bedeutung dieser ersten Phase des Lebenslaufes für die Entwicklung des moralischen Bewußtseins zusammengefaßt herausgestellt werden:

Die Entwicklung des moralischen Bewußtseins beruht auf zwei Komponenten, einer emotionalen, dem Gewissen, und einer rationalen, der Vernunft. Es gibt also für Rousseau ein Gefühl für Gut und Böse und eine Erkenntnis von Gut und Böse. Zuerst kommt das Gefühl, danach die Erkenntnis.

Die ersten Gefühle sind Lust und Unlust. Sie entstehen aus den primären Interaktionen zwischen Mutter und Kind durch die Art und Weise, in der die Bedürfnisse des Säuglings befriedigt werden. Das Gefühl der Liebe als ein Gefühl des Gewissens entsteht in dem kleinen Kind durch die liebevoll pflegende Zuwendung, die es durch die Mutter erfährt. Wird das Kind schlecht gepflegt, dann kann in ihm nur schwerlich ein Gefühl für die Pflicht entstehen. Demnach bildet die Mutter-Kind-Beziehung das emotionale Fundament des moralischen Bewußtseins. Die Wahrnehmungsfähigkeit als Erfahrung im Umgang mit Dingen

---

38 Rousseau denkt in diesem Zusammenhang auch an die Möglichkeit, einen "erwachsenen" Begriff von Gott in sich aufzubauen. Im Vierten Buch heißt es dazu: "Der große Nachteil falscher Vorstellungen von der Gottheit, die man Kindern einprägt, ist der, daß sie das ganze Leben haften bleiben und daß sich solche Menschen auch als Erwachsene keinen anderen Begriff von der Gottheit machen, als den ihrer Kindheit" (UTB, S. 269/Pl IV, S. 556). - Die Tatsache, daß Rousseau so eindringlich auf die Kongruenz von Sprechen und Denken pocht, weist auf ein typisches Merkmal der Sprache hin, das Lorentzer/Görlich so beschreiben: "Die Lautsprache erst liefert jenes Symbolsystem, das bewußte Operationen erlaubt: Mit seinen unerschöpflichen Möglichkeiten einer Kombination von motorischen Formeln und akustisch-sensorischen Figuren hält es ein stets abrufbereites System von Niederschriften bereit, die im Denken - und d.h. im *'Probehandeln'* (Hervorh. d. Verf.), wie bereits Freud die Fähigkeit der Symbolbildung benannte - ein Durchspielen von Szenen erlauben...Während das Tier im unmittelbaren Situationszwang verharrt und dort eingesperrt bleibt, ermöglicht Sprache daraus herauszutreten, indem das Nicht-Ich mit Sprache,und d.h. mit Bewußtsein im Gegensatz zum Ich erkannt werden kann. Sprache ermöglicht damit die Systematisierung und Katalogisierung menschlicher Praxisfiguren und stiftet 'Subjektivität' im Sinne eigenständigen, nicht mehr unmittelbar von der Situation bestimmten Handelns als Vermögen zur Reflexion auf das eigene Tun, als Fähigkeit, zwischen verschiedenen Situationsangeboten abzuwägen, kritische Distanz herzustellen, um Entscheidungen im Vergleich der vorstellbaren Folgen von Situationen herbeizuführen" (A. Lorentzer/B. Görlich: Lebensgeschichte und Persönlichkeitsentwicklung im Spannungsfeld von Sinnlichkeit und Bewußtsein, in: F. Maurer (Hg.), a.a.O., S. 95f.).

und die Bewegungsfähigkeit als Erfahrung im Umgang mit Räumen sind die ersten Bausteine der Vernunft und damit - mittelbar - die ersten Schritte zur Erkenntnis von Gut und Böse. Die Aufgabe der Erzieher besteht darin, dem Kind diese Erfahrungen einerseits so zu ermöglichen, daß es dabei nicht zu Schaden kommt. Andererseits müssen sie darauf achten, daß das Kind die spezifischen Lehren der Dinge und Räume unmittelbar zu erfahren vermag: eben nicht alles zu können, was es will. Hierauf wird sich in späteren Phasen des Lebenslaufes die Möglichkeit gründen, sich wirklich frei zu fühlen. Aus der Mutter-Kind-Beziehung heraus entwickelt sich im Zusammenspiel von Wahrnehmen und Bewegen die Fähigkeit, sich zu verständigen. Sprechen ermöglicht Denken (d.h. Probehandeln) und Denken wiederum moralische Erkenntnisse und Urteile. Damit dieser Prozeß ungestört verlaufen kann, müssen die Erzieher dafür Sorge tragen, daß das Kind nicht Ausdrücke übernimmt und sich aneignet, deren Sinn es nicht versteht, denn so wie das Verhältnis von Wollen und Können sollen auch Sprechen und Verstehen dem Stand der Entwicklung angemesssen sein. Die *Natur* "erzieht" in diesem ersten Lebensabschnitt vor allem dadurch, daß sie die Lernprozesse durch Reifungsvorgänge ermöglicht, die *Dinge* erziehen dadurch, daß sie zugleich Aktivität provozieren und Widerstand bieten, und die *Menschen* schließlich erziehen, indem sie auf der Grundlage liebevoll pflegender Zuwendung zwischen den notwendigen Lernprozessen und den sie bedingenden Reifungsvorgängen so vermitteln, daß die Einmütigkeit der drei "Erzieher" gewahrt bleibt.

3. Die Bedingungen der Moral

Die Überschrift dieses Kapitels enthält den Hinweis darauf, welcher der drei "Erzieher" in dem zweiten Abschnitt der Kindheit, der etwa vom zweiten bis zum zwölften Lebensjahr reicht, vorwiegend das Geschehen bestimmen soll: die Dinge.[1]

Es werden zunächst die besonderen Probleme dieses Lebensabschnittes kurz vorgestellt (3.1). Eine ausführliche Erörterung der einzelnen Fragen einer Erziehung durch die Dinge schließt sich hieran an (3.2); zuerst werden zwei Begründungen hierfür herausgearbeitet: die eine geht von einer curricular-retrospektiven Betrachtungsweise aus (3.2.1), die andere von einer curricular-prospektiven (3.2.2). Es wird sich dann zeigen, daß diejenigen Moralbegriffe, die für Rousseau auf dieser Entwicklungsstufe wesentlich sind, mit den gegebenen Begründungen in Einklang stehen (3.2.3).

Da im Grunde nicht die Dinge selbst, sondern die Menschen in spezifischer Weise durch sie erziehen, stellt sich das Problem, wie Dinge in Szene gesetzt werden müssen, damit sie ihre pädagogische Funktion erfüllen können (3.2.4); zunächst müssen einige allgemeine Prinzipien Rousseaus in Erinnerung gerufen werden (3.2.4.1); dann wird die Bedeutung von Lernumwelt, Ironie und Nachahmung skizziert (3.2.4.2) und abschließend sollen die Dinge "aus der Nähe" betrachtet werden (3.2.4.3). Die wesentlichen Gesichtspunkte werden am Schluß zusammengefaßt (3.3).

3.1 Die Achtung vor dem "Schlaf der Vernunft"

Im Laufe des ersten Lebensabschnittes sind die Kinder zunehmend kräftiger geworden. Sie haben zu sprechen begonnen und weinen dementsprechend weniger, sie können selbst mehr und bedürfen weniger der Hilfe anderer. Erst nun, auf der zweiten Stufe der Kindheit, beginnt, so sagt Rousseau, "das eigentlich individuelle Leben; jetzt kommt das Kind zum Bewußtsein seiner selbst. Das Gedächtnis erstreckt das Gefühl der Identität auf alle Augenblicke seines Daseins; es wird nun ichbewußt und folglich fähig, glücklich und unglücklich zu sein.

---

1 Die philologischen Probleme der Altersangaben hat Jimack sorgfältig zu klären versucht. Rousseau hatte ursprünglich nicht zwischen dem ersten und zweiten Buch unterschieden, diese Trennung jedoch später eingeführt. Die diesbezüglichen Einzelheiten finden sich bei Jimack, a.a.O., S. 152-178 (Vgl. auch Anhang, Kap. 4.1).

Darum ist es wichtig, es von nun an als ein moralisches Wesen zu betrachten".[2] In diesem zweiten Lebensabschnitt ist die naturgemäße Entwicklung der Kinder allerdings stark gefährdet.[3] Rousseau sieht die größte Gefahr darin, daß die intellektuelle Vernunft zu früh geweckt wird.[4] Die Betonung liegt auf dem Zeitpunkt, denn unbestritten besteht "das Meisterstück einer guten Erziehung (darin), einen vernünftigen Menschen zu bilden" (UTB, S. 68/Pl. IV, S. 317). Um diesem Ziel näherzukommen, ist es daher notwendig, daß die Kinder wirklich Kinder sein können, denn: "die Kindheit ist der Schlaf der Vernunft" (UTB, S. 89/Pl.IV, S. 344).

"Von allen Fähigkeiten", so Rousseau, "entwickelt sich die Vernunft, die gewissermaßen nur aus allen anderen zusammengesetzt ist, am schwersten und am spätesten. Und gerade ihrer will man sich bedienen, um die anderen zu entwickeln... Das heißt am Ende beginnen und das Werk zum Werkzeug machen. Wenn die Kinder vernünftig wären, dann brauchte man sie nicht zu erziehen" (UTB, S. 68 /Pl.IV, S. 317).[5] Viele Erzieher verlassen an dieser für den Lebenslauf bedeutsamen Stelle den Weg der Natur, werden ungeduldig und

---

2 UTB, S. 54f. - "C'est à ce second dégré que commence proprement la vie de l'individu: c'est alors qu'il prend la conscience de lui-même. La mémoire étend le sentiment de l'identité sur tous les momens de son existence, il devient véritablement un, le même, et par conséquent déja capable de bonheur ou de misére. Il importe donc de commencer à le considérer ici comme un être moral" (Pl.IV, S. 301).

3 "Der gefährdetste Abschnitt erstreckt sich von der Geburt bis zum 12. Lebensjahr. Es ist die Zeit, wo Irrtümer und Laster keimen, ohne daß man Mittel hätte, sie auszurotten...Wäre es nur ein Sprung von der Mutterbrust bis ins vernünftige Alter, so wäre die heutige Erziehung richtig. Die natürliche Entwicklung erfordert aber das Gegenteil" (UTB, S. 72/Pl.IV, S. 323).

4 Rousseau unterscheidet zwischen der kindlichen oder sensitiven Vernunft und der intellektuellen oder menschlichen Vernunft. Näheres dazu im Kapitel 3.2.

5 Es ist nicht verwunderlich, daß gerade dieser Punkt im Mittelpunkt der Kontroverse zwischen Rousseau und dem Erzbischof von Paris, Christophe de Beaumont, gestanden hat, denn jede Erziehungskonzeption muß sich auf eine Auffassung über die Entwicklung der Vernunft gründen. Rousseau schreibt in seiner Rechtfertigung: "Sie sowohl als andere, die diese Materie behandeln, setzen voraus, der Mensch bringe seine Vernunft ganz ausgebildet mit sich, und nun werde nichts erfordert, als daß er sie anwende. Dies ist aber nicht wahr, denn eine der Eigenschaften, welche der Mensch sich am langsamsten erwirbt, ist die Vernunft. Der Mensch lernt mit den Augen seines Geistes ebenso wie mit den Augen seines Leibes sehen, allein das erstere Lernen dauert weit länger als das letztere, weil die Verhältnisse der Gegenstände des Verstandes sich nicht wie der Raum ausmessen lassen;... man muß unendliche Verhältnisse verglichen haben, ehe man Begriffe von Schicklichkeit, Ebenmaß, Harmonie und Ordnung erhält" (Ritter, I., S. 525/Pl.IV, S. 951).

unduldsam und sind offensichtlich dazu bereit, einer ungewissen Zukunft wegen die Gegenwart des Kindes zu mißachten. Die Folgen einer solchen Handlung sind beklagenswert: "So vergeht das Alter der Fröhlichkeit unter Tränen, Strafen, Drohungen und Sklaverei. Man quält das unglückliche Kind um seines Wohles willen und sieht den Tod nicht, den man ruft, und der es aus diesem traurigen Getriebe herausholt. Wer weiß, wie viele Kinder als Opfer der überspannten Weisheit eines Vaters oder eines Erziehers zugrunde gehen" (UTB, S. 55/Pl.IV, S. 302)?[6] Durch diese "überspannte Weisheit" wird nicht nur das gegenwärtig mögliche Glück der Kinder zerstört, sondern die Vernunft, durch die später der Mensch sich selbst leiten soll, wird den Kindern so verleidet, daß sie kaum Vergnügen daran finden, diese Fähigkeit wirklich zu erlernen: "Denn wenn man die Vernunft immer nur auf das Unangenehme bezieht, wird sie ihm langweilig und sie gerät frühzeitig in Mißkredit bei einem Geist, der noch nicht imstande ist, sie zu begreifen" (UTB, S. 73/Pl.IV, S. 324). Es geht Rousseau hier nicht in erster Linie darum, daß die Kinder - wenn ihnen der Geschmack an der Vernunft gründlich verdorben worden ist - später weniger wissen oder schlechte Denkleistungen zeigen werden, sondern darum, daß sie nicht oder nur eingeschränkt zur Erkenntnis von Gut und Böse gelangen können.[7]
Um dieser möglichen Fehlentwicklung entgegenzuwirken, ist es erforderlich, eine Grundregel unbedingt zu beachten, die Rousseau immer wieder hervorhebt: den Kindern Zeit lassen. "Darf ich nun die wichtigste und nützlichste Regel jeder Erziehung aufstellen? Sie heißt nicht: Zeit gewinnen, sondern Zeit verlieren...

---

[6] An anderer Stelle heißt es: "Da man aus einem Kind kein Kind machen will, sondern einen Gelehrten, so können die Väter und die Lehrer nicht früh genug mit Schelten, Verbessern, Maßregeln, Schmeicheln, Drohen, Versprechen, Belehren, Vernünfteln beginnen. Macht es besser! Seid vernünftig! Vernünftelt aber nicht mit eurem Zögling" (UTB, S. 73/Pl.IV, S. 324).

[7] Die Vernunft ist für Rousseau in diesem Zusammenhang noch in anderer Hinsicht von Bedeutung: als Führerin der Eigenliebe. Die Eigenliebe ist nämlich von Natur aus indifferent, d.h. nicht gut oder böse; letzteres wird sie nämlich erst durch ihre Anwendung, und die wiederum ist an die volle Entfaltung der Vernunft gebunden: ein weiteres Argument dafür, vor jeder Form der Verfrühung eindringlich zu warnen: "La seule passion naturelle à l'homme est l'amour de soi-même ou l'amour-propre pris dans un sens étendu. Cet amour-propre en soi ou rélativement à nous est bon et utile, et comme il n'a point de raport necessaire à autrui, il est à cet egard naturellement indifférent; il ne devient bon ou mauvais que par l'application qu'on en fait et les rélations qu'on lui donne. Jusqu'à ce que le guide de l'amour-propre qui est la raison puisse naitre, il importe donc qu'un enfant ne fasse rien parce qu'il est vu ou entendu, rien en un mot par raport aux autres, mais seulement ce que la nature lui demande, et alors il ne fera rien que de bien" (Pl.IV, S. 322).

Betrachtet jede Verzögerung als einen Vorteil! Denn man gewinnt viel,wenn man sich seinem Ziel ohne Verluste nähert. Laßt die Kindheit im Kinde reifen! Welche Belehrung es auch nötig hat, hütet euch, sie ihm heute zu geben, wenn ihr sie ohne Gefahr bis morgen aufschieben könnt".[8] Den Kindern Zeit zu lassen, das ist die Voraussetzung dafür, daß sie überhaupt die Möglichkeit erhalten, die Erfüllung ihrer Altersstufe zu erfahren, nämlich glücklich zu sein. "Achtet die Kindheit, beurteilt sie nicht voreilig, weder im Guten noch im Bösen. Laßt den Ausnahmen Zeit, sich anzukündigen, zu bewähren und lange zu festigen, ehe ihr besondere Methoden auf sie anwendet. Laßt die Natur lange wirken, ehe ihr euch an ihrer Stelle handelnd einmischt, aus Angst, ihr Wirken zu behindern...Ein schlecht unterrichtetes Kind ist von der Vernunft weiter entfernt als eines, das gar nicht unterrichtet worden ist. Ihr seid beunruhigt, wenn es seine ersten Jahre mit Nichtstun verbringt! Ist Glücklichsein denn nichts? Den ganzen Tag springen, spielen, laufen, ist das nichts" (UTB, S. 88f./Pl.IV, S.343f.)?

Das pädagogische Nichtstun, das Zeit lassen, ist - wie noch zu zeigen sein wird - eine höchst anstrengende Arbeit, die viel Einfühlungsvermögen, Umsicht und Phantasie erfordert, denn den Kindern Zeit lassen bedeutet in keinem Fall, die Kinder sich selbst zu überlassen. Die Bedeutung der Zeit weist unmittelbar auf die Bedeutung der Kindheit als einer Lebensstufe, die ihren Wert in sich trägt, und darüber hinaus ihren Platz in der festen Ordnung der Dinge insgesamt besitzt: die Kindheit ist für Rousseau in ihrer Eigenwertigkeit nicht das Ergebnis spitzfindiger

---

[8] UTB, S. 72f. - "Oserai-je exposer ici la plus grande, la plus importante, la plus utile régle de toute l'éducation? Ce n'est pas de gagner du tems, c'est d'en perdre..."(Pl.IV, S. 323f.). In seiner Studie über "Zeit und Kultur" betont R. Wendorff die Bedeutung Rousseaus als Gegenstimme zur immer feineren Zeitgliederung, die mit der Entstehung des Fortschrittsglaubens im 18. Jahrhundert einhergeht. Er schreibt: "In der bis hier geschilderten immer sorgfältigeren Anwendung der uhren- und kalendermäßigen Zeitgliederung erweist sich eine vorrangige Grundtendenz des Jahrhunderts, die über die tiefgreifenden weltanschaulichen Unterschiede von Pietismus und Aufklärung hinweg eine einheitliche Linie darstellt. Davon hebt sich deutlich die Kritik ab, die Jean Jacques Rousseau... an der Gesamtentwicklung und damit auch an dem inzwischen herausgebildeten und sich weiter steigernden Zeitbewußtsein geübt und als einen sehr persönlichen, gefühlsbetonten, leidenschaftlichen Protest vorgetragen hat...Er rät, auf den eigenen Lebensrhythmus wie auf die natürlichen Zyklen des Tages und der Jahreszeiten zu achten und sie zu kultivieren" (S. 284). Unzureichend erscheint mir allerdings Wendorffs Darstellung des Zeitproblems im Hinblick auf Erziehungsprozesse. Er schreibt dazu nur - zudem in offensichtlichem Gegensatz zum Vorhergesagten: "Eines seiner (Rousseaus, V.K.) Erziehungsprinzipien ist es, Kinder absichtlich zu verschiedenen Zeiten zu wecken, damit sie nicht zu sehr an ein starres Stundenschema gewöhnt werden" (ebd. - R. Wendorff: Zeit und Kultur. Geschichte des Zeitbewußtseins in Europa. Wiesbaden 1980[2].).

pädagogischer Reflexion, sondern sie ist für ihn eine anthropologische Notwendigkeit, der Natur des Menschen angemessen: "Um keinen Hirngespinsten nachzujagen, vergessen wir nicht, was unseren menschlichen Verhältnissen angemessen ist. Die Menschheit hat ihren Platz in der Ordnung der Dinge: die Kindheit den ihren in der Ordnung des menschlichen Lebens. Man muß den Erwachsenen als Erwachsenen und das Kind als Kind betrachten. Jedem seinen Platz zuweisen, ihn darin festigen und die Leidenschaften nach der Natur des Menschen ausrichten, das ist alles, was wir für sein Wohl tun können".[9]

Nur wenn die "Kindheit im Kinde" wirklich reifen kann, besteht begründete Hoffnung, daß das Kind die Vollkommenheit seiner Altersstufe erreichen kann. Am Ende des 2. Buches zeichnet Rousseau das Bild einer mustergültigen Vollendung dieses Lebensabschnittes. Um das Verständnis der folgenden Ausführungen zu erleichtern, soll dieses Bild - gewissermaßen das Ergebnis vorwegnehmend - kurz in Umrissen skizziert werden. Wie wird die äußere Erscheinung sein? "Seine Gestalt, seine Haltung und sein ganzes Wesen künden Sicherheit und Zuversicht an. Sein Gesicht strahlt vor Gesundheit. Sein fester Tritt ist voller Kraft...Seine noch rundlichen Muskeln zeigen schon Zeichen beginnender Prägung. Seine Augen...haben noch ihre ganze natürliche Heiterkeit. Kein langer Gram hat sie verdunkelt, keine endlose Träne die Wangen zerfurcht. In seinen schnellen, aber sicheren Bewegungen seht ihr die Lebhaftigkeit seines Alters, die Festigkeit seiner Unabhängigkeit, die Erfahrung vielfältiger Leibesübungen. Sein Wesen ist offen und frei, weder übermütig noch eitel. Sein Kopf, der nicht über Bücher gebeugt war, fällt ihm nicht auf die Brust herab, und man braucht ihm nicht zu sagen: Kopf hoch" (UTB, S. 150f./Pl.IV, S. 419f.)!

Was wird er wissen? "... er (sagt) kein unnützes Wort und (erschöpft) sich nicht im Geschwätz, dem, wie er weiß, niemand zuhört. Seine Begriffe sind begrenzt, aber klar. Weiß er auch nichts auswendig, so weiß er doch viel aus Erfahrung. Liest er auch weniger gut als andere aus unseren Büchern, so liest er um so besser

[9] UTB, S. 56 - Pl.IV, S. 303. - Die Bedeutung der Ordnung des Ganzen zeigt sich vor allem dann, wenn sie gestört wird: "Kehren wir also zu unserer Grundregel zurück. Die Natur hat die Kinder gemacht, daß wir sie lieben und ihnen helfen. Hat sie sie etwa gemacht, daß wir ihnen gehorchen oder sie fürchten?...Aber gibt es ein unpassenderes, widerwärtigeres und lächerlicheres Schauspiel als den Aufzug von Würdenträgern in Roben, die vor einem Kind kniend feierliche Reden halten, und das als Antwort schreit und sabbert?...Gibt es etwas Widerwärtigeres und Naturwidrigeres als ein herrschsüchtiges und eigensinniges Kind, das alle herumkommandiert und denen schamlos gebietet, die es nur allein zu lassen brauchen, damit es zugrunde geht?" (UTB, S. 66f./Pl.IV, S. 315f.).

im Buch der Natur. Sein Geist sitzt nicht auf der Zunge, sondern im Kopf. Sein Gedächtnis ist schlechter als sein Urteil. Er kann nur eine Sprache sprechen, aber er weiß, was er sagt. Wenn er nicht so gut reden kann wie andere, so macht er alles besser, als sie es machen" (UTB, S. 151/ Pl.IV, S. 420f.).

Und die Moral? "Ihr werdet bei ihm nur ein paar Moralbegriffe vorfinden, die sich auf seinen gegenwärtigen Zustand beziehen, aber keinen auf das Verhältnis zu den Menschen. Wozu sollten sie ihm nützen, da ein Kind noch kein tätiges Mitglied der Gesellschaft ist? Sprecht mit ihm von Freiheit, von Eigentum, selbst von Verträgen - das kann er noch begreifen. Er weiß, warum ihm gehört, was ihm gehört. Aber darüber hinaus weiß er nichts. Erzählt ihm von Pflicht und Gehorsam, und er versteht euch nicht. Befehlt ihm etwas, und er wird euch nicht begreifen. Aber sagt ihm: wenn du mir diesen Gefallen tust, so werde ich mich bei Gelegenheit erkenntlich zeigen, und augenblicklich wird er sich beeilen, euch gefällig zu sein" (UTB, S. 152/Pl.IV, S. 421).

Damit ist das Ziel umschrieben. Der Weg dahin, die Methode, wird in den folgenden Abschnitten darzustellen und zu begründen sein. Sie besteht im wesentlichen darin, daß die *Dinge* im Kollegium der drei Erzieher - zumindest dem äußeren Anschein nach - für diese Stufe der Kindheit den Ton angeben.

3.2 Erziehung durch die Dinge

"Haltet das Kind von den Dingen abhängig, und ihr werdet es naturgemäß erziehen".[10] Diesen Satz formuliert Rousseau als Richtschnur des pädagogischen Handelns für die zweite Stufe der Kindheit.

Die Begründungen werden von zwei unterschiedlichen Gesichtspunkten aus gegeben werden: 1) einmal wird gewissermaßen vom Ende des Lebens her argumentiert, in einer *curricular-retrospektiven* Betrachtungsweise (3.2.1); die 2) andere Argumentation geht vom Anfang des Lebens aus und folgt der Logik der Entwicklung, sie bedient sich also einer *curricular-prospektiven* Perspektive (3.2.2).

---

[10] UTB, S. 63 - "Maintenez l'enfant dans la seule dépendance des choses; vous aurez suivi l'ordre de la nature dans le progrès de son éducation" (Pl.IV, S. 311).
Rousseau unterscheidet zwei Typen von Abhängigkeiten: "Es gibt zwei Arten von Abhängigkeiten: die Abhängigkeit von den Dingen, die natürlich ist, und die Abhängigkeit von den Menschen, die der Gesellschaft entspringt. Die Abhängigkeit von den Dingen steht außerhalb der Moral, schadet der Freiheit nicht und erzeugt keine Laster. Die Abhängigkeit vom Menschen ist aber ordnungswidrig; sie erzeugt alle Laster" (UTB, S. 63/Pl.IV, S. 311).

Es wird sich aus beiden Begründungen erweisen, daß Rousseau für die zweite Stufe der Kindheit nur solche Moralbegriffe gelten läßt, die in spezifischer Weise *bedingt* sind (3.2.3).
Eine Erziehung durch die Dinge muß, als Methode, bewußt in Szene gesetzt werden. Die Probleme einer derartigen *pädagogischen Inszenierung* werden daher in einem eigenen Abschnitt behandelt werden (3.2.4).

3.2.1 Die curricular-retrospektive Begründung: Leben als Leiden

Rousseaus Gedankengang, der in diesem Abschnitt eingehend beschrieben und erläutert werden soll, ist - grob umrissen - folgender: Das Leben besteht aus Leiden, Schmerzen, Gefahren und wird durch den Tod begrenzt. Das Glück des Menschen ist nach dem geringsten Maß an Leiden zu ermessen. Da das Ziel der Erziehung darin besteht, den Kindern in Abhängigkeit von ihrer Entwicklung zum altersgemäßen Glück zu verhelfen, ist es demnach erforderlich, sie darin zu üben, das Leiden zu lernen. Dieses Leiden entsteht im wesentlichen aus einem Ungleichgewicht von Wollen und Können, Wunsch und Fähigkeit. Zuerst kommen die kleinen Leiden, die kleinen "Ungleichgewichte", dann die größeren. Wer nicht gelernt hat, die kleinen zu ertragen, wird den großen unglücklich gegenüberstehen. Der Mensch kann von Natur aus leiden, aber er muß es zuvor gelernt haben. Um Leiden lernen zu können, bedarf es der Erfahrung von Widerstand. Einen solchen Widerstand bieten Dinge oder "dingliche" Situationen. Dies gilt es, in angemessenen Erziehungsformen zu verwirklichen.
Der Tod beendet zwar das Leben, aber durch ihn wird dieses Leben, so sagt Rousseau, überhaupt erträglich: "Unsterblich wären wir sehr unglücklich. Es ist hart, sterben zu müssen, aber die Hoffnung, daß wir nicht ewig leben und ein besseres Leben die Leiden dieses Lebens beenden wird, ist süß. Böte man uns die Unsterblichkeit auf Erden an, wer würde dies traurige Geschenk annehmen. Welche Hilfe, welche Hoffnung und welcher Trost bliebe uns gegenüber den Schicksalsschlägen und den Ungerechtigkeiten der Menschen?... Sterben zu müssen, ist für den Weisen nur ein Grund, die Leiden des Lebens zu ertragen. Wären wir nicht sicher, es einmal zu verlieren, so wäre der Preis, es zu erhalten, zu hoch" (UTB, S. 58f./PL.IV, S. 306).
Bevor jedoch der Tod die Erlösung bringt, gilt es zu leben und das bedeutet immer auch, die Leiden des Lebens zu ertragen, denn: "Ohne Ausnahme aber ist der Mensch dem Schmerz, den Leiden seiner Gattung, den Unglücksfällen und Lebensgefahren und schließlich dem Tod unterworfen" (UTB, S. 117/Pl.IV, S.

378). Wenn das Leben aus Leiden besteht, worin ist dann das Glück zu suchen? "Der Glücklichste ist, wer am wenigsten leidet; der Unglücklichste, wer sich am wenigsten freut. Aber immer mehr Leiden als Freuden, das ist unser gemeinsames Unterscheidungsmerkmal. Das Glück dieser Erde ist nur ein negativer Zustand; man muß es nach dem geringsten Maß an Leiden messen" (UTB, S. 57/Pl.IV, S. 303). Das heißt mit anderen Worten: wer glücklich werden möchte, der muß zu leiden verstehen.[11]

Die Fähigkeit zu leiden, d.h. die Fähigkeit, Notwendigkeiten zu ertragen, besitzt der Mensch von Natur aus.[12] Diese Fähigkeit muß allerdings frühzeitig aktiviert und durch Lernen so gefestigt werden, daß in entscheidenden Situationen hierauf zurückgegriffen werden kann: "Je vertrauter man ihn mit den Leiden macht, die ihn treffen können, desto mehr nimmt man ihnen...den Stachel des Fremdartigen und desto verwundbarer und härter macht man seine Seele...Standhaftigkeit und Festigkeit gehören, wie die anderen Tugenden, zur Lehre der Jugend; man lehrt sie die Kinder aber nicht dadurch, daß man ihnen die Namen, sondern dadurch, daß man ihnen den Geschmack davon beibringt, ohne daß sie wissen, was das ist."[13]

Das Leiden gehört zum Menschen. Eine Erziehung, in der versucht wird, das Kind vor diesen - jeweils altersgemäßen - Leidenserfahrungen zu bewahren, entfremdet daher den Menschen von seiner Natur. Diese Entfremdung erweist sich darin, daß die Entstehung elementarer menschlicher Gefühle - Rührung, Mitleid, Einfühlungsvermögen - gestört wird: "Glaubt ihr, daß es für irgendein Wesen ein wahres Glück außerhalb seiner Natur gibt? Heißt es nicht, einen Menschen seiner Natur entfremden, wenn man ihn vor allen Übeln seiner Gattung bewahren will. Ich behaupte sogar, daß man die kleinen Leiden kennen muß, will man die großen

---

[11] Im Hinblick auf körperliche Gebrechen schreibt Rousseau hierzu: "Aber wir leiden umso mehr, je weniger wir leiden können. Wir geben uns mehr Mühe, unsere Leiden zu heilen, als sie zu ertragen" (UTB, S. 59/Pl.IV, S. 306).

[12] "...car il est dans la nature de l'homme d'endurer patiemment la nécessité des choses, mais non la mauvaise volonté d'autrui" (Pl.IV, S. 320).

[13] UTB, S. 117f. - Die Übersetzung ist hier unsauber: "...La constance et la fermeté sont, ainsi que les autres vertus, des apprentissages de *l'enfance*: mais ce n'est pas en apprenant leurs noms aux enfans qu'on les leur enseigne, c'est en les leur faisant goûter sans qu'ils sachent ce que c'est" (Pl.IV, S. 378).
Diese Stelle kann zu Mißverständnissen Anlaß bieten, da Rousseau den Begriff der Tugend gerade nicht für einen der Kindheit angemessenen Begriff erachtet, wie er mehrmals betont (vgl. z.B. UTB, S. 84ff./Pl.IV, S. 337ff.).

Wohltaten genießen...Wer den Schmerz nicht kennt, kennt weder menschliche Rührung, noch die Süße des Mitleids. Sein Herz wird durch nichts bewegt, er wäre ungesellig und ein Ungeheuer unter seinesgleichen".[14]

Es war bisher unausgesprochen nur von einem bestimmten "Leidenstyp" die Rede, nämlich nur von denjenigen Leiden, die mit dem Leben unvermeidlich verbunden sind, den Schicksalsschlägen, auf die die Menschen keinerlei Einfluß haben. Dieser Leidensart stellt Rousseau eine andere gegenüber: und zwar jene Leiden, die aus dem Menschen selber kommen, die er sich selber schafft und die dementsprechend vermeidbar erscheinen. Das selbstverschuldete Unglück des Menschen entsteht aus einem Mißverhältnis zwischen seinen Wünschen und seinen Mitteln (Fähigkeiten), diese zu befriedigen.[15] Zwischen Wunsch und Fähigkeit steht, gewissermaßen als intervenierende Variable, die *Einbildungskraft.* Sie vermittelt als Instanz zwischen greifbarer und eingebildeter Welt. "Die Einbildungskraft weitet für uns, sei es im Guten oder Bösen, das Maß des Möglichen aus und erregt und nährt folglich die Wünsche durch die Hoffnung, sie auch zu befriedigen. Aber das Ziel, das man zu greifen schien, flieht rascher, als man es verfolgen kann. Glaubt man es zu fassen, so verwandelt es sich und zeigt sich vor uns in weiter Ferne... So erschöpfen wir uns, ohne zum Ziel zu kommen...Die greifbare Welt hat ihre Grenzen, die eingebildete ist grenzenlos. Kann man die eine nicht erweitern, muß man die andere einengen. Ihr Abstand ruft die Leiden hervor, die uns unglücklich machen" (UTB, S. 57f./Pl.IV, S. 303ff.).

---

[14] UTB, S. 65 - Pl.IV, S. 313f. - Das Mitleid entsteht - sozialpsychologisch formuliert - dadurch, daß ein Mensch die Rolle eines anderen übernimmt, sich in dessen Situation hineinzuversetzen vermag. Das Mitleid ist also durch das Prinzip der Gegenseitigkeit fundiert. An einer späteren Stelle, im vierten Buch, formuliert Rousseau diesen Gedanken sehr präzise: "Ainsi nait la pitié, prémier sentiment rélatif qui touche le cœur humain selon l'ordre de la nature. Pour devenir sensible et pitoyable il faut que l'enfant sache qu'il y a des êtres semblables à lui, qui souffrent ce qu'il a souffert, qui sentent les douleurs qu'il a senties, et d'autres dont il doit avoir l'idée comme pouvant les sentir aussi. En effet, comment nous laissons-nous émouvoir à la pitié, si ce n'est en nous transportant hors de nous et nous identifiant avec l'animal souffrant? en quittant pour ainsi dire nôtre être pour prendre le sien? Nous ne souffrons qu'autant que nous jugeons qu'il souffre; ce n'est pas dans nous, c'est dans lui que nous souffrons. Ainsi nul ne devient sensible que quand son imagination s'anime et commence à le transporter hors de lui" (Pl.IV, S. 505f.).

[15] "Jeder Wunsch setzt Entbehrung voraus. Alle Entbehrungen aber, die man fühlt, sind schmerzlich. Unser Unglück entsteht also aus dem Mißverhältnis zwischen unseren Wünschen und unseren Fähigkeiten. Ein fühlendes Wesen, dessen Fähigkeiten seinen Wünschen entsprächen, wäre absolut glücklich" (UTB, S. 57/Pl. IV, S. 303f.).

Zur Einbildungskraft kommt - als ihre zeitliche Variante - die *Vorsorge* hinzu, durch die der Blick des Menschen so starr auf die Zukunft fixiert wird, daß er darüber die Gegenwart geradezu aus den Augen verliert. "Die Vorsorge ist es, die uns ständig über uns hinaustreibt und die uns oft dahin stellt, wohin wir nie gelangen werden. Sie ist die wahre Quelle unserer Leiden. Welcher Wahn treibt den vergänglichen Menschen, immer in eine Zukunft auszuschauen, die er so selten erreicht, und darüber die sichere Gegenwart zu vernachlässigen...So hängen und klammern wir uns an alles: Zeit, Ort, Menschen, Dinge. Alles, was ist, alles, was sein wird, ist uns wichtig. Unsere Person ist nur mehr der unbedeutendste Teil von uns selber. Jeder dehnt sich sozusagen über die ganze Erde aus und wird daher auf dieser ganzen großen Oberfläche empfindlich. Ist es erstaunlich, daß sich unsere Leiden an allen Punkten, wo man uns verletzen kann, vermehren" (UTB, S. 59f./Pl. IV, S. 307)?[16]

Die einzige Möglichkeit, diese selbstverschuldeten Leiden zu verringern, besteht darin, dem Weg der Natur zu folgen, d.h. sich auf sich selbst zu besinnen und Wollen und Können in ein vollkommenes Gleichgewicht zu bringen versuchen. "Zieh dich in dich selbst zurück, o Mensch, und du bist nicht mehr elend. Bleib auf dem Platz, den dir die Natur in der Kette der Geschöpfe angewiesen hat,...Sträub dich nicht gegen die Notwendigkeit und erschöpf deine Kräfte nicht im Widerstand...Deine wirkliche Macht reicht nicht weiter als deine wirklichen Fähigkeiten".[17] Die Möglichkeit, über sich selbst Macht zu erlangen, besitzt der Mensch von Natur aus, aber er selbst muß es tun. Genau darin unterscheidet er sich nämlich vom Tier.[18] "Es gilt also, das Übergewicht der Wünsche über unsere Fähigkeiten zu vermindern und Wollen und Können in vollkommenes Gleichgewicht zu bringen. Nur wenn alle Kräfte tätig sind, und die Seele dabei noch in Frieden ruht, ist der Mensch ausgeglichen".[19]

---

[16] Die Vorsorge muß also durch das Prinzip der *Selbsterhaltung* eingegrenzt werden.

[17] UTB, S. 60f. - Pl.IV, S. 309.: "... jamais ton *autorité* (Hervorhebung d. Verf.) reelle n'ira plus loin que tes facultés réelles".

[18] "Alle Tiere haben genau die notwendigen Fähigkeiten für ihre Erhaltung. Nur der Mensch hat mehr. Ist es nicht sonderbar, daß dieses Mehr die Quelle seines Unglücks ist? In allen Ländern erzeugt der Mensch mit seinen Armen mehr als seinen Unterhalt. Wäre er weise genug, dieses Mehr zu verachten, so hätte er immer genug, weil er niemals zuviel hätte" (UTB, S. 58/Pl.IV, S. 305).

[19] UTB, S. 57 - Pl.IV, S. 304: "...mais c'est à diminuer l'excés des desirs sur les facultés, et à

Ein Mensch, der in sich die Balance zwischen Wollen und Können zu halten vermag, ist - für Rousseau - ein freier Mensch, da er nicht auf die Hilfe anderer angewiesen ist. Dementsprechend gilt auch die Freiheit als ein höheres Gut als die Macht.[20] Wenn dieser Gedanke auf die Kindheit angewendet wird, dann ist es möglich, alle erforderlichen Erziehungsregeln hieraus abzuleiten. Diese Regeln sollen sich demnach aus einer Reflexion des Verhältnisses von Wollen und Können in der Kindheit ergeben. Wodurch unterscheidet sich in dieser Hinsicht ein Kind von einem Erwachsenen? "Der vernünftige Mensch bleibt auf seinem Platz. Das Kind kennt seinen Platz nicht und kann sich nicht darin behaupten. Es findet tausend Ausbruchsmöglichkeiten. Es ist die Aufgabe derer, die es leiten, ihm die Kindheit zu erhalten...Es soll seine Schwäche fühlen, aber nicht darunter leiden. Es soll abhängig sein, aber nicht gehorsam. Es soll bitten, aber nicht befehlen. Es ist anderen nur wegen seiner Bedürfnisse unterworfen, und weil sie besser wissen, was ihm nützt und für seine Erhaltung zuträglich oder schädlich ist...Die Freiheit der Kinder ist aber durch ihre Schwäche begrenzt" (UTB, S. 62/Pl.IV, S. 310).[21] Es ist von einem erwachsenen Menschen zu erwarten, daß er aufgrund seiner Willenskraft und seiner entwickelten Vernunft sein Handeln selbst zu bestimmen und zu verantworten vermag, von einem Kind jedoch nicht. Wenn allerdings das Prinzip von Wollen und Können konsequent auf die Kindheit angewendet wird, dann müßten die Kinder doch - Rousseau beim Wort genommen - ständig unglücklich sein? Es wird vor allem durch zwei in der Natur des Menschen begründete Umstände dafür "gesorgt", daß solches Unglück verhindert wird: einmal durch die Phantasie des Kindes und zum anderen durch die Elternliebe.

---

mettre en égalité parfaite la puissance et la volonté. C'est alors seulement que toutes les forces étant en action l'ame cependant restera paisible, et que l'homme se trouvera bien ordoné".

20 "Le seul qui fait sa volonté est celui qui n'a pas besoin pour la faire de mettre les bras d'un autre au bout des siens: d'où il suit que le prémier de tous les biens n'est pas l'autorité mais la liberté. L'homme vraiment libre ne veut que ce qu'il peut et fait ce qu'il lui plait. Voila ma maxime fondamentale. Il ne s'agit que de l'appliquer à l'enfance, et toutes les régles de l'éducation vont en découler" (Pl.IV, S. 309).

21 Vgl. auch: "Er sieht nichts weiter in dem, was man ihm wegnimmt, als daß er es nicht hat behalten können, und nichts in dem, was man ihm versagt, als daß er es nicht hat erlangen können; und sowenig er den Tisch schlägt, an dem er sich gestoßen hat, sowenig würde er die Person schlagen, die sich ihm widersetzt. Bei allem, was ihm Verdruß bereitet, empfindet er die Macht der Notwendigkeit, die Wirkung seiner eigenen Schwäche, niemals das Werk des bösen Willens eines anderen" (N.H. Winkler, S. 600/Pl.II, S. 572).

"Der Erwachsene muß also mehr Willen, das Kind mehr Phantasie haben. Unter diesem Wort verstehe ich alle Wünsche, die nicht wahre Bedürfnisse sind und die man nur mit Hilfe anderer befriedigen kann...Die Natur hat hier mit der Elternliebe vorgesorgt. Aber diese Liebe kann ihre Auswüchse, Fehler und Mißbräuche haben ...Eltern wecken mehr Bedürfnisse, als es (das Kind, V.K.) hat, und vergrößern seine Schwäche, statt sie zu vermindern" (UTB, S. 61f./Pl.IV, S. 309f.).

Die Erzieher können als "Leidenslehrer" also gravierende Fehler machen, durch die das - naturbedingte - Mißverhältnis von Wollen und Können der Kinder noch zusätzlich - kulturell bedingt - verschlimmert wird. Dies gilt einerseits für die unvermeidlichen Leiden, denen Kinder ausgesetzt sind.[22] Andererseits gilt es in gleicher Weise hinsichtlich der vermeidbaren Leiden, die als Folge unangemessener Wünsche entstehen: "Kennt ihr das sicherste Mittel, euer Kind unglücklich zu machen? Gewöhnt es daran, alles zu bekommen. Denn seine Wünsche wachsen unaufhaltsam mit der Leichtigkeit ihrer Erfüllung. Früher oder später zwingt euch die Unmöglichkeit, sie alle zu erfüllen, zur Ablehnung, und diese ungewohnte Ablehnung wird es mehr verwirren als der Verzicht auf das, was es haben wollte. Zuerst möchte es euren Spazierstock haben, dann die Uhr, dann den Vogel in der Luft, den funkelnden Stern, alles, was es sieht. Wie könnte man es zufriedenstellen, wenn man nicht der liebe Gott selber wäre"?[23] Der Preis für diese erzieherische Unvernunft ist hoch, und es sind nicht die Erzieher, die ihn bezahlen müssen, sondern die Kinder selber, die in ihrem späteren Leben sich in ihren Beziehungen anderen Menschen gegenüber als gestört erfahren werden: "Da sie

---

22 "Wenn es hinfällt, sich eine Beule am Kopf schlägt oder aus der Nase blutet, wenn es sich in den Finger schneidet, stürze ich nicht erschreckt zu ihm hin, sondern bleibe wenigstens für eine Weile ruhig. Das Unglück ist geschehen und muß auf jeden Fall ertragen werden...In diesem Alter lernt man mutig sein und große Schmerzen ertragen, wenn man furchtlos die kleineren ertragen hat...Weit davon entfernt, Emil vor jeder Verletzung zu behüten, würde ich es sehr bedauern, wenn er sich niemals verletzte und aufwüchse, ohne den Schmerz zu kennen. Leiden ist das erste, was er lernen und unbedingt kennen muß...Was soll man von dem Arsenal sagen, das man um ein Kind aufbaut, um es gegen den Schmerz zu schützen? Mutlos und ohne Erfahrung steht es dann erwachsen dem Schmerz gegenüber..." (UTB, S. 53f./ Pl.IV, S. 299f.).

23 UTB, S. 65 - Pl.IV, S. 314. - "Es gehört zur natürlichen Veranlagung des Menschen, daß er alles haben möchte, was er erreichen kann...Das Kind also, das nur zu wollen braucht, um zu haben, hält sich für den Besitzer der Welt. Es sieht alle Menschen als Sklaven an. Wenn man schließlich gezwungen ist, ihm etwas zu verweigern, so sieht es darin einen Akt der Auflehnung...Überall sieht es nur bösen Willen...Wie kann ein zorniges und von Leidenschaften verzehrtes Kind glücklich sein" (ebd.).

gewöhnt sind, daß sich alles vor ihnen beugt, sind sie überrascht, wenn die ganze Welt ihnen Widerstand leistet. Dann erdrückt sie die Last der Welt, die sie nach Belieben glaubten, bewegen zu können. Ihre Anmaßung, ihre kindische Eitelkeit tragen ihnen nur Demütigung, Verachtung und Spott ein. Sie müssen Beleidigungen wie Wasser schlucken. Bittere Erfahrungen belehren sie bald, daß sie weder ihre Stellung noch ihre Kräfte kennen. Da sie nicht alles können, glauben sie dann, nichts zu können" (UTB, S. 66/Pl.IV, S. 315).

Für Rousseau gibt es nur eine Antwort auf die Frage, wie Kindern dieses traurige und vermeidbare Schicksal erspart werden kann: sie müssen *naturgemäß* erzogen werden, und das bedeutet, sie müssen Kinder gewesen sein, um Erwachsene werden zu können. "Er braucht nur zu wissen, daß er schwach ist und ihr stark seid, daß er also notwendigerweise von euch abhängig ist. Das muß er wissen, lernen und fühlen. Er soll früh das naturgewollte Joch fühlen, das schwere Joch der Notwendigkeit, unter das sich jeder Sterbliche beugen muß. Diese Notwendigkeit muß er immer in den *Dingen* (Hervorhebg. d. Verf.), nie in den Launen der Menschen sehen. Der Zwang der Verhältnisse muß der Zügel sein, der ihn hält, nicht die Autorität. Was er nicht tun soll, darf ihm nicht verboten werden. Hindert ihn, es zu tun, ohne Erklärungen, ohne Erörterungen. Was ihr ihm erlaubt, gebt ihm auf das erste Wort, ohne Aufdrängen, ohne Bitten, vor allem ohne Bedingungen. Gebt fröhlich, schlagt ungern ab, jedoch unwiderruflich".[24]

Damit ist der Ausgangspunkt der Argumentation wieder erreicht, die sich nun folgendermaßen zusammenfassen läßt: Rousseau begründet die Notwendigkeit einer Erziehung durch die Dinge dadurch, daß er das Leben vom Ende her, von dem, was noch kommen wird, betrachtet, also in curricular-retrospektiver Sicht. Durch diese Perspektive wird der Leidenscharakter des Lebens besonders hervorgehoben: der Mensch muß unvermeidliche Schicksalsschläge - Krankheit, Schmerzen, Verluste - ebenso zu ertragen vermögen wie die durch ihn selbst

---

[24] "Qu'il sache seulement qu'il est foible et que vous étes fort, que par son état et le vôtre il est necessairement à vôtre merci; qu'il le sache, qu'il l'apprenne, qu'il le sente: qu'il sente de bonne heure sur sa tête altiére le dur joug que la nature impose à l'homme, le pesant joug de la nécessité sous lequel il faut que tout être fini ploye. Qu'il voye cette necessité dans les choses, jamais dans le caprice des hommes; que le frein qui le retient soit la force et non l'autorité; ce dont il doit s'abstenir ne le lui deffendez pas, empêchez-le de le faire sans explications, sans raisonnemens: ce que vous lui accordez, accordez-le à son prémier mot sans sollicitations, sans priéres, surtout sans condition. Accordez avec plaisir, ne refusez qu'avec répugnance" (Pl.IV, S. 320). An dieser Stelle werden die beiden Seiten der Erziehung durch die Dinge sehr deutlich: der Widerstand muß be*dingt* sein, das Zugeständnis unbedingt!

verursachten Formen des Leidens, die auf einem Mißverhältnis von Wollen und Können beruhen. Auf beide Leidensformen muß der Mensch durch Erziehung vorbereitet und zugerüstet werden, d.h. genauer gesagt, durch eine Erziehungsform, die sozusagen der "Lernaufgabe" (dem Leiden-Können) entspricht und ihr angemessen ist: einer Erziehung durch die Dinge.Rousseau geht dabei von der Voraussetzung aus, daß es - modern gesprochen - ein Rationalitätskontinuum gibt, das vom Ertragen der "kleinen" zum Ertragen der "großen" Leiden führt. Das gemeinsame Merkmal der kleinen und großen Leiden besteht darin, daß sie dem Menschen Widerstand bieten, wodurch er sich gezwungen sieht, seine Wünsche - den Fähigkeiten und Umständen entsprechend - zu relativieren.
Die Erzieher müssen den Kindern gegenüber - jeweils dem Stand der Entwicklung angepaßt - die Notwendigkeiten des Lebens zur Geltung bringen, da die Heranwachsenden nur so die Möglichkeit haben, frei und glücklich werden zu können.[25]
Die hier gegebene curricular-retrospektive Begründung wird nun im folgenden ergänzt durch eine curricular-prospektive, die sich auf die Entfaltung der menschlichen Vernunft bezieht. Hierzu bedarf der Mensch - entwicklungslogisch - der Erfahrung im Umgang mit Dingen.

3.2.2 Die curricular-prospektive Begründung: Entwicklung der Vernunft

Die Bedeutung der Dinge im Hinblick auf die Entfaltung der sensumotorischen Kompetenz ist bereits im vorhergehenden Kapitel (vgl. Kap. 2.2, S. 47ff.) erläutert worden. Es wird hieran nun angeknüpft, denn Rousseau macht darauf aufmerksam, daß gerade in der zweiten Stufe der Kindheit die *Dinge* für die Entwicklung der Vernunft von grundlegender Bedeutung sind. Sein Gedankengang

---

[25] In der curricular-retrospektiven Begründung einer Erziehung durch die Dinge wird ein Element erkennbar, das in der modernen Sozialisationstheorie im Kontext der Entstehung von Ich-Identität formuliert wird als *"ego growth through crisis resolution"*. Habermas schreibt dazu: "Ein Sozialisationsvorgang, der die Folge von Reifekrisen als einen kumulativen Lernprozeß organisiert, ist für die Ausbildung einer 'starken' Ichidentität günstig. Diese bewährt sich später in belastenden Situationen, welche die Identität der Person bedrohen und zu einer Umorganisation der Ichstrukturen zwingen, wenn die Identität bewahrt werden soll. Typischerweise sind Belastungssituationen dieser Art mit Statuswechsel verbunden, sei es aufgrund horizontaler Mobilität (Wanderung, Emigration), sei es aufgrund vertikaler Mobilität (Auf- und Abstieg), sei es aufgrund von Katastrophen (wie Krankheit, 'Schicksalsschlägen', Unfällen usw.)" (J. Habermas: Stichworte zu einer Theorie der Sozialisation, in: Ders.: Kultur und Kritik. Verstreute Aufsätze. Frankfurt/M. 1973, S. 129f.).

stellt sich im Überblick folgendermaßen dar:
Es sind in der naturgemäßen Entwicklung des Menschen zwei Stadien der Vernunft zu unterscheiden: die *sensitive* oder kindliche und die *intellektuelle* oder menschliche Vernunft. Die sensitive Vernunft ist die der Kindheit, die es vollständig zu entwickeln gilt, damit die intellektuelle Vernunft hierauf sicher gegründet werden kann. Die sensitive Vernunft ist im Leib des Menschen fundiert. Aus diesem Grund kommt in dieser Entwicklungsphase der körperlichen Befindlichkeit besondere Bedeutung zu. Die sensitive Vernunft ist - daher der Begriff - eine Vernunft der *Sinne*, die im Medium spielerischen Umgangs mit Dingen oder "dinglichen" Situationen aktiviert, bekräftigt und gefestigt werden sollen.
"Da der Mensch alles, was er begreift, nur durch die Sinne begreift, so ist die erste Vernunft des Menschen eine sinnenhafte Vernunft; sie bildet die Grundlage der intellektuellen Vernunft".[26] Allein diese sensitive Vernunft ist der Kindheit von Natur aus angemessen, denn: "Die Kindheit hat eine eigene Art zu sehen, zu denken und zu fühlen, und nichts ist unvernünftiger, als ihr unsere Art unterschieben zu wollen. Ebensogut könnte man anstelle der Vernunft verlangen, daß ein zehnjähriges Kind fünf Fuß groß sei. Wozu soll ihm wohl die (intellektuelle, d. Verf.) Vernunft in diesem Alter dienen? Sie bremst die Kraft und das Kind braucht diese Bremse nicht".[27]
Wodurch unterscheiden sich nun sensitive und intellektuelle Vernunft? Rousseau sagt: "Was ich also sensitive oder kindliche Vernunft genannt habe, besteht darin, durch Zusammenfassen mehrerer Wahrnehmungen einfache Begriffe zu bilden.

---

[26] UTB, S. 111 - Pl.IV, S. 370: "Comme tout ce qui entre dans l'entendement humain y vient par les sens, la prémiére raison de l'homme est une raison sensitive; c'est elle qui sert de base à la raison intellectuelle". Diese Unterscheidung ist Rousseau nicht von Anfang an klar gewesen, sondern sie hat sich im Laufe der Arbeit am EMILE erst entwickelt. Dies ist u.a. an den unterschiedlichen Begriffen, an veränderten Altersangaben erkennbar, was Jimack aufgrund seiner philologischen Analyse der Manuskripte präzise zu belegen vermag (vgl. Jimack, a.a.O., S. 158f.).
R. Dérathé unterscheidet in der intellektuellen Entwicklung des EMILE drei Stadien: 1. "un stade prérationel", 2. "la raison sensitive", 3. "la raison intellectuelle"(vgl. R Dérathé: Le Rationalisme de Jean-Jacques Rousseau. Paris 1948, S. 20-32). M. Rang, auf dieser Unterscheidung Dérathés aufbauend, differenziert schärfer zwischen einer Periode der 'sachlichen' und einer Periode der 'moralischen' Vernunftbildung (vgl. M. Rang, a.a.O., S. 390ff.).

[27] UTB, S. 69/Pl.IV, S. 319. - Der Einfluß Montaignes ist hier deutlich sichtbar (vgl. Jimack, a.a.O., S. 278ff.).

Intellektuelle oder menschliche Vernunft nenne ich, durch Zusammenfassen mehrerer einfacher Vorstellungen zusammengesetzte Vorstellungen zu bilden".[28] Die sensitive Vernunft ist also an konkrete unmittelbare Sinneseindrücke und sich daraus allmählich ergebende Kombinationsmöglichkeiten gebunden, wohingegen die intellektuelle Vernunft darüber hinaus zum abstrakten Denken befähigt.
Dementsprechend geht es Rousseau in erster Linie um eine umfassende Schulung der Sinne, denn sie "sind die ersten Fähigkeiten, die sich in uns ausbilden und vervollkommnen. Sie sollten also am ersten gepflegt werden. Dennoch vergißt man gerade sie und vernachlässigt sie am meisten. Die Sinne üben heißt nicht nur sie gebrauchen, sondern lernen, mit ihrer Hilfe richtig zu urteilen, ja sogar zu fühlen. Denn wir können weder tasten noch sehen oder hören, wenn wir es nicht gelernt haben".[29]
Damit die Sinne sich entwickeln können, ist es notwendig, daß eine elementare Voraussetzung erfüllt ist: der Körper muß in guter Verfassung sein. "Um denken zu lernen, müssen wir also unsere Glieder, unsere Sinne und unsere Organe üben, denn sie sind die Werkzeuge unseres Geistes. Um den größten Nutzen daraus zu

---

[28] UTB, S. 149/Pl.IV, S. 417: "Ainsi ce que j'appelois raison sensitive ou puérile consiste à former des idées simples par le concours de plusiers sensations, et ce que j'appelle raison intellectuelle ou humaine consiste à former des idées compléxes par le concours de plusieurs idées simples".
Im Zusammenhang der Bedeutung des Gedächtnisses schreibt Rousseau an anderer Stelle: "Ehe das Kind nicht vernünftig ist, hat es keine Vorstellungen, sondern nur Bilder; der Unterschied zwischen beiden ist, daß die Bilder nur treue Abbildungen sinnfälliger Gegenstände sind; Vorstellungen dagegen Begriffe der Gegenstände, durch Beziehungen bestimmt. Ein Bild kann allein im Geiste vorhanden sein, jede Vorstellung setzt eine andere voraus...Ich behaupte also, daß Kinder kein wirkliches Gedächtnis haben, weil sie noch nicht urteilen können...Ihr ganzes Wissen liegt im Sinneseindruck, nichts dringt bis zum Verständnis vor" (UTB, S. 89f./Pl.IV, S. 344f.).

[29] UTB, S. 119/Pl.IV, S. 380: "Les prémiéres facultés qui se forment et se perfectionnent en nous sont les sens. Ce sont donc les prémiéres qu'il faudroit cultiver; ce sont les seules qu'on oublie ou celles qu'on néglige le plus. Exercer les sens n'est pas seulement en faire usage, c'est apprendre à bien juger par eux, c'est apprende, pour ainsi dire, à sentir; car nous ne savons ni toucher ni voir ni entendre que comme nous avons appris".
Ed. Claparède, einer der Lehrer Piagets, hat den hier beschriebenen Sachverhalt in seiner Rousseau-Interpretation als "Loi d'exercice génético-fonctionnel" formuliert: "Cette loi en implique réellement deux, que l'on pourrait énoncer ainsi: 1. L'exercice d'une fonction est la condition de son développement (c'est la loi d'exercice fonctionnel); 2. L'exercice d'une fonction est la condition de l'éclosion de certaines autres fonctions ultérieures (c'est la loi d'exercice génétique)" (Ed. Claparède: L'éducation fonctionnelle. Neuchâtel/Paris 1946, S. 89ff.).

ziehen, muß der Körper, ihr Träger, kräftig und gesund sein. Die wahre Vernunft entwickelt sich also nicht unabhängig vom Körper, sondern im Gegenteil, die gute körperliche Verfassung macht alle geistigen Akte leicht und sicher" (UTB, S. 111/Pl.IV, S. 370). Rousseau begründet diesen Zusammenhang energetisch: ein gesunder Körper produziert mehr Energie als er zu seiner Selbsterhaltung benötigt; diese überschüssige Kraft kommt dem Denken zugute: "Die Denkfähigkeit entwickelt sich erst mit dem Überschuß an Kraft, die er zu seiner Erhaltung nicht mehr braucht und die er daher zu anderen Zwecken verwenden kann. Wollt ihr also die Intelligenz eures Schülers fördern, so fördert die Kräfte, die sie beherrschen soll. Übt ständig seinen Körper, macht ihn stark und gesund, um ihn weise und vernünftig zumachen" (UTB, S. 102/Pl.IV, S. 359).[30] Mit Kraft und Stärke sollen also Einsicht und Vernunft in gleichem Maße wachsen.[31]
Bloße Kraft allein genügt jedoch nicht. Es kommt vielmehr auf die Verbindung, auf die Kombination, von Körperkraft und Sinnestätigkeit an. Beide Fähigkeiten sollen - wie in einem Regelkreis - so lange in wechselseitiger Abhängigkeit voneinander entwickelt werden, bis die Handlungen in einem optimalen Zweck-Mittel-Verhältnis vollzogen werden können. "Übt also nicht nur die Kräfte, übt auch die Sinne, die sie lenken. Nutzt jeden Sinn vollständig aus und überprüft die Wirkung des einen durch den anderen. Meßt, zählt, wägt, vergleicht. Setzt die Kraft erst ein, wenn ihr den Widerstand geprüft habt, und überlegt die Wirkung, ehe ihr die Mittel anwendet. Leitet das Kind an, sich niemals ungenügend oder überflüssig anzustrengen. Gewöhnt ihr es daran, immer die Wirkung seiner Bewegungen

---

[30] Dieser Aspekt der Erziehungslehre Rousseaus ist - wirkungsgeschichtlich betrachtet - vielfach zustimmend aufgenommen worden. So schreibt z.B. Lorenz Kellner, der wirklich kein Anhänger Rousseaus ist, folgendes: "Wenn wir Rousseaus Ansichten in Betreff der Ausbildung einzelner Seiten des menschlichen Wissens ins Auge fassen, so fällt uns zunächst sein Eifer für die körperliche Bildung ins Auge. Hier hat er wirklich Verdienste. Der alte, ehrwürdige Grundsatz: 'mens sana in corpore sano' (gesunder Geist in gesundem Körper) war bisher viel zu wenig beachtet worden, und man hatte sich gewöhnt, die Kräftigung des Leibes als etwas Unwesentliches zu betrachten...So stellt sich Rousseau mit seinen Ansichten der Verweichlichung und unnatürlichen Bildung seiner Zeit entgegen...Aber auch hierin übertreibt er. Sein Emil soll auch im Winter barhauptig gehen und Sommerkleider tragen, soll auch erhitzt kaltes Wasser trinken und auf feuchtem Boden liegen...Ihm gilt ein nordischer Herkules der Jahrmärkte mehr, als der mit sieben Monaten geborene Keppler" (L. Kellner: Erziehungsgeschichte in Skizzen und Bildern. Erster Band. Essen 1880[3], S. 34f.).

[31] In veränderter Form wird dieses Prinzip in der auf W. Reich zurückgehenden und durch A. Lowen weiterentwickelten "Bioenergetischen Analyse" für die Lösung von Persönlichkeitskonflikten psychotherapeutisch nutzbar gemacht (vgl. dazu A. Lowen: Bioenergetics. New York 1975).

vorauszusehen und seine Irrtümer durch die Erfahrung zu berichtigen, ist es dann nicht einleuchtend, daß es um so vernünftiger handeln wird, je mehr es sich betätigt"?[32]

Die durch körperliche Übung wohl fundierte Schulung der sensitiven Vernunft kann sich - fast - von selbst vollziehen, wenn die Erzieher nur aufmerksam genug sind, dem unmittelbaren Interesse der Kinder zu folgen. Diese für die Kindheit typische Form der Aufmerksamkeit ist gewissermaßen eine motivationale Variante des Selbsterhaltungstriebes. Wenn dem Weg der Natur gefolgt wird, dann muß zunächst die *unmittelbare Umgebung* der Kinder der Bereich sein, in dem sich dieses Interesse verwirklichen kann. "Der Mensch macht also seine ersten Bewegungen, um sich mit allem, was ihn umgibt, zu messen und die sinnlichen Eigenschaften der wahrgenommenen Gegenstände zu erproben. Seine ersten Erkenntnisse sind also eine Art von Experimentalphysik, die sich auf seine eigene Erhaltung bezieht...Solange sich seine...Organe den Gegenständen, mit denen sie umgehen müssen, anpassen können, solange seine noch reinen Sinne frei von Täuschungen sind, ist es Zeit, beide in der ihnen eigentümlichen Weise zu üben und sie zu lehren, die sinnlich erfaßbaren Beziehungen zwischen den Dingen und sich selbst kennenzulernen" (UTB, S. lll/Pl.IV, S. 369f.).

Wenn die Erzieher den Kindern folgen, wenn also Füße, Hände und Augen den Philosophieunterricht (vgl. UTB, S. 111) erteilen, dann wird die *Selbsttätigkeit* der Kinder aktiviert und verstärkt, und sie werden ein ihrem Alter angemessenes Urteilsvermögen gewinnen.Wenn jedoch die Erzieher nicht bereit sind, den Kindern zu folgen, dann werden diese Kinder, so Rousseau, später wahrscheinlich zu Menschen, die wenig wirklich wissen, aber viel zu wissen glauben.[33] Rousseau

---

[32] UTB, S. ll9/Pl.IV, S. 380. - Es ist leicht zu erkennen, daß Rousseau sich hier am Modell des edlen Wilden orientiert. Nachdem er die Bauern aufgrund ihrer Bodenständigkeit als grob, ungeschickt und schwerfällig beschrieben hat, rühmt er die spitzfindigen Wilden: "Beim Wilden liegt die Sache anders: er ist nicht an einen Ort gebunden; er kennt keine vorgeschriebenen Pflichten; er braucht niemandem zu gehorchen; er kennt kein anderes Gesetz als seinen Willen. Er muß also jede Handlung selber überlegen. Er macht keine Bewegung und keinen Schritt, ohne vorher die Folgen beachtet zu haben. Je mehr er also seinen Körper bewegt, desto schärfer wird sein Geist. Seine Kraft und seine Vernunft wachsen gleichzeitig miteinander" (UTB, S. 103/ Pl.IV, S. 360).

[33] "Unsere ersten Philosophielehrer sind unsere Füße, unsere Hände, unsere Augen. An ihre Stelle Bücher zu setzen, heißt nicht, uns vernünftig denken zu lehren, sondern uns der Vernunft anderer zu bedienen, d.h. uns zu lehren, viel zu glauben und nie etwas wirklich zu wissen" (UTB, S. lll/Pl.IV, S. 370).

In seinen "Bekenntnissen" schreibt Rousseau: "Ich weiß nicht, wie ich lesen lernte; ich

kritisiert also an der herkömmlichen Erziehung, daß die Kinder zu früh mit Sachverhalten konfrontiert werden, die sie nicht verstehen können. Das setzt einen Teufelskreis in Bewegung:da ihnen ein angemessenes Verständnis fehlt, werden sie unaufmerksam, weil sie unaufmerksam sind, werden sie bestraft und so zur Aufmerksamkeit gezwungen, weil sie gezwungen worden sind, sind ihnen die Gegenstände, die gelernt werden sollten, verleidet. "Man täuscht sich vor allem aber über ihre Kenntnisse, wenn man ihnen welche zutraut, die sie nicht haben und wenn man sie über Dinge urteilen läßt, die sie nicht begreifen können. Ebenso täuscht man sich, wenn man ihre Aufmerksamkeit auf Betrachtungen lenkt, die sie nicht berühren, wie ihr zukünftiges Schicksal, ihr Lebensglück, die Achtung, die sie als Erwachsene haben werden. All das ist völlig sinnlos für sie, weil sie noch Wesen ohne Voraussicht sind. Der Unterricht aber, den man diesen Unglücklichen aufzwingt, zielt auf diese Gegenstände ab, die ihrem Geist völlig fremd sind. Daraus läßt sich auf die Aufmerksamkeit schließen, die sie darauf verwenden" (UTB, S. 90/Pl.IV, S. 345f.).[34]

Jedes Interesse ist immer ein Interesse *für etwas*. Daher bedarf es zur Entwicklung der sensitiven Vernunft Vermittler - Medien -, die zwischen Sinnestätigkeit und Wirklichkeit treten: die *Dinge*. Wie soll das Sehen gelernt werden, wenn nicht *etwas* gesehen wird, wie soll das Tasten gelernt werden, wenn nicht *etwas* ertastet werden kann, wie soll sich der Geschmack entfalten, wenn nicht *etwas* geschmeckt werden kann. Der situative Kontext, in dem Dinge als Vermittler konkret Gestalt

---

erinnere mich nur meiner ersten Lektüre und ihrer Wirkung auf mich...Meine Mutter hatte Romane hinterlassen. Mein Vater und ich begannen sie nach unseren Abendmahlzeiten zu lesen. Zuerst handelte es sich nur darum, mich...im Lesen zu üben; aber bald wurde das Interesse so lebhaft, daß wir abwechselnd unaufhörlich lasen und die Nächte damit verbrachten. Wir konnten nie vor Beendigung eines Bandes aufhören. Manchmal sagte mein Vater, wenn er morgens die Schwalben hörte, ganz beschämt: 'Wir wollen zu Bett gehen. Ich bin ein größeres Kind als du'. - Durch diese gefährliche Methode... Diese unklaren Vorstellungen, die ich hintereinander empfand, schadeten der Vernunft nicht, die ich noch nicht hatte, aber sie bildeten mir eine auf eine andre Weise und gaben mir vom menschlichen Leben wunderliche und romanhafte Vorstellungen, von denen Erfahrung und Überlegung mich niemals ganz haben heilen können" (Winkler, S. 12/Pl.I, S. 8). Den überwältigenden Umfang der Lektüre Rousseaus hat erforscht M. Reichenburg: Essai sur les lectures de Rousseau. Philadelphia 1932.

[34] Durch das Phänomen der Lernhemmung wehren sich Kinder, deren Recht auf selbstbestimmtes Lernen über Gebühr mißachtet worden ist; sie "zwingen" auf diese Weise die Erzieher dann doch dazu, ihnen zu folgen. Die institutionell "erzwungene" Aufmerksamkeit ist ein Merkmal schulischen Lernens. In Lernbereichen außerhalb der Schule, z.B. in der Jugend- und Erwachsenenbildung, gilt gerade das Prinzip der "Teilnehmerorientiertheit".

gewinnen, ist, dem Weg der Natur gemäß, das *Spiel*. Das Spiel ist, so sagt Rousseau, die spezifische Form der Kindheit, sich an die Wirklichkeit anzupassen wie auch umgekehrt, die Wirklichkeit in Ausschnitten nach eigenem Gutdünken - eben spielerisch - zu gestalten. "Ich kann mir nichts vorstellen, wofür man nicht Kindern mit einigem Geschick, auch ohne Eitelkeit, Wetteifer und Eifersucht, Lust, ja sogar heftige Neigung einflößen könnte. Ihre Lebhaftigkeit, ihr Nachahmungstrieb genügen. Vor allem aber ihre natürliche Fröhlichkeit: ein sicherer Ansatzpunkt, auf den bisher noch kein Erzieher gekommen ist. In allen Spielen, die ihrer festen Überzeugung nach wirklich nur Spiele sind, ertragen sie ohne Klagen, ja sogar unter Lachen, was sie sonst nur mit Tränen und Wehklagen erduldeten: Hunger, Schläge, Brandwunden...".[35]

Es ist bereits in den Ausführungen über die erste Stufe der Kindheit über die Bedeutung gesprochen worden, die Rousseau dem Spielzeug für die Entwicklung beimißt (vgl. Kap. 2.2). In der zweiten Stufe der Kindheit geht es ihm vor allem darum, daß die Erzieher Situationen zu schaffen vermögen, die dem Drang der Kinder nach körperlicher Betätigung entsprechen. Aufgrund wachsender Einbildungskraft und Geschicklichkeit werden sie dann schon selber für ihr Spielzeug sorgen. Allerdings sollten die Übungs- und Geschicklichkeitsspiele immer auch Elemente der Wirklichkeit in dem Sinne enthalten, daß es den Kindern niemals gleichgültig ist, wie gespielt wird: "Spiele, bei denen man ohne Risiko ungeschickt sein darf, spielt man immer nachlässig. Ein Federball tut niemandem weh. Nichts macht Arme gelenkiger, als wenn sie den Kopf schützen müsssen. Nichts macht das Auge sicherer, als wenn es die Augen schützen muß. Von einem Ende der Halle zum anderen schnellen, den Aufprall des fliegenden Balles abschätzen, ihn mit starker und sicherer Hand zurückschlagen, solche Spiele taugen zwar weniger für den Erwachsenen als dazu, erwachsen zu werden" (UTB, S. 136/Pl.IV, S. 401f.).

Das Geheimnis des Spiels besteht darin, daß es Lernerfolge ermöglicht, die durch selbstgesteuertes Interesse entstehen und nicht durch aufdringliche Belehrungen.

---

[35] UTB, S. 117/Pl.IV, S 377. - Vgl. dazu: "Da spielen Lausbuben im Schnee, blau, verfroren und mit klammen Fingern. Sie könnten sich wärmen gehen, aber sie tun es nicht. Zwingt man sie dazu, so empfinden sie den Zwang huntertmal mehr als die Kälte..." (UTB, S. 65/Pl.IV, S. 313). Ebenso anschaulich ist die Szene, in der der Erzieher ein "träges und faules Kind, das von sich aus keinerlei Leibesübung trieb", durch geschicktes Ausnutzen und Variieren von Spielsituationen ohne "Ermahnungen, Versprechungen, Drohungen" zum Laufen bringt (vgl. UTB, S. 129ff./Pl.IV, S. 393).

Körperliche Betätigung, Übung der Sinne, Beobachtung, spielerischer Umgang mit Dingen, Beurteilung von Wirkungen des eigenen Handelns durch Versuch und Irrtum, den eigenen Interessen folgen können ohne spürbar belehrt zu werden: auf diese Weise sollen die Kinder in diesem Lebensabschnitt ihre Erfahrungen erwerben. Wird diesem Weg gefolgt, dann stellt sich der Ertrag, so Rousseau, wie von selber ein: "Er weiß nichts von dem, was in der Welt vorgeht, aber er kann das für ihn Richtige tun. Da er sich ständig bewegt, muß er viele Dinge beobachten und viele Wirkungen kennenlernen. So erwirbt er frühzeitig große Erfahrung. Er erhält seinen Unterricht von der Natur und nicht von den Menschen. Er lernt um so besser, als er nirgends die Absicht sieht, ihn zu belehren. Körper und Geist werden gleichzeitig geübt. Und da er immer nach eignem und nicht nach dem Ermessen anderer handelt, vereint er ständig zwei Vorgänge: je kräftiger und stärker er wird, um so einsichtsvoller und verständiger wird er auch" (UTB, S. 104/Pl.IV, S. 361).

Fassen wir zusammen: Rousseau begründet die Erziehung durch die Dinge in der zweiten Stufe der Kindheit durch Verweis auf die Logik der Entwicklung kognitiver Prozesse. Er unterscheidet dabei zwei Stadien der Vernunft: die sensitive oder kindliche und die intellektuelle oder menschliche Vernunft. Die intellektuelle Vernunft setzt entwicklungslogisch die sensitive voraus. Die kindliche Vernunft ist sensitiv, weil sie Urteile aufgrund sinnlicher Eindrücke ermöglicht. Die Sinne müssen aktiviert, erprobt, kombiniert und durch Übung gefestigt werden. Dazu müssen in der Umgebung des Kindes Reize vorhanden sein oder angeboten werden: Dinge.

Durch den Umgang mit Dingen sammelt das Kind Erfahrungen, die wiederum auf sein Verhalten Einfluß haben, d.h. es lernt, ohne belehrt zu werden. Eine hierfür typische Situation ist das Spiel. Die sensitive Vernunft ist eine "leibliche" Vernunft: der Körper muß kräftig sein, damit die Denkfähigkeit entfaltet werden kann.

Es ist in den vorangegangenen Abschnitten herausgearbeitet worden, daß Rousseau die Notwendigkeit einer Erziehung durch die Dinge für die zweite Stufe der Kindheit durch zwei Argumente untermauert, in denen jeweils bestimmte Gesichtspunkte des Umgangs mit Dingen akzentuiert werden; es wird in der curricular-retrospektiven Betrachtungsweise vor allem der *Widerstand* hervorgehoben, den Kinder durch Dinge erfahren müssen, während in curricular-prospektiver Sicht die Dinge - über diesen Widerstand hinaus - als *Träger verschiedenartiger Eigenschaften*, deren Erfahrung für eine Entwicklung der sensitiven Vernunft unentbehrlich ist, zur Geltung kommen. Es wird nun im folgenden gezeigt werden, auf welche Weise Rousseau die für diese Entwicklungsstufe angemessenen Moralbegriffe - im Einklang mit diesen Begründungen - entwickelt.

3.2.3 Bedingte Moralbegriffe

Wenn der Weg der Natur in der zweiten Stufe der Kindheit nicht verlassen wird, dann lernen die Kinder aus unmittelbarem Interesse heraus durch direkte, sinnenhafte Erfahrungen. In diesem Prozeß wird die Verbindung zwischen kindlichen Lernfähigkeiten, Realität und altersgemäßer Erkenntnis durch die Dinge hergestellt. Diese Form des Lernens muß, so Rousseau, auch für den Erwerb der dieser Entwicklungsstufe angemessenen Moralbegriffe verwirklicht werden.

Die Grundlage für eine Moral der Kindheit sieht Rousseau in dem Prinzip der *Selbsterhaltung*. Alle kindgemäßen Moralbegriffe müssen daher auf dieses Prinzip bezogen werden: "Unsere ersten Pflichten beziehen sich auf uns selber: unsere Urgefühle drängen sich in uns selber zusammen und alle natürlichen Regungen sind vorerst auf unsere Erhaltung und unser Wohlsein gerichtet. So bezieht sich unser erstes Gerechtigkeitsgefühl nicht auf das, was wir anderen schulden, sondern was uns andere schuldig sind. Hier liegt wieder eine der Verkehrtheiten der heutigen Erziehung, daß man den Kindern zuerst von ihren Pflichten und niemals von ihren Rechten spricht... Man sagt ihnen, was sie nicht verstehen können und was sie nicht interessiert".[36] Wenn Kinder also lernen sollen, die Rechte anderer zu achten, dann setzt dies voraus, daß sie zuvor erfahren konnten, daß andere ihre Rechte geachtet haben. Das Gefühl für das Recht des Anderen kann nur entstehen, so sagt Rousseau, wenn durch leibhaftige Erfahrungen ein Gefühl für "mein Recht" entstanden ist.[37]

Diese Erkenntnis - das ist bereits angedeutet worden - kann nie durch Reden vermittelt werden, und zwar aus folgendem Grund: "Vor dem Alter der (intellektuellen, V.K.) Vernunft hat man keinen Begriff vom sittlichen Wesen und

---

36 UTB, S. 77/Pl.IV, S. 329: "Nos prémiers devoirs sont envers nous; nos sentimens primitifs se concentrent en nous-mêmes; tous nos mouvemens naturels se rapportent d'abord à nôtre conservation et à nôtre bien-être. Ainsi le prémier sentiment de la justice ne nous vient pas de celle que nous devons, mais de celle qui nous est düe..."

37 Aus der Umkehrung des Prinzips ließe sich folgende Regel formulieren: Immer dann, wenn Kinder die Rechte anderer mißachten, ist - pädagogisch betrachtet - zunächst die Frage zu stellen, ob die Rechte dieser Kinder in angemessener Weise beachtet worden sind.

von sozialen Beziehungen. Man muß also, soweit das möglich ist, vermeiden, diese Wörter zu gebrauchen, weil die Kinder falsche Begriffe damit verbinden könnten, die man schwer oder gar nicht mehr ausmerzen kann...Auf den ersten Schritt muß man achten! Solange das Kind nur sinnlichen Eindrücken zugänglich ist, sollen alle seine Begriffe auf Sinneseindrücken beruhen. Es soll rund um sich nur die physikalische Welt wahrnehmen: sonst könnt ihr sicher sein, daß es nicht zuhört oder sich von der sittlichen Welt eine phantastische Vorstellung macht...".[38] Auf welche Weise sinnlich fundierte Begriffe durch eigenes Handeln erworben werden können, illustriert Rousseau an der berühmten Szene mit dem Gärtner Robert.[39] Das Erziehungsprinzip selbst wird dabei zur Lehre, so wie die Lehre das Erziehungsprinzip enthält: Eigentum entsteht durch Arbeit, und indem Emile arbeitet, erwirbt er Eigentum und ein Gefühl für dieses Eigentum. Da er selbst hierzu Mühe und Anstrengung investieren mußte, kann er verstehen, wie einem Menschen zumute ist, wenn andere das Produkt dieser Arbeit zerstören. Rechte und Pflichten sind gegenseitig, und in diesem Prinzip ist gleichzeitig der Weg der Lösung enthalten: der Vergleich.

Welche Konsequenz ist hieraus zu ziehen? "Der erste Begriff, den man dem Kind vermitteln muß, ist weniger der Begriff der Freiheit, als der des Eigentums. Damit es ihn gewinnen kann, muß es Eigentum besitzen. Ihm seine Kleider, Geräte und

---

38 UTB, S. 67f./Pl.IV, S. 317.: "...Faites que tant qu'il n'est frappé que des *choses sensibles* (Hervorhebg. d. Verf.) toutes ses idées s'arrêtent aux sensations; faites que de toutes parts il n'apperçoive autour de lui que le monde physique..."
Was geschieht, wenn Kinder Begriffe lernen, die nicht durch Sinneseindrücke fundiert sind, veranschaulicht Rousseau am Beispiel von Höflichkeitsformeln: "Hütet euch, eurem Kind leere (d.h. sinnlose, V.K.) Höflichkeitsformeln beizubringen, die ihm bei Bedarf als Zauberformel dienen, die ganze Umgebung seinem Willen zu unterwerfen und sofort zu erhalten, was ihm gefällt...Diese Kinder (die der Reichen, V.K.) können weder im Ton noch in den Wendungen bitten: wenn sie bitten sind sie noch anmaßender als wenn sie befehlen...mir wäre es lieber, daß er (Emile, V.K.) bittend 'faites cela' sagt, als befehlend 'je vous prie'. Es kommt nicht auf das Wort an, sondern auf den Sinn, den er ihm gibt (UTB, S. 64/Pl.IV, S. 312f.).

39 Emile und Jean-Jacques pflanzen Bohnen im Garten des Gärtners Robert. Die Bohnen werden gepflegt und gehegt, und sie wachsen und gedeihen. Eines Tages sind zum Erschrecken Emiles alle Bohnen herausgerissen, und zwar vom Gärtner Robert. Er hatte bereits vorher an dieser Stelle kostbaren Mohn aus Malta gepflanzt, der nun durch die armseligen Bohnen zerstört worden ist. Der Streit endet mit einem Vergleich: der Gärtner räumt Emile eine kleine Ecke seines Gartens ein, auf der er anbauen darf, was er möchte; als Gegenleistung wird er dafür dem Gärtner die Hälfte des Ertrages zukommen lassen.

Spielsachen aufzuzählen, hat keinen Sinn, da es, obwohl es darüber verfügt, nicht weiß, warum und wie es sie bekommen hat...Man muß auf den Ursprung des Eigentums zurückgehen, denn von daher muß die erste Vorstellung Gestalt gewinnen" (UTB, S. 78/Pl.IV, S. 330). Vorstellungen, die auf diese Weise durch konkrete Erfahrungen fundiert sind, werden später zu Grundsteinen der Erkenntnis von Gut und Böse: "Der kleine Übeltäter wußte nicht, daß er sich mit dem Loch für seine Bohne ein Gefängnis grub, in das ihn seine Erkenntnis bald einsperren wird" (UTB, S. 81/Pl.IV, S. 334). Langsam, Schritt für Schritt und durch eigene Handlungen: das ist die kindgemäße Art, sittliche Begriffe zu erwerben.[40]
Rousseau wendet sich dagegen, daß Erzieher die Kinder dadurch überfordern, daß sie *zu früh* Gebote aufstellen, die die Kinder nicht einzuhalten vermögen. So ist z.B. die Freigiebigkeit der kindlichen Entwicklung nicht angemessen: "Ein Kind gäbe eher hundert Goldstücke her als einen Kuchen. Verlangt aber einmal von diesem kleinen Verschwender, Dinge herzugeben, die ihm lieb sind - Spielzeug, Zuckerwerk, sein Abendbrot - und wir werden bald sehen, ob ihr ihn wirklich zur Freigiebigkeit erzogen habt...Ich habe an Kindern nur diese beiden Arten Freigiebigkeit gefunden: Herzugeben, was sie nicht brauchen können und wovon sie sicher sind, es wieder zu erhalten...Kommt es aber auf ein wirkliches Geben an, dann ist die Gewohnheit plötzlich weg. Hört man mit dem Wiedergeben auf, hören sie mit dem Geben auf. Man muß also mehr auf die Gewohnheit der Seele als auf die der Hände achten. Alle anderen Tugenden, die man die Kinder lehrt, sind dieser gleich" (UTB, S. 84/Pl.IV, S. 338f.). Ebenso unsinnig ist in den Augen Rousseaus, Kinder zu früh zum Gehorsam verpflichten zu wollen. Denn niemand wird den Kindern die Pflichtgründe wirklich verständlich machen können, da ja die intellektuelle Vernunft in diesem Alter noch nicht ausgebildet ist. Die weitreichenden Folgen solcher unangemessenen Gehorsamkeitsforderungen zeigen sich erst im weiteren Verlauf des Lebens. "Ihr versucht, eure Zöglinge zu der Pflicht des Gehorsams zu überreden. Zu dieser vergeblichen Überredung fügt ihr Gewalt und Drohungen hinzu, oder was noch schlimmer ist, Schmeichelei und Versprechungen. So werden sie durch Vorteile geködert oder durch Gewalt gezwungen, und sie stellen sich, als hätte sie die Vernunft überzeugt...Was folgt

[40] "... car dans la carriére des idées morales on ne peut avancer trop lentement ni trop bien s'affermir à chaque pas... souvenez-vous qu'en toute chose vos leçons doivent être plus en actions qu'en discours; car les enfans oublient aisément ce qu'ils ont dit et ce qu'on leur a dit, mais non pas ce qu'ils ont fait et ce qu'on leur a fait" (Pl.IV, S. 333).

daraus? Indem man ihnen eine Pflicht auferlegt, die sie nicht verstehen, macht man sie gegen den Zwang widerwillig und untergräbt ihre Zuneigung. Man lehrt sie heucheln, sich verstellen und lügen, um belohnt zu werden oder Strafen zu entgehen. Schließlich gewöhnt man sie daran, geheime Gründe mit glaubwürdigen Motiven zu verdecken" (UTB, S. 69/Pl.IV, S. 319).

Wenn die Erzieher durch verfrühte und dem Stand der Entwicklung nicht angemessene Forderungen den Weg der Natur verlassen, dann bringen sie die Kinder ebenfalls vom Wege ab, d.h. sie zwingen sie, sich zu verstellen oder zu *lügen.*[41] Rousseau unterscheidet zwei Arten von Lügen: die *Tatsachenlüge* und die *Rechtslüge.*[42] Die Lüge ist, für Rousseau, den Kindern im Grunde nicht eigentümlich, denn:"Wer auf die Hilfe anderer angewiesen ist und dauernd ihre Wohltaten empfängt, hat kein Interesse, sie zu täuschen. Er hat im Gegenteil ein fühlbares Interesse, daß sie die Dinge so sehen, wie sie sind, damit sie sich nicht zu seinem Nachteil täuschen. Es ist also klar, daß die Tatsachenlüge den Kindern nicht natürlich ist. Aber die Pflicht zu gehorchen erzeugt die Notwendigkeit zu lügen" (UTB,S. 82/Pl.IV, S. 335). Auch die Rechtslüge sieht Rousseau im Verhalten der Erzieher begründet, da sie von den Kindern etwas fordern, wozu sie noch nicht in der Lage sind, nämlich in die Zukunft zu sehen und die Folgen ihres Handelns im voraus zu bedenken.[43]

Rousseau ist andererseits realistisch genug einzusehen, daß es gelegentlich erforderlich sein kann, die Kinder zu bestrafen. Gerade im Hinblick auf die

---

41 "Avec les conventions et les devoirs naissent la tromperie et le mensonge. Dès qu'on peut faire ce qu'on ne doit pas on veut cacher ce qu'on n'a pas du faire. Dès qu'un intérest fait promettre, un intérest plus grand peut faire violer la promesse; il ne s'agit plus que de la violer impunément. La ressource est naturelle; on se cache et l'on ment" (Pl.IV, S. 334f.).

42 "Es gibt zwei Arten von Lügen: die Tatsachenlüge, die sich auf die Vergangenheit und die Rechtslüge, die sich auf die Zukunft bezieht. Die erste ist, wenn man leugnet, etwas getan zu haben, was man getan hat; oder wenn man versichert, etwas getan zu haben, was man nicht getan hat; oder allgemein gesagt: wenn man bewußt die Wahrheit verdreht. Die zweite ist, wenn man verspricht, was man nicht zu halten gedenkt; oder allgemein gesagt, wenn man eine andere Absicht bekundet, als man wirklich hat (UTB, S. 81f./Pl.IV, S. 335).

43 "Wenn es etwas für die Zukunft verspricht, verspricht es nichts, denn seine noch schlummernde Vorstellung kann sich noch nicht auf zwei verschiedene Zeiten erstrecken. Um Hiebe zu vermeiden, oder um eine Tüte Bonbons zu bekommen, würde es sofort versprechen, sich morgen aus dem Fenster zu stürzen..." (UTB, S. 82f./ Pl.IV, S. 336).
"Hors d'état de lire dans l'avenir, il ne peut prévoir les consequences des choses, et quand il viole ses engagemens il ne fait rien contre la raison de son age" (ebd.).

Strafen, die Kindern auferlegt werden, gilt es, den "Schlaf der Vernunft" zu achten, und das bedeutet, die Strafe dem Wesen der sensitiven Vernunft anzupassen.[44] Dies ist immer dann gegeben, wenn die Strafe dem Kind als eine *"natürliche Folge"* seines Verhaltens erscheinen muß: "Ich habe deutlich genug gesagt, daß man Kindern niemals eine Strafe als solche auferlegen darf, sondern daß sie die Strafe immer als eine natürliche Folge ihrer bösen Handlung empfinden müssen. Predigt also nicht gegen die Lüge, bestraft das Kind auch nicht eigentlich, weil es gelogen hat, aber sorgt dafür, daß es an sich alle bösen Folgen erfährt. Zum Beispiel, daß man ihm nicht mehr glaubt, auch wenn es die Wahrheit sagt: daß man es beschuldigt, auch wenn es die Wahrheit sagt, auch wenn es nichts getan hat und sich noch so sehr verteidigt".[45] Auch die Strafe muß demnach - dem Motto der zweiten Stufe der Kindheit gemäß -"be-*dingt*" sein oder durch die Erzieher "be-*dingt*" werden.[46] Bedingte Strafen bringen unmittelbar zu spürenden Zwang hervor, der direkt auf das Verhalten des Kindes einwirkt, und es daher, wenn auch zunächst eben nur bedingt - motiviert, sein Verhalten zu ändern. Von der Regel, daß alle Moralbegriffe bedingt sein müssen, macht Rousseau in einem Fall eine Ausnahme. Sie lautet: niemals jemandem etwas Böses zuzufügen.[47] "Die einzige

---

44 W. Scheibe hat sich unter systematischem Gesichtspunkt eingehend mit "J.J. Rousseaus Kampf gegen die Strafe und seine(r) Lösung des Strafproblems" beschäftigt. Vgl. dazu W. Scheibe: Die Strafe als Problem der Erziehung. Eine historische und systematische pädagogische Untersuchung. Weinheim und Berlin 1967, S. 55-84.

45 UTB, S. 81/Pl.IV, S. 335. - An anderer Stelle gibt Rousseau folgendes Beispiel: "Gestern zum Beispiel hatte der Ältere dem Jüngeren eine Trommel weggenommen und ihn dadurch zum Weinen gebracht. Fanchon sagte nichts; eine Stunde später jedoch, in dem Augenblick, da der Räuber ganz besonders beschäftigt mit der Trommel war, nahm sie sie ihm wieder weg. Er lief ihr nach, wollte sie wiederhaben und weinte nun seinerseits. Sie sagte zu ihm: 'Sie haben sie ihrem Bruder mit Gewalt weggenommen; ich nehme sie ihnen auf dieselbe Weise; was haben Sie dagegen einzuwenden? Bin ich nicht die Stärkere?' Darauf fing sie an, nach seinem Beispiel die Trommel zu schlagen, als ob sie viel Vergnügen daran gefunden hätte...Als dem Jüngeren die Tromel genommen wurde, erduldete er das harte Gesetz der Notwendigkeit, der Ältere empfand seine Ungerechtigkeit, alle beide erkannten ihre Schwäche und waren den Augenblick darauf getröstet" (N.H., Winkler, S. 607/Pl.II, S. 578f.).

46 Eine Strafe "be-dingen" heißt also: sie durch die hervorgerufenen Fakten leibhaftig erfahrbar machen. Auch eine eingeworfene Scheibe wird zunächst nicht ersetzt, das Kind erkältet sich, es spürt die Folgen (vgl. UTB, S. 80f.).

47 Interessanterweise ist diese Regel die einzige, die Maud Mannoni, die ihre Arbeit mit autistischen Kindern selbst als "Antipädagogik" versteht, in abgewandelter Form in ihrer Erziehungsarbeit gelten läßt. Vgl. dazu M. Mannoni: Ein Ort zum Leben. Die Kinder von Bonneuil. Frankfurt/M. 1978. Dies.: 'Scheißerziehung'. Von der Antipsychiatrie zur

Sittenlehre, die der Kindheit zusteht und die für jedes Alter gleich wichtig ist, ist die, niemals jemandem etwas Böses zuzufügen. Selbst das Gebot, Gutes zu tun, ist gefährlich, falsch und widersprüchlich, wenn es jenem nicht untergeordnet ist. Wer alles tut nichts Gutes? Alle tun es, der Böse wie die anderen. Auf Kosten von hundert Unglücklichen macht er einen glücklich...Die erhabensten Tugenden sind negativ. Sie sind auch die schwersten...".[48]

Der Unterschied zwischen der Moral der Kinder und der Moral der Erwachsenen kann - die Ausnahme berücksichtigend - letztlich in einem Satz zusammengefaßt werden: "Bei Kindern den Zwang und bei Erwachsenen die Vernunftgründe anzuwenden, das ist die natürliche Ordnung".[49]

Es ist durch die bisherige Darstellung - zuletzt durch den Blick auf die Bedingung der Moralbegriffe - deutlich geworden, daß die wechselseitigen Abhängigkeiten, die zwischen Natur, Dingen und Menschen bestehen, offensichtlich subtiler sind als es auf den ersten Blick den Anschein hatte. Rousseau scheint mit Dingen und Menschen in einer Weise zu "jonglieren", in der - je nach Situation - einmal die Dinge "vermenschlicht" und dann wiederum die Menschen "verdinglicht" werden. Und durch eben diesen Wechsel wird Erziehung in Szene gesetzt. Genau das ist das Thema des nächsten Abschnittes: die pädagogische Inszenierung.

3.2.4 Die pädagogische Inszenierung

Haltet das Kind von den Dingen abhängig, und ihr werdet es naturgemäß erziehen,

---

Antipädagogik. (Original: Education impossible, 1973). Frankfurt/M. 1976 (zu Rousseau vor allem S. 44-49).

48 UTB, S. 86/Pl.IV, S. 340. - Die negativen Tugenden sind deshalb die erhabensten, da durch sie der Andere ohne Einschränkung geachtet wird. Auch dann nämlich, wenn ein Mensch einem anderen etwas Gutes tut - sei es aus Mitleid - liegt diesem Handeln zugrunde, daß der Andere in seiner Fähigkeit zur Selbsterhaltung eingeschränkt ist. In den Dialogen heißt es: "Sa morale est moins une morale d'action que d'abstinence...dans l'ordre de la nature il n'y a de vrai mal que de mal positif" (Pl.I, S. 855/Ritter, II, S 478). Im Grunde geht es auch hier um den Zusammenhang von Selbstliebe und Tugend, denn: je mehr ich mich selbst liebe, sagt Rousseau, desto weniger bin ich anderen gegenüber böse. In diesem Sinne gründet sich die negative Moral auf die Selbstliebe.

49 UTB, S. 69/Pl.IV, S. 320: "Employez la force avec les enfans et la raison avec les hommes; tel est l'ordre naturel".
Vgl. dazu J. Piaget: Das moralische Urteil beim Kinde. Frankfurt/M. 1973 (Le Jugement Moral Chez L'enfant, Paris 1954), S. 119ff. (Zwang der Erwachsenen und moralischer Realismus).

so lautete das Motto. Es ist in den vorhergehenden Abschnitten bereits an einigen Stellen sichtbar geworden, auf welche Weise Erzieher diese "Abhängigkeit" herstellen können. Die damit verbundenen Probleme werden im folgenden in den Mittelpunkt gerückt. In einem ersten Schritt wird an vier allgemeine Voraussetzungen erinnert (3.2.4.1); dann wird nach den Formen des Lernens gefragt, die für eine Erziehung durch die Dinge notwendig gegeben sein müssen (3.2.4.2) und zum Abschluß soll das Verhältnis zwischen Dingen und Menschen gewissermaßen "aus der Nähe" betrachtet werden.

3.2.4.1 Allgemeine Prinzipien

Rousseau ruft im Hinblick auf eine naturgemäße Erziehung durch die Dinge vier allgemeine Prinzipien seiner Erziehungslehre ins Gedächtnis: die Erzieher müssen dem Kind Zeit zum Reifen geben, es beobachten, sorgsam zwischen falschen und wahren Bedürfnissen zu unterscheiden versuchen und selbst äußerst sparsam mit Forderungen, die sie den Kindern aufzuerlegen gedenken, umgehen. "Betrachtet jede Verzögerung", so sagt Rousseau, "als einen Vorteil! Denn man gewinnt viel, wenn man sich seinem Ziel ohne Verluste nähert. Laßt die Kindheit im Kinde reifen! Welche Belehrung es auch nötig hat, hütet euch, sie ihm heute zu geben, wenn ihr sie ohne Gefahr bis morgen aufschieben könnt...Wer vorsichtig ist, belauscht demnach die Natur, beobachtet genau den Zögling, ehe er ihm das erste Wort sagt. Erlaubt seinem Charakterkeim, sich frei zu zeigen. Legt ihm keinerlei Zwang auf, um ihn besser kennenzulernen...Opfert im Kindesalter eure Zeit, die ihr später mit Zinsen wiederbekommt" (UTB, S. 73/Pl.IV, S. 324f.).

Die für eine naturgemäße Entwicklung erforderliche Zeit sollte im Grunde auch den Lebensraum der Kinder bestimmen. Die Ruhe und Stille ländlicher Zurückgezogenheit ist gegenüber dem städtischen Leben daher von Vorteil.[50]

Viel Zeit ist vor allem deshalb erforderlich, da Zeitmangel in der Regel zu überfordernden Unterweisungen führt, deren Ergebnisse später nur sehr schwer zu korrigieren sind. "Mit jeder verfrühten Unterweisung die man ihnen in den Kopf trichtert, pflanzt man ein Laster in ihr Herz" (UTB, S. 70/Pl.IV, S. 321). Wer den Kindern Zeit lassen möchte, der muß zunächst sich selbst ausreichend Zeit geben. Damit das Kind sich in Ruhe entwickeln kann, ist es daher nötig, daß die Erzieher

[50] UTB, S. 86f./Pl.IV, S. 341: "Il faut nécessairement à ceux qu'on éléve au milieu du monde des instructions plus précoces qu'à ceux qu'on élêve dans la retraite. Cette éducation solitaire seroit donc préférable, quand elle ne feroit que donner à l'enfance le tems de meurir".

sich zurückzuhalten vermögen: "Voll von dem, was in eurem Kopf passiert, seht ihr die Wirkung nicht, die es in ihrem Kopf erzeugt. Denkt ihr bei eurer unaufhörlichen Redeflut auch daran, ob er nicht ein Wort falsch versteht" (UTB, S. 75/ Pl.IV, S. 327)?[51] Erzieher, die das Kind durch ständige Forderungen belasten, werden von Rousseau in noch härteren Worten kritisiert: "Wenn ihm aber ein unwissender Windbeutel von einem Erzieher alle Augenblicke ohne Unterschied, ohne Wahl, ohne Maß dieses oder jenes Versprechen abnimmt, dann ermüdet das Kind unter der Last der Versprechen, vernachlässigt, vergißt und verachtet sie schließlich und macht sich, da es sie nur als leere Formel empfindet, ein Vergnügen daraus, sie zu geben und zu brechen. Wenn ihr wollt, daß es sein Wort hält, seid sparsam, es zu verlangen" (UTB, S. 83f./Pl.IV, S. 337).

Schließlich gilt es - ausreichende Zeit und sorgfältige Beobachtung erleichtern dies - zwischen wahren und falschen Bedürfnissen unterscheiden zu können. Wahre Bedürfnisse müssen unmittelbar und ohne Bedingungen befriedigt, falsche dagegen mit unnachgiebiger Haltung zurückgewiesen werden. "Ihr müßt wissen, wann das Bedürfnis es zum Reden zwingt und dann sofort seine Bitte erfüllen. Seinen Tränen nachgeben heißt, es zum Weinen zu ermuntern; heißt es lehren, an eurem Willen zu zweifeln und zu glauben, daß es durch Zudringlichkeit mehr erreicht als durch Folgsamkeit. Glaubt es nicht mehr an eure Güte, so wird es böse; glaubt es euch schwach, so wird es eigensinnig. Was man ihm nicht verweigern will, muß man ihm auf das erste Zeichen hin geben. Seid nicht verschwenderisch mit Abschlägen, aber widerruft sie nie".[52]

Diese allgemeinen Prinzipien sollen also - wie bereits in der ersten Stufe der Kindheit - auch für die zweite gelten. Wie ist aber das Lernen zu inszenieren, damit das Kind seine Abhängigkeit von den Dingen erfahren kann?

3.2.4.2 Lernumwelt, Ironie und Nachahmung

Die elementare Grundlage einer Erziehung durch die Dinge besteht in der Ausgestaltung, dem Arrangement der *Lernumwelt*. Das Können der Erzieher erweist sich darin, daß sie die unmittelbare Umgebung der Kinder so einzurichten

---

[51] Das Problem besteht darin, sich in die Rolle der Kinder hineinzuversetzen. Rousseau schreibt: "Nul de nous n'est assés philosophe pour savoir se mettre à la place d'un enfant" (Pl.IV, S. 355/UTB, S. 99).

[52] UTB, S. 64/Pl.IV, S. 312. - Es geht Rousseau - lerntheoretisch formuliert - also darum, unerwünschte Konditionierungseffekte zu vermeiden.

vermögen, daß sie gewissermaßen "von selbst" lernen. Hierzu bedarf der umgebende Raum anregender Potentiale, damit die Kinder - durch unmittelbares Interesse motiviert - selbständig handelnd ihre eigenen, sinnlich fundierten Erfahrungen machen können. Die Erzieher wählen die Dinge aus, die Kulissen, gestalten das Bühnenbild, stiften bei Bedarf unmerklich zu einem Wechsel der Schauplätze an und machen sich gelegentlich selbst - durch Sokratische Ironie - zu einem Teil dieser Lernumwelt: so stellt sich - grob umrissen - der Gedankengang Rousseaus dar, der nun im einzelnen nachzuzeichnen ist.
"Wenn man von den Kindern nichts aus bloßem Gehorsam verlangen darf, so folgt daraus, daß sie nichts lernen dürfen, dessen wirklichen und augenblicklichen Vorteil, sei es Vergnügen oder Nutzen, sie nicht spüren. Was sollte sie denn sonst zum Lernen bewegen?...Ein Kind hat keine große Lust, das Werkzeug zu vervollkommnen, mit dem man es quält. Sorgt dafür, daß es ihm Vergnügen macht, und alsbald wird es sich auch gegen euren Willen damit beschäftigen...Das unmittelbare Interesse ist die große und einzige Triebfeder, die sicher und weit führt".[53] In der Neugier der Kinder, in ihrem fast nie erlahmenden Interesse an ihrer Umgebung erweist die Natur ihre Rolle im "Kolleg" der drei Erzieher. Daher ist es nur konsequent, wenn die Menschen - der Natur, über die sie keine Macht haben, folgend - die Umgebung der Kinder entsprechend einrichten.[54]

---

[53] UTB, S. 100f./Pl.IV, S. 357f. - "Nein, wenn die Natur dem kindlichen Gehirn diese Geschmeidigkeit gibt, alle Arten von Eindrücken aufzunehmen, so tut sie das nicht, damit man ihm den Namen von Königen, Daten, Ausdrücke der Wappen- und Himmelskunde, der Geographie und alle die Wörter einprägt, die für sein und für jedes Alter sinn- und nutzlos sind. Diese Fähigkeit soll ihm vielmehr dazu dienen, alle jene Ideen in sich aufzunehmen, die es begreifen kann und die ihm nützlich sind, die zu seinem Glück dienen und es eines Tages über seine Pflichten aufklären. Sie müssen sich ihm mit unauslöschlichen Zügen einprägen und dazu dienen, seinem Wesen und seinen Fähigkeiten entsprechend zu leben" (UTB, S. 95/Pl.IV, S. 351).

[54] Das kritische Potential dieses Gedankens wird sofort erkennbar, wenn man gegenwärtige Lebens- und Wohnverhältnisse, unter denen Kinder aufzuwachsen gezwungen sind, einer genaueren Betrachtung unterzieht. Dazu zwei Beispiele aus der Lebensgeschichte der Christiane F., deren Eltern aus einer ländlichen Umgebung in die Gropiusstadt nach Berlin ziehen, als Christiane 8 Jahre alt ist: "Zu ein paar Hochhäusern gehörte immer ein Spielplatz. Der bestand aus verpißtem Sand und ein paar kaputten Klettergeräten und natürlich einem Riesenschild. Das Schild steckte in einem richtigen eisernen Kasten drin, unter Glas, und vor dem Glas waren Gitter, damit wir den Quatsch nicht kaputtschmeißen konnten. Auf dem Schild stand also: 'Spielplatzordnung' und darunter, daß die Kinder ihn 'zur Freude und Erholung benutzen' sollten. Wir durften uns allerdings nicht 'erholen', wann wir gerade Lust hatten. Denn was dann kam, war dick unterstrichen: ...in der Zeit von 8-13 Uhr und 15 bis 19 Uhr'. Wenn wir also aus der Schule kamen, war nichts mit Erholung" (S. 24). "Bei Regen zwischen den Hochhäusern rumzuhängen, machte echt keinen Spaß. Wir mußten uns schon etwas einfallen

Die Kinder lernen ununterbrochen: "Auch ohne Bücherstudium bleibt das kindliche Gedächtnis keineswegs müßig. Alles, was es sieht und hört, fällt ihm auf, und es erinnert sich daran. Es vermerkt alle Handlungen und Gespräche der Erwachsenen: Seine ganze Umgebung ist das Buch, aus dem es ohne nachzudenken immerfort sein Gedächtnis bereichert, bis es eines Tages seine Vernunft verwerten kann. Die wahre Kunst, diese seine erste Fähigkeit zu pflegen, besteht darin, nur die Dinge auszuwählen, die es begreifen kann, und ihm die Dinge fernzuhalten, die es nicht zu wissen braucht. So muß man versuchen, ihm einen Vorrat von Kenntnissen zu vermitteln, der in seiner Jugend seiner Erziehung und im Alter seinem Benehmen dient" (UTB, S. 95/P1.IV, S. 351). Wenn also die Umgebung das Buch ist, aus dem gelernt wird, dann werden die Ergebnisse andere sein, als wenn aus Büchern gelernt wird, durch die die Umgebung ersetzt werden muß.
Ein Vorteil besteht darin, daß die Vernunft sich "natürlich" entwickeln kann, da durch Erfahrungen gelernt wird. Der andere darin, daß Kinder, die die Möglichkeit hatten, auf diese Weise zu lernen, später kaum Mißtrauen entwickeln werden. Dieser Gesichtspunkt ist für Rousseau besonders wichtig: "Wenn es nie etwas anderes tut, als was man ihm zugesteht, wird es bald nur das tun, was es soll. Obwohl es sich ständig bewegt, solange es sich um seine augenblicklichen und greifbaren Interessen handelt, werdet ihr feststellen, daß sich seine Vernunft, soweit es ihrer schon fähig ist, viel angemessener entwickelt als durch reines Wißtümeln. Sieht es also, daß ihr ihm nicht zuwiderhandeln wollt, dann mißtraut es euch auch nicht. Da es nichts zu verbergen hat, wird es euch nicht täuschen oder belügen. Ohne Furcht gibt es sich, wie es ist. Ihr könnt es in aller Ruhe beobachten und seine ganze Umgebung für die Belehrung einrichten, die ihr ihm geben wollt, ohne daß es ihm bewußt wird, belehrt zu werden"[55]

---

lassen. Etwas, was wahnsinnig verboten war. Das gab es auch: mit den Fahrstühlen spielen...Gemein war es, jemandem alle Knöpfe zu drücken, weil er mußte. Der pullerte am Ende in den Fahrstuhl. Noch gemeiner war es allerdings, einem Kind den Kochlöffel wegzunehmen. Alle kleinen Kinder gingen nur mit einem Kochlöffel nach draußen. Denn nur mit einem langen hölzernen Kochlöffel kamen wir an die Fahrstuhlknöpfe ran. Ohne Kochlöffel war man also total aufgeschmissen..." (Christiane F.: Wir Kinder vom Bahnhof Zoo. Hamburg 1979[8], S. 27).

55 UTB, S. 105/Pl.IV, S. 363. - Die Unzufriedenheit mit den Verhältnissen institutionalisierten Lernens haben gewissermaßen zu einer Wiederentdeckung der Lernumwelt geführt. Moore/Anderson haben hierzu vier Prinzipien formuliert, die der Gestaltung von "Lernenvironments" dienen können: das Perspektivenprinzip, das autotelische Prinzip, das Produktivitätsprinzip und das Personalisierungsprinzip (O.K. Moore/A.R. Anderson: Einige Prinzipien zur Gestaltung von Erziehungsumwelten selbstgesteuerten Lernens, in: J.

Auch ein Kind, das in einer bestmöglich gestalteten Lernumwelt aufwachsen kann, hat - Rousseau ist Realist genug, dies nicht zu übersehen - viele Möglichkeiten, Unheil anzurichten.[56] Darauf müssen die Erzieher gefaßt sein und entsprechende Vorkehrungen treffen: "Wenn man die Kinder frei herumtollen läßt, muß man alles Wertvolle und Zerbrechliche von ihnen fernhalten. Ihr Zimmer statte man mit starken und festen Möbeln aus. Kein Spiegel, kein Porzellan, keine Luxusgegenstände. Das Zimmer meines Emil, den ich auf dem Land erziehe, unterscheidet sich nicht von einer Bauernstube. Wozu es auch ausschmücken, da er so wenig darin ist? Aber ich täusche mich: er schmückt es selber aus"...(UTB, S. 72/P1.IV, S. 322f.).
Wenn aber trotz aller weitsichtigen Vorkehrungen etwas kaputt gehen sollte, dann sollten sich die Erzieher im Grunde verhalten "wie ein Ding": "Wenn ein Kind trotz eurer Vorsicht Unordnung macht, einen nützlichen Gegenstand zerbricht, bestraft es nicht für eure Nachlässigkeit. Schimpft nicht! Es darf keinen Vorwurf hören. Es darf gar nicht merken, daß es euch Verdruß gemacht hat. Handelt, als ob das Gerät von selbst zerbrochen wäre. Seid überzeugt, viel getan zu haben, wenn ihr schweigen könnt" (UTB, S. 72/P1.IV, S. 323). Durch diese Kunst der Verstellung, durch *sokratisch anmutende Ironie*, "verdinglicht" sich der Erzieher und zwar dadurch, daß er seine spontanen Gefühle unterdrückt und stattdessen dafür sorgt, die "natürlichen" Folgen zu inszenieren.[57] In diesem feingesponnenen

---

Lehmann/G. Portele (Hg.): Simulationsspiele in der Erziehung. Weinheim und Basel 1976, S. 29-73).
Die Frage, wie die Erfahrungen der Kinder in den ersten 6 Lebensjahren durch Gestaltung der Lernumwelten zu strukturieren sind, um eine optimale Entwicklung ihrer Lernfähigkeiten zu ermöglichen ist in einem umfangreichen amerikanischen Forschungsprojekt untersucht worden. Vgl. dazu: B.L. White/J.C. Watts: Experience and Environment. Major Influences of the Development of the Young Child. Volume 1. Englewood Cliffs 1973 (vor allem Teil C: The Child's Environment, S. 156ff.).
Bronfenbrenner hat die Bedeutung der Lernumwelt konsequent zum Bezugspunkt seiner Sozialisationstheorie gemacht. Vgl. dazu: U. Bronfenbrenner: Die Ökologie der menschlichen Entwicklung. Natürliche und geplante Experimente (The Ecology of Human Development. Experiments by Nature and Design, Cambridge, Massachusetts, London 1979). Stuttgart 1981.

56 "Je n'entends pas qu'il ne fera jamais de dégât, qu'il ne se blessera point, qu'il ne brisera pas peut-être un meuble de prix s'il le trouve à sa portée. Il pourroit faire beaucoup de mal sans mal faire, parce que la mauvaise action dépend de l'intention de nuire et qu'il n'aura jamais cette intention" (PL.IV, S.322/UTB, S. 72).

57 Zum Problem der sokratischen Ironie vgl. W. Boder: Die sokratische Ironie in den platonischen Frühdialogen. Amsterdam 1973 (vor allem S. 1-36).
Zum Zusammenhang der pädagogischen Ironie mit anderen Formen der Ironie vgl. R. Jancke:

Netz zwischen Erzieher, Ding und der Person des Kindes wird sich das Kind zwangsläufig verfangen: und gerade dadurch erhält es die Möglichkeit, die Bedingungen seines eigenen Verhaltens kennenzulernen. Indem der Erzieher seine Emotionen zurückzuhalten vermag, schafft er die Voraussetzung dafür, daß das Kind seine Gefühle - den Dingen und sich selbst gegenüber - wahrnehmen kann. Auch im Zusammenhang von Versprechen, Lügen und Leugnen ist diese Ironie, so Rousseau, notwendig: "Wenn in meiner Abwesenheit etwas passiert, dessen Urheber ich nicht kenne, hüte ich mich, Emil zu beschuldigen oder ihn zu fragen: Bist Du es gewesen? Denn was heißt das anderes, als ihn zum Leugnen zu verleiten. Wenn sein schwieriges Naturell mich zu einem Übereinkommen mit ihm zwingt, so richte ich es immer so ein, daß der Vorschlag von ihm und niemals von mir kommt. Er hat dann ein augenblickliches und fühlbares Interesse, sein Versprechen zu halten. Hält er es aber nicht, so zieht ihm diese Lüge Nachteile zu, die naturgemäß daraus folgen..."(UTB, S. 83/P1.IV, S. 337).
Neben der Gestaltung der Umgebung ist die Ironie des Erziehers in der zweiten Stufe der Kindheit die vorherrschende Lernhilfe, durch die das Kind seine Lernaufgaben selbständig zu bewältigen vermag. Rousseau zeigt dies z.B. an einem so "ernsten" Gegenstand wie dem Lernen der Geometrie.[58] Ironie veranschaulicht er aber auch am Lernen angenehmerer Fertigkeiten, wie dem Malen: "Ich aber bin unermüdlich und ungefährlich. Das spornt ihn an, ohne ihn eifersüchtig zu machen. Ich werde den Bleistift genau so halten und genauso ungeschickt führen wie er. Und wäre ich ein Apelles, jetzt bin ich nichts als ein Kleckser. Einen Menschen zeichne ich so, wie ihn die Lakaien an die Wand malen,

---

Das Wesen der Ironie. Leipzig 1929, S. 57ff.
Es entspricht wohl am ehesten der Intention Rousseaus, den Begriff der Ironie im Kontext seiner Erziehungslehre im klassisch aristotelischen Sinne zu gebrauchen, als "Verstellung nach unten". (Vgl. dazu auch: G. Picht: Die Ironie des Sokrates, in: Probleme biblischer Theologie. G.v. Rad zum 70. Geburtstag. München 1971, S. 383-401). - Vgl. auch Kap. 4.2.2.

58 "Pour moi je ne prétends point apprendre la geométrie à Emile, c'est lui qui me l'apprendra; je chercherai les raports et il les trouvera; car je les chercherai de maniére à les lui faire trouver" (PI.IV, S. 399). - Rousseau selbst hatte mit der Geometrie einige Mühe. In seinen Erinnerungen schreibt er: "Von da an wandte ich mich der Geometrie zu... Euklids Lehre behagte mir nicht, die mehr die Kette der Beweise als die Verbindung sucht...Ich bin nie weit genug gekommen, um die Anwendung der Algebra auf die Geometrie zu verstehen. Diese Verfahrensweise, bei der man nicht sieht, was man macht, gefiel mir nicht; und eine geometrische Aufgabe durch die Gleichungen zu lösen, schien mir gerade so, als wenn man ein Lied auf der Drehorgel spielte..." (Winkler, Bekenntnisse, S. 236f./Pl.I, S. 238).

mit je einem Strich für die Arme und die Beine und die Finger größer als der Arm. Lange nachher wird einem von uns dieses Mißverhältnis auffallen... Bei jedem Fortschritt bleibe ich an seiner Seite und bin ihm nur so weit voraus, daß er mich leicht einholen und oft überholen kann".[59]

Jede pädagogisch noch so geschickte Inszenierung der Lernumwelt wird allerdings in ihrer Wirkung durch eine Fähigkeit der Kinder relativiert, der Rousseau ambivalent gegenübersteht: der Fähigkeit zur *Nachahmung*. Diese Kompetenz sieht Rousseau als von Natur aus vorhanden an, und es gilt, sich ihrer zur rechten Zeit zu bedienen.[60] Der Nachahmungstrieb ist allerdings nicht nur von Vorteil: "Ich weiß, daß alle Tugenden, die nur nachgeahmt werden, Affentugenden sind, denn eine Tat ist nur dann sittlich gut, wenn man sie um ihrer selbst willen tut, und nicht, weil sie andere tun. Allein in dem Alter, in dem das Herz noch nichts empfindet, muß man Kinder Handlungen, die man ihnen angewöhnen will, nachahmen lassen, bis sie selbst überlegen und aus Liebe zum Guten handeln können" (UTB, S. 85/P1.IV, S. 339f.). Es kommt also alles darauf an, was die Kinder nachahmen, wie das Vorbild, das Modell, beschaffen ist, an dem sie sich orientieren.[61] Die Nachahmungsfähigkeit der Kinder stellt daher, so paradox es klingen mag, an die Erzieher hohe Anforderungen: "Erinnert euch, daß man selber erzogen sein muß, ehe man einen Menschen zu erziehen wagt. Er muß in sich das Vorbild finden, das er zeigen will. Solange das Kind noch nichts erkennt, hat man Zeit, alles so auszuwählen, daß sein Blick nur sieht, was es sehen darf. Sorgt dafür, daß euch alle achten! Macht euch beliebt, daß jeder euch gefallen möchte. Ihr werdet nie Herr über das Kind, wenn ihr es nicht über seine ganze Umgebung seid".[62] Die Erzieher müssen sich der Nachahmungsfähigkeit in einer ganz

---

59 UTB, S. 133/P1.IV, S. 398. - Der Erzieher verschiebt also - durch Ironie verstellt - ständig das Anspruchsniveau im Sinne der Leistungsmotivation nach oben.

60 An mehreren Stellen spricht Rousseau über die Nachahmung: "L'homme est imitateur, l'animal même l'est; le goût de l'imitation est de la nature bien ordonée, mais il dégénere en vice dans la societé" (PI.IV, S. 340/UTB, S. 85).
"Les enfans, grands imitateurs, essayent tous de dessiner" (PI.IV, S. 397/UTB, S. 132).
"...tel art l'esprit imitatif commun à l'homme et au singe, et qui porte machinalement l'un et l'autre à vouloir faire tout ce qu'il voit faire, sans trop savoir à quoi cela est bon" (PI.IV, S. 474/UTB, S. 197).

61 Vgl. dazu: A. Bandura: Lernen am Modell. Stuttgart 1976 (Psychological modeling: Conflicting Theories, New York 1971).

62 UTB, S. 74/P1.IV, S. 325. - An anderer Stelle: "Je ne puis assés redire que pour être le maitre

bestimmten Weise bedienen: zwar sollen sie dem Kind das Vorbild zeigen (d.h. Vorbild sein), aber zugleich dafür sorgen, daß die Kinder diese Modelle nicht unmittelbar nachahmen. Das Bild soll in den Kindern ruhend wirken und sich zur rechten Zeit entfalten: "Seid tugendhaft und gut, damit euer Vorbild sich in das Gedächtnis und später ins Herz einprägt. Statt von meinem Zögling übereilte Akte der Wohltätigkeit zu verlangen, übe ich sie selbst in seiner Gegenwart aus und entziehe ihm die Mittel, es mir nachzumachen, da es um eine Ehre geht, die nicht seines Alters ist".[63] Trotz der Macht, die das Kind durch seine imitative Kompetenz der pädagogischen Inszenierung entgegenzustellen vermag, liegt es andererseits doch - wenn auch in Grenzen - im Ermessen des Erziehers, auf die Auswahl der Modelle Einfluß zu nehmen. Und genau darauf soll er, so Rousseau, sorgsam achten: "Da ihr nicht verhindern könnt, daß das Kind am Beispiel der anderen lernt, beschränkt eure ganze Wachsamkeit darauf, diese Beispiele seinem Geiste unter dem Bild einzuprägen, das ihm geziemt".[64]

Gestaltung der Lernumwelt, Auswahl nachahmenswürdiger Vorbilder und Verdinglichung durch Ironie: das sind im wesentlichen die Mittel der pädagogischen Inszenierung, die sich auch als ein Erziehungskonzept "wohlgeordneter Freiheit" beschreiben läßt. "Man darf sich nicht mit der Erziehung befassen, wenn man die Kinder nicht durch die beiden Gesetze des 'Möglichen' und des 'Unmöglichen' dorthin zu leiten versteht, wo man sie haben möchte. Da beide Bereiche dem Kind unbekannt sind, kann man sie nach Belieben einengen oder erweitern. Mit dem Band der Notwendigkeit bindet, treibt oder hält man es zurück, ohne daß es murrt. Die bloße Macht der Dinge macht es gefügig und folgsam" (UTB, S.71/P1.IV, S. 321). Die natürliche Freiheit, von der Rousseau so häufig und so euphorisch spricht, ist eben - das wird nun sichtbar - eine

---

de l'enfant il faut être son propre maitre" (PI.IV, S. 328/UTB, S. 76).

63 "Soyez vertueux et bons; que vos exemples se gravent dans la mémoire de vos Eleves, en attendant qu'ils puissent entrer dans leurs cœurs. Au lieu de me hâter d'exiger du mien des actes de charité, j'aime mieux les faire en sa présence, et lui ôter même le moyen de m'imiter en cela, comme un honneur qui n'est pas de son âge;" (Pl.IV, S. 339/UTB, S. 85).
Im Sinne des Modellernens setzt der Erzieher also bewußt das Phänomen der "aufgeschobenen Nachahmung" ein.

64 "... ne pouvant empêcher que l'enfant ne s'instruise au dehors par des éxemples, bornez toute vôtre vigilance à imprimer ces éxemples dans son esprit sous l'image qui lui convient" (Pl.IV, S. 327/UTB, S. 76).

Freiheit, die der Natur der Kinder und der Dinge, d.h. den Umständen des jeweiligen Entwicklungsstandes entspricht. Die Freiheit der Erwachsenen, die ihr Handeln selbst durch Vernunft leiten und verantworten können, muß dementsprechend eine andere sein. Die entwicklungsbedingte Freiheit der Kinder ist also zwangsläufig eine inszenierte Freiheit, weil die Kindheit ein Stadium des Menschen ist, das faktisch ausgelegt werden muß und in jeder Kultur in besonderer Weise definiert wird. Genau das bedeutet "Inszenierung". Dies zeigt sich auch daran, daß sie den Erwachsenen als Unfreiheit erscheint: "Mag er doch glauben, er sei der Herr, während in Wirklichkeit ihr es seid. Es gibt keine vollkommenere Unterwerfung als die, die den Schein der Freiheit wahrt: so nimmt man den Willen selber gefangen...Zweifellos darf es tun, was es will. Aber es darf nur das wollen, was ihr wünscht, daß es tue. Es darf keinen Schritt tun, den ihr nicht vorausbedacht hättet; es darf auch nicht den Mund öffnen, ohne daß ihr wüßtet, was es sagen wird".[65] Im späteren Leben, in Krisen, wenn der Mensch allein ist, gibt es keinen anderen, der "seinen Willen gefangen" nimmt: das muß er dann selber tun und dadurch seine wahre Freiheit erweisen. In der Kindheit nehmen die Erzieher den Willen gefangen, damit im späteren Leben die Menschen sich selbst "gefangen" nehmen können. Dazu bedürfen sie dann - wie später noch zu zeigen sein wird - anderer "Erzieher" - Gewissen, Vernunft und Glaube -, um so zu werden wie die Kinder.

3.2.4.3 Das Ding

So sehr Rousseau unermüdlich wiederholt, daß das Kind von den Dingen abhängig zu halten sei, damit es naturgemäß erzogen werden kann, so spärlich sind seine Hinweise darauf, was denn Dinge eigentlich sind und worin ihre erzieherische Bedeutung wirklich besteht. Er spricht nicht nur von Dingen als Gegenständen, deren Eigenschaften Kinder im Umgang mit ihnen erfahren können, sondern auch von Situationen, die wie Dinge wirken sollen. Es wird im folgenden versucht, diese Unklarheiten aufzuhellen.

Die Frage nach dem Ding ist - auf den ersten Blick betrachtet - eine typische Frage der Philosophie, d.h. eine Frage, mit der vermeintlich nichts anzufangen ist und bei der die Dienstmägde zudem in lautes Gelächter ausbrechen, wie Heidegger es mit

---

[65] "Qu'il croye toujours être le maitre et que ce soit toujours vous qui le soyez. Il n'y a point d'assujetissement si parfait que celui qui garde l'apparence de la liberté; on captive ainsi la volonté même..." (UTB, S. 105/Pl.IV, S. 362f.).

Blick auf Platon ironisch formuliert.[66] Wer allerdings bereit ist, aus diesem Gelächter zu lernen und sich zunächst in seiner unmittelbaren Umgebung umzusehen und dann - sich über das Gelächter hinwegsetzend - bereit ist, diese Frage immer wieder von Neuem und in anderer Weise zu stellen, der wird auf einen Weg gebracht, der mitten in Kants Kritik der reinen Vernunft hineinführt. Die Frage nach dem Ding wird so zu einer historischen Frage nach der Anschauung, der Erfahrung und den Grundsätzen des Denkens. Am Ende dieses beschwerlichen Weges, der hier nicht nachgezeichnet werden kann, wird, so Heidegger, folgendes sichtbar werden: "Die Frage: Was ist ein Ding? ist die Frage: Wer ist der Mensch? Das bedeutet nicht, daß die Dinge zu einem menschlichen Gemächte werden, sondern heißt umgekehrt: Der Mensch ist als jener zu begreifen, der immer schon die Dinge überspringt, aber so, daß dieses Überspringen nur möglich ist, indem die Dinge begegnen und so gerade sie selbst bleiben - indem sie uns selbst hinter uns selbst und unsere Oberfläche zurückschicken" (a.a.O., S. 189).[67]
Es wird im folgenden in vier Hinsichten verdeutlicht, inwiefern die Frage nach dem Ding als Frage nach dem Menschen aufgefaßt werden kann. Diese vier Aspekte beziehen sich auf den jeweiligen Zusammenhang zwischen Ding und Wahrnehmung (a), Ding und Handlung (b), Ding und Wissen (c), Ding und Selbstreferenz (d). Diese Trennung wird nur zum Zweck der Darstellung vorgenommen, denn sie ist in der wirklichen Erfahrung nicht gegeben.[68]

---

66 M. Heidegger: Die Frage nach dem Ding. Zu Kants Lehre von den transzendentalen Grundsätzen. Tübingen 1975[2].

67 Die Etymologie des Wortes "Ding" weist auf einen ursprünglichen Zusammenhang der Rechtsprechung, also der Notwendigkeit von Entscheidungen hin. Vgl. dazu: E. Karg-Gasterstädt: Althochdeutsch Thing - Neuhochdeutsch Ding. Geschichte eines Wortes, in: Berichte über die Verhandlungen der Sächsischen Akademie der Wissenschaften zu Leipzig. Berlin 1958 (Band 104/2). Dies gilt gleichermaßen für das französische Wort "chose", das auf das lateinische "causa" zurückgeht. Vgl. dazu A. Walde/J.B. Hoffmann: Lateinisches Etymologisches Wörterbuch. Heidelberg 1938[3], Bd. 1, S. 1901.

68 Vgl. dazu A. Schütz: "Es ist eine Besonderheit des Geistes, daß dessen Tätigkeiten nicht über ein gewisses Maß hinaus auseinander gebrochen werden können. Es ist unmöglich, diese letzte Einheit, ohne sich in Paradoxe oder in unmöglich zu lösende Antinomien zu verstricken, zu 'atomisieren'. Der Grund dafür ist in Bergsons Theorie der inneren Zeit dargelegt...Es gibt keine isolierte Erfahrung. Jede Erfahrung ist Erfahrung in einem Zusammenhang..." (A. Schütz: Das Problem der Relevanz. Frankfurt/M. 1971, S. 124ff.).

a) Ding und Wahrnehmung

Das Verhältnis von Ding und Wahrnehmung ist bereits mehrfach im Zusammenhang des sensomotorischen Lernens bzw. der Entwicklung der sensitiven Vernunft angesprochen worden.

Als Träger von Eigenschaften provozieren die Dinge die Wahrnehmungsfähigkeiten des Menschen, die sich an ihnen in wechselseitiger Abhängigkeit entwickeln und vervollkommnen. Die Entwicklung dieser Fähigkeiten ist kulturellen, sozialen und letztlich biographischen (d.h. auch organischen) Modifikationen unterworfen. Jede Wahrnehmung ist daher selektiv, wie es z.B. A. Grote in Anlehnung an E. Husserl so formuliert: "Wir sind in Abhängigkeit von dem, was unsere Sinne uns zukommen lassen. Zum Farbenblinden dringt das Grün der Wiesen, das Blau und Rot und Gelb der Blumen nicht vor. Für ihn sind die ihm begegnenden Dinge ohne Farben aufgebaut. Farben begegnen ihm nicht, und er hat keinen Grund, beim Umgang mit Dingen darauf gefaßt zu sein;...Unsere Sinne sind zwischen uns und das Andrängende gestellt wie ein Sieb, durch dessen Maschen nur ein Teil von dem hindurchgelassen wird, was antrifft. Nur der Teil, der dieses Maschenwerk passiert, vermag zu unmittelbarer Begegnung gebracht und im Dingzusammenhang anschaulich erwartet zu werden; und nur dieser Teil in das Ding gebunden, ihm anschauliche Fülle zu geben: Das, was als Ding im Dingzusammenhang begegnen kann, steht unter Bedingungen einer auswählenden Funktion der Sinne".[69]

Die sensitive Vernunft bildet - wie gezeigt wurde - die Grundlage der intellektuellen Vernunft. Jede Wahrnehmung ist andererseits - wie jetzt sichtbar wird - in gewisser Weise von "Natur aus" selektiv. Aus dieser Gegenüberstellung ergibt sich als Konsequenz, die "naturbedingte" Selektivität der Wahrnehmungserfahrungen nicht noch durch eine anregungsarme Lernumwelt zu potenzieren, es sei denn, das Ziel der Erziehung - einen vernünftigen Menschen zu bilden - soll nicht mehr gelten. Dieses Ziel kann gleichermaßen durch eine Lernumwelt verfehlt werden, die - übervoll mit Dingen - dem Kind die Möglichkeit nimmt, seine sensitiven Fähigkeiten in Ruhe zu entfalten.

b) Ding und Handlung

Der zweite Aspekt, der Zusammenhang zwischen Ding und Handlung, ergibt sich

---

69 A. Grote: Die Welt der Dinge. Eine Phaenomenologie ihrer formalen Struktur. Hamburg 1948.

unmittelbar aus dem ersten. Die wahrnehmende Tätigkeit des Bewußtseins führt in der Regel zu einer Annäherung oder zu einer Entfernung von dem wahrgenommenen Objekt. Der Kontakt mit dem Ding wird also entweder vermieden oder intensiviert. Im letzteren Fall führt so die Wahrnehmung über den Kontakt zur Handlung.[70] Das Verhalten wird - der Wortbedeutung gemäß - *bedingt*. "Mit jedem Ding", schreibt Grote, "das umweltlich begegnet, ist im Hinblick auf das, worum es einem jeweils zu tun ist, eine Forderung gestellt: eine Forderung, in irgendeiner Weise - und sei es durch bloßes Ignorieren - mit ihm fertig zu werden, es abzuwehren oder zu gebrauchen...Haltung und Verhalten sind dabei, sofern sie angemessen sein sollen, von dem her eindeutig bestimmt, worauf sie gerichtet sind. Sie sind abhängig vom Aufbau und sachlichen Gehalt des Dinges, mit dem man es im Zuge eines Tuns irgendwie zu tun hat,...: Einer Kreuzotter gegenüber ist ein anderes Verhalten angezeigt als gegenüber einem Kreidestück oder einem Schlüssel...Jedem Ding entspricht so eine eigne Gestalt des Verhaltens, die nur ihm eignet" (a.a.O., S. 94f.).[71] Es wird z.B. eine Weile dauern, bis ein kleines Kind, das - wahrscheinlich entgegen der sprichwörtlichen

---

70 G.H. Mead hat sich in seiner Sozialpsychologie an vielen Stellen seines Werkes eingehend mit diesen Fragen auseinandergesetzt. Er unterscheidet bspw. zwischen "experiences in the manipulatory area" und "distance experiences". Eine gute Zusammenfassung seiner Auffassungen zum Verhältnis von Ding, Wahrnehmung und Handlung gibt er in G.H. Mead: The Philosophy of the Present (edited by A.E. Murphy). La Salle/Illinois 1959, S. 119-139 (The Physical Thing).
In einer phänomenologischen Analyse der Strukturen der Lebenswelt unterscheiden Schütz/Luckmann - u.a. unter Berufung auf Mead - zwischen Reichweiten (aktuelle/potentielle, wiederherstellbare/erlangbare) sowie zwischen primären und sekundären Wirkzonen (Schütz/Luckman, a.a.O., S. 69ff; vgl. auch A. Schütz, Relevanz, a.a.O., S. 218).

71 An der Stelle seiner Vorlesung, wo er in "Kants Weise, nach dem Ding zu fragen" einführt, kommt Heidegger auf den Begriff des "Mathematischen" zu sprechen. Es heißt dort: "Die Griechen führen das Mathematische...in eins mit folgenden Bestimmungen auf 1. -die Dinge, sofern sie von sich aus aufgehen und hervorkommen; 2. -die Dinge, sofern sie durch Menschenhand, handwerklich, hergestellt sind und als solche dastehen; 3. -die Dinge, sofern sie im Gebrauch und damit zur ständigen Verfügung stehen; 4. -die Dinge, sofern sie überhaupt solche sind, womit wir zu tun haben, sei es daß wir sie bearbeiten, verwenden, umgestalten oder nur betrachten und durchforschen...
Mathesis heißt das Lernen; mathemata das Lernbare. Nach dem Gesagten sind also mit dieser Benennung Dinge gemeint, sofern sie lernbar sind. Lernen das ist eine Art des Aufnehmens und Aneignens. Aber nicht jedes Nehmen ist ein Lernen...; lernen können wir nur den Gebrauch des Dinges. Das Lernen ist demnach ein Nehmen und Aneignen, wobei der Gebrauch angeeignet wird. Solche Aneignung geschieht durch das Gebrauchen selbst. Wir nennen es Übung...Das Lernen ist immer auch ein Kennenlernen..." (Heidegger, a.a.O., S. 53ff.).

Warnung - zum ersten Mal eine Schere entdeckt und in die Hand nimmt, die "eigne Gestalt des Verhaltens" erworben haben wird, die nur der Schere angemessen ist. Das Kind lernt also durch das Ding, die Schere, indem es sich den spezifischen Gebrauch des Dinges aneignet. Und wenn es schließlich den Gebrauch der Schere beherrscht, dann hat es nur einen Ausschnitt aus dem Lernbaren am Ding durch Übung erworben (vgl. Heidegger, a.a.O.,S. 56). Es hat möglicherweise noch nicht herausgefunden, daß eine Schere nicht nur zum Schneiden benutzt werden kann, sondern auch dazu, Löcher in eine kostbare Tischplatte zu bohren oder die Schere als Rennboot über den Teppich zu schieben oder auch dazu, jemand anderen Angst einzujagen oder gar zu verletzen. Auch im Ding ist - so betrachtet - in modifizierter Weise das Prinzip der Gegenseitigkeit verborgen: einerseits bedingt die Schere, durch den Modus des Gebrauches, der nur ihr eigen ist, das Verhalten des Kindes, und andererseits bestimmt das Kind selbst, was es - über die vorgegebene Struktur hinaus oder unabhängig von ihr - mit der Schere tun will.[72]

c) Ding und Wissen

Durch Wahrnehmung und Manipulation eines Gegenstandes erwirbt das Kind über diesen ein bestimmtes Wissen. Dieses Wissen ist, auch vor dem Erwerb der Sprache, immer schon ein typisches Wissen, dessen Aneignung durch "Relevanzen" strukturiert wird.[73] Durch den Erwerb der Sprache wird es zunehmend von der Situation und dem Gegenstand unabhängiger.

Der Spracherwerb wiederum setzt notwendig die Existenz von Dingen voraus, da sich die signifikative Grundfunktion der Sprache nur an Dingen materialisieren kann.[74] Diese Funktion ist deshalb grundlegend, da, wie Lindesmith/Strauss es

---

72 Im Sinne Piagets geht es hier um die Prozesse der Assimilation und der Akkommodation. Kurz zusammengefaßt in: Jean Piaget über Jean Piaget (herausgegeben und mit einer Einführung von R. Fatke). München 1981, S. 41-51.

73 Es wird hier auf den Anhang der vorliegenden Arbeit verwiesen, wo das Phänomen der Typisierung in der Phänomenologie von A. Schütz ausführlich dargelegt wird.
Schütz/Luckmann schreiben hierzu: "Nun begegnet das Kind dieser sprachlich vorgezeichneten und stabilisierten Wirklichkeit nicht gleichsam in einem Schub: das Kind hat noch vor dem Erwerb der Sprache Erlebnisse, die sich sicherlich nicht in ihrer konkreten Aktualität erschöpfen, in denen vielmehr schon Typisierungen und Auslegungsschemata herangezogen werden. In einem gewissen Sinn hat es also schon vorsprachliche Erfahrungen" (Schütz/Luckmann, a.a.O., S. 298).

74 Zur signifikativen Grundfunktion der Sprache vgl. W. Loch: Sprache, in: J. Speck/G. Wehle (Hg.): Handbuch pädagogischer Grundbegriffe. München 1970. Bd. II, S. 481-528.

ausdrücken, jedes Zeichenverhalten als eine triadische Relation aufgefaßt werden muß.[75]

Dieser Sachverhalt, d.h. diese allgemeine Einstellung zur Welt,wird als "kategoriale Einstellung" bezeichnet: "In ihren einfachsten Kennzeichen kann man sie als den Sachverhalt beschreiben, daß 1. Dinge benannt und besprochen, 2. Ereignisse und Objekte gruppiert oder klassifiziert werden können und 3. durch Benennen und Klassifizieren der Merkmale unserer Umgebung neue Verhaltensweisen, aber auch neue Möglichkeiten der Einwirkung auf diese Umgebung ins Leben gerufen werden können. Das Kind gibt den ersten Beweis für den Erwerb dieser Einstellung, wenn es lernt, daß jedes Ding einen Namen hat; dann ärgert es bald seine Eltern mit seinem dauernden Fragen: 'Was ist dies?' und 'Was ist das?' Es fragt nach Namen, und zunächst gibt es sich mit den bloßen Namen zufrieden, indem es die Namen mit den benannten Dingen identifiziert" (Lindesmith/Strauss, a.a.O., S. 71).

Diese kategoriale Einstellung ist ein Bestandteil der Lebenswelt, die wir als fraglos gegeben hinzunehmen gewohnt sind: es gibt Dinge, es gibt Symbole für diese Dinge, Menschen verständigen sich mit Hilfe dieser Symbole, üben Einfluß auf sich selbst, auf andere und auf ihre Umgebung aus. Daß dies im Grunde eben nicht selbstverständlich ist, sondern uns nur so erscheint, soll nun - den Aspekt des Verhältnisses von Ding und Wissen abrundend - am Beispiel der Autobiographie Helen Kellers in aller Kürze gezeigt werden. Helen Keller, durch eine Erkrankung in der frühen Kindheit blind und taub geworden, lernt im Alter von sieben Jahren mit Hilfe ihrer Lehrerin Anne Sullivan das Sprechen. Und sie lernt es, wie zu sehen ist, durch die Dinge: "Am Morgen nach ihrer Ankunft führte mich meine Lehrerin in ihr Zimmer und gab mir eine Puppe...Als ich ein Weilchen mit ihr gespielt hatte, buchstabierte Fräulein Sullivan langsam das Wort 'd-o-l-l' in meine Hand. Dieses Fingerspiel interessierte mich sofort, und ich begann es nachzumachen. Als es mir endlich gelungen war, die Buchstaben genau nachzumachen, errötete ich vor kindlicher Freude...Ich lief die Treppe hinunter zu meiner Mutter, streckte meine Hand aus und machte ihr die eben erlernten Buchstaben vor...Während der folgenden Tage lernte ich auf diese verständnislose

---

75 "Zeichenverhalten ist im Grunde immer eine triadische Relation", schreiben Lindesmith/Strauss, "die erstens einen Interpreten oder Beobachter einschließt, zweitens ein Zeichen und drittens das, was bezeichnet wird" (A.R. Lindesmith/A.L. Strauss: Symbolische Bedingungen der Sozialisation. Teil 1. Düsseldorf 1974, S. 56).

Weise eine große Menge Wörter buchstabieren... Wir schlugen den Weg zum Brunnen ein...Es pumpte jemand Wasser, und meine Lehrerin hielt mir die Hand unter das Rohr. Während der kühle Strom über die eine meiner Hände sprudelte, buchstabierte sie mir in die andere das Wort 'water', zuerst langsam, dann schnell... Mit einem Male durchzuckte mich eine nebelhaft verschwommene Erinnerung an etwas Vergessenes,... und einigermaßen offen lag das Geheimnis der Sprache vor mir. Ich wußte jetzt, daß 'water' jenes wundervolle kühle Etwas bedeutete, das über meine Hand hinströmte... Ich verließ den Brunnen voller Lernbegier. Jedes Ding hatte eine Bezeichnung, und jede Bezeichnung erzeugte einen neuen Gedanken".[76]

d) Ding und Selbstreferenz

Der skizzenhafte Aufriß der Dingerfahrungen im Hinblick auf Wahrnehmung, Handlung und Wissen hat gezeigt, daß, wie Langeveld sagt, "die Begegnung mit den Dingen den Eintritt in die Welt der Geschichte und der Zukunft (bedeutet)...Hinter den Dingen steht wieder der Mensch, und er schaut durch sie hindurch".[77] Der vierte und letzte Gesichtspunkt schließlich faßt die drei anderen zusammen und weist in seiner elementaren Bedeutung zugleich über sie hinaus: jede Begegnung mit Dingen ist immer auch eine Begegnung des Menschen mit sich selbst. Zur Erläuterung zunächst ein einfaches Beispiel: Um ein Bild an der Wand zu befestigen, nehme ich Hammer und Nagel zur Hand. Ich setze den Nagel an und haue ihn mit dem Hammer in die Wand hinein. Ich treffe den Nagel nicht genau, er wird schief, der Hammer rutscht ab, ich schlage mir selbst auf die Finger. Wütend schimpfe ich auf den - vielleicht zu weichen - Nagel, auf den - vielleicht zu großen - Hammer, auf die - vielleicht zu harte - Wand, auf das Bild, auf die Umstände und vielleicht zuletzt auf mich selbst. Wenn Wut und Ärger verraucht sind, nehme ich von neuem das Werkzeug und den Nagel, schaue genauer hin, bin aufmerksamer, schlage den Nagel mit sicheren Schlägen in die Wand und hänge das Bild auf.
Dieses simple Beispiel mag zeigen, daß, allgemein gesprochen, der Betreffende den Grundtest der Realität, nämlich die Erfahrung des Widerstandes, bestanden

---

[76] H. Keller: Die Geschichte meines Lebens. Stuttgart o.J., S. 22ff.

[77] M.J. Langeveld: Das Ding in der Welt des Kindes, in: Pädagogische Impulse 1955-1980. Fünfundzwanzig Jahre "Zeitschrift für Pädagogik". Eine Auswahl wichtiger Beiträge zur erziehungswissenschaftlichen Diskussion. Weinheim und Basel 1981, S. 138f.

hat, wie Schütz/Luckmann in Anlehnung an G.H. Mead formulieren.[78] Der Mensch wird auf sich selbst zurückgeworfen, weil die Dinge ihm Widerstand entgegensetzen. Der Betreffende wird kaum sagen können "der Nagel mochte mich noch nie leiden" oder "der Hammer war böse auf mich", denn Dinge sind ohne Motive. Durch eben diese Motivlosigkeit der Dinge wird die Möglichkeit des Menschen, durch Mechanismen der Abwehr doch von sich abzulenken, drastisch begrenzt. Der Ausweg aus diesem "Gefängnis der Erkenntnis" besteht allein in der Einsicht, in unangemessener Weise die Dinge zu manipulieren versucht zu haben und es noch einmal, besser, zu versuchen. Durch den Widerstand der Dinge wird der Mensch gezwungen, zu sich selbst in Beziehung zu treten, und genau darin liegt die Möglichkeit begründet, auf seine Umgebung überhaupt handelnd Einfluß zu nehmen.[79]

Es wird aufgrund dieser vorstehenden Erläuterungen einsichtig sein, warum Heidegger vom Lernen durch die Dinge als von einem Nehmen dessen spricht, was

---

[78] Unter Berufung auf G.H. Mead heißt es bei Schütz/Luckmann: "Nur die Erfahrung physischer Gegenstände in der manipulativen Zone gestattet uns den 'Grundtest der Realität', nämlich die Erfahrung des Widerstandes; nur sie definiert die 'Standardgröße' der Dinge, die außerhalb der manipulativen Zone in den Verzerrungen der optischen Perspektiven erscheinen" (a.a. 0., S. 69).Bei Mead heißt es: "There is then, a certain area implied in sense perception, within which contact, the immediate outcome of the act, takes place, while we still see it, or have distance experience of it. It is a mediate area, for consummation lies beyond it - for example, eating, rest, or warmth. I will call it the manipulatory area, for physical things are plainly things that we handle, but the handling is normally under the control of vision. Contact is the test of the success of the act and decides whether we are subject to error or illusion. The thing is there if we have or could have contact with it. Otherwise it is hallucinatory" (S. 141). Jeder Kontakt ist aber zunächst immer Widerstand: "It is seen, and that which is seen has been realized in contact. The contact, however, is not simply a pressure, not simply a hardness or roughness. It is primarily resistance...We are seeking the sort of resistance that we ourselves offer in grasping and manipulating things. We seek support, leverage and assistance... Resistance is action. It is not pressure as a so-called surface experience or any other surface experience. Physical things resist our action. This action of things gets into our experience, into our perspective, as the inside of perceptual things, and these perceptual things in the perceptual environment serve to define the organism as a perceptual thing" (G.H. Mead: The Philosophy of the Act. Chicago 1959[4], S. 143f.).

[79] Kellner schreibt in der Einleitung zu Meads "Philosophie der Sozialität": "...das reflexive Individuum (muß) sich selbst zum Gegenstand haben, wenn es mit anderen Gegenständen in der Umwelt in Bezug treten will...Das Individuum muß von einer Position in der Umwelt aus auf sich selbst hin handeln, es muß die 'Rolle des Gegenstandes' einnehmen..., um seine Handlung auf den Gegenstand hin als die seinige begreifen zu können. Der 'Druck', den das Individuum etwa in der Manipulation eines Dinges auf dieses ausübt, erscheint als der 'Widerstand', den das Ding seiner Handlung entgegenstellt; um Druck ausüben zu können, muß der Widerstand in der Rolle des Dinges mitvollzogen werden" (in: G.H. Mead: Philosophie der Sozialität. Aufsätze zur Erkenntnisanthropologie. Frankfurt/M. 1969, S. 32f.).

der Mensch immer schon besitzt. Er schreibt: "Dieses eigentliche Lernen (durch die Dinge, V.K.) ist somit ein höchst merkwürdiges Nehmen, ein Nehmen, wobei der Nehmende nur solches nimmt, was er im Grunde schon hat" (a.a.O., S. 56). Diesem Lernen entspricht seinerseits eine besondere Form des Lehrens, in der Rousseaus Begriff der Erfahrung erkennbar wird: "Diesem Lernen entspricht auch das Lehren. Lehren ist ein Geben, Darbieten; aber dargeboten wird im Lehren nicht das Lernbare, sondern gegeben wird nur die Anweisung an den Schüler, sich selbst das zu nehmen, was er schon hat. Wenn der Schüler nur Dargebotenes übernimmt, lernt er nicht. Er kommt erst zum Lernen, wenn er das, was er nimmt, als das erfährt, was er selbst eigentlich schon hat. Erst dort ist wahrhaftes Lernen, wo das Nehmen dessen, was man schon hat, ein Sichselbstgeben ist und als ein solches erfahren wird. Lehren heißt daher nichts Anderes, als die Anderen lernen lassen, d.h. sich gegenseitig zum Lernen bringen. Lernen ist schwerer als Lehren; denn nur wer wahrhaft lernen kann und nur solange er es kann - der allein kann wahrhaft lehren" (Heidegger, a.a.O., S. 56).

Die Kinder lernen lassen, damit sie sich das nehmen können, was sie im Grunde schon haben: genau darin liegt das Eigentümliche der "negativen Erziehung" Rousseaus, die er für die zweite Stufe der Kindheit fordert: "Negative Erziehung nenne ich diejenige, welche erst die Organe als die Mittel unserer Kenntnisse verfeinern will, ehe man uns Kenntnisse beibringt, und welche zur Vernunft durch die Übung der Sinne erst vorbereitet. Die negative Erziehung ist also bei weitem nicht müßig...Sie bereitet das Kind auf alles vor, womit es das Wahre erkennen kann, sobald es fähig ist, dasselbe zu verstehen, und das Gute, sobald es dasselbe lieben kann".[80]

---

[80] "Positive Erziehung nenne ich diejenige, welche den Geist vor der Zeit bilden und dem Kinde die Kenntnis der Pflichten des Menschen einprägen will", schreibt Rousseau kurz zuvor (Ritter, I., S. 518f./P1.IV, S. 945). - An anderer Stelle: "Die erste Erziehung muß also rein negativ sein. Sie darf das Kind nicht in der Tugend und in der Wahrheit unterweisen, sondern sie muß das Herz vor Laster und den Verstand vor Irrtümern bewahren. Wenn es euch gelingt, nichts zu tun und zu verhindern, daß etwas getan werde, den Zögling gesund und stark bis ins zwölfte Lebensjahr zu bringen, selbst wenn er links von rechts nicht unterscheiden kann, so würde sich nun sein Geist von der ersten Lektion an der Vernunft öffnen. Nichts würde den Erfolg eurer Bemühungen verhindern, da er ohne Vorurteile und Gewohnheiten ist. Bald wäre er unter euren Händen der weiseste Mensch. Ihr habt mit Nichtstun begonnen und endet mit einem Erziehungswunder" (UTB, S. 73/P1.IV, S. 323f.).

Auch in einer seiner letzten Schriften, "Rousseau Juge De Jean Jacques", taucht dieser Gedanke noch einmal auf. Rousseau schreibt dort über sich selbst: "il a consacré son plus grand et meilleur ouvrage à montrer comment s'introduisent dans notre ame les passions nuisibles, à montrer que la bonne éducation doit etre purement négative, qu'elle doit consister, non à guérir

Damit Kinder - auf der Grundlage tragender Beziehungen zu anderen - sich ihre Fähigkeiten durch die Dinge "selbst" zu geben vermögen, muß in der Negativen Erziehung hart gearbeitet werden. Es gilt zuallererst, eine Umgebung pädagogisch auszugestalten, in der die Kinder in wohlgeordneter Freiheit selbsttätig (d.h. eben: sich selbst nehmend) lernen können. Negative Erziehung benötigt Erzieher, die das Kind in seinen Beziehungen zu Dingen aktivieren und bekräftigen und bei Widerstandserfahrungen unmerklich unterstützen und ermutigen, die selbst in ihrem Verhältnis zu Dingen Achtung zeigen und dadurch Beachtung finden und die sich gelegentlich selbst durch Ironie "verdinglichen" (d.h. "motivlos" stellen), damit das Kind lernen kann, was nur durch Erfahrung und nie durch Lehre möglich ist: ein Verhältnis zu sich selbst aufzubauen. Das Verhältnis zu sich selbst ist, wie u.a. durch Hinweis auf die Sozialpsychologie G.H. Meads gezeigt wurde, Voraussetzung dafür, zu seiner Umgebung, zu Dingen wie zu Menschen, in Beziehung treten zu können.

Wenn die Dinge aber ihre - um im Bild zu bleiben - erzieherische Autorität über Gebühr einbüßen, dann wird nicht nur die Entwicklung der menschlichen Vernunft, sondern auch die der Selbstreferenz folgenreich gestört werden. Diese Störungen zeigen sich nicht zuletzt am moralischen Verhalten der Menschen, das, allgemein gesprochen, aus zwei Komponenten besteht: einem Verhältnis zu sich selbst und einem Verhältnis zu anderen. Das Verhältnis zu sich selbst ist daher - systematisch wie entwicklungslogisch betrachtet - eine Be*ding*ung der Moral.

3.3 Zusammenfassung

Mit dem zweiten Abschnitt der Kindheit, der etwa vom zweiten bis zum zwölften Lebensjahr reicht, beginnt das "eigentlich individuelle" Leben der Kinder, die nun zunehmend ein Gefühl für sich selbst entwickeln.

Rousseau unterscheidet zwei Stadien der Vernunft: die kindliche oder sensitive und die intellektuelle oder menschliche Vernunft. Die Aufgabe der Erziehung in diesem Lebensabschnitt besteht darin, die intellektuelle Vernunft ruhen zu lassen und der sensitiven zur vollen Entfaltung zu verhelfen, denn die sensitive Vernunft ist die Grundlage der intellektuellen.

Die hierzu notwendigen Entwicklungsprozesse benötigen viel Zeit: die Kindheit

les vices du cœur humain, puisqu'il n'y en a point naturellement, mais à les empecher de naitre, et à tenir exactement fermées les portes par lesquelles ils s'introduisent" (PI.I., S. 687/Ritter, II, S. 285).

muß im Kinde reifen können, wie Rousseau sagt. Darüber hinaus müssen im Kollegium der drei Erzieher die Dinge die Führung übernehmen, damit der Weg der Natur nicht verlassen wird. Die Natur kräftigt die Kinder, macht sie auf die Welt neugierig und stattet sie mit dem Wunsch aus, alles selbst zu entdecken und - nur ihren unmittelbaren Interessen folgend - eigene Erfahrungen zu machen.
Aus diesem Grunde müssen die Menschen hinter die Dinge zurücktreten und sich darauf beschränken, die Umgebung der Kinder so auszugestalten, daß diese lernen können, ohne belehrt zu werden, denn das eigene sinnengeleitete Lernen muß der Belehrung vorausgehen. Daher lautet das Motto dieses Lebensabschnittes: Haltet die Kinder von den Dingen abhängig, und ihr werdet sie naturgemäß erziehen.
Die Erziehung durch die Dinge ist ein Aspekt der negativen Erziehung. Als Gestalter der Lernumgebungen tritt der Erzieher, wie gesagt, hinter die Dinge zurück, weil sie dem lernenden Menschen mehr Möglichkeiten zur Selbsttätigkeit eröffnen als der unmittelbare Anspruch des Erziehers. Erzieher und Zögling sind gleichsam durch die Dinge voneinander getrennt. Eben dadurch erweitert sich der Spielraum des Lernenden und ihm werden eigene kreative Leistungen ermöglicht.
Dinge sind jedoch weit mehr als nur pädagogische Mittel. Vielmehr ist, so könnte man sagen, das Medium - das Ding - immer zugleich auch selbst Träger einer Botschaft, Ausdruck eines ganz bestimmten Inhalts. Denn Dinge an sich gibt es nicht. Erziehung durch die Dinge heißt also im Kern: Erziehung durch die Dingen zugeschriebenen Bedeutungen. In diesem Sinne vermitteln die Dinge, wie die Sprache, zwischen Individuum und Welt, weil der einzelne über die Erfahrung der Bedeutungen ihm "zu-handener" Dinge seine Deutung der Welt in sich aufbaut. Das Weltbild der Kinder ist folglich, so besehen, ein Bündel von verdinglichten kulturellen und sozialen Bedeutungen.
Indem nun die Erzieher die Lernumwelt gestalten, nehmen sie Einfluß auf die dort "vorhandenen" Dinge und somit letztlich auf das Weltbild der Kinder: diese Dinge sind ihnen wichtig, jene gleichgültig und andere werden, so lange es geht, ferngehalten. Rousseaus Motto muß demnach eigentlich lauten: Haltet die Kinder von bestimmten Bedeutungen abhängig, dann werdet ihr sie kulturgemäß erziehen!

Natürlich schärfen sich an den Dingen die Sinne: so entwickelt sich die sensitive Vernunft. Zugleich - und das ist Rousseau besonders wichtig - erwerben die Kinder an Dingen eine für das ganze weitere Leben unerläßliche Erfahrung, eine grundlegende Bedeutung: sie spüren Widerstand, der sich ihren Absichten entgegenstellt. Widerstand ermöglicht Wachstum, und so wachsen sozusagen die Kinder von Widerstand zu Widerstand, von den kleinen zu den größeren

Widerständen. Durch diese Erfahrungen entsteht im Kind ein Verhältnis zu sich selbst, das wiederum Voraussetzung dafür ist, zu seiner Umgebung, zu Dingen wie zu Menschen, handelnd in Beziehung treten zu können. Daher ist dieses Verhältnis zu sich selbst eine notwendige Be*ding*ung des moralischen Bewußtseins.

4. Die Latenz der Moral

Die Kindheit wird durch eine dritte Stufe der Entwicklung vollendet, auf der nicht spektakuläre Ereignisse das Geschehen bestimmen, sondern auf der die Kinder ungehindert - in Ruhe und Frieden - zu lernen vermögen. Die Zeit ist nur kurz, und dementsprechend kommt alles darauf an, sie gut zu nutzen.

In einem ersten Abschnitt wird dieses "friedliche Verstandesalter" im Überblick charakterisiert (4.1). Das zentrale Thema dieser Entwicklungsstufe ist das Lernen, genauer gesagt das Lernen des Lernens. Es wird in drei Variationen durchgeführt: zunächst geht es um den Erwerb theoretischen Wissens (4.2); hierzu ist es erforderlich, sich über die Bedeutung von Neugier, Lern- und Urteilsfähigkeit (4.2.1) und über das Prinzip der Nützlichkeit (4.2.2) Klarheit zu verschaffen; dann erst kann die Lehrszene als die dieser Stufe angemessene Form der pädagogischen Inszenierung dargestellt werden (4.2.3). Der Erwerb theoretischen Wissens wird ergänzt durch den Erwerb praktischen Wissens im Vollzug der Arbeit (4.3). Das moralische Bewußtsein schließlich entwickelt sich gewissermaßen im Verborgenen weiter, von den offensichtlichen Lernvorgängen verdeckt und mit diesen in spezifischer Weise verbunden (4.4).

4.1 Das friedliche Verstandesalter

Die Kindheit wird durch eine dritte Stufe, die etwa vom 10. bis zum 15. Lebensjahr reicht, vollendet. Zwei Umstände sind für die Entwicklung in diesem Lebensabschnitt von besonderer Bedeutung: Zum einen hat die Geschlechtsreife noch nicht begonnen, so daß sich die weitere Entfaltung der Verstandestätigkeiten "in Frieden", d.h. ohne durch Triebansprüche behindert zu werden, vollziehen kann; zum anderen ist es die Zeit der "größten relativen Kraft", eine Zeit, in der das Können größer ist als das Wollen, die Wünsche geringer als die Fähigkeiten.[1]

"Obwohl das Leben bis zum Jünglingsalter eine Zeit der Schwäche ist, gibt es in

---

1 Aufgrund seiner philologischen Recherchen warnt Jimack davor, der Idee der "größten relativen Kraft" zuviel Bedeutung beizumessen. Er schreibt: "Bien que Rousseau étaie d'arguments solides la 'force' du stade préadolescent et qu'il 'en appelle à l'expérience'(...), bien que 'cet excédent de forces'(...) de l'enfant soit une très bonne raison pour commencer à l'instruire, la différence entre le plan et le texte apparaît bien comme une subtilisation plutôt que comme un changement profond dans les idées de l'auteur. Il ne faudra donc pas attacher trop d'importance à cette idée de la force dans le troisième livre de l'EMILE; elle n'y est pas si essentielle que l'on pourrait croire à première vue, et peut-être doit-elle son origine en partie au goût de Rousseau pour des idées insolites et paradoxales" (a.a.O., S. 157f.).

diesen Jahren dennoch einen Punkt, in dem der Heranwachsende trotz absoluter Schwäche relativ stark ist, weil die Kräfte die Bedürfnisse überholt haben. Diese Bedürfnisse sind noch nicht alle entwickelt, die gegenwärtigen Kräfte aber mehr als ausreichend, um sie zu befriedigen. Als Erwachsene wären sie sehr schwach, als Kinder sind sie sehr stark".[2] Das *Verhältnis* von Fähigkeiten und Bedürfnissen, die *relativ* große Kraft ist also der Motor der Entwicklung: "Diese Spanne, in der das Individuum mehr leisten kann, als es wünscht, ist zwar nicht die Zeit seiner größten Stärke, sondern, wie ich schon sagte, jene der größten relativen Kraft. Es ist die kostbarste Zeit des Lebens, eine Zeit, die nur einmal kommt" (UTB, S. 157/Pl.IV, S. 427).

Da gewissermaßen ein Überschuß an Energie vorhanden ist, stellt sich die Frage, auf welche Weise dieser Überschuß genutzt werden soll. Der Weg der Natur gibt hierauf die Antwort: Da dieser Kräfteüberschuß für Rousseau nur einmal im Lebenslauf in dieser Form gegeben ist, gilt es, ihn in einer Weise zu nutzen, die es dem Menschen ermöglicht, in "schlechten Zeiten", also immer dann, wenn es an Kräften mangelt, hierauf zurückzugreifen. Der - relative - Überfluß in der Gegenwart weist somit auf einen Mangel in der Zukunft, für den Vorsorge getroffen werden muß. "Was soll das Kind also jetzt mit dem Überfluß an Kräften und Fähigkeiten tun, die ihm später fehlen werden? Es wird versuchen, sie für etwas zu verwenden, das ihm im Bedarfsfall nützen kann. Es soll also sozusagen den Überschuß seines gegenwärtigen Seins in die Zukunft werfen. Das starke Kind speichert Vorräte für den schwachen Mann; aber nicht in Kisten, die man stehlen kann, noch in fremden Scheunen, sondern in sich selbst, in seinen Armen und in seinem Kopf. Das ist also die Zeit der Arbeit, des Unterrichts, der Studien. Man sieht, daß nicht ich diese Wahl willkürlich getroffen habe: die Natur selbst zeigt sie an".[3]

---

2 UTB, S. 156. - "Quoique jusqu'à l'adolescence tout le cours de la vie soit un tems de foiblesse, il est un point dans la durée de ce prémier age où le progrès des forces ayant passé celui des besoins, l'animal croissant, encore absolument foible, devient fort par relation. Ses besoins n'étant pas tous developés, ses forces actuelles sont plus que suffisantes pour pourvoir à ceux qu'il a. Comme homme il seroit très foible, comme enfant il est très fort" (Pl.IV, S. 426).

3 UTB, S. 157/Pl.IV, S. 426f. - Das vierte Stadium der Entwicklungslehre E.H. Eriksons (Werksinn gegen Minderwertigkeitsgefühl) entspricht der dritten Stufe der Kindheit, wie sie Rousseau hier beschreibt. Bei Erikson heißt es: "Nun ist es aber an der Zeit, 'in die Schule zu gehen'. In allen Kulturen erhalten die Kinder in diesem Stadium irgendwelche systematische Unterweisung, wenn es sich auch nicht immer um solche Schulen handelt, wie wir sie in unserer literalen Kultur einrichten müssen...In präliteralen Völkern werden die Kinder von

Im Zusammenhang der bisherigen Entwicklungsabschnitte hatte Rousseau unermüdlich davor gewarnt, die Gegenwart des Kindes einer ungewissen Zukunft wegen zu opfern. Nun, auf der dritten Stufe der Kindheit, kommt das entscheidende Argument zum Vorschein, das diese Haltung begründet hatte: Im Leben eines Kindes darf die Zukunft "naturgemäß" erst dann durch die Erzieher zur Geltung gebracht werden, wenn das Kind nicht mehr alle Kräfte zur Bewältigung seiner Gegenwart benötigt, sondern vielmehr - durch seine relativ große Kraft bedingt - von sich aus den Blick auf die Zukunft zu richten vermag.

Es widerspricht also nicht dem Gang der Natur, für die Zukunft zu lernen. Die Schwierigkeit liegt vielmehr in der Entscheidung über die Inhalte und die Formen des Lernens: auf welche Gegenstände und in welcher Weise soll das Lernen ausgerichtet werden? "Der Verstand hat seine Grenzen. Ein Mensch kann nicht alles wissen. Er kann nicht einmal das ganz wenige wissen, was die anderen wissen...Man muß also unter den Dingen, die man lernen muß, eine Auswahl treffen, ebenso wie im Zeitpunkt" (UTB, S. 157/Pl.IV, S. 428). Das Dilemma besteht im Grunde aus drei eng miteinander verbundenen Problemen: Die Menge dessen, was lernenswert erscheint, ist unvorstellbar groß (quantitativer Aspekt); nicht alles, was gelernt werden kann, ist es wert, gelernt zu werden (qualitativer Aspekt); die Zeit, die zur Verfügung steht, ist sehr begrenzt (temporaler Aspekt).[4]

Aus dieser Zwangslage führt, so Rousseau, nur ein Weg hinaus: Das Kind muß gewissermaßen den Generalschlüssel erwerben, der ihm später Zugang zu allen nur

---

Erwachsenen unterwiesen, die ihr Lehramt eher der allgemeinen Anerkennung als einer Anstellung verdanken;...Was in diesen primitiven Kulturen vermittelt wird, sind die Handfertigkeiten einer urtümlichen Technologie: das Kind lernt, die Geräte, Werkzeuge und Waffen der Großen zu gebrauchen; es lernt also ganz allmählich, aber auch ganz direkt die Technologie seines Stammes...Zwischen Kindheit und Reife gehen unsere Kinder also zur Schule... (E.H. Erikson: Identität und Lebenszyklus. Frankfurt/M. 1966, S. 98f.).

4 Zum qualitativen Aspekt vgl.: "Von den Kenntnissen, die wir erfassen können, sind die einen falsch, die anderen unnütz, die dritten dienen nur dem Ehrgeiz. Nur die geringe Zahl derer, die wirklich unserem Wohl dienen, ist der Bemühungen eines Weisen würdig und folglich eines Kindes, das weise werden soll. Es handelt sich nicht darum, alles zu wissen, sondern nur zu wissen, was nützlich ist" (UTB, S. 157/Pl.IV, S. 428).
Zum temporalen Aspekt vgl.: "Während der ersten Jahre unseres Lebens hatten wir viel Zeit. Aus Furcht, sie schlecht anzuwenden, haben wir uns bemüht, Zeit zu verlieren. Jetzt haben wir im Gegenteil nicht Zeit genug, um alles zu tun, was nützlich wäre. Bedenkt, daß die Leidenschaften nahen. Sobald sie an die Türe klopfen, beachtet unser Zögling nur mehr sie. Das friedliche Verstandesalter ist so kurz, es geht so schnell vorüber, es ist mit so viel anderen nützlichen Beschäftigungen ausgefüllt, daß es töricht ist, in dieser Zeit aus dem Kind einen Gelehrten machen zu wollen" (UTB, S. 164/Pl.IV, S. 435f.).

erdenklichen Wissensgebieten verschaffen kann: das Lernen selbst muß gelernt werden. "Mein Ziel ist es nicht", so sagt er daher, "ihm Wissen zu vermitteln, sondern ihn zu lehren, wie man es bei Bedarf erwirbt, wie man es nach seinem wahren Wert einschätzt; ihn zu lehren, die Wahrheit über alles zu lieben. Mit dieser Methode kommt man langsam voran, aber man macht keinen unnützen Schritt und braucht niemals umzukehren".[5] Das Lernen des Lernens ist die Lösung des quantitativen Problems, die Ausrichtung dieses Lernens am Prinzip der Nützlichkeit beantwortet die Frage nach den Inhalten des Lernens und beides zusammen ermöglicht eine optimale Ausnutzung der nur begrenzt zur Verfügung stehenden Zeit.

Das Thema der dritten Stufe der Kindheit ist damit deutlich umrissen: das Lernen des Lernens, radikal am Prinzip der Nützlichkeit orientiert. Rousseau variiert dieses Thema in der Zeit des "friedlichen Verstandesalters" mit drei Durchführungen: die erste Durchführung bezieht sich auf den Erwerb theoretischen Wissens, die zweite auf den Erwerb praktischen Wissens, das - als Arbeit materialisiert - den Menschen dazu befähigt, sich selbst zu erhalten und die dritte Durchführung schließlich faßt die beiden ersten in moralischer Hinsicht zusammen.

4.2 Das Lernen des Lernens

Die erste Durchführung des Themas, das die dritte und letzte Stufe der Kindheit bestimmt, soll sich - wie angekündigt - auf den Erwerb theoretischen Wissens beziehen. In einem ersten Abschnitt wird der Zusammenhang von "natürlicher" Neugier, Lern- und Urteilsfähigkeit zur Sprache gebracht (4.2.1); dann wird die Bedeutung des "Prinzips der Nützlichkeit" darzustellen und zu begründen sein (4.2.2) und abschließend soll die Frage nach der dieser Lernaufgabe angemessenen Lernhilfe beantwortet werden (4.2.3).

4.2.1 Neugier, Lern- und Urteilsfähigkeit

Die Natur - derjenige Erzieher, über den die Menschen nichts vermögen und an

---

5 UTB, S. 208 - "Encore une fois mon objet n'est point de lui donner la science, mais de lui apprendre à l'acquerir au besoin, de la lui faire estimer exactement ce qu' elle vaut, et de lui faire aimer la vérité par dessus tout. Avec cette méthode on avance peu, mais on ne fait jamais un pas inutile, et 1'on n' est point forcé de retrograder" (Pl.IV, S. 487).
Zur Bedeutung von "Lernfähigkeit" als Kontingenzformel in einer systemtheoretischen Betrachtung der Reflexionsprobleme im Erziehungssystem vgl. Luhmann/Schorr, a.a.O., S. 84-94.

dem sie ihr pädagogisches Handeln auszurichten haben - stellt die elementare Voraussetzung dafür bereit, daß im friedlichen Verstandesalter das Lernen selbst gelernt werden kann: sie macht die Kinder *neugierig*. Rousseau sagt: "Es ist derselbe Naturtrieb, der die verschiedenen Fähigkeiten des Menschen belebt. Dem Drang des Körpers, sich zu entwickeln, folgt der Drang des Geistes sich zu bilden. Zuerst sind die Kinder nur in Bewegung, dann werden sie neugierig. Wird diese Neugier gut geleitet, dann ist sie die Triebfeder in dem Alter, bei dem wir jetzt angelangt sind".[6]

Die Natur macht die Kinder zwar neugierig, die Menschen allerdings müssen diese Neugier "gut" zu leiten verstehen. Damit ist zweierlei gemeint: erstens müssen die Kinder weiterhin als "physische" Wesen behandelt werden, und zweitens muß die Neugier mit einem Ziel versehen werden.

"Ihr seht, daß ich bisher mit meinem Zögling noch nicht über Menschen gesprochen habe. Er hätte zuviel gesunden Menschenverstand gehabt, um mich verstehen zu können. Er fühlt seine Beziehungen zum anderen Menschen noch nicht deutlich genug, um andere von sich aus beurteilen zu können. Er kennt noch kein anderes menschliches Wesen als sich selbst und ist noch weit entfernt, sich zu kennen...Wir (haben) ihn mit den Ketten der Notwendigkeit gebunden. Er ist beinahe noch nichts anderes als ein physisches Wesen. Behandeln wir ihn weiter so".[7] Ein Kind als physisches Wesen zu behandeln, das verlangt in erster Linie

---

6 UTB, S. 158/Pl.IV, S. 429. - Die Neugier ist für Rousseau ein anthropologisches Grundprinzip: der Mensch möchte alles Nahe und Ferne kennenlernen: "Es gibt einen anderen (Wissenseifer), der der menschlichen Wißbegier entspringt, alles Nahe und Ferne kennenzulernen. Das angeborene Verlangen nach Wohlbefinden und die Unmöglichkeit, diesen Wunsch vollkommen zu befriedigen, lassen ihn ständig nach neuen Mitteln suchen, diesen Wunsch zu befriedigen. Das ist das Urprinzip der Wißbegier: ein natürliches Prinzip, das sich nur im Verhältnis zu unseren Leidenschaften und unseren Einsichten entwickelt" (UTB, S. 158/Pl.IV, S. 429). Als natürliches Prinzip ist die Neugier eng mit der Selbsterhaltung verbunden: "Sind wir schwach und unvermögend, so konzentriert sich unser Selbsterhaltungstrieb auf uns selbst. Sind wir stark und mächtig, treibt uns der Wunsch, unser Wesen auszuweiten, über uns hinaus, so weit es nur möglich ist" (UTB, S. 159/Pl.IV, S. 430). So betrachtet steht auch die Neugier in mittelbarer Beziehung zum Verhältnis von Wollen und Können: je kräftiger die Kinder sind, desto mehr werden sie wissen wollen.

7 UTB, S. 183/Pl.IV, S. 429. - An anderer Stelle heißt es: "Das Glück des natürlichen Menschen ist so einfach wie sein Leben. Es besteht darin, nicht zu leiden: Gesundheit, Freiheit, der Lebensunterhalt machen es aus. Das Glück des moralischen Menschen ist etwas anderes. Aber davon reden wir hier nicht. Ich kann nicht oft genug wiederholen, daß sich Kinder nur für physische Dinge interessieren, besonders solche Kinder, deren Eitelkeit nicht geweckt wurde und die man nicht von vornherein durch das Gift der öffentlichen Meinung verdorben hat" (UTB, S. 172/Pl.IV, S. 444).

folgendes: die Dinge müssen in den Mittelpunkt kindlicher Erfahrungen gerückt und das Kind darf nicht durch Beziehungen - also durch dem Entwicklungsstand nicht angemessene Gefühle - verwirrt werden. Vielmehr gilt es, dem Kind in seinen Aktivitäten zu folgen, seinem entwicklungsbedingten Egozentrismus Raum zu geben, damit es "alle Dinge der Natur und alle Arbeiten der Menschen nach ihren greifbaren Beziehungen zu seinem Nutzen, seiner Sicherheit, seiner Erhaltung und seinem Wohlbefinden" (UTB, S. 183f./Pl.IV, S. 458f.) zu erfahren vermag. Damit ist die eine Bedingung "gut geleiteter" Neugier beschrieben. Die andere Bedingung bedarf eingehenderer Betrachtung, da es hierbei im engeren Sinne um Grundfragen des Lernens geht, d.h. um die Fragen nach dem Ziel, den Inhalten und den Formen des Lernens.

Es ist bereits angedeutet worden, daß die zu lernenden Kenntnisse begrenzt werden müssen, da ein Mensch nicht alles wissen kann. Da es unmöglich ist, alles zu wissen, ist es - so Rousseau - notwendig, daß die Kinder lernen, wie sie Wissen erwerben, also wie sie lernen können. Er erläutert diese Überzeugung an folgendem Beispiel: "Ich würde z.B. die Geographie von ihren beiden Enden anfassen und mit dem Studium der Erdumdrehung die Maße der einzelnen Erdteile verbinden und dabei vom Wohnort ausgehen...Seine beiden ersten geographischen Anhaltspunkte werden die Stadt sein, in der es wohnt, und das Landhaus seines Vaters. Dann die dazwischenliegenden Orte. Hierauf die Flüsse der Umgebung. Dann der Stand der Sonne und die Art und Weise, sich zu orientieren. Das ist der Treffpunkt. Von all dem muß es sich selbst eine Karte machen, die natürlich ganz einfach ist und anfangs nur zwei Gegenstände enthält, zu denen es aber nach und nach die anderen nach ihrer Lage und Entfernung hinzufügt oder abschätzt" (UTB, S. 163/Pl.IV, S. 434f.). Von äußerster Wichtigkeit ist für Rousseau bei dieser Prozedur nun folgendes: "Übrigens geht es nicht darum, daß es die genaue Topographie seiner Heimat kennt, sondern um die Mittel, sie kennenzulernen. Ob es die Landkarten im Kopf hat, ist unwichtig, wenn es nur richtig begreift, was sie darstellen, und wenn es einen deutlichen Begriff von der Kunst hat, wie man sie herstellt. Daraus allein seht ihr den Unterschied zwischen dem Wissen eurer Schüler und der Unwissenheit meines Schülers. Sie kennen die Landkarten, aber meiner macht sie" (ebd.). Lernfähigkeit im Sinne Rousseaus bezieht sich also in erster Linie zunächst auf das Verstehen eines Sachverhaltes oder eines Phänomens.[8] Und als verstanden gilt eine Sache immer dann, wenn sie selbsttätig

8 "Aber um seine Neugier zu nähren, beeilt euch niemals, sie zu befriedigen. Stellt ihm Fragen,

nachvollzogen, rekonstruiert werden kann und durch eben diesen Vorgang wird das Gelernte exemplarisch: wer einmal das Prinzip der Landkarte verstanden hat, der wird in Zukunft auch Landkarten der entlegensten Gebiete zu lesen verstehen. Er hat dann, wie Rousseau in Anlehnung an Montaigne sagt, "einen universellen Geist, nicht durch seine Kenntnisse, sondern durch die Fähigkeit, sie zu erwerben. Er hat einen offenen, klugen, für alles empfänglichen Kopf,...,keinen gelehrten, sondern einen belehrbaren Kopf".[9]

Ein "belehrbarer Kopf" ist die Voraussetzung zum Erwerb einer weiteren Fähigkeit: der Fähigkeit zu urteilen. Dieses Vermögen ist, so Rousseau, für den Menschen deshalb von zentraler Bedeutung, weil es dazu befähigt, zwischen richtig und falsch, Wahrheit und Irrtum zu unterscheiden. Zu dieser Kompetenz gehört einerseits Wissen - durch Lernen zu erwerben - und, so paradox es zunächst klingen mag, andererseits eine spezifische, sokratisch anmutende Form der Unwissenheit. In eben dieser Vermittlung von Wissen und Nichtwissen ist der ambivalente Charakter der Urteilsfähigkeit begründet: "Alle unsere Irrtümer kommen aus unseren Urteilen. Brauchten wir niemals zu urteilen, hätten wir es nicht nötig zu lernen. Wir kämen nie in die Lage, uns zu täuschen. Wir wären in unserer Unwissenheit glücklicher, als wir es jemals in unserem Wissen sein könnten. Wer leugnet, daß die Gelehrten tausend Dinge wissen, die die Unwissenden niemals kennenlernen? Sind sie darum der Weisheit näher? Im Gegenteil! Je weiter sie gehen, desto mehr entfernen sie sich von ihr. Der Stolz über ihre Urteilskraft macht größere Fortschritte als ihr Verstand, und so kommen

---

die seiner Fassungskraft entsprechen; laßt sie ihn selber lösen. Er darf nichts wissen, weil ihr es ihm gesagt habt, sondern weil er es selbst verstanden hat" (UTB, S. 159/Pl.IV, S. 430).

9 UTB, S. 208 - "Il a un esprit universel, non par les lumiéres, mais par la faculté d'en acquérir; un esprit ouvert, intelligent, prêt à tout, et, comme dit Montagne, sinon instruit, du moins instruisable" (Pl.IV, S. 487). - Der systemtheoretische Blick "von der Seite" erhellt ein Problem, das mit jeder Absolutsetzung der Lernfähigkeit zwangsläufig verbunden ist: das einfache Lernen, das bloße Wissen wird dabei nämlich leicht abgewertet. Luhmann/Schorr schreiben: "Die Kontingenzformel lautet zunächst 'humane Perfektion', dann 'Bildung', dann 'Lernfähigkeit'. Ein durchlaufendes Moment im Wechsel dieser Kontingenzformeln ist das Einhalten einer Reflexionsebene, von der aus es möglich ist, *das einfache Lernen und den Erwerb bloßer Kenntnisse abzuwerten*. Erziehung wird damit als selektives Verfahren gegründet. Dem dient im Kontext von 'Perfektion' die Berufung auf 'Vernunft' (raison), im Kontext von 'Bildung' die Idee des 'Allgemeinen' im Unterschied zum Besonderen (das allein gelernt werden kann) und im Kontext von 'Lernfähigkeit' schließlich die *Lernfähigkeit* selbst, das heißt die anschließenden Lernmöglichkeiten, auf die es in allem Lernen letztlich ankommt" (Hervorhebungen d. Verf., a.a.O., S. 61f.).

auf jede Wahrheit, die sie finden hundert falsche Urteile, ...Je mehr die Menschen wissen, um so mehr irren sie. Das einzige Mittel, Irrtümer zu vermeiden, ist die Unwissenheit" (UTB, S. 205/Pl.IV, S. 483). Einerseits sollen die Kinder lernen und wissen, andererseits sollen sie unwissend bleiben. Rousseau löst diesen offensichtlichen Widerspruch in der Weise auf, daß er im Grunde "Unwissenheit" und "richtiges Urteil" als Synonyme versteht. In diesem Sinne bezieht sich das "richtige Urteil" auf ein Wissen, das auf ungestörter, durch wirkliche Anschauung fundierter Begriffsbildung beruht. Und das kann auf folgende Weise gelernt werden: "Die beste Art, richtig urteilen zu lernen, ist die, die am stärksten darauf hinzielt, unsere Erfahrungen möglichst zu vereinfachen, ja sie ganz entbehrlich zu machen, ohne in Irrtümer zu verfallen. Nachdem man lange die Beziehungen der Sinne untereinander geprüft hat, muß man folglich noch hinzulernen, die Beziehungen jedes Sinnes durch sich selbst zu prüfen, ohne einen anderen Sinn zu Hilfe nehmen zu müssen. Dann wird jede Sinneswahrnehmung zu einer Vorstellung, und diese Vorstellung wird immer mit der Wahrheit übereinstimmen. Das ist die Art des Wissens, mit der ich diese dritte Lebensperiode zu füllen versucht habe".[10] Der Irrtum entsteht für Rousseau also auf dem Weg von der Wahrnehmung eines Phänomens zum Begriff von diesem Phänomen oder in der Sprache Piagets: auf dem Weg vom anschaulichen über das konkrete zum formalen Denken. Auf der dritten Stufe der Kindheit richtet Rousseau daher seine erzieherischen Intentionen ungeteilt auf das Wiederholen, Absichern und Befestigen dieses beschwerlichen Weges vom Phänomen zum Begriff, um ganz sicher sein zu können, daß sich vermeidbare Irrtümer nicht einstellen, die später das Ziel der Erziehung, einen *vernünftigen* Menschen zu bilden, gefährden würden.[11] Es kommt daher alles darauf an, diesen Weg durch übende Wiederholung in mannigfachen Variationen so sicher wie möglich zu machen, damit aus dem

---

[10] UTB, S. 205f./Pl.IV, S. 484. - Hierfür ein Beispiel: "Rollt das Kind eine kleine Kugel zwischen den gekreuzten Fingern und glaubt, zwei Kugeln zu fühlen, so erlaube ich ihm erst hinzusehen, wenn es sich überzeugt hat, daß es nur eine hat" (UTB, S. 207/Pl.IV, S. 486).

[11] Einfache Begriffe sind nur verglichene Sinneswahrnehmungen. In den einfachen wie in den zusammengesetzten Sinneswahrnehmungen sind Urteile enthalten, die ich einfache Begriffe nenne. In der Sinneswahrnehmung ist das Urteil rein passiv; es bestätigt, daß wir wahrnehmen, was wir wahrnehmen. In dem Begriff oder der Idee ist das Urteil aktiv. Es verbindet, vergleicht und bestimmt die Beziehungen, die der Sinn nicht bestimmt hat. Das ist der ganze Unterschied, aber er ist groß. Die Natur täuscht uns niemals; nur wir täuschen uns" (UTB, S. 203/Pl.IV, S. 481).

"belehrbaren Kopf" ein "solider Geist" werden kann: "Zuerst hatte unser Schüler nur Sinneswahrnehmungen. Jetzt hat er Vorstellungen. Zuerst empfand er nur, jetzt urteilt er. Denn aus dem Vergleich mehrerer aufeinanderfolgender und gleichzeitiger Sinneswahrnehmungen und aus dem darüber gefällten Urteil entsteht eine Art gemischter oder zusammengesetzter Vorstellungen, die ich Begriff nenne. - Die Art Begriffe zu bilden, gibt dem menschlichen Geist seinen Charakter. Der Geist, der seine Begriffe nur von realen Beziehungen bildet, ist ein solider Geist. Wer sich mit scheinbaren Beziehungen begnügt, ist oberflächlich. Wer die Beziehungen sieht, wie sie wirklich sind, ist ein scharfer Geist. Wer sie falsch einschätzt, ist ein falscher Geist. Wer eingebildete Bezüge erfindet, die weder Wirklichkeit noch Wahrscheinlichkeit haben, ist ein Narr. Wer sie nicht vergleicht, ist ein Dummkopf. Die mehr oder weniger große Fähigkeit, Begriffe zu vergleichen oder auszudenken, macht das aus, was dem Menschen mehr oder weniger Geist verleiht usw.".[12]

Es steht für Rousseau außer Frage, daß ein "solider Geist" nur derjenige werden kann, der den unsicheren Weg von der Sinneswahrnehmung zum Begriff - wenn auch durch umsichtige Helfer unmerklich unterstützt - alleine geht, denn: "Setzt ihr aber jemals die Autorität an die Stelle des Verstandes, so wird er nicht mehr selber überlegen. Er wird der Spielball fremder Meinungen werden"(UTB, S. 159f./Pl.IV, S. 430). Anders ausgedrückt: "...um einen jungen Menschen urteilsfähig zu machen, muß man sein Urteil bilden, statt ihm unseres aufzudrängen" (UTB, S. 183/Pl.IV, S. 458). Damit ist ein weiterer, bereits angedeuteter Gesichtspunkt angesprochen, nämlich die *Selbsttätigkeit* des Lernens. "Da er also gezwungen ist, selbst zu lernen, gebraucht er seinen eigenen Verstand und nicht den anderer. Denn wenn man nichts von der fremden Meinung hält, darf man auch

---

12 UTB, S. 203/Pl.IV, S. 481. - Es ist den Herausgebern der Pléiade uneingeschränkt zuzustimmen, wenn sie im Zusammenhang dieser Textpassagen schreiben: "Chez Rousseau, entre les impressions, les sensations, les images, les perceptions et les jugements, nous avons un peu de peine à nous retrouver" (Pl.IV, S. 1448). Hinsichtlich seiner Auffassungen von Wahrnehmung und Urteil ist Rousseau offensichtlich stark von den Sensualisten (Condillac, Buffon, Helvétius) beeinflußt worden, was Jimack durch sorgfältigen Vergleich der einzelnen Manuskripte mit den von Rousseau aller Wahrscheinlichkeit nach gelesenen Schriften dieser Autoren belegen kann (vgl. Jimack, a.a.O., S. 318-344).
An anderer Stelle heißt es: "Erinnert euch, daß der Sinn meiner Erziehung nicht ist, dem Kind vieles beizubringen, sondern ihm niemals andere als richtige und deutliche Begriffe zu vermitteln. Wenn es gar nichts wüßte, läge mir wenig daran, wenn es sich nur nicht täuscht. Ich vermittle ihm die Wahrheit nur deshalb, um es vor Irrtümern zu bewahren, die sonst ihren Platz einnähmen. Vernunft und Urteilskraft entwickeln sich langsam. Vorurteile strömen herbei: vor ihnen muß man das Kind bewahren" (UTB, S. 163f./Pl.IV, S. 435).

nichts auf die Autorität geben. Die meisten Irrtümer rühren weniger von uns als von anderen her. Durch diese fortgesetzte Übung wird der Geist ähnlich gestärkt wie der Körper durch Arbeit und Müdigkeit. Ein anderer Vorteil liegt darin, daß man nur nach dem Maß seiner Kräfte fortschreitet, denn der Geist trägt wie der Körper nur das, was er zu tragen vermag. Wenn der Verstand sich Dinge aneignet, ehe er sie dem Gedächtnis einprägt, so ist alles, was er daraus schöpft, sein eigen. Wenn man dagegen das Gedächtnis gegen seinen Willen überlastet, läuft man Gefahr, niemals etwas eigenes hervorbringen zu können" (UTB, S. 208/Pl.IV, S. 486f.). Den eigenen Verstand gebrauchen, das heißt für Rousseau: sich selbst die Phänomene durch Versuch, Irrtum und Experiment erklären, also durch selbsttätige Rekonstruktion verstehen.[13] Kenntnisse, die auf diese Weise erworben werden, sind von gänzlich anderer Qualität als durch reine Belehrung erworbenes Wissen.[14] Knapp zusammengefaßt: die Kinder sollen "die Naturwissenschaften nicht lernen, sondern erfinden".[15] Dieser Satz muß Widerspruch hervorrufen, bedeutet er doch letztlich, daß es soviele Kenntnisse gäbe wie Menschen, daß sozusagen jeder die Phänomene so erklärt, wie er sie erfindet (oder eben auch nicht). Jedes Wissen wäre damit doch ein rein subjektiv willkürliches Wissen, und es wäre vom Zufall

---

[13] Die hierfür notwendige Form der Lernhilfe wird weiter unten beschrieben werden (vgl. Kap. 4.3.2). -
Rousseau veranschaulicht diese Form des Lernens an zahlreichen Beispielen aus der Erd- und Himmelskunde (Sonnenaufgang, Planeten, Gestirn) und aus der Physik. Hilfsmittel, Geräte, Apparate, Maschinen sollen erst dann eingeführt werden, wenn sie zuvor von den Kindern gewissermaßen selbst "erfunden" (=verstanden) worden sind: "Für meine erste Statikstunde hole ich keine Waage, sondern lege einen Stock über die Lehne eines Stuhls und messe die Länge der beiden Teile im Gleichgewicht ab. Dann hänge ich an jedes Ende bald das gleiche bald ungleiche Gewichte und ziehe oder stoße den Stab so weit, wie es jeweils zur Herstellung des Gleichgewichts notwendig ist. Dabei finde ich schließlich, daß das Gleichgewicht vorhanden ist, wenn die Größe der Gewichte und die Länge der Stockarme im umgekehrten Verhältnis stehen. So ist mein kleiner Physiker schon imstande, Waagen zu regeln, bevor er eine gesehen hat" (UTB, S. 170/Pl.IV, S. 442).

[14] "Unstreitig sind die Kenntnisse von Dingen, die man auf diese Weise selbst erwirbt, viel klarer und sicherer als diejenigen, die man aus Belehrungen durch Dritte bekommt. Außerdem gewöhnt man sich nicht daran, seine Vernunft sklavisch einer Autorität unterzuordnen. Man lernt, Beziehungen zu entdecken, Vorstellungen zu verknüpfen, Geräte zu erfinden. Nimmt man hingegen fertige Geräte, dann wird unser Geist träge wie der Körper eines Menschen, der immer bekleidet, beschuht, bedient und gefahren wird und schließlich die Kraft und den Gebrauch seiner Glieder verliert" (UTB, S. 170/Pl.IV, S. 442).

[15] UTB, S. 159 - Im Original heißt es: "...qu'il n'apprenne pas la science (!), qu'il l'invente" (Pl.IV, S. 430).

abhängig, wenn zwei Menschen zu einer identischen Erklärung fänden. Rousseau hat dieses Problem nicht übersehen, sondern folgendermaßen zu lösen versucht: Die Selbsttätigkeit des Lernens bedarf eines korrigierenden Prinzips, eines Gesichtspunktes außer seiner selbst, durch den die Subjektivität des Wissens verallgemeinert, objektiviert wird.[16] Diese notwendige, relativierende Funktion wird auf der dritten Stufe der Kindheit durch das *Prinzip der Nützlichkeit* übernommen. Was es damit auf sich hat, wird im folgenden Abschnitt erläutert.

4.2.2 Das Prinzip der Nützlichkeit

Das Prinzip der Nützlichkeit steht auf der dritten Stufe der Kindheit im Mittelpunkt naturgemäßer Erziehung. Es ist allerdings an eine spezifische Voraussetzung der natürlichen Entwicklung gebunden: die Kinder müssen den Wert der Zeit zu erkennen beginnen."Wenn Kinder ihre Bedürfnisse früher voraussehen, als sie sie fühlen, ist ihr Verstand schon weit fortgeschritten. Sie fangen an, den Wert der Zeit zu erkennen. Dann muß man sie daran gewöhnen, ihre Zeit *nützlich* (Hervorhebg. d. Verf.) anzuwenden. Aber der Nutzen muß ihrem Alter angemessen sein und ihnen auch verständlich sein... Es ist eine Torheit, von ihnen zu verlangen, sich mit Dingen zu beschäftigen, von denen man andeutet, sie seien zu ihrem Besten, ohne daß sie wissen, was ihr Bestes eigentlich ist; von denen man ihnen versichert, sie würden als Erwachsene großen Nutzen daraus ziehen, ohne daß sie *jetzt* (Hervorheb. d. Verf.) Interesse an diesem angeblichen Nutzen haben, da sie ihn doch nicht verstehen können".[17] Zukunft und Gegenwart sind also im Prinzip der

---

[16] Vgl. dazu Luhmann/Schorr: "Lernfähigkeit kann man sich einerseits als beliebig steigerbar vorstellen, weil jede Situation mit Überraschungen und Unbekanntheitshorizonten die Möglichkeit offenläßt, mehr und besser zu lernen. Andererseits läuft schrankenlose Lernbereitschaft auf ungehemmte Anpassungswilligkeit hinaus. Keine Gesellschaft, kein Sozialsystem, keine Person kann jede ihrer Strukturen vorab als eine solche definieren, die im Lernfalle zu ändern ist. Das käme einem Verzicht auf Normativität gleich, einem Verzicht auf Gewissen, einem Verzicht auf Recht und auf eine Vielzahl weiterer Überzeugungsgrundlagen für Kommunikation im Bereich von Religion, Moral, Politik, Liebe usw. - Verabsolutiert man Lernfähigkeit, erfordert sie demnach auf der technischen Ebene Rigidität, auf der Reflexionsebene beliebige Anpassungsfähigkeit" (a.a.O., S. 90).

[17] UTB, S. 172/Pl.IV, S. 444. - In enger Verbindung mit der sich entwickelnden Voraussicht steht ein anderes Phänomen: die Trennung von Spiel und Arbeit. Rousseau sagt: "Sobald es sich selbst hinreichend kennt, um einzusehen, worauf sein Wohlbefinden beruht, sobald es ziemlich weitreichende Zusammenhänge überschaut und beurteilen kann, was ihm angemessen oder nicht angemessen ist, kann es den Unterschied zwischen Arbeit und Spiel erfassen und im Spiel eine Erholung von der Arbeit sehen. Dann kann es in seinen Studien wirklich Nützliches lernen, das es treibt, sich ihnen mit größerer Beständigkeit zu widmen als bisher seinen

Nützlichkeit in doppelter Weise enthalten: Einerseits ist die Kategorie der Nützlichkeit an die Fähigkeit gebunden, in die Zukunft vorausschauen zu können, und andererseits kann das Prinzip der Nützlichkeit praktisch nur dann wirksam werden, wenn es an die unmittelbare Gegenwart, an das direkte Interesse im Hier und Jetzt, anknüpft.

Die Frage nach dem Nutzen einer Sache ist ein mächtiges Erziehungsmittel: sie kann Situationen grundlegend verändern, Kinder zum Schweigen bringen, sie zum Einhalten und Nachdenken zwingen, zum Suchen und Entdecken anregen.[18] "Wozu nützt das? Das ist von nun an das geheiligte Wort, das zwischen ihm und mir über alles Tun in unserem Leben entscheidet. Das ist die Frage, die ich unfehlbar auf alle seine Fragen stelle, und die die Masse dummer und überflüssiger Fragen bremst, mit denen Kinder unaufhörlich und nutzlos ihre ganze Umgebung ermüden, mehr um eine Art Herrschaft über sie auszuüben, als um etwas zu lernen".[19] Der situative Kontext, in dem dieses bedeutsame Prinzip konkret Gestalt gewinnt, ist das Spiel von Frage und Antwort, der Dialog. Damit ist es auf Gegenseitigkeit gegründet: nicht nur der Erzieher fragt das Kind nach dem Nutzen einer Sache, sondern auch umgekehrt, das Kind vermag von nun an seine Erzieher mit dieser Frage unaufhörlich in Schwierigkeiten zu bringen: "Seht, welch mächtiges Instrument ich in eure Hände lege, um auf euren Schüler einzuwirken! Da er für nichts die Gründe kennt, könnt ihr ihn, wann es euch beliebt, fast immer zum Schweigen bringen. Welchen Vorteil bieten euch dagegen eure Kenntnisse und Erfahrungen, um ihm dem Nutzen all dessen zeigen zu können, was ihr ihm unterbreitet! Denn täuscht euch nicht, diese Frage an ihn zu richten, heißt ihn lehren, sie seinerseits auch an euch zu richten! Und ihr müßt damit rechnen, daß er bei allem, was ihr ihm in Zukunft vorschlagt, nach eurem Beispiel sagen wird: Wozu nützt das?" (UTB, S. 174/Pl.IV, S. 446). In diesen Sätzen wird bereits das

---

einfachen Vergnügen... Das ist der Nutzen der Voraussicht. Von dieser gut oder schlecht angewandten Voraussicht hängt alle Weisheit und alles Elend des Menschen ab" (UTB, S. 171f./Pl.IV, S. 444).

18 "Sitôt que nous sommes parvenus à donner à nôtre élêve une idée du mot 'utile', nous avons une grande prise de plus pour le gouverner; car ce mot le frape beaucoup, attendu qu'il n'a pour lui qu'un sens rélatif à son âge, et qu'il en voit clairement le raport à son bien-être actuel" (Pl.IV, S. 445/UTB, S. 173).

19 UTB, S. 173. - "A quoi cela est-il bon? Voila desormais le mot sacré, le mot déterminant entre lui et moi dans toutes les actions de nôtre vie... (Pl.IV, S. 446).

Problem erkennbar, auf welche Weise das Prinzip der Nützlichkeit pädagogisch zu inszenieren ist; es soll allerdings noch zurückgestellt werden, damit zuvor eine andere Frage, die für das angemessene Verständnis dieses leitenden Prinzips unverzichtbar ist, beantwortet werden kann. Diese Frage lautet: Warum ist das Prinzip der Nützlichkeit eigentlich ein moralisches Prinzip, warum ist es für Rousseau eine notwendige Stufe der Moralentwicklung?[20] Auf den ersten Blick mutet es doch sonderbar an, daß gerade der Moralist Rousseau für diesen Entwicklungsabschnitt beharrlich die Bedeutung der Nützlichkeit betont, wo es doch auch "nützlich" sein könnte, ein Werkzeug zu mißbrauchen, einen Gegenstand zu zerstören oder gar einen Menschen zu verletzen. Den Hinweis darauf, wie diese Frage zu beantworten ist, gibt Rousseau eher beiläufig. Er sagt: "Wer als wichtigste Lehre gelernt hat, nur Nützliches wissen zu wollen, der fragt wie Sokrates. Er stellt keine Frage mehr, ohne sich vorher über ihren Grund Rechenschaft gegeben zu haben, nach dem man ihn, wie er weiß, fragen wird, ehe man ihm antwortet".[21] Wie aber fragt Sokrates nach der Nützlichkeit? Eine erste Andeutung auf die Antwort ergibt der Blick auf den alltäglichen Sprachgebrauch: das Nützliche hat offenbar etwas mit dem Guten zu tun, denn "wozu nützt das?" oder auch "wozu ist das gut?", so wird gefragt. Die Rede vom Nützlichen ist zugleich immer die Rede vom - allerdings nicht immer sichtbaren, versteckten - Guten. Auch im platonischen Sprachgebrauch stehen das "Nützliche" und das "Gute" in enger Beziehung zueinander. Wolfgang Wieland, auf dessen ausführliche Studie über "Platon und die Formen des Wissens" ausdrücklich verwiesen sei, schreibt dazu: "Schon eine Betrachtung des platonischen Sprachgebrauches zeigt, daß die Ausdrücke für das Gute und für das Nützliche in einer engen funktionalen Beziehung zueinander stehen, wenn sie nicht sogar... gleichbedeutend verwendet

---

20 Vgl. dazu: "Voyez comment nous approchons par dégrés des notions morales qui distinguent le bien et le mal! Jusqu'ici nous n'avons connu de loi que celle de la necessité: maintenant nous avons égard à ce qui est utile; nous arriverons bientôt à ce qui est convenable et bon" (Pl.IV, S. 429/UTB, S. 158).

21 UTB, S. 173. "Celui à qui pour sa plus importante leçon l'on apprend à ne vouloir rien savoir que d'utile, interroge comme Socrate; il ne fait pas une question sans s'en rendre à lui-même la raison qu'il sait qu'on lui en va demander avant que de la résoudre" (Pl.IV, S. 446). Hinsichtlich philologischer Probleme der Sokrates-Rezeption Rousseaus vgl. C. Pichois/R. Pintard: Jean Jacques Entre Socrate Et Caton. Textes inédits de Jean-Jacques Rousseau (1750-1753). Paris 1972 (vor allem auch S. 71ff.). Weiterhin R. Trousson: Socrate devant Voltaire, Diderot et Rousseau. La Conscience en face du mythe. Paris 1967 (vor allem Teil III: Rousseau et l' 'Adroit Sophiste', S. 67-103).

werden und austauschbar sind. ...Trotzdem gibt es auffällige Unterschiede im Gebrauch der entsprechenden Ausdrücke. Diese Unterschiede betreffen sogar den logischen Status. So läßt sich der Ausdruck 'gut' als einstelliger wie auch als mehrstelliger Prädikator verwenden ( ): man kann von einer Sache behaupten, sie sei in Beziehung auf etwas anderes gut, man kann aber auch behaupten, sie sei an und für sich gut. Der Ausdruck 'nützlich' wird dagegen ausschließlich als mehrstelliger Prädikator verwendet. Nützlich ist eine Sache niemals an und für sich selbst, sondern immer nur in bezug auf eine bestimmte Person oder auf einen bestimmten Zweck...Nützlich ist daher das, was in Beziehung auf ein bestimmtes Ziel gut ist. Deshalb vermag der Begriff des Nützlichen bei Platon auch jene teleologische Ordnung des Handelns zu akzentuieren, die ihrer Natur nach immer an der Vorstellung eines Guten als einer Bestimmung ihres letzten Ziels orientiert bleibt. Dadurch wird auch verständlich, daß bei Platon trotz des engen Zusammenhangs der beiden Begriffe, zwar von der Idee des Guten, nicht aber von einer Idee des Nützlichen die Rede ist".[22]

In dem, was (für einen Menschen) nützlich ist, kommt gewissermaßen die - objektive - Idee des Guten subjektiv zur Geltung. Aus diesem Grund knüpft der platonische Sokrates gerade im Hinblick auf die Frage nach den letzten Prinzipien des Handelns - auf das Gerechte - an diese Verbindung von "gut" und "nützlich" an, denn: "Über das, was wirklich und nicht nur scheinbar für ihn nützlich ist, kann auch der Mächtige nicht einfach entscheiden. Denn er kann das für ihn wahrhaft Nützliche sowohl erfassen als auch verfehlen. Es kommt daher...vor allem anderen auf die richtige Einsicht in das an, was wirklich von Nutzen ist. So ist es verständlich, wenn Sokrates darauf hinaus will, die Begriffe des Nutzens und der Gerechtigkeit so zu fassen, daß das gerechte Handeln immer dem wohlverstandenen Nutzen des Handelnden dient...Man bedarf keiner besonderen Motivation zum gerechten Handeln mehr, wenn man erst einmal eingesehen hat, daß einem das, was wirklich gerecht ist, auch nützt. Denn man erstrebt im Grunde immer das, was für einen selbst von Nutzen ist. Gerade deshalb kann dann aber Sokrates schließlich die Idee des Guten in ihrer Funktion als nutzenstiftendes Prinzip als den obersten Gegenstand der Lehre und der Erkenntnis bezeichnen" (Wieland, a.a.O., S. 168f.).[23]

---

22 W. Wieland: Platon und die Formen des Wissens. Göttingen 1982, S. 166f. .

23 Das Prinzip der Nützlichkeit hat demnach eine individuelle und eine allgemeine Seite; im Modellstaat Platons sind diese Unterschiede aufgehoben. Gleichwohl behält, hierauf macht

Die Funktion der Idee des Guten als nutzenstiftendes Prinzip zeigt sich auch in einem weiteren Zusammenhang, der sich auf die unmittelbare Erfahrung bezieht: die Frage nach dem Nutzen einer Sache ist immer auch die Frage nach ihrem Gebrauch. Der Umgang mit einem Ding, einer Sache, bleibt solange ambivalent wie die Möglichkeit für Gebrauch und Mißbrauch besteht. Zum "richtigen" Gebrauch bedarf es eines spezifischen Wissens, eines reinen "Gebrauchswissens" sozusagen.[24] Darüber hinaus ist immer auch ein Wissen für den Gebrauch dieses Gebrauchswissens notwendig, denn eine Sache "gut" können, sie beherrschen, ist etwas anderes als mit diesem Können etwas wirklich "Gutes" zu tun. Wieland schreibt dazu: "Das auf den obersten Lehrgehalt, die Idee des Guten bezogene Wissen erfüllt mithin die Funktion eines obersten Gebrauchswissens. Daher ist es auch verständlich, daß nirgends ein Objekt dieses Wissens als solches näher beschrieben wird. Denn Gebrauchswissen bezieht sich gar nicht in dem Sinn auf ein Objekt, in dem sich die gegenständlichen Formen des kognitiven Wissens auf ein Objekt beziehen. Es ist ein Wissen, das statt dessen die Funktion hat, bestimmte Tätigkeiten zu motivieren und zu regulieren. Weil es ein tätigkeitsbezogenes Wissen ist, kann es auch seine Resultate nicht in allgemeingültiger Form darstellen und mitteilen. Denn jedes Gebrauchswissen hat sich stets an individuellen Instanzen der Anwendung zu bewähren...Gerade weil es ein Wissen ist, das nicht darauf aus ist, einen Gegenstand vorzustellen, läßt es sich nur durch die Funktionen

Wieland an anderer Stelle aufmerksam, "die Orientierung am individuellen Nutzen zumindest in methodischer (d.h. auch pädagogischer, V.K.) Hinsicht den Vorrang. Denn nur im Ausgang von ihm läßt sich die Motivationsproblematik auf sinnvolle Weise erörtern, da nun einmal jedes Handeln letztlich ein individuell motiviertes Handeln bleibt" (a.a.O., S. 169).

24 "Es bedarf jedoch eines spezifischen Wissens, wenn es darum geht, den einem jeden Ding zukommenden richtigen Gebrauch zu regulieren. Nicht nur für den Umgang mit handfesten Dingen, wie ihn der Handwerker pflegt, ist ein derartiges Gebrauchswissen nötig, sondern auch für den Umgang mit Reichtum, Gesundheit und Schönheit. Alle diese Dinge sind also nicht von Hause aus gut und nützlich, sondern erst dann, wenn sie, geleitet durch ein entsprechendes Wissen, in Gebrauch genommen werden. Da nun die Kunst, ein Ding herzustellen, nicht mit der Kunst zusammenfällt, es richtig zu gebrauchen, und da man andererseits bei der kunstgerechten Herstellung eines Dings wiederum von anderen Dingen Gebrauch machen muß, ist es möglich, am Leitfaden der Gebrauchsrelation eine hierarchische Ordnung der einzelnen Künste zu entwerfen" (Wieland, a.a.O., S. 177). - Es wird im folgenden Abschnitt (4.3) gezeigt werden, daß auch Rousseau im Zusammenhang der Bedeutung der Arbeit eine derartige hierarchische Ordnung der Künste - am Gebrauch orientiert - aufstellt.
Eine detaillierte Analyse der einzelnen Wissensformen in phänomenologischer Perspektive findet sich bei Schütz/Luckmann, Strukturen der Lebenswelt, a.a.O., S. 133ff. (III Das Wissen von der Lebenswelt).

charakterisieren, die es ausübt"(Wieland, a.a.O., S. 180).

Das "oberste", an der Idee des Guten orientierte Gebrauchswissen - man könnte in gewisser Weise von einem moralischen oder regulativen Wissen sprechen - ist zwangsläufig auf darunterliegende, "untere" Typen des Gebrauchswissens - als gegenstandsbezogenes kognitives Wissen zu umschreiben - gegründet. Dies sind z.B. Formen des Wissens, die sich in spezifischen Fähigkeiten und Fertigkeiten ausdrücken und sich in der Erfahrung praktisch erweisen, daß etwas "funktioniert".[25] "Es gibt falsche Sätze und falsche Meinungen", schreibt Wieland. "Fähigkeiten oder Fertigkeiten können dagegen nicht falsch sein. Durch sie wird *Wirklichkeit auf irrtumsfreie Weise* erschlossen (Hervorhebg. d. Verf.). Auf der Grundlage eines einschlägigen Gebrauchswissens wird man immer das Richtige tun und das Falsche unterlassen" (a.a.O., S. 275f.).

Zurück zu Rousseau! Aufgrund der vorhergehenden skizzenhaften Ausführungen kann die Frage nach der Bedeutung des Prinzips der Nützlichkeit für die Moralentwicklung folgendermaßen beantwortet werden: Für die Entfaltung des moralischen Bewußtseins ist "Nützlichkeit" eine notwendige Kategorie, weil sie eine Form der Verallgemeinerung darstellt, die dem Entwicklungsstand der Kinder - ihrem "Werksinn" (Erikson) - angemessen ist, d.h. eine Verallgemeinerung, die die Kinder nicht durch Belehrung, sondern schlicht durch eigene Erfahrung "verstehen" können. Das Prinzip der Nützlichkeit relativiert die Subjektivität des Lernens, zielt auf ein intersubjektiv gültiges "Gebrauchswissen" und verhilft dadurch gewissermaßen zu irrtumsfreien Inseln der Wirklichkeitserfahrung. Das Nützliche ist - verborgen zwar - mit dem verbunden, was als "gut" gilt. Insofern weist das Prinzip der Nützlichkeit über das einschlägige Gebrauchswissen hinaus und provoziert die moralische, an der Idee des Guten orientierte Frage nach dem

---

[25] Die Figur des "Handwerkers" liefert hierfür ein anschauliches Beispiel. Bei Wieland heißt es: "Sokrates orientiert sich sogar mit Vorliebe an dem die Tätigkeit des Handwerkers regulierenden Wissen, wenn er Sachkompetenz exemplifizieren will, die von niemandem ernstlich in Frage gestellt werden kann. Es geht um eine Sachkompetenz, die ihrem Inhaber im Rahmen ihres Referenzbereiches sogar Immunität gegenüber den Irritationen durch sophistische Argumentationstechniken verleiht... Den Handwerker befähigt seine Kompetenz nicht nur, bestimmte Tätigkeiten mit Erfolg zu praktizieren; sie befähigt ihn auch, über seine Tätigkeit treffend zu reden und sie zu begründen. Es ist ein Wissen, das jeden Handwerker und überhaupt jeden Fachmann erst zu dem macht, was er ist. Die Existenz eines solchen Wissens manifestiert sich auch in der Fähigkeit seines Inhabers, es an andere weiterzugeben. Freilich wird derartiges Wissen immer nur in einem Prozeß von Anleitung und Einübung vermittelt. Es läßt sich niemals wie ein Gegenstand transferieren...Es läßt sich nicht objektivieren, weil es...gleichsam in die Handlungen eingewachsen ist" (a.a.O., S. 253f.).

rechten Gebrauch des Gebrauchswissens, es zielt also auf eine Form regulativen Wissens: so betrachtet ist die Nützlichkeit, salopp formuliert, die Idee des Guten "zum Anfassen".

Bei beiden Wissensformen ist - phänomenologisch betrachtet - die Form des Fragens im Grunde identisch, so daß jede Frage nach dem Nutzen einer Sache zugleich eine Einübung in die Frage nach der moralischen Qualität darstellt.

Das Prinzip der Nützlichkeit entfaltet seine Wirkung nicht von selbst, sondern es ist - wie die "Erziehung durch die Dinge" auf eine bestimmte Form der pädagogischen Realisierung angewiesen: die Lehrszene.

4.2.3 Die Lehrszene als Lernhilfe

Damit die Kinder auf der dritten Stufe der Kindheit das Lernen selbst zu lernen vermögen - eine notwendige Voraussetzung, um Urteilsfähigkeit zu erlangen -, bedarf es einer bestimmten Form der pädagogischen Inszenierung. Während auf der zweiten Stufe der Kindheit die Figur des Erziehers in gewisser Weise "nur" durch eine pädagogisch gestaltete Lernumwelt "hindurchschimmerte", rückt Rousseau nun in diesem Entwicklungsabschnitt die Person des Erziehers in besonderer Weise in den Vordergrund.[26]

Die das erzieherische Geschehen im "friedlichen Verstandesalter" bestimmende Form ist die *Lehrszene*. Es ist im Laufe der bisherigen Darstellung bereits deutlich geworden, in welch starkem Maße Rousseau sich am platonischen Sokrates - und damit an der Form des sokratischen Dialogs - orientiert. Es müssen allerdings verschiedene Formen dieses Dialogs unterschieden werden.[27] Wieland unterscheidet z.B. den "antagonistischen, eristischen Dialog" (a.a.O., S. 75), eine Art Streitgespräch, in dem es vor allem darum geht, Recht zu behalten von dem "synergistischen Dialog"(ebd., S. 80), ein an der Wahrheit ausgerichtetes Gespräch "gleichberechtigter" Partner ohne Gewinner und Verlierer. Eine Sonderform dieses synergistischen Dialogs nun ist das Lehrgespräch; hierfür müssen zwei Bedingungen gegeben sein: "Einmal geht es hier um propositionales Wissen, also um ein Wissen, "das in einem Satz formuliert und dargestellt werden kann. Zum

[26] Vgl. dazu den Abschnitt über die "Pädagogische Inszenierung" im vorhergehenden Kapitel.

[27] Vgl. Wieland, a.a.O., S. 70-83 (§ 4 Formtypen des Dialogs; weiterhin: J. Mittelstraß: Wissenschaft als Lebensform. Reden über philosophische Orientierungen in Wissenschaft und Universität. Frankfurt/M. 1982, S. 138-161 (Versuch über den Sokratischen Dialog).

anderen findet sich Sokrates als Lehrender von Anfang an im Besitz dieses Wissens" (Wieland, a.a.O., S. 81).

Es wird nun mit Blick auf Rousseau von der Lehr-*szene* gesprochen,weil in ihr zum einen die Elemente des sokratischen Lehrgesprächs zur Geltung kommen; der Begriff der Szene soll zum anderen darauf aufmerksam machen, daß es Rousseau nicht nur um ein Gespräch geht, sondern um mehr: um reale Situationen nämlich, aus denen heraus das Lehrgespräch entsteht und in denen es seinen Platz hat.[28]

Eine Lehrszene ist also mehr als nur eine Belehrung in Gesprächsform, und zugleich ist sie mehr als nur das gemeinsame Erleben einer Situation: vielmehr ist sie eine subtile indirekte Verbindung beider Elemente in pädagogischer Absicht.[29]

---

[28] Die Beschreibung sozialer Prozesse mit Hilfe von Begriffen aus der Welt des Theaters hat in den Sozialwissenschaften eine lange Tradition. Vgl. dazu beispielsweise E. Goffman: The Presentation of Self in Everyday Life. New York 1959 (deutsch: Wir alle spielen Theater. Die Selbstdarstellung im Alltag. München 1969).
Die unterschiedlichen Theorien referiert im Hinblick auf die Begriffe Interaktion, Situation, Szene und Identität F. Wellendorf: Schulische Sozialisation und Identität. Zur Sozialpsychologie der Schule als Institution. Weinheim und Basel 1973 (S. 14-43).
Zum Begriff der Szene heißt es bei Wellendorf: "Im Begriff der Szene kommt unmittelbarer als in dem der Situation (...) die Einheit von 'objektivierten Gegebenheiten', Interaktion als kommunikativem Handeln und ihrer symbolischen Vermittlung zum Ausdruck. Szenen sind anders denn als gemeinsames Handeln im Kontext 'objektivierter Gegebenheiten' nicht vorstellbar! Das Bild der Szene ist unmittelbarer mit der Vorstellung gemeinsamen Handelns verbunden als das Bild der Situation... 'Szene' bezeichnet einen symbolisch vermittelten Interaktionszusammenhang, der raum-zeitlich strukturiert und von einem Horizont von Mitgegebenheiten begrenzt ist. Als symbolisch vermittelte sind Szenen stets interpretiert und definiert in Prozessen gemeinsamer Kommunikation und gemeinsamen Handelns. Die Einzelelemente der Szene - individuelle Bedürfnisse, Rollen, Interaktionen, Dinge (!) - haben ihre Bedeutung nur im entfalteten System des Sinnzusammenhangs der ganzen Szene. Insofern kann es Interaktionen als bedeutungsvolles soziales Handeln nur in Szenen geben" (S. 23).

[29] Ein klassisches Beispiel hierfür ist die Szene im Wald von Montmorency: Am Vortag hatte der Erzieher Emil anhand der Lage des Waldes von Montmorency im Rahmen des "Geographieunterrichts" in die Grundkenntnisse der Erd- und Himmelskunde einzuführen versucht, als Emil mit Hilfe der Frage, wozu das nütze sei, die Ausführungen seines Meisters erfolgreich zu unterbinden vermochte. Hierauf "inszeniert" der Erzieher für den nächsten Tag vor dem Mittagessen einen Spaziergang - in den Wald von Montmorency natürlich. Sie verirren sich "programmgemäß", wissen nicht mehr, wo sie sind, es ist heiß, die Zeit vergeht, Emil beginnt zu weinen: er hat Hunger und Durst. Nach einhelliger Überzeugung beider Spaziergänger ist es müßig, darauf zu warten, daß das Mittagessen in den Wald kommt. In dieser Situation nun erinnert der Erzieher, eher beiläufig und in einen anderen Zusammenhang geschickt versteckt, an die gestrige Stunde: wie war das eigentlich gestern mittag mit der Lage des Waldes? In Frage und Antwort wird nun die Himmelsrichtung herausgefunden, in die zu gehen ist, und schließlich schlägt Emil "in die Hände und ruft vor Freude: Ich sehe Montmorency! Da liegt es ganz nah. Gehen wir essen, laufen wir schnell! Die Astronomie ist doch zu etwas gut" (UTB, S. 177/Pl.IV, S. 450). Von gleicher Struktur der Inszenierung ist das Beispiel vom gefälschten Wein oder die Szene mit der magischen Ente.

Damit eine Lehrszene den gewünschten Erfolg erbringt, müssen, so Rousseau, sowohl auf seiten des Erziehers als auch auf seiten des Kindes bestimmte emotionale und kognitive Voraussetzungen gegeben sein. "Das Kind", so sagt Rousseau, "soll nichts aufs bloße Wort hin tun: Nichts ist für das Kind gut, was es nicht als gut *empfindet* (Hervorhebg. d. Verf.)"...[30] Mit anderen Worten heißt das: ein Kind lernt nur, wenn es fühlt, daß das, was es lernen soll, zu seinem Nutzen ist: "Mit fünfzehn Jahren schaut man auf das Glück eines Weisen mit denselben Augen wie mit dreißig auf die Herrlichkeit des Paradieses. Wenn man weder das eine noch das andere richtig begreift, strengt man sich auch nicht an, sie zu erwerben. Selbst wenn man sie sich genau vorstellen könnte, wäre nicht viel gewonnen, wenn man sie nicht auch begehrte und fühlte, daß sie einem zuträglich sind. Ein Kind ist leicht zu überreden, daß das, was man es lehren will, auch nützlich ist. Aber überreden nützt nichts, wenn man es nicht überzeugt...Wie kann man sich für etwas begeistern, das man noch gar nicht kennt? Zeigt dem Kind nie etwas, das es nicht auch einsehen kann. Die Menschheit ist ihm fast fremd: wir können es nicht auf die Stufe der Erwachsenen heben. Also müssen wir den Erwachsenen auf die Stufe des Kindes herunterholen".[31]
Jedes Lernen im Sinne Rousseaus bedarf demnach einer emotionalen Fundierung. Dieses "Lerngefühl" ist umso wichtiger, als jetzt die Zeit gekommen ist, "unseren Schüler nach und nach daran zu gewöhnen, einem und demselben Gegenstand eine anhaltende Aufmerksamkeit zu widmen. Doch soll sie sich nie auf Zwang, sondern immer auf Lust und Liebe stützen".[32] Rousseau geht es also um mehr und das soll hier ausdrücklich betont werden - als "nur" um ein freundliches Lernklima. Es geht ihm vielmehr um das elementare Gefühl, daß der zu lernende Gegenstand für den Lernenden wirklich von persönlicher Bedeutung ist.[33] Die Erzieher können hierfür

---

[30] UTB, S. 172. - "Que l'enfant ne fasse rien sur parole; rien n'est bien pour lui que ce qu'il sent être tel" (Pl.IV, S.444).

[31] UTB, S. 179/Pl.IV, S. 453. - An anderer Stelle heißt es: "...car nos vrais maitres sont l'expérience et le sentiment et jamais l'homme ne sent bien ce qui convient à l'homme que dans les rapports où il s'est trouvé" (Pl.IV, S. 445).

[32] UTB, S. 164. - "Voici le tems aussi de l'accoutumer peu-à-peu à donner une attention suivie au même objet; mais ce n'est jamais la contrainte, c'est toujours le plaisir ou le desir qui doit produire cette attention" (Pl.IV, S. 436).

[33] C. Rogers spricht in seiner Theorie hierbei von "significant learning" (C. Rogers: Lernen in Freiheit. Zur Bildungsreform in Schule und Universität. München 1974). Damit etwas gelernt

Situationen arrangieren und inszenieren, die der Entstehung eines solchen Gefühls förderlich sind. Sie können allerdings nicht den Lernenden dieses Gefühl "machen", denn das vermag nur der Lernende allein.[34]

Zu 2) Neben diesen emotionalen Voraussetzungen einer Lehrszene nennt Rousseau einige Gesichtspunkte, die sich mehr auf die kognitiven Prozesse beziehen. An erster Stelle steht für ihn dabei die Priorität des Phänomens vor dem Symbol. "Setzt überhaupt niemals das Zeichen an die Stelle der Sache, außer es ist unmöglich, sie zu zeigen. Denn das Zeichen verschlingt die Aufmerksamkeit des Kindes und läßt es die dargestellte Sache selbst vergessen" (UTB, S. 162/Pl.IV, S. 434). Dementsprechend sollen die Erzieher "soviel wie möglich durch Handlungen reden, und nur sagen, was man nicht machen kann" (UTB, S. 177/Pl.IV, S. 451).

Das Infragestellen eines Phänomens, das animierende Zeigen, das - modern gesprochen - Problematisieren soll allerdings nur soweit gehen, bis das Kind von selbst weiterentdecken, weiterdenken will: "Begnügt euch also, ihm die Dinge zur rechten Zeit zu zeigen, und wenn ihr dann seine Neugier genügend erregt habt, richtet irgendeine kurze Frage an ihn, die ihn auf den Weg zur Lösung bringt. Wenn ihr also den Sonnenaufgang lange genug betrachtet und ihn angehalten habt, die Berge und andere naheliegende Dinge auf dieser Seite zu beobachten, dann laßt ihn ruhig plaudern. Dann schweigt einen Augenblick, wie ein Mann, der in Nachdenken versunken ist, und sagt: Wenn ich daran denke, daß die Sonne gestern dort untergegangen ist und heute morgen sich hier erhoben hat, wie mag das gekommen sein! Nichts weiter! Wenn er fragt, antwortet nicht. Sprecht von etwas anderem.

---

werden kann, muß es, das ist hier gemeint, dem Betreffenden zum Problem geworden sein, d.h. das Wissen muß "biographisiert" werden, aus einer "biographisch bestimmten Situation" hervorgehen. Schütz/Luckmann haben im Rahmen ihrer Wissenssoziologie dies Problem des Wissenserwerbs ausführlich beschrieben (vgl. Strukturen der Lebenswelt, a.a.O., S. 85ff., 124ff., 145ff.).

34 Vgl. dazu J. Mittelstraß: "Im philosophischen Dialog spiegelt sich der agonale Anfang der Vernunft...Selbständigkeit wird hier ebenso wie in allen anderen Aspekten, die die Bildung des autonomen Subjekts betreffen, nicht *gewährt*, sondern *errungen* - gegen die Welt (herrschende 'objektive' Orientierungen) und gegen sich selbst (herrschende subjektive Orientierungen)" (a.a.O., S. 142).
Der enge Kontakt zwischen Lehrenden und Lernenden erleichtert allerdings diesen mühsamen Vorgang. Rousseau schreibt: "Das Kind muß immer ganz bei der Sache sein. Ihr aber müßt ganz bei dem Kind sein, es beobachten, es ständig und unauffällig belauschen, alle seine Empfindungen im voraus ahnen und denen vorbeugen, die es nicht haben soll. Ihr müßt es so beschäftigen, daß es sich nicht nur der Sache gewachsen fühlt, sondern auch Gefallen daran findet, weil es vollkommen begreift, wozu ihm sein Tun dient" (UTB, S. 185/Pl.IV, S. 461).

Überlaßt ihn sich selbst, und ihr könnt sicher sein, daß er darüber nachdenken wird".[35]

So wie die Sache vor dem Zeichen, so soll das Wichtige vor dem Unwichtigen, der Gebrauch vor dem Mißbrauch behandelt werden, um die Kinder nicht zu verwirren: "Es kommt immer darauf an, zuerst den Gebrauch einer Sache recht deutlich zu machen, ehe man den Mißbrauch erläutert...Es gibt eine Unzahl interessanter Dinge, auf die man die Wißbegier eines Schülers lenken kann, ohne jemals die wirklichen und sachlichen Verhältnisse zu überschreiten, die er erfassen kann, und ohne zu dulden, daß er sich eine einzige Vorstellung bildet, die er nicht begreift! Die Kunst des Lehrers besteht darin, niemals auf unwesentlichen Nebensächlichkeiten zu verweilen, sondern ihm stets die großen Zusammenhänge näherzubringen, die er eines Tages kennen muß, um die Ordnung der bürgerlichen Gesellschaft im Guten wie im Bösen beurteilen zu können" (UTB, S. 187/Pl.IV, S. 462f.).

Die wesentlichen Merkmale einer Lehrszene können nun - die Form des Sokratischen Lehrgespräches im Hintergrund - folgendermaßen zusammengefaßt werden:

1. Jede Lehrszene besteht aus zwei Teilen: einer wirklichen, wenn auch pädagogisch arrangierten Situation (oder mehreren) und einem Dialog. Die Einbettung des Gespräches in eine reale Situation vermittelt den engen Zusammenhang zwischen Handlung und Reflexion: die Handlung wird unterbrochen, infragegestellt, mit Hilfe weiterer Informationen in veränderter Weise strukturiert und somit die gewonnene Erkenntnis unmittelbar für den Fortgang der Handlung nutzbar gemacht. Im Sinne Rousseaus ist demnach der Dialog an der Stelle abzubrechen, an der der Lernende das Gelernte in die Fortführung seiner Handlung selbst einzubringen vermag, sie gewissermaßen "neu" vollenden kann.[36]
2. Eine Lehrszene ist so anzulegen, daß sie dem Lernenden ein Problem aufgibt.

---

[35] UTB, S. 161/Pl.IV, S. 432. - An anderer Stelle heißt es: "Fragt es euch, so antwortet nur soviel, wie nötig ist, seine Neugier wachzuhalten, nicht aber, um sie zu befriedigen. Hört auf, wenn es nicht mehr zum Gegenstand fragt, sondern umherschweift und euch mit albernen Fragen quält...Man muß weniger auf seine Worte achten als auf das Motiv, das es zum Reden treibt" (UTB, S. 164/Pl.IV, S. 436).

[36] Vgl. dazu: "Nicht das Handeln", schreibt Mittelstraß, "sondern gerade das Nicht-Handeln, die Möglichkeit, Handlungsketten zu unterbrechen, um 'nachdenklich' die Wirkungen eigenen und fremden Handelns und die zukünftigen Wirkungen fortgesetzten Handelns zu erwägen, macht uns in erster Linie zu dem, was wir der Idee nach und auf die Gattung bezogen sind: vernünftige Wesen" (a.a.O., S. 139).

Denn eine notwendige Voraussetzung zum Wissenserwerb ist die Erfahrung des Nichtwissens, das so zu einem festen Bestandteil des Wissens werden kann: wer alles zu wissen meint, kann nicht lernen.
Die pädagogische Intention, die im Problem "verborgen" ist, wird dann zu einer *biographisch* bestimmten Situation, d.h. die Lösung des Problems wird für den Lernenden unmittelbar bedeutsam: diese *"Biographisierung"* der Lernaufgabe ist der entscheidende Schritt auf dem Weg zur Lösung.
3. Der in eine Lehrszene eingebettete Dialog ist mehr als eine Lehrform, er ist vielmehr eine Lebensform. In ihm geht es um den direkten Zusammenhang von Handlung und Reflexion, um Frage und Antwort, um das Verstehen des Anderen, um den Austausch von Argumenten mit Hilfe des Prinzips der Überzeugung und schließlich um Verständigung, Konsens.[37]
4. Der Erfolg einer Lehrszene ist davon abhängig, ob und wie es dem Erzieher gelingt, sich ständig, dem Fortschritt des Lernenden angepaßt und unterworfen, in anderen Rollen zur Geltung zu bringen: als einer, der das Nachdenken durch immer wieder neue, verblüffende und animierende Fragen in Bewegung hält; als einer, der vermeintliche Sicherheit gründlich zu erschüttern weiß und schließlich als einer, der, an der Selbständigkeit seines Gegenüber interessiert, nie etwas tun oder sagen wird, was derjenige selbst zu tun oder zu sagen vermag.
5. Im Dialog einer Lehrszene wird das Prinzip der "offenen Frage" (Bollnow) in gewisser Weise "institutionalisiert", und so betrachtet ist jedes Wissen, das in einem Dialog zum Vorschein gebracht wird, ein offenes, nicht-dogmatisches Wissen, das der "exemplarischen Vergegenwärtigungsleistung" gegenüber einer "theoretischen oder systematischen Vollständigkeit" eindeutig den Vorzug gibt (vgl.

[37] Mittelstraß schreibt: "Philosophie läßt sich nicht sagen (in Form von Lehrbuchwissen), sondern nur tun (in Form von philosophischen Dialogen bzw. einer verwirklichten philosophischen Orientierung). Philosophie ist argumentatives Handeln unter einer Vernunftperspektive und insofern eine Lebensform.
...das geschriebene Wort antwortet nicht. Ist sie 'einmal geschrieben, so irrt auch überall jede Rede gleichermaßen unter denen umher, die sie verstehen, und unter denen, für die sie nicht gehört, und versteht nicht, zu wem sie reden soll und zu wem nicht'. Das heißt erstens, daß erst die Möglichkeit von Frage und Antwort einen Dialog konstituiert. Wo nicht mehr gefragt und nicht mehr geantwortet wird, geht ein Diaog 'direkt' in Forschung über. Resultate der Forschung lassen sich aufschreiben, Forschungsprozesse im strengen Sinne nicht.
Wo Philosophie in Worte gefaßt, d.h. aufgeschrieben wird, verliert das, was gesagt wird, seinen pragmatischen Zusammenhang mit der Situation (dem Dialog), in der (in dem) es gesagt wird...das geschriebene Wort 'irrt umher'...Es trägt Bedeutungen, eine Praxis" (a.a.O., S. 151).

Mittelstraß, a.a.O., S. 155).

6. Die Lehrszene knüpft an die Erziehungsform an und baut auf sie auf, die im vorangegangenen Entwicklungsabschnitt bestimmend gewesen ist, nämlich an eine Erziehung durch die Dinge mit Hilfe einer pädagogisch gestalteten Lernumwelt. Zugleich bereitet die Lehrszene auf eine Erziehungsform vor, die in Zukunft das erzieherische Geschehen bestimmen wird: das Gespräch. Denn auf dieser dritten und letzten Stufe der Kindheit verläßt der Erzieher sozusagen seinen Platz hinter den Kulissen der Lernumwelt und tritt direkt in die Situation, die dann eine Zeitlang zum Gespräch wird. Sobald allerdings der Lernende seine Hilfe nicht länger benötigt und selbständig weiter zu lernen vermag, zieht sich der Erzieher wieder in den Hintergrund zurück. In Zukunft werden sich dann Erzieher und Zögling ohne die stützende Hilfe einer realen Situation im Gespräch direkt gegenüberstehen.

Im Mittelpunkt der dritten Stufe der Kindheit steht das Lernen des Lernens. Mit der Darstellung der Lehrszene ist die erste Durchführung des Themas, die sich auf den Erwerb theoretischen Wissens bezog, abgeschlossen. Es soll nun im folgenden Abschnitt gezeigt werden, wie Rousseau das Thema in einer zweiten Durchführung variiert, die sich auf den Erwerb praktischen Wissens bezieht, das der Mensch benötigt, um für seinen Lebensunterhalt sorgen zu können, indem er arbeitet.

4.3 Die Bedeutung der Arbeit

Auf der dritten Stufe der Kindheit sollen die Heranwachsenden nicht nur theoretisches Wissen (und das unmittelbar dazugehörige Gebrauchswissen) erwerben. Rousseaus Intentionen sind - pädagogisch betrachtet - vielmehr darauf gerichtet, den Heranwachsenden zugleich ein bestimmtes praktisches Wissen zu vermitteln. Praktisches Wissen wird erworben, indem gearbeitet wird und dabei entsteht gleichzeitig wiederum ein theoretisches Wissen über diese Arbeit. Wissenserwerb und Arbeit hängen also zusammen: praktisches Wissen entsteht in der und durch die Arbeit, und um arbeiten zu können, bedarf es eines spezifischen Wissens.

Es könnte nun durch die Betonung des Wissensaspektes der Arbeit der Eindruck entstehen, Rousseau betrachte die Arbeit als Mittel zum Wissenserwerb. Dies wäre ein folgenreiches Mißverständnis, denn: die Notwendigkeit, zu arbeiten, begründet Rousseau gerade nicht pädagogisch, sondern in grundlegendem Sinne anthropologisch. Die Arbeit folgt nämlich unmittelbar aus dem Prinzip der Selbsterhaltung, und insofern ist sie für die Erhaltung jedes einzelnen Menschen und damit für die Erhaltung der Gesellschaft insgesamt unabdingbar. Indem die Heranwachsenden arbeiten lernen, lernen sie folglich, für sich selbst zu sorgen, und indem sie für sich selbst zu sorgen beginnen, tragen sie so zum Erhalt der Gesellschaft bei. Die Arbeit vermittelt demnach grundlegend zwischen Individuum und Gesellschaft, sie ist - so betrachtet - prinzipiell sozial. Dies gilt allerdings nur dann, wenn sie Ernstcharakter trägt, also nicht als pädagogische Veranstaltung nur in einem Schonraum abseits der Arbeitswirklichkeit inszeniert wird.[38]

Die Einführung in die Welt der Arbeit geschieht nicht abrupt und unvermittelt. Rousseau knüpft vielmehr an Erfahrungen an, die sein Zögling bereits auf der zweiten Stufe der Kindheit erworben hat.[39] Weiterhin greift er auf das bereits eingeführte und bewährte Prinzip der Nützlichkeit zurück, dem gerade für das Arbeitenlernen besondere Bedeutung zukommt, wie im folgenden - nach diesem ersten groben Überblick - im einzelnen zu zeigen sein wird.

"Wer außerhalb der Gesellschaft lebt", sagt Rousseau, "schuldet niemandem etwas und hat das Recht zu leben, wie es ihm gefällt. In der Gesellschaft aber lebt er notwendigerweise auf Kosten der anderen: er schuldet ihnen Arbeit als Preis für seinen Unterhalt. Das gilt ohne Ausnahme. Arbeiten ist also eine unerläßliche Pflicht des Menschen innerhalb der Gesellschaft. Arm oder reich, mächtig oder

---

38 In der Reformpädagogik wurde die Arbeit vorwiegend als Bildungsmittel verstanden. Hierauf weist auch G. Groth in seiner Studie über "Die pädagogische Dimension im Werke von Karl Marx" hin und betont zugleich den prinzipiellen Unterschied zu einer marxistischen Auffassung: "Dieser Gedanke der gesellschaftlichen Arbeit ist in der pädagogischen Theorie durchaus nicht unbeachtet geblieben. So haben vor allem in unserem Jahrhundert Kerschensteiner und Gaudig auf den bildenden Wert der Arbeit hingewiesen und deren gemeinschaftlichen Vollzug gefordert ( ). Was indes all diese Bemühungen von der hier gemeinten (d.h. auf Marx beruhenden, V.K.) Auffassung prinzipiell unterscheidet, ist, daß sie die gesellschaftliche Arbeit lediglich als 'Mittel', nicht aber als eine Grundbestimmung des Menschen selbst betrachten. Erst solche Auffassung aber vermag die soziale Betätigung der Individuen auch theoretisch, d.h. anthropologisch-historisch zu begründen" (G. Groth: Die pädagogische Dimension im Werke von Karl Marx. Neuwied, Darmstadt 1978, S. 90).
Die folgenden Ausführungen werden jedoch zeigen, daß diese anthropologisch-historische Begründung nicht erst seit Marx, sondern bereits seit Rousseau der pädagogischen Theorie zugänglich war, wenn sie auch - wirkungsgeschichtlich betrachtet - kaum so verstanden worden ist.

39 "Das Gewerbe betreibt den Austausch von Gütern, der Handel den Austausch von Waren, das Bankwesen den Austausch von Wertzeichen und Geld. Alle diese Vorstellungen hängen zusammen, und die Grundbegriffe haben wir schon erfaßt, als wir sie im frühesten Alter mit Hilfe des Gärtners Robert angelegt haben. Nun bleibt uns nur übrig, sie zu verallgemeinern und auf weitere Beispiele auszudehnen..." (UTB, S. 185f./Pl.IV, S. 461).

schwach, jeder müßige Bürger ist ein Schmarotzer".[40]

Im Zuge der Entwicklung sind die Menschen aus dem Naturzustand herausgetreten, und sie können nicht mehr dorthin zurück: sie müssen also in der Gesellschaft leben: "Nach diesem Prinzip könnte ein Mensch, der sich als isoliertes Wesen betrachtet, an niemanden anschließt und völlig sich selbst genügen will, nur unglücklich sein. Ja, er könnte nicht einmal existieren, denn die Welt ist in Mein und Dein aufgeteilt, und er besitzt nichts als seinen Körper. Woher sollte er seinen Unterhalt nehmen? Wenn wir den Naturzustand verlassen, zwingen wir auch die anderen, dasselbe zu tun. Niemand kann darin verharren, wenn die anderen es nicht wollen. Und es hieße wirklich, aus ihm heraustreten, wenn man in ihm verharren wollte, wo es doch unmöglich ist, in ihm zu leben. Denn das oberste Gesetz der Natur ist die Selbsterhaltung" (UTB, S. 191/Pl.IV, S. 467). Die Menschen können zwar nicht mehr in den Naturzustand zurückgehen, sie können aber - und so lautete ja die Formel Kants - dorthin zurücksehen. Allein dieser Blick zurück - nicht im Zorn, sondern eher mit Wehmut und Hoffnung - ermöglicht, so Rousseau, ein angemessenes Verständnis für den derzeitigen Zustand der Gesellschaft und zukunftsweisende Perspektiven. Was also, so ist zu fragen, können die Menschen über die Arbeit in der Gesellschaft lernen, wenn sie in den Naturzustand zurückblicken?

"Die Ausübung natürlicher Kunstfertigkeiten, die ein einzelner treiben kann, führt zur industriellen Ausführung, zu der viele Hände nötig sind. Die ersten können Einsiedler und Wilde ausüben, die anderen können nur in der Gesellschaft entstehen und machen sie notwendig. Solange man nur physische Bedürfnisse kennt, genügt sich jeder selbst. Will man Überfluß herbeiführen, wird die Teilung und Aufteilung unerläßlich. Während ein Mann nur sich selbst ernähren kann, können hundert Männer durch Zusammenarbeit so viel verdienen, daß sie zweihundert ernähren können. Sobald also ein Teil der Menschen müßig ist, muß die gemeinsame Leistung derer, die arbeiten, den Ausgleich für den Müßiggang derer schaffen, die nichts tun" (UTB, S. 181/Pl.IV, S. 456). Das heißt doch mit anderen Worten: durch Zusammenarbeit können Menschen mehr produzieren als

---

[40] UTB, S. 193 - "Hors de la société, l'homme isolé ne devant rien à personne, a droit de vivre comme il lui plaît; mais dans la société, où il vit nécessairement aux dépens des autres, il leur doit en travail le prix de son entretien; cela est sans exception. Travailler est donc un devoir indispensable à l'homme social. Riche ou pauvre, puissant ou foible, tout citoyen oisif est un fripon" (Pl.IV, S. 470).

sie benötigen, und sie müssen mehr produzieren als sie benötigen, wenn sie mehr als nur physische Bedürfnisse befriedigen wollen. Allerdings ist es dazu dann erforderlich, die Arbeit zu teilen. Rousseau veranschaulicht dies an einem Gedankenexperiment: "Jeder muß wissen, was andere Brauchbares für ihn haben, und was er ihnen seinerseits bieten kann. Denken wir uns zehn Menschen, von denen jeder zehn Bedürfnisse hat. Jeder muß sich also zur Befriedigung seiner Bedürfnisse zehn verschiedenen Beschäftigungen widmen. Da aber jeder verschieden begabt und geschickt ist, so wird einer das, der andere jenes schlechter machen. Jeder kann alles und macht alles und ist dennoch schlecht bedient. Nun bilden wir aus den zehn Menschen eine Gesellschaft und jeder widmet sich für sich und für die neun anderen derjenigen Beschäftigung, die ihm am besten liegt. Dann zieht jeder aus den Talenten aller anderen den gleichen Nutzen, als ob er alle selbst hätte. Jeder vervollkommnet sein Talent durch dauernde Übung, und so kommt es dahin, daß nicht nur alle zehn vollkommen versorgt sind, sondern auch noch Überschuß für andere haben. Das ist das offensichtliche Prinzip aller unserer Einrichtungen".[41]

Der erwirtschaftete Überschuß wiederum kann gegen andere Güter eingetauscht werden, und so bildet der Tausch die Grundlage jeder Gesellschaft. Allerdings bedarf es dafür eines einheitlichen Maßes: "Keine Gesellschaft kann ohne Tausch bestehen; kein Tausch ohne gemeinsames Maß und kein gemeinsames Maß ohne Gleichheit. Also muß jede Gesellschaft als erstes Gesetz irgendeine konventionelle Gleichheit haben, entweder zwischen den Menschen oder den Dingen. Die konventionelle Gleichheit zwischen den Menschen, die von der natürlichen Gleichheit sehr verschieden ist, erfordert das positive (oder gesetzte) Recht, d.h. Regierung und Gesetze... Vereinbarte Gleichheit unter Dingen führt zur Erfindung des Geldes. Denn das Geld ist nur ein Vergleichsmittel für die Werte von Dingen der verschiedenen Art. In diesem Sinn ist das Geld das wahre Band der Gesellschaft. Aber alles kann Geld sein. Früher war es Vieh. Bei verschiedenen

---

41 UTB, S. 190f./Pl.IV, S. 466f. - Den Gedanken der Arbeitsteilung hatte Rousseau bereits in seiner zweiten Preisschrift eingehend behandelt. Dort heißt es: "Seit man Menschen zum Gießen und Schmieden des Eisens brauchte, brauchte man andere Menschen, um jene zu ernähren. Je mehr die Zahl der Arbeiter wuchs, desto weniger Hände waren mit der Beschaffung der Nahrung für alle beschäftigt, aber ohne daß der essenden Münder weniger geworden wären. Da die einen im Austausch für ihr Eisen Lebensmittel haben mußten, fanden die anderen endlich das Geheimnis, das Eisen zur Vermehrung der Lebensmittel zu benutzen. Daraus entsprangen einerseits die Feldbestellung und der Ackerbau und andererseits die Kunst der Metallverarbeitung und die Vervielfältigung der Anwendung" (Meiner, S. 217/P1. III, S. 173).

Völkern sind es heute noch Muscheln. Eisen war das Geld in Sparta, Leder in Schweden, und bei uns sind es Gold und Silber" (UTB, S. 186/Pl.IV, S. 461f.). Das Geld ist zwar als gemeinsames Maß für den Tausch in jeder Gesellschaft notwendig. Es sind damit jedoch gerade für den Bereich der Erziehung besondere Probleme verbunden, denn: nicht alle Heranwachsenden sind in gleichem Maße gezwungen, für ihren Lebensunterhalt zu sorgen, z.B. wenn sie Kinder reicher Eltern sind. Rousseau stellt diesem Problem folgende Forderung kategorisch gegenüber: "Denn jeder muß sich ganz geben, kann nur für sich bezahlen, und kein Vater kann seinem Sohn das Recht vererben, ein unnützes Glied der Gesellschaft zu werden. Das tut er aber, wenn er ihm, wie du sagst, seine Reichtümer, die der Beweis und der Preis seiner Arbeit sind, vermacht. Wer im Müßiggang verzehrt, was er nicht verdient hat, stiehlt es" (UTB, S. 193/Pl.IV, S. 470). Für eine naturgemäße Erziehung kann daher nur Eines gelten: "Sobald Emil weiß, was leben heißt, werde ich dafür sorgen, daß er lernt, seinen Lebensunterhalt zu erwerben", und zwar aus folgendem Grund: "Bisher habe ich die Menschen nicht nach Stand, Rang und Glücksgütern unterschieden, und ich werde es auch in Zukunft nicht tun, weil der Mensch in jedem Stand Mensch ist. Der Reiche hat keinen größeren Magen als der Arme; er verdaut auch nicht besser. Der Herr hat keinen längeren und stärkeren Arm als der Knecht. Ein Mächtiger ist nicht größer als ein Mann aus dem Volk. Die natürlichen Bedürfnisse sind überall die gleichen. Die Mittel, sie zu befriedigen, sind es ebenfalls. Richtet die Erziehung des Menschen auf den Menschen aus und nicht nach dem, was er nicht ist" (UTB, S. 191f./Pl.IV, S. 468).[42]

Die Begründung Rousseaus dafür, daß Emil arbeiten soll, ist nun deutlich geworden. Es wird im folgenden gezeigt werden, daß auch die Art der Arbeit nicht unwichtig ist, sondern ebenfalls mit der gegebenen Begründung in Einklang stehen

---

[42] Im Grunde genommen, das ist aus diesen Textstellen deutlich erkennbar, hat der Erzieher der Macht des Geldes nichts entgegenzusetzen als die normative Absolutheit seiner moralischen Forderung: Jeder muß eben sozusagen "von Null" anfangen, sich seinen Stand durch Arbeit erst verdienen, auch wenn er es "eigentlich", d.h. faktisch nicht nötig hätte.
Mit anderen Worten: Anthropologisch betrachtet kann die Autonomie der Erziehung nicht unter Berufung auf eine faktische Unabhängigkeit begründet werden, sondern allein unter Berufung auf ein in vielen Fällen kontrafaktisches - moralisches Prinzip. An eben diesem Punkt geht Marx, auf Rousseau aufbauend, über ihn hinaus, indem er gerade die Abhängigkeit der Erziehung von gesellschaftlichen Verhältnissen zum Thema macht. Andererseits schärft Rousseaus auf den Menschen gerichteter Blickwinkel das Bewußtsein für folgenden Sachverhalt: Pädagogisch betrachtet sind Kinder, unabhängig von ihrer Herkunft, unbedingt gleichzubehandeln.

muß. Welche Art von Arbeit sollen die Heranwachsenden also ausüben lernen? Rousseau entscheidet diese Frage mit Hilfe des Prinzips der Nützlichkeit: "Das Kind soll alle Dinge der Natur und alle Arbeiten der Menschen nach ihren greifbaren Beziehungen zu seinem Nutzen, seiner Sicherheit, seiner Erhaltung und seinem Wohlbefinden einschätzen. Also muß das Eisen in seinen Augen einen viel größeren Wert haben als das Gold, das Glas einen größeren als der Diamant. Ebenso achtet es einen Schuster höher als alle Juweliere Europas. Ein Kuchenbäcker ist in seinen Augen ein sehr wichtiger Mann: für den unbedeutendsten Zuckerbäcker gäbe er die ganze Akademie der Wissenschaften her. Goldarbeiter, Kupferstecher, Vergolder, Sticker sind nach seiner Meinung nichts als Tagediebe, die sich mit vollkommen unnützen Spielereien die Zeit vertreiben".[43]

Wenn diese kindliche Perspektive der Nützlichkeit "erwachsen" betrachtet wird, stellt sie sich folgendermaßen dar: "Man kann die Künste auf eine nicht weniger natürliche und dabei noch vernünftigere Weise einteilen, wenn man sie nach den Beziehungen wertet, die sie notwendigerweise untereinander verbinden. Den höchsten Rang nehmen dann die unabhängigsten ein. Den niedrigsten diejenigen, die von einer Anzahl anderer abhängen...So ist beispielsweise die Bearbeitung der Rohstoffe ein Gewerbe ohne Ansehen und fast ohne Gewinn. Durch je mehr Hände sie aber laufen, umso mehr steigt der Preis und das Ansehen...Aber ich behaupte, daß die Herstellung allgemein notwendiger und unentbehrlicher Dinge unstreitig die höchste Achtung verdient. Das Gewerbe, das am wenigsten anderer Handwerke bedarf, verdient noch mehr Achtung, da es freier und unabhängiger ist. Das sind die wahren Maßstäbe für die Einschätzung der Künste und Handwerke. Alle anderen sind willkürlich und hängen von der Tagesmeinung ab" (UTB, S. 184/Pl.IV, S. 459f.). Die Frage nach der Nützlichkeit einer Tätigkeit läßt ein weiteres, für Rousseau sehr wichtiges Kriterium erkennen: die Unabhängigkeit von anderen. Und unabhängig ist für Rousseau eben derjenige, der für seine Arbeit

---

[43] UTB, S. 183f./Pl.IV, S. 458f. - Die kindgemäße Anwendung des Prinzips der Nützlichkeit erschöpft sich allerdings nicht in dem Vergleich zwischen Schuster und Zuckerbäcker, sondern zeigt sich darüber hinaus in einer ernsthaften Weise, den Dingen auf den Grund zu gehen: "Von Werkzeug zu Werkzeug will er immer auf das allererste zurückkommen. Nichts nimmt er auf bloße Vermutung an. Er sträubt sich, etwas zu lernen, zu dem er keine Vorkenntnisse besitzt. Sieht er, wie man eine Sprungfeder macht, so möchte er wissen, wie man den Stahl aus dem Bergwerk geholt hat. Sieht er, wie man die Teile einer Kiste zusammenfügt, will er wissen, wie der Baum zersägt worden ist" (UTB, S. 185/Pl.IV, S. 460).

nicht viel mehr benötigt als sich selbst: der Handwerker. "Von allen Beschäftigungen, die dem Menschen einen Lebensunterhalt liefern können, ist die Handarbeit am natürlichsten. Der Handwerker ist derjenige, der am wenigsten vom Glück und von anderen Menschen abhängig ist. Er hängt allein von seiner Arbeit ab".[44]

Die Heranwachsenden sollen also ein Handwerk erlernen, um ihren Lebensunterhalt verdienen zu können. Diese Entscheidung bringt weitere Schwierigkeiten mit sich: Zunächst gilt es, Vorurteile zu überwinden, die die Arbeit mit den Händen als minderwertig erscheinen lassen.[45] Weiterhin darf das auszuwählende Handwerk keine "häßlichen und unmenschlichen seelischen Eigenschaften" verlangen, d.h. es muß ein ehrbares, also nützliches Handwerk sein.[46] Und schließlich soll es noch dem Geschlecht des Kindes entsprechen.[47]

---

44 UTB, S. 193/Pl.IV, S. 470. "Trotzdem bleibt der Ackerbau der erste Beruf des Menschen. Er ist der ehrenhafteste, der nützlichste und folglich auch der edelste, den man haben kann. Ich sage Emil nicht: lern den Ackerbau! Er kann ihn schon. Er ist mit allen ländlichen Arbeiten vertraut. Mit ihnen hat er begonnen, zu ihnen kehrt er immer wieder zurück. Ich sage ihm also nur: pflege das Erbe deiner Väter! Aber wenn Du es verlierst, oder wenn Du keines hast, was dann? Lern ein Handwerk" (UTB, S. 194/Pl.IV, S. 470).

45 Rousseau betont in diesem Zusammenhang immer wieder den Ernstcharakter der Arbeit: "Souvenez-vous que ce n'est point un talent que je vous demande; c'est un métier, un vrai métier, un art purement méchanique, où les mains travaillent plus que la tête, et qui ne mene point à la fortune, mais avec lequel on peut s'en passer" (Pl.IV, S. 471/UTB, S. 194).
Vorurteilen stellt der Erzieher folgendes Argument entgegen: "Ein Handwerk für meinen Sohn? Mein Sohn ein Handwerker? Mein Herr, wo denken sie hin? Ich meine es besser als sie, Madame! Sie wollen ihn so erziehen, daß er nur Lord, Marquis, Fürst sein kann, d.h. vielleicht eines Tages weniger als nichts. Ich will ihm aber einen Rang verschaffen, den er nie verlieren kann, der ihn jederzeit ehrt: ich will einen Menschen aus ihm machen! Und was Sie auch dazu sagen, mit diesem Titel wird er weniger seinesgleichen haben als mit all den Titeln, die er von Ihnen bekommt" (UTB, S. 194/Pl.IV, S. 470).

46 "Ist nicht jedes Handwerk, das der Gesellschaft nützt, ehrbar? Ich will nicht, daß er Stricker, Vergolder oder Lackierer wird, wie der Gentleman von Locke. Ich will auch nicht, daß er Musiker, Schauspieler oder Schriftsteller wird. Diese und ähnliche Berufe ausgenommen, mag er wählen, was er will, ich werde ihm bei keinem im Wege stehen...Aber so werdet ihr einwenden, auch Häscher, Spione und Henker sind nützliche Leute. Es hängt nur von der Regierung ab, ob sie es sind oder nicht. Es genügt nicht, daß man einen nützlichen Beruf wählt; er darf auch von denen, die ihn ausüben, keine häßlichen und unmenschlichen seelischen Eigenschaften verlangen. Wählen wir also - ich komme auf meinen ersten Ausdruck zurück - ein ehrbares Handwerk, aber bedenken wir, daß es nur dann ehrbar ist, wenn es nützlich ist" (UTB, S. 196/Pl.IV, S. 473).

47 "Gebt dem Mann ein Handwerk, das seinem Geschlecht, dem Jüngling ein Handwerk, das seinem Alter entspricht...Kein junger Mann will von sich aus Schneider werden. Es ist ein

Erst wenn alle diese objektiven Gesichtspunkte berücksichtigt worden sind, ist es zulässig, so Rousseau, auch subjektiven Vorlieben und Interessen Beachtung zu schenken.[48] Rousseau selbst hat eine Schwäche für das Tischlerhandwerk, und "so wäre es (ihm) am liebsten, wenn Emil an der Tischlerei Gefallen fände. Sie ist sauber, nützlich und kann im Hause ausgeübt werden. Sie hält den Körper genügend in Bewegung und verlangt Geschicklichkeit und Kunstsinn. Sind auch die Formen der Werkstücke zweckbestimmt, so sind doch Schönheit und Geschmack nicht ausgeschlossen" (UTB, S. 200/Pl.IV, S. 477f.).
Der Weg der Berufswahl ist nunmehr entlang dem Prinzip der Nützlichkeit über allgemeine bis hin zu individuellen Gesichtspunkten beschrieben worden. Rousseau knüpft an einen erfolgreichen Verlauf dieses Prozesses allerdings zwei wesentliche Bedingungen. Die erste bezieht sich auf den Erzieher: er muß nämlich diesenWeg von Anfang an mit dem Zögling gemeinsam beschreiten, und das heißt, auch er muß arbeiten (lernen): "Wenn Emil sein Handwerk erlernt, will ich es gleichzeitig mit ihm lernen, denn ich bin überzeugt, daß er es nur dann gut erlernt, wenn wir es zusammen lernen. Wir gehen also beide in die Lehre und verlangen nicht, wie Herren behandelt zu werden, sondern wie echte Lehrlinge, die es ja nicht zum Spaß sind".[49] - Die zweite Bedingung bezieht sich auf den bereits erwähnten Ernstcharakter der Arbeit: "Sollen wir täglich eine Stunde bei einem Tischlermeister nehmen, wie man einen Tanzmeister nimmt? Nein, dann wären wir ja keine Lehrlinge, sondern Schüler. Außerdem wollen wir ja nicht die Tischlerei lernen, sondern uns zum Stand des Tischlers erheben. Ich bin also der Meinung, daß wir jede Woche wenigstens einen oder zwei volle Tage beim Meister verbringen, daß

Kunststück, Männer für dieses ausgesprochene Frauenhandwerk zu gewinnen" (UTB, S. 198f./Pl.IV, S. 475f.).

48 "Wenn man die Wahl hat und durch nichts anderes gebunden ist, warum sollen wir nicht unter gleichrangigen Berufen den wählen, der uns freut, zusagt und paßt" (UTB, S. 200/Pl.IV, S. 477)?

49 UTB, S. 200/Pl.IV, S. 478. - An anderer Stelle heißt es: "Zwingt euch aber die Verknüpfung der Erkenntnisse, ihn auf die gegenseitige Abhängigkeit der Menschen hinzuweisen, so zeigt ihm nicht die moralische Seite, sondern wendet seinen Blick zuerst auf das Gewerbe und das Handwerk, womit sich die Menschen untereinander helfen. Führt ihn von Werkstatt zu Werkstatt; duldet jedoch niemals, daß er nur zusieht, ohne selbst Hand mit anzulegen, oder daß er fortgeht, ohne genau begriffen zu haben, was dort geschieht oder was er dort beobachtet hat! Darum müßt ihr auch arbeiten und ihm überall ein Beispiel geben. Ihr müßt überall Lehrling sein, damit er Meister wird. Bedenkt, daß er in einer Stunde Arbeit mehr lernt als aus tagelanger Erklärung" (UTB, S. 181f./Pl.IV, S. 456).

wir mit ihm aufstehen, noch vor ihm am Werk sind, an seinem Tisch essen und unter seinen Anordnungen arbeiten. Wenn wir dann die Ehre gehabt haben, am Abend an seinem Tisch zu essen, gehen wir, wenn wir wollen, nach Hause, um auf unseren harten Betten zu schlafen".[50]

Nur durch ernsthaft betriebene Arbeit unter realistischen Bedingungen ist es demnach möglich, ein wohlfundiertes professionelles Selbstvertrauen zu entwickeln, d.h. das Gefühl, wirklich etwas wert zu sein. Dies zeigt sich nicht an Titeln, sondern an wahrer Sachkenntnis, die wiederum allein durch das Werk selbst zum Ausdruck kommt: der Produzent tritt hinter das Produkt und ist allein in ihm zu erkennen, er hat sich - anthropologisch formuliert - produktiv vergegenständlicht. Rousseau sagt in diesem Sinne: "Der Preis darf sich nicht nach dem Arbeiter, sondern muß sich nach dem Werk richten...Das Werk muß seinen Wert in sich haben, nicht weil er es gemacht hat. Hat er etwas gut gemacht, so sagt: 'Das ist gut'. Fügt aber nicht hinzu: 'Wer hat denn das gemacht?' Wenn er selbst stolz und zufrieden sagt: 'Das habe ich gemacht!' so antwortet kalt: 'Du oder ein anderer, das ist doch gleichgültig, wenn es nur gut ist'...Kein Schein, immer nur die Wirklichkeit. Über sein Wissen soll nicht geredet werden: er soll im stillen lernen. Selbst wenn er sein Meisterstück macht, darf er nicht Meister werden. Nicht durch den Titel soll er sich als Arbeiter ausweisen, sondern durch seine Arbeit (UTB, S. 201f./Pl.IV, S. 479f.).

Jedes Kind wird, naturgemäß erzogen, immer auch anderes lernen, während es arbeitet, denn es ist ja nicht nur "Arbeiterlehrling", wie Rousseau sagt, sondern auch "Menschenlehrling": "Statt das Kind an das Buch zu fesseln, beschäftige ich es in einer Werkstatt. Seine Hände arbeiten zum Vorteil seines Geistes: es wird Philosoph, während es glaubt, Arbeiter zu sein...Wir werden sehen,wie man sich von diesen philosophischen Spielen zum wahren menschlichen Wirken erheben

---

[50] UTB, S. 201/Pl.IV, S. 478. - Die curriculare Bedeutung der Arbeit wird sich letztlich erst in späteren Abschnitten des Lebenslaufes erweisen. Als Emil durch die Untreue seiner Frau in eine schwere Krise gerät, die Familie verläßt und durch die Welt irrt, ist es das erlernte Handwerk, die Fähigkeit zu arbeiten, die ihn sein inneres Gleichgewicht wieder finden läßt: "Doch es war dies die denkwürdigste wie auch die grausamste Zeit meines Lebens. All meine Bindungen waren zerbrochen oder hatten sich zum Schlechten hin verändert...Ich traf eine vorläufige Entscheidung...; ich trat in die Dienste eines Tischlermeisters und begann mein Handwerk auszuüben, in der Erwartung, daß sich mein aufgewühlter Geist wieder ganz beruhigte und ich die Dinge wieder so sehen könnte, wie sie waren. Nie habe ich die Macht der Erziehung stärker empfunden als unter diesen grausamen Umständen..." (Emile und Sophie oder die Einsamen, Winkler, S. 663).

kann".[51]

Der Erwerb theoretischen Wissens im Prozeß des Lernens des Lernens und der Erwerb praktischen Wissens im Prozeß der Arbeit sind auf der dritten Stufe der Kindheit aufs engste miteinander verbunden und verzahnt.[52] Indem Hand- und Kopfarbeit, Denken und Handeln sich aneinander entwickeln, kann die Zeit großer relativer Kraft gut genutzt werden. So vollendet sich die Kindheit.

4.4 Die Vollendung der Kindheit oder: der kategorische Robinson Crusoe

Die Kindheit umfaßt drei Entwicklungsstufen, die notwendig aufeinander folgen müssen: die erste Stufe steht ganz im Zeichen der *emotionalen Fundierung*; auf dieser Grundlage entfaltet sich auf der zweiten Stufe das Verhältnis des Kindes zu sich selbst als Bedingung der Möglichkeit des Verhältnisses zu anderen, d.h. die zweite Stufe wird durch die *Ausbildung der Selbstreferenz* bestimmt.

Das wesentliche Merkmal der dritten Stufe schließlich, durch die die Kindheit vollendet wird, besteht nun - so paradox es klingen mag - genaugenommen darin, daß "eigentlich" nichts "Neues" sich ereignet. Aus diesem Grund kann die nur kurze "Ruhe vor dem Sturm" dazu benutzt werden, das bisher Erlernte und Erfahrene zu sichern, zu differenzieren, in ersten praktischen Anwendungen zu erproben und zu erweitern, gewissermaßen, wie in einer Generalprobe, alles für die Uraufführung sorgfältig vorzubereiten. Die Entwicklung vollzieht sich dabei ruhig und in Frieden, ohne spektakuläre Ereignisse.[53]

---

51 "Ich hasse Bücher! Sie lehren nur, von dem zu reden, was man nicht weiß", sagt Rousseau an anderer Stelle (UTB, S. 179/Pl. IV, S. 454).
Es ist bereits darauf aufmerksam gemacht worden (vgl. Kap. 3.2.2, Anmerkung 33) daß Rousseaus eigene Kindheit von Büchern bestimmt worden ist. Es zeigt sich also auch in der Betonung der Handarbeit eine autobiographische Komponente, und zwar im Sinne einer Projektion und Kompensation eigener defizitärer Erfahrungen.

52 "Habe ich mich bisher verständlich gemacht, so muß man begriffen haben, daß ich durch körperliche Übung und Handarbeit in meinem Schüler unvermerkt auch den Geschmack am Überlegen und Nachdenken geweckt habe. Ich wollte damit der Trägheit entgegenwirken, die aus seiner Gleichgültigkeit gegen die Urteile der Menschen und der Ruhe der Leidenschaften entstehen kann. Er muß wie ein Bauer arbeiten und wie ein Philosoph denken, damit er kein Tagedieb wird...Das große Geheimnis der Erziehung ist, daß die Leibeserziehung und die geistige Arbeit sich zur gegenseitigen Entspannung dienen" (UTB, S. 202/Pl.IV, S. 480).

53 Vgl. dazu A. Ravier: "A cet âge, l'enfant n'est encore ni moral, ni raisonnable...L'heure n'est pas encore venue de former Emile par l'idée, et par la raison; nous en sommes encore à former

Durch "gut geleitete", d.h. am Prinzip der Nützlichkeit orientierte Neugier erlangen die Kinder mit Hilfe von Lehrszenen, in denen sich die Erzieher mehr als bisher zur Geltung bringen, eine grundlegende Schlüsselqualifikation: sie lernen das Lernen selbst und vermögen hierauf später wirkliche Urteilsfähigkeit zu gründen. Denn die Idee, das ist das Geheimnis der Erziehung auf dieser Stufe, wird gewissermaßen gelebt bevor sie formuliert wird.[54] Auf diese Weise erweitert sich das theoretische Wissen, und es kann ein "belehrbarer Kopf" heranwachsen.[55]

Vom theoretischen Wissen allein vermag kein Mensch zu leben. Es muß gearbeitet werden, um leben zu können, und dementsprechend müssen die Heranwachsenden das Arbeiten lernen. Indem sie durch Arbeit für ihren Lebensunterhalt zu sorgen beginnen, tragen sie zum Erhalt des Ganzen bei. Eben dadurch machen sie selbst sich zu einem Teil der Gesellschaft. Um allerdings arbeiten zu können, bedarf es wiederum eines besonderen Wissens, das nur erworben werden kann, wenn gearbeitet wird. Da Arbeit die Grundlage jeder Gesellschaft bildet, weist jedes spezifische "Arbeitswissen" immer zwangsläufig über die einzelne Tätigkeit hinaus und wird - durch Orientierung am Prinzip der Nützlichkeit - zu einem Wissen von der Arbeit in der Gesellschaft, damit also zu einem "Gesellschaftswissen".

Wissen - eben auch verstanden als die Fähigkeit, es zu erwerben und Arbeit -

---

en lui l'idée et la raison. Nous continuons de créer l'instrument, nous ne l'utilisons pas encore"(S. 90). "Aussi n'est-ce pas encore, à proprement parler, un âge d'enrichissement, et d'emmagasinage: c'est encore un âge de développement: on perfectionne l'instrument humain, on ne l'utilise pas encore; on l'essaie, on le rectifie, on le prépare en vue d'un rendement meilleur" (Ravier, a.a.O., S. 92).
Im Zusammenhang der Entwicklungsstufe "Werksinn gegen Minderwertigkeitsgefühl" heißt es bei Erikson: "Bisher haben wir bei der Betrachtung der Periode des sich entwickelnden Tätigkeitsdranges nur die äußeren Hindernisse betrachtet, nicht aber die Krisen... Dieses Stadium unterscheidet sich von den anderen darin, daß es nicht aus einem heftigen inneren Aufschwung zu einer neuen Bemeisterung führt. Der Grund, warum Freud es das Latenzstadium nannte, ist der, daß die heftigen Triebe jetzt normalerweise ruhen. Aber es ist nur die Ruhe vor dem Sturm der Pubertät" (Erikson, Identität und Lebenszyklus, a.a.O., S. 105).

54 Diese treffende Formulierung stammt von Ravier. Er schreibt: "Qu'il s'agisse de science, de morale, ou de rapports sociaux, il faudra conduire Emile d'expérience simple en expérience simple, en attendant que de la somme des expériences se dégage spontanément en lui la motion abstraite. *L'idée est vécue avant de se formuler*" (Hervorhebg. d. Verf., Ravier, a.a.O., S. 91).

55 "Ich zeige ihm den Weg der Wissenschaft, der in der Tat leicht ist, aber lang, unendlich lang und langsam zu durchlaufen. Ich lasse ihn die ersten Schritte tun ("je lui fais faire les prémiers pas...), damit er den Eingang findet, aber ich erlaube ihm nicht, weiterzugehen" (UTB, S. 208/Pl.IV, S. 486).

verstanden als die Fähigkeit, sich selbst zu erhalten - markieren mithin das Ende der Kindheit. Mit sich und seinem Werk spürbar zufrieden zieht Rousseau Bilanz: "Emil hat von den Tugenden alles, was sich auf ihn bezieht. Für die gesellschaftlichen Tugenden jedoch fehlen ihm nur die Kenntnisse der Beziehungen, die ihnen zugrunde liegen. Es fehlen ihm also nur Einsichten, für deren Aufnahme sein Geist bereit ist. - Er betrachtet sich selbst, ohne an andere zu denken, und findet es richtig, wenn andere nicht an ihn denken. Er verlangt von niemandem etwas und glaubt, niemandem etwas schuldig zu sein. Er steht allein in der menschlichen Gesellschaft und vertraut nur auf sich selbst. Er hat auch mehr Recht dazu als ein anderer, denn er ist alles, was man in seinem Alter sein kann. Er hat keine falschen Meinungen oder nur die, die für uns unvermeidlich sind. Er hat keine Fehler oder nur die, vor denen sich keiner schützen kann. Er ist gesund, gelenkig; er hat einen geraden und vorurteilsfreien Geist, ein freies und leidenschaftsloses Herz...Ohne jemandes Frieden zu stören, hat er zufrieden, frei und glücklich gelebt, soweit es die Natur erlaubt. Findet ihr, daß ein Kind, das auf solche Weise sein fünfzehntes Lebensjahr erreicht hat, die vorhergehenden Jahre verloren habe?"[56]

In gleicher Weise wie der Verstand entwickelt sich auch das moralische Bewußtsein in Ruhe und Frieden, unmerklich hinter dem Lernen und dem Arbeiten verborgen. "Emil hat nur natürliche, rein physische Kenntnisse. Er kennt nicht einmal das Wort Geschichte und weiß nicht, was Metaphysik oder Moral bedeutet. Er kennt die wesentlichen Bezüge zwischen den Menschen und den Dingen, weiß aber nichts über die moralischen Beziehungen von Mensch zu Mensch" (UTB, S. 208/Pl.IV, S. 487). Dieser viele Erzieher wohl eher beunruhigende Zustand kann Rousseau nicht aus der Fassung bringen, da er mit sicherer Gewißheit die Idee des Guten hinter dem anschaulichen und greifbaren Prinzip der Nützlichkeit gut aufgehoben weiß. Denn das Prinzip der Nützlichkeit ist eben die dem "Werksinn" dieser Entwicklungsstufe angemessene Form der Idee des Guten.[57] Die mit den

[56] UTB, S. 209/Pl.IV, S. 488. - Durch diesen "Erziehungserfolg" erweist sich die systematische Bedeutung einer naturgemäßen Erziehung, die sich auf "das Maß der Fähigkeiten des Menschen in seinen verschiedenen Altersstufen und auf die Auswahl der Beschäftigungen, die diesen Fähigkeiten entsprechen" (UTB, S. 190), gründet.

[57] Vgl. dazu Erikson: "Obwohl alle Kinder es brauchen, daß man sie zeitweilig allein spielen läßt ( ), und obwohl alle Kinder Stunden und Tage in einer spielerischen Als-ob-Welt verbringen müssen, werden sie doch alle früher oder später unbefriedigt und mürrisch, wenn sie nicht das Gefühl haben, auch nützlich zu sein, etwas machen zu können und es sogar gut und vollkommen zu machen; dies nenne ich den Werksinn...Mit Beginn der Latenzperiode also

Händen zu greifende Erfahrung vom Nutzen einer Sache ebnet so der Idee, der Vorstellung davon, den Weg. Wer so das "Gute" bereits in den Händen gehalten hat, ohne es zu wissen, der wird später - das ist Rousseaus Überzeugung - das "Gute" zu erkennen vermögen, ohne es in den Händen halten zu müssen und somit: glücklich werden können. Die Figur, die diesen grundlegenden Zusammenhang von dem Nutzen und dem Guten symbolisiert, ist Robinson Crusoe. Für Rousseau wird sozusagen Robinson zum Ideal für sein Ideal Emil. Robinson ist dabei nicht nur die Personifizierung einer vollendeten Kindheit, sondern darüber hinaus das Leitbild des Menschen schlechthin: Selbsterhaltung, praktisches Wissen, theoretisches Wissen und ein ohne Reflexion gelebter kategorischer Imperativ: "Robinson allein auf einer Insel, ohne Beistand und ohne Werkzeug. Wie er für seinen Unterhalt und seine Erhaltung sorgt, wie er sich sogar einen gewissen Wohlstand verschafft, das interessiert jedes Alter. Man kann es besonders Kindern auf tausenderlei Weise schmackhaft machen. So lassen wir die Insel, die uns vorher nur als Vergleich gedient hatte, in Wirklichkeit entstehen. Ich gebe zu, daß dies nicht der Regelfall in der menschlichen Gesellschaft ist; Emil wird später wahrscheinlich auch nicht so leben. *Aber nach diesen Verhältnissen soll er die anderen messen.* Das sicherste Mittel, sich über Vorurteile zu erheben und seine Urteile nach den wahren Verhältnissen der Dinge zu richten, ist, *sich in die Lage eines alleinen Menschen zu versetzen und über alles so zu urteilen, wie dieser mit Rücksicht auf seine eigenen Bedürfnisse urteilen muß*".[58]

---

vergißt das normal entwickelte Kind den Drang, die Welt der Menschen in direktem Angriff zu erobern... besser gesagt, es 'sublimiert' diesen Wunsch (d.h. es wendet seine Energie auf nützlichere Beschäftigungen und anerkannte Ziele); es lernt, sich Anerkennung zu verschaffen, indem es Dinge produziert. Es entwickelt Fleiß, d.h. es paßt sich den anorganischen Gesetzen der Werkzeugwelt an. Es kann völlig in einer Werk-Situation aufgehen" (Erikson, a.a.O., S. 103).

[58] "...Voila comment nous réalisons l'isle déserte qui me servoit d'abord de comparaison. Cet état n'est pas, j'en conviens, celui de l'homme social; vraisemblablement il ne doit pas être celui l'Emile; *mais c'est sur ce même état qu'il doit apprécier tous les autres*. Le plus sur moyen de s'élever au dessus des préjugés et d'ordonner ses jugemens sur les vrais rapports des choses est *de se mettre à la place d'un homme isolé, et de juger de tout comme cet homme doit juger lui-même eu égard à sa propre utilité*" (Hervorhebungen d. Verf., UTB, S. 180/Pl.IV, S. 455).
An anderer Stelle heißt es: "Il faut que tout homme vive. Cet argument auquel chacun donne plus ou moins de force, à proportion qu'il a plus ou moins d'humanité, me paroît sans réplique pour celui qui le fait, relativement à lui-même" (Pl.IV, S. 467/UTB, S. 191).
Es ist an mehreren Textstellen erkennbar, daß Rousseau selbst sich in starkem Maße mit der Person des Robinson identifiziert zu haben scheint. Im zweiten Teil seiner Bekenntnisse schreibt er: "So war ich vom Lande wohl eine halbe Stunde fern. Ich hätte gewünscht, dieser See wäre der Ozean gewesen. Indes verfolgte ich meinem armen Hund zuliebe, der so lange

"Damit", so Rousseau am Ende des dritten Buches, "sind wir wieder auf uns selbst zurückgekommen. Unser Kind ist bereit, aus seiner Kindheit herauszutreten und eine Persönlichkeit zu werden. Mehr als je fühlt es, wie es an die Dinge gefesselt ist. Wir haben damit begonnen, seinen Körper und seine Sinne zu üben; darauf seinen Geist und seine Urteilsfähigkeit. Schließlich haben wir den Gebrauch der Glieder mit seinen Fähigkeiten verbunden. Wir haben ein handelndes und denkendes Wesen aus ihm gemacht. Um den Menschen zu vollenden, bleibt uns noch, aus ihm ein liebendes und fühlendes Wesen zu machen, d.h. durch das Gefühl die Vernunft zu vervollkommnen" (UTB, S. 203/Pl.IV, S. 480f.). Davon wird im folgenden Kapitel die Rede sein.

Wasserfahrten weniger liebte als ich, gewöhnlich ein bestimmtes Ziel; das war die kleine Insel, wo ich an Land stieg, eine oder zwei Stunden spazierenging oder mich oben auf dem Hügel auf dem Rasen streckte, um das Vergnügen auszukosten, diesen See und seine Umgebungen zu bewundern, um alle in meinem Gesichtskreis stehenden Kräuter zu untersuchen und zu zergliedern und um, wie ein zweiter Robinson, mir ein Phantasiehaus auf dieser kleinen Insel zu bauen" (Winkler, S. 633/Pl.I, S. 644).
In "Rousseau richtet über Jean-Jacques" heißt es: "J.J. hat nicht immer die Menschen geflohen, aber er hat immer die Einsamkeit geliebt...Seine Neigung für den Roman 'Robinson' hat mich das Urteil fällen lassen, daß er sich nicht für so unglücklich gehalten hätte wie jener, wenn er auf seine unbewohnte Insel beschränkt gewesen wäre" (Ritter, Bd. 2, S. 428/ Pl.I, S. 812). - Rousseaus Bewunderung für den Roman von Defoe hat eingehend beschrieben G. Pire: Jean-Jacques Rousseau et Robinson Crusoe, in: Revue de littérature comparée, 12, 1956, S. 479-496. -
Ich halte es für bedeutsam, daß Rousseau den Namen "Emile" für seinen Zögling zum ersten Mal im Zusammenhang der Robinson-Passage eingeführt hatte. Dies ist durch die Manuskriptvergleiche Jimacks zu belegen; alle Namensnennungen vor dieser Stelle sind Modifikationen der ersten Fassung (vgl. Jimack, a.a.O., S. 191).
Rousseau hat gewissermaßen die Tradition des Robinson in der Pädagogik begründet. Vgl. dazu J. Meyer: Das Verhältnis des Robinson zur Pädagogik, in: Vierteljahresschrift für philosophische Pädagogik, 2, 1918/19, S. 188-192.

5. Die "Jugend der Moral": Entwicklung durch Krisen

Auf das kurze, "friedliche Verstandesalter" folgt - als längere Periode der Entwicklung, die etwa vom fünfzehnten bis zum zwanzigsten Lebensjahr reicht- das "friedlose Gefühlsalter", die Reifezeit.
Dieser Lebensabschnitt des Lebenslaufes soll in zwei Kapiteln behandelt werden (5. und 6.), da das Problem der Religion in gewisser Weise ein eigenes Thema darstellt, wenn es auch von Rousseau - der Logik der Entwicklung gemäß - im Kontext der Lernaufgaben des Jugendalters eingeführt wird.
Die Erfahrung der Geschlechtsreife, die "Zweite Geburt", wie Rousseau sagt, ist das einschneidende Ereignis dieses Lebensabschnittes, dessen curriculare Bedeutungen und erzieherische Implikationen daher in einem ersten Abschnitt dargestellt werden sollen (5.1.).
Die zentrale, alle Bereiche der jugendlichen Welt erfassende Lernaufgabe der Reifezeit besteht darin, zu lernen, wie man selbständig in der Gesellschaft lebt. Hierzu sind Kenntnisse erforderlich, die Rousseau durch ein "Menschenstudium" vermittelt, das in zwei Teile zerfällt: im "Grundstudium" wird zunächst von außen auf die Menschen geblickt, damit die Heranwachsenden Maßstäbe erhalten, um beurteilen zu können, wie die Menschen "wirklich" sind (5.2.); im "Hauptstudium" wird dann das Innere der Menschen betrachtet, d.h. ihre Gefühle und Intentionen stehen im Mittelpunkt des Lernens (5.3.).
Selbständig in der Gesellschaft leben zu können, ein sinnvoller Teil des Ganzen zu sein, setzt voraus, diesem Sinn so auf die Spur zu kommen, daß das eigene Leben als sinnvoll erfahren werden kann. Das ist die Aufgabe der Religion (6.1. - 6.5.).
Die Welt des jugendlichen Heranwachsenden besteht also, in Anlehnung an A. Schütz formuliert, sozusagen aus vier "Welten": der "Körperwelt", der "Außenwelt", der "Innenwelt" und der "transzendentalen Welt". In jeder dieser "Welten" steht der Erzieher dem Heranwachsenden in besonderer Weise zur Seite, wenn auch prinzipiell anders als in den Jahren der Kindheit: die pädagogische Inszenierung transformiert sich gleichsam zu einer Reihe pädagogischer Szenen (6.6.).

zu 6.

5.1 Die "Zweite Geburt": Curriculare Bedeutungen und erzieherische Implikationen

Mit dem Beginn der Geschlechtsreife geht die kurze Zeit des friedlichen Verstandesalters, die Ruhe vor dem Sturm, unweigerlich zu Ende. Über seinen Körper wird der Heranwachsende in neuer Weise sich selbst zum Mittelpunkt der Welt. Es wird in einem ersten Abschnitt dargestellt, inwiefern diese Zeit über die Entwicklung der Sexualfunktionen hinaus für den weiteren Lebenslauf von grundlegender Bedeutung ist (5.1.1); auf diesem Hintergrund werden dann die erzieherischen Hilfen verständlich, die Rousseau im Sinne seines Konzeptes einer "naturgemäßen" Erziehung zur Bewältigung der gleichsam durch den Körper provozierten Lernaufgaben als notwendig erachtet (5.1.2).

5.1.1 Geschlechtsreife als leibliches Fundament zwischenmenschlicher Gefühle

"Wir werden sozusagen zweimal geboren: einmal, um zu existieren, das zweite Mal, um zu leben; einmal für die Gattung und einmal für das Geschlecht".[1] Diese zweite "Geschlechtsgeburt" ist - darin durchaus der ersten Geburt vergleichbar - nicht nur auf einen kurzen Augenblick beschränkt, sondern umfaßt eine mehr oder weniger ausgedehnte Periode der Entwicklung, die durch eigentümliche Formen des Verhaltens angekündigt und begleitet wird. "Wie das Meeresgrollen den Sturm ankündigt", so Rousseau, "so kündet sich diese stürmische Umwandlung durch das Raunen der erstarkenden Leidenschaften an: eine dumpfe Gärung zeigt die nahende Gefahr an. Stimmungswechsel, häufige Zornausbrüche, ständige geistige Erregung machen das Kind fast unlenkbar. Es hört die Stimme nicht mehr, der es früher folgte. In seinem Fieber ist es wie ein Löwe, der seinen Führer nicht mehr kennt und nicht mehr gelenkt werden will".[2]

---

1 UTB, S. 210/Pl.IV, S. 489 - Das Französische erlaubt es, den Sachverhalt des "zweimal geboren werdens" subtiler auszudrücken: "Nous naissons, pour ainsi dire, *en* deux fois: l'une pour exister, et l'autre pour vivre; l'une pour l'espéce et l'autre pour le séxe".
Die durch die "zweite Geburt" hervorgerufene Krise ist für Rousseau, auch wenn er im folgenden ganz allgemein von "Menschen" spricht, im Grunde ein typisch männliches Phänomen. Dies hängt mit seiner Auffassung der Geschlechtsrollen zusammen, aus der folgt, "daß die Frau eigens geschaffen ist, um dem Mann zu gefallen" (UTB, S. 386/Pl.IV, S. 693).

2 UTB, S. 210/Pl.IV, S. 489f. - Im Sinne des Evolutionsmodells der Eltern-Kind-Beziehung, das deMause in seiner "History of Childhood" entwickelt hat, steht die Erziehungskonzeption Rousseaus ja im Übergang von der Phase der "Ambivalenz" zur Phase der "Intrusion", in der - durch Rückgang der "projective reactions" - in wachsendem Maße "empathic reactions"

Das äußere Erscheinungsbild verändert sich in auffälliger Weise, und diesen äußerlich sichtbaren Veränderungen entsprechen die unsichtbaren Wandlungen der jugendlichen "Innenwelt". Rousseau hat, wie andere Zeitgenossen (z.B. Buffon) auch, bereits genau gesehen, daß diese Pubertätsphänomene eine Fülle von kulturellen, sozialen, regionalen und individuellen Modifikationen aufweisen können.[3] Aus dieser kulturanthropologischen Einsicht zieht Rousseau eine pädagogische Konsequenz von weitreichender Bedeutung, denn: "Wenn das Alter, in dem der Mensch geschlechtsbewußt wird, infolge seiner Erziehung und der Natur schwankt, so folgt daraus, daß man es durch die Erziehungsart beschleunigen oder verzögern kann".[4] Wie er sich dies im einzelnen vorstellt, wird im folgenden Abschnitt eingehender zu beschreiben sein.

Es muß zuvor noch das Eigentümliche der Reifezeit genauer zu bestimmen versucht werden, denn, so sagt Rousseau, es handelt sich einerseits um eine Phase der *Krise*, andererseits ist gerade diese Zeit von "weitreichendem Einfluß".[5] Worin

---

möglich werden. Gerade die kritische Zeit der Geschlechtsreife ist allerdings äußerst "projektionsanfällig", was im Rousseau-Zitat deutlich erkennbar ist (vgl. dazu deMause, a.a.O., S. 12ff.).
D.P. Ausubel widmet in seinem Buch über "Das Jugendalter" im Zusammenhang "psychobiologischer Probleme" der Übergangsangst einen eigenen Abschnitt. Sie entsteht dadurch, daß die Selbstachtung des Individuums bedroht ist, da angestrebter und tatsächlicher Status sich nicht entsprechen, eine für das durch Statuswechsel gekennzeichnete Jugendalter typische Situation. In der zitierten Passage ist diese Übergangsangst in der Form der Projektion erkennbar: Rousseau spricht von der "nahenden Gefahr" und offensichtlich fühlt sich nicht der "Löwe"(= Jugendlicher) bedroht, sondern dessen Führer (vgl. D.P. Ausubel: Das Jugendalter. München 1971 - New York 1954 -, S. 69f.).

3 "Der Übergang von der Kindheit zur Pubertät ist von der Natur nicht so festgelegt, daß er nicht bei den Individuen nach Veranlagung und bei den Völkern nach dem Klima schwankt. Jeder kennt die Unterschiede zwischen den heißen und kalten Ländern und jeder sieht, daß sich feurige Temperamente früher entwickeln als andere. Aber man kann sich über Ursachen täuschen und dem Körper zuschreiben, was der Moral zukommt... die Pubertät und die geschlechtliche Reife (treten) bei gebildeten und zivilisierten Völkern früher ein ( ) als bei unwissenden und barbarischen..." (UTB, S. 214f./Pl.IV, S. 495).

4 UTB, S. 216/Pl.IV, S. 496: "Si l'âge où l'homme acquiert la conscience de son séxe différe autant par l'effet de l'éducation que par l'action de la nature, il suit de là qu'on peut accélérer et retarder cet age selon la maniére dont on élévera les enfans...".

5 "Mais l'homme en général n'est pas fait pour rester toujours dans l'enfance. Il en sort au tems prescrit par la nature, et ce *moment de crise*, bien qu'assés court, a de longues influences" (Pl.IV, S. 489/UTB, S. 210). - Das Krisenpotential liegt auf dieser Entwicklungsstufe nicht nur im Bereich der Sexualität, sondern es durchzieht - wie in den folgenden Abschnitten gezeigt wird - gewissermaßen alle "Welten der jugendlichen Welt".
Im Kontext seines Modells einer "Epigenese der Identität" sieht E.H. Erikson für die Zeit der

besteht dieser weitreichende Einfluß, d.h. in welcher Weise ist gerade die Reifezeit für den Lebenslauf so bedeutungsvoll?
In der frühen Kindheit, in der Zeit nach der "ersten" Geburt, bildet die Beziehung zwischen Mutter und Kind in grundlegender Weise ein erstes, gleichsam leibliches Fundament der Beziehungen zu anderen. In der Jugend, in der Zeit um die "zweite" Geburt, werden nun - aufstockend - die Beziehungen anderen gegenüber durch die körperlichen Sensationen der Geschlechtsreife ein weiteres Mal leiblich fundiert. Während die Wahrheit der ersten Geburt darin besteht, daß ein Neugeborenes ohne die schützende Hilfe anderer Menschen nicht überleben kann, besteht die Wahrheit der zweiten Geburt darin, daß die Menschen nicht dazu bestimmt sind, alleine zu leben. "Man begehrt", so sagt Rousseau, "ohne zu wissen, was man begehrt...Das Auge belebt sich und erforscht die anderen Wesen. Man fängt sich für die zu interessieren an, mit denen man lebt. Man beginnt zu fühlen, daß man nicht dazu gemacht ist, allein zu leben. So öffnet sich das Herz für menschliche Regungen und wird der Hingabe fähig".[6]
Es ist wiederum die Natur, über die die Menschen nichts vermögen und an der sie ihr erzieherisches Handeln auszurichten haben, die durch den Geschlechtstrieb die Grundlage für die Öffnung des Herzens, d.h. für die Entwicklung und

---

Adoleszenz folgende drei Aufgaben als zentral an: die "Aufrechterhaltung der wichtigsten Abwehrmechanismen des Ich gegen die verstärkte Intensität der Triebe"; eine "Konsolidierung der wichtigsten 'konfliktfreien' Leistungen entsprechend den gegebenen Arbeitsmöglichkeiten" und eine "erneute Synthese aller Kindheitsidentifikationen in einer einzigartigen Weise und doch in Übereinstimmung mit den Rollen, die ein nunmehr erweiterter Ausschnitt der Gesellschaft anbietet" (Identität und Lebenszyklus, a.a.O., S. 138). Die Adoleszenz ist für ihn eine "normative Krise", d.h. eine "normale Phase vermehrter Konflikte, charakterisiert einerseits durch eine scheinbare Labilität der Ichstärke , andererseits aber auch durch ein hohes Wachstumspotential" (ebd., S. 144). - Das Besondere dieser Phase liegt nun im Sinne des epigenetischen Prinzips darin, daß sozusagen die Krise selbst zur Krise wird, weil "die Identität ( ) am Ende der Adoleszenz phasenspezifisch (wird), d.h. das Identitätsproblem muß an dieser Stelle seine Integration als relativ konfliktfreier psychosozialer Kompromiß finden - oder es bleibt unerledigt und konfliktbelastet" (ebd., S. 149).
In neueren Ansätzen der Entwicklungspsychologie wird dieses Krisenmodell als zu "global" kritisiert. Vgl. dazu E. Olbrich: Normative Übergänge im menschlichen Lebenslauf: Entwicklungskrisen oder Herausforderungen, in: S.-H. Filipp (Hg.): Kritische Lebensereignisse. München/Wien/Baltimore 1981, S. 123-138, bes. S. 131ff.).

6 UTB, S. 221/Pl.IV, S. 502: "...on desire sans savoir quoi... L'œil s'anime et parcourt les autres êtres; on commence à sentir qu'on n'est pas fait pour vivre seul; c'est ainsi que le cœur s'ouvre aux affections humaines et devient capable d'attachement".

Differenzierung der menschlichen Gefühle stiftet.[7] Sie liefert allerdings "nur" den Stoff, das Rohmaterial, aus dem heraus dann die Gefühle - durch kulturelle Feinarbeit von Menschenhand - ihre endgültige filigrane Form erhalten: "Die Neigung des Instinkts ist unbestimmt. Ein Geschlecht wird vom anderen angezogen; das ist der Trieb der Natur. Wahl, Vorlieben, persönliche Anhänglichkeit sind das Werk von Einsichten, Vorurteilen und Gewohnheiten. Nur Zeit und Kenntnisse machen uns zur Liebe fähig...Wer keinen Begriff von Wert und Schönheit hat, für den sind alle Frauen gleich gut und die erstbeste wäre die liebenswerteste. Die Liebe kommt nicht einfach aus der Natur. Sie ist vielmehr Regel und Zügel ihrer Neigung..."[8]

Nun ist die Liebe, auch wenn sie im Vordergrund steht, nur eines der möglichen Gefühle für andere. Rousseau sieht das Besondere der Reifezeit gerade darin, daß nicht nur die Liebe als kulturelles Gefühlsderivat des natürlichen Triebes entfaltet werden kann, sondern daß vielmehr die ganze Palette menschlicher Gefühle - mehr oder weniger direkt - provoziert wird. Die sich ausbildenden Gefühlsregungen sind dabei auf subtile Weise miteinander verbunden, wie z.B. die Freundschaft aufs engste mit der Liebe verbunden ist.[9] Eine Lernaufgabe der Reifezeit besteht für

---

[7] B. Malinowski hat durch seine anthropologischen Feldstudien melanesischer Gemeinwesen auf einem Korallen-Archipel den Zusammenhang von Instinkt und Zivilisation beschrieben. In dem Abschnitt "Vom Instinkt zur Gefühlshaltung" heißt es z.B.: "Wir können daraus ersehen, daß der Mensch allmählich seine Gefühlshaltung in legalen, sozialen und materiellen Ordnungen ausdrückt und daß diese ihrerseits wieder auf ihn zurückwirken, indem sie die Entwicklung seines Verhaltens und seiner Anschauungen bestimmen. Der Mensch formt die Umgebung nach seinen kulturellen Haltungen, diese sekundäre Umgebung wieder produziert die typischen kulturellen Gefühlshaltungen... Kultur hängt unmittelbar von dem Ausmaß ab, in dem die menschlichen Emotionen erzogen, angepaßt und zu komplexen und bildbaren Systemen organisiert werden" (Geschlecht und Verdrängung in primitiven Gesellschaften. Hamburg 1962 - London 1953 -, S. 221f.).

[8] UTB, S. 213f./Pl.IV, S. 493f. - Zum sozial bedeutsamen Phänomen, zum moralischen Problem also, wird der Trieb erst durch die kulturell geprägten Gefühlshaltungen, die mit ihm verbunden sind, denn als Trieb allein ist er nicht mehr als ein Bedürfnis "zweiter Klasse" (un besoin de seconde classe), wie Rousseau es an anderer Stelle ausdrückt (Fragments politiques, Pl.III, S. 530). In moralischer Hinsicht ist es aus diesem Grunde notwendig, die Gefühle zu bilden, um den Trieb zu kultivieren (vgl. 5.1.2, Anmerkung 24).

[9] "Das erste Gefühl, dessen ein wohlerzogener junger Mann fähig ist, ist nicht die Liebe, sondern die Freundschaft. Die keimende Phantasie lehrt ihn zuerst, daß es seinesgleichen gibt: die Gattung regt ihn eher an als das Geschlecht" (UTB, S. 221/Pl.IV, S. 502). Umgekehrt verstärkt die sich noch nicht erfüllende Liebe das Bedürfnis nach einem Freund: "Ein übervolles Herz teilt sich gerne anderen mit: aus dem Bedürfnis nach einer Geliebten entsteht bald das Bedürfnis nach einem Freund" (UTB, S. 214/Pl.IV, S. 494).

Rousseau demnach darin, die sich in Verbindung mit dem Geschlechtstrieb entfaltenden Gefühle weiter auszubilden und schließlich zu verallgemeinern.[10] Auch das Gefühl der Humanität ist, so besehen, ein Ergebnis unmerklich geleiteter Verallgemeinerung. Es kommt nämlich gerade in dieser Zeit, so Rousseau, alles darauf an, "sich die erwachende Empfindsamkeit zunutze zu machen, um die ersten Keime der Humanität in das Herz des Jünglings zu legen. Dieser Vorteil ist um so kostbarer, weil diese Bemühungen nur in diesem Augenblick wirklich erfolgreich sein können" (UTB, S. 221/Pl.IV, S. 502). Sexualität und Erotik als Quellen der Humanität: auf diese Formel läßt sich Rousseaus unausgesprochener Lehrplan für die Reifezeit bringen, und an diesem Ziel sind alle erzieherischen Bemühungen "naturgemäß" auszurichten. Dieser Zusammenhang ist jedoch nicht als bloßes Zweck-Mittel-Verhältnis mißzuverstehen: es kommt vielmehr darauf an, jeden Bereich der jugendlichen Welt für sich in angemessener Form zu entwickeln, damit sich dann später das Ganze bruchlos zusammenzufügen vermag. Diese Aufgabe fordert den Menschen als Erzieher in unterschiedlichen Rollen, und so wird verständlich, was Rousseau meint, wenn er sagt: "In diesem Zeitraum, in dem gewöhnlich die Erziehung abgeschlossen wird, beginnt unsere erst richtig" (UTB, S. 211/Pl.IV, S. 490).
Was dies im Hinblick auf die erwachende Sexualität zu bedeuten hat, d.h. welche erzieherischen Hilfen notwendig sind, um den Trieb zu kultivieren, das wird im folgenden Abschnitt beschrieben.

In seiner "Psychologie des Jugendalters" stellt E. Spranger gerade die enge Beziehung zwischen Freundschaften unter Gleichaltrigen und der typisch jugendlichen Erotik heraus: "Die Freundschaften von Jünglingen unter sich oder von Mädchen unter sich tragen in der Regel und gerade bei den Naturen von reicherem Leben einen erotischen Grundzug. Bewunderung für körperliche Vorzüge bildet die Brücke, auf der man zueinander kommt. Es bildet sich allmählich ein Gleichklang der Seelen, aber zunächst mehr ein harmonisches Zusammenklingen als ein volles Verstehen" (E. Spranger: Psychologie des Jugendalters. Heidelberg 1949[21], S. 83).

[10] Der zunächst befremdlich erscheinende Gedanke der "Verallgemeinerung" hängt unmittelbar, auch dies findet sich bei Spranger, mit dem Wesen der jugendlichen Erotik zusammen, die sich gleichsam durch die nach außen sichtbaren Formen hindurch an Werten und Idealen zu orientieren versucht. Spranger schreibt: "Jede Liebe gilt einem personal dargestellten Wertgehalt...Der Jugendliche vermag den Wertgehalt der Welt noch nicht anders zu erfassen, als in personaler, konkreter Darstellung...Der Jugendliche nähert sich der Idee, die für ihn im fernen Jenseits ruht, durch das sterbliche Gefäß einer lebendigen Person hindurch, in die er sich einfühlen, die er (idealisierend) verstehen, mit der er sympathisieren kann" (ebd., S. 82f.).

5.1.2 Pädagogische Geburtshilfen

Es werden im folgenden diejenigen erzieherischen Verhaltensformen vorgeführt und erläutert, die sich unmittelbar auf die Entwicklung von Sexualität und Erotik beziehen. Es geht, modern gesprochen, um Rousseaus "sexualpädagogisches Konzept", dessen Sinn darin besteht, durch naturgemäße Hilfen eine "natürliche" Entwicklung von Sexualität und Erotik sicherzustellen, d.h. den Trieb zu kultivieren. Dieses Konzept besteht aus einer sorgfältig aufeinander abgestimmten Reihenfolge verschiedener Maßnahmen, die vom "Verlängern" der Entwicklung, dem Ablenken, dem Gegenwirken bis hin zu Varianten der Aufklärung reichen.

Das einfachste Mittel, um alle Schwierigkeiten der Reifezeit mit einem Schlag zu lösen, wäre - Rousseau weist hierauf nicht ohne Ironie hin - "ihn schnellstens zu verheiraten. Das ist unbestreitbar der sicherste und der natürlichste Ausweg. Ich bezweifle aber, ob es auch der beste und der nützlichste ist...Inzwischen gebe ich zu, daß man junge Leute verheiraten muß, wenn sie heiratsfähig sind. Aber diese Fähigkeit tritt vor der Zeit ein. Wir haben die Verfrühung herbeigeführt, man muß sie aber bis zur Reife hinauszögern" (UTB, S. 339/Pl.IV, S. 640). Hinauszögern - das ist das Schlüsselwort naturgemäßer Erziehung in der Reifezeit und zugleich die stufenspezifische Variante der Zurückhaltung des Erziehers. Sie ist gerade jetzt besonders wichtig, weil nun alles darauf ankommt, der Natur wirklich zu folgen, d.h. ihr Diener, nicht ihr Gegner zu sein.[11] Jeder voreilige Eingriff von seiten des Erziehers stört das ruhig voranschreitende Gleichmaß natürlicher Entwicklung: "Die Winke der Natur kommen zögernd und langsam", sagt Rousseau, "die der Menschen kommen fast immer zu früh. Im ersten Fall wecken die Sinne die Phantasie; im zweiten weckt die Phantasie die Sinne".[12]

---

[11] "Ich bin überzeugt, daß er nicht lange auf euch hören wird, wenn ihr seinen aufkommenden Begierden direkt entgegentretet und die neuen Bedürfnisse, die er fühlt, dummerweise als Verbrechen behandelt. Sobald ihr nicht meiner Methode folgt, stehe ich für nichts mehr ein. Bedenkt, daß ihr der Diener der Natur (franz.: le ministre de la nature, V.K.) seid; dann könnt ihr niemals ihr Feind sein" (UTB, S. 339/Pl.IV, S. 639). Das Ignorieren der erwachenden Sexualität ist völlig sinnlos, denn, so Rousseau: "Kinder haben einen besonderen Scharfsinn, um durch die Fassade des Benimm die schlechten Sitten zu durchschauen, die der Mensch verbirgt. Die gereinigte Sprache, die man ihnen vorschreibt, die Anstandsregeln, die man ihnen gibt, der Schleier des Geheimnisses, den man ihnen über die Augen legen möchte, sind Anreize für ihre Wißbegier. Mit dieser Methode lehrt man sie genau das, was man ihnen verbergen möchte, und in keinem Unterricht lernen sie soviel wie hier" (UTB, S. 215/Pl. IV, S. 495f.).

[12] UTB, S. 215/Pl.IV, S. 495: "Les instructions de la nature sont tardives et lentes, celles des hommes sont presque toujours prématurées. Dans le premier cas les sens éveillent

Wenn allerdings die Natur die Sinne geweckt hat, dann obliegt es dem Erzieher, sorgfältig darauf zu achten, um im Bild zu bleiben, daß die Heranwachsenden möglichst langsam aufwachen, d.h. die Erzieher sollen versuchen, diese Zeit unter allen Umständen zu verlängern: "Wollt ihr Ordnung und Zeit in die keimenden Leidenschaften bringen, verlängert den Zeitraum, in dem sie sich entwickeln, damit sie sich der Reihe nach ordnen können".[13] Verlängern, das bedeutet: Die Heranwachsenden ablenken, sie durch ermüdende Arbeit beschäftigen, sie von gefährdenden Umgebungen fernhalten und sie nicht mit Altersgenossen alleine lassen, schon gar nicht mit Frauen[14].

Alle diese Maßnahmen, so subtil, geschickt und listenreich sie auch ausgedacht und inszeniert sein mögen, bleiben Maßnahmen der Verlängerung, d.h. sie wirken

---

l'imagination, dans le second l'imagination éveille les sens."
Vgl. dazu: "Die Zeit kommt, wo die Natur selbst ihren Schüler aufklärt. Dann erst hat sie ihn instandgesetzt, aus ihren Lehren ohne Gefahr Nutzen zu ziehen. Das ist der Leitsatz" (UTB, S. 219/Pl.IV, S. 500).

[13] UTB, S. 219/Pl.IV, S. 500. - An anderer Stelle: "Wie ein Schlafwandler im Traum herumirrt und am Rande eines Abgrunds steht, in den er bei einem plötzlichen Aufwachen hineinfiele, so entgeht mein Emil im Schlaf der Unwissenheit den Gefahren, die er gar nicht bemerkt: wecke ich ihn plötzlich auf, so ist er verloren. Versuchen wir also zuerst, ihn vom Abgrund zu entfernen und wecken wir ihn dann, um ihm die Gefahr von weitem zu zeigen" (UTB, S. 342/Pl.IV, S. 643).

[14] "Lektüre, Einsamkeit, Müßiggang, verweichlichte und sitzende Lebensweise, Umgang mit Frauen und jungen Leuten, das sind die gefährlichen Pfade für sein Alter, die ihn ständig neben dem Abgrund halten. Ich überliste seine Sinne durch andere sinnvolle Gegenstände;...ich halte die Phantasie auf, indem ich seinen Körper schwerer Arbeit unterwerfe; wenn die Hände hart schaffen, ruht die Phantasie...Die sicherste und leichteste Vorsichtsmaßregel ist, ihn der örtlichen Gefahr zu entreißen. Ich entferne ihn zunächst aus der Stadt, fort von allem, was ihn verführen könnte" (UTB, S. 342f./Pl.IV, S. 643f.).
In seinen pädagogischen Vorlesungen hat Schleiermacher äußerst genau das für das Erziehungsgeschäft notwendige subtile Zusammenspiel von "Verhüten, Gegenwirken und Unterstützen" beschrieben. Diese Modi der Erziehung sind auch bei Rousseau deutlich erkennbar, vorausgesetzt, es wird von der Grundprämisse - der Isolierung - abstrahiert. Indem Schleiermacher diese Prämisse eben nicht im Grundsatz teilt, sondern nur für besondere Situationen gelten läßt, gewinnt die Erziehungstheorie bei ihm eine größere Lebensnähe, wird praktischer, denn das Leben ist kein Labor, eben gerade nicht vollends kontrollierbar. Er schreibt: "...wer nichts von Isolieren und Behüten wissen will, sondern sagt, man solle das Leben, wie es ist, auf den Zögling wirken lassen und dann hernach die geeignete Gegenwirkung üben, der hebt die Harmonie zwischen dem Erzieher und dem Zögling auf. Wie ist da nun zu helfen? Es ist beides zu kombinieren, und das ganze Gebiet der pädagogischen Einwirkung muß zwischen beides geteilt werden. - Aber wie?" (S. 68): Das ist die offene Frage seiner Erziehungstheorie. (F. Schleiermacher: Pädagogische Schriften. Düsseldorf/München 1957, Bd. 1).

nur begrenzt für einen relativ kurzen Zeitraum. Das Verhalten des Zöglings selbst - vom Erzieher aufmerksam beobachtet - gibt Aufschluß darüber, wann es mit der Verlängerung endgültig vorbei ist: "Solange er fortfährt, mir sein Herz zu enthüllen, und es ihm Freude macht, mir zu sagen, was er fühlt, habe ich nichts zu befürchten: noch ist die Gefahr nicht nahe. Aber wenn er schüchterner, verschlossener wird, wenn ich in seiner Unterhaltung erste schamhafte Verlegenheit bemerke, dann entwickelt sich schon der Instinkt und mit ihm der Begriff des Bösen. Dann ist auch kein Augenblick mehr zu verlieren. Wenn ich mich nicht mit seiner Aufklärung beeile, wird er bald gegen meinen Willen aufgeklärt sein" (UTB, S. 341f./Pl.IV, S. 642f.) Dieser Übergang von der Verlängerung durch Ablenkung zur Aufklärung stellt jedes erzieherische Verhältnis auf die Probe, da in dieser Phase sich häufig entscheidet, ob und in welcher Weise der Erzieher für den Edukanden von Bedeutung bleibt oder ob sich der Heranwachsende von seinen Erziehern entfernt und entfremdet, sich abkapselt und seinen eigenen Weg geht. Rousseau hat diese Schwierigkeiten genau gesehen, und er löst sie in einer Weise auf, die in systematischer Hinsicht außerordentlich wichtig ist. Er sagt: "Verstelle ich mich und tue so, als ob ich nichts sähe, so nützt er meine Schwäche aus. Während er glaubt, mich zu täuschen, verachtet er mich, und ich bin an seinem Unglück mitschuldig. Wenn ich versuche, ihn zur Umkehr zu bewegen, so ist es zu spät, er hört nicht mehr auf mich. Ich werde ihm lästig, verhaßt, unerträglich. Er wird versuchen, mich loszuwerden. So bleibt mir nur mehr ein vernünftiger Ausweg: ihn für seine Handlungen selbst verantwortlich zu machen, ihn wenigstens vor den Überraschungen des Irrtums zu bewahren und ihm offen die Gefahren zeigen, die ihn umgeben. Bisher habe ich ihn durch Unwissenheit zurückgehalten; jetzt muß ich ihn durch Aufklärung aufhalten".[15] Es

---

[15] UTB, S.340/Pl.IV, S. 641: "Si je dissimule et feins de ne rien voir, il se prévaut de ma foiblesse; croyant me tromper il me méprise et je suis le complice de sa perte. Si j'essaye de le ramener, il n'est plus tems, il ne m'écoute plus; je lui deviens incomode, odieux, insupportable; il ne tardera guére à se débarrasser de moi. Je n'ai donc plus qu'un parti raisonable à prendre; c'est de le rendre comptable de ses actions à lui-même; de le garantir au moins des surprises de l'erreur et de lui montrer à découvert les périls dont il est environé. Jusqu'ici je l'arrêtois par son ignorance; c'est maintenant par ses lumiéres qu'il faut l'arrêter".
Es ist schon erstaunlich, daß es möglich ist, Rousseau noch (oder vielleicht gerade) 1971 zum pädagogischen Ur-Buhmann einer freieren Sexualerziehung zu stilisieren, wie F. Koch dies in seiner inhaltsanalytischen Arbeit über Aufklärungsschriften gemacht hat. In augenfälliger Unkenntnis historischer Zusammenhänge und der systematischen Bedeutung des Begriffes der "negativen Erziehung" schreibt Koch: "Läßt sich die von uns dargestellte Geleiterziehung, die sich in ihren Maßnahmen stets an der Entwicklung des Kindes und des Jugendlichen orientiert, als *positive* Sexualerziehung einstufen, so kommt der antisexuellen Unterweisung, die die

steht also in dieser für beide Seiten schwierigen Übergangszeit nicht weniger auf dem Spiel als der Kontakt zwischen Erzieher und Zögling: entweder reißt er nun völlig ab oder es gelingt, die pädagogische Beziehung - diese bedrohliche entwicklungsbedingte Klippe mit großer Mühe umschiffend - auf eine qualitativ neue Grundlage zu stellen. Diese neue Qualität der Beziehung drückt sich darin aus, daß nun die Verantwortung des Zöglings für sich selbst an die Stelle der Verantwortung des Erziehers für den Zögling tritt, ein gravierender Einschnitt mit weitreichenden Folgen, durch den die Schauplätze der Erziehung gewissermaßen von außen nach innen verlegt werden (zu diesem Beziehungswechsel vgl. Kap.5.5). Die Erziehung durch Aufklärung ist - das ist in systematischer Absicht deutlich hervorzuheben - eine der notwendigen Bedingungen dafür, daß Selbstverantwortung überhaupt möglich und somit zum Brennpunkt des erzieherischen Geschehens im Jugendalter werden kann.
"Natürlich" bleibt auch die Erziehung durch Aufklärung nicht dem Zufall überlassen. Rousseau hat vielmehr sehr genaue Vorstellungen davon, wer diese Aufgabe zu übernehmen hat, auf welche Weise und mit welchen Inhalten sie zu füllen ist.

So steht es für ihn außer Zweifel, daß die direkten Bezugspersonen der Heranwachsenden - die Erzieher - diese schwierige Aufgabe übernehmen müssen und sie nicht anderen überlassen können.[16] Die Konkurrenz in diesem Erziehungsgeschäft ist groß: vor allem die Altersgenossen und andere Personen der Umgebung versuchen, auf den Heranwachsenden Einfluß zu gewinnen und die Autorität des Erziehers zu untergraben.[17] Rousseau ist der Überzeugung, daß der

---

Tatsachen umgeht oder entstellt, die Einordnung in die *negative* Erziehung zu. Ist die Geleiterziehung... in der Sexualerziehung neueren Ursprungs, so kann die negative Erziehung bereits auf eine lange Geschichte zurückblicken. Als ihr Hauptvertreter und klassischer Begründer muß Rousseau bezeichnet werden" (F. Koch: Negative und positive Sexualerziehung. Eine Analyse katholischer, evangelischer und überkonfessioneller Aufklärungsschriften. Heidelberg 1971, S. 108). Die systematisch begründete Aufklärung im Jugendalter behandelt Koch z.B. nicht.

16 "Bedenkt, daß man, um einen Erwachsenen zu leiten, das Gegenteil von dem tun muß, was man tut, um ein Kind zu führen. Zögert nicht, ihn über das gefährliche Geheimnis aufzuklären, das ihr ihm so lange sorgfältig verheimlicht habt. Da er es jetzt wissen muß, ist es wichtig, daß er es nicht durch einen anderen, nicht selbst, sondern durch euch allein erfährt" (UTB, S. 340f./Pl.IV, S. 641).

17 "Da diese taktlose Aufklärung (durch andere, V.K.) an keinem ehrenhaften Gegenstand erworben sein kann, beschmutzt sie zumindest die Phantasie derer, die sie erwerben, und macht sie für die Laster derer anfällig, die sie ihnen vermittelten...Das Gesinde erschleicht sich das

Erzieher seinen Einfluß um so leichter verlieren wird, je geringer das Vertrauen ist, das die Kinder ihm entgegenbringen, und aus diesem Grund mahnt er mit eindringlichen Worten: "Begegnet seinen Wünschen nicht mit trockener Ablehnung; erstickt seine Phantasie nicht, sondern leitet sie, damit sie keine Ungeheuer erzeugt! Erzählt ihm von der Liebe, den Frauen, den Vergnügungen; sorgt dafür, daß er in euren Unterhaltungen einen Reiz findet, der seinem jungen Herzen schmeichelt. Versäumt nichts, um sein Vertrauter zu werden: nur in dieser Eigenschaft könnt ihr wirklich sein Lehrer sein. Dann braucht ihr euch nicht zu fürchten, daß ihn eure Unterhaltungen langweilen; er wird euch im Gegenteil mehr zum Reden bringen, als euch lieb ist".[18]

Nachdem nun geklärt ist, wer aufklären soll, gilt es jetzt genauer zu betrachten, welche Formen Rousseau für diese Aufgabe als geeignet ansieht. Es sind im wesentlichen zwei Varianten, die er vorschlägt: Aufklärung durch Bilder - durch Eindrücke - und Aufklärung durch Worte, durch Gespräche.

"Es ist ein Fehler unserer Zeit", sagt Rousseau mit Blick auf die erste Variante, "sich allzu einseitig der Vernunft zu bedienen, als ob die Menschen reine Geister wären. Vernachlässigt man aber die Sprache der Zeichen, die zur Phantasie sprechen, so hat man die eindrucksstärkste Sprache verloren. Die Wirkung des Wortes ist immer schwächer und man spricht zum Herzen besser durch die Augen als durch die Ohren."[19] An einem recht drastischen Beispiel macht er anschaulich,

---

Vertrauen des Jugendlichen, stellt ihm den Erzieher als einen mürrischen und unangenehmen Mann dar, und ein Lieblingsthema ihrer geheimen Gespräche ist, über ihn zu lästern" (UTB, S. 341/Pl.IV, S. 642). -
Rousseau betont mehrfach, daß Emil gerade auf Grund der andersartigen Erziehung gegen die Verhaltensmodelle der Altersgenossen immun ist, die sich ihren Kameraden unterwerfen, um sich von ihren Vätern zu befreien. Emil dagegen braucht schon "gute Gründe", wenn er sich zu unterwerfen bereiterklärt (vgl. dazu UTB, S. 356f. /Pl.IV, S. 659f.)

[18] UTB, S. 349/Pl.IV, S. 651: "..., n'épargnez rien pour devenir son confident, ce n'est qu'à ce titre que vous serez vraiment son maitre...". Die starke Betonung des uneingeschränkten Vertrauens zwischen Zögling und Erzieher gerade in der Frage der sexuellen Aufklärung ist sicher in Zusammenhang mit Rousseaus Beziehung zu "Maman" zu verstehen. In den "Bekenntnissen" schreibt Rousseau - er fühlte sich durch die Annäherungsversuche der Mutter seiner Gesangsschülerin reichlich verlegen -: "Ich sprach zu Mama davon wie von einer offenkundigen Sache; und wäre es auch ein Geheimnis gewesen, ich hätte ihr ebenso davon gesprochen; denn ihr irgend etwas zu verbergen, wäre mir nicht möglich gewesen. Mein Herz war vor ihr offen wie vor Gott" (Winkler, S. 191/Pl.I, S. 191).

[19] UTB, S. 344/Pl.IV, S. 645. - Gerade auf dieser Entwicklungsstufe wird ja im Grunde nur dann "erzogen", wenn gesprochen wird, d.h. die Sprache wird in herausragender Weise zum stufenspezifischen Medium der Erziehung. Die Sprache der Zeichen, die den direkten Weg zum

wie er sich in diesem Zusammenhang eine solche "Sprache durch die Augen" vorstellt: Ein kluger und frommer Vater fühlt, daß ihm sein Sohn, trotz aller Mühe, zu entgleiten drohe; daraufhin entschließt er sich, ihn in ein Hospital für Geschlechtskranke zu führen und die Wirkung bleibt nicht aus; allerdings müssen derartige Demonstrationen gut überlegt sein und dürfen nur äußerst sparsam eingesetzt werden, da sie sonst ohne Wirkung bleiben.[20]

In der Regel kommt wohl die zweite Variante, die Aufklärung durch Worte, durch Gespräche, häufiger zum Einsatz. Auch hierfür ist eine sorgsam bedachte Vorbereitung erforderlich, d.h. sie sollten zum richtigen Zeitpunkt erfolgen und einfühlsam auf die Situation des Zuhörers zugeschnitten sein, damit sie die gewünschte Wirkung zeigen.[21] Von besonderer Bedeutung für den Erfolg dieser Aufklärungsgespräche ist die Form der Sprache, die der Erzieher wählt. Er muß nämlich berücksichtigen, daß er sich in erster Linie an das Gefühl seines Gegenüber wendet, um auf dessen Handlungen Einfluß zu gewinnen: "Kommt der Jugend nie mit trockenen Vernünfteleien. Umkleidet die Vernunft mit einem Leib,

---

Herz, zum Gefühl, geht, ist ein ständig wiederkehrendes Motiv. Bereits im Essay über den "Ursprung der Sprachen" hatte Rousseau dieser "Zeichensprache" ein Kapitel gewidmet, wo er - die antiken Vorbilder vor Augen - z.B. an einer Stelle schrieb: "Ce que les anciens disoiet le plus vivement, ils ne l'exprimoient pas par des mots mais par des signes; ils ne le disoient pas, ils le montroient" (zit. nach Pl.IV, S. 1604).

20 Es handelt sich in diesem drastischen Beispiel nicht um ein Krankenhaus im modernen Sinne, sondern offensichtlich um die Einrichtung des "hôpital général", eine Mischung aus Gefängnis, Armenhaus, Irrenanstalt und Krankenhaus. Vgl. dazu M. Foucault: Wahnsinn und Gesellschaft. Eine Geschichte des Wahns im Zeitalter der Vernunft. Frankfurt/M. 1969 (Paris 1961).
Auf diesem Hintergrund dürfte verständlich sein, daß sich Rousseau über den angemessenen Einsatz derartiger Demonstrationen Gedanken macht: "Bedenkt, daß man sich überall vor Übertreibungen hüten muß und daß übermäßige Gemütsbewegungen immer mehr Unheil anrichten, als man durch sie vermeiden kann...Er soll vom Anblick menschlichen Elends gerührt, aber nicht verhärtet werden...Nicht was er sieht, entscheidet über sein Urteil, sondern die Besinnung über das, was er gesehen hat. Der dauernde Eindruck, den er von einem Gegenstand hat, rührt weniger vom Objekt her als vom Gesichtspunkt, unter dem man ihn ihm ins Gedächtnis ruft" (UTB, S. 234/Pl.IV, S. 517f.).

21 "Was man sagt, ist bedeutungslos, wenn man nicht den Augenblick dafür vorbereitet hat. Vor der Saat muß der Boden bearbeitet werden: die Saat der Tugend geht schwer auf...Sprecht also zu jungen Leuten niemals von Vernunft, selbst wenn sie im vernünftigen Alter stehen, ehe ihr sie nicht fähig gemacht habt, euch zu begreifen. Die meisten Reden gehen eher durch die Schuld des Lehrers als durch die Schuld des Schülers verloren. Der Pedant und der wahre Erzieher sagen fast das gleiche: der erste sagt es bei jeder Gelegenheit; der zweite sagt es nur dann, wenn er seiner Wirkung sicher ist" (UTB, S. 342/Pl.IV, S. 643).

wenn ihr sie der Jugend faßlich machen wollt. Laßt die Sprache des Verstandes durch das Herz gehen, damit sie verständlich wird. Ich wiederhole es: kalte Argumente können unsere Ansichten, aber nicht unsere Handlungen bestimmen; sie bringen uns zum Glauben, nicht zum Handeln. Man beweist, was man denken, nicht, was man tun muß. Wenn das für alle Menschen gilt, so gilt es erst recht für junge Leute, die noch ganz in ihren Sinnen befangen sind und nur das denken, was sie sich auch vorstellen können" (UTB, S. 346/Pl.IV, S. 648).

Auch der Ort ist so zu wählen, daß die beabsichtigte Ansprache des Gefühls verstärkt wird: also nicht aus heiterem Himmel in einem kargen Zimmer plötzlich eine schwerfällige Rede halten, sondern am besten mitten in der Natur, umgeben von Bergen, Blumen und Bächen.[22]

Die inhaltlichen Einzelheiten dieser Gespräche, in denen es vorwiegend um die emotionale Einbindung der sexuellen Begierden und den süßen Reiz erst später einzugehender monogamer Beziehungen geht, sind - die Rahmenrichtlinien für den Sexualkundeunterricht vor Augen - nur mehr von historischem Interesse. Von systematischer Bedeutung hingegen ist die Art und Weise, in der der Erzieher sich in diesen Unterhaltungen zur Geltung bringt. Er spricht nämlich - deutliches Zeichen der sich verändernden pädagogischen Beziehung - von seinen eigenen Gefühlen dem Zögling gegenüber, d.h. modern gesprochen, die libidinöse Besetzung der Erzieherrolle wird in gewisser Weise als konstitutives Element der Lernhilfe durch Aufklärung wirksam: "Dann werde ich ihm darlegen, was ich für ihn getan habe, und ich werde es ihm zeigen, als ob ich es für mich selbst gemacht hätte, er wird in meiner zärtlichen Zuneigung den Grund aller meiner Fürsorge sehen. Wie muß es ihn überraschen und bewegen, wenn ich plötzlich so meinen Ton ändere! Statt seine Seele einzuengen, indem ich ständig von seinen eigenen Interessen rede, spreche ich fortan nur von meinen Interessen und rühre ihn dadurch noch mehr...Ich werde ihn unter Tränen der Rührung ans Herz drücken und sagen: du bist mein Gut, mein Kind, mein Werk; von deinem Glück hängt meines ab. Wenn du meine Hoffnungen enttäuschst, so raubst du mir zwanzig Jahre meines Lebens und bist das Unglück meiner alten Tage. So verschafft man

---

22 "Ich werde mich also selbst nach der erwähnten Vorbereitung wohl hüten, plötzlich in Emils Zimmer zu treten, um ihm über das beabsichtigte Thema eine schwerfällige Rede zu halten...Ich wähle Zeit, Ort und Umstände so, daß sie für meine Absichten am günstigsten sind. Ich rufe sozusagen die ganze Natur zum Zeugen unseres Gespräches an;...Ich mache den Ort, die Felsen, die Bäume, die Berge, die uns umgeben, zum Denkmal seiner und meiner Gelöbnisse" (UTB, S. 346/Pl.IV, S. 648).

sich Gehör bei einem jungen Menschen und so gräbt man die Erinnerung an das, was man ihm sagt, auf den Grund seines Herzens ein."[23] Es zeigt sich demnach eine Übereinstimmung zwischen Form und Inhalt der Erziehung durch Aufklärung: um die Bedeutsamkeit der emotionalen Einbindung der Sexualität zu unterstreichen, rückt Rousseau die emotionale Bindung zwischen Erzieher und Zögling in den Mittelpunkt. Anders ausgedrückt: so wie im späteren Leben das tiefe Gefühl für einen Menschen die sexuell motivierte Lust auf ständig andere Partner in Schranken halten soll, so soll nun das Gefühl dem Erzieher gegenüber dem Trieb Einhalt gebieten. Dieser Gedanke führt zu einer weiteren Variante der aufklärenden Lernhilfen, die Rousseau für die Reifezeit bereithält: der "Erziehung durch Verlieben". Was verbirgt sich hinter dieser paradox anmutenden Formulierung?

"Gewöhnlich suchen diejenigen", so sagt er, "die die Jugend vor den Fallstricken der Sinne bewahren wollen, ihr Abscheu vor der Liebe einzuflößen; sie wollen es ihr als Verbrechen anrechnen, in ihrem Alter daran zu denken, als ob die Liebe für Greise geschaffen wäre. All diese trügerischen Belehrungen, die das Herz Lügen

---

23 UTB, S. 347/Pl.IV, S. 648f. - Auch diese Stelle liefert ein gutes Beispiel für den autobiographischen Ursprung pädagogischer Theorien. Es hat den Anschein, als ob Rousseau die markante Veränderung in der Beziehung zwischen Erzieher und Zögling in Anlehnung an eigene Erfahrungen in seiner Beziehung zu "Maman" begründet. In den Bekenntnissen heißt es nämlich: "Wie dem auch sei, Mama sah, daß sie, um mich den Gefahren meines Alters zu entreißen, mich nun als Mann behandeln müßte; und das tat sie nun auch, aber auf die merkwürdigste Art, auf die wohl je eine Frau bei solcher Gelegenheit verfallen ist. Ich fand ihre Miene ernster, ihre Rede moralischer als sonst...Nachdem ich umsonst den Grund dieser Veränderung in mir selbst gesucht hatte, fragte ich sie nach ihm. Darauf hatte sie gewartet. Sie schlug mir für den nächsten Morgen einen Spaziergang zu dem kleinen Garten vor...(Winkler, S. 192f./Pl.I, S. 193). An anderer Stelle: "Sie hatte bis jetzt zu mir nur wie zu einem Kinde gesprochen. Nun begann sie mich als Mann zu behandeln und erzählte mir von sich" (Winkler, S. 198/Pl.I, S. 199).

Neben dem autobiographischen ist allerdings auch noch ein ideengeschichtlicher Aspekt in Betracht zu ziehen. Die Bedeutung der Liebe, der männlichen Liebe, als pädagogischer Methode, ist ein klassischer Topos und durchzieht die antiken Vorbilder, die Rousseau genauestens kannte. Marrou schreibt dazu: "Die Liebesbindung ist also auf der einen Seite von einem Bemühen um Formung, auf der anderen Seite um Reifung begleitet, sie enthält dort eine Art von väterlicher Zuneigung, hier von Lernbereitschaft und Verehrung...Das Verhältnis des Lehrers zum Schüler behält bei den Alten immer etwas von der Beziehung des Liebenden zum Geliebten; die Erziehung war im Prinzip weniger ein Unterrichten oder ein technisches Belehren, sie war die umfassende Fürsorge eines Älteren, der das Wachsen eines Jüngeren sorgsam betreut, eines Jüngeren, der seinerseits den brennenden Wunsch hat, dieser Liebe zu genügen, sich ihrer würdig zu erweisen" (H.I. Marrou: Geschichte der Erziehung im klassischen Altertum. München 1977 - Paris 1948 -, 3. Kap. Von der Knabenliebe als Erziehung, S. 72-88).

straft, überzeugen nicht. Der junge Mann wird von einem sicheren Instinkt geleitet und lacht über die traurigen Maximen, denen er scheinbar zustimmt, während er auf den Augenblick wartet, wo sie hinfällig werden. All das ist naturwidrig" (UTB, S. 351/Pl.IV, S. 653). Im Sinne des Mottos, daß Angriff immer noch die beste Verteidigung ist, geht Rousseau einen anderen Weg: "Ich scheue mich nicht, dem süßen Gefühl, auf das er begierig ist, zu schmeicheln. Ich werde es ihm als das höchste Lebensglück schildern, was es ja tatsächlich ist. Während ich es ihm beschreibe, soll er sich ihm ganz hingeben. Ich lasse ihn fühlen, welchen Reiz die Vereinigung der Herzen dem Reiz der Sinne hinzufügt; damit schrecke ich ihn vor der Ausschweifung ab und mache ihn weise, indem ich ihn verliebt mache."[24] Das Eigentümliche dieser "Erziehung durch Verlieben" besteht also, wie hieran zu sehen ist, darin, daß Rousseau sich die Disposition des Heranwachsenden für Liebesgefühle in der Weise zu eigen macht, daß er alle Aufmerksamkeit auf ein Phantasiebild zu lenken versucht. Dieses in die Zukunft projizierte Ideal soll so dem gegenwärtigen Druck des Triebes entgegenwirken.[25] Die Wirksamkeit dieses

---

[24] UTB, S. 351/Pl.IV, S. 653f. - Rousseau meint das ganz konkret: "Dein Herz, sage ich dem jungen Mann, braucht eine Gefährtin. Wir wollen eine suchen, die zu dir paßt. Es wird vielleicht nicht so einfach sein, sie zu finden, denn das wahrhaft Würdige ist immer selten; aber wir wollen uns weder beeilen noch abschrecken lassen. Bestimmt gibt es eine, und wir werden sie am Ende doch finden oder wenigstens eine, die ihr nahekommt" (UTB, S. 353/Pl.IV, S. 656).

Mit der Liebe gibt es Probleme: sie ist einerseits notwendig, um den Trieb zu kultivieren, indem sie das körperliche Bedürfnis zusammen mit einem spezifischen Gefühl an ein Objekt zu binden vermag. Nur deshalb kann sie "Zügel und Regel" der Natur (= des Triebes) werden und nur deshalb ist es sinnvoll, junge Leute verliebt zu machen: durch die emotionale Fixierung an eine Person wirkt die Liebe verhütend. - Über diese Bindung hinaus wirkt Liebe moralisch deshalb, weil sie Ausdruck des Prinzips der Gegenseitigkeit ist: "die Liebe muß gegenseitig sein" (UTB, S. 214/Pl.IV, S. 494). Andernfalls - so heißt es in der Nouvelle Héloise - liebt man nicht richtig oder zumindest nicht lange: "L'amour que j'ai connu ne peut naitre que d'une convenance réciproque et d'un accord des ames. On n'aime point si l'on n'est aimé; du moins on n'aime pas longtems" (Pl.II, S. 341). - Schließlich ist das Gefühl der Liebe eng mit mannigfaltigen Formen der Eigenliebe verbunden: die Versuchung ist groß, ständig sich und den anderen in bezug auf andere zu vergleichen, sein Gefühl auf äußeren Vorzügen aufzubauen etc. Die Liebe ist daher immer auch der Möglichkeit nach Ursache für "Mißhelligkeiten, Feindschaft und Haß" (UTB, S. 214f./Pl.IV, S. 494). So betrachtet bedeutet "Lieben lernen" für Rousseau eigentlich "Leben lernen": den Trieb zu kultivieren, ohne ihn zu degenerieren, in der Liebe das Spannungsverhältnis von Eigen- und Selbstliebe zum Ausgleich bringen und dabei die Vernunft zur Weisheit zu transformieren.

[25] Vgl. dazu Spranger: "In der Seele des Jugendlichen ist Erotik und Sexualität für das Bewußtsein zunächst schroff getrennt...Beide Erlebenskreise können erwacht sein. Aber der Gegenstand des Eros ist ein ganz anderer als der der sexuellen Erregung. Und auch zeitlich

Verfahrens ist darin begründet, daß der Erzieher den Abstand zwischen Phantasie und Wirklichkeit zu kontrollieren vermag, indem er ihn, den Launen seines Zöglings folgend, jeweils subtil zu erweitern oder zu verringern versucht. "Dabei spielt es keine Rolle", so Rousseau, "daß das Mädchen, das ich ihm schildere, nur in der Vorstellung existiert. Es genügt mir, daß er denen widersteht, die ihn in Versuchung führen könnten; es genügt, daß er überall Vergleichsmöglichkeiten findet, die ihm sein Phantasiebild begehrenswerter erscheinen lassen als die Wesen aus Fleisch und Blut, die ihm auffallen...Da ich ihm aber sein Phantasiebild gegeben habe, bleibe ich Herr aller Vergleiche und verhüte leicht die Illusion der Wirklichkeit...Verteidigt ihn nur gegen seine Sinne, sein Herz ist in Sicherheit." [26] Durch die Nachzeichnung der durch den curricularen Charakter der "zweiten "Geburt" bedingten Lernhilfen wird nun der Blick auf ein bedeutsames Ziel einer naturgemäßen Erziehung möglich. Es besteht darin, das "Herz in Sicherheit zu wiegen", d.h. den Heranwachsenden nicht nur zur Liebenswürdigkeit, sondern zur *Liebesfähigkeit* zu verhelfen, wie Rousseau es an anderer Stelle ausdrückt.[27] Die Fähigkeit zu lieben entwickelt sich langsam. Daher ist hierfür viel Zeit erforderlich. Ausreichend Zeit und Schutz vor frühzeitiger Sexualisierung sind im Sinne Rousseaus zwei notwendige Voraussetzungen, damit diese Fähigkeit sich entwickeln kann und im weiteren Lebenslauf dann Erfahrungen möglich werden,

---

treffen sie noch nicht zusammen. Ohne Zweifel hat dies Auseinanderfallen selbst wieder seinen tiefen Entwicklungssinn" (a.a.O., S. 75).

26 UTB, S. 353f./Pl.IV, S. 656f. - Auch hier findet sich ein Bezug zu Rousseaus eigener Lebensgeschichte, genauer gesagt zu ihrer autobiographischen Repräsentation. Mit 45 Jahren erlebt er eine "midlife-crisis", hin- und hergerissen zwischen der Treue zu Thérèse und in der Erinnerung auftauchender vergangener Lieben und zukünftiger Möglichkeiten. Er schreibt: "Was tat ich in dieser Lage?...Die Unmöglichkeit, wirklichen Wesen nahe zu kommen, warf mich in das Land der Schimären, und da ich nichts leben sah, das meines Rausches wert war, nährte ich ihn in einer idealen Welt, die meine schöpferische Einbildungskraft bald mit Wesen nach meinem Herzen bevölkert hatte. Nie kam mir diese Hilfe gelegener, und nie war sie so fruchtbar" (Winkler, S. 422/Pl.I, S. 427). - Wenn die Phantasie allerdings die Oberhand gewinnt und jeden Bezug zur Wirklichkeit verliert, wird der ursprünglich konstruktive Charakter des Liebesideals destruktiv, da sich kein Wesen mehr findet, das den phantastischen Ansprüchen genügen könnte, ein Gedanke, den Rousseau in seiner "Liebeslehre" später Emil vorhalten wird: "L'imagination qui parce ce qu'on desire l'abandone dans la possession" (Pl.IV, S. 821/UTB, S. 492).

27 "Ich weiß nicht, ob mein Zögling...weniger liebenswürdig (aimable) sein wird...Ich weiß nur, daß er liebesfähiger (aimant) sein wird, und es wird mir schwer zu glauben, daß der, der nur sich selbst liebt, sich so verstellen kann, daß er genauso gefällt wie der, der aus der Zuneigung zu anderen ein neues Glücksgefühl zieht" (UTB, S. 233/Pl.IV, S. 516).

in denen die Sexualisierung der Erotik mit der Erotisierung des Sexus zu neuer Qualität verschmelzen kann.[28] Damit dieses Ziel nicht verfehlt wird, müssen die Erzieher sich stets folgende Regel vergegenwärtigen: "Über Leidenschaften gewinnt man nur durch Leidenschaften Macht; durch ihr Regiment muß man ihre Tyrannei bekämpfen; immer bietet uns die Natur die Mittel, mit denen wir sie in Ordnung bringen können."[29]

Fassen wir den Gedankengang dieses ersten Abschnittes zusammen: Mit der Geschlechtsreife werden die Menschen gewissermaßen zum zweiten Mal geboren, für das Geschlecht eben, wie Rousseau sagt. Über das biologische Faktum der Fortpflanzungsfähigkeit hinaus ist diese Zeit deswegen für den weiteren Lebenslauf von so großer Bedeutung, weil nun - durch den erwachenden Trieb bedingt - die Beziehungen des Menschen zu anderen ein zweites Mal leiblich fundiert sind, der Mensch also über seinen Körper erfährt, daß er nicht dazu bestimmt ist, alleine zu leben.

Auf diesem massiven natürlichen Fundament gilt es nun, mit großer Sorgfalt das Gebäude der Gefühle zu errichten. Die Natur stattet zwar in der Regel alle Menschen in gleicher Weise mit diesem tragfähigen Fundament aus, die Art des Gebäudes hingegen ist weitgehend von den jeweiligen kulturellen und sozialen Gegebenheiten abhängig. Gelungene Bauwerke, die durch sinnvolle Anlage des Ganzen und liebevolle Ausführung im Detail gleichermaßen überzeugen, entstehen nicht von heute auf morgen. Sie erfordern vielmehr weitsichtige Planung und geduldige Ausführung, kurzum viel Zeit.

Das bedeutet: Rousseau sieht eine entscheidende Aufgabe der Reifezeit darin, die Kraft des Triebes für die Entfaltung und Ausbildung der zwischenmenschlichen Gefühle nutzbar zu machen (z.B. Freundschaft, Humanität). Nur wenn der Trieb - wenn auch nur für begrenzte Zeit - daran gehindert werden kann, sich gewissermaßen gleich bei Erwachen in einem Objekt zu erschöpfen, bleibt

[28] Dieser Gedanke findet sich auch bei Spranger: "Das Erotische ist also keine Funktion des Sexuellen, das Sexuelle keine Funktion des Erotischen. Sondern beide gehören dem Entwicklungssinn nach wesenhaft in einer Erlebnistotalität zusammen. Sie differenzieren sich beide aus einem Einheitsgrund heraus. Sie gehen eine Zeitlang getrennt, um sich im Höhepunkt des aufgeblühten Lebens wieder zu vereinen. Anders kann man ihre Bezogenheit aufeinander nicht verstehen" (a.a.O., S. 120).

[29] UTB, S. 351/Pl.IV, S. 654: "On n'a de prise sur les passions que par les passions; c'est par leur empire qu'il faut combattre leur tirannie; et c'est toujours de la nature elle-même qu'il faut tirer les instrumens propres à la régler".

genügend Energie vorhanden, um ihn "aufzuteilen", d.h. hier, zu verallgemeinern und somit die kulturell vorbereitete reiche Palette nicht primär sexuell motivierter Gefühle für andere zu entwickeln. Der Trieb ist stark genug und wird sich auf jeden Fall so oder so Bahn brechen, die anderen Gefühle sind demgegenüber weitaus schwächere Pflanzen, die nur durch rechtzeitige Aussaat und sorgsame Pflege gedeihen werden. So betrachtet ist Reifezeit eben: Zeit zum Reifen. Denn erst im Konzert entfalteter Gefühle für andere, so die süße Verheißung, vermag das Gefühl sexueller Lust den höchsten Genuß zu bereiten. Was ergibt sich hieraus für das Verhalten der Erzieher? Sie dürfen *erstens* der Natur niemals vorgreifen und müssen ihr ganzes Geschick aufbieten, um die Zeit kindlicher Unschuld, solange es geht, zu verlängern. Sie müssen *zweitens* rechtzeitig und in geeigneten Formen die Heranwachsenden selbst aufklären und dürfen diese Aufgabe nicht anderen überlassen. Aufklärung ist nämlich eine der notwendigen Voraussetzungen dafür, die Heranwachsenden in zunehmendem Maße für ihr Verhalten selbst verantwortlich machen zu können, d.h. sie zu befähigen, die "körperbedingten Lernaufgaben" aus eigener Kraft zu bewältigen. Die Erzieher müssen *drittens* alles versuchen, auch in dieser schwierigen Zeit den Kontakt zu ihren Zöglingen nicht zu verlieren und ihr Vertrauen zu behalten. Nur dann werden sie *viertens* schließlich ihre eigenen Gefühle den Zöglingen gegenüber authentisch zur Geltung bringen können und dadurch ihren Einfluß - zumindest der Möglichkeit nach - auch in der Zukunft behalten. Gefühle entstehen nicht im luftleeren Raum, sondern durch Beziehungen, durch - sozialpsychologisch formuliert - Interaktionen. Rousseau sagt: "Die Summe aller Weisheit in bezug auf die Leidenschaften ist: 1. Man muß die wirklichen menschlichen Beziehungen kennen, sowohl was die Gattung als was das Individuum betrifft. 2. Alle Seelenbindungen nach diesen Verhältnissen ausrichten."[30] Auf welche Weise nun diese notwendigen Kenntnisse der "wirklichen Beziehungen" erworben werden können, das wird im nächsten Abschnitt zu beantworten sein.

---

30 UTB, S. 220/Pl.IV, S. 501: "Voici donc le sommaire de toute la sagesse humaine dans l'usage des passions. 1. Sentir les vrais rapports de l'homme tant dans l'espéce que dans l'individu. 2. Ordonner toutes les affections de l'ame selon ces rapports".
Der Begriff der "Gattung" ist hier doppeldeutig: er kann sich einerseits beziehen auf die Beziehungen der Geschlechter, dem einen bedeutenden Thema des 4. Buches; er kann sich auch darauf beziehen, wie die Menschen, wenn ihre Geschichte als Gattung betrachtet wird, "eigentlich" sind. Die Übersetzung ist hier sinnentstellend: denn die "wirklichen Beziehungen" werden eben "gefühlt", und gerade nicht nur "gekannt".

5.2 Das "Menschenstudium", von außen betrachtet

↔ 5.3. von innen b.

In der Reifezeit bringt die Natur den Heranwachsenden - vermittelt über seinen Körper - durcheinander, und zwar gleichermaßen in bezug auf sich selbst und in bezug auf andere. Dieses Durcheinander ist Zeichen für das Ende der Kindheit und Voraussetzung dafür, erwachsen zu werden.

Wer sich neu orientieren muß, ist auf verläßliche Markierungen angewiesen. Um den Heranwachsenden in seinem Bemühen, herauszufinden, wer er ist und wer er werden will, wirksam unterstützen zu können, ist es erforderlich, ihm zu zeigen, wie die Menschen "wirklich" sind. Das ist die Funktion des "Menschenstudiums", das in zwei Teile zerfällt, in Grund- und Hauptstudium sozusagen.

Im Grundstudium wird zunächst auf das Äußere der Menschen geblickt, darauf was sie getan haben und was sie tun, was sie hervorgebracht haben und hervorbringen, wie sie sprechen und miteinander umgehen. So werden Maßstäbe gewonnen, ohne die ein sinnvolles Hauptstudium nicht möglich ist. Dann wird die Perspektive verändert, und die Menschen werden gleichsam innen betrachtet, ihre Gefühle und Intentionen rücken in den Mittelpunkt des Interesses.

Zunächst zum Grundstudium: in einem ersten Abschnitt (5.2.1) wird die Lernaufgabe genauer zu bestimmen sein, damit dann die einzelnen Studiengebiete (Geschichte, Kultur und Umgang), die Rousseau - Lernhilfen gleich - für erforderlich hält, verständlich werden (5.2.2).

5.2.1 Die Lernaufgabe

Der Mensch ist nicht dazu bestimmt, alleine zu leben: so lautete die leibliche Wahrheit der "Zweiten Geburt". Hieraus ergibt sich für Rousseau unmittelbar die zu bewältigende Lernaufgabe: die Heranwachsenden müssen die Menschen kennenlernen, um mit ihnen leben zu können. Diese Aufgabe ist schwieriger als es auf den ersten Blick erscheint, und zwar aus folgenden Gründen: ganz allgemein gilt zunächst, daß die Menschen nicht so sind, wie sie sich zeigen, Schein und Wirklichkeit klaffen häufig auseinander; dieses grundsätzliche Problem wird zusätzlich durch Rousseaus eigene Intentionen verschärft, denn Emil soll zwar die anderen Menschen kennenlernen, um mit ihnen leben zu können und doch ganz anders werden als sie. Die Frage stellt sich demnach folgendermaßen: Wie vermag Emil die Menschen kennenzulernen, wie sie wirklich sind, und mit Hilfe dieser Kenntnis sich zu einem Menschen entwickeln, der wirklich er selbst ist? Für den ersten Teil des Menschenstudiums gibt Rousseau hierauf folgende Antwort: Die Menschen müssen zunächst in den Bereichen studiert werden, in denen sie sich zeigen und zwar zuerst aus sicherer Distanz, die allmählich zu verringern ist bis hin zum direkten Kontakt im gesellschaftlichen Umgang. Dies bedeutet, die Menschen zuerst in ihrer Geschichte zu studieren, sie dann in der Rolle von "Kulturproduzenten" (z.B. Sprache, Kunst) kennenzulernen und ihnen schließlich, einzeln und in Gruppen, leibhaftig zu begegnen. Analyse aus sicherer Distanz, aufmerksame Beobachtung und Teilhabe am gesellschaftlichen Leben - aus dem Wechselspiel dieser Formen wird das "Studium" zusammengefügt. - Soweit der diesen Abschnitt bestimmende Gedanke, der nun genauer nachgezeichnet wird.

"Emil ist nicht dazu geschaffen", so sagt Rousseau, "um immer einsam zu bleiben. Als Glied einer Gesellschaft muß er ihre Pflichten erfüllen. Weil er mit Menschen leben muß, muß er sie kennenlernen. Er kennt den Menschen im allgemeinen; er muß noch Individuen kennenlernen. Er weiß, was in der Welt geschieht; er muß jetzt lernen, wie man darin lebt."[31] Die Lernaufgabe besteht also aus zwei Teilen: dem Kennen-Lernen und dem Leben-Lernen, d.h. der Fähigkeit, in der Gesellschaft zu handeln. Gerade auf diese Fähigkeit wird in der Erziehungspraxis, die Rousseau vor Augen hat und die er daher scharf kritisiert, kaum Wert gelegt.[32] Und auch das, was "sein" Emil bisher gelernt hat - nämlich mit sich selbst zu leben und sein Brot zu verdienen - reicht nun nicht mehr aus, denn er sagt: "Um in der Welt zu leben, muß man mit den Menschen umgehen können. Man muß die Mittel kennen, mit denen man Einfluß auf sie gewinnt; man muß die Wirkung der Gesellschaft berechnen und die Ereignisse so genau voraussehen können, daß man in seinen Unternehmungen nur selten getäuscht wird oder doch wenigstens die besten Mittel zum Erfolg anwendet."[33] Gesellschaftlicher Umgang, das geht

---

31 UTB, S. 352/Pl.IV, S. 654: "Emile n'est pas fait pour rester toujours solitaire; membre de la societé il en doit remplir les devoirs. Fait pour vivre avec les hommes il doit les connoitre. Il connoit l'homme en général; il lui reste a connoitre les individus. Il sait ce qu'on fait dans le monde; il lui reste à voir comment on y vit."

32 "Wenn ich sehe, wie man im Alter der größten Aktivität die jungen Leute auf rein spekulative Studien beschränkt und wie sie dann ohne Erfahrung mit einem Schlag in die Welt und in die Geschäfte geworfen werden, finde ich darin einen Verstoß gegen die Natur wie gegen die Vernunft, und es überrascht mich nicht mehr, daß sich so wenige Menschen benehmen können. Aus welch seltsamen Einfällen heraus lehrt man uns so unnütze Dinge, während die Gabe zu handeln nichts zählt? Man behauptet, uns für die Gesellschaft zu bilden und unterrichtet uns so, als ob jeder von uns sein Leben in einer Zelle verbringen oder Luftprojekte mit gleichgültigen Leuten behandeln müßte" (UTB, S. 257/ Pl.IV, S. 543).

33 UTB, S. 257/Pl.IV, S. 543: "Pour vivre dans le monde il faut savoir traiter avec les hommes, il faut connoitre les instrumens qui donne prise sur eux; il faut calculer l'action et réaction de l'intérest particulier dans la societé civile, et prévoir si juste les évenemens qu'on soit rarement

hieraus hervor, ist für Rousseau nicht nur etwas Passives, sondern er verbindet damit die aktive Fähigkeit, in wirksamer Weise Einfluß auszuüben. Gerade für diese Lehren gibt es im Lebenslauf nur einen günstigen Augenblick, und der ist nun gekommen und muß genutzt werden.[34] Die Wendung vom "günstigen Augenblick" ist mißverständlich. Sie bezieht sich nämlich nicht darauf, daß diese Aufgabe besonders leicht und problemlos zu bewältigen wäre. "Günstig" weist vielmehr auf die Konstellationen, auf die Umstände hin, auf den Krisencharakter der Jugendzeit. So wie ein Erfinder den rechten Moment abpaßt, um sein Werk unter realen Bedingungen erstmals zu testen, so wartet Rousseau auf die krisenhaften Herausforderungen der Jugendzeit, da die gesellschaftliche Wirklichkeit so wie sie ist, selbst notwendig ist, um sein Werk zu vollenden. Die Qualität der in der Kindheit genossenen Erziehung muß sich jetzt an der Art und Weise erweisen, in der Emil die Krise zu überwinden vermag. Ohne diese Probe mannigfaltiger Verunsicherungen kann er sich seiner selbst nicht sicher werden, mit anderen Worten: könnte er sich nicht weiterentwickeln, sondern bliebe im Gleichgewicht gefangen.

Die erste einschneidende Erfahrung, die Emil nun - wenn auch im Sinne Rousseaus gut vorbereitet - im direkten Umgang mit anderen machen muß, besteht im Gefühl des *Vergleichs*: "Da mein Emil bisher nur auf sich selbst geachtet hat, veranlaßt ihn der erste Blick auf seinesgleichen zu einem Vergleich, und die erste Empfindung, die der Vergleich auslöst, ist der Wunsch nach dem ersten Platz. Das ist der Augenblick, in dem sich die Selbstliebe in Eigenliebe verwandelt und alle damit zusammenhängenden Leidenschaften emporkeimen. Um zu entscheiden, ob die Leidenschaften, die seinen Charakter beherrschen, menschlich und sanft oder grausam und schädlich sind, ob es Wohlwollen und Mitgefühl oder Neid und Habsucht ist, muß er wissen, welchen Platz er unter den Menschen einnehmen wird und welche Hindernisse er voraussichtlich überwinden muß, um den Platz zu erreichen, den er einnehmen will."[35] Durch den Kontakt mit anderen entstehen

---

trompé dans ses entreprises, ou qu'on ait du moins toujours pris les meilleurs moyens pour réussir."

34 "S'il est dans la vie un moment favorable à cette étude, c'est celui que j'ai choisi pour Emile, plus tôt ils lui eussent été étrangers, plus tard il leur eut été semblable" (Pl.IV, S. 536/ UTB, S. 250).

35 UTB, S. 239/Pl.IV, S. 523f. - An dieser Stelle kommen mehrere Probleme zum Vorschein:
1. Zunächst die Ambivalenz der Eigenliebe, die im folgenden Abschnitt (vgl. 5.3) eingehender zu behandeln sein wird. Rousseau sagt hierzu in diesem Zusammenhang: "Bedenkt, daß sich

widersprüchliche Gefühle, Zeichen der aus dem leichten Schlummer der Kindheit erwachten Eigenliebe. Diese Gegensätzlichkeit der Gefühle ruft Verunsicherung und Desorientierung hervor, der Rousseau dadurch begegnet, daß er Kenntnisse davon zu vermitteln sucht, wie die Menschen "wirklich" sind. Denn nur aus dieser Kenntnis kann die Fähigkeit erwachsen, über die Qualität von Gefühlen zu urteilen, denen die Heranwachsenden sonst bar jeden Maßstabes hilflos ausgeliefert wären. Das Menschenstudium fungiert als kognitives Korrektiv im Hinblick auf diejenigen Gefühle, die mit dem gesellschaftlichen Verkehr der Menschen einhergehen. Wissen und Gefühl werden in moralischer Absicht subtil miteinander verbunden: nur wer um Menschlichkeit weiß, wird "menschlich" fühlen können, und wer "menschlich" zu fühlen vermag, der hat die Freiheit, sich "menschlich" oder "unmenschlich" zu verhalten.[36]

---

das relative Ich, sobald sich die Eigenliebe entwickelt, ständig in das Spiel einmischt, und daß der Jüngling nie die anderen beobachtet, ohne auf sich selbst zurückzukommen und sich mit ihnen zu vergleichen" (UTB, S. 249/Pl.IV, S. 534). An anderer Stelle heißt es: "L'amour-propre est un instrument utile, mais dangereux; souvent il blesse la main qui s'en sert, et fait rarement du bien sans mal" (Pl.IV, S. 536/UTB, S. 251). Am Ende des 4. Buches wird dann sichtbar, wie Rousseau sich eine angemessene Lösung dieses durch die Eigenliebe provozierten Konfliktes vorstellt: der Vergleich mit anderen ist nämlich nur dann zu verurteilen, wenn er sich nicht auf intersubjektiv überprüfbare Maßstäbe bezieht, sondern auf Moden, Vorurteile und soziale Privilegien: "Obwohl ihn der Wunsch zu gefallen nicht mehr völlig gleichgültig gegenüber der Meinung anderer läßt, wird er doch nur das annehmen, was sich auf seine Person bezieht, ohne sich um willkürliche Entscheidungen zu kümmern, die sich nur nach der Mode oder den Vorurteilen richten. Sein Stolz ist, alles, was er macht, gut, ja besser als die anderen zu machen...(Laufen, Ringen, Arbeiten etc., V.K.). Er trachtet aber wenig nach den Vorzügen, die in sich nicht klar und deutlich sind, und die erst durch das Urteil anderer bestätigt werden müssen, wie z.B. mehr Geist haben als ein anderer...Noch weniger nach denen, die mit der Persönlichkeit nichts zu tun haben, z.B. von höherer Geburt zu sein, für reicher gehalten zu werden...(UTB, S. 366/Pl.IV, S. 670f.).

2. Die Wendung vom "Platz", den Emile einzunehmen beabsichtigt, bezieht sich nicht in erster Linie auf den späteren sozialen Status, sondern auf das Gefühl, sich selbst in der Welt gefunden zu haben, auf das Gefühl der Identität also, um eine moderne Wendung zu gebrauchen. Dies zeigt sich im Rückblick. Im Romanfragment heißt es nämlich: "Um die ganze Welt in allem kennenzulernen, was für mich von Belang sein konnte, genügte es mir, mich selbst zu kennen; war mein Platz einmal bezeichnet, so war alles gefunden. So begriff ich, daß die wichtigste Lebensweisheit darin besteht, das zu wollen, was ist, und sein Herz nach seiner eigenen Bestimmung zu lenken. Dies sei alles, was von uns abhänge, sagten Sie mir; alles übrige ist Notwendigkeit" (Winkler, S. 646/Pl.IV, S. 882f.).

3. In systematischer Hinsicht geht es hier um die Funktion der Erziehung, Zukunftsaussichten zu eröffnen, in Termini der biographischen Erziehungsforschung um das Verhältnis curricularer Aussichten und Mittel und den damit verbundenen Gefühlen (vgl. dazu Loch, Lebenslauf, a.a.O., S. 43-54).

36 "Menschlich" bedeutet: das, was Rousseau für menschlich hält, allgemein gesprochen: die Werte, an denen die Erzieher ihr Handeln ausrichten; vgl. dazu den Begriff der "pädagogischen

Zur Bewältigung dieser schwierigen Aufgabe, im Wechsel von Wissen und Gefühlen, bedürfen die Heranwachsenden der Unterstützung ihrer Erzieher. Zuallererst sind Erfahrungen notwendig, und das heißt für Rousseau, daß sein Emil "von nun an mehr mit anderen als mit sich umgeht".[37] Alles kommt jetzt darauf an, "die Menschen in ihrer Unterschiedlichkeit (zu) zeigen. Hier beginnt sich die natürliche und gesellschaftliche Ungleichheit auszuwirken; das Bild der ganzen gesellschaftlichen Ordnung" (UTB, S. 240/Pl.IV, S. 524). Die Kunst besteht in der Auswahl der Gelegenheiten und des Umgangs. Nur so kann der eigentümlichen Spannung dieser Lernaufgabe entsprochen werden, die für Rousseau ja gerade darin besteht, daß die Menschen zwar von Natur aus gut sind, in der Gesellschaft jedoch verdorben werden. Die Maske verhüllt das wahre Gesicht: "Ich wünschte", so sagt Rousseau daher, "daß man die Gesellschaft eines jungen Mannes so auswählt, daß er nur Gutes von denen denkt, die mit ihm leben; daß er die Welt so gut kennenlernt, daß er von allem, was er darin sieht, nur Schlechtes denkt. Er soll wissen, daß der Mensch von Natur aus gut ist, daß er es selbst fühlt und seinen Nächsten nach sich beurteilt; daß er aber sieht, wie die Gesellschaft den Menschen verdirbt und widernatürlich macht; daß er in ihren Vorurteilen die Quelle aller ihrer Fehler entdeckt; daß er lieber den einzelnen achtet, während er die Masse verachtet; daß er sieht, daß fast alle Menschen die gleiche Maske tragen; daß er aber genausogut weiß, daß es Gesichter gibt, die schöner sind als die Maske, die sie tragen" (UTB, S. 241/Pl.IV, S. 525).

Die einfach anmutende Lernaufgabe, die Menschen so kennenzulernen, wie sie wirklich sind, erweist sich als ein schwieriges Unterfangen. Es handelt sich dabei, so könnte man sagen, um eine Aufgabe mit "doppeltem Boden": das "Wirkliche" des Menschen zum Vorschein bringen zu können, setzt ja voraus, über einen bestimmten Begriff vom Wesen des Menschen zu verfügen. Dieser Begriff vom Wesen des Menschen kommt - unausgesprochen - in der Perspektive der Erzieher zum Ausdruck. Indem sie nun ihren Zöglingen die Menschen zeigen, wie diese "wirklich" sind, zeigen sie sie ihnen also im Grunde genommen so, wie es ihrem Menschenbild entspricht. Die Lernaufgabe ist damit hinreichend erläutert.

Differenz" im nächsten Abschnitt, 5.2.2.

[37] UTB, S. 241/Pl.IV, S. 525: "Dans cette vue, il importe ici de prendre une route opposée à celle que nous avons suivie jusqu'à présent, et d'instruire plutôt le jeune homme par l'experience d'autrui, que par la sienne".

Im folgenden Abschnitt sollen nun die Lernhilfen im einzelnen beschrieben werden, die Rousseau hierfür geeignet erscheinen.

5.2.2 Lernhilfen im "Menschenstudium": Geschichte, Kultur und Umgang

Die Heranwachsenden müssen Gelegenheiten erhalten, die Menschen sowohl aus der Nähe als auch aus "sicherer" Distanz zu betrachten, damit sie sie "wirklich" kennenlernen können. Nur so werden sie in der Lage sein, das ist Rousseaus Überzeugung, ein angemessenes, eigenes Urteil zu entwickeln. Dem Erzieher obliegt es, geschickt die Optik zu wählen und je nach Anlaß zwischen Nah- und Ferneinstellung zu variieren.

Am günstigsten erscheint es Rousseau, die Menschen zunächst aus der Ferne zu betrachten, d.h. ihre Geschichte zu studieren: "Ich (möchte) ihm die Menschen von ferne zeigen, in anderen Zeiten und anderen Orten, daß er zwar die Szene vor sich sieht, aber niemals selber mitspielen kann. Hier setzt die Geschichte ein. Durch sie lernt er...in den Herzen zu lesen. Durch sie sieht er sie als einfacher Zuschauer, mit Abstand und leidenschaftslos, als ihr Richter, nicht aber als ihr Mitschuldiger und ihr Ankläger. Um die Menschen kennenzulernen, muß man sie handeln sehen. In der Gesellschaft hört man sie sprechen: sie verbergen mit ihren Reden die Taten. In der Geschichte fällt der Schleier, und man kann sie nach ihren Taten beurteilen. Ihre Reden helfen, sie einzuschätzen. Denn wenn man vergleicht, was sie tun und was sie sagen, sieht man gleichzeitig, was sie sind und was sie erscheinen wollen. Je mehr sie sich verkleiden, desto besser erkennt man sie" (UTB, S. 242/Pl.IV, S. 526).

Allerdings ist das Studium der Menschen durch die Geschichte nicht ohne Probleme, denn der Erfolg ist abhängig von der Wahl des Standpunktes, von der Perspektive also, in der die Geschichte betrachtet wird.[38] Rousseau hält die

---

[38] "Leider hat dieses Studium seine Gefahren, seine mannigfaltigen Unzulänglichkeiten. Es ist schwer, sich auf einen Standpunkt zu stellen, von wo man seine Mitmenschen gerecht beurteilen kann. Einer der großen Fehler der Geschichtsschreibung besteht darin, die Menschen viel stärker mit ihren schlechten als mit ihren guten Seiten zu zeichnen...Außerdem kann man nicht behaupten, daß die von der Historie überlieferten Tatsachen das genaue Bild der wirklichen Geschehnisse vermitteln. Sie verändern sich im Kopf des Historikers; sie beugen sich seinen Interessen; sie nehmen die Farbe seiner Vorurteile an...Stellt einen Gegenstand an verschiedenen Punkten auf und er wird immer verschieden erscheinen, obwohl sich außer dem Auge des Beschauers nichts geändert hat" (UTB, S. 242f./Pl. 527). In den "Politischen Fragmenten" unterstreicht Rousseau besonders die Bedeutung positiver Vorbilder in der

Geschichtsschreibung für unzulänglich,weil sie eher die schlechten als die guten Seiten des Menschen hervorhebt und von Vorurteilen, parteilichen Darstellungen und einseitigen Urteilen bestimmt wird. Für die Erzieher folgt hieraus, daß sie die Lernenden immer wieder dazu anleiten müssen, die Verbindung von Tatsache und Bewertung durch eigenes Urteil herzustellen anstatt schlicht den Fachleuten, den "Historikern", zu vertrauen: "Tatsachen, nichts als Tatsachen! Er soll selbst urteilen! So lernt man die Menschen kennen. Wird er dauernd durch das Urteil des Autors gelenkt, tut er nichts, als mit den Augen eines anderen sehen. Und wenn ihm dieses Auge einmal fehlt, dann sieht er gar nichts mehr."[39]
Die Geschichte verführt leicht zur vorrangigen Beschäftigung mit dem, was gemeinhin "groß" genannt wird: große Ereignisse, bedeutende Bewegungen, große Schlachten, große Männer etc. Dieser Tendenz muß, so Rousseau, unbedingt dadurch zu begegnen versucht werden, indem der "großen" Person auf dem Weg von der öffentlichen Bühne in sein Haus, in seine Studierstube, in seine Familie, in den Kreis seiner Freunde gefolgt wird, denn: "...man (muß) den einzelnenMenschen studieren ( ), um über die Menschen urteilen zu können".[40]

Geschichte: "Ich meinerseits betrachte gerne die Beispiele, mit denen sich die Menschheit belehrt und ehrt. Aber ich sehe unter meinen Zeitgenossen nur gefühllose Herren und seufzende Völker, Kriege, die niemanden interessieren...; Riesenheere in Friedenszeiten, Minister, die ständig damit beschäftigt sind, nichts zu tun,...lang ausgehandelte Bündnisse, die am nächsten Tag gebrochen werden...Ich ziehe den Vorhang vor diese Bilder des Schmerzes und des Grauens...Dagegen wende ich mit Vergnügen meinen Blick auf jene verehrungswürdigen Bilder der Vergangenheit, wo ich Menschen sehe, die von hervorragenden Einrichtungen auf die höchsten Stufen der Größe und der Tugend gestellt wurden...(UTB, P.S., S. 264/Pl.III, S. 538f.).

39 UTB, S. 244/Pl.IV, S. 528. - Diese Stelle gestattet einen aufschlußreichen Einblick in die Werkstatt Rousseaus: die Kritik, die er an der Geschichtsschreibung übt, müßte ja auch für ihn selbst gelten. Auch Hegel geht in seinen "Vorlesungen über die Geschichte der Philosophie" auf die Forderung nach unparteiischer Darstellung der historischen Tatsachen ein: der Grundsatz sei zwar berechtigt, aber dennoch nicht mehr als ein Gemeinplatz: "Es muß die Forderung als gerecht zugestanden werden, daß eine Geschichte - es sei von welchem Gegenstande es wolle - die Tatsachen ohne Parteilichkeit, ohne ein besonderes Interesse und Zweck durch sie geltend machen zu wollen, erzähle. Mit dem Gemeinplatz einer solchen Forderung kommt man jedoch nicht weit. Denn notwendig hängt die Geschichte eines Gegenstandes mit der Vorstellung aufs engste zusammen, welche man sich von demselben macht..." (G.W.F. Hegel: Vorlesungen über die Geschichte der Philosophie. Frankfurt/M. 1971, Theorie Werkausgabe, Band 18, S. 15f.).

40 UTB, S. 245/Pl.IV, S. 530: "...mais il n'est pas moins vrai qu'il faut commencer (sic!) par étudier l'homme pour juger les hommes..." Kurz vorher heißt es hierzu: "Sie (die Geschichte, V.K.) stellt nur den Menschen dar, der sich für die öffentliche Schau hergerichtet hat. Sie folgt ihm aber nicht in sein Haus, in seine Studierstube, in seine Familie, in den Kreis seiner

Die Geschichte kann also nur dadurch zur belehrenden Instanz werden, daß sie unter bestimmten Gesichtspunkten betrachtet wird, und die wiederum sind Gesichtspunkte der Gegenwart: durch ihre Vergangenheit belehrt die Gegenwart sich selbst und aus diesem Grunde nur ist es möglich, daß die Beschäftigung mit den Menschen, wie sie"wirklich" waren, unausgesprochen die Kenntnis der Menschen, wie sie "eigentlich" sind, zu erweitern vermag.

Da die Geschichte nur ein notwendiger Bestandteil des Menschenstudiums ist, der für sich allein nicht hinreichend sein kann, müssen die Erzieher die Optik verändern, damit die Menschen mit deutlicheren Konturen näher ins Bild gerückt werden können.

Die Heranwachsenden sollen die Menschen deshalb durch das kennenlernen, was sie an *kulturellen Erzeugnissen* hervorgebracht haben und sich auch immer vor Augen führen, in der Sprache, in der Kunst, im Theater. Für Emil beginnt daher jetzt "die Zeit der Lektüre und der angenehmen Bücher. Jetzt ist es Zeit, ihn die Analyse einer Rede zu lehren und für die Schönheiten der Beredsamkeit und des Stils empfänglich zu machen. Sprachen um ihrer selbst willen zu lernen, hat wenig zu bedeuten; ihre Anwendung ist nicht so wichtig, wie man glaubt. Aber das Studium der Sprachen führt zum Studium der allgemeinen Grammatik" (UTB, S. 370/Pl.IV, S. 675). Die Wendung von der "allgemeinen Grammatik" deutet auf den grundlegenden Zusammenhang von Sprache und Erziehung hin und bringt die Sprache in ihrer Bedeutung als objektive Instanz ins Spiel, die im Prozeß der Enkulturation subjektiv gebrochen werden muß.[41] Und erst dann, wenn durch das Studium der antiken Autoren diese "allgemeine Grammatik" in Umrissen sichtbar zu werden beginnt, gewährt Rousseau seinem Zögling auch einen Blick auf das "Sickerwasser in den Tonnen der modernen Abschreiber" (UTB, S. 371/Pl.IV, S. 676).

Freunde. Sie malt ihn nur, wenn er repräsentiert. Sie malt eher sein Kleid als seine Person" (UTB, S. 245/Pl.IV, S. 530).

41 K. Prange schreibt hierzu in Anlehnung an W. v. Humboldt: "Die Sprache, als ein 'Werk der Nation' ( ), ist für die Menschen etwas Fremdes, das sie sich erst zueignen müssen, und indem sie sich die Sprache eines Lebenskreises, einer Familie, eines Hauses, einer Gruppe oder einer Nation aneignen, vollzieht sich nach Humboldt der Übergang von der 'Subjektivität' zur 'Objektivität' ( ). Diese Objektivität besteht darin, daß die Sprache 'Weltansichten', Perspektiven und Normen enthält, die in der individuellen Aneignung freigesetzt werden. Die potentielle Energie der Sprache als Bestand tradierter Normen, Einsichten, Nuancen, Verweisungen und Durchblicke wird in die kinetische Energie einer bestimmten Lebenserfahrung umgesetzt" (K. Prange: Pädagogik als Erfahrungsprozeß. Bd. III Die Pathologie der Erfahrung. Stuttgart 1981, S. 130).

Das Studium der Grammatik gilt gemeinhin als ein eher ernüchterndes Unterfangen. Damit das Studium der "allgemeinen Grammatik" nun nicht zu langweilig wird, müssen die Erzieher versuchen, gleichsam die "allgemeine" in eine "individuelle" Grammatik zu transformieren, d.h. den Stoff auf die jeweilige Situation der Lernenden geschickt zuzuschneiden. Das Prinzip der Nützlichkeit ist eben nicht außer Kraft, sondern nur in den Hintergrund des Erziehungsgeschehens getreten: wer die Redekunst erlernen will, benötigt dazu ein Thema, das ihn wirklich bewegt - wie also muß man eine Rede aufbauen, um vom Direktor schulfrei zu bekommen?[42]

Auf diese Weise inszeniert, wird selbst die "allgemeine Grammatik" zu einem spannenden Lerngebiet, zumal sie ohnehin auch eine Reihe erbaulicherer Kapitel umfaßt, z.B. das Theater und die Poesie:"Ich führe ihn ins Theater, nicht um die Sitten, sondern um den Geschmack zu studieren...Hier ist nicht der Ort, sage ich ihm, wo man Gebote und Moral lernen soll. Das Theater ist nicht für die Wahrheit da, sondern um den Menschen zu schmeicheln und um ihn zu unterhalten...Das Studium des Theaters führt zum Studium der Poesie. Beide haben den gleichen Inhalt. Hat er nur einen Funken Neigung für die Dichtung, mit welcher Freude wird er dann die Sprache der Dichter pflegen: Griechisch, Latein, Italienisch."[43]

---

[42] "Welch ausgefallenes Unterfangen, sie reden zu lehren, wenn sie kein Thema haben; zu glauben, man könnte sie auf der Schulbank das Feuer einer leidenschaftlichen Rede und die ganze Kraft der Überredungskunst fühlen lassen, ohne daß sie Interesse daran hätten, irgend jemanden zu überreden! Wer die Regeln der Rhetorik nicht zu seinem Nutzen anwenden kann, dem erscheinen sie als reines Geschwätz...Wenn ihr ihm...zeigt, wie man es anfangen muß, um von seinem Direktor schulfrei zu bekommen, so könnt ihr sicher sein, daß er euren Regeln mehr Aufmerksamkeit schenken wird" (UTB, S. 259f./Pl.IV, S. 546).
Hinsichtlich der Bedeutung der Redekunst dürfte Rousseau sicherlich von Quintilians "Institutio Oratoria" beeinflußt worden sein, ein Buch, das er gekannt und benutzt hat (vgl. M. Reichenberg, Lectures de Rousseau, a.a.O., S. 177). Zu Quintilian vgl. W. Loch: Redekunst und Unterricht. Zur pädagogischen Theorie in Quintilians 'Institutio oratoria', in: Bildung und Erziehung 19, 1966, S. 112-134).

[43] UTB, S. 372/Pl.IV, S. 677. - Rousseaus Einstellung dem Theater gegenüber ist ambivalent. In der Vorrede zu "Narcisse" hatte er 1752 das Theater noch als Mittel der Zerstreuung gepriesen, das dazu geeignet sei, die Menschen davon abzuhalten, sich mit noch gefährlicheren Dingen zu beschäftigen; 1758 schreibt er demgegenüber im Brief an d'Alembert, daß ehrenwerte Leute aus edlen Motiven (z.B. religiösen) gerade nicht ins Theater gehen (vgl. Pl.IV, S. 1621f.). Zum Zusammenhang von Ästhetik und Moral vgl. die Vorlesungsreihe von L. Trilling: Das Ende der Aufrichtigkeit. München/Wien 1982, zu Rousseau bes. S. 61ff.
Trilling schreibt dort: "Der These, daß das Theater der moralischen Aufklärung förderlich sei, widerspricht Rousseau mit ungeduldiger Ungläubigkeit. Der Zweck des Theaters ist, zu gefallen, und ein moralisches Urteil auf dem Theater wird nur insoweit akzeptiert, als es gefällt, das heißt, soweit es die vorgefaßten Ansichten der Zuschauer bestätigt und ihnen

Die Menschen zeigen sich eben auch in dem, was ihnen gefällt und was ihnen nicht gefällt, in ihren ästhetischen Urteilen sozusagen oder, in den Worten Rousseaus, an ihrem "Geschmack".[44] Ein Maßstab ist für ihn dabei unantastbar: die Natur. An ihr ist all das zu messen, was die Menschen an ästhetischen Produkten hervorbringen: "In ihren Werken bringen die Menschen nur durch Nachahmung Schönes hervor. Alle wahren Geschmacksvorbilder finden sich in der Natur. Je weiter wir uns von dieser Meisterin entfernen, desto entstellter sind unsere Bilder" (UTB, S. 368/Pl.IV, S. 672).

In beiden bisher vorgeführten Lernhilfen, der historischen und der ästhetischen, findet sich der Lernende in erster Linie in der Rolle des Unbeteiligten, des aufmerksamen Beobachters, der nur selten den Zuschauerraum verläßt und sich selbst auf der Bühne erprobt. Dies ändert sich, wenn die Menschen gleichsam in greifbare Nähe rücken, und die Heranwachsenden - zum Abschluß des "Grundstudiums" - im unmittelbaren *gesellschaftlichen Umgang* erste Erfahrungen zu sammeln beginnen.

"Man muß aber zunächst bedenken", sagt Rousseau, ein naheliegendes Mißverständnis mit Nachdruck ausräumend, "daß es sich nicht darum handelt, einen Menschen, den man zum natürlichen Menschen bilden will, zu einem Wilden zu machen und ihn in die Tiefen der Wälder zu verbannen. Es genügt, daß er sich im Strudel des sozialen Lebens weder durch die Leidenschaften noch durch die Meinung der Menge fortreißen läßt; daß er mit eigenen Augen sieht; daß er mit seinem Herzen fühlt; daß ihn keine Autorität außer der seiner eigenen Vernunft

---

schmeichelt...Mit der Theorie der tragischen Katharsis, die im ästhetisch-moralischen Denken eine so ehrwürdige Rolle spielen sollte, wollte Rousseau nichts zu schaffen haben" (ebd., S. 65f.). Später bei Herbart heißt es dann: "Das Gewissen geht mit in die Oper!" (Über die ästhetische Darstellung der Welt als Hauptgeschäft der Erziehung, zit. nach A. Brückmann (Hg.): Johann Friedrich Herbart. Kleine pädagogische Schriften. Paderborn 1968, S. 53).

44 "Je weiter man die Definition des Geschmacks herholt, desto mehr verirrt man sich. Der Geschmack ist weiter nichts als die Fähigkeit, über das zu urteilen, was der Mehrheit gefällt oder mißfällt...In den physischen Dingen scheinen die Prinzipien des Geschmacks völlig unerklärlich zu sein; aber es ist wichtig festzustellen, daß bei allem, was mit der Nachahmung zusammenhängt, die Moral hineinspielt. So erklärt man sich Schönheiten, die physisch zu sein scheinen, die es aber in Wahrheit nicht sind...Der Geschmack ist allen Menschen natürlich, aber nicht alle haben ihn im gleichen Maß. Er entwickelt sich nicht in jedem im gleichen Grad und ist bei allen aus verschiedenen Gründen Veränderungen unterworfen. Das Maß an Geschmack, das man haben kann, hängt von der Empfindsamkeit ab, die man erhalten hat; seine Bildung und seine Form hängen von der Gesellschaft ab, in der man gelebt hat..." (UTB, S. 367f./Pl.IV, S. 672).

beherrscht."[45] Auch für das Kennenlernen der Menschen durch direkten Umgang ist offenbar, wie an dieser Stelle wiederum deutlich wird, eine eigentümliche Differenz erforderlich: zunächst zuschauen, auch teilnehmen, aber doch ganz anders als die anderen. In dieser Differenz kommt das "Erzieherische" zum Ausdruck, das "pädagogische Relevanzsystem" sozusagen, bei geschickter Inszenierung für den Lernenden unmerklich in die Wirklichkeit eingeflochten. Rousseaus Intentionen sind ja gerade darauf gerichtet, in eine bestimmte Gesellschaft auf bestimmte (d.h. rousseausche) Weise einzuführen. Die Erzieher sollten daher folgendes Prinzip beachten: "Man muß die Gesellschaft durch die Menschen und die Menschen durch die Gesellschaft studieren. Wer Politik und Moral getrennt behandeln will, wird keine von beiden jemals verstehen. Hält man sich zunächst an die ursprünglichen Beziehungen, so erkennt man, welche Wirkung sie auf die Menschen ausübten und welche Leidenschaften aus ihnen entstehen müssen" (UTB, S. 240/Pl.IV, S. 524). Worauf es Rousseau hierbei ankommt, ist folgendes: Die Spannung zwischen dem Blick auf den Naturzustand und der Konfrontation mit gesellschaftlicher Wirklichkeit darf auf dieser Stufe der Entwicklung nicht aufgelöst, sondern muß vielmehr zum zentralen Bezugspunkt des Lernens durch Umgang gemacht werden. Denn nur so ist es möglich, daß die Heranwachsenden über Schein und Wirklichkeit der Gesellschaft ein klares Urteil zu gewinnen vermögen.[46] Und auf dieses Urteil

[45] UTB, S. 263f./Pl.IV, S. 551. - Weiter heißt es: "Es ist klar, daß in dieser Lage die Menge dessen, was auf ihn einwirkt, die häufigen Gefühle, von denen er bewegt wird, die verschiedenen Mittel, seine wirklichen Bedürfnisse zu befriedigen, ihm viele Begriffe vermitteln, die er niemals gehabt oder die er nur langsam erworben hätte. Der dem Geist natürliche Fortschritt wird beschleunigt und nicht zurückgehalten. Derselbe Mensch, der in den Wäldern dumm bleiben muß, muß in der Stadt vernünftig und verständig werden, selbst wenn er nur Zuschauer bleibt" (ebd.). Um sich weiterentwickeln zu können, muß Emil also in die Stadt, als "l'homme de la nature éclairé par la raison" wird er ihr jedoch nicht verfallen, wie Rousseau dies im 2. Dialog mit Nachdruck unterstreicht: "L'esprit, les talens ne sont pour lui que des ornemens du mérite et ne le constituent pas. Ils sont des developpmens neceissaires dans le progrès des choses et qui ont leurs avantages pour les agrémens de la vie mais subordonnés aux facultés plus précieuses qui rendent l'homme vraiment sociable et bon..." (Pl.I, S. 864).

[46] "Im Naturzustand gibt es eine echte und unzerstörbare Gleichheit, da es in diesem Zustand unmöglich ist, daß der bloße Unterschied zwischen Mensch und Mensch groß genug wäre, um sie voneinander abhängig zu machen. In der bürgerlichen Gesellschaft ist die Rechtsgleichheit trügerisch und eitel, weil die Mittel, die zu ihrer Erhaltung bestimmt sind, selbst dazu dienen, sie zu zerstören, und weil die öffentliche Macht dem Starken hilft, um den Schwachen zu unterdrücken und dadurch die Art von Gleichgewicht zerstört, die die Natur zwischen ihnen vorgesehen hatte. Aus diesem ersten Widerspruch ergeben sich alle jene, die man in der bürgerlichen Gesellschaft zwischen Schein und Wirklichkeit beobachtet." (UTB, S. 240/Pl.IV, S. 524).

wiederum kann dann - anders als bei den vermeintlichen "Weisen" - praktisches Handeln gegründet werden: "In allen Ständen - so behaupten unsere Weisen - sind Glück und Unglück gleichmäßig verteilt; aber das ist eine ebenso unheilvolle wie unhaltbare Behauptung. Denn wozu soll ich mich um jemanden bemühen, wenn alle gleich glücklich sind? Jeder mag bleiben, was er ist: der Sklave soll weiter mißhandelt werden, der Kranke weiter leiden,und der Bettler zugrunde gehen...Das Leid der Unglücklichen entspringt den Dingen, der Härte des Schicksals, das auf ihnen lastet. Man kann sich nicht an die Müdigkeit, an die Erschöpfung und an den Hunger gewöhnen. Weder Geist noch Weisheit können ihn von den Übeln seines Standes befreien."[47] In einem "naturgemäßen" Studium der Menschen darf daher nicht nur eine bestimmte Gruppe oder Schicht betrachtet werden, nicht nur die Armen und nicht nur die Reichen. Es ist vielmehr beim Studium der menschlichen Natur damit zu beginnen, "was am unzertrennlichsten mit ihr verbunden ist, was das wahrhaft Menschliche daran ausmacht" (UTB, S. 223/Pl.IV, S. 504). Daher Rousseaus ständiger Appell: "Haltet eure Gattung in Ehren...Mit einem Wort, lehrt euren Zögling, alle Menschen zu lieben, selbst diejenigen, die die anderen geringschätzen. Sorgt dafür, daß er sich keiner Klasse zurechnet, sondern in allen zu Hause ist. Sprecht in seinem Beisein mit Rührung, ja mit Mitleid vom Menschengeschlecht; niemals mit Verachtung. Mensch, entehr den Menschen nicht!" (UTB, S. 228/Pl.IV, S. 510).

Es ist in systematischer Hinsicht aufschlußreich, daß im Kontext des Lernens durch gesellschaftlichen Umgang die Produktivität der in einem grundlegenden Sinne anthropologischen Betrachtungsweise Rousseaus zum Vorschein kommt. Diese Perspektive ist nicht darauf beschränkt, den Menschen nur als Angehörigen einer bestimmten Klasse zu verstehen, sondern gerade dadurch, daß er anthropologisch in weit mehr Hinsichten verstanden werden muß - bei Rousseau durch die Reflexion auf einen vergangenen Naturzustand begründet - wird der Blick auf das Unmenschliche des Klassencharakters einer Gesellschaft überhaupt erst möglich. So kann durch anthropologisches Denken gesellschaftliches Handeln begründet werden: die Offenheit im Fragen wird zu einer Bedingung vernünftiger

---

[47] UTB, S. 227/Pl.IV, S. 509f. - An anderer Stelle heißt es: "Les hommes ne sont naturellement ni Rois, ni Grands, ni Courtisans, ni riches. Tous sont nés nuds et pauvres, tous sujets aux miséres de la vie, aux chagrins, aux maux, aux besoins, aux douleurs de toute espéce; enfin tous sont condannés à la mort. Voila ce qui est vraiment de l'homme; voila de quoi nul mortel n'est éxempt" (Pl.IV, S. 504/UTB, S. 223).

Praxis.
Welche praktischen Konsequenzen ergeben sich aus dieser knapp skizzierten Theorie des gesellschaftlichen Umgangs, auf welche Weise soll das "wahrhaft Menschliche" im Lernprozeß zur Geltung gebracht werden? Rousseau gibt hierauf zwei Antworten: die Heranwachsenden sollen, allerdings erst nach entsprechender Vorbereitung, Einblick in das gesellschaftliche Leben erhalten, und sie sollen zweitens, ihrem Alter entsprechend, an guten Werken praktisch teilhaben.
"Führt ihn nicht gleich auf prunkvolle Höfe..., führt ihn nicht gleich in die großen Zirkel und glänzenden Versammlungen. Zeigt ihm die Außenseite der großen Gesellschaften erst dann, wenn ihr ihn so weit gebracht habt, daß er selbst sie einschätzen kann."[48] So notwendig es auch ist, den Heranwachsenden zur "Weltläufigkeit" zu verhelfen, wie Rousseau dies an anderer Stelle nennt, so sehr kommt hierbei doch alles auf den richtigen Zeitpunkt an: jede Verfrühung zieht unweigerlich Wahllosigkeit und Unsicherheit im Urteil nach sich.[49] Darin unterscheidet sich eine naturgemäße Erziehung von herkömmlichen Formen: "Unter guter Leitung ist er (ein junger Mann, der nicht vorschnell, sondern erst mit 20 Jahren in die Gesellschaft eingeführt wird, V.K.) nach einem Jahr liebenswürdiger und einsichtsvoller höflich als der, der darin aufgewachsen ist. Er ist in der Lage, die Gründe der verschiedenen Verhaltensweisen einzusehen, die sich auf das Alter, den Stand und das Geschlecht beziehen; er kann sie daher auf ihre Prinzipien zurückführen und sie von daher auf unvorhergesehene Fälle ausdehnen, während der andere nur seine Routine als Richtschnur hat und in Verlegenheit gerät, sobald er davon abweichen muß."[50] Dieses Lernen durch

---

48 UTB, S. 222/Pl.IV, S. 504: "...Ne lui montrez l'extérieur de la grande societé qu'après l'avoir mis en état de l'apprécier en elle-même..."

49 "Wie es ein Alter für das Studium gibt, so gibt es auch ein Alter, in dem man sich Weltläufigkeit ('un age pour bien saisir l'usage du monde', V.K.) erwirbt. Wer sie zu früh erwirbt, folgt ihr sein ganzes Leben lang wahllos, unüberlegt und selbstgefällig, obwohl er nie recht weiß, was er tut. Wer sie aber lernt und ihre Gründe durchschaut, folgt ihr mit Überlegung und daher mit größerer Sicherheit und Anmut" (UTB, S. 352/Pl.IV, S. 654).

50 UTB, S. 352/Pl.IV, S. 654f. Wenn junge Leute schüchtern sind, muß man ihnen Gelegenheit geben, dies durch Übung in verschiedenen, sorgfältig ausgesuchten Rollen zu überwinden, damit sie sich frei und ungezwungen zu verhalten vermögen: diese Maxime - Rollendistanz als identitätsfördernde Fähigkeit im Sinne moderner Sozialisationstheorie - hatte Rousseau bereits in seinem "Erziehungsplan" aufgestellt. Dort heißt es: "L'usage du monde est aussi d'une nécessité absolue et d'autant plus pour M. de Ste.Marie que, né timide, il a besoin de voir souvent compagnie pour apprendre à s'y trouver en liberté, et à s'y conduire avec ces graces et cette aisance qui caractérisent l'homme du monde et l'homme aimable" (Pl.IV, S. 44f.).

Umgang stellt hohe Anforderungen an den Erzieher, da der "Weg der Natur" an dieser Stelle nur sehr schmal ist: auf der einen Seite drohen gewissermaßen die Tiefen der dunklen Wälder, gleichsam das Verharren in der Isolation, in der es nichts zu lernen, d.h. keine Entwicklung gibt; auf der anderen Seite funkelt verführerisch die schillernde Außenseite der Gesellschaft, d.h. das vorschnelle, leichtfertige, den Menschen verachtende Urteil.[51] Gerade an dieser Stelle des Weges gilt es demnach, mit Sorgfalt zu vermeiden, "ihm Lehren zu geben, die Lektionen ähneln. Dann setzt ihr die Erfahrung und die Autorität des Lehrers an die Stelle seiner eigenen Erfahrung und seines geistigen Fortschrittes" (UTB, S. 242/Pl.IV, S. 526).

Mit der zweiten praktischen Form des Lernens durch Umgang zeigt Rousseau seinem Schüler jetzt die "Kehrseite der Medaille", die Schattenseite der Gesellschaft. Bisher galt es, die - vor allem durch materielle Unabhängigkeit bedingten - Möglichkeiten der "feinen" Gesellschaft zur eigenen Entwicklung zu nutzen, ohne den damit verbundenen Faszinationen zu erliegen, jetzt gilt es, sich für diejenigen Menschen einzusetzen, die in ihrem Leben mit dieser "Oberwelt" nur von ferne in Berührung gekommen sein dürften und niemals an ihr teilhaben werden: die Armen und Notleidenden. "Laßt euren Schüler", so fordert Rousseau daher, "an allen guten Handlungen teilnehmen, die seinen Kräften angemessen sind. Die Bedürfnisse der Notleidenden soll er zu den seinen machen; er soll ihnen nicht nur mit dem Geldbeutel beistehen, sondern für sie sorgen: ihnen dienen, sie beschützen, ihnen seine Person und seine Zeit opfern; sich zum Anwalt ihrer Angelegenheiten machen" (UTB, S. 257/Pl.IV, S. 543f.). Diese Praxis ist durch ein Prinzip begründet, das schon in den "Anfängen der Moral" von grundlegender Bedeutung war: "Ammen und Mütter binden sich an ihre Kinder durch die Sorge, die sie ihnen zuwenden. Die Ausübung sozialer Tugenden lehrt die Menschheit lieben. Indem man Gutes tut, wird man gut. Ich kenne kein Verfahren, das sicherer wäre."[52]

---

51 "Diese Methode hat...ihre Nachteile und ist in der Praxis nicht leicht anzuwenden. Denn wenn er zu früh Beobachter wird, wenn ihr ihn daran gewöhnt, die Handlungen der anderen aus zu naher Sicht zu prüfen, macht ihr ihn zum Verleumder und Beckmesser, der im Urteil leichtfertig und vorschnell ist. Es wird ihm einen diebischen Spaß machen, auf alles eine boshafte Erklärung zu suchen und selbst im Guten nur Böses zu sehen" (UTB, S. 241/Pl.IV, S. 525f.).

52 UTB, S. 257/Pl.IV, S. 543f.: "Les nourrices, les méres s'attachent aux enfans par les soins qu'elles leur rendent; l'éxercice des vertus sociales porte au fond des cœurs l'amour de

In der Art und Weise, in der Emil "gute Werke" tut - stets seinem Alter gemäß - zeigen sich Eigenschaften, die Ausdruck der besonderen Erziehung sind, die er genossen hat: Achtung vor dem einfachen Bürger, Zurückhaltung anderen Menschen gegenüber, Herzlichkeit und gütige Höflichkeit, ungekünstelte Natürlichkeit und eine gefällige, dadurch den Anderen achtende äußere Erscheinung.[53] Das praktische Engagement für diejenigen, denen es schlecht geht, wird zum Beweis seines "friedlichen Sinnes", anmutige Frucht naturgemäßer Erziehung: "Emil liebt weder Lärm noch Streit, weder bei Menschen noch bei Tieren...Dieser friedliche Sinn ist eine Frucht seiner Erziehung... Emil liebt also den Frieden. Das Bild des Friedens erfreut ihn, und wenn er zum Glück beitragen kann, so ist das ein weiteres Mittel, es zu teilen...Seine aktive Wohltätigkeit vermittelt ihm bald Kenntnisse, die er mit einem härteren Herzen gar nicht oder erst viel später gewonnen hätte...Bei seiner Teilnahme für alle Unglücklichen sind ihm die Mittel, ihre Leiden zu beenden, niemals gleichgültig."[54]

Vor Eintritt in das Hauptstudium ist es angebracht, den Gang des Grundstudiums zusammenzufassen:

---

l'humanité; c'est en faisant le bien qu'on devient bon, je ne connois point de pratique plus sure".
"Erziehung durch Ernstsituationen", das ist das Grundmuster; ein Prinzip, das z.B. in der Reformpädagogik, vor allem in der Arbeit Kurt Hahns, im Mittelpunkt aller erzieherischen Bemühungen stand.
Die Formen des Helfens sind allerdings in starkem Maße vom jeweiligen gesellschaftlichen Entwicklungsstand abhängig; vgl. dazu N. Luhmann: Formen des Helfens im Wandel gesellschaftlicher Bedingungen, in: H.-U. Otto/S. Schneider (Hg.): Gesellschaftliche Perspektiven der Sozialarbeit. Band 1. Neuwied und Berlin 1973, S. 21-43.

53 "Niemand wird gewissenhafter in allem sein, was sich auf die Ordnung der Natur und sogar auf die vernünftige Ordnung der Gesellschaft gründet. Natürlich (sic!) zieht er die ersteren vor. Er achtet einen einfachen Bürger, der älter ist als er, höher als einen gleichaltrigen Würdenträger...Emil hat eine zarte und empfindsame Seele; er mißt aber nichts nach dem Maß der herrschenden Meinung...(er) ist eher herzlich als höflich ( ),...niemals gespreizt und schwülstig...Aus den gleichen Gründen vernachlässigt er weder seine Manieren noch seine Haltung. Er wird sich sogar etwas gesucht kleiden, nicht um als Mann von Geschmack zu gelten, sondern um gefällig zu erscheinen" (UTB, S. 364f./Pl.IV, S. 668f.).

54 UTB, S. 258f./Pl.IV, S. 545f. - Rousseau erinnert in diesem Zusammenhang an die Bedeutung eines Prinzips, das er selbst in seiner Erziehung als offensichtlichen Mangel empfunden haben dürfte: "Ich werde nicht müde zu wiederholen: Jeder Unterricht dieser jungen Leute muß eher in den Handlungen als in Reden bestehen. Sie dürfen nichts aus Büchern lernen, was sie aus der Erfahrung lernen können" (UTB, S. 259/Pl.IV, S. 546). Für ihn selbst dürfte gegolten haben, daß er viel aus Büchern lernen mußte, was er aus Erfahrung hätte lernen wollen.

Durch die Natur, durch das biologische Faktum der Geschlechtsreife, werden die Heranwachsenden durcheinandergebracht. Mit Hilfe der Menschen gilt es, die verunsichernde Verwirrung gleichsam als Motor des Lernens nutzend, zu neuen Orientierungen zu gelangen. Dadurch, daß die Heranwachsenden in dieser Zeit eigentlich nur mit sich selbst beschäftigt sind, ist nun im Sinne Rousseaus die Zeit gekommen, sie zu lehren, mit anderen, in der Gesellschaft zu leben. Um mit anderen leben zu können, ist es erforderlich, zu wissen, wie diese anderen "eigentlich", d.h. wie die Menschen "wirklich" sind. Die Aufgabe des ersten Teils des Menschenstudiums besteht darin, diese Kenntnisse - die Menschen von außen zeigend - zu vermitteln.

Merkmal dieser Lernaufgabe ist eine eigentümliche Spannung: die Heranwachsenden sollen nämlich nicht so werden, wie die Menschen, die sie sehen, Emil soll ja gerade anders werden, ein "neuer" Mensch. Mit anderen Worten heißt das: Rousseaus Intention ist darauf gerichtet, seinen Zögling die Menschen so kennenlernen zu lassen, wie er, Rousseau selbst, sie sieht, in einer ganz bestimmten Perspektive also. In dieser Perspektive kommt seine eigene Anschauung vom Menschen zum Ausdruck, d.h. die Werte, an denen er sein erzieherisches Handeln ausrichtet. Damit wird ein Sachverhalt sichtbar, der in systematischer Hinsicht von weitreichender Bedeutung ist: wer keine Differenzen aufzubauen vermag zwischen dem, was ist und dem, was sein soll, der kann auch nicht erziehen, d.h. der ist nicht in der Lage, den Heranwachsenden Zukunft zu geben. Anders ausgedrückt: die Differenz zwischen Wirklichkeit und anzustrebendem Ideal gehört konstitutiv zum Wesen der Erziehung.

Diese *pädagogische Differenz* zeigt sich gleichermaßen in den einzelnen Teilgebieten des Menschenstudiums, und zwar sowohl durch die Art der Anordnung als auch durch die Auswahl der Gebiete.

Wie durch ein "Zoom-Objektiv" führt Rousseau seinem Zögling die Menschen vor Augen: zunächst aus sicherem Abstand der Blick in die Ferne der Geschichte, dann - die Einstellung verändernd - aus größerer Nähe die Betrachtung kultureller Produkte (Sprache, Kunst, Theater), hin und wieder bereits aus der Rolle des Beobachters in die des Einübenden wechselnd und schließlich - ein weiterer Wechsel der Optik - leibhaftige Erfahrungen im direkten Kontakt, den extremen Gegensatz zwischen einem Leben ganz oben und dem gänzlich anderen ganz unten zur Quelle der Erkenntnis dessen nutzend, was "wahrhaft menschlich" genannt zu werden verdient.

Durch diese pädagogisch gelenkte Betrachtung der Wirklichkeit werden dem Her-

anwachsenden Maßstäbe vermittelt, die er benötigt, um selbständig urteilen zu können, den so erworbenen Orientierungen entsprechend oder in selbstverantwortetem Gegensatz zu ihnen.
Um die Menschen wirklich kennenzulernen, ist der Blick auf das Äußere allerdings nicht hinreichend. Es ist erforderlich, die Menschen auch innen zu betrachten, um verstehen zu können, auf welche Weise außen und innen verbunden sind: das ist die Aufgabe des Hauptstudiums, das im folgenden behandelt werden soll.

5.3 Das "Menschenstudium", von innen betrachtet

Im zweiten Teil des "Menschenstudiums" lenkt Rousseau die Aufmerksamkeit der Heranwachsenden auf das Innere des Menschen, auf die Gefühle, durch die die Menschen miteinander verbunden sind. Nur durch diese Veränderung der Perspektive - von der Außenseite zum Innenleben - ist es möglich, eine vollständige Kenntnis davon zu erwerben, was im Sinne Rousseaus den Menschen wahrhaft zu dem macht, was er sein soll.
Dieses "Hauptstudium" besteht aus drei Teilen: zunächst ist das *Prinzip der Selbsterhaltung* zu studieren (5.3.1), dann wird in der *Lehre vom Mitleid* erkennbar, auf welche Weise die Eigenliebe zu verallgemeinern ist (5.3.2) und abschließend wird das *Gewissen* als diejenige Instanz einzuführen sein, in der - einem Schlußstein im Portal des Menschlichen gleich - Gefühl und Vernunft zusammengeführt werden müssen (5.3.3).

5.3.1 Der soziale Charakter des Prinzips der Selbsterhaltung

Das elementare Prinzip, das allem Menschlichen zugrundeliegt, ist wie schon zu Beginn des Lebenslaufes deutlich geworden - die *Selbsterhaltung*. Selbsterhaltung ist kein naturgemäßes, sondern, und darauf kommt es Rousseau vor allem an, ein natürliches Prinzip und als solches in grundlegender Weise sozial. Alles andere leitet sich hiervon ab. Wer die Menschen wirklich verstehen will, muß sie daher unter diesem Gesichtspunkt betrachten lernen, denn nur so vermag er Einsicht in das verflochtene Zusammenspiel derjenigen Gefühle zu gewinnen, die diesem Prinzip entgegenstehen. Und diese Einsicht wiederum ist eine notwendige Voraussetzung erzieherischen Handelns, ermöglicht sie doch Orientierungen darüber, welche Gefühle zu bekräftigen und welchen entgegenzuwirken ist, damit der Weg der Natur nicht verlassen wird. Der große Gegenspieler der Selbstliebe ist die Eigenliebe. Aus diesem Gegensatz heraus ergibt sich die Lernaufgabe für diese Entwicklungsstufe: die Eigenliebe muß verallgemeinert werden, dann wird sie zum

Mitleid und so zu einer Bedingung der Menschlichkeit. Nach dieser Skizze des Gedankens nun zu den Einzelheiten:
"Die Schwäche", so sagt Rousseau, "macht den Menschen gesellig; unser gemeinsames Unglück führt uns zur Menschlichkeit. Wir schuldeten ihr nichts, wenn wir nicht Menschen wären;...wenn keiner den anderen brauchte, so dächte er nicht daran, sich mit ihm zu vereinen. So entspringt aus unserer Schwäche unser zerbrechliches Glück...Wenn ein unvollkommenes Wesen sich selbst genügen könnte, wessen könnte es sich nach unseren Vorstellungen noch erfreuen? Es wäre allein und elend. Ich kann mir nicht vorstellen, daß jemand, der keine Bedürfnisse hat, noch irgend etwas lieben kann. Ebensowenig begreife ich, daß jemand, der nicht liebt, glücklich sein kann. Daraus folgt, daß wir uns unseresgleichen weniger durch das Miterleben ihrer Freuden als durch das Mitfühlen ihrer Leiden anschließen, denn darin sehen wir viel besser die Gleichheit unserer Natur und die Bürgschaft für ihre Anhänglichkeit an uns."[55] Der Mensch benötigt in zweifacher Hinsicht andere: einmal, im existentiellen Sinne, zum Überleben, zur Befriedigung elementarer Bedürfnisse; zum anderen benötigt er sie analog zur Befriedigung seiner emotionalen Bedürfnisse, und offenbar ist beides aufs engste miteinander verbunden. Der Mensch vermag also für sich selbst nur durch andere zu sorgen, und zwar sowohl in existentieller als auch in emotionaler Hinsicht: die Sorge für sich selbst begründet so die Sorge für andere, die Selbsterhaltung erweist sich gleichsam als vernünftig.[56]

---

[55] UTB, S. 222/Pl.IV, S. 503: "C'est la foiblesse de l'homme qui le rend sociable: ce sont nos miséres communes qui portent nos cœurs à l'humanité, nous ne lui devrions rien si nous n'étions pas hommes. Tout attachement est un signe d'insuffisance: si chacun de nous n'avoit nul besoin des autres il ne songeroit guéres à s'unir à eux. Ainsi de nôtre infirmité même nait nôtre frêle bonheur...Il suit de là que nous nous attachons à nos semblables moins par le sentiment de leurs plaisirs que par celui de leurs peines; car nous y voyons bien mieux l'identité de nôtre nature et les garants de leur attachement pour nous."

[56] Im Zusammenhang von Forschungen zur Theorie der Subjektivität ist gerade in jüngster Zeit der Stellenwert des Prinzips der Selbsterhaltung neuerlich zum Thema geworden. Vgl. dazu den Sammelband von H. Ebeling (Hg.): Subjektivität und Selbsterhaltung. Beiträge zur Diagnose der Moderne. Frankfurt 1976. Für unseren Zusammenhang besonders aufschlußreich ist der Beitrag von H. Blumenberg: Selbsterhaltung und Beharrung. Zur Konstitution der neuzeitlichen Rationalität (S. 144-207), da Blumenberg seine These, daß Selbsterhaltung "nicht nur ein neues rationales Prinzip unter anderen (sei), sondern...das Prinzip der neuen Rationalität selbst" (S. 146), u.a. anhand des im Jahre 1754 im vierten Band der französischen Enzyklopädie von Formey - von Rousseau in den Fußnoten des "Emile" des öfteren verspottet - geschriebenen Artikels "Conservation" zu belegen versucht.
Vgl. weiterhin H. Ebeling: Selbsterhaltung und Selbstbewußtsein. München 1981. - M. Sommer: Selbsterhaltung der Vernunft. Stuttgart/Bad Cannstatt 1982.

Die "Schwäche", von der Rousseau spricht, bedeutet nun keineswegs, daß der Mensch ihr hilflos ausgeliefert sei. Ganz im Gegenteil, die Natur hat vorgesorgt und hält die Mittel bereit, die notwendig sind, um aus der Schwäche eine Stärke zu machen. Diese Mittel, diese Werkzeuge der Natur, sind die Leidenschaften.[57] Da sie von Gott gegeben sind - und er ist der einzige, der sich niemals widerspricht oder gar irrt - kann nur ein Dummkopf auf die Idee kommen, zu versuchen, die Entstehung der Leidenschaften verhindern oder sie gar zerstören zu wollen.[58] Besäße der Mensch die Leidenschaften nicht, so müßte er elendig zugrunde gehen, denn was sonst sollte ihn am Leben erhalten? Aus diesem Grunde ist die "Zweite Geburt", die Geburt der Leidenschaften, der zweite Schritt zum Leben.

"Die Quelle unserer Leidenschaften", so fährt Rousseau fort, "und der Ursprung aller anderen ist die Selbstliebe, die mit dem Menschen geboren wird und die ihn nicht verläßt, solange er lebt. Sie ist die Urleidenschaft, angeboren und vor jeder anderen. Alle anderen sind in einer gewissen Weise nur Spielarten, und in diesem Sinn sind sie, wenn man will, alle natürlich. Allein die meisten dieser Spielarten haben fremden Ursprung, ohne den sie nie zustande kämen. Statt uns zu nützen, sind diese Spielarten schädlich. Sie ändern das Urziel und verstoßen gegen ihr eigenes Prinzip: dann steht der Mensch außerhalb seiner Natur und setzt sich in Widerspruch zu sich selbst."[59] Die Selbstliebe als Ur-Leidenschaft: Rousseau, und

---

57 "Unsere Leidenschaften sind die wichtigsten Werkzeuge zu unserer Erhaltung. Es ist ebenso vergeblich wie lächerlich, sie zerstören zu wollen: das hieße, die Natur beeinflussen, das Werk Gottes verbessern zu wollen. Wenn Gott dem Menschen befohlen hätte, die Leidenschaften zu zerstören, die er ihm selbst gegeben hat, dann würde Gott wollen und zu gleicher Zeit nicht wollen. Er würde sich selbst widersprechen...Nichts dergleichen steht in einem menschlichen Herzen" (UTB, S. 211/Pl.IV, S. 490f.).

58 "Und was Gott will, daß der Mensch tun soll, das läßt er ihm nicht durch einen anderen Menschen sagen: er sagt es ihm selber; er schreibt es ihm ins Herz. Ich würde denjenigen aber, der die Geburt der Leidenschaften verhindern wollte, für genauso töricht halten wie denjenigen, der sie zerstören will. Wer bis jetzt geglaubt hat, daß das meine Absicht war, hat mich gründlich mißverstanden" (UTB, S. 211/Pl.IV, S. 491).

59 UTB, S. 212/Pl.IV, S. 491. - An anderer Stelle: "Wenn es aber in der Natur des Menschen liegt ( ), Leidenschaften zu haben, kann man daraus schließen, daß alle Leidenschaften, die wir bei uns und anderen beobachten, auch natürlich sind? Ihre Quelle ist natürlich, das ist richtig; aber tausend fremde Zuflüsse haben sie vergrößert. Der Strom wächst immerzu, und man findet darin kaum mehr einen Tropfen seines ersten Wassers. Die natürlichen Leidenschaften sind sehr beschränkt. Sie sind die Werkzeuge unserer Freiheit und dienen unserer Selbsterhaltung. Alle Leidenschaften, die uns unterjochen und verderben, kommen von woanders her. Nicht die Natur gibt sie uns; wir eignen sie uns zu ihrem Nachteil an" (UTB, S. 211f./Pl.IV, S. 451). Bereits im 2. Diskurs hieß es: "Le premier sentiment de l'homme fut celui de son existence,

daran zeigt sich einmal mehr die Genauigkeit seines Denkens, läßt diese so faszinierend klingende, alle Einwände mit einem Streich vom Tisch fegende Behauptung nicht unbewiesen, sondern versucht, sie folgendermaßen zu begründen: Wenn die Selbstliebe die Ur-Leidenschaft ist, dann muß sie sich doch dem Prinzip der Entwicklung gemäß ganz am Anfang des Lebenslaufes zeigen, ja mehr noch, an der frühen Kindheit muß sich erweisen lassen, daß erst durch die Selbstliebe Gefühle für andere überhaupt entstehen. Dieser Zusammenhang ist der eigentliche Grund dafür, daß Rousseau im Kontext der "Zweiten Geburt" noch einmal auf die frühe Kindheit zu sprechen kommt: "Das erste Gefühl eines Kindes ist", so sagt er, "sich selbst zu lieben. Das zweite geht daraus hervor: die zu lieben, die ihm nahestehen. Denn in seiner Schwäche lernt es andere nur durch den Beistand und die Fürsorge kennen, die es empfängt. Zuerst ist seine Anhänglichkeit an seine Amme und an seine Wärterin nur Gewohnheit. Es sucht sie, weil es sie braucht, und es fühlt sich wohl, weil es sie hat...Es braucht noch lange, bis es begreift, daß sie ihm nicht nur nützlich sind, sondern daß sie es auch sein wollen. Darin erst beginnt es, sie zu lieben...In dem Maße, in dem seine Beziehungen zu anderen, seine Bedürfnisse, seine aktive und passive Abhängigkeit wachsen, erwacht auch das Bewußtsein des Verhältnisses zu anderen..."[60] Die unausgesprochene Lehre dieser Überlegungen lautet demnach: Um zu verstehen, wie die Menschen eigentlich sind, muß man aufmerksam beobachten, wie ein Neugeborenes zum Menschen wird, denn die Entwicklungsgeschichte des einzelnen vermag über das Wesen der Gattung zu belehren. Am Anfang stehen die elementaren Bedürfnisse und aus deren Befriedigung erwachsen dementsprechend die elementaren Gefühle. Anders ausgedrückt: Emotionen sind immer Produkt von Interaktionen. Dieser Sachverhalt wird nun für die Beurteilung von Gefühlen in pädagogischer Absicht produktiv, da "Gefühlsurteile" so betrachtet eigentlich immer "Beziehungsurteile" enthalten. Hinsichtlich der Selbstliebe bedeutet das:

---

son premier soin celui de sa conservation" (Pl.III, S. 164). Und weiter: "L'amour de soi-même est un sentiment naturel qui porte tout animal à veiller à sa propre conservation et qui, dirigé dans l'homme par la raison et modifié par la pitié, produit l'humanité et la vertu" (ebd., S. 219).

60 UTB, S. 212/Pl.IV, S. 492: "Le prémier sentiment d'un enfant est de s'aimer lui-même, et le second qui dérive du prémier est d'aimer ceux qui l'approchent; car dans l'état de foiblesse où il est il ne connoit personne que par l'assistance et les soins qu'il reçoit...; mais à mesure qu'il étend ses rélations, ses besoins, ses dépendances actives où passives, le sentiment de ses raports à autrui s'éveille..."

"Die Selbstliebe ist immer gut und entspricht der Ordnung. Da jeder für seine Selbsterhaltung sorgen muß, so ist seine erste und wichtigste Sorge, unablässig darüber zu wachen...Wir müssen uns also lieben, um uns selbst zu erhalten. Wir müssen uns selbst mehr lieben als alles andere. Folglich lieben wir, was uns erhält...Was aber den Instinkt in Gefühl verwandelt, die Anhänglichkeit in Liebe, die Abneigung in Haß, das ist die deutliche Absicht, uns zu schaden oder zu nützen...Wir suchen, was uns dienlich ist; wir lieben, was uns liebt. Wir fliehen, was uns schädlich ist; wir hassen, was uns schaden will."[61]
In der frühen Kindheit sprudelt die Quelle der Selbstliebe rein und ungetrübt und, so ließe sich hinzufügen, um so kräftiger je geregelter und befriedigender sich die ersten Beziehungen gestalten. In der Jugendzeit wird dieses klare Wasser getrübt, denn Jugendzeit bedeutet "Beziehungszeit". Und alle Beziehungen, ob in der Phantasie durchlebt und durchlitten oder in der Wirklichkeit erfahren, provozieren Vergleiche, die Eigenliebe, in der Sprache Rousseaus. Und die Eigenliebe - wird sie nicht pädagogisch kanalisiert - vermag die Quelle der Selbstliebe rasch zum Versiegen zu bringen. Das ist es, was die Sorge des Erziehers und die Krise des Heranwachsenden ausmacht.[62]

"Die sanften und liebenswerten Eigenschaften", so sagt Rousseau, "kommen also aus der Selbstliebe, die haß- und zornerfüllten aus der Eigenliebe. Wenige Bedürfnisse haben und sich wenig mit anderen vergleichen, das macht den Menschen wahrhaft gut. Viele Bedürfnisse haben und sich nach der Meinung anderer richten macht ihn wahrhaft schlecht. Mit Hilfe dieses Prinzips ist leicht zu erkennen, wie man alle Leidenschaften der Kinder und der Erwachsenen zum Guten und zum Bösen lenken kann. Da wir nicht immer allein leben können, können wir folglich auch nicht immer gut sein. Diese Schwierigkeit wird

---

[61] UTB, S. 212/Pl.IV, S. 491f.: "L'amour de soi-même est toujours bon et toujours conforme à l'ordre. Chacun étant chargé spécialement de sa propre conservation, le prémier et le plus important de ses soins est et doit être d'y veiller sans cesse,...Il faut donc que nous nous aimions pour nous conserver, et par une suite immédiate du même sentiment nous aimons ce qui nous conserve..."

[62] "Die Selbstliebe (l'amour de soi), die sich selbst genügt, ist zufrieden, wenn unsere wahren Bedürfnisse befriedigt sind. Die Eigenliebe (l'amour-propre) aber stellt immer Vergleiche an und ist nie zufrieden. Sie kann es auch nicht sein, weil sie verlangt, daß uns andere sich ebenso vorziehen, wie wir uns ihnen vorziehen, und das ist unmöglich" (UTB, S. 213/Pl.IV, S. 493).

notwendigerweise mit den Beziehungen größer. Die Gefahren der Gesellschaft machen es darum um so notwendiger und dringender, der Verderbnis des Herzens vorzubeugen, die aus seinen neuen Bedürfnissen entsteht" (UTB, S. 213/Pl.IV, S. 493). Auf diesem Hintergrund wird es möglich, den Krisencharakter der Jugendzeit genauer zu fassen. Die Krise der Jugendzeit besteht nämlich, wie sich jetzt gezeigt hat, in der Auseinandersetzung, im Kampf mit der Eigenliebe, d.h. im Wechselbad von Erliegen, Widerstehen, Nachgeben und Überwinden der durch sie provozierten Gefühle. Die Eigenliebe, darauf kommt es Rousseau an, ist niemals Ende der Entwicklung, sondern ein notwendiges Zwischenstadium, gleichsam ein Stolperstein der Natur, der dem Menschen immer dann vor die Füße rollt und den Weg versperrt, wenn er sich in genüßlicher Selbstzufriedenheit zur Ruhe zu setzen beabsichtigt.

Es liegt nahe, an dieser Stelle auf eine aufschlußreiche Analogie zur zweiten Stufe der Kindheit ("Die Bedingung der Moral") hinzuweisen. In der Kindheit waren es vor allem die Dinge, die den Kindern Widerstand boten, und in der Überwindung dieser Widerstände lag für sie die Möglichkeit begründet, ihr Verhältnis sich selbst gegenüber weiterzuentwickeln. Jetzt in der Jugendzeit wird diese Funktion durch die mit der Eigenliebe verbundenen negativen Gefühle übernommen: was für die Kinder die Dinge waren, sind nun für die Jugendlichen die Mitmenschen. "Der Mensch", sagt Rousseau, "muß also seine Beziehungen studieren. Solange er sich nur als physisches Wesen kennt, muß er sich über seine Beziehungen zu den Dingen kennenlernen: das ist die Aufgabe seiner Kindheit. Wenn er sich als moralisches Wesen fühlt, muß er sich über seine Beziehungen zu den Menschen kennenlernen: das ist die Aufgabe seines ganzen Lebens. Sie beginnt mit dem Zeitpunkt, zu dem wir jetzt gelangt sind."[63]

Und so wie die Kinder nicht am Widerstand der Dinge scheitern mußten, sondern durch seine Überwindung zu wachsen vermochten - auch ein noch so großer Bauklotz, der wieder und wieder aus der kleinen Hand zu Boden fiel, war eines Tages fest im Griff - so werden auch die Jugendlichen nicht an der verwirrenden Krise der Gefühle zerbrechen müssen. Denn im Rahmen einer naturgemäßen

---

[63] UTB, S. 213/Pl.IV, S. 493: "L'étude convenable à l'homme est celle de ses rapports. Tant qu'il ne se connoit que par son être physique, il doit s'étudier par ses rapports avec les choses; c'est l'emploi de son enfance; quand il commence à sentir son être moral, il doit s'étudier par ses rapports avec les hommes; c'est l'emploi de sa vie entiére, à commencer au point où nous voila parvenus."

Erziehung, unmerklich, aber wirksam durch umsichtige Helfer unterstützt, werden auch die emotionalen Widerstände überwindbar und die Jugendlichen wachsen durch sie über sie hinaus. Die Selbstliebe ist - in Anlehnung an die früher eingeführte Wendung von Burgelin - "natürlich", die Eigenliebe dagegen "denatürlich". Sie kann allerdings dann wieder "natürlich" werden ("dénaturation naturelle"), wenn sie verallgemeinert wird, denn: Dehnen wir die Eigenliebe auf andere aus, so verwandeln wir sie in Tugend. Es gibt kein Menschenherz, in dem diese Tugend nicht ihre Wurzeln hätte. Je weniger sich unsere Sorge auf uns selbst richtet, um so weniger brauchen wir zu fürchten, durch das eigene Interesse getäuscht zu werden. Je mehr man dieses Interesse verallgemeinert, um so gerechter wird es, und unsere Liebe für die Menschen ist nichts anderes als Liebe für die Gerechtigkeit."[64] Durch Verallgemeinerung wird also die Eigenliebe zur "Anderen-Liebe" verwandelt, zum Mitleid.

5.3.2 Mitleid als "verallgemeinerte" Eigenliebe

"Solange die Empfindsamkeit auf das Individuum beschränkt bleibt", so beginnt Rousseau seine Rede über das Mitleid, "haben seine Taten keinen moralischen Charakter. Erst wenn sie über sich hinauswirkt, beginnt er zu fühlen und bekommt den Begriff von Gut und Böse, der ihn wahrhaft zum Menschen und zu einem unabtrennbaren Teil seiner Gattung macht" (UTB, S. 220/Pl.IV, S. 501). Die Bedingung der Möglichkeit, seine Eigenliebe zu verallgemeinern, d.h. auf andere auszudehnen, besteht in der Erfahrung der "Zweiten Geburt", in der Fähigkeit, sich durch Gefühle an andere Menschen zu binden. Darin liegt der Unterschied zur

64 UTB, S. 261/Pl.IV, S. 547. - Auch das Naturrecht ist im Sinne Rousseaus in elementarer Weise durch das Gefühl der Selbstliebe fundiert. Er schreibt in einer Randbemerkung: "Selbst die Vorschrift, gegen andere so zu handeln, wie wir wünschen, daß man gegen uns handle, hat ihre wirkliche Begründung nur im Gewissen und im Gefühl. Denn worin läge der genaue Grund, daß ich handle, als ob ich ein anderer wäre, vor allem, wenn ich moralisch sicher bin, mich niemals in der gleichen Lage zu befinden? Und wer steht mir dafür ein, daß ich durch getreue Befolgung dieses Grundsatzes erreiche, daß man sie auch mir gegenüber befolgt?...Wenn ich mich aber mit meinesgleichen identifiziere und mich sozusagen in ihm fühle, dann wünsche ich mir, um nicht selbst zu leiden, daß er nicht leidet. Ich interessiere mich meinetwegen um ihn, und der Grund für dieses Gebot liegt in der Natur selbst, die das Streben nach Wohlbefinden in mich hineingelegt hat...Daraus schließe ich, daß es nicht wichtig ist, daß die Gebote des Naturrechts sich auf die Vernunft allein gründen; sie haben eine festere und sicherere Basis. Die aus der Selbstliebe abgeleitete Menschenliebe ist die Grundlage der menschlichen Gerechtigkeit" (UTB, S. 239/Pl.IV, S. 523).

Kindheit.[65] "Wenn aber die ersten Sinnesregungen seine Phantasie befeuern, dann beginnt es, mit seinesgleichen zu fühlen; ihre Klagen bewegen es und es leidet ihre Schmerzen mit" (UTB, S. 223/Pl.IV, S. 504). Wahres Mitleid setzt nach Rousseau immer die Erfahrung eigenen Leidens voraus.[66]

Worin besteht nun das Eigentümliche des Mitleids? Im Sinne Rousseaus müssen drei Umstände zusammenkommen: zunächst als Voraussetzung die Fähigkeit, sich an andere Menschen emotional zu binden und gebunden zu fühlen, sodann Erfahrungen eigenen Leidens und schließlich die Kompetenz, von sich selbst abzusehen und sich in die Rolle des anderen hineinversetzen zu können: "Wie sollen wir in der Tat vom Mitleid bewegt werden, wenn wir uns nicht selbst vergessen und mit dem leidenden Tier identifizieren, indem wir sozusagen unser Ich verlassen und seines annehmen? Wir leiden nur soviel, als es nach unserer Meinung leidet. Wir leiden nicht in uns, wir leiden in ihm. Man wird nur dann empfindsam, wenn sich die Phantasie regt und beginnt, uns aus uns selbst heraustreten zu lassen."[67] Mit anderen Worten heißt das: Der Mensch muß aus sich selbst herauszutreten vermögen, um zu sich zu kommen, genauer gesagt, um im Anderen zu sich kommen zu können. Das ist die präzise Bedeutung der Rede von der Verallgemeinerung der Eigenliebe im Mitleid: der Weg führt vom "ego" zum "alter ego" und auf diese Weise zu den "alii", die dann, als "verallgemeinerte Andere", auf das "ego" zurückwirken.[68]

---

[65] "Mit 16 Jahren weiß der Jüngling schon, was leiden heißt: er hat schon gelitten. Aber er weiß fast gar nicht, daß andere auch leiden müssen. Es sehen ohne zu fühlen, heißt, es noch nicht wissen...Ein Kind, das sich nicht vorstellen kann, was die anderen fühlen, (kennt) nur seine eigenen Leiden" (UTB, S. 223/Pl.IV, S. 504).

[66] "Um mitfühlend und mitleidig zu werden, braucht ein Kind nur zu wissen, daß es andere Menschen gibt, die leiden, was es gelitten hat, die Schmerzen fühlen, die es gefühlt hat, und andere Schmerzen, von denen es sich vorstellen kann, daß sie daran leiden" (UTB, S. 224/Pl.IV, S. 505).

[67] UTB, S. 224/Pl.IV, S. 505: "En effet, comment nous laissons-nous émouvoir à la pitié, si ce n'est en nous transportant hors de nous et nous identifiant avec l'animal souffrant? en quittant pour ainsi dire nôtre être pour prendre le sien? Nous ne souffrons qu'autant que nous jugeons qu'il souffre; ce n'est pas dans nous, c'est dans lui que nous souffrons. Ainsi nul ne devient sensible que quand son imagination s'anime et commence à le transporter hors de lui."

[68] Bei der "Verallgemeinerung" der Eigenliebe in Mitleid handelt es sich in der Sprache moderner Theorie um den Vorgang der "Rollenübernahme", ein basales Theorem des Symbolischen Interaktionismus, klassisch geworden in der Formel G. H. Meads "to take the role of the other" (vgl. dazu auch H.P. Dreitzel: Die gesellschaftlichen Leiden und das Leiden an der Gesellschaft. Vorstudien zu einer Pathologie des Rollenverhaltens. Stuttgart 1972).
Rousseau hat allerdings nicht nur diesen Vorgang des "roletaking" als notwendige Fähigkeit

Rousseau faßt seine Auffassung über das Mitleid in drei Grundregeln zusammen.[69] Die erste dieser Regeln, wonach der Mensch sich nur in die Lage derer hineinzuversetzen vermag, die unglücklicher sind als er selbst, begründet er mit folgendem Hinweis: "Schließlich hat man, ob man es will oder nicht, Mitleid mit den Unglücklichen. Ist man Zeuge ihres Leidens, so leidet man mit ihnen. Auch der Verdorbenste wird dieses Gefühl nicht ganz verlieren; es bringt sie oft in Widerspruch mit sich selbst. Der Dieb, der einen Fußgänger bestiehlt, bedeckt die Blöße des Bettlers, und der wildeste Mörder stützt den Menschen, der in Ohnmacht sinkt" (UTB, S.302/ Pl.IV, S. 597).[70] Die pädagogische Folgerung, die Rousseau hieraus ableitet, ist ebenso knapp wie konsequent: "Daraus folgt, daß man einen jungen Mann, wenn man ihn zur Menschlichkeit erziehen will, keineswegs das glänzende Los eines anderen bewundern lassen soll, sondern daß man ihm des Menschen Los von seiner traurigen Seite zeigt" (UTB, S. 225/Pl.IV, S. 507). Die zweite Regel, wonach der Mensch bei anderen die Leiden beklagt, vor denen er

---

des Menschen vor Augen, sondern er bettet diese Fähigkeit darüber hinaus in einen moralischen Zusammenhang ein. Dieser Gesichtspunkt ist wieder ganz modern, wie die Schrift von M. Theunissen: Selbstverwirklichung und Allgemeinheit. Zur Kritik gegenwärtigen Bewußtseins. Berlin/New York 1982, zeigt. Im Zusammenhang des Versuches, einen "vollen Begriff von Selbstverwirklichung" wiederzugewinnen, schreibt Theunissen: "Die Alternative zur Individualisierung als solcher, zur Entfaltung der je eigenen Individualität ist, daß der Mensch sich als Mensch oder in seinem Menschsein verwirklicht. In dem Grade, wie das modernistische Verständnis von Selbstverwirklichung sich auf sich fixiert, eliminiert es, was Selbstverwirklichung auch sein könnte: Verwirklichung des Menschen als Menschen. Die Alternative zur Vereinzelung ist, daß der Mensch sich zusammen mit seinen Mitmenschen verwirklicht...Der Ausschluß der Möglichkeit, unter Selbstverwirklichung eine Verallgemeinerung des Individuums zu verstehen, deutet auf einen Bewußtseinswandel, den man einen Verlust realer Allgemeinheit nennen könnte, einen Verlust eben der subjektiv realisierten Allgemeinheit" (S. 5f.).

69 Die drei Regeln lauten:
1. "Der Mensch kann sich nicht in die Lage derer versetzen, die glücklicher sind, nur in die Lage derer, die unglücklicher sind."
2. "Man beklagt bei anderen die Leiden, vor denen man selbst nicht sicher zu sein glaubt."
3. "Das Mitleid, das man mit anderen empfindet, wird nicht nach der Größe ihres Leidens gemessen, sondern nach dem Gefühl, das man dem Unglücklichen beimißt" (UTB, S. 224ff./ Pl.IV, S. 506ff.).

70 Ein gutes Beispiel dafür, wie eine beeindruckende Erziehungspraxis allein von der Überzeugung getragen zu werden vermag, daß es keine schlechten Menschen gibt, liefert aus den Anfängen der Reformpädagogik Pater Flanagan in den USA: seine einzige Maxime lautete: "There are no bad boys". Nohl berichtet diese Episode (vgl. dazu H. Nohl: Erziehergestalten, Göttingen 1963^3, S. 74; Oursler, F. u. W.: Pater Flanagan von Boys Town, Zürich 1961^3).

selbst nicht sicher zu sein glaubt, ist der Erläuterung bedürftig, denn in ihr modifiziert Rousseau in gewisser Weise die erste Regel, d.h. die zweite ist im Grunde in der ersten enthalten. Der Sachverhalt ist folgender: Ein Grund für das Mitleid anderen gegenüber sieht Rousseau darin, daß der Mensch sich vorstellt, er selber könne von dem Leiden des Anderen auch getroffen und erreicht werden, er beklagt im Mitleid sozusagen ein mögliches eigenes Leiden.

Freud erzählt hierfür an einer Stelle ein anschauliches Beispiel.[71] Aus der Tatsache, daß "jeder ( ) morgen das sein (kann), was heute derjenige ist, dem man Hilfe leistet" (UTB, S. 225/Pl.IV, S. 507), zieht Rousseau für das Verhalten der Erzieher folgende Schlußfolgerung: "Gewöhnt also euren Zögling nicht daran, von der Höhe seines Glücks auf die Leiden der Unglücklichen und die Mühen der Elenden hinabzuschauen. Hofft nicht, ihm Bedauern einzuflößen, wenn er sie als Fremde sieht. Macht ihm begreiflich, daß ihr Los auch seines sein kann, daß ihm ihr Leiden auf den Fersen ist, daß ihn tausend unvorhergesehene und unvermeidbare Ereignisse von einem Augenblick zum anderen ins Unglück stürzen können. Lehrt ihn, daß man sich weder auf Geburt noch auf Gesundheit oder Reichtum verlassen kann."[72]

3) In der dritten Regel schließlich kommt wiederum der für Rousseaus Theorie konstitutive Gegensatz von Natur und Gesellschaft zum Tragen. Von Natur aus, so denkt Rousseau, wäre es eigentlich nur logisch anzunehmen, daß das Ausmaß des Mitleids in direktem Verhältnis zum Ausmaß des Leidens selbst stehen müßte;

---

71 Aus der Perspektive psychoanalytischer Theorie stellt sich der hier genannte Sachverhalt, im Kontext des Problems der Identifizierung, für Freud eher als "psychische Infektion" und nicht als Mitgefühl oder gar Mitleid dar. Freud schreibt: "Es ist ein dritter, besonders häufiger und bedeutsamer Fall der Symptombildung, daß die Identifizierung vom Objektverhältnis zur kopierten Person ganz absieht. Wenn zum Beispiel eines der Mädchen im Pensionat einen Brief vom geheimen Geliebten bekommen hat, der ihre Eifersucht erregt, und auf den sie mit einem hysterischen Anfall reagiert, so werden einige ihrer Freundinnen, die darum wissen, diesen Anfall übernehmen, wie wir sagen, auf dem Wege der psychischen Infektion. Der Mechanismus ist der der Identifizierung auf Grund des sich in dieselbe Lage Versetzenkönnens oder Versetzenwollens...Es wäre unrichtig zu behaupten, sie eignen sich das Symptom aus Mitgefühl an. Im Gegenteil, das Mitgefühl entsteht erst aus der Identifizierung, und der Beweis hierfür ist, daß sich solche Infektion oder Imitation auch unter Umständen herstellt, wo noch geringere vorgängige Sympathie zwischen beiden anzunehmen ist, als unter Pensionsfreundinnen zu bestehen pflegt" (S. Freud: Massenpsychologie und Ich-Analyse. Frankfurt 1967, S. 46).

72 UTB, S. 225f./Pl.IV, S. 507f. - Auf der zweiten Stufe der Kindheit begründete Rousseau die "Erziehung durch die Dinge" u.a. mit dem Hinweis auf den Leidenscharakter des Lebens (vgl. Kap. 3.2.1). Jetzt im Jugendalter wird dieser Gesichtspunkt wieder aufgenommen.

vielmehr ist es so, daß das Ausmaß des Mitleids von der emotionalen Beziehung zum Leidenden direkt abhängt, eben von "dem Gefühl, das man dem Unglücklichen beimißt."[73] Wörtlich genommen müßte dies bedeuten, daß der Mensch nur für diejenigen Menschen Mitleid empfinden kann, mit denen er in leibhaftigen Beziehungen verbunden ist, und das können immer nur wenige sein und vielleicht noch nicht einmal diejenigen, die am dringendsten des Mitleids bedürfen. Mit Gefühl ist hier etwas anderes gemeint, nämlich die aus der Einsicht in gesellschaftliche Verhältnisse sich notwendig ergebende Achtung allen Menschen gegenüber, ein Gefühl, durch das der Mensch das Mitleid anderen gegenüber aus der Nähe direkten Kontaktes in die Ferne auszudehnen vermag. Und Achtung beruht zum großen Teil auf Einsicht, im Sinne Rousseaus auf Einsicht in Recht und Unrecht in einer Gesellschaft: "Die Reichen trösten sich über das Leid, das sie den Armen antun, mit dem Gedanken, daß sie sowieso zu abgestumpft sind, um etwas zu fühlen...Es ist natürlich, daß man auf das Glück derer, die man verachtet, keinen Wert legt...Das Volk macht das menschliche Geschlecht aus...In allen Ständen bleibt der Mensch derselbe, und wenn das so ist, so verdienen die Stände, denen die meisten Menschen angehören, auch die größte Achtung."[74]

Es ist bereits an mehren Stellen angeklungen, welche Folgerungen Rousseau aus seiner Lehre vom Mitleid für das praktische Erziehungsgeschäft ableitet. Im Grundsatz laufen seine Empfehlungen auf folgendes hinaus: die Aufmerksamkeit des Heranwachsenden ist auf all das zu lenken, was sein Gefühl anzusprechen vermag, und die Erzieher tun gut daran, all das von ihm fernzuhalten, was ihn

---

73 In seinem Buch "Moral und Hypermoral" thematisiert A. Gehlen den hier implizierten Sachverhalt unter Rückgriff auf Ergebnisse der Vergleichenden Verhaltensforschung im Kontext "Physiologischer Tugenden" als Verhältnis von Nah- und Fernethik. A. Gehlen: Moral und Hypermoral. Eine pluralistische Ethik. Wiesbaden 1931[4]). Jürgen Habermas hat 1970 den Versuch unternommen, das Sperrgut eines gegenaufklärerischen Institutionalismus (vgl. S. 200) durch eine kritische Auseinandersetzung mit der Ethik Gehlens wieder aus dem Weg zu räumen (J. Habermas: Arnold Gehlen. Nachgeahmte Substantialität, in: Ders: Philosophisch-politische Profile. Frankfurt/M. 1973, S. 200-221).

74 UTB, S. 226f./Pl.IV, S. 509: "...Il est naturel qu'on fasse bon marché du bonheur des gens qu'on méprise...L'homme est le même dans tous les états; si cela est, les états les plus nombreux méritent le plus de respect." Zur pädagogischen Bedeutung der Achtung vgl. W. Loch: Die Funktion der Achtung im pädagogischen Bezug, in: G. Groth (Hg.): Horizonte der Erziehung. Zu aktuellen Problemen von Bildung, Erziehung und Unterricht. Festgabe für Theodor Wilhelm zum 75. Geburtstag. Stuttgart 1981, S. 23-50.

abstumpfen lassen könnte.[75] Das Leid, das Mitleid erregt, ist häufig erschreckend, erschütternd und ängstigend. Diese Angst soll dem Heranwachsenden nicht erspart bleiben: "Er muß die menschlichen Nöte sehen und fühlen. Erschüttert und erschreckt seine Phantasie mit den Gefahren, die die Menschen ständig umgeben" (UTB, S. 225/Pl.IV, S. 508). Und schließlich gilt es, ihn durch konkrete Taten zu belehren, d.h. ihm eigene Erfahrungen im helfenden Umgang mit anderen Menschen zu ermöglichen.[76] Was immer auch unternommen wird, dem Grundsatz der "Verallgemeinerung der Eigenliebe" entsprechend darf nie vergessen werden, "daß es wichtig ist, diesen Regungen so wenig wie möglich persönliches Interesse beizumischen, vor allem keine Eitelkeit, keinen Wetteifer und keine Ruhmsucht, keines von den Gefühlen, die uns zwingen, uns mit anderen zu vergleichen" (UTB, S. 228/Pl.IV, S. 510).

Es fällt auf, daß Rousseaus methodische Hinweise hinsichtlich einer "Didaktik des Mitleidens" entgegen seinem sonstigen Bemühen um klare, eindeutige Anweisungen merkwürdig unbestimmt bleiben. Dies ist ihm offenbar selbst nicht entgangen, denn er sagt: "Diesem Geist der Methode muß man sich verschreiben. Beispiele und Einzelheiten sind unnötig, denn hier beginnt die fast unendliche Aufspaltung der Charaktere. Jedes Beispiel, das ich gäbe, paßt vielleicht nicht für einen unter Hunderttausend. In diesem Alter beginnt daher auch für den geschickten Lehrer die eigentliche Tätigkeit des Beobachters und Philosophen, der die Herzen zu ergründen versteht, während er an ihrer Bildung arbeitet."[77]

Diese Unbestimmtheit des Methodischen hat einen tieferen Grund, der in der Sache selbst begründet ist: Mitleid ist nichts, was durch Angabe eindeutiger methodischer Schritte lehr- und lernbar wäre. Die Erziehung vermag allein, die Voraussetzungen dafür bereitzustellen, daß die Heranwachsenden *selbst* diese Fähigkeit in sich

---

[75] "Was haben wir nun anderes zu tun..., als dem jungen Mann die Dinge anzubieten, auf die sein Herz wirken kann, die es weiten und auf andere Wesen ausdehnen und bewirken, daß es sich überall wiederfindet; und sorgsam alles von ihm fernhalten, was sein Herz einengen, in sich verschließen und die Triebfeder seines Ichs überspannen könnte" (UTB, S. 224/Pl.IV, S. 506).

[76] "Im übrigen erinnere man sich, daß alles, womit ich meinen Zögling aus sich selbst herausreiße, doch immer eine unmittelbare Beziehung zu ihm selbst hat, denn es bereitet ihm nicht nur eine innere Befriedigung, sondern ich belehre ihn auch, indem ich ihn zum Wohle anderer wirken lasse" (UTB, S. 261/Pl.IV, S. 548).

[77] UTB, S. 228/Pl.IV, S. 510f. - Es zeigt sich einmal mehr, daß die Lernaufgaben des Jugendalters notwendig eine Veränderung des Verhältnisses zwischen Erzieher und Zögling bedingen (siehe unten, Kap. 6.6).

aufzubauen und zu entwickeln vermögen. Wenn nämlich die Methode auf den "Geist", der sie leiten soll, reduziert wird, dann kommt damit, wenn auch noch verschwommen und kaum sichtbar, die Grenze der Erziehung, d.h. die Einsicht in die beschränkten Möglichkeiten der Erziehbarkeit in Sicht und damit zugleich - auf der anderen Seite - die Freiheit desjenigen, der erzogen werden soll, und der sich dann "einen Weg zum Glück bahnen (muß), den niemand vor ihm betreten hat" (UTB, S. 225/Pl.IV, S. 507).
Die Instanz, in der der Kampf zwischen Selbst- und Eigenliebe immer wieder aufs neue ausgefochten werden muß, ist das Gewissen.

5.3.3 Das Gewissen oder über die Vernunft eines Gefühls

Rousseau versteht das Gewissen als ein "angeborenes Prinzip", das - darin dem Prinzip der Selbsterhaltung vergleichbar - in der Soziabilität des Menschen begründet ist. Gewissen heißt für Rousseau Gefühl: Gefühl für Recht und Unrecht, komplementär der Vernunft, mit deren Hilfe Recht und Unrecht zu erkennen ist. Das Eigentümliche des Gewissens besteht in seiner scheuen, zurückhaltenden Unaufdringlichkeit, und so bedarf es neben guten Ohren und ständiger Aufmerksamkeit, um seine Stimme zu vernehmen, vor allem eines festen Willens, den vernommenen Direktiven zu folgen. Genau dies macht die Unterschiede zwischen den Menschen aus, deren Freiheit darin besteht, hinzuhören oder sich taub zu stellen. Diese Freiheit wiederum macht den Menschen zu dem, was er ist, und darin unterscheidet er sich vom Tier.[78] - Dieser Gedankengang soll nun im einzelnen erläutert werden.
"Im Grunde der Seele gibt es demnach ein angeborenes Prinzip der Gerechtigkeit und der Tugend", so sagt Rousseau, "nach dem wir, gegen unsere eigenen

[78] Rousseaus Lehre vom Gewissen ist fast ausschließlich in systematischer Hinsicht interpretiert worden, dementsprechend ausführlich den zeitgeschichtlichen Kontext behandelnd; einen guten Überblick bieten die einschlägigen Kapitel bei Rang (a.a.O., S. 523-573) und Dérathé (Rationalisme, a.a.O., S. 74-138). Aus diesen Arbeiten geht hervor, daß Rousseaus Gewissenslehre gewissermaßen "quer" zu den Theorien seiner Zeit lag, weil er den Versuch unternommen hat, einerseits die Bedeutung des Gefühls für das moralische Handeln der Menschen in den Vordergrund zu stellen - eine Auffassung, die sich vor allem gegen die Vertreter des Naturrechts (Pufendorf, Burlamaqui) richtete - ohne andererseits die Bedeutung der Vernunft zu verkennen. Diese Ambivalenz von Gefühl und Vernunft in der Moral ist das eigentliche Thema, das Rousseau dergestalt behandelt, daß er das Gewissen als Gefühl der Liebe zum Guten gleichsam als vernünftig zu begründen versucht.
In der hier gewählten biographischen Perspektive fügt sich demgegenüber die Auffassung vom Gewissen als einem Gefühl bruchlos in die "emotionalen" Lernaufgaben des Jugendalters ein.

Grundsätze, unsere und die Handlungen anderer als gut oder böse beurteilen; und dieses Prinzip nenne ich Gewissen."[79] Die erwarteten Einwürfe gegen diese Auffassung gleich vorwegnehmend geht Rousseau noch einen Schritt weiter und stellt das Gewissen in den Kontext primärer Gefühle der Selbsterhaltung, die der Vernunft vorausgehen.[80] So wie diese Gefühle sieht Rousseau auch das Gewissen in der sozialen Natur des Menschen begründet.[81]

Das Gefühl, das Gute zu lieben, ist also angeboren, nicht aber die Erkenntnis dessen, was das Gute ausmacht, denn sie ist nur durch Lernprozesse zu erwerben:

---

[79] UTB, S. 303/Pl.IV, S. 598: "Il est donc aux fond des ames un principe inné de justice et de vertu, sur lequel, malgré nos propres maximes, nous jugeons nos actions et celles d'autrui comme bonnes ou mauvaises, et c'est à ce principe que je donne le nom de conscience." Diese Formulierung findet sich bereits im 5. Brief der "Lettres Morales": "Il est donc aux fond de toutes les ames un principe inné de justice et de vérité morale antérieur à tous les préjugés nationnaux, à toutes les maximes de l'éducation...et c'est à ce principe que je donne le nom de conscience" (Pl.IV, S. 1108).
Der Gefühlscharakter des Gewissens kommt noch deutlicher in einem Brief von St. Preux an Julie zum Ausdruck. St. Preux sagt: "Er (Gott, V.K.) gab uns die Vernunft, um das Gute zu erkennen, das Gewissen, um es zu lieben, die Freiheit, um es zu wählen." Bei "Gewissen" macht Rousseau folgende Bemerkung: "St. Preux fait de la conscience morale un sentiment et non pas un jugement, ce qui est contre les définitions des philosophes. Je crois pourtant qu'en ceci leur prétendu confrere a raison" (Winkler, S. 718/Pl.II, S. 683). - Die Formulierung St. Preuxs kehrt später wörtlich, ohne den Zusatz, im Glaubensbekenntnis des Vikars wieder.

[80] "Existieren heißt für uns: empfinden. Unsere Empfindsamkeit geht unserer Intelligenz voraus, und wir haben Gefühle gehabt, ehe wir Vorstellungen haben. Was auch die Ursache unseres Daseins ist, sie hat für unser Überleben gesorgt, indem sie uns Gefühle gab, die zu unserer Natur passen; man wird nicht leugnen können, daß wenigstens diese angeboren sind. Diese Gefühle sind beim Individuum die Selbstliebe, die Furcht vor Schmerz, die Angst vor dem Tod, der Wunsch nach Wohlbefinden" (UTB, S. 305/Pl.IV, S. 600).

[81] "Da aber der Mensch, was keinem Zweifel unterliegt, von Natur aus ein geselliges Wesen ist oder doch werden soll, so muß er auch noch Empfindungen haben, die sich auf seine Gattung beziehen. Denn wenn man nur auf die physischen Bedürfnisse sieht, so müßte es die Menschen doch eher auseinandertreiben als zusammenführen. Der Impuls des Gewissens hat also seinen Ursprung im System der Moral, das sich die Beziehungen des Menschen zu sich selbst und zu seinen Nebenmenschen bildet." (UTB, S. 305/Pl.IV, S. 600). - Das Gewissen ist gleichsam die auf die Gattung bezogene Variante des Prinzips der Selbsterhaltung. Rang kennzeichnet sehr genau die Übereinstimmungen und die Unterschiede dieser Argumentation Rousseaus mit den "Philosophen". Er schreibt: "Denn gerade im wesentlichen weicht Rousseau von der Ethik der Aufklärung ab, darin nämlich, welcher Art denn das dem sittlichen Bewußtsein zugrunde liegende Gefühl sei. Die "Philosophen" verstanden darunter den angeborenen Trieb zur Gesellschaft, Rousseau dagegen die angeborene Liebe zum Guten. Sie bauten daher die Ethik auf das Prinzip des gesellschaftlichen Nutzens, er dagegen auf das des individuellen "Interesses". Rousseaus Ethik ist eudämonistisch, die der Aufklärer dagegen utilitaristisch. Der Gegensatz zu diesem Utilitarismus beherrschte Rousseaus gesamtes moralisches Denken und besonders seine Lehre vom Gewissen" (a.a.O., S. 545).

"Das Gute kennen heißt noch nicht, das Gute lieben, denn diese Erkenntnis ist dem Menschen nicht angeboren. Sobald er es aber durch die Vernunft erkennt, treibt ihn das Gewissen, es zu lieben. Dieses Gefühl ist ihm aber angeboren."[82]
Rousseau gibt drei Belege für seine Auffassung: Erstens zeugt das Gewissen als "innere Stimme", die der Mensch vernimmt, für sich selbst, es meldet sich einfach (zumindest im Regelfall, den er zunächst vor Augen hat). Zweitens führt er an, daß es auf der ganzen Welt nicht einen einzigen Menschen gebe, der noch nie in die Versuchung gekommen sei, Gutes tun zu wollen.[83] Drittens schließlich - darin findet die hier gewählte Perspektive der Darstellung ihre Begründung - verweist der angeborene Charakter des Gewissens immer auf sein Fundament in den "erste(n) Gefühle(n), die wir in uns selbst finden, weil uns die Suche, wenn sie uns nicht irreführt, immer wieder auf sie zurückführt."[84] Die Originalität Rousseaus, das zeigen diese Stellen, besteht, genau betrachtet, in der Rehabilitation der Bedeutung des Gefühls für das moralische Bewußtsein, und zwar gerade nicht in naiver Weise im Sinne einer Vorrangstellung des Emotionalen vor dem Rationalen, sondern vielmehr in dem Hinweis auf die subtile wechselseitige Abhängigkeit beider Elemente: für sich genommen ist keines von

---

82 UTB, S. 305/Pl.IV, S. 600. - Dérathé weist auf die weitgehenden Übereinstimmungen in den Auffassungen von Rousseau und Burlamaqui hin, der - wenn auch in weniger biologistischer Form - gleichermaßen einen "Moralinstinkt" annahm. Dérathé schreibt dazu: "Ce qui rend nécessaire l'instinct moral, c'est que la plupart des hommes sont incapables de se servir de leur raison et seraient dépourvus de moralité, si le sentiment ne venait suppléer chez eux au manque de réflexion...D'une manière générale, Rousseau a longuement insisté sur le danger de faire dépendre la moralité des lumières, ce qui exclurait de la vie morale tous les simples qui agissent plus par impulsion que par réflexion. C'est pour cela qu'il sera amené à réhabiliter le sentiment et à lui faire une place dans la vie morale" (a.a.O., S. 82f.).

83 "Aber glaubst Du wohl, daß es auf der ganzen Erde einen einzigen Menschen gibt, der so verdorben ist, daß er niemals in Versuchung gekommen wäre, Gutes zu tun? Diese Versuchung ist so natürlich und so süß, daß es unmöglich ist, ihr immer zu widerstehen und das Vergnügen, das sie bereitet, genügt, sie unaufhörlich wieder hervorzurufen" (UTB, S. 307/Pl.IV, S. 601f.).

84 "Denn wir fühlen, ehe wir wissen; und da wir nicht lernen, unser Glück zu wollen und unser Unglück zu fliehen, sondern diesen Willen von der Natur mitbekommen haben, so sind uns die Liebe zum Guten und der Haß gegen das Böse ebenso natürlich wie die Selbstliebe. Die Gewissensregungen sind keine Urteile, sondern Gefühle" (UTB, S. 304f./Pl.IV, S. 599). Im 1. Buch hatte Rousseau ein eindrucksvolles Beispiel für seine Ansicht gegeben, daß das Gefühl für Recht und Unrecht dem Menschenherzen angeboren sei (vgl. dazu Kap. 2.2., Anmerkung 28).

beiden hinreichend.[85] "Angeboren" - das ist keinesfalls gleichbedeutend mit "problemlos", oder in den Worten Rousseaus: "Allein, es genügt nicht, daß dieser Führer existiert, man muß ihn auch erkennen und ihm folgen" (UTB, S. 306/Pl.IV, S. 601). Denn das Gewissen - schüchtern, scheu und leise - kann einerseits schnell zum Schweigen gebracht werden und andererseits denjenigen, der seinen Direktiven zu folgen vermag, auch mit Freude und Genugtuung zu erfüllen.[86]

Die Stimme des Gewissens - und dadurch entstehen Schwierigkeiten - ist nur eine im Konzert der inneren Stimmen der Natur, die gewissermaßen mit gespaltener Zunge, mit zwei Stimmen also, zu sprechen scheinen: die Stimme des Gewissens spricht zur Seele, zum Herzen, daneben aber spricht eine andere, die der Leidenschaften nämlich, zum Körper.[87] "Ist es verwunderlich", so fragt daher Rousseau, "daß die beiden Stimmen sich widersprechen? Auf welche soll man hören? Zu oft täuscht uns die Vernunft; wir sind nur allzu berechtigt, sie abzulehnen. Das Gewissen aber täuscht nie. Es ist der wahre Führer des Menschen: es verhält sich zur Seele wie der Instinkt zum Leib. Wer ihm folgt, gehorcht der Natur und braucht nicht zu fürchten, in die Irre zu gehen."[88] Um die

---

[85] Vgl. dazu Dérathé: "Ce qui fait l'originalité de Rousseau, c'est donc bien d'avoir réhabilité le sentiment et montré qu'il était indispensable à la vie morale, alors que la plupart des philosophes la faisaient déprendre uniquement des 'lumières de la raison'...Il résulte de là que l'éducation morale consiste à développer la sensibilité..." (a.a.O., S. 106f.).
In seinem Buch "Philosophie in der veränderten Welt" greift W. Schulz im Kontext seiner Darstellung von "Instanzen der Ethik" neben der Vernunft ausdrücklich auf das Mitleid als "ethische Instanz von hoher Bedeutung" (S. 750) zurück, auch wenn es "in der Tradition nicht hoch bewertet wurde" (S. 748); Schulz greift hier ausdrücklich auf Schopenhauer zurück; vgl. W. Schulz: Philosophie in der veränderten Welt. Pfullingen 1980[4].

[86] "Wenn er (der Führer = das Gewissen, V.K.) zu allen Herzen spricht, warum hören ihn dann so wenige? Das liegt daran, daß er die Sprache der Natur spricht, die wir über allem anderen vergessen haben. Das Gewissen ist schüchtern, es liebt die Zurückgezogenheit und den Frieden. Die Welt und ihr Lärm erschrecken es...Es flieht oder schweigt vor ihnen..." (UTB, S. 306/Pl.IV, S. 601). - "Gehorchen wir der Natur, und wir werden erkennen, wie sanft sie regiert und welcher Reiz darin liegt, auf sie (die Stimme des Gewissens, V.K.) gehört zu haben, und sich hernach ein gutes Zeugnis geben können...Den Gerechten erfüllt innere Heiterkeit..." (UTB, S. 303/Pl.IV, S. 597).

[87] "Wir glauben, dem Impuls der Natur zu folgen, aber wir widersetzen uns in ihr. Indem wir auf das hören, was sie unseren Sinnen sagt, mißachten wir, was sie unserem Herzen sagt. Das aktive Wesen gehorcht, das passive Wesen befiehlt. Das Gewissen ist die Stimme der Seele; die Leidenschaften sind die Stimme des Körpers" (UTB, S. 300/Pl.IV, S. 594).

[88] UTB, S. 300f./Pl.IV, S. 594f. - Mit dem Wort "instinct" verletzt Rousseau den gängigen

wohl eher aus provokatorischem Elan denn aus kühler Überlegung eingeführte Wendung vom Gewissen als "Instinkt der Seele" angemessen verstehen zu können, ist es notwendig, sich noch einmal den Anfang dieses zu Mißverständnissen Anlaß gebenden Zitats zu vergegenwärtigen. Gemeint ist folgendes: den - seelischen - Direktiven des Gewissens stehen die - körperlichen - Direktiven der Leidenschaften gegenüber. Dadurch wird das Hören auf die Stimme des Gewissens überhaupt erst zu einem Konflikt, der Entscheidung verlangt. Und so wie der Instinkt das Verhalten eines Tieres fixiert, so zwingt das Gewissen den Menschen, sich zu entscheiden. Durch diese Fähigkeit, sich zu entscheiden und durch die Möglichkeit mit Hilfe des Willens, diesen Entscheidungen zu folgen, erweist sich gerade die Sonderstellung des Menschen in der Natur: die Emanzipation vom Instinkt ist, so betrachtet, die Bedingung der Möglichkeit menschlicher Freiheit. Dieser Freiheit allerdings muß der Mensch sich immer wieder aufs neue würdig erweisen.[89]

Ohne die Freiheit, Böses zu tun und Fehler zu machen, waren die Menschen "nur" wie die Engel: glücklich zwar, aber ohne Verdienst.[90] Engel können sich auch gar nicht entscheiden, die Menschen müssen sich ständig entscheiden, und sie sind dazu in der Lage, weil sie einen Willen haben oder, wie Rousseau es ausdrückt, durch sich selbst tätig zu sein vermögen: "Ich habe einen Körper, auf den die anderen ebenso einwirken wie er auf sie. Diese Wechselwirkung ist nicht zu bezweifeln; aber mein Wille ist unabhängig von meinen Sinnen. Ob ich zustimme oder widerstehe, unterliege oder siege, ich fühle ganz deutlich in mir, ob ich getan habe, was ich tun wollte, oder ob ich meinen Leidenschaften nur nachgebe. Immer

---

Sprachgebrauch, was ihm selbst bewußt gewesen sein dürfte, da er sich in einer langen Fußnote erklärt und auch sein imaginärer Zuhörer aufhorcht und zu reden sich anschickt. - Wahrscheinlich handelt es sich um eine Spitze gegen Condillac, der im Zusammenhang seines "Traité des animaux" häufig von der "Reflexion der Tiere" spricht (vgl. Pl.IV, S. 1552).

89 "Ich bitte ihn (Gott, V.K.) auch nicht um die Kraft, Gutes zu tun, denn warum etwas erbitten, was er mir schon gegeben hat? Hat er mir nicht das Gewissen gegeben, das Gute zu lieben, die Vernunft, um es zu erkennen, die Freiheit, um es zu wollen? Wenn ich unrecht tue, habe ich keine Entschuldigung: ich tue es, weil ich es will" (UTB, S. 310/Pl.IV, S. 605).

90 "Wenn der Geist des Menschen frei und rein geblieben wäre, worin bestünde sein Verdienst, die bestehende Ordnung zu lieben und ihr zu folgen...? Er wäre zwar glücklich, das ist wahr, aber seinem Glück fehlte der höchste Grad, der Ruhm der Tugend und das gute Selbstzeugnis. Er wäre nur wie die Engel. Der tugendhafte Mensch ist aber zweifellos mehr als sie" (UTB, S. 308/Pl.IV, S. 603).

habe ich die Macht zu wollen, nicht immer die Kraft auszuführen. Wenn ich mich versuchen lasse, handle ich auf Antriebe von außen. Wenn ich mir diese Schwäche vorwerfe, höre ich nur auf meinen Willen. Ich bin Sklave durch meine Laster, aber frei durch mein Gewissen. Das Gefühl meiner Freiheit erlischt in mir nur, wenn ich die innere Stimme hindere, sich gegen das Gesetz des Körpers zu erheben" (UTB, S. 292/Pl.IV, S. 585f.). Es wird somit deutlich, wie eng der Wille mit den besonderen Eigenschaften des Verstandes geknüpft ist, denn beide haben immer etwas außer ihnen selbst Liegendes zum Gegenstand, Objekte also. Ein Mensch ohne Willen ist demnach ein Mensch ohne Objekte, ohne etwas außerhalb seiner selbst. Ein Mensch aber, der nichts hat, worauf sein Handeln sich richten könnte, muß zwangsläufig zum Objekt anderer werden, wie ein Spielball in völliger Abhängigkeit von den Impulsen, die ihn treffen. Der Verstand zeigt demnach, worauf der Mensch seinen Willen zu richten hat, und daher wird er zu einer Bedingung menschlicher Freiheit. Rousseau sagt: "Wenn man mich nach der Ursache fragt, die meinen Willen bestimmt, frage ich nach der Ursache, die mein Urteil bestimmt. Denn es ist klar, daß die beiden nur eine Ursache haben. Und wenn man recht begreift, daß der Mensch in seinen Urteilen aktiv ist und daß sein Verstand nur das Vermögen ist, zu vergleichen und zu urteilen, wird man verstehen, daß seine Freiheit nur ähnliches oder von jenem abgeleitetes Vermögen ist. Er wählt das Gute, wie er das Wahre beurteilt hat. Urteilt er falsch, so wählt er falsch. Welches ist also die Ursache, die seinen Willen bestimmt? Es ist seine Urteilskraft ('jugement', V.K.). Und welche Ursache bestimmt sein Urteil? Es ist sein Erkenntnisvermögen ('faculté intelligente', V.K.), seine Fähigkeit zu urteilen; die bestimmende Ursache liegt in ihm selbst" (UTB, S. 293/Pl.IV, S. 586).
Das also ist der Dreiklang der Moral: das Gewissen, um das Gute zu lieben, die Vernunft, um es zu erkennen und die Freiheit, zu wählen und sich zu entscheiden.[91] In diesem einen Hauptakkord kommt Rousseaus ganze Erziehungsphilosophie zum Klingen und die reine Bildung jedes einzelnen Tones ist Voraussetzung dafür, daß Mißtöne den Zusammenklang nicht beeinträchtigen,

---

[91] UTB, S. 310/Pl.IV, S. 605). - Dérathé zeigt in einem eigenen Abschnitt sehr detailliert, wie eng verzahnt Rousseau sich "Vernunft" und "Gewissen" denkt. Dérathé schließt seine Darstellung mit den Worten: "La conscience chez Rousseau n'est nullement destinée à remplacer la raison, puisque celle-ci est la condition même de son activité. La conscience serait sans objet chez un être privé de raison et par là même incapable d'acquérir la connaissance du bien...Dans l'esprit de Rousseau, la conscience, la raison et la liberté sont inséparables pour conduire l'homme à la justice et à la vertu" (a.a.O., S. 112).

und die Harmonie der Moral ungetrübt erklingen kann. Die Erziehung vermag nie mehr als einzelne Töne zu bilden, jeder selbst muß sie in seinem Leben zusammenführen. Geht der Blick zurück auf die früher durchlaufenen Stufen der Entwicklung, dann erweist sich dieser Dreiklang der Moral jetzt als das zentrale Prinzip: nur wenn die Kinder von Geburt an als etwas Gutes geliebt werden, kann in ihnen die Liebe zum Guten entstehen, nur wenn sie auf diesem emotionalen Fundament im weiteren Verlauf der Entwicklung ihre Verstandeskräfte zur vollen Entfaltung bringen können, werden sie später in der Lage sein, das Gute zu erkennen und nur wenn sie in der Folge ihrer "zweiten Geburt" die neugewonnene Freiheit recht zu nutzen lernen, werden sie sich als Erwachsene wirklich menschlich, d.h. moralisch zu verhalten vermögen. Denn Gefühl ohne Vernunft macht blind, Vernunft ohne Gefühl bleibt leer, und Freiheit ohne Bindung ist sinnlos.

Der "moralische Dreiklang" hat nicht nur für den einzelnen Menschen Gültigkeit, sondern auch für die Menschheit als Gattung. Denn wenn die Welt in Unordnung gerät, so sind die Menschen selbst dafür verantwortlich und weder die Natur noch Gott können sie hiervon freisprechen. Rousseau konnte allerdings noch davon überzeugt sein, daß der Mensch nie in die Lage kommen könnte, die ganze Welt zu zerstören, eine Ansicht, die heutzutage nur mit unerschütterlicher Zuversicht in die sich selbsterhaltende Natur aufrechtzuerhalten ist.[92] Gott hat die Welt "in Ordnung" übergeben - alles ist gut, wie es aus den Händen des Schöpfers kommt - sie in Ordnung zu halten, ist allein Sache des Menschen: "Mensch, such nicht weiter nach dem Urheber des Übels: dieser Urheber bist du selbst. Es gibt kein anderes Übel als das, das du tust oder erleidest, und beide rühren von dir her. Das allgemeine Übel kann nur in der Unordnung liegen, und ich sehe im System der Welt eine Ordnung, die sich nie verleugnet" (UTB, S. 295/Pl.IV, S. 588).

Das Gewissen bringt Ordnung in das Innere des Menschen: in seine Gefühle, in das Verhältnis der Leidenschaften zueinander und letztlich auch in das Denken. Menschen, die mit Hilfe ihres Gewissens ihr Inneres zu ordnen vermögen, werden dann in ihren Handlungen dazu beitragen, das Ganze in Ordnung zu halten und auf

92 "Wenn der Mensch aktiv und frei ist, so handelt er aus freiem Antrieb. Alles, was er aus freiem Entschluß macht, gehört nicht in das geordnete System der Vorsehung und kann ihr nicht zur Last gelegt werden...Aber sie hat seine Kraft so weit beschränkt, daß der Mißbrauch der Freiheit, die sie ihm gelassen hat, die allgemeine Ordnung nicht stören kann. Das Böse, das der Mensch tut, fällt auf ihn zurück, ohne etwas am System der Welt zu ändern und ohne zu verhindern, daß das Menschengeschlecht sich selbst erhält, ob es will oder nicht" (UTB, S. 294/Pl.IV, S. 587).

diese Weise können sie ihre "Bestimmung auf dieser Erde nach der Absicht dessen ( ) erfüllen, der (sie) hierhergesetzt hat" (UTB, S. 300/Pl.IV, S. 594): daher ist das Gewissen für Rousseau letztlich etwas Göttliches: "Gewissen! Gewissen! Göttlicher Instinkt! Unsterbliche und himmlische Stimme! Sicherer Führer eines unwissenden und beschränkten, aber verständigen und freien Wesens! Untrüglicher Richter über Gut und Böse, der den Menschen gottähnlich macht! Du gibst seiner Natur die Vollkommenheit und seinen Handlungen die Sittlichkeit! Ohne Dich fühle ich nichts in mir, was mich über die Tiere erhebt, als das traurige Vorrecht, mich mit Hilfe eines ungeregelten Verstandes und einer grundsatzlosen Vernunft von Irrtum zu Irrtum zu verlieren" (UTB, S. 306/Pl.IV, S. 601).

Damit ist das Menschenstudium zum Abschluß gekommen. Das Ziel des Grundstudiums bestand darin, den Heranwachsenden Maßstäbe dafür zu vermitteln, was "wirklich" menschlich ist. Um dieses Ziel zu erreichen, lenkte Rousseau die Aufmerksamkeit der Lernenden auf die Außenseite der Menschen: zunächst der Blick in die weite Ferne der Geschichte, dann die Betrachtung ausgewählter kultureller Formen (Sprache, Kunst) und erste Einübung in sie und schließlich pädagogisch organisierte leibhaftige Erfahrungen im direkten Umgang. Im Grundstudium greifen die Erzieher - dem Kenntnisstand der Zöglinge gemäß - noch lenkend, stützend und erklärend ein, wenn auch stets in wohlüberlegter Zurückhaltung an der Selbständigkeit der Lernenden orientiert.

Das Hauptstudium stellt größere Anforderungen. Sein Ziel besteht darin, Einsicht in die Zusammenhänge im Inneren des Menschen zu gewinnen, in seine Gefühlswelt also.Als erstes müssen die Lernenden Einsicht in das Prinzip der Selbsterhaltung gewinnen, das allen anderen zugrundeliegt und mit ihnen auf je eigene Weise verbunden ist. Selbsterhaltung ist ein soziales Prinzip, in der Natur des Menschen verankert. Dadurch, daß es den Menschen auf sich selbst zurückwirft, führt es ihn zu anderen und auf diese Weise neu zu sich selbst: nur im anderen kommt der Mensch zu sich selbst. Das Prinzip der Selbsterhaltung ist die Ur-Leidenschaft, die Lebenskraft vermittelt. Es ist ein dynamisches Prinzip, das alle anderen Gefühle des Menschen gleichsam mit Energie versorgt. Seine Mißachtung führt zur Zerstörung des einzelnen und damit zur Vernichtung des ganzen. Die leibliche Wahrheit der "Zweiten Geburt" hat den Jugendlichen die kindliche Unschuld geraubt, und daher ist es nun notwendig, diejenigen Gefühle zu betrachten, die sich aus der Selbstliebe ableiten. Der Prozeß der "Ableitung" bringt die Gefahr mit sich, daß Gefühle "denaturieren" und so die Quelle verunreinigen. Dies gilt in erster Linie für den großen Gegenspieler der Selbstliebe, die Eigenliebe. Durch die Eigenliebe wird die Geltung des anderen im einzelnen unterdrückt, und indem der einzelne sich so zum Mittelpunkt der Welt macht, wird er seinen eigenen Mittelpunkt in der Welt verfehlen: er gerät aus dem Lot. Eine der vordringlichen Lernaufgaben des Jugendalters besteht daher darin, die Eigenliebe zu "verallgemeinern", d.h. sie in Mitleid zu verwandeln. Das ist eine schwierige Aufgabe, da die Gefühle der Eigenliebe - Verachtung, Haß, Vergleich - dem Menschen immer wieder den naturgemäßen Weg zum anderen zu versperren drohen. Diese Gefühlsbeziehungen zu anderen Menschen sind allerdings notwendige, entwicklungsbedingte Widerstände, die überwunden werden müssen, damit Fortschritt möglich werden kann, sie sind notwendige Bedingungen des Wachstums, den Beziehungen zu den Dingen in der Welt der Kinder vergleichbar. Die Erzieher können auf diesem Weg nur noch begrenzt helfen, beispielsweise durch umsichtige Auswahl von Erfahrungsräumen, in denen die Heranwachsenden zu wachsen vermögen, ohne am Widerstand der Lernaufgabe zu zerbrechen. Durch diese nur begrenzten Möglichkeiten der Erzieher kommt nun erstmals die Grenze der Erziehung selbst und damit zugleich die Freiheit des Zu-Erziehenden in Sicht. Mit ihrem Gewissen nämlich sind alle Menschen zuletzt allein, und das gilt damit auch für die Heranwachsenden. Das Gewissen, ein angeborenes Gefühl, ist diejenige psychische Instanz, die Ordnung in das innere Durcheinander zu bringen vermag, indem es fortwährend, aber mit nur leiser Stimme den "moralischen Dreiklang" zu Gehör bringt: das Gute lieben, es mit Hilfe der Vernunft erkennen und sich seiner Freiheit würdig erweisen, indem mit festem Willen dem Erkannten gefolgt wird.

Auf welche Weise vermittelt Rousseau diese Inhalte des Hauptstudiums? Im Grunde genommen dadurch, daß er die Selbstreflexion des einzelnen verallgemeinert, ja gleichsam veröffentlicht: der - pädagogisch aufgehellte - Einblick in das Wesen des Menschen soll dem Heranwachsenden zum - das Selbstverständnis erweiternden - Einblick in die eigene Person verhelfen. Nur wer ein Bild davon in sich aufzubauen vermag, wie die Menschen "eigentlich" sind, wird erkennen können, wie er selbst wirklich sein möchte. Was der Heranwachsende mit dem Gehörten anfangen wird, liegt nicht mehr in der Macht des Erziehers, es liegt am jugendlichen Zuhörer allein. Von Menschen umgeben, in neu gewonnener Freiheit mit sich selbst allein und ständig in der Gefahr, sich zu verlieren, kann dem Heranwachsenden allerdings etwas Halt geben, das außerhalb der Menschenwelt liegt und doch zutiefst menschlich ist: der Glaube an Gott. - Davon wird nun im nächsten Kapitel die Rede sein.

6. Identität und Transzendenz

Indem der Mensch auf die "göttliche Stimme" des Gewissens hört, führt er gleichsam ein Selbstgespräch mit einem imaginären Partner, einem übergeordneten anderen. Für Rousseau ist dieser andere Gott und die Auseinandersetzung des Menschen mit seinem Gewissen daher gewissermaßen "Gottesdienst in sich selbst", wie Hegel es ausdrückt.[1]
Rousseau hat seine religiösen Auffassungen vor allem in dem berühmten "Glaubensbekenntnis des Savoyischen Vikars" dargelegt.[2] Im Rahmen der vorliegenden Abhandlung stellt sich nun die Aufgabe, die Komplexität des Religionsproblems im Sinne der hier gewählten biographisch-systematischen Perspektive zu reduzieren. Dies soll mit Hilfe folgender Fragen geschehen: Aus welchen Gründen bringt Rousseau die Religion gerade im Kontext der Lernaufgaben des Jugendalters zur Sprache, und welche Bedeutung haben dabei die Aussagen über die Inhalte und die Formen des Glaubens für sein Konzept einer naturgemäßen Erziehung? Diese schlichten Fragen erweisen sich als äußerst produktiv, da sich in den umfangreichen Arbeiten zur Religionsphilosophie Rousseaus hierauf kaum befriedigende Antworten finden lassen. Von der Theologie aus betrachtet erscheint Rousseau - je nach der Position des Interpreten mehr oder weniger deutlich - als Vertreter einer "natürlichen Theologie", in der die Offenbarung durch die Vernunft und nicht die Vernunft durch die Offenbarung verstanden wird, wenn auch z. B. K. Barth Rousseaus theologischen Rationalismus ausdrücklich in seiner Bedeutung für die Religionsgeschichte hervorhebt.[3] Der Stachel der natürlichen Theologie scheint allerdings so tief im

---

[1] Vgl. G.W.F. Hegel: Phänomenologie des Geistes. Hamburg 1952^{6} (hrsg. v. J. Hoffmeister), S. 460.
Vgl. weiterhin den einführenden Aufsatz von R. Marten: Versuch über die philosophische Bestimmung des Gewissens, in: H. Holzhey (Hg.): Gewissen? Basel/Stuttgart 1975, S.119ff.

[2] Es ist zum Verständnis der religiösen Auffassungen Rousseaus weiterhin vor allem hinzuweisen auf: den Abschnitt über die "Bürgerliche Religion" im Staatsvertrag; die Briefe an Voltaire (1756), an Beaumont (1763) und an Franquières (1769); die "Briefe vom Berge" (1764); die Träumereien (1776-78).

[3] Zum Begriff "Natürliche Religion" vgl. K. Galling (Hg.): Die Religion in Geschichte und Gegenwart. Handwörterbuch für Theologie und Kirche. Bd. 4, 1960^{3}, S. 1322-1326; den Artikel von W. Pannenberg: Natürliche Theologie, in: Höfer, J./ Rahner, K. (Hg.): Lexikon für Theologie und Kirche. Band 7. Freiburg 1962, S. 811-817. - K. Barth: Die protestantische Theologie im 19. Jahrhundert. Zürich 1947, S. 153-207.

Fleisch der Offenbarungstheologie zu sitzen, daß der Empfehlung Birkners, ihr endlich einen "würdigen Platz in der Erinnerung und im Geisterreich der begriffenen Geschichte der Theologie" zuzuweisen, nicht gefolgt werden konnte; dies geht aus neueren Arbeiten zur Systematischen Theologie hervor, in denen die Fragen der "natürlichen Theologie" im Zusammenhang der Spaltung der sogenannten "Dialektischen Theologie" (Barth, Bruner, Bultmann, Gogarten) wieder aufgegriffen werden.[4] Zur Klärung der hier gestellten pädagogischen Fragen sind diese theologischen Forschungen allerdings kaum dienlich.

In den klassischen "großen" religionsphilosophischen Interpretationen der Glaubenslehre Rousseaus geht es im wesentlichen darum, ob der Glaube eher als eine Sache des Kopfes oder eher als eine Sache des Herzens verstanden werden muß.[5] Die Diskussion wurde lange Zeit von der berühmten These Massons beherrscht, daß die "Emotionalität" des Glaubensbekenntnisses in scharfem Gegensatz zur "Rationalität" des Erziehungskonzeptes stehe; Masson hatte die Frage aufgeworfen, ob das Glaubensbekenntnis überhaupt als ein integraler Bestandteil des "Emile" zu interpretieren sei oder ob es sich nicht vielmehr um einen Fremdkörper im Konzept einer naturgemäßen Erziehung handele. Diese These ist inzwischen von mehreren Autoren widerlegt worden, am eindrucksvollsten wohl zuletzt durch Jimack. Jimack vermochte die unterschiedlichen Auffassungen von Masson und Ravier mit Hilfe der ihm eigenen philologischen Akribie nicht ohne Ironie so aufzulösen, daß er zwar dem einen (Ravier) in der Widerlegung des anderen (Masson) zustimmte, allerdings nicht ohne darauf aufmerksam zu machen, daß diese Widerlegung mit den - philologisch-

---

4 Vgl. dazu H.-J. Birkner: Natürliche Theologie und Offenbarungstheologie. Ein theologiegeschichtlicher Überblick, in: Neue Zeitschrift für Systematische Theologie, 3, 1961, S. 279-295. C. Gestrich: Die unbewältigte natürliche Theologie, in: Zeitschrift für Theologie und Kirche, 68, 1971, S. 82-120. C. Gestrich: Neuzeitliches Denken und die Spaltung der dialektischen Theologie. Zur Frage der natürlichen Theologie. Tübingen 1977.

5 Als herausragendes Werk gilt nach wie vor P.-M. Masson: La religion de Jean-Jacques Rousseau. Paris 1916 (Genf 1970). Masson hatte zwei Jahre zuvor die erste, umfassend kommentierte Ausgabe des Glaubensbekenntnisses nach den Manuskripten herausgebracht (Fribourg/Paris 1914).
Der Gegenspieler Massons war A. Schinz: La pensée religieuse de Rousseau et ses récents interprètes. Northampton, Mass./ Paris 1928, 1929 (Smith College Studies in Modern Languages). M. Rang geht im 5. Teil seines Buches auf diese Kontroverse ein (a.a.O., S. 474ff.).

"falschen" Argumenten erfolgte.[6] - Auch M. Rang, dem das Verdienst zukommt, mit großer Genauigkeit die einzelnen Zeitströmungen herausgearbeitet zu haben, auf deren Hintergrund die Glaubenslehre Rousseaus allein angemessen zu betrachten ist, geht letztlich doch - mehr oder weniger explizit - mit dem Maßstab der christlichen Offenbarungstheologie an das Glaubensbekenntnis heran. Die Arbeiten von Parodi und Dérathé kommen derjenigen Perspektive, die im folgenden zur Interpretation des Glaubensbekenntnisses in biographisch-systematischer Absicht gewählt wird, dagegen bereits erheblich näher.[7] Beide Autoren versuchen nämlich - Dérathé mehr noch als Parodi - die Religionsphilosophie Rousseaus als Schlüssel zum Verständnis seiner Gesellschaftstheorie zu gebrauchen, d. h. sie arbeiten die engen Bezüge zwischen Religiosität und gesellschaftlicher Moral schärfer heraus. Allerdings verfolgen auch sie dabei nicht primär pädagogische Interessen.

Angesichts dieser Forschungslage ist es unumgänglich, einen Interpretationsrahmen zu finden, der das Problem der Religion sowohl in gesellschaftlicher als auch in individueller und institutioneller Hinsicht plausibel aufzugliedern vermag. Einen solchen Rahmen bietet die phänomenologisch (wissenssoziologisch) orientierte Religionssoziologie in der Form, wie Thomas Luckmann sie im Anschluß an M. Weber und E. Durckheim in seiner Arbeit über "Das Problem der Religion in der modernen Gesellschaft" in unbestritten grundlegender Weise formuliert hat.[8]

---

6 Die philologischen Details über die Fragen der Plazierung des Glaubensbekenntnisses im "Emile" liefert ausführlich Jimack (a.a.O., S. 159-166); Jimack faßt seine Untersuchungen so zusammen: "Ainsi, puisque rien de décisif ne parait indiquer le contraire, nous croyons devoir conclure que, selon toute probabilité, dès la première conception de l'Emile, la Profession de foi, ou son équivalent, devait être une partie intégrante; ce n'était pas une initiation religieuse quelconque que Rousseau destinait à son élève, mais vraisemblablement, celle de la Profession" (S. 166).

7 D. Parodi: La philosophie religieuse de J.J. Rousseau, in: Revue de Métaphysique et de Morale, XX, 1912, S. 295-320; R. Dérathé: Les rapports de la morale et de la religion chez Jean-Jacques Rousseau, in: Revue philosophique, 1949, S. 143-173.

8 Th. Luckmann: Das Problem der Religion in der modernen Gesellschaft. Institution, Person und Weltanschauung. Freiburg 1963. Vgl. auch in anderer Form Th. Luckmann: Religion in der modernen Gesellschaft, in: J. Wössner (Hg.): Religion im Umbruch. Soziologische Beiträge zur Situation von Religion und Kirche in der gegenwärtigen Gesellschaft. Stuttgart 1972, S. 3-15.
Vgl. weiterhin G. Dux: Ursprung, Funktion und Gehalt der Religion, in: Internationales Jahrbuch für Religionssoziologie. Band VIII. Opladen 1973, S 7-67. - A. Hahn: Religion und der Verlust der Sinngebung. Identitätsprobleme in der modernen Gesellschaft. Frankfurt/New

Der Gang dieses Kapitels gliedert sich daher folgendermaßen: Im ersten Schritt wird - in der Form eines Exkurses - die Arbeit Luckmanns so zu referieren sein, daß erkennbar wird, in welcher Weise sie einen sinnvollen Zugang zur Religionsphilosophie Rousseaus zu eröffnen vermag (6.1.). Das wesentliche Ergebnis dieses Exkurses wird in der Unterscheidung von "kirchengebundener Religiosität" und "subjektivem Glauben" bestehen, und mit Hilfe dieser Differenzierung wird versucht, die eingangs gestellten Fragen zu beantworten. Es folgt gemäß dieser Unterscheidung ein Abschnitt über die Bedeutung des subjektiven Glaubens, d. h. es wird die Frage beantwortet, warum im Sinne Rousseaus die Menschen überhaupt einen Gott brauchen (6.2.); auf diesem Hintergrund wird dann verständlich, in welcher Weise Rousseau die Kirche als Institution kritisiert (6.3.). Es werden im Anschluß die zentralen Gesichtspunkte einer Erziehung zum Glauben im Kontext naturgemäßer Erziehung herausgearbeitet werden (6.4.),und abschließend wird der gesamte Gedankengang zusammengefaßt (6.5.).

6.1 Das Problem der Religion und die Dreieinigkeit der Sinngebung (Exkurs)

Religion ist nicht gleich Kirche. Nur mit Hilfe dieser Grundannahme - Luckmann gewinnt sie im bewußten Wiederaufnehmen der klassischen soziologischen Tradition Webers und Durckheims, die beide die "grundsätzliche Bedeutung der Religion für das Verhältnis des einzelnen zum gesellschaftlichen Ordnungsgefüge" (S. 13) herausgestellt haben - können die Bedingungen zum Vorschein gebracht werden, "unter denen übergeordnete und transzendente Sinnzusammenhänge gesellschaftlich verfestigt werden".[9] Nur so kommen die "gesellschaftlich

---

York 1974. - I. Mörth: Die gesellschaftliche Wirklichkelt von Religion. Grundlegung einer allgemeinen Religionstheorie. Stuttgart 1978. - W. Fischer/W. Marhold (Hg.): Religionssoziologie als Wissenssoziologie. Stuttgart 1978; darin besonders im Hinblick auf den Zusammenhang von Religion und Lernaufgaben des Jugendalters den Aufsatz von R. Döbert: Sinnstiftung ohne Sinnsystem? Die Verschiebung des Reflexionsniveaus im Übergang von der Früh- zur Spätadoleszenz und einige Mechanismen, die vor möglichen Folgen schützen, a.a.O., S. 52-72.

9 In der Explikation dieser Bedingungen sieht Luckmann das zentrale Problem der Religionssoziologie, die genau diese Fragestellung im Eifer "kirchlicher Soziographie" verdrängt hat. Er schreibt: "Das Wesentliche an dieser Polemik ist es klar herauszustellen, daß die Gleichung Religion=Kirche zur Vernachlässigung der gesellschaftlich verfestigten symbolischen Wirklichkeiten führt, die dem täglichen Leben des einzelnen einen übergeordneten Sinn geben und die den Krisen des Daseins eine transzendente Legitimierung

verfestigten symbolischen Wirklichkeiten" in den Blick, "die dem täglichen Leben des einzelnen einen übergeordneten Sinn geben und die den Krisen des persönlichen Daseins eine transzendente Legitimierung verleihen" (S. 20).

Religion gibt also Sinn: dem Ganzen, dem einzelnen und den Institutionen, die zwischen dem Ganzen und dem einzelnen vermitteln. Kirche (genauer gesagt "kirchengebundene Religiosität", wie der einschlägige Terminus lautet) ist, so betrachtet, nur ein Sonderfall der Religion, in ihrer jeweiligen Ausprägung abhängig von Geschichte und Struktur einer Gesellschaft.

In welcher Weise nun, das ist als erstes zu klären, vermag die Religion dem Ganzen Sinn zu geben? - Ein Individuum ohne andere ist eine Fiktion, denn, wie Luckmann sagt, "das Leben des Menschen erfährt seinen Sinnbezug dadurch, daß es als gesellschaftliches Dasein geführt wird" (S. 34): menschlich und gesellschaftlich sind hier gleichsam Synonyme. Sinnzusammenhänge entstehen durch "gesellschaftliche Vorgänge, die den einzelnen an seine eigene Vergangenheit und an seine eigene Zukunft binden. Vergangenheit und Zukunft werden erst dadurch zu seinen eigenen, indem das Individuum von den unmittelbaren Lebensanforderungen des Augenblicks Abstand nimmt und so zu einem Selbst mit Geschichte und Plan werden kann. Gerade dieser Abstand, der die Bedingung der Selbstwerdung ist, kann nicht aus dem in sich abgeschlossenen Individuum selbst entspringen. Abstandgewinnung und dadurch Selbstwerdung fundieren auf sozialen Vorgängen. In der Begegnung mit anderen wird das Individuum auf sich verwiesen als ein einheitliches Selbst... Bindung - an sein Geschick - und Abstand - von sich und anderen - sind zwei Momente des gleichen Vorgangs. Von diesem ihrem wichtigsten Aspekt her gesehen, ist Vergesellschaftung ein Prozeß der religiösen Individuation" (S. 34).

Bindung, notwendige Bedingung religiöser Individuation, setzt allerdings voraus, daß etwas vorhanden sein muß, an das der einzelne sich zu binden vermag, eine "transzendente Ordnung", die, wie Luckmann sagt, ihrem Wesen nach immer nur eine "gesellschaftliche Wirklichkeit" (S.35) sein kann.[10] Diese Wirklichkeit - die

---

verleihen. Die wichtigsten, im Wesen religiösen Momente der Einordnung des einzelnen in die Gesellschaftsordnung und in das Sinngefüge, das von ihr getragen wird, sind der Aufmerksamkeit der heutigen Religionssoziologie entgangen" (S. 20).

[10] Vgl. dazu Peter L. Berger/Th. Luckmann: Die gesellschaftliche Konstruktion der Wirklichkeit. Eine Theorie der Wissenssoziologie. Frankfurt/M. 1974 sowie die Arbeit von I. Mörth (Anmerkung [8]).

"Lebenswelt" im Sinne Husserls, als Welt aller Erfahrung vorgegeben - transzendiert den einzelnen in mehrfacher Hinsicht: einmal als Geschichte, in die er hineingeboren wird, also als vorgefundene Welt typisierter Selbstverständlichkeiten; sodann, wie Luckmann es ausdrückt, als etwas "Äußeres, das seine gegenwärtige Situation bestimmt, indem es sich in objektivierten Kulturgegebenheiten manifestiert, als Handlungsschranke und Zwang" (S. 35), die nicht nur für einen einzigen Menschen, sondern für mehrere gültig ist und vor allem: für mehr als einen Augenblick. Schließlich weist diese gesellschaftlich konstruierte transzendente Ordnung der Möglichkeit nach noch auf eine weitere, auf eine "höhere" Ordnung, die außerhalb ihrer selbst liegt: "Als gültige Ordnung", so Luckmann, "weist sie auf etwas, das über sie selbst hinausgeht: auf eine geistige Ordnung, die verstehbar ist als universale Sinnhaftigkeit menschlich-gesellschaftlichen Daseins. So mag sich, umgekehrt, die gesellschaftliche Ordnung als Verwirklichung der universalen Ordnung geben, als Kosmion, das dem Kosmos nachgebildet ist" (S. 35). Die transzendente Ordnung, die der einzelne zur Verfügung hat, um sich binden zu können, besteht bei näherem Hinsehen aus vier Sinnschichten: einer historischen, einer kulturellen, einer sozialen und sozusagen einer "meta-sozialen", einer universalen also.

Diese so aufgefächerten Sinnhorizonte der Gesellschaft bilden nun kein starres System, dem der einzelne gegenübersteht, um es sich anzueignen, so wie es ist. Vielmehr handelt es sich um ein Sinnpotential, das nur durch intersubjektive Verwirklichung überhaupt erst zum Vorschein kommt und in ihr Gestalt gewinnen kann, in einem Prozeß also, in dem sich die "sozialen Kategorien des Raumes, der Zeit, der Ursache und des Zielstrebens verschränken und versprachlichen" (S. 35). Diese Auffächerung der Sinnhorizonte kommt vor allem dann zum Tragen, wenn der Mensch sich entscheiden muß. Denn da er sich gleichsam in Sinnhorizonten entwickelt hat, werden diese in besonderer Weise in seiner Art, auszuwählen und sich zu entscheiden, sichtbar werden. Luckmann sagt: "Unterscheidungen zwischen Gut und Böse, Wichtig und Unwichtig sind weder aus dem Augenblick, beziehungsweise aus der in sich abgeschlossenen Situation, noch vom isolierten einzelnen her zu verstehen. Sie sind vielmehr 'gebundene' und 'transzendente' Entscheidungen, die im Rahmen eines sozialen Sinnzusammenhanges erst faßbar werden, weil sie in ihm Form haben" (S. 36).

Damit ist der Kern der Argumentation Luckmanns erreicht. Die Einbindung von Entscheidungen in transzendente Sinnzusammenhänge verweist auf das, was Luckmann in seiner weiten Perspektive als die primäre und grundlegende, universelle Sozialform der Religion herausstellt. "Diese Grundform ist", so sagt er, "durch die religiöse Urfunktion bestimmt: als Bindung und Transzendenz ist sie das schlechthin Sinngebende des menschlich-gesellschaftlichen Daseins...'Religion' ist dem einzelnen als soziale Wirklichkeit *über*geordnet und ist zugleich *in* ihm, insofern er Person ist, insofern er sich als Organismus transzendiert und als Mensch verwirklicht... Die allgemeine gesellschaftliche Grundform der Religion ist ursprünglich nichts anderes als das Sinngefüge einer Gesellschaft, nämlich die innere Form der Weltanschauung einer Gesellschaft" (S. 36).

In jeder Gesellschaft "gerinnt" nun die Religion - als innere Form ihrer Weltanschauung - auf unterschiedliche Weise zu institutionellen Gebilden. Dieser Aspekt soll aber noch einen Augenblick zurücktreten. Zuvor gilt es nämlich, die Funktion der Religion als sinngebend für den einzelnen genauer zu bestimmen, das heißt die Perspektive wird jetzt verändert: während wir bisher gewissermaßen von "oben" durch die Sinnschichten hindurch auf den einzelnen geblickt haben, wird nun von "unten" nach "oben" geschaut.

Gesellschaftliches und individuelles Sinnpotential stehen sich nicht isoliert gegenüber, sondern sind aufs engste miteinander verzahnt. Denn auch der subjektive Aspekt der Religion ist ein "gesellschaftlich bestimmtes Phänomen" (S. 44), da die Ausprägung des Bewußtseins, durch die der einzelne - seine organische Natur transzendierend - Individualität auszubilden beginnt, im Sinne Luckmanns als ein "sozialer Vorgang" (S. 45) betrachtet werden muß. "Individualität", so Luckmann, "als Erlebniskontinuität verstanden, entsteht aus Bindung an Vergangenheit und Zukunft. Diese Bindung ist gesellschaftlichen Ursprungs: der einzelne wird zur Verantwortung gezogen für Vergangenes und handelt im Wissen, für seine Zukunft zur Verantwortung gezogen zu werden. Wenn er sich dieser Bindung entledigt, verliert er seine Individualität, und das nicht nur im juristischen Sinne. Reflexion, das Sich-selbst-Gegenüberstehen, ist nicht in der organischen Natur des Menschen angelegt. Diese spezifisch menschliche Eigenschaft wächst aus der Begegnung des Mitmenschen und so der Geschichte und der Gesellschaft" (S. 45). Für das Verständnis der Entwicklung von Individualität durch eine Bindung an übergeordnete Sinnzusammenhänge sind nun zwei Annahmen grundlegend: zum einen die "Annahme eines Potentials religiöser Bindungsfähigkeit des einzelnen Menschen" (S. 45) und zum anderen die Einsicht in den "intersubjektiven Charakter des Vorgangs, vermöge dessen sich subjektive Religiosität entfaltet" (S. 45f.). Gesellschaftlicher und subjektiver Sinn sind also fest ineinander verklammert: einerseits setzt der Prozeß religiöser Individuation das "intersubjektive Transzendieren des einzelnen" (S. 47) voraus und andererseits werden eben dadurch die gesellschaftlichen - überindividuellen - Sinnhorizonte subjektiv, d. h. im einzelnen, wirksam. Anders ausgedrückt: der Sinn, den jeder einzelne seinem Leben zu geben vermag, ist in hohem Maße abhängig von dem Sinn, den das Ganze dem einzelnen zu vermitteln imstande ist. Luckmann faßt diesen Sachverhalt folgendermaßen zusammen: "Auf der - relativen - Stabilität der Weltanschauung beruht die - relative - Festigkeit und Dauer der inneren Form der Daseinsauffassung. Nach außen wird sie als - relative - Einheit der Daseinsführung sichtbar; subjektiv erscheint sie dem einzelnen als Identitätsbewußtsein" (S. 47). Von diesem Identitätsbewußtsein wiederum - der subjektiven Ausprägung "der jeweils gesellschaftlich und geschichtlich vorgeformten Weltsicht und Wertordnung" (S. 47) - hängt es demnach ab, wie "sinnvoll" der einzelne die Komplexität des Alltags zu reduzieren vermag und so die unvermeidbaren "Lebenskrisen (Jugend als Krise!, V.K.) über ihre biographische Unumgänglichkeit und Endgültigkeit hinwegheben" (S. 48) kann.

Damit nun die gesellschaftlichen Sinnhorizonte für den einzelnen überhaupt faßbar werden können, bedürfen sie einer bestimmten formalen Ausprägung. Eine solche Form bietet, ganz allgemein gesprochen und dem einzelnen noch kaum bewußt, zunächst die innere Struktur der Sprache. In Abhängigkeit von dem jeweiligen Entwicklungsstand und der Struktur einer Gesellschaft bilden sich darüber hinaus bestimmte Bedeutungsgehalte, spezifische religiöse Themen, wie Luckmann sagt, die gleichsam als transzendente Kristalle der Person als "Merkzeichen für das Numinose" (S. 40) dienen. Diese Themen nun schälen sich "aus dem Gesamtzusammenhang der Weltanschauung" heraus und erben von ihr das "Zwingende einer transzendenten Wirklichkeit" (S. 40). Damit kommt jetzt die Rede auf den institutionellen Aspekt der Religion.

Dieser Prozeß des "Herausschälens" ist nämlich der Ursprung der religiösen Institutionen. Luckmann sagt: "Sobald nun aber religiöse Vorstellungen kognitive und normative Momente sozialer Lagen in übertragbarer und regelhafter Form herausstellen, ist die Voraussetzung für die institutionelle Gesellschaftsform der Religion gegeben" (S. 40).[11] Genau dies ist die charakteristische Sozialform der

[11] "Das System religiöser Denk- und Verhaltensformen erhält als institutioneller Bereich eigener Art einen besonderen Ort in der Gesellschaft. Die im hierarchischen Aufbau der Weltanschauung als Möglichkeit angelegte Unterscheidung zwischen einem sakralen und einem profanen Bereich wird in der spezialisierten religiösen Institution verwirklicht. Eine nicht nur durch den weltanschaulichen Gesamtzusammenhang, sondern auch durch besondere

Religion im abendländischen Denken.[12]

Die Institutionalisierung des Numinosen in der Form kirchengebundener Religiosität ist sowohl in gesellschaftlicher als auch in individueller Hinsicht ein ambivalentes Phänomen. Die institutionalisierte Religion ist zunächst als die "bewahrende Kraft im gesellschaftsgeschichtlichen Vorgang" (S. 42) anzusehen; sie kann aber auch - wie z. B.. jüngst im Iran - "zur dynamischen Kraft im Geschichtsprozeß" (ebd.) werden. Unabhängig hiervon gilt allerdings folgender Grundsatz: Nur durch die Institutionalisierung der Religion als Kirche wird "subjektiver Glaube" als Entscheidung überhaupt erst möglich, denn, so führt Luckmann aus: "In jedem Fall werden zugleich mit der Differenzierung des profanen wie des theologischen Denkens Spannungen zwischen der religiösen und der 'säkularen' Daseinserfahrung möglich, ebenso wie Spannungen und Schismen innerhalb der religiös bestimmten Sphäre selbst. Die Geschichte der Christenheit, aber auch die Geschichte des Buddhismus und des Islam dokumentieren die Vielfalt der Versuche, die zur Lösung dieser Spannungen angeboten wurden. Aus dieser Spannung erst wird subjektiver Glaube und gar Glaubensentscheidung möglich" (S. 42).

Vom Standpunkt des einzelnen aus betrachtet ist die Institutionalisierung der Religion als Kirche in hohem Maße funktional, weil sie ihm - als geschlossenes religiöses Denk- und Verhaltenssystem gegenüberstehend - eindeutig normative Orientierung bietet und ihn dadurch gewissermaßen von der Mühe ständiger Reflexion entlastet.[13] Das ist jedoch nur die eine Seite, denn: "Die Handlungs- und

---

gesellschaftliche Organe sanktionierte sakrale Topographie, ein sakraler Kalender, sakrale Deutung der Vergangenheit und Zukunft bilden sich heraus. Die Verwaltung dieses Bereiches obliegt eigens dazu bestimmten gesellschaftlichen Rollen", so Luckmann an anderer Stelle (S. 41).

[12] "Die Institutionalisierung von Doktrin und Ritus sowie die Entstehung einer Organisation von Kirche, Gemeinde und Mitgliedschaft in Unterscheidung von dem gesellschaftlich-politischen Gesamtverband setzen eine komplexe Sozialstruktur voraus. Spezifisch religiöse Ideen und Normen und entsprechende soziale Rollen können nur in Gesellschaften entstehen, deren Aufbau differenziert ist, deren Wirtschaftssystem religiös spezialisierte Rollen tragen kann... Diese Sozialform der Religion tritt also in jenen Gesellschaften auf, die man gewöhnlich unter dem Begriff der 'höheren Zivilisation' zusammenfaßt" (a.a.O., S. 41f.).
Durch die Unterscheidung von "kirchengebundener" und "subjektiver" Religiosität wird es möglich, gewissermaßen eine "Typologie aufzustellen" (S. 52), die die historische Entwicklung dieses Verhältnisses aufdecken könnte.

[13] "Kirchengebundene Religiosität wird von der sozialhistorisch konkreten Kirche bestimmt, mit ihren Gründern, Textern, Deutern, Vertretern... Kirchengebundene Religiosität bildet sich

Einstellungskomplexe kirchengebundener Religiosität kristallisieren sich zu Rollen... Das Verhältnis zu anderen Rollen und Stellungen und den mit ihnen verbundenen typischen Erwartungen, Ideen und Normen ergibt die Möglichkeit von Wertkonflikten und Handlungskompromissen" (S. 51). Eine Folge dieser Konflikte kann à la longue die wachsende Einkapselung kirchengebundener Religiosität sein, die so "ihre Identität mit der übergeordneten 'religiösen' Bewußtseinsschicht" (S. 51) in zunehmendem Maße verlieren kann. Gerade für unseren Zusammenhang ist folgender Schverhalt von weitreichender Bedeutung: "Unter besonderen geschichtlichen und strukturellen Umständen mag aber Religion, beziehungsweise kirchengebundene Religiosität als eine subjektiv eingekapselte Schicht, *ihren Sinn überhaupt verlieren* (Hervorhebung d. Verf., V.K.). Die spezialisierten 'religiösen' Einstellungen können zu nichts anderem als 'Meinungen' werden, das heißt aber, daß sie nur noch rhetorischen Status haben für die Person. Die spezialisierten religiösen Handlungen werden entweder aufgegeben oder werden zu Handlungen ohne religiösen Sinn - obwohl sie natürlich subjektiv sinnvoll bleiben können, als Konformismus, erzwungene Handlung, ästhetisch motivierte Erfahrung usw." (S. 51) oder, so ließe sich ergänzen, als Glaubensbekenntnis, das nurmehr für einen allein Gültigkeit besitzt.[14]

Es erscheint angebracht, den Ertrag dieses kurzen Exkurses in die Religionssoziologie folgendermaßen zusammenzufassen: Die Frage nach der Religion ist die Frage danach, was dem Leben des Menschen Sinn zu geben vermag. Die Frage nach dem Sinn wiederum - die sich auch daran zeigt, daß etwas

---

folglich subjektiv als annähernde Erfüllung ausdrücklich religiöser Denk- und Verhaltensnormen, wie zum Beispiel Dreifaltigkeit, Osterpflicht, Nächstenliebe" (Luckmann a.a.O., S. 49).

[14] Genau darin besteht das Hauptproblem der Person in der modernen Gesellschaft, das Luckmann im zweiten Teil seiner Schrift ausführlich behandelt. Er schreibt dort u.a.: "Für den mehr oder minder emanzipierten einzelnen spielt die innerlich heterogene Weltanschauung die Rolle eines ihm zu Angebot stehenden weltanschaulichen 'Assortiments'... Die Kultur ist zwar reich, aber vor allem im Sinn eines reichhaltigen Warenlagers. Der einzelne bleibt bei seiner Wahl mehr als je zuvor dem 'Angebot' gegenüber ratlos" (S. 57f.). An anderer Stelle: "Das (Säkularisierung als Verwandlung der Wertordnung in verschiedene institutionelle Ideologien, V.K.) ist die gesellschaftliche Grundlage des Problems der Person in der modernen Gesellschaft. Mehr oder minder isolierte institutionelle Ideologien können kaum als sinnvolle Elemente in einem Erfahrungszusammenhang für die Gesamtperson dienen, und erst recht bilden sie nicht, aneinandergereiht, einen gesellschaftlich vorgeformten und subjektiv nachvollziehbaren Sinnzusammenhang als Lebensplan" (S. 66).

als "sinnlos" qualifiziert wird - ist Ausdruck der Sonderstellung des Menschen: aufgrund des menschlichen Bewußtseins wird sie überhaupt erst möglich, aber auch notwendig. Wie jeder einzelne für sich allein, so ist auch die Gesellschaft als ganze auf die Frage nach dem Sinn angewiesen, genauer, auf Antworten auf die Frage nach dem Sinn des Ganzen. Jede Gesellschaft ist auf mannigfache Weise von Sinnhorizonten (historisch, kulturell, sozial, universell) durchzogen, die der einzelne sich aneignen muß, um zu einem Teil des Ganzen werden zu können: Sozialisation ist daher gewissermaßen auch ein religiöser Vorgang. Er vollzieht sich durch die Bindung an - gesellschaftlich "konstruierte" - vorgefundene Sinnstrukturen, die eben dadurch im einzelnen wirksam werden. Umgekehrt wird jeder einzelne durch die Art und Weise, mit der er sich zum Ganzen in Beziehung setzt, d. h. Abstand gewinnt zu den gesellschaftlich vorgefundenen Sinnstrukturen, ein unverwechselbarer - individueller - Teil des Ganzen: eine Person. Der Sinn, den jeder einzelne seinem Leben zu geben vermag, ist demnach in starkem Maße abhängig vom Sinn des Ganzen.

Gesellschaften unterscheiden sich u. a. dadurch, wie in ihnen die Sinnstrukturen zum Vorschein kommen. Gesellschaften, die gemeinhin der sogenannten "höheren Zivilisation" zugerechnet werden, bilden im Laufe ihrer Entwicklung besondere Sozialformen aus, in denen sich die Sinnvermittlung primär vollzieht: Institutionen. Die Fragen nach dem Sinn des Ganzen und die einzelnen Modi der Sinnvermittlung werden also gleichsam in einen eigenen gesellschaftlichen Zuständigkeitsbereich (Religionsgemeinschaften, Kirchen) verlagert. Diese Institutionen generieren entsprechend ihrer Aufgabe spezifische Rollen (Priester), d. h. die Sinnvermittlung wird gleichsam professionalisiert, indem sie an "Sinnexperten" delegiert wird.

Die Institutionalisierung der Sinnfrage stellt zunächst einen Fortschritt dar, weil dadurch die Sinnvermittlung von Zufällen unabhängiger wird, und es zur Ausprägung fester Regelsysteme kommen kann, wodurch der Gesellschaft insgesamt eine größere Stabilität verliehen wird. Diese stabilisierende Tendenz trägt allerdings bereits den Keim der Instabilität in sich, und zwar aus folgenden Gründen: zum einen bilden sich mehrere institutionalisierte Sinnsysteme heraus, die miteinander in Konflikt geraten können (z. B. Kirchenkämpfe); zum anderen führt die Institutionalisierung der Sinnfrage dazu, daß die explizierten Sinnantworten ihre Überzeugungskraft verlieren können, wenn sie in krassen Gegensatz zur gesellschaftlichen Wirklichkeit geraten. Die Institution vermag dann den Sinn, den sie verkündet, nicht länger zu legitimieren, wodurch sie selbst ihren Sinn zu verlieren droht.

Sinnkrisen von Institutionen bringen zwangsläufig auch für den einzelnen Sinnkrisen mit sich. Eine derartige Situation der Verunsicherung stellt den einzelnen vor folgende Alternativen: Er kann sich - gewissermaßen alle Zweifel unterdrückend und verleugnend - umso fester an den institutionell propagierten Sinn (d. h. die kirchengebundene Religiosität) zu klammern versuchen, eine Entwicklung, an deren Ende der weltfremde, fanatische Sektierer steht. Er kann sich der Illusion hingeben, auf verbindliche Antworten nach dem Sinn verzichten zu können, wodurch er - entgegen dem Schein größerer individueller Freiheit - letztlich zu einem Spielball beliebiger gesellschaftlich bereitgehaltener Sinnangebote werden wird. Und er kann sich schließlich die ehedem den Institutionen übertragene Aufgabe der Sinnfindung - gleichsam gegen sie - selbst aufbürden, indem er als Person - als "Institution in einem Fall" im Sinne Gehlens - einen subjektiven Glauben auszuprägen versucht, der, als individualisierte Teilmenge institutionalisierter Sinnangebote, nur für ihn allein Gültigkeit besitzt. Das ist die Situation der Person in der modernen Gesellschaft, die ihren Ursprung in den radikalen Veränderungen im Gesellschaftsgefüge während des 17. und 18. Jahrhunderts hat, und die, so könnte man sagen, in Rousseau zum Thema wird.[15]

Damit ist ein erster Hinweis gegeben, in welcher Weise dieser religionssoziologische Exkurs für das Verständnis des "Glaubensbekenntnisses" Bedeutung gewinnt. Es wird sich in den folgenden Abschnitten erweisen, daß mit Hilfe dieser Perspektive das Glaubensbekenntnis sowohl in historischer als auch in biographischer Hinsicht ausgedeutet werden kann. Die Unterscheidung zwischen "kirchengebundener Religiosität" und "subjektivem Glauben" erweist sich dabei als besonders produktiv. Das Glaubensbekenntnis kann nämlich verstanden werden als ein Bekenntnis zum subjektiven Glauben, der mit Hilfe der Vernunft durch die Kritik an der Kirche als Institution - überhaupt erst gewonnen werden kann. Durch die scharfe Kritik an der kirchengebundenen Religiosität vermag Rousseau den

---

[15] "Die radikalen Veränderungen im Gesellschaftsgefüge während des 17. und 18. Jahrhunderts und die in ihm wurzelnde geistesgeschichtliche Dynamik des modernen Zeitalters untergruben die weltanschauliche Vorherrschaft der Kirche und führten schließlich auch zur politischen und juristischen Anerkennung dieser Tatsache. Kirche, unter dem traditionell gültigen Gesichtspunkt mit Religion identifiziert, entwickelt sich zu einem Institutionsbereich unter anderen. Im günstigsten Fall wird ihr eine moralische, traditions- und staatserhaltende Sonderfunktion in der Gesellschaft zuerkannt. Die institutionelle Spezialisierung der Religion in der abendländischen Geschichte mündet in ihrer ausdrücklichen Relativierung" (Luckmann, a.a.O., S. 55f.).

eingekapselten, institutionell versperrten Sinn in seiner Bedeutung für das Leben des Menschen wieder zum Vorschein zu bringen, er befreit also sozusagen mit Hilfe der Vernunft den subjektiven Glauben als notwendiges Gefühl aus der Umklammerung der Institution Kirche.[16] Dagegen mußte sich die Kirche in ihrer gesellschaftlichen Funktion als Garant für stabile Sinntradierung, d. h. auch als Garant für gesellschaftliche Machtverhältnisse, zur Wehr setzen. Genau darin liegt die heimliche Verbindung von Gesellschaftskritik und Religionsphilosophie. So betrachtet hat Karl Barth zu Recht hervorgehoben, daß Rousseau der "Theologie seiner Zeit nicht eiqentlich entgegengetreten, sondern nur weit vorausgeeilt ist".[17] Soviel zum historischen Zusammenhang.Nun zum biographischen Aspekt: Das Jugendalter ist, so hatte Rousseau gesagt, eine Zeit der Krise, und Krisen provozieren Antworten auf die Fragen nach dem Sinn. Aus den Ausführungen Luckmanns ging hervor, daß ein Mensch nur dadurch zur Person werden kann, daß er sich an gesellschaftliche Sinnstrukturen zu binden bzw. von ihnen zu distanzieren vermag. Darin liegt die Bedeutung des Glaubensbekenntnisses im Kontext der Lernaufgaben des Jugendalters. Der Idealtypus "Emile" wird gleichsam durch die Kritik seines Konstrukteurs an der Kirche seiner Zeit zur "Person", das heißt mit anderen Worten: historische und - fiktive - biographische Perspektive können in systematischer Hinsicht zusammengeführt werden. Diese Verbindung übernimmt in den folgenden Abschnitten gleichsam die Rolle des "basso continuo": zunächst geht es um die Bedeutung des Glaubens in seiner sinnstiftenden Funktion für den einzelnen und das Ganze, also um die transzendente Spannung zwischen Gott und Welt im Modus subjektiven Glaubens; anschließend wird mit deutlichen Konturen eine Kritik der kirchengebundenen Religiosität gezeichnet, und zum Abschluß werden beide Aspekte einer naturgemäßen Glaubenserziehung verbunden.

---

[16] Den mühseligen und leidvollen Vorgang dieser "Emanzipation" hat Rousseau nicht primär "erdacht", sondern sozusagen aus seinem eigenen Leben "herausgelitten", wie seine wechselvolle "Glaubensbiographie" nachhaltig belegt. In der hier gewählten Perspektive erscheinen daher seine Konfessionswechsel als Versuche, "seinen" Sinn zu finden, und zwar in unterschiedlichen institutionalisierten Formen. (Vgl. dazu auch Masson, a.a.O., Teil 1: La formation religieuse de Rousseau).

[17] K. Barth, a.a.O., S. 207.

6.2 Das Geheimnis der Anthropologie ist die Theologie oder: Warum die Menschen einen Gott brauchen[18]

Damit das Leben als sinnvoll erfahren werden kann, brauchen Menschen Gottheiten, Instanzen, die - wenn auch letztlich selbstgeschaffen - außerhalb ihrer Existenz liegen und dadurch zugleich in ihnen wirken. Das ist das "Geheimnis" der Anthropologie, das im folgenden in vier Schritten enthüllt werden soll.

Rousseau führt im wesentlichen drei Gründe an, die für ihn die Notwendigkeit der Existenz Gottes unbezweifelbar erscheinen lassen: der erste bezieht sich - als Blick auf die Natur - auf die Welt als Ganzes; das ist sozusagen der "Schöpfungsglaube", der daher zunächst beschrieben werden soll (6.2.1.). Der zweite Grund bezieht sich auf das Zusammenleben der Menschen in der Gesellschaft, das ist der "Gesellschaftsglaube" (6.2.2.), und der dritte schließlich bezieht sich auf die Befindlichkeit jedes einzelnen Menschen, das ist der "persönliche Glaube" (6.2.3.).

Für Rousseau sind "glauben" und "handeln" eng miteinander verbunden. In einem letzten Abschnitt muß daher gezeigt werden, auf welche Weise das, was man glaubt, Einfluß gewinnt auf das, was man tut (6.2.4.).

---

18 Die Überschrift bezieht sich auf die erste der "Vorläufigen Thesen zur Reform der Philosophie", die L. Feuerbach 1842 so formulierte: "Das Geheimnis der Theologie ist die Anthropologie, das Geheimnis aber der spekulativen Philosophie die Theologie - die spekulative Theologie, welche sich dadurch von der gemeinen unterscheidet, daß sie das von dieser aus Furcht und Unverstand in das Jenseits entfernte göttliche Wesen ins Diesseits versetzt, d.h. vergegenwärtigt, bestimmt, realisiert" (L. Feuerbach: Kleine Schriften. Frankfurt/M. 1966, S. 124).

Heutzutage stellt sich das Problem von der anderen Seite: nachdem die Theologie durch die Anthropologie enttarnt worden ist, geht es nun darum, die "Spuren der Engel" wiederzufinden, d.h. zu fragen, in welcher Weise in der modernen Gesellschaft die Transzendenz wiederentdeckt werden kann. Peter L. Berger, selbst ein "professioneller Enttarner", hat einen ersten Versuch unternommen. Er schreibt: "Aber auch wenn man ganz von der Psychologie absieht, verlangt die Verfassung des Menschen, befrachtet mit Leid und im Angesichte der Endgültigkeit des Todes, nach einer Interpretation, die nicht nur theoretisch befriedigt, sondern für die Begegnung mit Leiden und Tod auch einen Rückhalt bietet" (S. 45). Zwar gibt es eine ganze Reihe von säkularisierten "Theodizee-Versuchen". "Sie versagen jedoch allesamt vor den Extremen menschlichen Leidens, die sie, da sie sie nicht begreiflich machen können, auch nicht ertragen helfen. Am Phänomen des Todes scheitern sie nahezu gänzlich. Ein Beispiel dafür ist der Marxismus. Die Geschichtstheorie von Marx enthält in der Tat etwas wie eine Theodizee. In der utopischen Welt nach der Revolution sollen alle Dinge heil sein. Das mag jemanden trösten, der den Tod auf den Barrikaden vor Augen hat. Daß der Marxismus jedoch viel Trost für eine tödliche Krebsoperation zu bieten hat, scheint doch recht zweifelhaft" (P.L. Berger: Auf den Spuren der Engel. Die moderne Gesellschaft und die Wiederentdeckung der Transzendenz. Frankfurt/M. 1970 - New York 1969 -, S. 45f.).

6.2.1 Der Schöpfungsglaube

Kein Mensch, der aufmerksam eine geöffnete Uhr betrachtet, würde, so Rousseau, die Ansicht vertreten, daß dieses fein aufeinander abgestimmte Miteinander und Ineinander der einzelnen Rädchen, der ganz kleinen und der größeren, einfach nur so vorhanden sei, ohne jeden Urheber. In gleicher Weise muß der Blick auf die Natur überzeugen: auch sie verrät einen genialen Baumeister, der alle Einzelteile je für sich und mit Blick auf das Ganze sorgsam geschaffen und aufeinander abgestimmt haben muß. Rousseau sagt: "Ich weiß nicht, warum die Welt besteht, aber ich stelle fest, wie sie sich ständig verändert; ich stelle die innigen Wechselbeziehungen fest, mit deren Hilfe sich die Geschöpfe, aus denen sie besteht, gegenseitig unterstützen. Ich gleiche einem Menschen, der zum ersten Mal eine offene Uhr sieht und nicht aufhört, das Werk zu bewundern, obwohl er dessen Gebrauch nicht kennt und das Zifferblatt noch nicht gesehen hat. Ich weiß nicht, (...), wozu das alles dient, aber ich sehe, daß jedes Stück für das andere gemacht ist. Ich bewundere den Meister in jedem Teil seines Werkes, und ich bin überzeugt, daß alle Räder nur darum so harmonisch gehen, weil sie einem gemeinsamen Zweck dienen, den ich unmöglich erkennen kann" (UTB, S.286/Pl.IV, S. 578). Wenn auch das Ganze nicht zu erkennen ist, so vermag doch derjenige, der in staunender Aufmerksamkeit seinen Blick fest auf die "offene Uhr" gerichtet hält, immerhin folgendes festzustellen: es ist Bewegung zu beobachten, die eine Ursache haben muß, die einzelnen Bewegungen sind aufeinander abgestimmt und das Ganze zusammen funktioniert, gibt also offensichtlich einen Sinn.[19]

Diese, durch unmittelbare Anschauung gewonnene Evidenz kann durch den Hinweis spitzfindiger Geister, daß auch Menschen - Gott gleich - Wunder vollbringen können, in keiner Weise erschüttert werden. Dazu stellt Rousseau an solch vermessene Versuche allzu hohe Ansprüche: "Käme ein Mensch und sagte uns: Sterbliche, ich verkündige euch den Willen des Allerhöchsten... Ich befehle der Sonne, ihren Lauf zu ändern, den Sternen, andere Konstellationen zu bilden,

---

[19] Damit sind die beiden ersten Artikel des "Glaubensbekenntnisses" angesprochen: "Die leblosen Körper wirken nur durch die Bewegung, aber es gibt keine wirkliche Handlung ohne Willen... Ich glaube also, daß ein Wille das Weltall bewegt und die Natur belebt. Das ist mein erstes Dogma oder mein erster Glaubensartikel" (UTB, S. 284/Pl.IV, S. 576). "Zeigt mir die bewegte Materie einen Willen an, so zeigt mir die nach bestimmten Gesetzen bewegte Materie einen Verstand an. Das ist mein zweiter Glaubensartikel. Handeln, Vergleichen und Wählen sind Operationen eines tätigen und denkenden Wesens: also existiert dieses Wesen" (UTB, S. 286/Pl.IV, S. 578).

den Bergen, sich einzuebnen, den Fluten, sich zu erheben, der Erde, ein anderes Aussehen anzunehmen. Wer würde in solchem Wunderwerk nicht sofort den Herrn der Natur erkennen? Betrügern gehorcht sie nicht..." (UTB, S. 316/Pl.IV, S. 612). Das Buch der Natur kann sich nicht selbst geschrieben haben. Vielmehr muß jeder vernünftige Mensch zu der Auffassung gelangen, daß dieses Buch einen Autor haben muß, der es verfaßt hat, einen Urheber also: Gott.

6.2.2 Der Gesellschaftsglaube

Wer nun - durch eifrige Lektüre im Buch der Natur in seinem Glauben an einen Gott bestärkt - seinen Blick auf die menschliche Gesellschaft richtet, der wird in diesem Glauben arg erschüttert, denn die weise Hand des genialen Baumeisters scheint im Durcheinander und Gegeneinander innerhalb der Gesellschaft kaum erkennbar zu sein: "Welch ein Schauspiel! Wo ist die Ordnung, die ich vorher beobachtet habe? Das Bild der Natur zeigt mir nur Harmonie und Ebenmaß, das des menschlichen Geschlechts bietet mir nur Verwirrung und Unordnung! Unter den Elementen herrscht Harmonie, die Menschen befinden sich im Chaos!... Allgütiges Wesen, was ist aus deiner Macht geworden? Ich sehe nur Übel auf der Erde" (UTB, S. 290/Pl.IV, S. 583). Während der staunende Blick auf die Natur durch die Macht der Anschauung jeden Zweifel an der Existenz Gottes zum Verstummen brachte, scheint die Betrachtung der gesellschaftlichen Verhältnisse diesen Zweifel geradezu herauszufordern. Dabei hat Gott doch auch den Menschen geschaffen! Wie ist dieser Widerspruch zu erklären? Rousseau löst ihn auf folgende Weise: Die Existenz Gottes zeigt sich im Hinblick auf die Natur durch Harmonie, Gleichklang und sinnvolle Bestimmung der einzelnen Teile für das Ganze, wohingegen sie sich im Hinblick auf die Menschenwelt darin zeigt, daß der Mensch als freies Wesen geschaffen ist, d. h. die Freiheit besitzt, Gutes zu tun oder es zu unterlassen, sich um Tugend zu bemühen oder blind seinen Leidenschaften zu folgen.[20] Selbst im ärgsten Mißbrauch, den Menschen mit ihrer Freiheit treiben, liegt, so betrachtet,

---

[20] Das ist der dritte Glaubensartikel: "Der Mensch ist also in seinen Handlungen frei und als freies Wesen von einer immateriellen Substanz beseelt'. Das ist der dritte Glaubensartikel. Aus diesen ersten drei Artikeln kannst du leicht alle anderen ableiten, ohne daß ich fortfahre, sie aufzuzählen" (UTB, S. 293/Pl.IV, S. 586f.). An anderer Stelle. "Nein, der Mensch ist keine Einheit: ich will und ich will nicht, ich fühle mich Sklave und frei, ich sehe das Gute, ich liebe es und ich mache das Böse; ich bin aktiv, wenn ich auf die Vernunft höre, passiv, wenn mich meine Leidenschaften fortreißen; und wenn ich ihnen unterlegen bin, so ist das Gefühl daß ich hätte widerstehen können, meine größte Qual" (UTB, S. 290f./Pl.IV, S. 583).

letztlich immer auch der Beweis für die Vortrefflichkeit der Schöpfung, wie Rousseau an anderer Stelle sagt.[21] Diese Freiheit des Menschen ist gleichsam das "Meisterstück" des Schöpfers und von ihm zu verlangen, diese Herausforderung zurückzunehmen hieße, "den Preis vor dem Sieg und den Lohn vor der Arbeit" zu fordern: "Bei dem Gemurre der ungeduldigen Sterblichen sollte man meinen, daß Gott ihnen die Belohnung schuldig ist, ehe sie sie verdienen, und daß er verpflichtet ist, ihnen ihre Tugend im vorhinein zu bezahlen. Ah! seien wir zuerst gut, dann werden wir auch glücklich sein. Verlangen wir nicht den Preis vor dem Sieg und den Lohn vor der Arbeit. Nicht in den Schranken werden die Sieger unserer heiligen Spiele gekrönt, sagt Plutarch, sondern erst, wenn sie die Bahn durchlaufen haben" (UTB, S. 296/Pl.IV, S. 589). Die Freiheit, die Gott den Menschen gegeben hat, enthält also stets die Möglichkeit zum Mißbrauch, sie eben nicht im Sinne der Schöpfung einzusetzen, sondern gegen sie. Dieser Mißbrauch kann sich in jedem einzelnen Menschen zeigen, darin, das Böse tun zu wollen und das Gute zu unterlassen. Er zeigt sich gleichermaßen im Durcheinander der ganzen Gesellschaft, im Gegeneinander der Menschen, im Kampf um Macht, in der Unterdrückung der Armen und Schwachen. Gäbe es keinen Gott, so folgert Rousseau angesichts dieses Zustandes, denn gäbe es doch auch keine Garantie dafür, daß Mißbrauch Mißbrauch und Unrecht Unrecht bleibt, dann wären doch die Guten die Dummen und die Bösen trügen den Sieg davon: "Gibt man diesen Glauben auf", so sagt er daher, "so sehe ich nichts mehr als Ungerechtigkeit, Heuchelei und Lüge unter den Menschen. Der Eigennutz siegt in der Konkurrenz notwendigerweise über alles und lehrt jeden, das Laster mit der Maske der Tugend zu schmücken. Mögen doch alle Menschen auf Kosten ihres Glücks mich glücklich machen; alles muß sich auf mich allein beziehen. Wenn es sein muß, soll die ganze Menschheit in Not und Elend zugrunde gehen, um mir einen Augenblick Schmerz und Hunger zu ersparen. Das ist die innere Stimme eines jeden denkenden Ungläubigen. Ja, ich werde es mein Leben lang behaupten: wer in seinem Herzen

---

[21] "Es ist also wahr, daß der Mensch König der Erde ist, die er bewohnt. Denn er zähmt nicht nur alle Tiere, er verfügt nich nur durch seine Geschicklichkeit über die Elemente, sondern er allein auf der Erde versteht es, sie zu nutzen... Man zeige mir ein Tier auf der Erde, das mit dem Feuer umgehen und die Sonne bewundern kann. Wie! ich kann die Wesen und ihre Beziehungen beobachten und erkennen? Ich kann empfinden, was Ordnung, Schönheit und Tugend ist? Ich kann das Weltall betrachten, mich zur Hand erheben, die es regiert; ich kann das Gute lieben und tun - und vergleiche mich mit den Tieren! ... Der Mißbrauch deiner Fähigkeiten selbst beweist dir zum Trotz ihre Vortrefflichkeit" (UTB, S. 289/Pl.IV, S. 582).

sagt: 'Es gibt keinen Gott' und anders spricht, ist entweder ein Lügner oder ein Narr".[22]

Ein geordnetes Zusammenleben innerhalb der Gesellschaft ist für Rousseau ohne den Glauben an Gott nicht vorstellbar. Denn sonst würden die faktischen Ungerechtigkeiten - Folgen all der negativen Eigenschaften des Menschen wie Heuchelei, Habsucht, Lüge und Gewalt - zum obersten Maßstab menschlichen Handelns. Damit wäre jede Hoffnung auf eine ausgleichende Gerechtigkeit zerstört und die Menschen - im Verständnis des Exkurses - einander "sinnlos" ausgeliefert. Dieser auf die Gesellschaft bezogene Gottesglaube unterscheidet sich maßgeblich von dem vorher skizzierten "Schöpfungsglauben", in dem sozusagen Gefühl und Vernunft in der Evidenz unmittelbarer Anschauung verschmolzen. Für Rousseau ist es undenkbar, diesen für das Zusammenleben der Menschen so unerläßlichen "Gesellschaftsglauben" dem religiösen Gefühl des einzelnen allein, ja überhaupt dem Gefühl zu überlassen. Dazu steht zuviel auf dem Spiel. Der "Gesellschaftsglaube" muß daher in erster Linie als eine Sache der Vernunft aufgefaßt werden, da nur so Entscheidungen über "richtig" und "falsch", "gut" oder "böse" möglich werden. In dem zweiten der "Briefe vom Berge", einer der späten Rechtfertigungsschriften Rousseaus, hat er genau hierauf mit Nachdruck hingewiesen. Die Religion zerfällt, so heißt es dort, in die Glaubenslehre und die Moral, und die Moral ist Sache der Vernunft.[23] Die Moral ist demnach der auf das Zusammenleben der Menschen in der Gesellschaft bezogene Glaube, und dieser Glaube muß gewissermaßen "auf die Erde geholt" werden. Eben dadurch wird dann die Religion "zivil", das Glaubensbekenntnis "bürgerlich". Dieses Glaubensbekenntnis muß folglich im Zusammenhang des Gesellschaftsvertrages behandelt werden, und dort heißt es in dem Abschnitt über die "zivile Religion":

[22] UTB, S. 336/Pl.IV, S. 636f. - An anderer Stelle heißt es: "Der Unterschied besteht darin, daß das Gute sich dem Ganzen, das Böse dagegen das Ganze sich unterordnet. Der Böse macht sich zum Mittelpunkt; der Gute mißt seinen Halbmesser und hält sich im Kreisumfang auf. Damit hat er sich zum gemeinsamen Zentrum, das Gott ist, und zu den konzentrischen Kreisen, die die Geschöpfe sind, eingeordnet. Wenn es keine Gottheit gibt, so ist der Böse allein vernünftig, der Gute nur ein Narr" (UTB, S. 307/Pl.IV, S. 602).

[23] "Ich unterscheide in der Religion zwei Teile, außer der Form des Gottesdienstes, welche nur eine Zeremonie ist. Diese zwei Teile sind die Glaubenslehre und die Moral. Die Glaubenslehre teile ich wieder in zwei Teile, nämlich in denjenigen, welcher die Grundsätze unserer Pflichten enthält und die Grundlage der Moral ist, und in denjenigen, welcher bloß den Glauben betrifft und nur spekulative Lehrsätze enthält... Die Beurteilung der ersteren kommt allein der Vernunft zu..." (Ritter, 2, S. 19/Pl.III, S. 694).

"Für den Staat ist es allerdings wichtig, daß jeder Bürger eine Religion habe, die ihm vorschreibt, seine Pflichten zu lieben. Aber die Dogmen dieser Religion sind dagegen für den Staat wie für seine Mitglieder nur insofern von Bedeutung, als sie die Moral und die Pflichten betreffen, die der Gläubige anderen gegenüber zu erfüllen hat. Darüber hinaus kann jeder glauben, was er will, ohne daß der Souverän es zu wissen braucht. Da er für die andere Welt nicht zuständig ist, geht ihn das, was das Schicksal seiner Untertanen im Jenseits sein wird, nichts an, wenn sie nur in dieser Welt gute Bürger sind. Es gibt also ein rein bürgerliches Glaubensbekenntnis".[24] Dieser Katechismus des Bürgers - Rousseau hielt übrigens keinen Geringeren als Voltaire allein für würdig und fähig, ihn zu verfassen - stellt gleichsam den durch Konsens ermittelten kleinsten gemeinsamen Nenner von Bürgerpflichten und gesellschaftlichen Ausprägungen der unterschiedlichsten Glaubensformen dar, und er kann nur vereinbart werden, indem das Gefühl für die Existenz eines Gottes mit Hilfe der Vernunft kultiviert wird.[25]

---

[24] Im Gesellschaftsvertrag heißt es im Abschnitt über die "zivile Religion": "In bezug auf die Gesellschaft... kann die Religion in zwei Arten eingeteilt werden: Die Religion des Menschen und die des Bürgers. Die erste kennt keinen Tempel, keinen Altar und keine Riten. Sie beschränkt sich einzig und allein auf den rein innerlichen Kult des Höchsten Gottes... Die andere ist auf ein einziges Land beschränkt und gibt ihm seine besonderen Götter und Schutzpatrone. Sie hat ihre Dogmen, ihre Riten, ihren von den Gesetzen vorgeschriebenen äußeren Kult" (UTB, 1, S. 201/Pl.III, S. 464). An anderer Stelle heißt es weiter: "Die Glaubenssätze der bürgerlichen Religion müssen einfach sein, gering an Zahl, klar im Ausdruck, ohne Erklärungen und Auslegungen. Diese positiven Sätze sind: Die Existenz einer mächtigen, vernünftigen, wohltätigen, vorausschauenden und vorsorglichen Gottheit; das künftige Leben; die Belohnung der Gerechten, die Bestrafung der Bösen; die Heiligkeit des Gesellschaftsvertrages und der Gesetze. Es gibt nur einen negativen Satz: Unduldsamkeit" (UTB, 1, S. 205ff./Pl.III, S. 468f.) Die These Luckmanns, daß Religion die "innere Form der Weltanschauung einer Gesellschaft" sei, läßt sich gerade an dem Abschnitt über die "zivile Religion" eindrucksvoll veranschaulichen.
Zum Verhältnis von Staat und Religion im einzelnen vgl. die Studie von K.D. Erdmann: Das Verhältnis von Staat und Religion nach der Sozialphilosophie Rousseaus. Berlin 1935.

[25] In dem ersten der "Briefe vom Berge" geht Rousseau noch einmal - sich rechtfertigend - auf die "zivile Religion" ein und stellt ausdrücklich heraus, daß er allein das Christentum für geeignet halte, für das "bürgerliche Glaubensbekenntnis" die rechte Grundlage zu geben. Er schreibt:"...alle alten Religionen (waren), die jüdische nicht ausgenommen, in ihrem Ursprung Nationalreligionen ( ), welche mit dem Staat vereinigt waren oder wenigstens einen Teil des gesetzgebenden Systems ausmachten. Das Christentum hingegen ist seinem Grundsatz nach eine allgemeine Religion, welche nichts Ausschließliches, nichts Lokales und nichts Eigenes für dieses oder jenes Land hat. Sein göttlicher Stifter... ist gekommen, den Unterschied der Nationen aufzuheben und das ganze Menschengeschlecht in ein Volk von Brüdern zu vereinen" (Ritter, 2, S. 29f./Pl.III., S. 703f.). - Im Sinne des vorangegangenen Exkurses entreißt also Rousseau mit dem "bürgerlichen" Glaubensbekenntnis der Kirche den latent in der Religion verborgenen "Gesellschaftssinn", d.h. er greift die gesellschaftliche Machtstellung der Kirche

6.2.3 Der persönliche Glaube

Vom Standpunkt des einzelnen aus betrachtet zerfällt der Glaube - abgesehen vom Schöpfungsglauben - demnach in zwei Teile: einen "bürgerlichen" Teil und einen "nicht-bürgerlichen", den ganz privaten, den persönlichen Teil. Dies bedeutet, daß der bürgerliche Glaube allein - wie dargestellt, vorwiegend eine Angelegenheit der Vernunft - das Leben des einzelnen nicht zu tragen vermag: jeder Mensch braucht eben auch einen Gott ganz für sich allein. Warum? Das bürgerliche Glaubensbekenntnis - so hieß es im Gesellschaftsvertrag - bezieht sich auf die Pflichten des Menschen den *anderen* gegenüber. Das Bekenntnis des persönlichen Glaubens bezieht sich dementsprechend auf die Pflichten des Menschen gegenüber sich selbst. Dies heißt mit anderen Worten: jeder Mensch schuldet sich selbst einen Glauben an einen Gott, das heißt an etwas, das seinem Leben Sinn zu geben vermag. Dieser private, ganz persönliche Glaube fällt allerdings nicht wie eine reife Frucht von selbst in den Schoß, sondern er muß in harter Auseinandersetzung des Menschen mit sich selbst im Durchgang durch die Vernunft hindurch errungen werden. Damit ist folgendes gemeint: Rousseau stellt sich das Verhältnis von Vernunft und (persönlichem) Glauben so vor, als handele es sich gleichsam um zwei nacheinander zu betretende Räume, ein geradezu topographisches Verständnis. Erst wenn der einzelne den "Raum der Vernunft" vollständig durchmessen hat, vermag er den hieran anschließenden, sich nunmehr eröffnenden "Raum des Glaubens" zu betreten: um glauben zu können, muß also die Vernunft entwickelt sein. Der Vernunft den Glauben abringen: das ist folglich die Aufgabe, die sich jedem Menschen stellt und die er ganz allein bewältigen muß. Aus diesem Grund ist es notwendig, daß der Mensch sich zunächst ganz auf sich selbst einläßt, ohne auf andere zu schielen. Für diesen privaten Glaubenskampf ist daher als erste Regel die bewußte Selbstbetrachtung zu befolgen: "Ich nehme entschlossen alle (Erkenntnisse, die mich interessieren, V.K.) als Beweis an, denen ich aufrichtigen Herzens meine Zustimmung nicht versagen kann; alle als wahr, die mir mit dieser in notwendiger Verbindung zu stehen scheinen. Alle anderen lasse ich in der Schwebe, ohne sie abzulehnen oder anzunehmen und ohne mich um ihre Aufhellung zu bemühen, wenn sie keinen praktischen Nutzen haben...Ich muß also

---

an, die sich dagegen heftig zur Wehr setzt. Durch die Explikation des "Gesellschaftsglaubens" wird dann "subjektiver Glaube" als Entscheidung des einzelnen möglich.

zuerst auf mich selbst blicken, um das Werkzeug kennenzulernen, dessen ich mich bedienen will, und zu wissen, wie weit ich mich darauf verlassen kann".[26]
Nachdem der Suchende sich auf diese Weise seiner selbst vergewissert hat, blickt er aus sich heraus, auf die Schöpfung als Ganzes oder, um ein bereits eingeführtes Bild noch einmal aufzugreifen, in die "geöffnete Uhr" der Welt. Dieser Blick schafft folgender Erkenntnis Raum: "Denn ich sehe nichts, was nicht in dieses System eingeordnet ist und nicht demselben Ziel zustrebt, d.h der Erhaltung des Ganzen in der festgesetzten Ordnung. Dieses Wesen, das will und kann, dieses aus sich selbst aktive Wesen, dieses Wesen endlich, was es auch sein mag, das das All bewegt und alle Dinge ordnet, nenne ich Gott. Ich verbinde mit diesem Namen die Ideen von Verstand, Macht und Willen... und die Idee der Güte, die eine notwendige Folge davon ist" (UTB, S. 288/PL.IV, S. 581). Damit hat Gott zwar einen Namen bekommen, aber die Zweifel an seiner Existenz sind bei weitem noch nicht ausgeräumt. Viemehr stellen sie sich jetzt erst recht und drängen auf Antwort: "Aber darum", so Rousseau weiter, "kenne ich das Wesen, dem ich diesen Namen gegeben habe, noch nicht besser. Es entzieht sich meinen Sinnen und meinem Verstand. Je mehr ich aber darüber nachdenke, umso verwirrter werde ich. Ich weiß ganz gewiß, daß es existiert und daß es aus sich selbst existiert... Ich nehme Gott überall in seinen Werken wahr; ich fühle ihn in mir; ich sehe ihn rund um mich herum; sobald ich ihn aber selbst betrachten will, sobald ich suchen will, wo er ist, worin sein Wesen besteht, entschlüpft er mir, und mein verwirrter Geist erkennt nichts mehr" (UTB, S. 288f./Pl.IV, S. 581). In dieser Verwirrung, hilflos mit der Ohnmacht der Vernunft konfrontiert, bleibt etwas allein bestehen, worauf nun alles ankommt: selbst in der größten Verunsicherung bleibt ein *Gefühl für die Beziehung zu Gott* spürbar: "Von meiner Unzulänglichkeit durchdrungen, werde ich nie die Natur Gottes erfassen, wenn ich nicht durch das Gefühl seiner Beziehung zu mir

[26] UTB, S. 279/Pl.IV, S. 570. - An anderer Stelle: "Ich bin also nicht einfach ein sensitives und passives, sondern auch ein aktives und intelligentes Wesen, und was die Philosophen auch dazu sagen, ich wage die Ehre zu beanspruchen, zu denken . Ich weiß nur, daß die Wahrheit in den Dingen und nicht in meinem Geist liegt, der die Dinge beurteilt. Ich weiß, daß ich der Wahrheit umso näher komme, je weniger eigenes ich den Urteilen über die Dinge hinzufüge. Also wird meine Regel, mich mehr den Empfindungen als der Vernunft zu überlassen, durch meine Vernunft selbst bestätigt. Nachdem ich mich sozusagen meiner selbst versichert habe, beginne ich aus mir herauszublicken, und ich sehe mich mit einer Art Schaudern hinausgeworfen..., ertränkt in der Unermeßlichkeit der Wesen... Ich studiere sie, ich beobachte sie; und der erste Gegenstand, der sich mir für einen Vergleich bietet, bin ich" (UTB, S. 282/Pl.IV, S. 573).

dazu gezwungen werde" (UTB, S. 289/Pl.IV, S. 581). Die Menschen unterscheiden sich allerdings darin, was sie mit einem solchen Gefühl, sofern sie es wahrzunehmen vermögen, anfangen. Einige verleugnen und verdrängen es, andere zerstören es durch die Vernunft, unfähig, deren Grenzen zu erkennen.[27] Rousseau zeigt einen anderen Weg: "Je mehr ich mich anstrenge, sein unendliches Wesen anzuschauen, umso weniger begreife ich es. Aber es besteht, das genügt mir. Je weniger ich Gott begreife, umso mehr verehre ich ihn. Ich demütige mich vor ihm und sage: Wesen aller Wesen, ich bin, weil du bist. Ich erhebe mich zu meinem Quell, wenn ich unaufhörlich über mich nachdenke. Meine Vernunft gebrauche ich am würdigsten, wenn ich mich vor dir vernichte: Es ist die Beglückung meines Geistes und das Entzücken meiner Schwäche, mich vor deiner Größe überwältigt zufühlen."[28]

Damit ist das Innerste des Geheimnisses der Anthropologie enthüllt. Der Sinn, den die Menschen in einer persönlichen Beziehung zu einem Gott, im Glauben eben, erfahren können, setzt voraus, daß die Vernunft so entwickelt ist, daß die Einsicht in ihre Grenzen ohne Angst gewonnen werden kann. Denn nur dann, wenn die Vernunft sich vernünftig in Glauben verwandeln kann, vermag der Mensch aus diesem Glauben an einen Gott die Kraft zu schöpfen, die er zur Bewältigung seines Lebens nötig braucht. Die Vernunft allein kann kaum Trost, Zuversicht und Hoffnung geben, und aus diesem Grunde muß zur Vernunft der Glaube

---

27 "Ich erkannte, daß die Unzulänglichkeit des menschlichen Geistes der erste Grund dieser ungeheuren Verschiedenartigkeit der Meinungen ist, und daß der Hochmut der zweite ist. Wir haben keinen Maßstab für diese ungeheure Maschine... Wir kennen weder ihre Urgesetze, noch ihren letzten Zweck; wir kennen uns selbst nicht, weder unsere Natur noch unser aktives Prinzip... Trotzdem wollen wir alles durchdringen, alle kennen. Das einzige, was wir nicht wissen, ist unsere Unkenntnis von dem, was wir nicht wissen können. Lieber überlassen wir dem Zufall die Entscheidung und glauben, was nicht ist, als zuzugeben, daß keiner erkennen kann, was ist" (UTB, S. 277f./Pl.IV, S. 568f.).

28 UTB, S. 300/Pl.IV, S. 594. - Indem der Mensch vor Gott auf seine Vernunft verzichtet, gebraucht er sie gerade am würdigsten, und eben dadurch kann er zum Glauben gelangen. Und dazu bedarf der Mensch nicht vermittelnder anderer: "Ich habe also alle Bücher geschlossen. Nur eins bleibt vor aller Augen offen: das Buch der Natur. Nach diesem großen und erhabenen Buch lerne ich seinem göttlichen Schöpfer dienen und ihn anbeten. Wer darin nicht liest, kann nicht entschuldigt werden... Wenn ich auf einer Insel geboren wäre, wenn ich außer mir keinen Menschen gesehen hätte... wenn ich nur meine Vernunft nutze, bilde und die unmittelbaren Fähigkeiten, die mir Gott gegeben hat, richtig verwende, so würde ich aus mir selber lernen, ihn zu erkennen, ihn und seine Werke zu lieben, das Gute zu wollen, das er will, und alle meine Pflichten zu erfüllen, um ihm zu gefallen. Was kann menschliches Wissen mich mehr lehren?" (UTB, S. 326/Pl.IV, S. 624f.).

hinzukommen. Dies ist beileibe nicht gegen die Vernunft gesprochen, im Gegenteil. Nur wenn die Vernunft "rechtzeitig", d. h. an ihrer Grenze, zum Glauben werden kann, wird sie andererseits vor Gläubigkeit, also vor Unvernunft geschützt werden können. Und dies hat, auf die Gesellschaft bezogen, weitreichende Konsequenzen: nur dann, wenn die Vernunft im einzelnen Menschen sich in Anbetracht ihrer Grenzen zum Glauben verwandelt, wird der Glaube, in Anbetracht seiner Grenzen, dann, wenn er gleichsam wieder auf die Welt kommt, nicht unvernünftig werden.[29] Am Ende dieses einsamen Glaubenskampfes winkt als Lohn ein neues Lebensgefühl. "Auf meine erste Selbstbesinnung erwacht in meinem Herzen ein Gefühl der Dankbarkeit und der Verehrung für den Schöpfer meiner Gattung und aus diesem Gefühl meine erste Huldigung an die wohltätige Gottheit. Ich bete die höchste Macht an und bin von ihren Wohltaten berührt... Ist es nicht eine natürliche Folge der Selbstliebe, das zu verehren, was uns schützt, und das zu lieben, was uns wohltut?"[30]

Auch Rousseau selbst hat - dies soll zumindest kurz angedeutet werden - in seinem eigenen Leben nach langen heftigen inneren und äußeren Kämpfen letztlich doch seinen Glauben und damit Trost, Hoffnung und Zuversicht finden können.[31] In den"Träumereien", am Ende seines Lebensweges, schreibt er: "Für mich ist auf Erden alles zu Ende. Hier kann man mir weder Gutes noch Böses mehr zufügen. Ich habe für diese Welt nichts mehr zu hoffen, noch zu fürchten, und ich bin in der Tiefe des Abgrundes ruhig, ein armer unglücklicher Sterblicher, aber unerschütterlich wie Gott selbst" (Ritter, Bd. 2, S. 643/Pl.I, S. 999). Dieses Gefühl kurz vor dem Tode ist das Ergebnis langer Jahre der Beunruhigung, des

---

[29] Verfolgungen, Intoleranz und Kriege: all das sind verheerende Folgen "unvernünftigen" Glaubens, wie im folgenden Abschnitt (6.3.) im Kontext der Kritik an der Kirche als Institution noch zu beschreiben sein wird.

[30] UTB, S. 290/Pl.IV, S. 583. - So wie die kleinen Kinder sich an diejenigen klammern, die sie beschützen und versorgen, genau so klammert sich der Gläubige an Gott. Und wenn solch ein Mensch sterben muß, ist es so, als ob er im Schoß des Vaters einschläft, wie Julie es in ihrem letzten Gebet auf dem Sterbebett ausdrückt: "Mais moi j'ai taché de vivre de maniere à n'avoir pas besoin de songer à la mort, et maintenant qu'elle approche, je la vois venir sans effroi. Qui s'endort dans 1e sein d'un pere n'est pas en souci du réveil"(Pl.II, S. 716/Winkler, S. 752f.).

[31] Die Einzelheiten dieses langen Weges zum eigenen Glauben sind ausführlich bei Masson beschrieben (a.a.O., Teil 1, 1. - 6. Kap./Teil 2, 1. Kap.).

Zweifelns und der Auseinandersetzung.[32] Und so erscheint ihm selbst das Festhalten an *seinem* persönlichen Glauben an Gott gegen alle Anfechtungen hindurch als "mutig".[33] Dieser Mut mag der der Verzweiflung gewesen sein, erwachsen aus der quälenden Einsicht, daß die Vernunft allein ein Leben nicht zu tragen vermag: "Oft wurden die Zweifel, die mich schon beunruhigten, durch neue Argumente, die ich hörte, unterstützt. Ach, sagte ich mir dann in der ängstlichen Beklemmung meines Herzens, die mich zu ersticken drohte, was wird mich vor der Verzweiflung schützen, wenn ich in den Schrecknissen meines Schicksals die Tröstungen, die mir meine Vernunft darbot, nur als Hirngespinste betrachte, wenn die Vernunft, indem sie ihr eigenes Werk vernichtet, jede Stütze der Hoffnung und der Zuversicht, die sie mir für die Zeiten des Unglücks aufbewahrt hatte, umstößt" (Ritter, 2, S. 669f./Pl.I, S. 1020)? Den Schutz vor dieser Verzweiflung hat Rousseau in seinem persönlichen Glauben gefunden, in dem Glauben an einen gerechten und guten Gott, an die Unsterblichkeit der Seele und an ein Leben nach dem Tode, wie er es schon im August 1756 in seinem berühmten Brief an Voltaire zum Ausdruck gebracht hat.[34]

Den Tod vor Augen und mit dem Ende seines Lebens konfrontiert, spürt Rousseau, wie die unzähligen Überlegungen und spitzfindige Beweise, das zu begründen, was nicht zu begründen ist, aus seinem Bewußtsein entschwinden, wie ihm

---

32 "Ich hatte damals Umgang mit modernen Philosophen, die den älteren nicht sehr ähnlich waren. Statt meine Zweifel zu heben und meine Unentschlossenheit in Festigkeit zu verwandeln, hatten sie alle Gewißheiten... erschüttert: denn als eifrige Missionare des Atheismus und als sehr herrschsüchtige Dogmatiker duldeten sie nicht ohne Zorn, daß man über irgendeinen Punkt anders dachte als sie... Sie hatten mich nicht überzeugt, aber sie hatten mich beunruhigt. Ihre Beweise hatten mich erschüttert, ohne mich jemals überwunden zu haben... Ich klagte mich mehr der Untüchtigkeit als des Irrtums an, und mein Herz antwortete besser als meine Vernunft" (Träumereien, Ritter, 2, S. 664f./Pl.I, S. 1015f.).

33 "Ich hielt durch. Zum ersten Mal in meinem Leben bewies ich Mut, und ich verdanke es seinem Erfolg, daß ich das schreckliche Schicksal, in das ich von da an, ohne es im geringsten zu argwöhnen, verwickelt wurde, ertragen konnte. Nach den glühendsten und aufrichtigsten Untersuchungen,..., bestimmte ich für mein ganzes Leben alle Gesinnungen, die ich haben mußte" (Träumereien, Ritter, 2, S. 666/Pl.I, S. 1017).

34 "Wenn Gott ist, so ist er vollkommen; wenn er vollkommen ist, so ist er weise, mächtig und gerecht; wenn er weise und mächtig ist, so ist alles gut; wenn er gerecht und mächtig ist, so ist meine Seele unsterblich; wenn meine Seele unsterblich ist, so sind dreißig Jahre Leben nichts für mich und sind vielleicht zur Erhaltung des Weltalls notwendig. Wenn man mir den ersten Satz zugesteht, so wird man niemals die folgenden erschüttern; wenn man ihn leugnet, so muß man über die Schlußfolgerungen nicht streiten" (Ritter, 1, S. 327f./Pl.IV, S. 1070).

gewissermaßen seine Vernunft aus den Händen gleitet und nur ein Gefühl zurückbleibt, das, früher der Vernunft abgerungen, nun festen Halt zu geben vermag: "Jetzt da ich in diesen Zustand geistiger Trägheit und Schwerfälligkeit gesunken bin, habe ich sogar die Überlegungen, auf welche ich meinen Glauben und meine Grundsätze stütze, vergessen, aber nie werde ich die Folgerungen, die ich mit Billigung meines Gewissens und meiner Vernunft daraus zog, vergessen und fortan halte ich mich daran. Die Philosophen mögen mit ihrer Streitsucht dagegen auftreten, sie werden ihre Zeit und ihre Mühe verschwenden. In dieser Gemütsverfassung finde ich die Ruhe und in der Zufriedenheit mit mir selbst die Hoffnung und die Tröstungen, deren mein Zustand bedarf ".[35]

Aus der Unfähigkeit heraus, den selbstzerstörerischen Tendenzen des nie endenden Zweifels nicht widerstehen zu können, hat Rousseau zu seinem Glauben gefunden, "durch tausend Gründe auf die tröstliche Seite" gelockt und so "zu dem Gleichgewicht der Vernunft das Gewicht der Hoffnung fügen" können.[36]

In diesem unerschütterlichen Glauben an *seinen* Gott hat Rousseau letztlich zu sich selbst gefunden, und genau das dürfte es gewesen sein, was einen anderen tief gläubigen Menschen, Karl Barth, so sehr an ihm fasziniert hat, allen Einwänden zum Trotz.[37]

---

35 Ritter, 2, S. 672f./Pl.I, S. 1022f. - Der Brief an Voltaire endet mit folgenden Worten: "Nein, ich habe zuviel in diesem Leben gelitten, um nicht ein anderes zu erwarten. Alle Spitzfindigkeiten der Metaphysik werden mich nicht einen Augenblick an der Unsterblichkeit der Seele und an einer wohltätigen Vorsehung zweifeln lassen. Ich fühle sie, ich glaube daran, ich will sie, ich hoffe auf sie, bis zu meinem letzten Seufzer werde ich sie verteidigen, und dies wird von allen Streitigkeiten, die ich geführt haben werde, die einzige sein, bei der mein eigener Nutzen nicht vergessen wird" (Ritter, 1, S. 332/Pl.IV, S. 1075).

36 "...je crois en Dieu tout aussi fortement que je croye aucune autre vérité, parce que croire et ne croire pas, sont les choses qui dépendent le moins de moi, que l'état de doute est un état trop violent pour mon ame, que quand ma raison flotte, ma foi ne peut rester longtems en suspens, et se determine sans elle; qu'enfin mille sujets de préference m' attirent du côté le plus consolant et joignent le poids de l'espérance à l'équilibre de la raison" (Pl.IV, S. 1071/Ritter, 1, S. 328).

37 Karl Barth schreibt: "Das ist's, was Rousseau gefunden hat: sich selber... Eine ganze Welt tut sich ihm auf, wenn er hineinschaut in sich selber... Existierend, sich selber seiend, ist der Mensch, wie Rousseau mehr als einmal gesagt hat, bei Gott und wie Gott... Das ist die neue, von Rousseau entdeckte Welt, und weil er sie im Unterschied zu der Welt da draußen in sich selbst oder vielmehr: sich selbst als diese neue Welt entdeckt und noch einmal im Unterschied zu der Welt da draußen gut gefunden hat, darum sagt er vom Menschen, daß er trotz und in Allem von Natur aus gut sei" (a.a.O., S. 200f.).
Für Masson stellt sich dieses "in Gott sich selber finden" anders dar, eher als Selbstüberschätzung Rousseaus. Er drückt dies folgendermaßen aus: Gott tritt diskret in den

6.2.4 Glaube und Moral

Jeder Glaube an Gott, selbst in der privatesten Form, hat immer auch eine öffentliche Seite, weil die Beziehung des Menschen zu Gott die Beziehung des Menschen zu anderen Menschen - mehr oder weniger direkt - beeinflußt. Der Glaube bleibt daher nie Privatsache, denn, wie Rousseau sagt, das, was man *tun* soll, hängt davon ab, was man glauben muß.[38]

Wie nun wirkt der Inhalt des Glaubens als Norm für das Handeln? Kernstück ist - dies klang bereits an - der Glaube an die Unsterblichkeit der Seele und an die göttliche Vorsehung.[39] Wer an ein Leben nach dem Tode zu glauben vermag, für den verlieren der Tod und die Schmerzen des Lebens ihren Schrecken, denn der Tod gehört dann zum Leben. Ein Mensch, der hieran nicht glaubt, kann der Todesangst nur dadurch entgehen, daß er, so denkt Rousseau, auf das Leben ganz verzichtet.[40] Wenn aber der Tod seinen Schrecken verliert, dann wird Energie frei

---

Hintergrund, damit Platz bleibt für Jean-Jacques ("Dans le paradis de Jean-Jacques, Dieu lui-même s'effacera discrètement, pour laisser place à Jean-Jacques", a.a.O., Teil 2, S. 120).
Von einem systematischen Interesse an einer Pädagogischen Hermeneutik bestimmt, geht G. Buck im Zusammenhang des "identitätstheoretischen Bildungsbegriffes" auf die Selbstentfremdungsthese Rousseaus ein. Er schreibt u.a.: "Was immer auch das Thema des 'Emile' sein mag, er handelt mit Sicherheit nicht von der pädagogischen Herstellung der Identität" (S. 125). Angesichts der Bedeutung, die gerade die Religion im Kontext der Lernaufgaben des Jugendalters gewinnt, scheint mir die These Bucks in ihrer Radikalität nicht haltbar (G. Buck: Hermeneutik und Bildung. Elemente einer verstehenden Bildungslehre. München 1981, S. 123-131).

38 "Was man tun soll, hängt sehr von dem ab, was man glauben muß, und in allem, was nicht die ersten Bedürfnisse der Natur betrifft, sind unsere Meinungen die Richtschnur unserer Handlungen" (Ritter, 2, S. 661/Pl.I, S. 1013). - Eine detaillierte Darstellung des Verhältnisses von Religion und Moral gibt - die Selbstliebe in den Mittelpunkt rückend - Dérathé (vgl. Anmerkung 7).

39 Rousseau wiederholt dies an vielen Stellen, z.B. in seinem Brief an Carondelet vom 4.5.1764: "De tous les sentimens que nous donne une conscience droite, les deux plus forts et les seuls fondemens de tous les autres sont celui de la dispensation d'une providence et celui de l'immortalité de l' âme: quand ces deux-là sont détruits, je ne vois plus ce qui peut rester" (C.G., hrsg. v. Th. Dufour, Bd. 10. Paris 1928, S. 340).

40 Im Brief an Franquières schreibt Rousseau: "Doucement; je suis sujet à la mort, parce que j'ai receu la vie; il n'y avoit pour moi qu'un moyen de ne point mourir, c'etoit de ne jamais naître... La mort nous est terrible, et nous appelons cette terreur un mal. La douleur est encore un mal pour celui qui souffre, j'en conviens; mais la douleur et le plaisir étoient les seuls moyens d'attacher un être sensible et périssable à sa propre conservation, et ces moyens sont ménagés avec une bonté digne de l'Etre suprême" (C.G., hrsg. v. Th. Dufour, Bd. 19, Paris 1933, S. 48, Brief Nr. 3781; der Brief ist auch abgedruckt in Pl.IV, S. 1133ff.).

für das Leben. Mit dieser Kraft vermag der Mensch die größeren und kleineren Krisen, deren leidvolle Erfahrung ihn ans Leben bindet, zu meistern: Die Vorbereitung auf den Tod, so sagt die sterbende Julie, ist allein ein gutes Leben (vgl. Winkler, S. 751/Pl.II, S. 715).
Der Glaube an ein Leben nach dem Tode steht also in direktem Zusammenhang mit dem Leben vor dem Tod. Rousseau sagt: "Wenn die Seele immateriell ist, kann sie den Leib überleben. Wenn sie ihn überlebt, ist die Vorsehung gerechtfertigt... Nicht alles endet für uns mit dem Leben; alles kehrt beim Tod zur Ordnung zurück" (UTB, S. 296/Pl.IV, S. 588f.). Für diesen Glauben ist die Annahme von zwei Substanzen, Leib und Seele, Voraussetzung.[41] Das Leben im Körper ist daher nur das "halbe Leben": "Ach! ich empfinde es infolge meiner Laster nur zu deutlich, daß der Mensch während des Lebens nur halb lebt, und daß das Leben der Seele erst nach dem Tode des Körpers beginnt... Jedenfalls sehe ich, wie sich der Leib durch den Zerfall der Teile abnützt und zerstört; aber ich kann mir eine gleiche Zerstörung des denkenden Wesens nicht vorstellen. Und da ich mir nicht vorstellen kann, wie es stirbt, nehme ich an, daß es nicht stirbt. Da mich diese Vermutung tröstet und nichts Unvernünftiges hat, warum sollte ich Bedenken tragen, darauf zu beharren" (UTB, S. 296f./Pl.IV, S. 590)? Die Seele allerdings - gleichsam die transzendentale Verlängerung der irdischen " Identität des Ich" - hat ein ausgezeichnetes Gedächtnis, sie "vergißt" nichts.[42] Über die Glückseligkeit des Guten und über die Qualen des Bösen wird erst im ewigen Leben entschieden. Daher vermag der Glaube an die Unsterblichkeit der Seele Trost, Hoffnung und die

[41] "Es ist ganz klar; daß mir während meines leiblichen Lebens, wo ich nur durch meine Sinne wahrnehme, alles, was ihnen nicht untergeordnet ist, entgeht. Wenn die Verbindung zwischen Leib und Seele zerbrochen ist, kann ich mir vorstellen, daß der Leib sich auflöst und die Seele bestehenbleibt. Warum sollte die Zerstörung des einen die Zerstörung des anderen nach sich ziehen? Da sie so verschiedener Natur sind, befinden sie sich im Gegenteil während der Vereinigung in einem Zwangszustand. Hört diese Vereinigung auf, kehren beide in ihren natürlichen Zustand zurück" (UTB, S. 296/Pl.IV, S. 590).

[42] "Je sens mon ame; je la connois par le sentiment et par la pensée; je sais qu'elle est, sans savoir quelle est son essence; je ne puis raisoner sur des idées que je n'ai pas. Ce que je sais bien c'est que l'identité du *moi* ne se prolonge que par la mémoire, et que pour être le même en effet, il faut que je me souvienne d'avoir été. Or je ne saurois me rappeller après ma mort ce que j'ai été durant ma vie que je ne me rappelle aussi ce que j'ai senti, par consequent ce que j'ai fait, et je ne doute point que ce souvenir ne fasse un jour la félicité des bons et le tourment des méchans" (Pl.IV, S. 590f./UTB, S. 297). - Im ewigen Leben geht es nicht darum, was man auf Erden geglaubt, sondern was man getan hat: "Je pense que chacun sera jugé non sur ce qu'il a cru, mais sur ce qu'il a fait... " (Brief an Franquières, a.a.O., S. 51).

Aussicht auf Entschädigung für auf Erden erlittenes Unrecht zu geben.[43] Wenn die Seele unsterblich ist, und das Leben nach dem Tode von der Art des Lebens vor dem Tod mitabhängig ist, dann lohnt es sich, für seinen inneren Frieden in der Ewigkeit schon jetzt, hier auf Erden, jeden Tag, jede Stunde, etwas zu tun, d. h. sich um Tugend zu bemühen. Tugend, so schrieb Rousseau an Franquières, bedeutet Kraft, denn Tugend entsteht nur im Kampf gegen sich selbst, und je mehr der Mensch sich um Tugend bemüht, je mehr er mit sich kämpft, desto kräftiger wird er werden.[44] Letztendlich kommt diese Kraft allerdings allein aus dem Glauben an Gott, denn unter den Augen Gottes ist der Tugendsame sehr stark, mag er auch seinen Mitmenschen eher schwächlich erscheinen: gerade darin unterscheidet sich eben der Gläubige vom Ungläubigen, der "Philosoph" vom tugendsamen Menschen.[45]

Allerdings, darauf weist Rousseau mit Nachdruck hin, kann auch der Tugendsame sich nicht, auf sein Recht pochend, breitbeinig vor Gott hinstellen, denn die Tugend schützt nicht vor den Leiden des Lebens und garantiert kein ewiges Wohlergehen. Sie verhilft allein dazu, die Leiden ruhiger zu ertragen und das Gute zu genießen.[46]

---

[43] "Ich behaupte nicht, daß die Guten belohnt werden... Sie haben aber in diesem Leben gelitten und werden daher in einem anderen entschädigt werden. Dieses Gefühl gründet sich weniger auf die Verdienste des Menschen als auf die Vorstellung der Güte, die mir vom göttlichen Wesen untrennbar erscheint". Rousseau denkt sehr genau, deswegen fügt er an: "Ich setze dabei nur voraus, daß die Gesetze der Ordnung befolgt werden und Gott sich gleich bleibt" (UTB, S. 297/Pl.IV, S. 591).

[44] "Ce mot de vertu signifie force. Il n'y a point vertu sans combat; il n'y en a point sans victoire. La vertu ne consiste pas seulement à être juste, mais à l'être en triomphant de ses passions, en régnant sur son propre cœur" (Brief an Franquières, a.a.O., S. 58). - Dérathé macht auf folgendes aufmerksam: Im Sinne Rousseaus können die Gesetze sich nur auf die Handlungen des Menschen beziehen, nicht aber auf die Motive, auf das "Herz". Daher braucht der Mensch gleichsam die Religion als Gesetz für das Herz, als Mittel, die Motive in Ordnung zu bringen: "...Rousseau pense que l'homme ne trouvera que dans la réligion le vrai remède aux passions... C'est uniquement par la contemplation assidue de l'Etre suprême que nous pouvons tenir notre âme à l'abri des passions et maintenir ainsi notre conscience dans sa pureté originelle" (Morale et religion, a.a.O., S. 147). - In der Kindheit ging es Rousseau darum, die Kinder stark und kräftig zu machen, damit sie gut werden können: jetzt kommt der Grund dafür zum Vorschein: Tugend bedeutet Kraft.

[45] "Pour être vertueux, le philosophe a besoin de l'être aux yeux des hommes, mais sous les yeux de Dieu le juste est bien fort" (Brief an Franquières, a.a.O., S. 59). -

[46] "Quoiqu'il n'y ait que les gens de bien puissent vivre contens, ce n'est pas à dire que tout homme de bien vive content. La vertu ne donne pas le bonheur, mais elle seule apprend à en

Wenn der Mensch die Kraft für die Tugend allein aus dem Glauben zu gewinnen vermag, dann bedeutet dies, daß die Tugend zerstört wird, wenn die Menschen den Glauben verlieren oder wenn er ihnen genommen wird: ohne Glaube eben keine Moral![47] Darin liegt der Grund, daß alle Völker der Erde einen Gott kennen, unabhängig davon, nach welcher Mode sie ihn kleiden mögen.[48] Und deswegen gehört zum Menschen, wie er sich auch dreht und wendet, letzten Endes immer ein Gott. Die Vernunft steht dem nicht entgegen. Vielmehr wird sie der Spur folgen, die das Herz auf dem Weg in den Sinn der Welt vorgezeichnet hat.[49]
Das "Geheimnis" der Anthropologie ist damit aufgedeckt. Es besteht, so wurde gezeigt, in der Angewiesenheit des Menschen auf Sinn, auf einen Glauben an etwas außerhalb seiner selbst, das zugleich in ihm wirkt. Dieses "Glaubensgeheimnis" besteht für Rousseau aus drei miteinander verbundenen Teilen. Grundlage ist ein allumfassender "Schöpfungsglaube", in dem Gefühl und Vernunft sich in der Evidenz unmittelbarer Anschauung verbinden. Für das Zusammenleben des Menschen mit anderen bedarf es darüber hinaus eines spezifischen

---

jouir quand on l'a: la vertu ne garantit pas des maux de cette vie et n'en procure pas les biens; c'est ce que ne fait pas non plus le vice avec toutes ses ruses; mais la vertu fait porter plus patiemment les uns et goûter plus délicieusement les autres" (Brief an d'Offreville; C.G., hrsg. v. Th. Dufour, Paris 1926, Band 6, S. 227, Brief Nr. 1137).

47 "Otez la justice éternelle et la prolongation de mon être aprés cette vie, je ne vois plus dans la vertu qu'une folie à qui l'on donne un beau nom" (Brief an Carondelet, a.a.O., S. 341). "Mais ne soyons jamais injustes; et pour aggraver le mal, n'ôtons pas le bien. Arracher toute croyance en Dieu du cœur des hommes, c'est y détruire toute vertu. C'est mon opinion, Monsieur: peut-être elle est fausse; mais, tant que c'est la mienne, je ne serai point assez lâche pour vous la dissimuler" (Brief an Franquières, a.a.O., S. 58). - "Warum hat ein Mensch Aufsicht über den Glauben eines anderen", so schreibt Rousseau dem Erzbischof von Paris, Christophe de Beaumont, "und warum hat der Staat Aufsicht über den Glauben seiner Bürger? Weil man glaubt, daß der Glaube der Menschen auch ihre Sittlichkeit bestimmt und daß ihre Aufführungen in diesem Leben von den Begriffen, welche sie von einem künftigen haben, abhängen" (Ritter, 1, S. 550f./Pl.IV, S. 973).

48 "Tous les peuples de la terre connoissent et adorent Dieu; et, quoique chacun l'habille à sa mode, sous tous ces vêtements divers on trouve pourtant toujours Dieu" (Brief an Franquières, a.a.O., S. 53).

49 "...et, comme qu'on s'y prenne, il faudra toujours à la longue un Dieu à l'homme; ... La raison prend à la longue le pli que le cœur lui donne... - ... je trouve, au contraire, dans ce jugement interne une sauvegarde naturelle contre les sophismes de ma raison" (Brief an Franquières, a.a.O., S. 53.) - Der Glaube, so schrieb Rousseau schon Voltaire, wird eben durch das Gefühl bewiesen ("une preuve de sentiment"), und genau das können die Philosophen nicht gelten lassen (Brief an Voltaire, a.a.O., S. 320).

"Gesellschaftsglaubens", in dem - auf Gefühl gegründet - die Vernunft die Hauptrolle zu übernehmen hat, da nur so das gesellschaftliche Leben in Ordnung gebracht und gehalten werden kann. Schließlich braucht jeder Mensch für den Umgang mit sich selbst einen ganz persönlichen, privaten Glauben, sozusagen einen "direkten Draht" zu "seinem" Gott. Dieser persönliche Glaube - im Durchgang durch die Vernunft errungen - vermag dem Leben des einzelnen Halt und Kraft zu geben, vermittelt Trost und Zuversicht. Durch die Aussicht auf Frieden im ewigen Leben werden so die Krisen des irdischen Lebens, der Unfrieden in jedem selbst und im Umgang mit anderen, erträglicher: indem der Mensch glaubt, verhält er sich damit seiner Natur gemäß und somit "vernünftig". Jeder Glaube stützt sich auf Gefühl und Vernunft, allerdings in unterschiedlicher Weise: je "allgemeiner" der Glaube wird, je mehr er sich auf andere bezieht, desto größer wird der Anteil der Vernunft, je "persönlicher" er wird, desto mehr tritt die Vernunft zurück, wodurch das Gefühl sich auszubreiten vermag, dem Leben des Menschen eine tragfähige Grundlage vermittelnd.

Der Glaube gibt dem Menschen Kraft, und zwar in mehreren Hinsichten: Zum einen vermag der Glaube (gerade die Prädestinationslehre Calvins) die Menschen buchstäblich tüchtig zu machen: er gibt ihnen Energie, Tatkraft, Entschlossenheit und Leistungswillen, er spornt sie zu wirtschaftlicher Produktivität an: wer auf Erden tüchtig arbeitet, beweist damit seinen Glauben an Gott und hat Aussicht, in der Ewigkeit nicht in die Verdammnis geschickt, sondern für die Seligkeit erwählt zu werden. Daher sind im Sinne M. Webers die protestantische Ethik und der Geist des Kapitalismus nahe Verwandte.

Der Glaube wirkt jedoch nicht nur *ökonomisch*, sondern darüber hinaus unmittelbar *sozial*. Er schreibt den Menschen einerseits vor, wie sie sich anderen gegenüber zu verhalten haben, und er macht sie andererseits eben dafür zugleich stark, weil der Platz im Jenseits mit dadurch bestimmt wird, was der einzelne für seinen Nächsten im Diesseits getan hat. So wird das soziale Verhalten von persönlichen Vorlieben, Feindseligkeiten und Zufällen unabhängiger.

Schließlich kräftigt der Glaube jeden einzelnen in ganz persönlicher Weise *emotional*: der Glaube gibt die Kraft, Not und Leiden zu ertragen, er hilft, Krisen zu überstehen, er lindert Verzweiflung, vermittelt Trost und läßt Hoffnung aufkommen. Derart fest im Glauben gehalten, wird der Mensch in Zeiten der Not nicht außer sich geraten, sondern in sich gehen und bei sich bleiben können.

Glaube und Moral sind für Rousseau also eng miteinander verbunden, da der Mensch - gleichsam auf dem "Umweg" über Gott - zu sich und zum anderen kommen kann: der Glaube an das, was außerhalb der Welt liegt, bestimmt somit, wie innerhalb der Welt zu handeln ist.

Die Beziehung des Menschen zu Gott darf nicht behindert werden. Wenn die Kirche als Institution dem einzelnen den Glauben an Gott nicht leichter, sondern schwerer macht, wenn sie ihm gar den Zugang zu Gott zu versperren droht, dann wird sie "unmenschlich" und muß kritisiert und verändert werden: der in der Institution gebundene Glaube steht dann zur Entbindung an, ein natürlicher, aber schmerzhafter Vorgang.

6.3 Kritik der "kirchengebundenen Religiosität" und das Gebot der Toleranz

Ein Mensch, der - durch leidvolle Auseinandersetzung mit sich selbst - in einer ganz persönlichen Weise zu einem Gott gefunden hat und dadurch sein Leben mit Sinn zu füllen vermag, wird mit großer Sorgfalt dieses kostbare Gut zu bewahren versuchen. Folglich wird er Menschen und Formen suchen, die ihn in "seinem" Glauben unterstützen und bestärken und diejenigen meiden, die "seinen" Sinn bedrohen und untergraben.

Gemeinschaften von Gläubigen, Kirchen, können aufgrund ihrer Eigenart als Institutionen mit spezifischen organisatorischen Strukturen und Ausprägungen nur in den seltensten Fällen die ganze Palette subjektiver Glaubensarten angemessen repräsentieren. Als Institution ist Kirche insofern immer ein "Bruch": mit einem "Nenner", in dem die subjektiven Glaubensformen auf ihre Gemeinsamkeiten hin zusammengefaßt - institutionalisiert - werden, und einem "Zähler", der - über diese Gemeinsamkeiten hinaus - angibt, wie jeder Einzelne sich als unverwechselbares Mitglied einer Glaubensgemeinschaft selbst verstehen will.

Wenn nun aufgrund der Eigendynamik, die Institutionen zu entwickeln pflegen, der "Nenner" sehr viel größer wird als der "Zähler", bedeutet dies: die Institution Kirche bestimmt, was es mit dem Glauben auf sich hat, sie schreibt vor, wie der Gläubige "richtig" glaubt. Umgekehrt kann es vorkommen, daß ein Gläubiger so "unverwechselbar" an Gott glaubt, daß die Gemeinsamkeit mit anderen kaum noch erkennbar ist. In einem solchen Fall wird dieser Gläubige wahrscheinlich die Institution verlassen, oder umgekehrt, die Institution wird sich von diesem - den gemeinsamen Sinn bedrohenden - Mitglied trennen.

In jedem Fall sind Institutionen, das soll deutlich werden, mit dem Phänomen der "Sinndifferenz" verbunden. Wird diese Differenz zu groß, dann gibt es zwangsläufig Konflikte: entweder verliert das Ganze den Sinn für den einzelnen, oder aber der einzelne wird für das Ganze sinnlos.

Es wird im folgenden gezeigt, auf welche Weise Rousseau - seinem chronischen Leiden an Sinndifferenzen Linderung verschaffend - auf der Grundlage seines subjektiven Glaubens die Kirche als Institution kritisiert. Durch diese Distanzierung von institutionalisierten Glaubensformen gewinnt er selbst gleichsam sein "religiöses Ich" und dadurch wird - im Sinne des vorangestellten Exkurses - der Idealtypus "Emile" zur Person.

Wenn es auf der Welt so viele verschiedene Religionen gibt, so muß doch - dies stellt sich Rousseau als erste Frage - beantwortet werden können, welche die richtige ist. "Ich betrachte die Verschiedenheit der Sekten, die auf der Erde herrschen und die sich gegenseitig der Lüge und des Irrtums beschuldigen, und frage: 'welche ist die richtige?' Jeder antwortete mit: 'Meine!' Jeder sagte: Nur ich und meine Anhänger denken richtig, alle anderen sind im Irrtum. 'Und woher weißt du, daß deine Sekte die richtige ist?' Weil Gott es gesagt hat. Mein Pfarrer, der es genau weiß. Mein Pfarrer heißt mich so zu glauben, und so glaube ich: Er versichert mir, daß alle, die etwas anderes sagen, als er, Lügner sind, und darum höre ich nicht auf sie."[50] Es verwundert nicht, daß Rousseau sich mit der fiktiven Antwort eines Pfarrers nicht zufriedengibt, sondern vielmehr - das Spiel fortsetzend - zu einer gründlichen Prüfung aller Religionen auffordert. Dies ist allerdings aus vielen Gründen ein aussichtsloses Unterfangen, und immer stehen Menschen dem aufrichtig Prüfenden mit ihren Vorurteilen im Wege und versuchen, ihn zu beeinflussen.[51]

Angesichts der verwirrenden Vielfalt sich widersprechender Überzeugungen zieht Rousseau einen einfachen, aber weitreichenden Schluß: "Ich betrachte", so sagt er, "die einzelnen Religionen als Heilsrichtungen, die in jedem Land einen einheitlichen

---

[50] UTB, S. 313/Pl.IV, S. 609. - Im Französischen heißt es: quelle est la *bonne* secte?

[51] "Unter den vielen Religionen, die sich gegenseitig ächten und ausschließen, ist eine, wenn überhaupt, die richtige. Um sie zu erkennen genügt es nicht, eine zu prüfen, man muß alle prüfen...Jeder glänzt in seiner Partei. Mancher, der unter seinen Parteianhängern stolz auf seine Beweise ist, würde mit denselben Beweisen unter Parteigegnern eine traurige Rolle spielen. Willst du dich aus Büchern unterrichten, welche Gelehrsamkeit muß man dazu erwerben. Wie viele Sprachen muß man lernen; wie viele Bibliotheken durchblättern, wie unendlich viel muß man lesen...Wie viele große Völker drucken gar keine Bücher und lesen die unseren nicht. Wie sollen sie unsere Ansichten und wie werden wir ihre beurteilen?... Wir haben in Europa drei Hauptreligionen. Die eine läßt nur eine Offenbarung gelten, die andere zwei, die dritte drei. Jede verabscheut und verdammt die beiden anderen, beschuldigt sie der Blindheit, der Verstocktheit, der Halsstarrigkeit, der Lüge..." (UTB, S. 320f./Pl.IV, S. 617ff.).

Gottesdienst vorschreiben und die alle im Klima, in der Regierung, im Volkscharakter oder in sonst einer örtlichen Ursache ihre Berechtigung haben können, die der einen vor der anderen je nach Zeit und Ort den Vorrang gibt. Ich halte alle für gut, wenn man Gott darin nur in angemessener Weise dient. Der wahre Gottesdienst kommt aus dem Herzen. Gott weist diese Huldigung nicht zurück, wenn sie ehrlich ist, unter welcher Form sie ihm auch dargebracht wird."[52] Wenn aber die Form des Gottesdienstes, der Glaube, von Umständen abhängt, in die ein Mensch hineingeboren wird und die er selbst nicht zu beeinflussen vermochte, dann ist es nicht nur unvernünftig, sondern wider Gott, andere einer anderen Form des Gottesdienstes wegen als Gottlose zu verfolgen: "Wenn der Sohn eines Christen gut daran tut, ohne gründliches und unparteiisches Studium die Religion seines Vaters zu übernehmen, warum sollte der Sohn eines Türken unrecht tun, wenn er der Religion seines Vaters folgt? Ich fordere alle Unduldsamen auf, darauf eine Antwort zu geben, die einen vernünftigen Menschen befriedigt."[53] In dem jedem Menschen zugestandenen subjektiven Glauben, in dem Recht, auf ganz eigentümliche Art an Gott glauben, ist somit das Gebot der Toleranz und die Achtung Andersdenkender verwurzelt. Und darin liegt zugleich der Maßstab für die "Gottgemäßheit" einer Religion. Der gottgemäße Glaube zeigt sich im Umgang mit Andersdenkenden, denn, so fügt Rousseau hinzu, "selbst Engel könnten mit Menschen nicht in Frieden leben, die sie als Feinde Gottes betrachten": der wahre Glaube ist eben, wenn er wieder auf die Welt kommt,

---

52 UTB, S. 328/Pl.IV, S. 627. - In einer Fußnote bezieht sich Rousseau auf das Buch des katholischen Priesters Charron "De la Sagesse"; er zitiert u.a.: "Alle, sagt ein guter und weiser Priester, behaupten, den richtigen Glauben zu besitzen und ihn ( ) nicht von Menschen noch von irgendeiner Kreatur zu haben, sondern von Gott allein. Aber um die Wahrheit zu sagen, ohne jemand zu schmeicheln und zu beschönigen, es ist nichts dran...Sie haben sie alle durch Menschenhand und Menschenwerk erhalten. Dies beweist erstlich die Weise, wie die Religionen in der Welt entstanden sind und wie sie noch täglich von jedem einzelnen angenommen wird: Die Nationen, das Land, der Ort vermitteln die Religion...Wahrscheinliclh wäre ein ehrliches Glaubensbekenntnis des tugendhaften Theologielehrers von Condom von dem des savoyischen Vikars nicht sehr verschieden gewesen" (UTB, S. 313/Pl.IV, S. 609). - Über den möglichen Einfluß Charrons auf Rousseau - es gab philologische Unklarheiten darüber, welche Ausgabe Rousseau wohl gelesen haben mag - informiert G. Pire: J.-J. Rousseau lecteur de Pierre Charron, in: Revue de littérature comparée, 36, 1962, S. 481-494.

53 UTB, S. 325/Pl.IV, S. 624. - Der "Glaube der Väter" taucht in den Bekenntnissen wieder auf, und zwar als Rousseau nach Genf zurückkehrt. Er schreibt: "In allen Ständen gefeiert, gelobt, überließ ich mich ganz dem patriotischen Eifer, und voller Scham, von meinen Bürgerrechten durch das Bekenntnis zu einem anderen Glauben als dem meiner Väter ausgeschlossen zu sein, beschloß ich, offen diesen letzteren wieder anzunehmen" (Winkler, S. 387/Pl.IV, S. 392).

vernünftig.[54]

Die Überzeugung, daß der wahre Gottesdienst aus dem Herzen und nicht, so könnte man sagen, aus der jeweils geltenden institutionellen Form kommt, begründet Rousseaus Grundhaltung der Toleranz allen anderen Glaubensgemeinschaften gegenüber. Dies ist gewissermaßen die inter-institutionelle Variante seiner Kirchenkritik, zu der die inner-institutionelle, die Kritik der eigenen Kirche, hinzukommt.

Mit aller Entschiedenheit wendet sich Rousseau gegen die Autorität der Kirche. Wenn die Menschen, so seine Argumentation, vernünftig sind und aus Vernunft heraus einen Weg zu Gott finden, wozu bedarf es dann einer Kirche mit unerbittlich durchgesetzten Lehrmeinungen, mit festen Ritualen, mit professionellen "Sinninterpreten?"[55]

"Ich bete die höchste Macht an", so sagt er, "und bin von ihren Wohltaten gerührt. Ich habe es nicht nötig, daß man mich in diesem Kult unterweise, er wird mir von der Natur selbst diktiert" (UTB, S. 290/Pl.IV, S. 583). Wer der kirchlichen Unterweisung nicht zu bedürfen glaubt, den wird jede Autorität, die auf blinde

---

54 "Die Pflicht, die Religion seines Landes zu bekennen und zu lieben, reicht nicht bis zu den Dogmen, die wirklicher Moral widersprechen, wie z.B. das Dogma der Intoleranz. Dieses schreckliche Dogma wiegelt die Menschen gegeneinander auf und macht sie alle zu Feinden der Menschheit. Die Unterscheidung zwischen theologischer und ziviler Toleranz ist kindisch und zwecklos. Diese beiden Unduldsamkeiten sind untrennbar... Selbst Engel könnten mit Menschen nicht in Frieden leben, die sie als Feinde Gottes betrachten" (UTB, S. 329/Pl.IV, S. 628). In dem Brief an den Erzbischof Beaumont schreibt Rousseau: "Alle Christen haben Religionskriege geführt, und der Krieg ist den Menschen schädlich...Ich sage und denke nicht, daß es keine gute Religion auf Erden gebe, allein ich sage, und dies ist nur zu wahr, daß keine unter den jetzt herrschenden Religionen ist, welche der Menschheit nicht grausame Wunden geschlagen hat. Alle Parteien haben ihre Brüder gequält, und jede hat Gott Menschenopfer dargebracht. Wo auch die Quelle dieser Widersprüche zu finden ist, sie sind wirklich, und ist es ein Verbrechen, sie aufheben zu wollen? Die christliche Liebe mordet nicht. Die Liebe zum Nächsten treibt uns nicht, ihn zu erwürgen. Der Eifer für das Wohl der Menschheit ist also nicht die Ursache der Verfolgungen, sondern die Eigenliebe und der Stolz. Je weniger ein Gottesdienst vernünftig ist, desto mehr sucht man ihn durch Gewalt zu befestigen" (Ritter, 1, S. 547f./Pl.IV, S. 970f.).

55 "Die höchsten Vorstellungen von der Gottheit gibt uns die Vernunft ein. Betrachte das Schauspiel der Natur, hör auf die innere Stimme. Hat Gott nicht alles vor unseren Augen, vor unserem Gewissen und unserem Urteil ausgebreitet? Was können uns die Menschen mehr sagen?...Ich sehe, wie die einzelnen Dogmen sie verwirren; statt sie zu erhöhen, ziehen sie sie herab; den unbegreiflichen Geheimnissen, die die Gottheit umgeben, fügen sie sinnlose Widersprüche hinzu und machen den Menschen stolz, unduldsam und grausam; statt den Frieden auf der Erde zu stiften, überziehen sie sie mit Feuer und Schwert" (UTB, S. 312/Pl.IV, S. 607f.).

Gefolgschaft pocht, zum Widerstand reizen.[56] Wer andere zum Glauben zwingt, erntet Mißtrauen: "Wer den Kult, den er mir predigt, mit Geheimnissen und Widersprüchen überladet, lehrt mich, ihm deshalb zu mißtrauen. Der Gott, den ich verehre, ist kein Gott der Finstenis. Er hat mir nicht den Verstand gegeben, um mir seinen Gebrauch zu verbieten. Wer mir die Unterwerfung meines Verstandes gebietet, beleidigt seinen Schöpfer. Der Priester der Wahrheit unterjocht nicht meine Vernunft, er klärt sie auf."[57]

Und was soll ein vernünftiger Mensch, im Vollbesitz seiner geistigen Kräfte, von all den Zeremonien halten, die mit dem Gottesdienst einhergehen, von dem ganzen Kult, den bis in kleinste festgelegten Formen, deren Zweck - inhaltsleer - nur noch in ihnen selbst zu liegen scheint: "Verwechseln wir nur nicht das Zeremoniell der Religion mit ihr selbst. Der Kult, den Gott verlangt, ist der des Herzens; der aber ist, wenn er aufrichtig ist, immer einheitlich. Man muß schon töricht und eitel sein, wenn man sich einbildet, Gott nehme ein so großes Interesse an der Kleidung des Priesters, an der Ordnung der Worte und an all diesen Kniebeugen. Auch wenn du immer aufrecht stehst, mein Freund, bleibst Du der Erde nah genug. Gott will in der Wahrheit angebetet werden...Ob der äußerliche Kult der Ordnung halber einheitlich ist oder nicht, ist eine Angelegenheit der Organisation. Dazu braucht man keine Offenbarung."[58]

---

56 "Unsere Katholiken machen ein großes Aufheben von der Autorität der Kirche; aber was gewinnen sie dabei, wenn sie dazu einen ebenso großen Aufwand von Beweisen brauchen, um diese Autorität zu begründen, wie die anderen Sekten, um ihre Lehre unmittelbar zu begründen? Die Kirche entscheidet, daß die Kirche das Recht hat, zu entscheiden. Ist das nicht eine gutbewiesene Autorität? Gehst du darüber hinaus, kannst du mit unseren Diskussionen von vorne beginnen" (UTB, S. 322/Pl.IV, S. 620). - Diesen Zirkelschluß hat Rousseau wahrscheinlich aus der "Enzyklopädie", dem Artikel von Morellet über "Foi" entnommen (vgl. Pl.IV, S. 1581).

57 UTB, S. 318/Pl.IV, S. 614. - An anderer Stelle: "Suchen wir also aufrichtig die Wahrheit! Geben wir nichts auf das Vorrecht der Geburt, auf die Autorität der Kirchenväter und der Pfarrer, sondern unterziehen wir alles, was sie uns seit der Kindheit gelehrt haben, der Prüfung des Gewissens und der Vernunft. Und wenn sie schreien: Unterwirf deine Vernunft! Dasselbe könnte mir jeder Betrüger sagen. Wenn ich meine Vernunft unterwerfen soll, brauche ich vernünftige Gründe dazu" (UTB, S. 314/Pl.IV, S. 610).

58 UTB, S. 312f./Pl.IV, S. 608. - Im Brief an Beaumont heißt es: "Le vrai Croyant ne peut s'accommoder de toutes ces simagrées: il sent que l'homme est un être intelligent auquel il faut un culte raisonnable, et un être sociable auquel il faut une morale faite pour l'humanité...Il paroît pourtant certain, je l'avoue, que si l'homme est fait pour la société, la Religion la plus vraye est aussi la plus sociale et la plus humaine" (Pl.IV, S. 969/Ritter, 1, S. 546f.).

Rousseau ist nicht gegen Formen schlechthin, aber er wendet sich gegen entleerte Formen, die ihren Sinn - für ihn zumindest - verloren haben. Er verlangt Formen, die dem Glauben selbst entsprechen, die - von ehrlicher Überzeugung getragen - eben dadurch zu überzeugen vermögen.[59] Formen, in denen nicht große Worte kleinliche Taten bemänteln, sondern umgekehrt, Formen, in denen Denken, Handeln und Verkünden ungebrochen in Einklang stehen: die Armut teilen, das Gute tun, den Andersdenkenden achten und in allem selbst mit gutem Beispiel vorangehen.[60]

Was wäre, so fragt Rousseau in dem ersten der "Briefe vom Berge" einem der letzten Versuche, sich verständlich zu machen - wenn das Glaubensbekenntnis des Vikars "in einer Ecke der christlichen Welt" angenommen worden wäre? "Ich sehe", so antwortet er sich selbst, "gleich ganz neue Dinge ohne den geringsten Schein der Neuheit, keine Veränderung in dem Gottesdienst und große Veränderungen in den Herzen. Bekehrungen ohne Aufsehen, Glauben ohne Streit, Eifer ohne Fanatismus, Vernunft ohne Gottlosigkeit, wenige Lehren und viele Tugenden, philosophische Toleranz und christliche Liebe" (Ritter, 2, S. 22f./Pl.III, S. 697).

Rousseau gewinnt "seinen" Glauben durch die Kritik an der Kirche als Institution, durch Auseinandersetzung mit ihrer Autorität, und aus eben diesem Konflikt erwachsen seine Überzeugungen. Was folgt hieraus für die Rolle des Glaubens im Konzept naturgemäßer Erziehung ?

---

[59] Der Vikar sagt im Rückblick: "Früher las ich die Messe mit der Leichtfertigkeit, die man auf die Dauer selbst den ernstesten Dingen gegenüber einnimmt, wenn man sie zu oft wiederholt. Seit mich neue Grundsätze leiten, lese ich mit mehr Ehrfurcht. Ich spreche die Einsetzungsworte mit Ehrfurcht aus und lege ihrer Wirkung allen Glauben bei, dessen ich fähig bin" (UTB, S. 328/Pl.IV, S. 627f.).
In dem ersten der "Briefe vom Berge" schreibt Rousseau, sich die Verwirklichung des Glaubensbekenntnisses vorstellend: "Wenn unsere Neubekehrten Herren des Landes sind, in dem sie wohnen, so werden sie einen ebenso einfachen Gottesdienst einrichten, wie ihr Glaube ist, und die Religion, welche darauf entstehen würde, würde eben wegen ihrer Einfachheit die nützlichste sein...Die Worte 'fromm' und 'rechtgläubig' werden nicht im Gebrauch sein, und die Einförmigkeit gewisser artikulierter Laute nicht für Frömmigkeit gehalten werden' (Ritter, 2, S. 26/Pl.III, S. 700f.).

[60] Der Vikar sagt: "Ich würde sie (seine Gemeindeglieder, V.K.) nicht reich machen, aber ich würde ihre Armut mit ihnen teilen...Ich würde sie lehren, Eintracht und Gleichheit zu lieben... Ehe ich sie lehre, was zu tun ist, würde ich mich immer bemühen, es selbst zu tun, damit sie sehen, daß ich alles, was ich ihnen sage, auch denke... Ich würde sie alle anhalten, sich zu lieben, sich als Brüder zu betrachten, alle Religionen zu achten und jeden in Frieden in der seinen leben zu lassen" (UTB, S. 330/Pl.IV, S. 330).

6.4 Naturgemäße Erziehung als Erziehung zum Glauben

Eine "Erziehung zum Glauben" ist im Sinne Rousseaus naturgemäß dann, wenn sie ausdrücklich nicht zum Glauben, sondern zur Vernunft erzieht. Denn der wahre Glaube kann nur im Durchgang durch die Vernunft errungen werden. Naturgemäße Erziehung ist daher - so betrachtet - notwendig Glaubenserziehung. In dieser paradox erscheinenden Formel, die im folgenden erläutert wird, kann das Thema dieses Abschnittes zusammengefaßt werden.

Wenn die Menschen so lange nicht "richtig" zu glauben vermögen, wie sie nicht wirklich vernünftig sind, dann muß man sie vernünftig machen, damit sie glauben können.[61] Aus dieser Grundhaltung heraus lehnt Rousseau jede bewußte Form einer Unterweisung im Glauben in der Kindheit ausdrücklich ab. Vielmehr richtet er seine ganze Aufmerksamkeit darauf, den richtigen Zeitpunkt - die "glaubenssensible" Phase sozusagen - herauszufinden, an dem die Heranwachsenden - in bestimmten Formen - mit dem Sinnangebot des Glaubens in Berührung zu bringen sind. Dieser fruchtbare Moment im Glaubensprozeß liegt in der Jugendzeit, weil in dieser Phase des Lebenslaufes der Glaube als - krisenbedingte - Antwort auf die Frage nach dem Sinn entwicklungslogisch zum Thema werden muß. Bevor dies näher erläutert werden kann, ist es notwendig, Rousseaus Kritik an der religiösen Unterweisung in der Kindheit verständlich zu machen.

---

[61] Rousseau setzt dabei voraus, daß die Erzieher als Führer zur Vernunft "gläubige Erzieher" sind, d.h. keine Theologen, die die Vernunft mit Hinweis auf Dogmen und die Autorität der Kirche zum Schweigen bringen, aber auch keine "Philosophen", die jeden Glauben an den Glauben zerstören. Die Erzieher sind also diejenigen zwischen den Stühlen: "vernünftige" Theologen und "gläubige" Philosophen zugleich. Rousseau schreibt an Beaumont: "Weder Scheiterhaufen noch Befehle werden mich meine Sprache ändern lassen, die Theologen werden mich nicht, wenn sie mir gebieten, demütig zu sein, lehren, falsch zu sein, und die Philosophen werden mich dadurch, daß sie mich der Heuchelei beschuldigen, nicht zum Ungläubigen machen" (Ritter, 1, S. 535f./Pl.IV, S. 960).
In seinem Buch "Religiöse Erziehung und Sozialisation im Kindesalter" geht H.-J. Fraas im Kontext der Einwände gegen frühkindliche religiöse "Beeinflussung" auch auf Rousseau ein. Er beschreibt dabei Rousseau als Vorläufer der antiautoritären Erziehung, der die im Zusammenhang der Polemik gegen religiöse Kleinkindererziehung ernst zu nehmende Frage, ob und inwieweit man der freien Entfaltung der Persönlichkeit überhaupt vorgreifen darf (vgl. S. 26), zum ersten Mal gestellt hat. Fraas versteht Rousseaus Erziehungskonzept allerdings nicht als ein curriculares, denn er geht auf die Bedeutung, die für Rousseau die Religion im Jugendalter gewinnt, überhaupt nicht ein. Dadurch muß die schroffe Ablehnung religiöser Unterweisung im Kindesalter zwangsläufig unverständlich bleiben (H.-J. Fraas: Religiöse Erziehung und Sozialisation im Kindesalter. Göttingen 1978^{3}).

"Die Pflicht zu glauben", so Rousseau, "setzt die Möglichkeit dazu voraus...Was glaubt aber ein Kind, das sich zur christlichen Religion bekennt? Es glaubt, was es begreift. Es begreift aber so wenig von dem, was man es sagen läßt, daß es auch das Gegenteil genauso willig annähme...Der Glaube der Kinder und der vieler Erwachsener ist eine Sache der Geographie...Dem einen sagt man: Mohammed ist der Prophet Gottes und er wiederholt: Mohammed ist der Prophet Gottes. Dem anderen sagt man: Mohammed ist ein Betrüger, und er wiederholt: Mohammed ist ein Betrüger...Kann man von zwei einander so ähnlichen Situationen ausgehen, um den einen ins Paradies und den anderen in die Hölle zu schicken? Wenn ein Kind an Gott glaubt, so glaubt es nicht an Gott, sondern an Peter und Jakob, die ihm sagen, es gäbe etwas, das man Gott nennt."[62] Kinder glauben eben den für sie bedeutsamen anderen so gut wie alles. Für Rousseau bedeutet an Gott zu glauben aber immer auch, zu begreifen, warum an Gott geglaubt werden muß. Und dies setzt voraus, zu wissen, wie wenig man weiß, d. h. ein Bewußtsein von der Begrenztheit des Wissens erworben zu haben. Damit sind Kinder überfordert.[63] Eine solche Überforderung zeigt sich beispielsweise an einer so unsinnigen Einrichtung wie dem Unterricht im Katechismus oder an der gähnenden Langeweile, mit der die Kinder auf den für sie unverständlichen Gottesdienst reagieren.[64]

---

62 UTB, S. 267/Pl.IV, S. 555. - Auch diese Haltung Rousseaus hat einen autobiographischen Ursprung. In den "Bekenntnissen" heißt es: "Ich besaß also so viel Religion, wie ein Kind in meinem Alter haben konnte. Ich hatte sogar mehr...Meine Kindheit war nicht die eines Kindes; ich fühlte, ich dachte stets als Mann...Wenn ich also gesagt habe, man dürfe Kindern nicht von Religion sprechen, wenn man wünsche, daß sie eines Tages welche hätten, und daß sie unfähig seien, Gott zu erkennen,...so habe ich meine Ansichten aus meinen Beobachtungen geschöpft, nicht aus meiner Erfahrung; ich wußte, daß diese für andere nichts beweise... - Man begreift, glaube ich, daß Religion haben für ein Kind und selbst für einen Mann nichts anderes bedeutet, als sich zu der Religion seiner Geburt bekennen. Manchmal schränkt man den Glauben ein, selten erweitert man ihn; der Glaube an das Dogma ist eine Frucht der Erziehung" (Winkler, S. 65/Pl.I, S. 62). - Über die Religion des jungen Rousseau vgl. das Kapitel "L'enfance calviniste" bei Masson (a.a.O., Teil 1, S. 3-38).

63 "...wie sollen sich diese Begriffe in ihrer ganzen Stärke, d. h. in ihrer ganzen Dunkelheit jungen Seelen darstellen, die noch mit den ersten Operationen ihrer Sinne beschäftigt sind, und die nur das begreifen, was sie berühren? Für das Kind ist alles unendlich...Sie schätzen einen unermeßlichen Raum eher nach ihren Füßen als nach ihren Augen ab...Erzählt man ihnen von der Macht Gottes, so halten sie ihn fast ebenso stark wie ihren Vater..." (UTB, S. 266/Pl.IV, S. 553f.)

64 "Wenn ich die Dummheit in ihrer ganzen Ärgerlichkeit darstellen müßte, so würde ich einen Pedanten malen, wie er den Kindern den Katechismus beibringt. Wenn ich ein Kind verdummen wollte, so würde ich es zwingen, mir zu erklären, was es sagt, wenn es den

Im Hinblick auf den Glauben an Gott sind Kinder im Grunde wie Verrückte: Verrückte haben ohne eigenes Verschulden ihre Verstandeskräfte eingebüßt, Kinder haben sie - eben weil sie Kinder sind - noch gar nicht entwickeln können, sie sind sozusagen noch gar nicht "zurechtgerückt". Verrückte, Kinder und Wilde haben eines gemeinsam: sie glauben zwar nicht an Gott, aber sie handeln auch nicht - wie die "Philosophen" - gegen ihn. Deswegen kann ihnen keiner den Anspruch auf das ewige Leben streitig machen, selbst der Erzbischof von Paris nicht.[65]

Rousseau hat kein Verständins für den reinen "Kinderglauben", in dem Gott so ist wie der Vater, oder der Großvater, oder besser noch wie der Ur-Urgroßvater.[66] Und er kann sich auch nicht vorstellen, daß der Glaube der Kinder sich je zu einem wirklich "vernünftigen" Glauben entwickeln könnte, obwohl sein eigener

---

Katechismus aufsagt...Ich sehe nicht ein, was man bei diesem Unterricht erreicht, als daß man die Kinder frühzeitig zum Lügen bringt...Um Geheimnisse anzuerkennen, muß man wenigstens begreifen, daß sie unbegreiflich sind" (UTB, S. 267/Pl.IV, S. 554). - An Beaumont schreibt Rousseau: "Ich habe bewiesen, daß die Erziehung, welche sie die vernünftigste nennen, die unvernünftigste ist, und daß die Erziehung, welche sie die tugendhafteste nennen, den Kindern alle Laster einprägt; ich habe bewiesen, daß ein Stück Zuckerbrot sie mehr reizt als die Freuden des Paradieses und daß sie mehr die Langeweile in der Vesper empfinden als die Höllenstrafen fürchten; ich habe bewiesen, daß die Ausschweifungen der Jugend, die man durch diese Mittel nicht unterdrücken zu können sich beklagt, gerade das Werk dieser Mittel sind" (Ritter, 1, S. 516/Pl.IV, S. 943).

65 Von den "Wilden" spricht Rousseau in diesem Zusammenhang in dem Brief an Franquières: "Cependant je crois que Dieu s'est suffisamment révélé aux hommes et par ses œuvres et dans leurs cœurs; et s'il y en a qui ne le connoissent pas c'est, selon moi, parce qu'ils...n'en ont pas besoin. Dans ce dernier cas est l'homme sauvage... Cet homme ne connoit pas Dieu, mais il ne l'offense pas" (Pl.IV, S. 1137f./a.a.O., S. 52). - An Beaumont schreibt Rousseau: "Sie beschuldigen mich, daß ich gesagt habe, jedes Kind, welches an Gott glaubt, sei abgöttisch oder anthropomorphistisch, und Sie bestreiten dies und sagen, weder das eine noch das andere könne man bei einem Kind annehmen...Eben dies ist die Frage, wir wollen nun den Beweis sehen. Der meinige ist, daß auch die christliche Erziehung einem Kind nicht den Verstand geben kann, den es nicht hat, noch seine Begriffe von den materiellen Wesen abziehen, über welche nur wenige Menschen sich erheben können" (Ritter, 1, S. 521/Pl.IV, S. 947).

66 Anschauliche Beispiele für den Glauben der Kinder finden sich in der zweibändigen kleinen Sammlung "Kinderbriefe an den lieben Gott". Einige Beispiele: "Lieber Gott, was für einen Zweck hat es, brav zu sein, wenn es niemand sieht? Markus. - Lieber Gott, wenn wir doch weiterleben, wenn wir gestorben sind, warum müssen wir dann überhaupt erst sterben? Johannes. - Lieber Gott! Ich hab mir was gewünscht, als eine Sternschnuppe fiel, zweimal sogar, aber nichts ist geschehen. Was nun? Eva. - Lieber Gott! Warum kommt der Name von Frau Gott in der Bibel nicht vor? Warst du nicht mit ihr verheiratet, als du dein Buch schriebst? Uwe." (Kinderbriefe an den lieben Gott, ges. von E. Marshall u. S. Hample. Gütersloh 1981).

Lebensweg ihn darüber doch hätte belehren müssen.[67] Worin liegt - in systematischer Hinsicht betrachtet - also das Motiv, das Rousseau zu einer derart schroffen und hartnäckig durchgehaltenen Ablehnung jeglicher religiöser Unterweisung in der Kindheit bewegt, abgesehen von der Kritik an der Institution Kirche? Er sagt: "Hüten wir uns also, jenen die Wahrheit zu verkünden, die nicht imstande sind, sie zu verstehen, denn das hieße den Irrtum an ihre Stelle setzen. Es wäre besser gar keinen Begriff von der Gottheit zu haben als einen niedrigen, phantastischen, beleidigenden, einen der Gottheit unwürdigen...Der große Nachteil falscher Vorstellungen von der Gottheit, die man Kindern einprägt, ist der, daß sie das ganze Leben haften bleiben und daß sich solche Menschen auch als Erwachsene keinen anderen Begriff von der Gottheit machen, als den ihrer Kindheit."[68]
Rousseaus ablehnende Haltung ist demnach durch eine tiefe Sorge begründet, daß Kinder, die religiös unterwiesen worden sind, ohne daß sie den Sinn dieser Lehren hätten angemessen verstehen können, später, als Erwachsene, entweder überhaupt nicht mehr oder im Grunde nur wie Kinder zu glauben vermögen. Und Erwachsene, die wie Kinder glauben, werden sich wahrscheinlich auch wie Kinder verhalten, wenn es darum geht, das, was sie glauben, in moralische Handlungen umzusetzen. Kindische Erwachsene aber sind gefährlich, sowohl was den unmittelbaren Umgang mit anderen angeht als auch im Hinblick auf die Stabilität des Ganzen. Mit anderen Worten: Wenn nur ein der Vernunft abgerungener Glaube letztlich das Leben des Menschen tragen kann, dann müssen die Erzieher dafür Sorge tragen, daß dieser Glaube im Heranwachsenden entstehen kann; und wenn dies durch unsinnige Formen der Unterweisung verhindert wird, dann wird

---

[67] In dem Brief an Franquières faßt Rousseau seinen eigenen Weg zum Glauben kurz mit vier Begriffen zusammen: Autorität, Gefühl, Vernunft und Gewohnheit: "J'ai cru dans mon enfance par autorité, dans ma jeunesse par sentiment, dans mon âge mûr par raison; maintenant je crois parce que j'ai toujours cru" (a.a.O, S. 48).

[68] UTB, S. 269/Pl.IV, S. 556 - An anderer Stelle: "Ich sehe voraus, wie viele Leser erstaunt sein werden, daß ich das erste Alter meines Schülers habe verstreichen lassen, ohne mit ihm über die Religion zu sprechen. Mit fünfzehn Jahren wußte er noch nicht, ob er eine Seele habe und vielleicht ist es mit achtzehn noch zu früh, daß er es erfährt. Denn wenn er es früher als nötig erfährt, läuft er Gefahr, es niemals zu wissen" (UTB, S. 266f./Pl.IV, S. 267). - Im Brief an Beaumont: "Alle Alten, selbst die Juden nicht ausgenommen, haben sich Gott körperlich vorgestellt, und wie viele Christen, besonders Katholiken, sind noch heutzutage in diesem Falle? Wenn Ihre Kinder wie Männer sprechen, so sind die Männer noch Kinder. Deswegen eben kostet es so wenig, Geheimnis auf Geheimnis zu häufen" (Ritter, 1, S. 522/Pl.IV, S. 948).

dadurch dem Menschen der Zugang zu einem Gefühl versperrt, das er existentiell zum Leben braucht. Lieber ungläubige Kinder und gläubige Erwachsene als umgekehrt, so lautet daher das Fazit.[69]

In dem Maße, wie sich die Vernunft entwickelt, reift also die Fähigkeit zum Glauben. Und jetzt, in der Jugendzeit, wird diese Fähigkeit zum Glauben - in der Zeit der Kindheit dem äußeren Schein zuwider im Verborgenen gereift - zum entscheidenden Mittel, mit dessen Hilfe die Krisen dieses Lebensabschnittes bewältigt werden können. Der Glaube kommt eben, so ist Rousseau zu verstehen, dann, wenn der Mensch ihn braucht, vorausgesetzt, das Fundament ist naturgemäß vorbereitet.

Kinder, die in ihren ersten Lebensjahren durch einen verläßlich-pflegenden Kontakt mit ihren unmittelbaren Bezugspersonen ein basales Vertrauen in die Welt gefunden haben, die später, von umsichtigen Erziehern unterstützt, an den Dingen ihrer Umgebung das Verhältnis zu sich selbst aufzubauen vermochten und die schließlich, entlang dem Prinzip der Nützlichkeit, gelernt haben, wie zu lernen ist, die brauchen auf diesem Weg eigentlich - noch - keinen Gott. In der Jugendzeit hingegen, durch die Erfahrungen der Geschlechtsreife verwirrt und mit der Aufgabe konfrontiert, auf eigenen Beinen in der Gesellschaft zu leben, auf der Suche nach verläßlichen Orientierungen, wie dem Leben Sinn zu geben ist - in dieser Zeit der Krisen ist alles dafür vorbereitet, daß die Fähigkeit zum Glauben zur vollen Entfaltung gelangen kann. So wie ohne Wasser das Schwimmen nicht zu erlernen ist - so hilfreich vorbereitende Übungen auf dem Trockenen auch sein mögen - so ist auch das Glauben ohne Krise, ohne Verwirrung, ohne das existentiell bedrängende Gefühl, dem eigenen Leben Sinn und Ziel geben zu müssen, nicht lern- und erfahrbar.[70] Alle Aufmerksamkeit der Erzieher muß also

---

69 Im Brief an Beaumont schreibt Rousseau: "Selon vous, je choisis l'âge de raison pour inculquer l'erreur, et vous, vous prévenez cet âge pour enseigner la vérité. Vous vous pressez d'instruire l'enfant avant qu'il puisse discerner le vrai du faux, et moi j'attends pour le tromper qu'il soit en état de le connoître. Ce jugement est-il naturel, et lequel paroît chercher à séduire, de celui qui ne veut parler qu'à des hommes, ou de celui qui s'adresse aux enfans" (Pl.IV, S. 947/Ritter, 1, S. 521)?
Die andere Möglichkeit, nämlich kindgemäße Formen der religiösen Unterweisung zu fordern, ist Rousseau aufgrund seiner Kritik an der Kirche als Institution nicht vorstellbar.

70 Daher sind - entwicklungslogisch - Jugendbewegungen immer Sinnbewegungen. Döbert (Sinnstiftung ohne Sinnsystem, a.a.O., S. 57ff.) schreibt dazu: "Am Ende dieser Entwicklungsphase wird der einzelne sich nicht mehr einfach als Kind eines bestimmten Elternpaares begreifen, sondern soll seinen Platz in der Gesamtgesellschaft einnehmen und dabei wissen, wer er ist, was er will und wollen soll, warum es sinnvoll sein kann, das zu

diesem fruchtbaren Moment gelten, dieser "glaubenssensiblen" Phase.[71]

Wenn der rechte Zeitpunkt gekommen ist, dann wird dem Suchenden ein Angebot gemacht, ein Rahmen aufgezeigt, ein Weg beschrieben - allerdings auf eine ganz bestimmte Weise, denn die Art dieses "Sinn-Anbietens" hat großen Einfluß darauf, wie dieses Angebot genutzt wird. Die Form, Rousseau bleibt hierbei seinen Prinzipien treu, muß nämlich mit dem Inhalt der Botschaft in Einklang stehen: im hinweisenden Beschreiben des Weges gewinnt dabei dieser selbst bereits an Kontur. Wie ist das gemeint?

Der Erzieher als "Sinn-Anbieter" muß zunächst den Zögling als "Sinn-Suchenden" uneingeschränkt in seiner Freiheit akzeptieren, selbst zu wählen und selbst zu entscheiden. "Wir aber", sagt Rousseau, "die das Joch der Religion (also der kirchengebundenen Religiosität, V.K.) in jeder Beziehung abschütteln, die der Autorität nichts einräumen, die Emil nichts lehren wollen, was er nicht in jedem Land von selbst lernen könnte, in welcher Religion werden wir ihn erziehen? In welche Sekte werden wir unseren natürlichen Menschen eingliedern? Die Antwort scheint mir sehr einfach zu sein. Wir führen ihn weder in die eine noch in die andere ein, aber wir setzen ihn instand, die zu wählen, zu der ihn der richtige Gebrauch seiner Vernunft führen muß" (UTB, S. 270/Pl.IV, S. 558).

---

wollen, was er will, und warum er in einer bestimmten Art handelt...Gleichgültig ob der Jugendliche dann bei der Verarbeitung seiner Lebensprobleme auf die traditionellen religiösen Symbolsysteme rekurriert oder diese als unzulänglich verwirft - seine Lebenswelt wird zu diesem Zeitpunkt von Erfahrungen geprägt, die man insofern 'religiös' nennen könnte, als ihm die Funktionen von Religiosität klar vor Augen stehen, als er Lösungen dieses Typs sucht." Anhand von Interviews kann Döbert aufzeigen, daß der Verlauf dieser Sinnkrise starke schichtspezifische Differenzen aufweist. - Vgl. weiterhin H. J. Benedict: Religionsverlust und Sinnstiftung in der Jugendphase als Herausforderung an die Religionspädagogik, in: Der evangelische Erzieher. Z. f. Pädagogik und Theologie 31, 1979, S. 2-22. - M. Mildenberger: Die religiöse Revolte. Jugend zwischen Flucht und Aufbruch. Frankfurt/M. 1979. - D. Sölle: Der Wunsch, ganz zu sein. Gedanken zur neuen Religiosität, in: I. Riedel (Hrsg.): Der unverbrauchte Gott. Neue Wege der Religiosität. Bern/München/Wien 1976. - Saul V. Levine: Youth and religious cults: a societal and clinical dilemma, in: Adolescent Psychiatry, Vol. VI, Chicago 1978, S. 75-89.

71 Rousseau schreibt an Beaumont: "Bis zu den Jünglingsjahren habe ich das Herz meines Schülers vor den Leidenschaften bewahrt, und wenn sie endlich hervorkommen, so zögere ich ihre Fortschritte durch Vorkehrungen hinaus, die sie zurückzuhalten vermögen. Vorher bedeuten alle Weisheitsregeln dem Kinde nichts, welches außerstande ist, daran Anteil zu nehmen und sie zu verstehen, nachher richten sie in einem Herzen nichts aus, das schon die Leidenschaften beherrschen. In dem einzigen Augenblick, den ich gewählt habe, nützen sie, entweder das Kind dagegen zu stärken oder es zu zerstreuen, und es kommt auch dann viel darauf an, daß der junge Mensch sich damit beschäftigt" (Ritter, 1, S. 520/Pl.IV, S. 46).

Damit ist ein in systematischer Hinsicht bedeutsamer Sachverhalt angesprochen: Das Erziehungsverhältnis ist kein technisches, kein Verhältnis von "input" und "output", sondern es zielt stets auf die Befähigung zur eigenen Entscheidung des Zuerziehenden, die aus dem Wechselspiel von - fremdbestimmtem - Sinnangebot und - sukzessiv selbstbestimmtem - Sinn-Gebot heraus entsteht: ohne "objektiven Geist" kein subjektiver Sinn.[72]

Die Person des Vikars als "Sinn-Anbieter" und die Art und Weise, in der er sich in diesem bedeutsamen Glaubensgespräch darstellt, entspricht daher dem Wesen der Lernaufgabe. Der Vikar ist nämlich kein typischer Vertreter der Kirche, sondern er hat zu ihr ein durchaus distanziertes Verhältnis, Ergebnis früherer eigener leidvoller Erfahrungen mit eben dieser Institution.[73] Er ist darüber hinaus jemand, dem die institutionell bedingten Sinndifferenzen zwar bewußt sind, der sie aber zugleich in

---

[72] In der Einleitung zu seiner "Psychologie des Jugendalters"führt Spranger diese Formel im einzelnen aus. Er schreibt u. a.: "Die Einzelseele ist von vornherein verschlungen in den objektiven Geist. Erst durch ihr Teilhaben an ihm wird sie selber subjektiver Geist. Denn wir nennen die Einzelseele nur insoweit subjektiven Geist, als sie "verständlich", d. h. sinnhaltig ist. Der objektive Geist ist eine überindividuelle Struktur, ein überindividueller Sinn- und Wirkungszusammenhang. Er existiert nur, insofern er von lebendigen Individuen erlebt und getragen wird. Aber er ist vor jedem einzelnen Individuum und bedeutet für jedes einzelne einen vorgefundenen Komplex von Lebensbedingungen und richtungsgebenden Faktoren" (a.a.O., S. 11). - Die interessante Frage, die hier zu stellen ist, ist die nach dem Modus des Übergangs vom objektiven zum subjektiven Geist. M. Sommer schreibt dazu: "Der Übergang ist keine Grenze zwischen zwei Zuständen; er ist eine Handlung und umspannt als solche gewiß viele Momente; er synthetisiert eine Mannigfaltigkeit von Zeitpunkten, die kontinuierlich zu durchlaufen nur den abstraktiv inhaltsleer gemachten Aspekt der Einführung derjenigen Veränderung bedeutet, die dann den neuen Zustand determiniert. In einem Zustand dagegen wird gar keine Zeit durchlaufen, sondern Zeit läuft ab. Zustände sind zeitlos und nur durch parallel zu ihnen gedachte Übergänge läßt sich ihnen Zeit zuordnen. Nimmt man Zeit nicht als objektives irreversibles Punkte-Kontinuum, sondern als einen den Übergängen und Zuständen immanenten 'Verbrauch', so kann man etwas provozierend die Umkehrung wagen: Übergänge haben Dauer, Zustände sind Augenblicke...Übergänge und Zustände werden also nicht nach gesetzten Regeln konstruiert, sondern anhand vorgefundener Prozesse beschrieben (M. Sommer: Übergangsschwierigkeiten - Zur Konstitution und Prätention moralischer Identität, in: O. Marquard/K. H. Stierle (Hg.): Identität. München 1979, S. 435-461).

[73] "Dieser ehrbare Priester", so schreibt Rousseau in der Einleitung zum Glaubensbekenntnis, "war ein armer savoyischer Vikar, der bei seinem Bischof wegen eines Jugendabenteuers in Ungnade gefallen war. Er war über die Berge gegangen, um seinen Unterhalt zu suchen, den er in seinem Vaterland nicht fand" (UTB, S. 271/Pl.IV, S. 560). - Die Figur des Vikars ist offensichtlich durch zwei Priester beeinflußt, die im Leben Rousseaus eine Rolle gespielt haben, und zwar der Abbé Jean-Claude Gaime und Jean-Baptiste Gâtier; Rousseau erwähnt beide im 3. Buch der Bekenntnisse. - Masson hat allerdings im Leben dieser beiden Geistlichen keine Jugendsünden ("aucune aventure de jeunesse - aucune trace de scandale", a.a.O., S. XXXII) finden können.

seiner Person so überzeugend auszuhalten vermag, daß sein Glaube sich als stärker erweist denn institutionelle Unzulänglichkeiten: Reden und Handeln stimmen bei ihm überein, und daher kann er zum Modell werden.[74] Zudem stellt er sich nicht als jemand dar, der alles gefunden hat, sondern als ein aufrichtig selbst Suchender, der ehrlich dem Zuhörer auch in das Einblick gewährt, was ihn selbst verunsichert und verwirrt. Aus diesem Grunde kann das "Sinn-Suchen" für den Heranwachsenden eine persönlich bedeutsame, nur durch ihn selbst zu lösende Aufgabe bleiben, eine offene Frage eben, die er so oder anders beantworten kann: denn warum nach etwas suchen, was der für mich bedeutsame andere bereits gefunden hat und sicher in den Händen hält? Indem also der Vikar, als Erzieher in Glaubensfragen, sich in der Rolle eines Menschen darzustellen vermag, der ehrlich selbst sucht, motiviert er den Zuhörer, sich auch auf die Suche zu begeben. Darin liegt seine Überzeugungskraft begründet: "Ich will dir mein Herz nicht nur halb öffnen...Bisher habe ich dir nichts gesagt, wovon ich nicht glaubte, daß es dir nützlich sei, und wovon ich nicht selbst überzeugt war. Die Untersuchung, die mir noch bleibt, ist ganz anders. Ich sehe dabei nur Verwirrung, Geheimnis und Dunkelheit. Ich gehe nur mit Unsicherheit und Mißtrauen an sie heran. Ich entschließe mich nur zitternd dazu, und ich teile dir viel eher meine Zweifel als meine Meinung mit. Wäre deine Ansicht gefestigt, würde ich zögern, dir meine vorzutragen...Laß im übrigen bei meinen Reden nur die Vernunft regieren; ich weiß nicht, ob ich mich irre. Wenn man diskutiert, ist es manchmal schwierig, auf Behauptungen zu verzichten. Erinnere dich aber, daß alle meine Behauptungen nur Gründe zum Zweifeln sind. Du mußt die Wahrheit selbst suchen; ich kann Dir nur Aufrichtigkeit versprechen."[75] Wer einen anderen beim Suchen begleitet, der sieht

---

[74] "Was mich im Leben meines würdigen Lehrers am meisten ergriff, war, daß ich Tugend ohne Heuchelei, Menschenliebe ohne Versagen, immer gerade und einfache Sprache und ein Benehmen fand, das immer mit seinen Reden übereinstimmte. Ich habe nie bemerkt, daß er sich darum bekümmerte, ob die, die er unterstützte, auch zur Vesper gingen, ob sie öfter beichteten, ob sie die Fasttage auch einhielten und kein Fleisch aßen" (UTB, S. 273/Pl.IV, S. 273).

[75] UTB, S. 311/Pl.IV, S. 607. - Am Ende des Glaubensbekenntnisses heißt es noch mal: "Du bist in dem kritischen Alter, wo sich der Geist der Gewißheit öffnet, wo das Herz seine Form und seinen Charakter empfängt und wo man sich für das ganze Leben entscheidet, sei es zum Guten oder zum Bösen...Wäre ich meiner selbst sicherer, hätte ich dogmatischer und entschiedener mit dir geredet. Aber ich bin nur ein Mensch, unwissend und dem Irrtum unterworfen...Meine Zweifel habe ich als Zweifel dargestellt, meine Meinungen als Meinungen. Ich habe dir meine Gründe für Zweifel und Glauben mitgeteilt. Nun mußt du urteilen: du hast dir Zeit gelassen; das ist einsichtig und klug und erhöht meine Meinung von

auch, was dieser findet und aufhebt, was er übersieht oder mit Absicht liegen läßt. Ganz am Ende dieses langen Glaubensgespräches faßt Rousseau das Ergebnis der Suche in wenigen Sätzen zusammen.[76] An der Reaktion des Zuhörers hierauf erweist sich die eingangs proklamierte Übereinstimmung von Form und Inhalt: Das Ende nämlich wird offenbleiben müssen: "Aber beim augenblicklichen Stand meines Glaubens", so antwortet der Zuhörer dem Vikar, "muß ich eher hinauf- als hinabsteigen, um mir Ihre Meinungen anzueignen, und ich finde es schwierig, auf dem Punkt stehenzubleiben, auf dem Sie sich befinden, wenn man nicht so weise ist wie Sie. Um aber auch so ehrlich zu sein, muß ich mit mir zu Rate gehen. Nach Ihrem Beispiel soll mich das innere Gefühl dabei leiten, und Sie haben mich selbst gelehrt, daß es nicht Sache eines Augenblicks ist, es wieder zu wecken, wenn man ihm so lange Schweigen auferlegt hat. Ich bewahre Ihre Worte im Herzen und werde sie überdenken..." (UTB, S. 311/Pl.IV, S. 606).

6.5 Zusammenfassung

Aus welchen Gründen bringt Rousseau die Religion gerade im Kontext der Lernaufgaben des Jugendalters zur Sprache, und welche Bedeutung haben dabei die Aussagen über Inhalte und Formen des Glaubens für das Konzept einer naturgemäßen Erziehung? So lauteten die Ausgangsfragen dieses umfangreicheren Abschnittes. Da in den vorliegenden Forschungen hierauf keine befriedigenden Antworten zu finden waren, ist der Versuch unternommen worden, durch einen Exkurs in die phänomenologisch orientierte Religionssoziologie - im wesentlichen die Schrift Th. Luckmanns über "Das Problem der Religion in der modernen Gesellschaft" referierend - die aufgeworfenen Fragen plausibel zu beantworten. Folgende Gesichtspunkte wurden durch diesen Exkurs gewonnen:
In der Religion, d.h. in dem Glauben an etwas außerhalb seiner Existenz

---

dir. Erwecke zunächst in deinem Gewissen den Wunsch nach Erleuchtung. Sei ehrlich gegen dich selbst. Eigne dir von meinen Einsichten an, was dich überzeugt hat, und verwirf den Rest" (UTB, S. 331/Pl.IV, S. 630).

76 "Mein Sohn, mach deine Seele immer bereit, die Existenz Gottes zu wünschen und du wirst niemals daran zweifeln. Wozu du dich aber auch immer entscheidest, bedenke, daß die wahren Pflichten der Religion von menschlichen Einrichtungen unabhängig sind, daß ein rechtschaffenes Herz der wahre Tempel der Gottheit ist, daß in jedem Land und jeder Sekte die Summe des Gesetzes liegt: Gott über alles und seinen Nächsten wie sich selbst zu lieben; daß es keine Religion gibt, die von den Pflichten der Moral entbindet; daß nur diese wirklich wesentlich sind; daß der innere Kult die erste aller Pflichten ist und daß es ohne Glauben keine wahre Tugend gibt" (UTB, S. 332/Pl.IV, S. 631f.).

Liegendes, versucht der Mensch, über das "Jenseits" gleichsam sein "Diesseits" zu verstehen. In der Religion stellt sich der Mensch selbst die Frage nach dem Sinn seines Daseins.
Sinn, im systemtheoretischen Sprachgebrauch (Luhmann) eine Formel zur Reduktion von Komplexität, ist ein spezifisch menschliches und somit zugleich ein spezifisch gesellschaftliches Phänomen. In der Religion sind daher Fragen nach dem Sinn des Ganzen, der Gesellschaft und nach dem Verhältnis des einzelnen zur Welt und zu sich selbst enthalten.
Sinn ist immer "gesellschaftlich konstruierter" (Berger/Luckmann) Sinn: jede Gesellschaft ist auf mannigfache Weise von Sinnhorizonten durchzogen, und zwar auf mehr (z. B. Religion) oder weniger (z. B. Sprache, Geschichte) bewußte Art und Weise.
Der einzelne wird zu einem Teil der Gesellschaft, zu einer Person, indem er sich an übergeordnete Sinnhorizonte zu binden bzw. sich von ihnen zu distanzieren vermag. Sozialisation ist, so betrachtet, ein religiöser Vorgang mit zwei Seiten: das Ganze kommt im einzelnen zur Wirkung - eben im Wechsel von Bindung und Distanzierung und umgekehrt. Nur so vermag der einzelne im Ganzen "sinnvoll" zu wirken. Zu einer Person werden, selbständig werden, setzt also voraus, sich zu der "inneren Form der Weltanschauung" einer Gesellschaft in Beziehung setzen, ihr zustimmen, sie übernehmen, sie ablehnen und verwerfen oder für das eigene Leben dies übernehmen und jenes ablehnen. Krisenzeiten sind insbesondere Sinnzeiten, Phasen der Distanzierung und Ablehnung wie auch möglicherweise der Zustimmung und Identifikation.
Gesellschaften unterscheiden sich dadurch, wie in ihnen Sinnvermittlung und Sinntradierung geregelt sind. Als eine Sozialform dieser Vermittlungsfunktion können sich unter bestimmten historischen und soziostrukturellen Bedingungen Institutionen herausbilden, z. B. Kirchen. Sie decken jeweils einen mehr oder weniger großen Teil des gesamten gesellschaftlichen Sinnpotentials ab. Durch die Institutionalisierung erhält der Sinn gleichsam einen festumrissenen Ort in der Gesellschaft und im Leben und Denken des einzelnen ("kirchengebundene Religiosität").
Institutionen sind demnach sowohl für den einzelnen als auch für das Ganze zunächst in hohem Maße funktional: den einzelnen entlasten sie von der Notwendigkeit fortgesetzter Reflexion und geben ihm Sicherheit durch eindeutige Normen und Regeln. Genau dadurch wird das Ganze stabiler und unabhängiger von Zufällen. Die "Sinnstabilität" des einzelnen ist also sehr eng mit der

"Sinnstabilität" des Ganzen verbunden und umgekehrt.
Institutionalisierungen enthalten stets auch dysfunktionale Potentiale, d. h. sie bringen zwangsläufig "Sinndifferenzen" mit sich, und zwar in mehrfacher Hinsicht: einmal kann es mehrere institutionalisierte Sinnangebote geben, dementsprechend entstehen dann "inter-institutionelle" Differenzen und Konflikte; zum anderen gibt es innerhalb einer Institution selbst Differenzen, "inner-institutionelle" also.
Der Glaube des einzelnen besteht immer aus mindestens zwei Teilen: einem institutionengebundenen und einem subjektiven Teil. Zwischen diesen Teilen sind vielfältige Variationen denkbar. Unter bestimmten historischen Gegebenheiten kann der Fall eintreten, daß der institutionalisierte Sinn, die kirchengebundene Religiosität, in wachsendem Maße eingekapselt wird, d. h. die sinnstiftende Funktion der Kirche nimmt ab. Dies kann für den einzelnen nicht ohne Folgen bleiben: sein an die Institution gebundener Glaube verliert für ihn an Sinn. Die Reaktion auf diesen bedrohlichen Sinnverlust: der einzelne macht sich "seinen" Glauben selber, gegen die Institution.
Diese religionssoziologischen Gesichtspunkte werden für das Verständnis des Glaubensbekenntnisses des savoyischen Vikars in doppelter Weise produktiv, und zwar in historischer und in biographisch-systematischer Hinsicht.
Die Aufklärung ist eine Zeit, in der mit Hilfe der Vernunft ehedem unerschütterlich erscheinende Gewißheiten erschüttert werden. Der Preis für die Aufhellung des Dunkels besteht in einer verwirrenden Vielfalt konkurrierender Versuche, Sinn zu stiften und Sinn zu begründen. Erschütterte Gewißheiten provozieren neue Entscheidungen darüber, wie die Welt, die Gesellschaft und der einzelne zu verstehen ist.
Auf diese Herausforderung seiner Zeit reagiert Rousseau, indem er gleichsam das Leiden der Zeit in seinem eigenen ausdrückt. Für sich selbst formuliert er folgende Gewißheiten: Es gibt einen Gott, weil der Mensch ihn in dreierlei Hinsicht zum Leben braucht. Die Schöpfung hat einen Urheber, sie kann nicht sich selbst gemacht haben. Im Glauben an Gott als den Schöpfer der Welt verschmelzen Gefühl und Vernunft in der Evidenz unmittelbarer Anschauung der Welt: die einzelnen Teile sind sorgsam durchdacht geschaffen und füreinander bestimmt. Das ist der *Schöpfungsglaube.* Er ist die Grundlage. Die Gesellschaft als ganze braucht einen Glauben an Gott, damit hieraus eine Moral erwachsen kann, die vernünftig ist, denn nur dann ist das Leben der Menschen als gesellschaftliche Existenz sinnvoll. Die Religion muß in gesellschaftlicher Hinsicht zivil werden, zu einem bürgerlichen Glaubensbekenntnis führen, das, weil es sich auf andere bezieht,

vernünftig sein muß und nicht allein Sache des Gefühls bleiben darf. Das ist der Gesellschaftsglaube, den der Mensch notwendig zum Zusammenleben mit anderen braucht. In ihm tritt die Vernunft vor das Gefühl, damit er moralisch wirken kann. Das ist jedoch nur die halbe Wahrheit.

Jeder einzelne Mensch braucht zur Bewältigung seines Lebens einen Gott ganz für sich allein, einen *persönlichen Glauben*. Denn nur aus diesem Glauben können die tragenden Gefühle entstehen, die der Mensch in existentiellen Situationen, in Krisenzeiten, zum Überleben nötig hat: Hoffnung, Trost und Zuversicht. Dieser persönliche Glaube muß der Vernunft abgerungen werden, er erwächst aus der Reflexion ihrer Grenzen. Dann allerdings braucht er nicht mehr "vernünftig" zu sein, da er sich nur auf einen einzigen Menschen bezieht.

In der Interdependenz von "vernünftigem" Gesellschaftsglauben und "unvernünftigem" persönlichen Glauben, in diesem Doppelgesicht des Glaubens, ist das Geheimnis der Anthropologie begründet, und es liegt weder bei den "Theologen" noch bei den "Philosophen" allein, sondern genau in der Mitte. Es ist nicht verwunderlich, daß diese Antwort Rousseaus, sein "subjektiver Glaube", den er gegen die Institution Kirche für sich formuliert hat, soviel Widerspruch wecken mußte. Indem er den Glauben des einzelnen aus der Umklammerung der Institutionen befreit hat, hat er eben dadurch den einzelnen zum Glauben frei gemacht. Im Unterschied zu Descartes hätte Rousseaus Formel wohl so geklungen: Ich muß so denken, daß ich auch glauben kann, dann bin ich!

- Das Jugendalter - damit ist nun der biographisch-systematische Aspekt angesprochen - ist eine Zeit der Krise. Die zentrale Lernaufgabe dieser Phase besteht darin, selbständig in der Gesellschaft leben zu können. In der Gesellschaft leben lernen, das heißt mit anderen Worten, dem Sinn der Gesellschaft, ihrer inneren Weltanschauung, ihren transzendenten Sinnzusammenhängen auf die Spur kommen und sich dazu - im Wechselspiel von Zustimmung und Ablehnung - als ein unverwechselbarer einzelner in Beziehung setzen. Auf diese Weise entsteht die Gesellschaft im Bewußtsein des einzelnen und nur so wird der einzelne zu einem handelnden Teil der Gesellschaft, zu einer Person.

Der Krisencharakter der Jugendzeit - ein anthropologischer Tatbestand mit vielfältigen kulturellen und sozialen Modifikationen - provoziert entwicklungslogisch Fragen nach dem Sinn. Jugendzeit ist daher immer "Sinnzeit", und Jugendbewegungen sind dementsprechend als "Sinnbewegungen" zu verstehen, und zwar unabhängig davon, wie sinnvoll Erwachsenen die Formen jugendlichen (Un-)Sinns auch erscheinen mögen. Daß die Fragen nach dem Sinn im Jugendalter aufbrechen, ist eine anthropologische Notwendigkeit. In welchen Formen dies geschieht und welche Regelungen Gesellschaften treffen, um ihre Jugendlichen in dieser Zeit der Sinnsuche zu begleiten und zu unterstützen, das wiederum ist abhäingig von den jeweiligen historischen und soziostrukturellen Bedingungen.

Welche Antworten gibt Rousseau auf die durch die zweite Geburt provozierten Sinnfragen, wie ist das "Geheimnis der Anthropologie" mit seinen Erziehungsvorstellungen verbunden?

Zunächst kommt alles darauf an, die Kinder "vernünftig" zu machen. Auf dem Hintergrund der vorangegangenen Ausführungen ist unschwer zu erkennen: wenn die Kinder "vernünftig" erzogen worden sind, sind sie zunächst zum "Gesellschaftsglauben" fähig, d. h. empfänglich für die sich hieraus ergebende Moral. Wer naturgemäß erzogen worden ist, d. h. an der Vernunft orientiert, der hat - zumindest der Möglichkeit nach - lernen können, daß auch die Vernunft ihre Grenzen hat. Wer hiervon ein Bewußtsein hat, der kann einen "persönlichen" Glauben entwickeln, und zwar dann, wenn - durch die Krise der Entwicklung provoziert - dieser Glaube zur Bewältigung des Lebens notwendig wird.

Der mit der Vernunft ringende, krisenbedingte jugendliche Glaube auf der Suche nach Sinn wächst und kräftigt sich an der Kritik der bestehenden Institutionen und ihren Praktiken. Gegenstand dieser Kritik sind vor allem die kirchlichen Dogmen, die sinnentleerten Formen und das Mißverständnis von Reden und Handeln. Der jugendliche Glaube als Ausdruck der "Sinn-Suche" ist also anti-institutionell, formuliert sich gegen das Bestehende, genauer gesagt gegen das "bestehende Erwachsene", gegen, so hieß es ausdrücklich, die Autorität der Kirche, er ist, aktuell ausgedrückt, gewissermaßen "alternativ". In der Kritik an der Kirche, im "Sinn-Suchen" gegen sie, im Anders-sein wollen, kommt somit der für das Jugendalter typische Autoritätskonflikt symbolisch zum Ausdruck: "Emile" kritisiert nicht seinen Erzieher, sondern der Zuhörer des Vikars mit diesem die Kirche als Institution. Der Vikar erscheint gleichsam als "Jugendpastor": mit einem distanzierten Verhältnis zur "erwachsenen" Institution, mit dem Bemühen um konkrete Hilfe, mit dem Anspruch, Verkünden und Handeln in Deckung zu bringen, mit dem Plädoyer für einfache, "sinnvolle" Formen.

Die Kritik der "kirchengebundenen Religiosität", historisch als Folge konkurrierender Sinnangebote verstanden, erweist sich somit in biographisch-systematischer Hinsicht als typische Form jugendlichen Glaubens. Der Weg in die

Gesellschaft führt über ihre transzendenten Sinnstrukturen zunächst ins Jenseits, zu Gott, und von dort zurück in den einzelnen, der im Glauben an Gott zu sich selbst zu finden vermag und damit zur Person werden kann, zu einem Teil der Gesellschaft. Die Energie für diesen langen Weg kommt aus der Krise der Entwicklung. Es kommen also - und dies war zu zeigen - auffällige Gemeinsamkeiten einer historischen und einer systematischen Interpretation der Religionsphilosophie Rousseaus zum Vorschein. So mag sowohl für Rousseau in seiner Zeit als auch für einen imaginären Heranwachsenden in der Krise des Jugendalters ein merkwürdiges Wort aus Luthers Römerbriefvorlesung gleichermaßen zutreffen: "Qualis est unusquisque in seipso, talis est ei deus in obiecto" - so wie ein jeder in sich selbst ist, so steht Gott ihm gegenüber.[77]

Die zentrale Lernaufgabe des Jugendalters, selbständig in der Gesellschaft zu leben, fordert den Erzieher als "Lernhelfer" in anderen Rollen als in der Kindheit.

Es wird daher zum Abschluß dieses Kapitels zusammenfassend die Frage beantwortet, wie die Rolle des Erziehers aussehen muß, um als wirksame Lernhilfe den spezifischen Lernaufgaben des Jugendalters gerecht zu werden. Diese Frage führt aus der Transzendenz zurück in die Wirklichkeit der Erziehung.

6.6 Die Metamorphose der Inszenierung: der pädagogische Vertrag

Im Jugendalter verändert sich - im Vergleich zur Kindheit - das Verhältnis von Erzieher und Zögling. Dies wurde bereits im Zuge der Darstellung der einzelnen "Welten der jugendlichen Welt" mehrfach deutlich, und es soll nun gezeigt werden, was - gewissermaßen lernaufgabenübergreifend - den Kern dieser Veränderungen ausmacht.

"Jede Lehre hat ihr bestimmtes Alter" (UTB, S. 353/P1.IV, S. 553). Diejenige des Jugendalters besteht in dem einschneidenden Ereignis der "zweiten Geburt", der Geschlechtsreife, die - als Motor der Entwicklung wirkend - das Gefühlsleben der Heranwachsenden aufbrechen läßt. Im weitesten Sinne bestehen diese Lernaufgaben in der Erfahrung von bisher ungeahnten Gefühlen und dem Umgang mit ihnen. Aus diesem Grund müssen die Lernhilfen gleichsam zu "Gefühlshilfen" werden, d. h. die Gefühle zwischen Erzieher und Zögling werden in neuer Weise zugleich Grundlage und Mittelpunkt des Verhältnisses. Auf den bisherigen

[77] D. Martin Luthers Werke. Kritische Gesamtausgabe. 56. Band. Weimar 1938, S. 234.

Entwicklungsstufen wirkten die Gefühle zwischen Erzieher und Zögling unausgesprochen als Vertrauen stiftende, Sicherheit gebende Grundlage, als Voraussetzung dafür, daß die Aufmerksamkeit des Lernenden sich uneingeschränkt auf die Dinge zu richten vermochte. Jetzt im Jugendalter treten die Dinge zurück, und die Menschen drängen in den Vordergrund. Dadurch verwandelt sich der zwar auf Gefühle gegründete, aber zentral über Dinge vermittelte pädagogische Bezug zu einer pädagogischen Beziehung, in der der Heranwachsende seine Gefühlswelt mit Hilfe seines Erziehers allmählich zu entfalten und zu differenzieren lernt.[78] - Nach dieser Skizze des Gedankens, nun zu den Einzelheiten:

Das Jugendalter ist für Rousseau die erste Gelegenheit, die Früchte der naturgemäßen Erziehung zu betrachten, d. h. sein "Produkt"' muß sich nun von denen herkömmlicher Erziehung deutlich unterscheiden, oder die Arbeit war vergebens und nicht der vielen Worte wert. In der Tat, die für Rousseau augenfälligen Unterschiede dürften jeden Kritiker zum Schweigen bringen: die einen, herkömmlich Erzogenen, befreien sich nun wie Gefangene aus den Ketten ihrer Kindheit, indem sie jede Art von Zwang und Ordnung abzuschütteln versuchen, der andere befreit sich gleichsam, indem er sich zu binden beginnt.[79] Die einen begegnen all dem, was die Erzieher ihnen nun zu vermitteln suchen, mit Widerwillen, Abscheu und gähnender Langeweile, der andere dagegen zeigt sich wißbegierig und mit wachem Verstand neugierig auf Themen, "weil sie an sich schön sind".[80] Die einen sind offensichtlich nur noch mit harter Hand im Zaum zu halten - wie aber ist dem anderen zu begegnen, von welcher Art wird die Beziehung sein, die Erzieher und Zögling im Rahmen naturgemäßer Erziehung nun

[78] Ich weiche hier bewußt vom einschlägigen Sprachgebrauch ab, um deutlich zu machen, daß der Erzieher im Jugendalter - in der pädagogischen *Beziehung* - in zunehmendem Maße als *authentische* Person gefordert ist; seine pädagogische Wirkung wird um so größer sein, je mehr er sich als ein unverwechselbarer einzelner darzustellen vermag.

[79] "Da er seine Kindheit in der ganzen Freiheit verbrachte, die sie sich in ihrer Jugend anmaßen, fängt er nun in seiner Jugend an, sich an die Ordnung zu binden, der man sie als Kinder unterworfen hatte...So ist für die einen das Alter der Vernunft nur das Alter der Zügellosigkeit; für den anderen wird es das Alter vernünftigen Denkens" (UTB, S. 337/Pl.IV, S. 637).

[80] "...die Themen, die ich ihm zum Nachdenken vorlege, erregen seine Wißbegier, weil sie an sich schön sind, weil sie für ihn neu sind und weil er imstande ist, sie zu begreifen. Eure Jugendlichen dagegen sind durch eure albernen Lektionen, durch eure langen Moralpredigten, durch eure ewigen Ermahnungen gelangweilt und erschöpft...Für all das empfinden sie nichts als Abscheu, Widerwille und Langeweile. Der Zwang hat es ihnen verleidet..." (UTB, S. 337/Pl.IV, S. 638).

miteinander eingehen? "Wenn ihr an den Zeichen, von denen ich gesprochen habe, den kritischen Augenblick herannahen fühlt", so Rousseau, "müßt ihr den alten Ton sofort und für immer aufgeben. Er ist noch euer Schüler, aber er ist nicht mehr euer Zögling. Er ist euer Freund; er ist ein Mann; behandelt ihn von nun ab als Mann."[81]

Vom Zögling zum Freund: das ist der gravierende Einschnitt im erzieherischen Verhältnis, Ausdruck der "Statuspassage". Freundschaft nämlich - darauf macht Rousseau in einer Fußnote aufmerksam - ist ein Verhältnis unter Gleichen, allein dem Prinzip absoluter Gegenseitigkeit verpflichtet.[82] Freundschaft ist zuallererst eine Sache des Gefühls. Daher entspricht diese Form der Beziehung dem Stand der Entwicklung, d. h. den "emotionalen Wehen" der "zweiten Geburt": "Aber jetzt, wo er zu fühlen beginnt, was lieben heißt, fühlt er auch, welch zartes Band einen Menschen mit dem verbindet, was er liebt. Und in dem Eifer eurer unablässigen Bemühungen sieht er nicht mehr die Ergebenheit eines Sklaven, sondern die Zuneigung eines Freundes. Nichts hat so viel Macht über ein Herz als die wahre Stimme der Freundschaft, denn man weiß, daß sie nur zu unserem Nutzen spricht. Man kann annehmen, daß sich ein Freund täuscht, aber nicht, daß er uns täuschen will. Manchmal widersteht man seinem Rat, aber man verachtet ihn nie" (UTB, S. 238/Pl.IV, S. 522).

Diese neue Form der Beziehung bleibt jedoch, auch wenn sie sich am Ideal der

---

81 UTB, S. 338/Pl.IV, S. 639: "Quand par les signes dont j'ai parlé vous pressentirez le moment critique, à l'instant quittez avec lui pour jamais vôtre ancien ton. C'est vôtre disciple encore, mais ce n'est plus vôtre élève. C'est vôtre ami, c'est un homme, traittez-le desormais comme tel." -
Dies ist ein anschauliches Beispiel für die sprachliche Repräsentation dessen, was gemeinhin in Anschluß an van Gennep "Statuspassage" genannt wird (A. van Gennep: The Rites of Passage. Chicago 1969[5] - Paris 1909. - Vgl. dazu weiterhin: L. Clausen: Jugendsoziologie. Stuttgart 1976).

82 "Zuneigung kann ohne Erwiderung bestehen, die Freundschaft aber nicht. Sie ist ein Tausch, ein Vertrag, wie jeder andere: der heiligste von allen. Das Wort 'Freund' kennt kein Korrelativ als sich selbst. Ein Mensch, der nicht der Freund seines Freundes ist, ist bestimmt ein Schelm, denn Freundschaft kann man nur erlangen, indem man sie erwidert oder indem man sie heuchelt" (UTB, S. 237/Pl.IV, S. 522f.) - Auch diese Anmerkung trägt persönlichen Charakter, da Rousseau seinen eigenen Aussagen nach die Gegenseitigkeit der Freundschaft nicht kennengelernt hat. Im 8. Buch der "Bekenntnisse" schreibt er: "Aber sobald ich einen Namen hatte, hatte ich keine Freunde mehr. Das war ein sehr großes Unglück, ein noch größeres war es, von Leuten umgeben zu sein, die diesen Namen annahmen und die Rechte, die er ihnen gab, nur benutzten, um mich ins Verderben zu stürzen" (Winkler, S. 357/Pl.I, S. 362).

Freundschaft orientiert, pädagogisch. Sie ist keine wahre Freundschaft unter wahrhaft Gleichen, sondern deren "kontra-faktische Antizipation", eben wahre Freundschaft der Möglichkeit nach, eine Beziehung "so als ob". Durch diesen "Kunstgriff" sichert der Erzieher seinen Einfuß, indem er den Heranwachsenden gleichsam von innen festhält, ihn, der von außen betrachtet seinen Händen längst entglitten zu sein scheint. Wenn nämlich das Jugendalter die Zeit der Gefühle und Leidenschaften ist, dann muß zwangsläufig die Erziehung als Folge davon Formen ausbilden, in denen diese Gefühle nicht verdrängt, sondern produktiv zum Lernen genutzt werden. Wo dies nicht geschieht, d.h. wenn die Erzieher die Heranwachsenden nicht emotional an sich zu binden vermögen, dann entledigen sie sich selbst ihres möglichen Einflusses und degenerieren zu pädagogischen Karikaturen. Wer keine echte Beziehung zu einem Heranwachsenden hat, der kann auch nicht so tun, als hätte er sie, wohingegen derjenige, der eine glaubwürdige Beziehung aufzubauen vermochte, so tun kann, als hätte er eine andere: darin zeigt sich gerade der "authentische Kern" einer pädagogischen Beziehung, dem Verdacht subtiler Manipulation erregenden äusseren Anschein zum Trotz.

"Dieses jugendliche Feuer", so sagt Rousseau, "ist aber nicht nur kein Hindernis für die Erziehung, es vervollkommnet und vollendet sie sogar. Gerade dieses Feuer gibt euch eine Macht über das Herz des jungen Menschen, wenn er aufhört, schwächer zu sein als ihr. Seine erste Neigung ist der Zügel, mit dem ihr ihn lenken könnt. Solange er sich liebte, hing er nur von sich selbst und seinen Bedürfnissen ab. Sobald er liebt, hängt er von seinen Bindungen ab."[83]

Grundlage einer pädagogischen Beziehung ist also ein starkes freundschaftliches Gefühl, das die Beteiligten aneinander bindet. Zwei eindeutig unterscheidbare Komponenten müssen - hierauf aufbauend - hinzukommen: Vertrauen und Autorität.

Vertraue deinem Zögling, so lautet die erste Forderung Rousseaus an jeden Erzieher. Zuallererst zeigt es sich als Zutrauen in die Fähigkeiten des Heranwachsenden. Rousseau prangert daher diejenigen Erzieher an, "die ihre Schüler herabsetzen, um dümmlich den Weisen zu spielen; die sie immer als Kinder behandeln, um sich in allem, was sie sie tun lassen, von ihnen zu unterscheiden.

---

[83] UTB, S. 236/Pl.IV, S. 520. - An anderer Stelle: "S'il faut que le préjugé s'y mêle un attachement de vingt ans est aussi quelque chose; on ne lui fera jamais croire que je l'aye ennuyé de vaines leçons, et dans un cœur droit et sensible la voix d'un ami fidelle et vrai saura bien effacer les cris de vingt seducteurs" (Pl.IV, S. 660/UTB, S. 357).

Aber statt ihren jungen Mut verächtlich zu machen, tut im Gegenteil alles, um ihr Vertrauen zu stärken. Behandelt sie als euresgleichen, damit sie es auch werden...Denkt daran, daß eure Ehre nicht in euch, sondern in eurem Schüler liegt" (UTB, S. 253/Pl.IV, S. 538).

Zum Vertrauen gehören zwei. Das Vertrauen der Adressaten der Erziehung, der Jugendlichen, ist dem blinden Vertrauen der Kinder nicht vergleichbar. Es ist gleichsam ein kritisch geprüftes Vertrauen, ein Gefühl, das sich bewährt hat, durch erzieherisches Verhalten in unterschiedlichen Situationen gedeckt.[84] Es besteht in der unerschütterlichen Gewißheit, daß der Erzieher, solange er irgend kann, dem Heranwachsenden das Recht auf eigene Erfahrungen zugesteht, sein Verhalten ohne grämliches Moralisieren sachlich kommentierend begleitet und ihn unmerklich vor bedenklichen Folgen seines Verhaltens in verantwortlicher Voraussicht zu schützen weiß.[85] "Jeder Fehler ist ein Zügel, den er euch gibt, um ihn im Notfall daran festzuhalten. Die größte Kunst des Lehrers besteht darin, die Gelegenheiten so herbeizuführen und die Ermahnungen so zu lenken, daß er im voraus weiß, wann der junge Mann nachgeben und wann er hartnäckig bleiben wird, damit er ihn von allen Seiten aus der Erfahrung belehren kann, ohne ihn jemals allzu großen Gefahren auszusetzen."[86] Die pädagogische Inszenierung, herausragende Lernhilfe der Kindheit, wird eben nicht abrupt aufgegeben, sondern im Zuge der Entwicklung fortlaufend verändert und den Lernaufgaben angepaßt, bis schließlich die inszenierte Situation sich zur authentischen transformiert: das Theater ist zur

---

84 "Das Vertrauen, das er in seinen Erzieher haben muß, ist anderer Art. Es muß auf die Autorität der Vernunft, auf die Überlegenheit der Einsichten und auf die Vorzüge gründen, die der junge Mann erkennen kann und deren Nutzen er fühlt. Eine lange Erfahrung hat ihn gelehrt, daß sein Erzieher ihn liebt, daß er ein weiser und aufgeklärter Mann ist, der nicht nur sein Glück will, sondern auch weiß, wie man es erreichen kann" (UTB, S. 253/Pl.IV, S. 539).

85 "Was muß man also tun...?...: einfach und aufrichtig sein wie er, ihn auf die Gefahren aufmerksam machen, denen er sich ausssetzt, sie ihm deutlich und fühlbar, aber ohne Übertreibung, ohne Ärger, ohne pedantischen Aufwand zeigen, vor allem aber ohne ihm eure Ratschläge als Befehle zu geben, bis sie es geworden sind und der Befehlston absolut notwendig ist" (UTB, S. 254/Pl.IV, S. 539).

86 UTB, S. 254/Pl.IV, S. 540. - An anderer Stelle: "Macht ihn auf seine Fehler aufmerksam, ehe er sie begeht. Sind sie passiert, so macht ihm keine Vorwürfe...Ich kenne nichts Dümmeres als das Wort: 'Ich habe es dir ja gesagt'. Das beste Mittel, ihn daran zu erinnern, was man gesagt hat, ist, so zu tun, als habe man es vergessen. Seht ihr ihn im Gegenteil beschämt, weil er euch nicht geglaubt hat, so verwischt den Eindruck dieser Demütigung behutsam mit guten Worten" (UTB, S. 254/Pl.IV, S. 540).

Wirklichkeit geworden, die dann zum Theater werden kann.[87] Während die Inszenierung in der Kindheit begrenzenden Charakter trug, wirkt sie nun erweiternd, dem wachsenden Unabhängigkeitsbewußtsein der Heranwachsenden dadurch Rechnung tragend, daß die möglichen Erfahrungsräume sich im Sinne konzentrischer Kreise rasch erweitern. Durch diese Haltung "am langen Zügel" wird der Erzieher etwas erhalten, was er nie erzwingen könnte: die Offenheit seines Zöglings ihm gegenüber.[88]

Auch die Autorität, die zweite tragende Komponente einer pädagogischen Beziehung, kann nicht erzwungen werden, denn auch sie wird, darin dem Vertrauen vergleichbar, dem Erzieher vom Zuerziehenden gegeben. Deswegen kann auch keine Rede davon sein, daß die Autorität in der Jugendzeit aufgegeben werden müsse, denn für Rousseau hatte der Erzieher sie bislang noch gar nicht und wird sie, wenn überhaupt, erst jetzt wirklich erhalten.[89]

Rousseau inszeniert die Übergabe der Autorität an den Erzieher im Rahmen eines ernsten, bedeutungsvollen Gespräches, in dem beide Beteiligten, Vertragspartnern gleich, ihre Beziehung verbindlich auf eine neue Grundlage stellen. Nach entsprechend langer und subtiler Vorbereitung von seiten des Erziehers wird der Zögling ihn von sich aus aufsuchen und zu ihm sagen: "Mein Freund, mein Beschützer, mein Lehrer, nimm die Autorität wieder, die du in dem Augenblick ablegen willst, wo es für mich am wichtigsten ist, daß du sie behältst. Bis jetzt hattest du sie, weil ich schwach war; du sollst sie jetzt haben, weil ich es will, und

---

87 Als jemand, der erzogen wird, ist man gleichsam Objekt der Inszenierungen - später dann wird man selbst zum Inszenierenden, der im Sinne Goffmans "eigentlich" recht genau weiß, was gespielt wird (vgl. E. Goffman: Wir alle spielen Theater. Die Selbstdarstellung im Alltag. München 1973 - New York 1959 -. Ders: Das Individuum im öffentlichen Austausch. Frankfurt/M. 1974 - New York 1971).

88 "Aber warum schließt der Junge so sonderbare Freundschaften? Immer nur wegen der Tyrannei seiner Erzieher. Warum soll er sich vor ihnen verstecken, wenn er nicht dazu gezwungen würde? Warum soll er sich beklagen, wenn er keinen Grund dazu hätte? Auf natürliche Weise sind sie seine ersten Vertrauten...Wenn der Junge weder eure Strafpredigten noch eure Maßregelungen zu fürchten hat, so sagt er euch sicherlich alles" (UTB, S. 341/Pl.IV, S. 642).

89 "Was?, soll ich meine Autorität aufgeben, wo ich sie am nötigsten brauche? Soll ich den Jugendlichen in dem Augenblick sich selbst überlassen, wo er sich am wenigsten benehmen kann und wo er am leichtesten ausbricht? Soll ich auf meine Rechte verzichten, wenn es für ihn am nötigsten ist, daß ich sie ausübe? Eure Rechte? Wer spricht davon, sie aufzugeben? Jetzt erst fangen sie für ihn an. Bisher habt ihr alles nur mit Gewalt oder mit List erreicht. Die Autorität und das Gesetz der Pflicht waren ihm unbekannt. Man mußte ihn zwingen oder täuschen, damit er euch gehorcht" (UTB, S. 338/Pl.IV, S. 639).

sie wird mir um so heiliger sein. Verteidige mich gegen alle Feinde, die mich belagern, vor allem gegen die, die ich in mir trage und die mich verraten...Mach mich frei, indem du mich gegen meine Leidenschaften schützt, die mir Gewalt antun! Hindere mich daran, ihr Sklave zu sein und zwinge mich, mein eigener Herr zu sein, indem ich nicht meinen Sinnen, sondern meiner Vernunft gehorche!"[90] Der Erzieher - alles sorgsam vermeidend, was den Verdacht plumper Überrumpelung im anderen hervorrufen könnte - willigt nicht sofort ein, sondern führt dem Heranwachsenden noch einmal die ganze Tragweite seines Ansinnens vor Augen.[91]

Schließlich wird der "Vertrag" unterzeichnet, und der Erzieher wird in mildem Tone sagen: "Mein junger Freund, dir fehlt die Erfahrung, aber ich habe dafür gesorgt, daß es dir nicht an Vernunft fehlt. Du bist nun imstande, überall die Beweggründe meines Handelns zu durchschauen; du brauchst nur zu warten, bis du wieder kaltes Blut hast. Zuerst mußt du mir gehorchen und dann verlangst du Rechenschaft über meine Befehle. Ich bin bereit, dir Rechenschaft abzulegen, wenn du imstande bist, mich zu begreifen; ich werde mich nie scheuen, dich selbst zum Richter zwischen mir und dir zu machen."[92]

Die Kunst des Erziehers besteht nun darin, diese - gleichsam vertraglich besiegelte - Autorität nicht auszuüben, gerade nicht von ihr Gebrauch zu machen, sondern sich weiterhin unermüdlich um das Vertrauen des Heranwachsenden zu bemühen.[93]

---

[90] UTB, S. 349f./Pl.IV, S. 652. - Der Heranwachsende unterwirft sich den Gesetzen des Erziehers ("je veux obéir à vos loix, je le veux toujours, c'est ma volonté constante") nicht als den - mehr oder weniger willkürlichen - Regeln einer Person, sondern gleichsam als den Normen des "verallgemeinerten Anderen", der Vernunft selbst. Nur daher kann diese Unterwerfung ihn wirklich frei machen, und darin besteht der Bezug zum Staatsvertrag.

[91] "Ihr sagt ihm also: 'Junger Mann, du übernimmst leichtfertig schwere Verpflichtungen. Du mußt sie erst kennen, ehe du darauf eingehst...Du hast, ich weiß es, keine verdorbene Seele; du wirst dein Wort nicht brechen. Aber wie oft wirst du es bereuen, es gegeben zu haben! Wie oft wirst du den verwünschen, der dich liebt, wenn er dir das Herz zerreißen muß, um dich drohenden Gefahren zu entreißen...Du zwingst mir ein Joch auf, das schwerer ist als deines. Ehe wir uns damit beladen, prüfen wir doch unsere Kräfte. Nimm dir und gib mir Bedenkzeit..." (UTB, S. 350/Pl.IV, S. 652).

[92] UTB, S. 350f./Pl.IV, S. 65. - Rousseau nimmt hier gewissermaßen im Ausblick den zu erwartenden Rückblick des Erzogenen auf die Erziehung, die er genossen hat, vorweg, d.h. die Frage der Legitimation. Zu diesem klassischen Topos "Der Erzogene als Richter seiner Erzieher" vgl. W. Loch: Lebenslauf und Erziehung, a.a.O., S. 95ff..

[93] "Nachdem ich meine Autorität so begründet habe, wird meine erste Sorge sein, sie nicht gebrauchen zu müssen. Ich werde nichts versäumen, immer mehr sein Vertrauen zu gewinnen,

Dies geschieht am besten dadurch, daß der Erzieher Einblick in selbst erlittene Konfliktlagen gewährt, daß er sich selbst als unvollkommen darstellt, da er nur so authentisch zum Modell zu werden vermag: "Ein anderer Irrtum...besteht darin, den Professor zu spielen und in den Augen des Schülers als vollkommen gelten zu wollen. Diese Methode ist widersinnig. Sehen sie denn nicht ein, daß sie ihre Autorität untergraben, wenn man sie durchsetzen will; daß man sich, um sich Gehör zu verschaffen, an die Stelle seiner Zuhörer versetzen muß und daß man ein Mensch sein muß, um zu menschlichen Herzen sprechen zu können...Zeigt eurem Schüler eure Schwäche, wenn ihr ihn von seinen Schwächen heilen wollt. Er muß bei euch die gleichen Kämpfe sehen, die er selbst durchmacht; er muß an eurem Beispiel lernen, sich zu überwinden..." (UTB, S. 360f./Pl.IV, S. 664).

Der feierliche Akt der Autoritätsübergabe ist allerdings mehr als nur billiges Theater. Der Vertrag, den Zögling und Erzieher miteinander vereinbaren, ist vielmehr als ein für das Jugendalter typisches pädagogisches Paradigma zu verstehen: Der "Autoritätsvertrag" ist zunächst Ausdruck des neu erreichten Status, sozusagen Zeichen der Emanzipation, denn Verträge werden nur unter mündigen, gleichberechtigten Partnern abgeschlossen, nicht mit Kindern.

Der Sinn dieses pädagogischen Vertrages besteht im Grunde genommen darin, für den Fall auftretender Konflikte durch normwidriges Verhalten eine umfassend geltende "Meta-Regel" zu verabreden. Insofern kommt ihm eine zugleich schützende und regulative Funktion zu. Gegenstand der Vereinbarungen sind in erster Linie die durch die "aufkeimenden Leidenschaften" bedingten Verhaltensweisen des Heranwachsenden oder, von der anderen Seite aus betrachtet, die Sorge des Erziehers, sein liebevoll und umsichtig angelegtes Beet einer differenzierten Gefühlskultur könnte durch triebhafte Sinnlichkeit vor der Zeit zerstört und damit das Werk als Ganzes zunichte gemacht werden.[94] Die bei

---

um immer mehr der Vertraute seines Herzens und der Schiedsrichter seiner Vergnügungen zu werden. Statt die Neigungen seines Alters zu bekämpfen, werde ich mich nach ihnen richten, um ihrer Herr zu werden. Ich werde auf seine Ansichten eingehen, um sie zu lenken und nicht ein Glück in weiter Ferne zu suchen, wenn es vor mir liegt" (UTB, S. 351/Pl.IV, S. 653).

94 Daher erlischt auch das Recht des Heranwachsenden auf eigene Erfahrungen an der Tür des Bordells: "Ich würde meinen Schüler absichtlich allen Zufällen aussetzen, die ihm beweisen könnten, daß er nicht klüger ist als wir...Wenn ihn ein Leichtfuß zu einem Abenteuer verleitet, so ließe ich ihn in die Gefahr laufen. Wenn ihn Falschspieler verführten, ich ließe es zu, daß er von ihnen betrogen wird...Und wenn sie ihm den letzten Groschen abgenommen haben und ihn auch noch verspotten, so würde ich ihnen für die Lehre, die sie ihm gegeben haben, in seiner Gegenwart noch danken. Die einzigen Fallen, vor denen ich ihn bewahren würde, wären jene der Dirnen..." (UTB, S. 252f./Pl.IV S. 537f.).

Vertragsbruch fälligen Sanktionen müssen in der Währung bezahlt werden, die auf dem Stand der Entwicklung gültig ist: in Gefühlen nämlich, genauer gesagt, in Schuldgefühlen dem Erzieher gegenüber. Rousseau setzt also die Beziehung zwischen Erzieher und Zögling mit vollem Risiko aufs Spiel, um dadurch die emotionalen Beziehungen seines Zöglings an andere und anderes solange wie irgend möglich beeinflussen zu können. In dieser Interaktion wirkt der Erzieher gleichsam als Verstärker der Stimme des Gewissens, die gerade jetzt aufgrund der Lautstärke der "Körperstimmen" nur schwach zu vernehmen ist: bei Normeinhaltung bekräftigend, bei Übertretung die Abweichung signalisierend. Das Können der Erzieher erweist sich hierbei darin, die Situationen und Anlässe so geschickt auszuwählen, daß sie den Lernfähigkeiten des Zöglings entsprechen, subtil den schmalen Weg zwischen Über- und Unterforderung prinzipiell nicht, oder, je nach Anlaß, mal zu der einen und mal zu der anderen Seite verlassend.

Damit der Vertrag zu einer Lernhilfe werden kann, ist es notwendig, das Grundmuster - zwei gleiche Partner treffen Vereinbarungen über eine Sache - zu pädagogisieren. Diese Pädagogisierung zeigt sich daran, daß - unausgesprochen - neben dem Inhalt, der Sache, die Beziehung mit zum Bestandteil des Vertrages wird. Anders ausgedrückt: ein pädagogischer Vertrag besteht aus einer realen und einer fiktiven Komponente, und das Ironische, das "so-tun-als-ob" macht das Pädagogische aus. Wird dieser Sachverhalt auf die Entwicklung bezogen, also genetisch betrachtet, dann kommt zum Vorschein, daß in der Kindheit die fiktiven Komponenten überwiegen und die realen zurückstehen, wohingegen im Jugendalter die realen Komponenten das Geschehen in zunehmendem Maße bestimmen und die fiktiven in den Hintergrund treten. Nur auf diese Weise können die Menschen im Sinne Rousseaus versuchen, den "moralischen Menschen" zu bilden, stets im Einklang mit der Natur, die den "körperlichen Menschen" bildet, wenn auch die Fortschritte kaum gleich sein können.[95]

"Wenn wir einmal soweit gekommen sind, wieviel neue Einflußmöglichkeiten haben wir dann auf unseren Zögling gewonnen! Welche neue Mittel haben wir nun, um zu seinem Herzen zu sprechen! Dann erst findet er seinen wahren Vorteil darin, gut zu sein und unbeobachtet das Gute zu tun, ohne durch Gesetze dazu

---

[95] "Nous travaillons de concert avec la nature, et tandis qu'elle forme l'homme physique nous tâchons de former l'homme moral; mais nos progrès ne sont pas les mêmes. Le corps est déja robuste et fort que l'ame est encore languissante et foible, et quoi que l'art humain puisse faire, le tempérament précéde toujours la raison" (Pl.IV, S. 636/UTB, S. 335).

gezwungen zu sein, gerecht zu sein zwischen Gott und sich, selbst unter Einsatz des Lebens seine Pflicht zu tun und die Tugend in seinem Herzen zu tragen..." (UTB, S. 336/Pl.IV, S. 635). Um dieses Ziel in greifbare Nähe zu rücken, um zu erreichen, daß ein Mensch unbeobachtet und ohne äußeren Zwang das Gute tut, waren lange Jahre harter Arbeit erforderlich. Die Tatsache, daß Emile mit zwanzig Jahren folgsamer ist als mit zehn, kündigt unüberhörbar das Ende der Erziehung an: "Fünfzehn Jahre habe ich gearbeitet", so blickt Rousseau zurück, "um mir diesen Einfluß zu sichern. Damals habe ich ihn nicht erzogen, ich bereitete ihn vor, erzogen zu werden. Jetzt ist er es genügend, um fügsam zu sein. Er erkennt die Stimme der Freundschaft und weiß der Vernunft zu gehorchen. In der Tat lasse ich ihm scheinbar seine Unabhängigkeit, niemals aber war er mir besser unterworfen; denn er ist es, weil er es will. Solange ich nicht Herr seines Willens war, war ich Herr seiner Person; ich verließ ihn keinen Schritt. Jetzt überlasse ich ihn manchmal sich selbst, weil ich ihn immer beherrsche. Wenn ich ihn verlasse, umarme ich ihn und sage zuversichtlich: Emil, ich vertraue dich meinem Freund an. Ich übergebe dich seinem treuen Herzen; er bürgt mir für dich."[96]

Wenn der Wille selbst gefangen ist, wenn die äußeren Schranken zu inneren geworden sind, wenn der Erzieher seinen Zögling sich selbst an die Hand geben kann und dieser für sich allein die Verantwortung übernimmt, dann ist der größte Teil des Erziehungswerkes vollbracht. Darin besteht der gravierende Einschnitt am Ende des Jugendalters, und es hat den Anschein, als ob der Stein des Sisyphos, der - das Geschäft der Erziehung symbolisierend - wieder und wieder auf den zurückrollt, der es betreibt, zumindest eine Zeitlang liegenbleiben würde.

---

96 "Il m'a fallu quinze ans de soins pour me ménager cette prise. Je ne l'élevois pas alors, je le préparois pour être élevé; il l'est maintenant assés pour être docile; il reconoit la voix de l'amitié et il sait obéir à la raison. Je lui laisse, il est vrai, l'apparence de l'indépendance, mais jamais il ne me fut mieux assujeti, car il l'est parce qu'il veut l'être. Tant que je n'ai pu me rendre maitre de sa volonté je le suis demeuré de sa personne; je ne le quittois pas d'un pas. Maintenant je le laisse quelquefois à lui-même parce que je le gouverne toujours. En le quitant je l'embrasse et je lui dis d'un air assuré: Emile, je te confie à mon ami; je te livre à son cœur honnête; c'est lui qui me répondra de toi" (Pl.IV, S. 661/UTB, S. 358).

Schluß

"Aber Mumien, unter das Lebendige gebracht, können unter diesem nicht aushalten": dies sagt Hegel in der Einleitung zu den "Vorlesungen über die Geschichte der Philosophie", und zwar bezeichnenderweise in dem Abschnitt über die "Nähere Vergleichung der Geschichte der Philosophie mit der Philosophie selbst" (a.a.O., S. 66). Es geht Hegel dort, anders ausgedrückt, um die Bestimmung des Verhältnisses von historischer und systematischer Fragestellung. In seiner Betrachtungsweise ist jede alte Philosophie einerseits notwendige Entwicklungsstufe der nachfolgenden, andererseits eben nur eine Mumie, und das bedeutet: "Es ist in ihr die Befriedigung nicht zu suchen, die nur von einer weiter entwickelten Erkenntnis gewährt werden kann. Wir müssen nicht glauben, die Fragen unseres Bewußtseins, die Interessen der jetzigen Welt bei den Alten beantwortet zu finden...Jede Philosophie eben darum, weil sie die Darstellung einer besonderen Entwicklungsstufe ist, gehört ihrer Zeit an und ist in ihrer Beschränktheit befangen."[1]

Auch Rousseaus "Emile" ist, ungeachtet der Anstrengungen, ihn liebevoll und sorgsam zu konservieren, damit die Nachwelt ihn zu betrachten vermag, in genau diesem Sinne nur eine Mumie, ein einbalsamierter Leichnam. Zwar wissen wir Jahrhunderte später über ihn unvergleichlich mehr als dieser zu "Lebzeiten" über sich selbst je wissen konnte. Dieses Wissen jedoch kann ihn nicht wieder lebendig machen. Letztlich bleibt es mit wissenschaftlicher Akribie zusammengetragene Information über ein museales Exponat, dem Interesse und Verständnis der Zuschauer vor der Vitrine anheimgestellt.

Mumien finden aus zwei Gründen unsere Aufmerksamkeit: wir erkennen etwas wieder, sehen Ähnlichkeiten, Gleiches, und wir bemerken Unterschiede, Veränderungen, Formen und Strukturen, die anders sind, die befremden. In den sechs Kapiteln der vorliegenden Arbeit sind - entsprechend der selbstgestellten Aufgabe, den "Emile" zu "übersetzen" - vor allem Ähnlichkeiten zum Vorschein

---

1 A.a.O., S. 64. - An anderer Stelle heißt es: "Wir können nicht bei ihnen stehenbleiben, sie können nicht wiedererweckt werden...Sie wiedererwecken hieße, den gebildeteren, tiefer in sich gegangenen Geist auf eine frühe Stufe zurückbringen wollen. Das läßt er sich aber nicht gefallen; das würde ein Unmögliches, ein ebenso Törichtes sein, als wenn der Mann sich Mühe geben wollte, sich auf den Standpunkt des Jünglings zu setzen, der Jüngling, wieder Knabe oder Kind sein, - obgleich der Mann, Jüngling und Kind ein und dasselbe Individuum ist" (ebd., S. 65).

gebracht worden: das Verständnis der Erziehungsformen im Horizont des Lebenslaufes, die Differenzierung in Stufen der Entwicklung, Varianten der pädagogischen Inszenierung begründend, das Wechselspiel von Reifungsvorgängen und Lernprozessen, geschickt in unterschiedliche Lernumwelten eingewoben und schließlich die eindeutige Orientierung am Hauptgeschäft der Erziehung: Moralität, um nur die wichtigsten noch einmal zu nennen.

Die Faszination, Gegenwärtiges im Vergangenen wiederzuerkennen, trübt jedoch leicht den Blick für die Unterschiede. Es würde eine eigene Arbeit erfordern, sie alle im einzelnen darzustellen. An dieser Stelle muß aber - vor dem Hintergrund des Verhältnisses von historischer und systematischer Betrachtungsweise - auf zwei gravierende Probleme mit Nachdruck aufmerksam gemacht werden: zum einen auf das Problem der Freiheit in der Erziehungskonzeption Rousseaus und zum anderen, damit unmittelbar zusammenhängend, auf die pädagogische Denkweise, die den "Emile" hervorgebracht hat.

Emile bleibt sein ganzes Leben lang abhängig, unmündig und unfrei. Anders gesagt: Seine Erziehung gelangt nie an einen Punkt, von dem ab er sein Leben in Selbstbestimmung zu meistern vermag. Die Freiheit, die der Erzieher ihm zugesteht, ist nur scheinbar, nicht aber innerlich-wirklich. Seine Erziehung ist kein Prozeß stufenweiser Befreiung, sondern eine immer länger werdende, feingliedrige Kette wachsender Abhängigkeiten. Der Preis für die im Laufe der Entwicklung zugestandenen Freiheiten ist hoch und muß ein Leben lang mit Schuldgefühlen dem Erzieher gegenüber beglichen werden. Aus diesem Grunde fehlt in seinem Gewissen die Stimme, mit der ein autonomes "Ich" sich Gehör verschafft. Der Erzieher ist in ihm so mächtig geworden, daß er, wo immer auf der Welt Emile sich auch befinden mag, niemals gegenwärtig zu sein braucht, da der Wille selbst gefangen ist: die Autorität des Erziehers ist gleichsam zum "Ich" des Erzogenen geworden. Das aber bedeutet: Ohne Autorität - kein "Ich"! Autoritäten jedoch sind austauschbar. Die Erziehung des "Emile" ist, so betrachtet, letztlich eine Erziehung zur Unmündigkeit, die darauf beruht, den Anschein der Freiheit für die Freiheit selbst auszugeben. Emile ist, so könnte man sagen, für die Erziehung erzogen worden, nicht für sich selbst, für sein eigenes Leben.

Am Schluß des fünften Buches zeigt sich dies sehr deutlich. Emile, inzwischen verheiratet und kurz davor, Vater zu werden, wendet sich noch einmal an seinen Erzieher und sagt zu ihm: "Solange ich lebe, werde ich Sie nötig haben. Jetzt, wo meine Pflichten als Mann beginnen, habe ich Sie nötiger denn je. Sie haben die

Ihren erfüllt. Leiten Sie mich, es Ihnen nachzutun."[2] In welch abgründiger Weise Emile "docile" bleibt, selbst als erwachsener Mann noch ein folgsamer Zögling seines Erziehers, ist zu sehen, wenn sein weiterer, von Rousseau unvollendet belassener Lebensweg betrachtet wird. Das Romanfragment "Emile und Sophie oder die Einsamen" endet mit folgender Episode: Emile, von Frau und Kind verlassen, wird nach etlichen Irrfahrten schließlich als Sklave verkauft. Einem jungen Ritter, der mit ihm in die Knechtschaft gerät und der sich gegen die Unterdrückung und Beraubung seiner Freiheit mit dem Hinweis auflehnt, daß er zu sterben verstehe, entgegnet Emile: "Mein Herr, es wäre besser, man verstünde zu leben" (Winkler, S. 685/Pl.IV, S. 919). Emile dagegen versteht es, in der Knechtschaft zu leben. Geschickt organisiert er einen Aufstand der Sklaven, macht sich zu ihrem Sprecher und beeindruckt den herbeigerufenen Herrn derart, daß dieser sagt: "Du scheinst ein vernünftiger Mann; ich will wissen, wieweit dies zutrifft. Du tadelst das Betragen dieses Sklaven (eines Aufsehers, V.K.); wir wollen sehen, wie du dich an seiner Stelle beträgst. Ich gebe dir die seine und ihm die deine" (Winkler, S. 689/Pl.IV, S. 923) - Emile ist erzogen worden, die Freiheit in sich zu finden. Genau das aber macht ihn unfähig, für die Herstellung der Freiheit außerhalb seiner selbst zu kämpfen. Er kann in der Unterdrückung leben und sich dennoch frei fühlen, selbst dann noch, wenn er - notgedrungen - andere zu unterdrücken hat. Das ist der Sachverhalt.

In einem 1966 erschienenen Aufsatz "Erziehung nach Auschwitz" sagt Theodor W. Adorno an einer Stelle: "Die einzig wahrhafte Kraft gegen das *Prinzip* (Hervorhebung d. Verf.) von Auschwitz wäre Autonomie, wenn ich den Kantischen Ausdruck verwenden darf; die Kraft zur Reflexion, zur Selbstbestimmung, zum Nicht-Mitmachen."[3] Emile hingegen macht mit. Ganz am Ende des Romanfragments wendet er sich ein letztes Mal, fast stolz, an seinen Erzieher und sagt: "So wurde Ihr Emile Sklave des Bey von Algier. Die Regeln, nach denen ich mich in dieser neuen Stelle zu richten hatte, entsprangen Grundsätzen, die mir durchaus nicht unbekannt waren. Wir haben sie einst auf

---

2 Die Übersetzung ist hier stark abschwächend. Im Original heißt es: "Conseillez-nous, gouvernez-nous, nous serons dociles: tant que je vivrai j'aurai besoin de vous. J'en ai plus besoin que jamais, maitenant que mes fonctions d'homme commencent. Vous avez rempli les vôtres; guidez-moi pour vous imiter..." (Pl.IV, S. 868).

3 Th. W. Adorno: Erziehung zur Mündigkeit. Vorträge und Gespräche mit Hellmut Becker 1959-1969 (hrsg. v. G. Kadelbach). Frankfurt/M. 1970, S. 93.

unseren Reisen erörtert. Und ihre Anwendung war, obschon unvollkommen und in sehr kleinem Maßstab, in der Lage, in der ich mich befand, ein sichre Sache und im übrigen unfehlbar, was die Wirkungen anlangt" (Winkler, S. 689/Pl.IV, S. 923). Emile beendet sein Leben also nicht als freier Mann, als selbständiger Tischler beispielsweise oder als armer, jedoch unabhängiger, seinen Überzeugungen von Freiheit und Gerechtigkeit treubleibender Philosoph, sondern als Sklave. Er ist, so könnte man in Anlehnung an Molière formulieren, ein homme libre imaginaire, ein Mensch, der sich in verhängnisvoller Weise die Freiheit einbildet, sich für frei hält, ohne es zu sein und daher unfähig geworden ist, für sie zu kämpfen, weil er seine Innenwelt für die Wirklichkeit hält.

Zu 2) Dieses Ende in Unfreiheit hängt unmittelbar mit dem zweiten oben angesprochenen Problem zusammen, nämlich mit der Art der pädagogischen Reflexion, deren Produkt der "Emile" ist.

Rousseaus Denkform ist utopisch, gleichermaßen orientiert an Vergangenem wie an Vorstellungen zukünftiger, zeitloser Ideale. Sie ist eine Art der pädagogischen Reflexion, die ihre Faszination und unbestreitbare Produktivität aus einem folgenschweren Mißverständnis schöpft: sie kann die Grenze zwischen Denkbarem und Wirklichem nicht aufrechterhalten, so daß sich das Denkbare über das Wirkliche schiebt, wodurch schließlich das Gedachte selbst zur Wirklichkeit wird. Wenn aber das Denkbare für das Wirkliche gehalten wird, dann wird das Denken daran gehindert, sich auf das Wirkliche zu richten. Dadurch wird die Hoffnung auf eine bessere Zukunft, die Erwartung, daß die Verhältnisse veränderbar sind - nichts anderes meint ursprünglich das Wort Wahn - zum Wahnsinn, zum kranken Denken, leer an Verstand.[4]

Der Zukunft der Edukanden kann das pädagogische Denken aber nur dann dienen, wenn es der Wirklichkeit, den realistischen Möglichkeiten verpflichtet bleibt, wenn es Unfreiheit als Unfreiheit kennzeichnet und nicht ein Bewußtsein von Freiheit erzeugt, wo Unterdrückung herrscht.[5]

---

4 Das Wort "Wahn" geht zurück auf das althochdeutsche wan, was soviel wie Hoffnung, Erwartung, Meinung bedeutet. Das Wort "Wahnsinn" ist mit "Wahn" nicht verwandt; es ist eine erst neuhochdeutsche Nachbildung des älteren Wahnwitz, das auf dem althochdeutschen Adjektiv wanawizzi beruht, was soviel wie unverständig, leer an Verstand bedeutet (vgl. F. Kluge: Etymologisches Wörterbuch der deutschen Sprache. Berlin 1957, S. 833).

5 Die aufgewiesene Besonderheit des Rousseauschen Denkens dürfte ein Grund dafür sein, daß sich ganz unterschiedliche Denker auf ihn berufen. Einerseits feiert Skinner in seinem Buch "Beyond Freedom and Dignity" (New York 1971, S. 124) den "Emile" als "one of the great practical treatises on how human behavior can be changed" (zit. n. Cook, a.a.O., S. 123).

Rousseau selbst ist in tragischer Weise Opfer seines Denkens geworden, am Ende verzehrt, ausgebrannt und ohne Kraft, Einbildung und Wirklichkeit zu unterscheiden. "Mein ganzes Leben", so steht auf dem Rand einer im Nachlaß gefundenen Spielkarte geschrieben, "ist nur eine lange Träumerei gewesen, in Kapitel gegliedert durch meine täglichen Spaziergänge" (Ritter, 2, S. 792). Und da er sein Leben lang in Einbildungen gelebt hat, muß es zu Ende gehen, als die Einbildungskraft ihn verläßt, ohne Antwort auf die ihn lebenslang bedrängende Frage: "Aber ich, losgelöst von ihnen (den Menschen, V.K.) und von allem, was bin ich selbst" (Ritter, 2, S. 639/Pl.I, S. 995)?[6]
Vor diesem Hintergrund erweist sich der "Emile" Rousseaus - ungeachtet des aufgewiesenen idealtypischen Charakters, der Fülle an allgemeingültigen Einsichten in das Wesen der Erziehung und seiner für das pädagogische Denken paradigmatisch gewordenen Funktion - letztendlich als ein einzigartiges individuelles Kunstwerk, in dem das Allgemeine sich zugleich als das Persönlichste entpuppt, geboren aus der Fiktion, Erzieher zu sein, ohne erziehen zu können.
"Es kann deswegen heutigentages", wie Hegel sagt, "keine Platoniker, Aristoteliker, Stoiker, Epikureer mehr geben" (a.a.O., S. 65) und, so wäre nun zu ergänzen, auch keine Rousseauisten.
Indes, die Beschäftigung mit diesen Mumien ist beileibe nicht unnütz. Wenn Hegel ein wenig abfällig auch nur vom "Aufwärmen" spricht, sieht er die Beschäftigung mit den alten Philosophen doch als einen "Durchgangspunkt des Sich-Einlernens in bedingende, vorausgehende Formen, als ein nachgeholtes Durchwandern durch notwendige Bildungsstufen" (a.a.O., S. 66) an. Es kommt allerdings entscheidend darauf an, sich Rechenschaft über die Motive abzulegen, die zum "Aufwärmen" veranlassen. Hegel nennt zwei: einmal die "Sehnsucht nach einem Anfang und

---

Andererseits werden die Konzepte der radikalen Schul- und Erziehungskritiker (Neill, Goodman, Reimer, Illich, Postman, Weingartner) mit Prinzipien Rousseaus in Verbindung gebracht (vgl. dazu R. Barrow: Radical Education. A Critique of Freeschooling and Deschooling. London 1978). In diesem Zusammenhang ist auch auf die von marxistischer Seite vorgebrachte Kritik an Rousseau hinzuweisen (vgl. dazu Galvano della Volpe: Rousseau and Marx. London 1978 - Rome 1964 -, vor allem den Aufsatz "Critique of Rousseau's Abstract Man", S. 21-48).

6 Auf der erwähnten Spielkarte heißt es weiter: "Ich fühle meine Einbildungskraft schon erstarren und alle meine Kräfte schwächer werden. Ich warte darauf, zu sehen, wie meine Träumereien von Tag zu Tag kälter werden, bis die Mühsal, sie aufzuschreiben, mir den Mut dazu nehmen wird. So muß mein Buch (gemeint sind die "Träumereien eines Einsamen Spaziergängers", V.K.), wenn ich es fortsetze, auf natürliche Weise enden, wenn ich mich dem Ende meines Lebens nähere" (Ritter, 2, S. 792).

festen Ausgangspunkt" und zum anderen die Ohnmacht des Denkens angesichts der Komplexität der Wirklichkeit und der Vielfalt der Ideen.[7] Der feste Ausgangspunkt ist in seinem Verständnis jedoch nur "in dem Denken und der Idee selbst, nicht in einer autoritätsartigen Form zu suchen" (a.a.O., S. 67).

Ein Beispiel dafür, wie die Philosophie Rousseaus im Sinne Hegels wirken kann, wie das Gleiche festgestellt und dennoch das Verschiedene erkannt zu werden vermag, gibt Immanuel Kant. Kant hat die Schriften Rousseaus, vor allem den "Emile", begierig studiert, aber er hat dessen zentrale Prämisse, daß der Mensch von Natur aus gut sei, niemals geteilt. Für ihn war Rousseau ein "gutmütiger Moralist" (vgl. Kap. 1.3, Anmerkung 21). Dennoch hat dieser "gutmütige Moralist" auf ihn einen Einfluß ausgeübt wie kaum ein anderer. Im handschriftlichen Nachlaß heißt es: "Ich bin selbst aus Neigung ein Forscher. Ich fühle den ganzen Durst nach Erkenntnis und die begierige Unruhe darin weiter zu kommen oder auch die Zufriedenheit bey jedem Erwerb. Es war eine Zeit da ich glaubte dieses allein könnte die Ehre der Menschheit machen und ich verachtete den Pöbel der von nichts weis. *Rousseau hat mich zurecht gebracht* (Hervorhebung d. Verf.). Dieser verblendende Vorzug verschwindet, ich lerne die Menschen ehren u. ich würde mich unnützer finden wie den gemeinen Arbeiter wenn ich nicht glaubete, daß diese Betrachtung allen übrigen einen Werth ertheilen könne, die rechte der Menschheit herzustellen."[8]

+ siehe B (Schema zu „Emile" auf S. 315)!

+ zu Emile Sklave: S. 55!

---

7 "Es ist einerseits in solchem Rückschreiten die Sehnsucht nach einem Anfang und festen Ausgangspunkt nicht zu verkennen;... Andererseits kann solche Zurückweisung des entwickelten, reichgewordenen Geistes auf solche Einfachheit...nur als die Zuflucht der Ohnmacht angesehen werden, welche dem reichen Material der Entwicklung, das sie vor sich sieht und das eine Anforderung ist, vom Denken bewältigt und zur Tiefe zusammengefaßt zu werden, nicht genügen zu können fühlt und ihre Hilfe in der Flucht vor demselben und in der Dürftigkeit sucht" (a.a.O., S. 67).

8 Kant's gesammelte Schriften. Herausgegeben von der Preußischen Akademie der Wissenschaften. Band XX. Dritte Abteilung: Handschriftlicher Nachlaß, 7. Band. Berlin 1942, S. 44.

ANHANG

A. Die Bedeutung idealtypischer Konstrukte für die pädagogische Theoriebildung

Typisierungen sind weder besonders neu noch originell, deswegen aber nicht weniger nützlich. Historisch kann man ihre Spuren bis in das Alte Testament hinein zurückverfolgen, und entwicklungslogisch betrachtet gehören sie an den Ursprung menschlichen Denkens.[1]

Im folgenden geht es um die Typisierung als sozialwissenschaftliche Methode. Es wird zunächst auf die grundlegenden Arbeiten Max Webers zum Idealtypus Bezug genommen (Kap. 1).

Im Anschluß wird die Weiterentwicklung dieser Konzeption durch Alfred Schütz einen Schwerpunkt der Darstellung bilden (Kap. 2).

Auf dieser Grundlage soll dann die Frage nach der Funktion idealtypischer Konstrukte für die Forschungsprobleme der Erziehungswissenschaft gestellt werden (Kap. 3).

Abschließend werden diese wissenschaftstheoretischen Ausführungen mit dem Gegenstand der vorangegangenen Arbeit verbunden, indem die Frage beantwortet wird, warum der "Emile" Rousseaus als idealtypische Konstruktion aufgefaßt werden kann (Kap. 4).

---

1 In der alttestamentarischen Typologie ist zwischen sakral-kultischen und geschichtlich-eschatologischen Varianten zu unterscheiden. Zu ersterer wäre z. B. die Anschauung zu rechnen, wonach Mose die irdische "Stiftshütte", Salomon den Tempel entsprechend einem himmlischen Modell herstellen sollte (Ex 25, 9). Dagegen sehen die Propheten das, was sie für die Zukunft erwarten, als vollkommenen und unüberbietbaren "Antitypus" bestimmter, von Jahwe einst in die Geschichte hineingegebener "Typen", denen solche Vollkommenheit noch abgeht.
Im Neuen Testament (Römer 5, 14) wird Adam als "Typos des Kommenden" Christus gegenübergestellt (Vgl. Die Religion in Geschichte und Gegenwart. Handwörterbuch für Theologie und Religionswissenschaft. Sechster Band, Tübingen 1962[3], S.1094ff.).
Vgl. zum anderen genannten Gesichtspunkt Cl. Lévi-Strauss: Das wilde Denken. Frankfurt/M. 1968 (Paris 1962).

1. Der Idealtypus in der Verstehenden Soziologie Max Webers

Ausgangspunkt für die folgenden Überlegungen sind die methodischen Grundlagen der Verstehenden Soziologie, wie sie Max Weber im Ersten Teil (Soziologische Kategorienlehre) seines unvollendet gebliebenen Hauptwerkes "Wirtschaft und Gesellschaft" eindrucksvoll formuliert hat.[2] Um die Funktion des Idealtypus im Kontext der Verstehenden Soziologie zu verdeutlichen, ist es unumgänglich, mit Webers grundlegenden Definitionen selbst zu beginnen.

Soziologie soll nach Weber eine Wissenschaft heißen, "welche soziales Handeln deutend verstehen und dadurch in seinem Ablauf und seinen Wirkungen ursächlich erklären will" (WuG, S. 1). Damit ist notwendig eine Reihe von Fragen aufgeworfen: wie ist Handeln, insbesondere soziales Handeln zu definieren, was wird unter "verstehen" verstanden und wie ist ein deutendes Verstehen wissenschaftlich, also ursächlich erklärend möglich? Handeln nennt Weber "ein menschliches Verhalten (einerlei ob äußeres oder innerliches Tun, Unterlassen oder Dulden)..., wenn und insofern der oder die Handelnden mit ihm einen subjektiven *Sinn* verbinden" (WuG, S. 1). Sinn heißt hier nicht "irgendein objektiv 'richtiger' oder metaphysisch ergründeter 'wahrer' Sinn", sondern entweder " a) der tatsächliche in einem historisch gegebenen Fall von einem Handeln oder durchschnittlich und annähernd in einer gegebenen Masse von Fällen von den Handelnden oder b) in einem begrifflich konstruierten reinen Typus von dem oder den als Typus gedachten Handelnden subjektiv gemeinter Sinn" (WuG, S. 1). Demnach wäre Gegenstand der Soziologie der subjektiv gemeinte Sinn realer oder gedachter - konstruierter - Handelnder und die ursächliche Erklärung sich daraus ergebender Abläufe und Wirkungen.

Diese vorläufige Definition erfährt nun durch den Begriff des Sozialen eine Einschränkung und Präzisierung: "Soziales Handeln aber soll ein solches Handeln heißen, welches seinem von dem oder den Handelnden gemeinten Sinn nach auf das Verhalten *anderer* bezogen wird und daran in seinem Ablauf orientiert ist"

---

2 Max Weber: Wirtschaft und Gesellschaft. Grundriss der Verstehenden Soziologie. Besorgt von J. Winckelmann. Tübingen 1976[5] (im folgenden abgekürzt: WuG).
Vgl dazu den Aufsatz von F. H. Tenbruck: Die Genesis der Methodologie Max Webers, in: Kölner Zeitschrift für Soziologie und Sozialpsychologie, 11, 1959, S. 573-630 (zum Idealtypus besonders S. 620ff.).

(WuG, S. 1). "Die 'anderen' können Einzelne und Bekannte oder unbestimmt viele und ganz Unbekannte sein" (WuG, S. 11).[3] Das soziale Handeln kann somit dahingehend näher bestimmt werden, in welcher spezifischen Weise es auf das Verhalten anderer bezogen ist. Weber unterscheidet vier Bestimmungsmodi des (sozialen) Handelns: "1. zweckrational: durch Erwartungen des Verhaltens von Gegenständen der Außenwelt und von anderen Menschen und unter Benutzung dieser Erwartungen als 'Bedingungen' und als 'Mittel' für rational, als Erfolg erstrebte und abgewogene eigne *Zwecke*, - 2. wertrational: durch bewußten Glauben an den - ethischen, ästhetischen, religiösen oder wie immer sonst zu deutenden - unbedingten Eigenwert eines bestimmten Sichverhaltens rein als solchen und unabhängig vom Erfolg. - 3. affektuell, insbesondere emotional: durch aktuelle Affekte und Gefühlslagen, - 4. traditionell: durch eingelebte Gewohnheit" (WuG, S. 12).

Auf der Grundlage dieser Definitionen können nun die mit dem "Verstehen" verbundenen Fragen und Probleme zu klären versucht werden. Max Weber unterscheidet zwei Arten des Verstehens: das aktuelle und das erklärende Verstehen. "Wir 'verstehen' z.B. aktuell den Sinn des Satzes 2 x 2 = 4, den wir hören oder lesen (rationales aktuelles Verstehen von Gedanken) oder einen Zornausbruch, der sich in Gesichtsausdruck, Interjektionen, irrationalen Bewegungen manifestiert (irrationales aktuelles Verstehen von Affekten), oder das Verhalten eines Holzhackers oder jemandes, der nach der Klinke greift, um die Tür zu schließen, ... (rationales aktuelles Verstehen von Handlungen)" (WuG, S. 3f.). Für das erklärende Verstehen ist im Gegensatz zum aktuellen das dem Verhalten zugrundeliegende Motiv von Bedeutung: "Wir 'verstehen' motivationsmäßig welchen Sinn derjenige, der den Satz 2 x 2 = 4 ausspricht oder niedergeschrieben hat, damit verband, daß er dies gerade jetzt und in diesem Zusammenhang tat, wenn wir ihn mit einer kaufmännischen Kalkulation, einer wissenschaftlichen Demonstration, einer technischen Berechnung oder einer anderen Handlung befaßt sehen, in deren Zusammenhang nach ihrem uns verständlichen Sinn dieser Satz 'hineingehört', das heißt: einen uns verständlichen Sinnzusammenhang gewinnt (rationales Motivationsverstehen)" (WuG, S. 4). Neben diesem rationalen ist auch ein affektuelles (irrationales) Motivationsverstehen gegeben, das als ein "Erklären

---

3 Vgl. hierzu die Figur des "generalized other" von G.H. Mead: Geist, Identität und Gesellschaft. Frankfurt 1968 (Chicago 1934), S. 194ff..

des tatsächlichen Ablaufs des Handelns" angesehen werden kann; "'Erklären' bedeutet also für eine mit dem Sinn des Handelns befaßte Wissenschaft soviel wie: Erfassung des Sinnzusammenhangs, in den, seinem subjektiv gemeinten Sinn nach, ein aktuell verständliches Handeln hineingehört" (WuG, S. 4). Damit ist allerdings noch nichts über die Kausalität gesagt.[4]

Um diese Frage zu beantworten, ist es erforderlich, sich die unterschiedlichen Evidenzgrade, die Weber den jeweiligen Verstehensarten zuordnet, zu vergegenwärtigen."Evidenz des Verstehens kann entweder: a) rationalen (und alsdann entweder logischen oder mathematischen), oder b) einfühlenden nacherlebenden (emotionalen, künstlerisch-rezeptiven) Charakters sein. Rational evident ist auf dem Gebiet des Handelns vor allem das in seinem gemeinten Sinnzusammenhang restlos und durchsichtig intellektuell Verstandene. Einfühlend evident ist am Handeln, das in seinem erlebten Gefühlszusammenhang voll Nacherlebte" (WuG, S. 2). Ein Höchstmaß an Evidenz kommt also der Deutung von zweckrational orientiertem Handeln zu; dies bedeutet allerdings nicht, daß die anderen Handlungstypen und Deutungsarten weniger bedeutsam oder gar wissenschaftlich zu vernachlässigen wären. Es ist bereits angedeutet worden, daß nach Weber streng unterschieden werden muß zwischen dem Evidenzgrad einer Deutung und ihrer Kausalität. Denn auch eine "sinnhaft noch so evidente Deutung ...ist an sich nur eine besonders evidente kausale Hypothese" (WuG, S. 4)), wofür vor allem drei Gründe von Bedeutung sind: "a) Es verhüllen vorgeschobene 'Motive' und 'Verdrängungen' (...) oft genug gerade dem Handelnden selbst den wirklichen Zusammenhang der Ausrichtung seines Handelns derart, daß auch subjektiv aufrichtige Selbstzeugnisse nur relativen Wert haben... b) Äußeren Vorgängen des Handelns, die uns als 'gleich' oder 'ähnlich' gelten, können höchst verschiedene Sinnzusammenhänge bei dem oder den Handelnden zugrunde liegen, und wir 'verstehen' auch ein sehr stark abweichendes, oft sinnhaft geradezu gegensätzliches Handeln gegenüber Situationen, die wir als unter sich 'gleichartig'

---

[4] Einen Überblick der Weiterentwicklung der Handlungstheorien bietet das mehrbändige von H. Lenk herausgegebene Werk "Handlungstheorien - interdisziplinär". Zur hier angesprochenen Frage der Handlungserklärungen vgl. vor allem folgende Aufsätze: A. Beckermann: Intentionale versus kausale Handlungserklärungen. Zur logischen Struktur intentionaler Erklärungen, in: H. Lenk (Hg.): Handlungstheorien - interdisziplinär II, Zweiter Halbband. München 1979, S. 445-490. - M. Schmid: Rationalitätsprinzip und Handlungserklärung, in: H. Lenk (Hg.), a.a.O., S. 491-533. - H.G. Schütte: Handlungen, Rollen und Systeme. Überlegungen zur Soziologie M. Webers und T. Parsons, in: H. Lenk (Hg.): Handlungstheorien - interdisziplinär IV, München 1977, S. 17-57.

ansehen (...). c) Die handelnden Menschen sind gegebenen Situationen gegenüber sehr oft gegensätzlichen, miteinander kämpfenden Antrieben ausgesetzt, die wir sämtlich 'verstehen'. In welcher relativen Stärke aber die verschiedenen im 'Motivenkampf' liegenden, uns untereinander gleich verständlichen Sinnbezogenheiten im Handeln sich auszudrücken pflegen, läßt sich, nach aller Erfahrung, in äußerst vielen Fällen nicht einmal annähernd, durchaus regelmäßig aber nicht sicher, abschätzen" (WuG, S. 4).[5] Demnach wird die Kausalität evidenter Deutungen eingeschränkt durch: die Unbewußtheit, die Heterogenität und eine nicht eindeutige Zuordbarkeit von Handeln und zugrundeliegendem Motiv. Um dieser Schwierigkeit zu begegnen, bedarf es empirischer (experimenteller) Kontrollen. Das wird jedoch nicht immer möglich sein, so daß dann nur noch das "unsichere Mittel des 'gedanklichen Experiments', d.h. des Fortdenkens einzelner Bestandteile der Motivationskette und der Konstruktion des dann wahrscheinlichen Verlaufes" (WuG, S. 5) zur Verfügung steht. Es ist aus der bisherigen Darstellung deutlich geworden, daß für Verstehen und Erklären des "Verstehens" dem Begriff des Motivs eine zentrale Bedeutung zuzumessen ist, insbesondere Webers in diesem Zusammenhang verwendeter Unterscheidung von Kausal- und Sinnadäquanz. Diese Begriffe bedürfen noch eingehender Erläuterung, bevor der "Idealtypus" in den Mittelpunkt der Darstellung gerückt werden kann. Motiv definiert Weber als einen Sinnzusammenhang, "welcher dem Handelnden selbst oder dem Beobachtenden als sinnhafter 'Grund' eines Verhaltens erscheint. 'Sinnhaft adäquat' soll ein zusammenhängend ablaufendes Verhalten in dem Grade heißen, als die Beziehung seiner Bestandteile von uns nach den durchschnittlichen Denk- und Gefühlsgewohnheiten als typischer (...'richtiger') Sinnzusammenhang bejaht wird. 'Kausal adäquat' soll dagegen ein Aufeinanderfolgen von Vorgängen in dem Grade heißen, als nach Regeln der Erfahrung eine Chance besteht: daß sie stets in gleicher Art tatsächlich abläuft" (WuG, S. 5). "Kausale Erklärung bedeutet also die Feststellung: daß nach einer irgendwie abschätzbaren, im - seltenen - Idealfall: zahlenmäßig angebbaren, Wahrscheinlichkeitsregel auf einen bestimmten beobachteten (inneren oder äußeren) Vorgang ein bestimmter anderer Vorgang folgt (oder: mit ihm gemeinsam auftritt)" (WuG, S. 5). Sinnadäquanz und Kausaladäquanz sind demzufolge für sich genommen "nur" notwendige

---

[5] Hier stellt sich die Frage nach dem Verhältnis von Verstehender Soziologie und Psychologie. Vgl. dazu: A. Walther: Max Weber als Soziologe, in: G. Salomon: Jahrbuch für Soziologie. 2. Band, Karlsruhe 1926, S. 37-44.

Bedingungen einer soziologischen Regel: ohne Sinnadäquanz ist ein Verhalten zwar als statistisch wahrscheinlich, jedoch unverstehbar, anzusehen; ohne Kausaladäquanz ist ein Verhalten zwar als verstehbar zu qualifizieren, aber hinsichtlich des Wahrscheinlichkeitsgrades seines Auftretens in der Realität empirisch nicht belegbar. "Nur solche statistischen Regelmäßigkeiten, welche einem verständlichen gemeinten Sinn eines sozialen Handelns entsprechen, sind (...) verständliche Handlungstypen, also: 'soziologische Regeln'. Nur solche rationalen Konstruktionen eines sinnhaft verständlichen Handelns sind soziologische Typen realen Geschehens, welche in der Realität wenigstens in irgendeiner Annäherung beobachtet werden können" (WuG, S. 6).
Motiv, Soziales Handeln, Erklären und Verstehen: das sind die begrifflichen Elemente, die notwendig sind, um die Funktion und Bedeutung der idealtypischen Konstruktion (des Idealtypus, von Weber auch als "reiner Typus" bezeichnet), die im Vorangegangenen bereits angeklungen ist, nun - die knappe Darstellung der Grundlagen der Verstehenden Soziologie abrundend - genau darstellen zu können.
Max Weber hat im Laufe seiner umfangreichen Arbeit seine Ansichten über den Idealtypus mehrfach geändert. Dies muß sicherlich in Zusammenhang mit der Verschiebung seiner Erkenntnisinteressen von der Geschichte zur Soziologie gesehen werden, womit die eine Schwierigkeit benannt wäre, die das Verständnis erschwert. Die andere liegt darin, daß Weber selbst seine Ausführungen von 1904 als "skizzenhafte(n) und deshalb vielleicht teilweise mißverständliche(n) Erörterungen" bezeichnet, die er "bald eingehender fortzusetzen" gedachte.[6] In diesen früheren Schriften hatte M. Weber in erster Linie den Idealtypus im Kontext mit den Problemen der Geschichtswissenschaft erörtert. Die sich hieraus entwickelnde soziologische Betrachtungsweise zieht eine Veränderung der Konzeption des Idealtypus nach sich, was Weber allerdings in den methodischen Grundlagen zu "Wirtschaft und Gesellschaft" nur knapp andeutet. Diesen Veränderungen kann im Rahmen dieser Arbeit nicht im einzelnen nachgegangen werden.[7] Die historisch ausgerichtete Auffassung des Idealtypus wird daher im

---

[6] Max Weber: Gesammelte Aufsätze zur Wissenschaftslehre. Hrsg. v. J. Winckelmann. Tübingen 1968[3] (im folgenden abgekürzt: WL), S. 131 (Anmerkung l).

[7] Ausführlicher informieren folgende Arbeiten: J. Bendl: Methodologische Aspekte des Idealtypus. Max Weber und die Soziologie der Geschichte. Berlin 1965. - A. v. Schelting: Die logische Theorie der historischen Kulturwissenschaft von Max Weber und im besonderen sein Begriff des Idealtypus, in: Archiv für Sozialwissenschaft und Sozialpolitik, Tübingen 49, 1922, S. 623-752. - A. Walther: a.a.O., (Anmerkung 3), S. 1-65.

folgenden nur insoweit berührt werden, als es für das Verständnis des Idealtypus in der Perspektive der Verstehenden Soziologie notwendig und hilfreich erscheint. Es muß zunächst klar unterschieden werden zwischen Ideen, die als Ideale für die Handelnden in normativer Weise von Bedeutung sind - z.B. als Vorbilder, an denen man sich konkret zu orientieren versucht - und der logischen Konstruktion eines idealen Typus. Max Weber betont, daß es "eine elementare Pflicht der wissenschaftlichen Selbstkontrolle und das einzige Mittel zur Verhütung von Erschleichungen (sei), die logisch vergleichende Beziehung der Wirklichkeit auf Idealtypen im logischen Sinne von der wertenden Beurteilung der Wirklichkeit aus Idealen heraus scharf zu scheiden. Ein 'Idealtypus' in unserem Sinne ist, ..., etwas gegenüber der wertenden Beurteilung völlig indifferentes, er hat mit irgend einer anderen als einer rein logischen 'Vollkommenheit' nichts zu tun. Es gibt Idealtypen von Bordellen so gut wie von Religionen..." (WL, S. 200).
Wie wird nun ein Idealtypus gebildet? "Er wird gewonnen durch einseitige Steigerung eines oder einiger Gesichtspunkte und durch Zusammenschluß einer Fülle von diffus und diskret, hier mehr, dort weniger, stellenweise gar nicht, vorhandenen Einzelerscheinungen, die sich jenen einseitig herausgehobenen Gesichtspunkten fügen, zu einem in sich einheitlichen Gedankenbilde. In seiner begrifflichen Reinheit ist dieses Gedankenbild nirgends in der Wirklichkeit empirisch vorfindbar, es ist eine Utopie..." (WL, S. 191). Utopie bedeutet dabei im Sinne Webers nicht: von der Wirklichkeit völlig losgelöst; vielmehr muß diese "Utopie" insofern auf spezifische Weise mit der Realität verbunden bleiben, als es sich um die "Konstruktion von Zusammenhängen (handelt), welche unserer Phantasie als zulänglich motiviert und also 'objektiv möglich', unserem nomologischen Wissen als adäquat erscheinen" (WL, S. 192) müssen: das sind die Konstruktionsbedingungen. Der Zweck der idealtypischen Begriffsbildung liegt darin, "nicht das Gattungsmäßige, sondern umgekehrt die Eigenart von Kulturerscheinungen scharf zum Bewußtsein zu bringen (WL, S. 202). Dies geschieht durch Konfrontation und Vergleich (Messung) des Empirischen mit der Konstruktion (vgl. WL, S. 194, 212), so daß die oben genannte Eigenart der Kulturerscheinungen "pragmatisch veranschaulicht und verständlich" (WL, S. 190) gemacht werden kann. "Diese Möglichkeit kann sowohl heuristisch wie für die Darstellung von Wert, ja unentbehrlich sein. Für die Forschung will der idealtypische Begriff das Zurechnungsurteil schulen: er ist keine 'Hypothese', aber er will der Hypothesenbildung die Richtung weisen" (WL, S. 190).
Als Kriterien für die Entscheidung darüber, ob es sich bei idealtypischen

Konstruktionen um gedankliche Spielereien oder um wissenschaftliche Begriffsbildung handelt, nennt Weber schlicht "nur einen Maßstab: den des Erfolges für die Erkenntnis konkreter Kulturerscheinungen in ihrem Zusammenhang, ihrer ursächlichen Bedingtheit und ihrer Bedeutung. Nicht als Ziel, sondern als Mittel kommt mithin die Bildung abstrakter Idealtypen in Betracht" (WL, S. 193). Die im Kontext der Geschichtstheorie zur Geltung kommenden Idealtypen sind - das dürften die knappen Andeutungen ausreichend illustrieren - sehr komplexe Gedankengebilde (z.B. wird im Kontext der Soziologie der Herrschaft eine Typologie der Städte bedeutsam: die Stadt des Okzidents, die Geschlechterstadt im Mittelalter und in der Antike, die Plebejerstadt). Diese Komplexität der Figuren kann in vielen Fällen die intersubjektive Gültigkeit daraus abgeleiteter Aussagen einschränken. Der konstruktive Charakter der historisch verwendeten Idealtypen liegt allein im Steigern, im Zuspitzen der wirklichen Zusammenhänge aus eben ihnen selbst heraus. Wie verhält es sich demgegenüber mit den Idealtypen, die aus einem primär soziologischen Erkenntnisinteresse heraus gebildet werden? Um zu verdeutlichen, was den "historischen" Idealtypus von dem "soziologischen" unterscheidet, empfiehlt es sich, von den - Max Weber zufolge - Geschichte und Soziologie jeweils leitenden Erkenntniszielen auszugehen. "Die Soziologie bildet...Typen-Begriffe und sucht generelle Regeln des Geschehens. Im Gegensatz zur Geschichte, welche die kausale Analyse und Zurechnung individueller, kulturwichtiger, Handlungen, Gebilde, Persönlichkeiten erstrebt" (WuG, S. 9). Die Geschichte verwendet zwar generelle Begriffe und Gesetze, geht aber "nicht selbst auf die Bildung solcher Gesetze" (WL, S. 91) aus; vielmehr betrachtet sie "Zustände und Veränderungen der Wirklichkeit als 'bewirkt' und 'wirkend'" und sucht "teils aus den konkreten Zusammenhängen durch Abstraktion 'Regeln' der 'Verursachung' zu ermitteln, teils konkrete 'ursächliche' Zusammenhänge durch Bezugnahme auf 'Regeln' zu 'erklären'" (WL, S. 136). Es ist dabei hervorzuheben, daß offen bleibt, "welche Rolle ... die Formulierung der 'Regeln' dabei spielt, ... welche logische Form diese annehmen" oder "ob überhaupt eine Formulierung von Regeln stattfindet" (WL, S. 136). Zugespitzt heißt das: die Geschichte geht implizit immer schon von Regeln aus,wohingegen die Soziologie auf die Bildung dieser Regeln abzielt. Diese Regelbildung ist wiederum nur möglich durch die Zerlegung historisch komplexer Idealtypen in einzelne Elemente.[8] Das Material für diesen Prozeß der Regelbildung stammt nach

[8] Vgl. dazu: "... jeder individuelle Idealtypus setzt sich aus begrifflichen Elementen zusammen,

Weber aus dem Bereich des mit subjektivem Sinn verbundenen sozialen Handelns, bezieht sich also auf "verständliche Handlungstypen, also: soziologische Regeln"(WuG, S. 6). In dieser Einschränkung auf das zumindest prinzipiell als bewußt denkbare soziale Handeln (= das im Prinzip verstehbare Handeln) sieht Max Weber gerade das Spezifikum der Verstehenden Soziologie. Das bedeutet allerdings nicht, wie gleich noch zu zeigen sein wird, daß nicht auch andere Phänomene als gleichermaßen bedeutsam anzusehen sind.[9]
Damit die Soziologie ihrer Aufgabe, dieses prinzipiell verstehbare Handeln zu verstehen und ursächlich zu erklären, nachkommen kann, ist es erforderlich, gewissermaßen einen "Super-Idealtypus" zu bilden: das zweckrationale Handeln."Die Konstruktion eines streng zweckrationalen Handelns also dient ... der Soziologie, seiner evidenten Verständlichkeit und seiner - an der Rationalität haftenden - Eindeutigkeit wegen, als Typus ('Idealtypus'), um das reale, durch Irrationalitäten aller Art (Affekte, Irrtümer) beeinflußte Handeln als 'Abweichung' von dem bei rein rationalem Verhalten zu gewärtigenden Verlaufe zu verstehen" (WuG, S. 3). Die auf diese Weise gebildeten Begriffe sind zwar der "konkreten Realität des Historischen (gegenüber) relativ inhaltsleer", bieten dafür aber "gesteigerte Eindeutigkeit", die durch ein "mögliches Optimum von Sinnadäquanz" erreicht wird (WuG, S. 9).

Das mögliche Maß der Sinnadäquanz ist abhängig von den jeweiligen Handelnstypen, die rational oder irrational verstehbar sein können. "In allen Fällen, rationalen wie irrationalen, entfernt sie sich von der Wirklichkeit und dient der Erkenntnis dieser in der Form: daß durch Angabe des Grades der Annäherung einer historischen Erscheinung an einen oder mehrere dieser Begriffe diese eingeordnet werden können...Die Soziologie (muß) ihrerseits 'reine' ('Ideal'-) Typen von Gebilden jener Art entwerfen, welche je in sich die konsequente Einheit möglichst vollständiger Sinnadäquanz zeigen, eben deshalb aber in dieser absolut idealen reinen Form vielleicht ebensowenig je in der Realität auftreten wie eine

---

die gattungsmäßig sind und als Idealtypen geformt worden sind" (WL, S. 201).

9 "Vorgänge und Regelmäßigkeiten, welche, weil unverstehbar, im hier gebrauchten Sinn des Wortes nicht als 'soziologische Tatbestände' oder Regeln bezeichnet werden, sind natürlich um deswillen nicht weniger wichtig. Auch nicht etwa für die Soziologie im hier betriebenen Sinne des Wortes (der ja eine Begrenzung auf "verstehende Soziologie" enthält, welche niemandem aufgenötigt werden soll und kann). Sie rücken nur, und dies allerdings methodisch ganz unvermeidlich, in eine andere Stelle als das verstehbare Handeln: in die von "Bedingungen", "Anlässen", "Hemmungen", Forderungen" desselben." (WuG, S. 6).

physikalische Reaktion, die unter Voraussetzungen eines absolut leeren Raumes errechnet ist. Nur vom reinen ('Ideal'-)Typus her ist soziologische Kasuistik möglich" (WuG, S. 10). Pointiert formuliert bedeutet dies letzten Endes: "Je schärfer und eindeutiger konstruiert die Idealtypen sind: Je weltfremder sie also, in diesem Sinne, sind, desto besser leisten sie ihren Dienst, terminologisch und klassifikatorisch sowohl wie heuristisch" (WuG, S. 10). Der mit Hilfe des Super-Typus "zweckrationales Handeln" gewonnene Idealtypus wird zum Maßstab (im logischen, nicht im wertenden Sinne), mit dem alle anderen "irrationalen, affektuell bedingten, Sinnzusammenhänge des Sichverhaltens" (WuG, S. 2) zum Zwecke der Darstellung und Erforschung konfrontiert werden. - In den seltenen Fällen "wo es sich nur um Gradunterschiede qualitativ gleichartigen sinnhaft bestimmten Verhaltens" (WuG, S. 10) handelt, d.h. in denen die Voraussetzung gegeben ist, daß dem Verhalten homogene Motive zugrundeliegen, verwendet "die Soziologie außerdem nach Gelegenheit auch den Durchschnitts-Typus von der Art der empirisch-statistischen Typen" (WuG, S. 10), "ein Gebilde", so Weber, "welches der methodischen Erläuterung nicht besonders bedarf" (WuG, S. 10). In der überwiegenden Mehrzahl der Fälle ist allerdings, wie angedeutet, "das soziologisch relevante Handeln von qualitativ heterogenen Motiven beeinflußt" (WuG, S. 10).
Max Weber sieht in der Beschränkung auf das prinzipiell als bewußt denkbare, sinnhafte soziale Handeln, wie bereits angesprochen, gerade das Besondere der "Verstehenden Soziologie". Dies muß zwangsläufig den Einwand provozieren, daß diese Art des Handelns in der alltäglichen Wirklichkeit menschlichen Handelns nur sehr selten anzutreffen ist. Er hat diesen Einwand in gewisser Weise selber vorweggenommen, wenn er schreibt: "Das reale Handeln verläuft in der großen Masse seiner Fälle in dumpfer Halbbewußtheit oder Unbewußtheit seines 'gemeinten Sinns'. Der Handelnde 'fühlt' ihn mehr unbestimmt, als daß er ihn wüßte oder 'sich klar machte', handelt in der Mehrzahl der Fälle triebhaft oder gewohnheitsmäßig ... Wirklich effektiv, d.h. voll bewußt und klar, sinnhaftes Handeln ist in der Realität stets nur ein Grenzfall ... Aber das darf nicht hindern, daß die Soziologie ihre Begriffe durch Klassifikation des möglichen 'gemeinten Sinns' bildet, also so, als ob das Handeln tatsächlich bewußt sinnorientiert verliefe. Den Abstand gegen die Realität hat sie jederzeit...in Betracht zu ziehen und nach Maß und Art festzustellen" (WuG, S. 10 f.).Die Alternative ist eindeutig: "Man hat eben methodisch sehr oft nur die Wahl zwischen unklaren oder klaren, aber dann irrealen und 'idealtypischen' Termini. In diesen Fällen aber sind die letzteren wissenschaftlich vorzuziehen" (WuG, S. 11).

2. Typisierung, Alltag, Wissenschaft: Alfred Schütz

Die Forschungen von Alfred Schütz sind auf das Fundament gegründet, das Max Weber der Soziologie mit seinen Arbeiten geliefert hat. In seinem 1932 nach zwölfjähriger Arbeit in Wien erstmals veröffentlichten Buch "Der sinnhafte Aufbau der sozialen Welt" schreibt Schütz in den Einleitenden Untersuchungen: "Er (M. Weber, V.K.) hat der deutschen Soziologie, soweit sie als Wissenschaft und nicht als Heilslehre auftritt, ihre Bestimmung gewiesen und ihr das logisch-methodische Rüstzeug an die Hand gegeben, dessen sie zur Lösung ihrer besonderen Aufgaben bedarf."[10] Das Werk von Alfred Schütz kann als ein Beitrag verstanden werden, diese Aufgabe - in der Tradition Max Webers stehend - mitzuerfüllen. Schütz ist von der Überzeugung geleitet, daß "Webers Fragestellung zwar den Ansatzpunkt jeder echten Theorie der Sozialwissenschaften endgültig bestimmt hat, daß aber seine Analysen noch nicht bis in jene Tiefenschicht geführt sind, von der allein aus viele wichtige, aus dem Verfahren der Geisteswissenschaften selbst erwachsende Aufgaben bewältigt werden können" (Aufbau, S. 9). Der Begriff der "Tiefenschicht" bezieht sich in erster Linie auf das Problem des "subjektiven Sinns", das den Schlüssel zum Verständnis weiterer damit eng verknüpfter komplizierter Sachverhalte wie "Selbstverstehen und Fremdverstehen, Sinnsetzung und Sinndeutung, Symbol und Symptom, Motiv und Entwurf, Sinnadäquanz, vor allem aber das Wesen der idealtypischen Begriffsbildung und damit der besonderen Einstellung der Sozialwissenschaft zu ihrem Gegenstand" (Aufbau, S. 9) liefert. Bevor überhaupt die Frage, wie Wissenschaft vom subjektiven Sinn möglich sein kann, zu beantworten ist, gilt es, so Schütz, "die Wurzeln der sozialwissenschaftlichen Problematik bis zu den fundamentalen Tatsachen des Bewußtseinserlebens zurückzuverfolgen" (Aufbau, S. 9). Die Voraussetzungen für diese Vorhaben sieht Schütz in den philosophischen Entdeckungen Bergsons und Husserls: "Nur mit Hilfe einer allgemeinen Theorie des Bewußtseins, wie Bergsons Philosophie der Dauer oder Husserls transzendentaler Philosophie, kann die Lösung der Rätsel gefunden werden, mit denen die Problematik der Sinnsetzungs- und Sinndeutungsphänomene umlagert ist" (Aufbau, S. 21). Drei

---

[10] Alfred Schütz: Der sinnhafte Aufbau der sozialen Welt. Eine Einleitung in die verstehende Soziologie. Frankfurt 1974. (abgekürzt: Aufbau), S. 13.

Aufgaben sind dabei notwendig zu lösen: 1. eine exakte Bestimmung des Sinnphänomens mit Hilfe der Konstitutionsanalysen; 2. die Analyse der Sinnstrukturen der Sozialwelt und 3. die Präzisierung und Begründung des methodischen Instrumentariums der Verstehenden Soziologie (Vgl. Aufbau, S. 21-23). Diese drei Aspekte, die die Arbeit über den sinnhaften Aufbau der sozialen Welt strukturieren, können darüber hinaus auch als Anhaltspunkte dienen, mit deren Hilfe ein Überblick über das Gesamtwerk von A. Schütz möglich wird, das von drei zentralen Interessen bestimmt ist: 1. der philosophischen (phänomenologischen) Klärung des Sinnphänomens, 2. der Analyse der "Strukturen der Lebenswelt" und 3. der sich daraus ergebenden Konsequenzen für die Methodologie der Sozialwissenschaften.[11]

Im Rahmen der vorliegenden Arbeit, in der in diesem Anhang die Bedeutung der idealtypischen Konstruktion für die pädagogische Theoriebildung geklärt werden soll, sind daher die Forschungen von Schütz daraufhin zu untersuchen, was sie zur Klärung des Problems der Typisierung bzw. der typisierenden Konstruktion beitragen können. Dieser Frage soll allerdings nicht werkgenealogisch nachgegangen werden, sondern systematisch, und zwar in dreierlei Hinsicht: Erstens geht es darum, die Bedeutung von Typisierungen als Bestandteil jeder Wahrnehmungserfahrung zu erkennen; zweitens wird gefragt, welche Rolle Typisierungen für die Wahrnehmungserfahrungen im Rahmen der mitmenschlichen Welten spielen und drittens schließlich steht die methodologische Bedeutung dieser Konstruktion im Vordergrund.[12]

2.1 Typisierung als basaler Bestandteil der Wahrnehmungserfahrung

Hinsichtlich der Analyse der Typik für die Wahrnehmungserfahrungen der dinglichen Welt bezieht sich Schütz ausdrücklich auf die Arbeiten von Edmund

---

[11] Eine gute Einführung in das Gesamtwerk von A. Schütz geben: A. Gurwitsch: Einführung, in: A. Schütz: Gesammelte Aufsätze, Bd. 1. Das Problem der sozialen Wirklichkeit. Den Haag 1971. S. XV. S. XXXVIII. - Th. Luckmann: Einleitung, in: A. Schütz: Das Problem der Relevanz. Frankfurt/M. 1971, S. 7-23.

[12] Der Plural "Welten" bezieht sich auf die Sichtweise Schütz', die Lebenswelt als Um-, Mit-, Vor- und Folgewelt zu beschreiben. Demzufolge entspricht "mitmenschlich" nicht der Terminologie von Schütz, für den der Mitmensch als alter ego nur in der Umwelt existiert (siehe dazu Kap. 2.2).

Husserl.[13] Den Ausgangspunkt für seine Überlegungen sieht Schütz in Husserls Begriff der "Lebenswelt", der Welt, "in der wir immer schon leben, und die den Boden für alle Erkenntnisleistung abgibt und für alle wissenschaftliche Bestimmung".[14] Das ist die Welt unserer alltäglichen Erfahrung, in Raum und Zeit endlos ausgebreitet, Naturdinge wie Kulturobjekte, animalische Lebewesen und Mitmenschen gleichermaßen umfassend. Sie ist als "universaler Boden aller einzelnen Erfahrungen, als Welt der Erfahrung vorgegeben" (EuU, § 10, S. 38) und wird von uns als selbstverständlich hingenommen. Fragen und Zweifel haben in ihr ihren Platz, stellen sie jedoch niemals existentiell in Frage: "Die unbefragte und nicht angezweifelte Gewißheit von der Welt als solcher liegt als eine eigenartige 'Voraussetzung' jeder besonderen geistigen Tätigkeit zugrunde", wie Gurwitsch, Husserl referierend, formuliert (GA I, S. XVII).

Die Lebenswelt ist keine private, sondern eine öffentliche, intersubjektive, gesellschaftlich konstruierte Welt, und sie ist immer schon da, wenn wir in sie eintreten.[15] Diese banal anmutende, selbstverständlich erscheinende Tatsache bedingt grundlegend die "Horizontstruktur der Erfahrung" (Husserl) und unser Wahrnehmungsbewußtsein. "Die Welt, in der wir leben und in der wir uns erkennend-urteilend betätigen, aus der her alles, was Substrat möglicher Urteile wird, und affiziert, ist uns ja immer schon vorgegeben als durchsetzt mit dem Niederschlag logischer Leistungen, sie ist uns nie anders gegeben denn als Welt, an der wir oder Andere, deren Erfahrungserwerb wir durch Mitteilung, Lernen, Tradition übernehmen, sich schon logisch urteilend, erkennend betätigt haben. Und das bezieht sich nicht nur auf den typisch bestimmten.Sinn, mit dem jeder Gegenstand als vertrauter, in einem Horizont typischer Vertrautheit vor uns steht, sondern auch auf die Horizontvorzeichnung, den Sinn, mit dem er überhaupt als Gegenstand möglicher Erkenntnis, als Bestimmbares überhaupt uns vorgegeben

---

[13] Alfred Schütz: Wissenschaftliche Interpretation und Alltagsverständnis menschlichen Handelns, in: Ders.: Gesammelte Aufsätze, a.a.O., S. 9 (im folgenden ohne Nennung der einzelnen Aufsatztitel abgekürzt: GA).

[14] Edmund Husserl: Erfahrung und Urteil. Untersuchungen zur Genealogie der Logik. Redigiert und herausgegeben von Ludwig Landgrebe. Hamburg 1948, S. 38 (im folgenden abgekürzt: EuU).

[15] P. Berger/Th. Luckmann: Die gesellschaftliche Konstruktion der Wirklichkeit. Frankfurt/M. 1969. - A. Schütz: Das Problem der transzendentalen Intersubjektivität bei Husserl, in: GA III, S. 86-118. - E. Husserl: Formale und transzendentale Logik. Halle 1929, Par. 95ff..

ist" (Husserl, EuU, § 10, S. 39).
Alle Dinge und Gegenstände werden zunächst immer im Hinblick auf ihre typischen Merkmale erfahren. Vom Typischen (Baum) richtet sich die Aufmerksamkeit dann auf das Besondere (Eiche). Jede dieser Wahrnehmungen hat als Erfahrung eine eigene Horizontstruktur.[16] "Das typisch Erfaßte hat aber auch einen Horizont möglicher Erfahrung mit entsprechenden Bekanntheitsvorzeichnungen, also eine Typik der noch unerfahrenen, aber erwarteten Merkmale; sehen wir einen Hund, so sehen wir sofort sein weiteres Gehabe voraus, seine typische Art zu fressen, zu spielen, zu laufen, zu springen usw... Zunächst wird, was von einem wahrgenommenen Gegenstand in weitergehender Erfahrung erfahren ist, ohne weiteres 'apperzeptiv' auf jeden mit ähnlichen Beständen eigentlicher Wahrnehmung wahrgenommenen Gegenstand übertragen. Wir sehen es voraus, und wirkliche Erfahrung kann es bestätigen, oder auch nicht. In der Bestätigung erweitert sich der Gehalt eines Typus, es sondert sich aber auch der Typus in Sondertypen; andererseits hat doch jedes konkret Reale seine individuellen Merkmale, nur daß sie zugleich ihre Typenform haben" (Husserl, EuU, § 83, S. 399).
Typisierung ist also ein basaler Bestandteil jeder Wahrnehmungserfahrung, die zum Ursprung unseres begrifflichen Bewußtseins gehört, "wenn sie nicht gar", wie Gurwitsch es ausdrückt, "eine Keimform von Begrifflichkeit darstellt."[17]
Alfred Schütz ist dem Problem der Typisierung in der hier skizzierten allgemeinen Form im Sinne der konstitutiven Phänomenologie Edmund Husserls nicht weiter nachgegangen, sondern hat sich - hierin ausdrücklich der Tradition Max Webers verpflichtet - in erster Linie mit den sozialen Implikationen der Typisierung in der Alltagswelt beschäftigt. Auf dem Hintergrund dieser soziologischen Erkenntnisabsicht stellen sich vor allem zwei Probleme: zum einen das Problem von Interesse und Relevanz, zum anderen das der Sprache.
In der Alltagswelt sind für uns nicht alle Gegenstände gleichermaßen von Interesse, vielmehr erscheinen uns einige bedeutsamer als andere. "Diese selektive Tätigkeit unseres Bewußtseins führt dann zu der Bestimmung, welche besonderen

---

[16] Vgl. dazu E. Husserl, EuU, § 8: Die Horizontstruktur der Erfahrung (vor allem die Unterscheidung von Innen- und Außenhorizont der Dinge, S. 28).

[17] Gurwitsch, a.a.O., S. XIX. - Vgl. auch Husserl, a.a.O., § 80-83; Die Konstitution der empirischen Allgemeinheiten.

Charakteristika eines solchen Gegenstandes individuell und welche typisch sind" (Schütz, GA I, S. 10). Art und Weise dieser selektiven Funktion des Bewußtseins sind wiederum abhängig von dem, was Schütz als die "biographisch bestimmte Situation" bezeichnet.[18]

Aus der biographisch bestimmten Situation erwächst die Möglichkeit, in Richtung auf spezifische, verfügbare Ziele zu handeln. "Das verfügbare Ziel definiert jene Elemente aus der Mannigfaltigkeit einer Situation, die für dieses Ziel relevant sind" (GA I, S. 11). Von diesem "Relevanzsystem" ist abhängig, wie die Selektion der Merkmale ausfällt: diese Merkmale werden als typische betrachtet, jene als individuelle und umgekehrt: "das Relevanzsystem bestimmt, wie weit wir in den offenen Horizont der Typik eindringen müssen" (GA I, S. 11).[19] Eine Veränderung des Ziels zieht auch eine Veränderung des Relevanzsystemes nach sich, damit ändert sich der Kontext und ganz andere (individuelle/typische) Merkmale finden das Interesse. Die Sprache gewinnt in diesem Zusammenhang in zweifacher Hinsicht Bedeutung:

Einmal durch die Tatsache, daß nur ein sehr geringer Teil des Wissens durch persönliche Erfahrung erworben werden kann, wohingegen der "größte Teil (...) sozial abgeleitet (ist), von meinen Freunden, Eltern, Lehrern und Lehrer meiner Lehrer auf mich übertragen. Ich werde nicht nur darin unterrichtet, wie meine Umwelt zu definieren ist...; man lehrt mich auch, typische Konstruktionen in Übereinstimmung mit dem Relevanzsystem zu formen, das von dem anonymen, gemeinsamen Standpunkt der Eigengruppe übernommen wird. Diese Konstruktionen umfassen die Lebensweise, umfassen Methoden, in der Umwelt zurechtzukommen, also brauchbare Anleitungen zur Benutzung typischer Mittel, um typische Ziele in typischen Situationen erreichen zu können" (GA I, S. 15). Die Sprache ist gewissermaßen der zur Verfügung stehende Wissensvorrat,

---

18 "In jedem Zeitpunkt seines täglichen Lebens findet sich der Mensch in einer biographisch bestimmten Situation, das heißt, in einer von ihm definierten natürlichen und soziokulturellen Umwelt, in der er eine ausgezeichnete Stellung hat: eine Stellung nicht nur im Rahmen des physischen Raumes und der kosmischen Zeit, nicht nur bezüglich Status und Rolle innerhalb des sozialen Systems, sondern auch eine moralischie und ideologische Position" (GA I, S. 10).- Siehe auch: A. Schütz: Das Problem der Relevanz, Frankfurt/M. 1971, Kap. VII, S. 208-226. - A. Schütz/Th. Luckmann: Strukturen der Lebenswelt. Band 1. Frankfurt/M. 1979[1], S. 124ff. (Der Lebenslauf).

19 Zum Relevanzproblem vgl. Schütz, Das Problem der Relevanz, a.a.O. - Schütz/Luckmann, a.a.O., III B., S. 224ff. Schütz, GA I, S. 326 (Relevanz und Typifikation).

Sprache ist zugleich darüber hinaus das Medium dieser Lehren, genauer gesagt, "Wortschatz und Syntax der Alltagssprache, in der sozial abgeleitetes Wissen vermittelt wird. Die Umgangssprache des Alltags ist vor allem eine Sprache benannter Dinge und Ereignisse: jeder Name umfaßt eine Typisierung und Generalisierung, die auf ein in der sprachlichen Eigengruppe vorherrschendes Relevanzsystem verweist" (GA I. S. 16).[20]

Diese letztgenannten Überlegungen lassen bereits erkennen, daß für Schütz die Lebenswelt eine durchgängig soziale Welt ist, ein Gedanke, den Gurwitsch zu den originellsten Leistungen von A. Schütz zählt.[21] Dies wird noch deutlicher werden, wenn im folgenden Abschnitt die Bedeutung der Typisierung für die spezifisch mitmenschlichen "Welten" betrachtet wird.

2.2 Typisierung und interpersonelle Wahrnehmung

Typisierung ist ein basaler Bestandteil jeder Wahrnehmungserfahrung: diese allgemeine Aussage des vorhergehenden Abschnittes soll nun im Hinblick auf die Beziehungen zwischen Personen präzisiert werden. Ausgangspunkt der Schützschen Analysen der Alltagswelt ist die Erkenntnis, daß "die" soziale Welt als aus verschiedenen Welten zusammengesetzt gedacht werden muß, denen jeweils spezifische Beziehungstypen entsprechen; das alter ego wandelt sich von Welt zu Welt. Schütz unterscheidet in dem, was umgangssprachlich Gegenwart genannt wird, zwischen *Umwelt* und *Mitwelt*, der Vergangenheit entspricht die *"soziale Vorwelt"* und die Zukunft wird als *"soziale Folgewelt (Nachwelt)"* bezeichnet. Das alter ego in der Mitwelt ist der *Nebenmensch*; die Vorwelt hat *Vorfahren*, die Folgewelt *Nachfahren*. (Aufbau, S. 198ff.).

Die *umweltliche Situation* ist dadurch gekennzeichnet, daß die in ihr agierenden Menschen nicht nur die Zeit, sondern auch den Raum teilen (Aufbau, S. 227-245). Ihre Beziehung ist unmittelbar und leibhaftig (face-to-face-relation). Der Körper des anderen, seine Gesten, sein Gang, sein Gesichtsausdruck können direkt beobachtet werden. Das Teilen echter Gleichzeitigkeit bedeutet gemeinsames Altern. Das

---

[20] Zum Verhältnis von Sprache und gesellschaftlicher Wirklichkeit vgl. Teil III (Symbol, Wirklichkeit und Gesellschaft) der gesammelten Aufsätze, GA I, S. 237ff.

[21] "Schütz' Behauptung, daß der soziale Charakter ein wesentlicher und integraler Bestandteil der Lebenswelt ist, gehört zu seinen originellsten Leistungen. Von vorneherein ist die Lebenswelt durch und durch sozial und intersubjektiv; sie wird es nicht erst nachträglich, wie es in einem gewissen Sinn Husserl dargestellt hat" (Gurwitsch, a.a.O., S. XXIX).

Bewußtsein beider ist auf dieselben Dinge gerichtet ("Wir haben etwas gesehen"). Schütz nennt dies eine - unterschiedlich aktualisierte und konkretisierte - *inhaltserfüllte Wir-Beziehung* (Aufbau, S. 229), in der ich "dem Du als einem Lebendigen" (Aufbau, S. 232) zugekehrt bin: nur in dieser umweltlichen Beziehung ist "dem ego das alter ego in Leibhaftigkeit, also in einem Maximum der Symptomfülle" vorgegeben (Aufbau, S. 235); allerdings variieren auch umweltliche Situationen hinsichtlich der in ihnen möglichen Intensität, Intimität und Erlebnisnähe in starkem Maße (Aufbau, S. 245).

Der *Übergang* von der umweltlichen in die mitweltliche Situation ist fließend und durch "Abnehmen der Symptomfülle" und "Verkleinerung des Spielraumes der Auffassungsperspektiven" (Aufbau, S. 246) gekennzeichnet: "Aug in Aug und Hand in Hand verabschiede ich mich von meinem Freund. Nun entfernt er sich. Noch ist er in Hörweite und ruft mir zu. Dann kann ich ihn, den sich mehr und mehr Entfernenden noch winken sehen. Schließlich ist er meinem Blick entschwunden. Es ist unmöglich anzugeben, mit welcher Phase die umweltliche Situation in mitweltliche überging...Wir können von mannigfachen Variationen und Abwandlungen dieser umweltlichen Situation sprechen, deren eine die Mitwelt ist, und wir gewinnen so die Erkenntnis, daß Umwelt und Mitwelt nicht kontradiktorische, sondern polare Gegensätze sind" (Aufbau, S. 246). Der umweltliche Mitmensch wird demzufolge dadurch zum mitweltlichen Nebenmenschen, daß die Gemeinsamkeit von Raum und Zeit verlassen wird, d.h. unmittelbare, direkte, inhaltserfüllte Wir-Erfahrungen werden zu mittelbaren Ihr-Erfahrungen mit immer geringerer Erlebnisnähe und zunehmender Anonymität.

Dieser mittelbare Charakter mitweltlicher Erfahrungen bedingt, daß der Nebenmensch dem Ich überhaupt nur in "typischer Erfassung" zugänglich sein kann (Aufbau, S. 252/Lebenswelt, S. 104). Schütz ist der Auffassung, daß dieser Satz seine Gültigkeit behält, unabhängig davon, auf welche Weise die mitweltliche Erfahrung sich konstituiert hat (z.B. als vergangene Umwelt eines mir umweltlichen Du). "Das Du in der Mitwelt wird niemals als ein Selbst erfahren und niemals in vorprädikativer Erfahrung. Vielmehr ist alle Erfahrung von der Mitwelt eine prädikative, die sich urteilend in der Explikation meines Erfahrungsvorrates von der Sozialwelt überhaupt (...) vollzieht" (Aufbau, S. 255). In der mitweltlichen "Ihr-Einstellung" kann das alter ego eben nicht leibhaftig erfaßt werden, sondern nur, wie Schütz es nennt, in einer "Synthesis der Rekognition", also mittelbar, typisierend, in der "Idealität des immer wieder": das leibhaftige und weltliche Du wird somit zum Typus "einer von euch" (Aufbau, S. 260f.). Alle nichtunmittelbaren Erfahrungen müssen als ein Vorrat von idealtypischen Deutungsmustern verstanden werden, die "das Ich an das umweltliche Du heranbringt"; diese Deutungsmuster werden dann in der Wir-Beziehung konkretisiert, d.h. "ihres typischen Wesens" beraubt (Aufbau, S. 259/Lebenswelt, S. 107f.).

Die mehr oder weniger aktuellen Erfahrungen aus umweltlichen Wir- bzw. mitweltlichen Ihr-Beziehungen haben, wenn sie durchlebt worden sind, "den Stellenwert der Geschichtlichkeit" (Lebenswelt, S. 119) bekommen, d.h. sie tragen keine offenen Zukunftshorizonte mehr in sich. Die Vorwelt ist, auch wenn die Trennungslinie zwischen ihr und der zeitgenössischen Welt unscharf ist, "endgültig abgeschlossen" (Lebenswelt, S. 120).

"Aus diesem Grund kann ich Vorfahren nicht als frei erfahren, sie können nicht mehr handeln...Auch Vorfahren erfasse ich nur vermittels von Typisierungen; aber in diesem Fall wird nichts konstant gehalten, was nicht ohnehin schon invariabel ist" (Lebenswelt, S. 120). Vorweltliche Beziehungen können zwar bis in meine Umwelt hinein Geltung und Einfluß behalten (z.B. durch eine testamentarische Verfügung meines Großvaters, erst im Alter von vierzig Jahren sein Vermögen anzugreifen), in der Regel jedoch bleiben diese Beziehungen in erster Linie *Einstellungsbeziehungen*, die, je weiter ich in meine persönliche Geschichte zurückgehe, oder in der Geschichte überhaupt, immer anonymer, inhaltsleerer und erlebnisfremder werden.[22] Vorweltliche Erfahrungen können nicht mehr umweltlich aktualisiert, d.h. durch meine leibhaften Erfahrungen mit dem Anderen modifiziert und geprüft werden: das Prinzip der Gegenseitigkeit ist außer Kraft gesetzt.[23] In welcher Weise dieses banal erscheinende Faktum zur Geltung kommen kann, ließe sich beispielsweise am Generationsproblem oder auch am Problem der Interpretation historischer Fakten anschaulich illustrieren.

Für die *Folgewelt* muß die Methode der Typisierung, die aus vor-, um- und mitweltlichen Erfahrungen konstituiert ist, weitgehend versagen, da die Folgewelt "absolut unbestimmt und unbestimmbar ist und bleibt"; für sie können wir in unserer Erfahrung keine "Zugangsprinzipien" gewinnen (Aufbau, S. 301/Lebenswelt, S. 124).

Nach diesem Überblick über die Bedeutung der Typisierungen in den "Welten der

---

[22] Zum Verhältnis von Einstellungsbeziehung und Wirkensbeziehung vgl. Aufbau, S. 213ff.

[23] Zur Generalthese der "Reziprozität der Perspektiven" vgl. Lebenswelt, S. 87ff.

sozialen Welt" sollen nun diese Typisierungen selber eingehender betrachtet werden. Schütz unterscheidet, wenn auch terminologisch nicht immer einheitlich, zunächst zwei Arten von Typisierungen, die er als den *personalen* und den *materialen* Idealtypus (Ablaufstypus) definitorisch faßt (Aufbau, S. 262/Lebenswelt, S. 113ff./GA I, S. 20). Der personale Idealtypus bezieht sich auf ein "bestimmte Erzeugnisse setzende(s) alter ego", der materiale bezieht sich auf den "betreffenden Erzeugungsprozeß selbst", bzw. auf die betreffenden Produkte dieses Prozesses (Aufbau, S. 262). Exemplarisch ausgedrückt: Ich bilde den personalen Typus "Mein Freund M. überhaupt" und kann diesem eine ganze Reihe von materialen Typen, Typen des Handlungsablaufes, zuordnen wie "Mein Freund M. beim Lesen, Töpfern, Lachen etc. ". "Dabei ist zu beachten", so Schütz, "daß zwar jeder personale Idealtypus wesensmäßig auf einem (oder mehreren, V. K.) ihm vorgegebenen Ablaufstypus fundiert ist, daß aber der Ablaufstypus (unter bestimmten Bedingungen, V. K.) unabhängig von dem ihm adäquat zuordbaren personalen Idealtypus (nämlich schlechthin als objektiver Sinnzusammenhang) angesehen werden kann" (Aufbau, S. 262). Darin ist bereits impliziert, daß es demnach eine Reihe weiterer Kriterien zur Unterscheidung von Typen geben muß, die gefaßt werden können als *Anonymisierungsgrad*, Maß der *Inhaltserfülltheit* und *Erlebnisnähe*. Ein Beispiel: Der personale Idealtypus "Mein Freund M." gründet sich auf mehr um- und mitweltliche Erfahrungen, er steht meinem Erleben näher, ich weiß mehr über ihn als der Typus "Briefträger X", den ich fast selten oder nie zu Gesicht bekomme und der für mich in erster Linie unter funktionalen Aspekten von Bedeutung ist, als jemand, der für mich bestimmte Briefe in meinen Briefkasten wirft. Der "subjektive Sinnzusammenhang", d.h. die Motive, aus denen heraus der Typus "Mein Freund M. " in bezug auf mich handelt - beispielsweise wenn er mich berät, lobt oder kritisiert -, ist für mich weitaus bedeutsamer als der des Briefträgers, der mich im Grunde nur hinsichtlich seines "objektiven" Sinnzusammenhanges interessiert, als ein Typ von Postbeamter, der mir Briefe bringt: was er dabei denkt, fühlt, seine Gestik und Mimik etc. sind dabei für mich in der Regel ohne Belang. - Im ersten Fall dieses Beispiels, "Mein Freund M. ", würde Schütz von einem *charakterologischen* personalen Typus sprechen, der durch größere Inhaltserfülltheit gekennzeichnet ist und dem umweltlichen "Wir" relativ nahe steht im Gegensatz zu dem zweiten, definitorisch als *habituellen* personalen Typus (Funktionärstypus) gefaßten, bei dem das alter ego nur in der

Perspektive seiner typischen Funktion zur Geltung kommt (Aufbau, S.27 Lebenswelt, S. 113).[24] Die Inhaltserfülltheit eines Idealtypus verweist auf seine Konstitutionsbedingungen: je spezifischer, umweltlicher die ihn fundierenden Erfahrungen sind, desto inhaltserfüllter und umgekehrt: je allgemeiner die konstituierenden Erfahrungen, desto inhaltsleerer wird er sein. Präzise gefaßt: "Die Anonymität einer Typisierung ist zu ihrer Inhaltserfülltheit umgekehrt proportional" (Lebenswelt, S. 111/Aufbau, S. 274f.).[25]

Aus dieser differenzierten Beschreibung geht hervor, daß unser Vorrat an Typisierungen nicht aus in sich geschlossenen Schemata besteht, sondern daß sie alle mehr oder weniger miteinander in Beziehung stehen und eng verknüpft sind: wie, um ein Bild aus der Physik zu bemühen, kommunizierende Röhren: die Veränderung eines Typus beeinflußt mittelbar, mehr oder weniger, den Inhalt des anderen. Dieses lebensnotwendig hohe Maß der Automatisierung der Denkprozesse kann allerdings auch hier und da zum Nachteil gereichen, denn: "Die Unterschichten der Typisierungen bzw. der typischen Deutungsschemata kommen dabei nicht explizit in den Griff des Bewußtseins und werden nur in mehr oder minder vager Weise als fraglos und unproblematisch mitgesetzt" (Lebenswelt, S. 111), ein wichtiger Hinweis beispielsweise zum Verständnis von Vorurteilen.

Zwei entscheidende Fragen sind im Laufe der bisherigen Darstellung zwar bereits an mehreren Stellen aufgetaucht, aber noch nicht beantwortet worden: zum einen die Frage nach dem Typischen der Typisierung und zum anderen die Frage nach den auslösenden situativen Bedingungen, die zur Generierung von Typisierungen führen; schlichter formuliert: die Antwort auf die Frage nach den *internen* und *externen* Bedingungen für Typisierungen steht noch aus.

Es ist hinsichtlich der Genesis des Typischen schlechthin, so Schütz, davon auszugehen, daß "jede personale idealtypische Erfassung eines Handelnden wesensmäßig auf einer vorausgegangenen idealtypischen Erfassung des *Handlungsablaufes* (Hervorhebung d. V.) fundiert" (Aufbau, S. 263). Was aber

---

[24] Mit dieser Terminologie ließe sich z.B. präzise das Dilemma der "Rolle" des Erziehers beschreiben: ihn unterscheidet nämlich vom Briefträger, daß er seiner Funktion nur dann entsprechen kann (= seinem habituellen personalen Typus), wenn er für die zu Erziehenden zugleich als Person Bedeutung erlangt (= als charakterologischer personaler Typus).

[25] Auf das Problem der hohen Anonymität sozialer Kollektive wie z.B. Staat, Gesellschaft, Bundestag etc., die kaum noch durch umweltliche Erfahrungen belebt werden (es sei denn durch eine Postwurfsendung zu Wahlkampfzeiten), kann hier nicht näher eingegangen werden (vgl. dazu Aufbau, S. 279/Lebenswelt, S. 113f.).

macht einen Handlungsablauf X in der "Synthesis der Rekognition" zu einem typischen, welche Komponenten dieses Handelns werden typisiert?
Durch diese Aussage verweist Schütz auf den Begriff des "Handelns", für den er - in Anlehnung an Weber - im Gegensatz zum Begriff des Verhaltens den Entwurfscharakter der Handlung als spezifisch betont (Aufbau, S. 74ff.). "Was entworfen wird, ist nicht das sich schrittweise vollendende Handeln, sondern die Handlung, das 'Ziel' des Handelns..." (Aufbau, S. 78). Dieses Ziel wiederum wird entworfen, geleitet von spezifischen "Um-zu-Motiven". Das "Um-zu-Motiv" ist die "modo futuri exacti als abgelaufene entworfene Handlung, an welcher das Handeln orientiert ist..." (Aufbau, S. 117). Dieser Motivklasse stellt Schütz die "echten Weil-Motive" gebenüber, die für die Motivierung der "Konstruktion des Entwurfes" verantwortlich sind; sie können vom Handelnden nur retrospektiv (modo plusquamperfecti) ermittelt werden, da "bei jeder echten Weil-Motivation...sowohl das motivierende als auch das motivierte Erlebnis den Zeitcharakter der Vergangenheit (trägt) " (Aufbau, S. 125).[26] Gegenstand der die Typisierung produzierenden "Synthesis der Rekognition" sind "die im objektiven Sinnzusammenhang sichtbar werdenden Um-zu- und Weil-Motive des Handlungsablaufes" (Aufbau, S. 263). "Es werden nämlich gleichartig wiederkehrenden Handlungsabläufen", so Schütz weiter, "die durch Setzung gleichartiger Mittel gleichartige Handlungsziele verwirklichen, gleichartige Um-zu-Motive oder (...) gleichartige echte Weil-Zusammenhänge der Erlebnisse der jeweils Handelnden zugeordnet. Diese werden als konstant angenommen und gegenüber allen Modifikationen, welche sie im lebendigen Bewußtsein eines so Handelnden, und zwar welches so Handelnden immer erfahren mögen, invariant gesetzt. Invariant also ist das *typische Motiv* (Hervorhebung d. V.), aus dem heraus ein personaler Idealtypus das für ihn typische Handeln vollführt", genauer gesagt, "das Um-Zu-Motiv des Handelns" (Aufbau, S. 263f.). Ein Handlungsablauf wird also dadurch zu einem typischen, daß die ihn begründenden Um-Zu-Motive konstant gehalten werden. Diesem so gewonnenen objektiven Sinnzusammenhang wird dann ein "Bewußtsein zugeordnet, für welches dieses Handeln in einem subjektiven Sinnzusammenhang stehen kann: ein Bewußtsein eines alter ego also, welches diesem seinem typischen Handeln, und zwar in einer

[26] Schütz erörtert außerdem die Klasse der "unechten Weil-Motive", die aber den "Um-zu-Motiven" logisch äquivalent sind, d.h. in sie überführt werden können. Vgl. zu diesem Komplex: Aufbau, S. 115-130.

typischen attentionalen Modifikation zugewendet ist, kurz ein Bewußtsein eines personalen Idealtypus" (Aufbau, S. 264).[27] Die internen Bedingungen der Typisierung sind damit deutlich benannt worden, so daß nun die Frage nach den externen Bedingungen beantwortet werden kann.

Für die Bewältigung des Alltagslebens, das ja zum größten Teil aus typischen, wiederkehrenden Situationen besteht, steht ein bestimmter Wissensvorrat bereit (Lebenswelt, S. 133ff.). Die Elemente dieses Wissens sind mehr oder weniger vertraut. Die Vertrautheit wiederum ist abhängig davon, auf welche Weise dieses Wissen erworben worden ist, und wie es sich zur Lösung von problematischen Situationen bewährt hat (Lebenswelt, S. 184/S. 277ff.). Die Vertrautheit wird jedoch dadurch eingeschränkt, daß erstens ständig neue Situationen zu bewältigen sind, zweitens Situationen häufig nur unvollkommen bewältigt werden können und drittens in gewisser Weise die Lebenswelt grundsätzlich als undurchsichtig erfahren wird (Lebenswelt, S. 179). Von besonderer Wichtigkeit für die Bewältigung neuer Situationen ist, und damit wird die obige Frage wieder aufgenommen, "der Bereich der im Wissensvorrat angelegten Typisierungen" (Lebenswelt, S. 181). Neue Situationen werden "vertraut" bewältigt, indem sie "mit Hilfe eines in Vorerfahrungen konstituierten Typs bestimmt werden können und sich diese Bestimmung in der Situation bewährt" (Lebenswelt, S. 184). Versagt die im Wissensvorrat angelegte Typik, dann muß die Erfahrung neu bestimmt, d.h. die Typik muß verändert werden. Daraus folgt zwingend, "daß es keine Typen schlechthin, sondern nur problemorientierte Typen geben kann. Jeder Typ enthält einen Rückverweis auf seine Konstitution, die 'ursprüngliche' Problemlage, die sich ihrerseits im Zusammenspiel der drei Relevanzstrukturen (Thematische R., Interpretations-, Motivationsrelevanz, V.K.) konstituiert hatte. Somit hat jeder Typ eine 'Geschichte', die von der 'ursprünglichen' Erwerbssituation bis zur aktuellen

---

[27] Der Begriff der "attentionalen Modifikation" weist auf die Philosophie Bergsons, genauer gesagt auf seine Theorie über die "unbegrenzte Anzahl verschiedener Ebenen, auf denen sich unser Bewußtseinsleben abspielt. Diese erstrecken sich von der Handlungs- bis zur Traumebene. Jede dieser Ebenen ist durch eine spezifische Spannung des Bewußtseins gekennzeichnet; die Handlungsebene weist den höchsten, die der Träume den niedrigsten Spannungsgrad auf...*Attention à la vie*, unsere Ausrichtung und Aufmerksamkeit auf das Leben, ist daher das grundlegende Leitprinzip unseres bewußten Lebens. Dieses Prinzip legt den Bereich der für uns relevanten Welt fest; es gliedert den kontinuierlichen Fluß unseres Gedankenstroms..." (GA I, "Über die mannigfaltigen Wirklichkeiten", S. 243ff.). "Attentionale Modifikation" bedeutet demnach: der typische Grad der Aufmerksamkeit, der diesem typischen Handeln entgegengebracht wird.

Anwendung reicht" (Lebenswelt, S. 279).[28]

Die Tatsache, daß neue Situationen fortwährend vorhandene Typisierungen bestätigen, verändern oder zur Entwicklung neuer Typen führen, weist erstens darauf hin, daß es "keine 'endgültigen' Typen im lebensweltlichen Wissensvorrat geben kann" (Lebenswelt, S. 280), wenn sie auch - dann zum Gewohnheitswissen geworden - eine relative Endgültigkeit erhalten können; zweitens bedeutet dies, daß Erfahrung und Typik - Schütz greift hier explizit wiederum auf Husserl zurück - als "gleichursprünglich" aufgefaßt werden müssen; daran ändert auch das A-Typische nichts, da es grundsatzlich immer die Möglichkeit der Typisierung enthält.[29]

Die Bedeutung von Typisierungen als grundlegende Komponente jeder Wahrnehmungserfahrung dokumentiert sich besonders eindrucksvoll im Kontext der sozialen Beziehungen: das ist das wesentliche Ergebnis, auf dem aufgebaut werden kann. Das Alltagswissen ist ein System von typischen Folgen und Beziehungen (GA II, S. 33). Die Struktur dieses Wissens weist - und darin besteht pointiert eine Grundposition der Schützschen Phänomenologie - methodologisch der Sozialwissenschaft den Weg: "Wir finden daher in dieser Organisation der sozialen Welt durch Menschenwesen, die naiv in ihr leben, eine Spur des Systems der Typen und typischen Beziehungen, das wir später in seiner vollen Verästelung als das wesentliche Merkmal der wissenschaftlichen Methode erkennen werden. Diese Typisierung verstärkt sich in dem Maße, wie die Persönlichkeit des Mitmenschen hinter der Anonymität seiner Funktion verschwindet. Wenn wir wollen, können wir diesen Prozeß der wachsenden Typisierung als einen Prozeß der Rationalisierung verstehen" (GA II, S. 30). Damit ist die Bedeutung der idealtypischen Konstruktion als sozialwissenschaftlicher Methode angesprochen, um die es im folgenden Abschnitt gehen soll.

---

[28] Zum Problem der Relevanz vgl. auch Lebenswelt, S. 224ff.

[29] Vgl. Husserl, EuU, § 83: "Die faktische Welt der Erfahrung ist typisiert erfahren" (a.a.O., S. 398); vgl. auch § 8: Die Horizontstruktur der Erfahrung. - Zum A-Typischen vgl. Lebenswelt, S. 284ff.

2.3 Idealtypische Konstruktion als sozialwissenschaftliche Methode

Wie wird aus dem die Alltagswelt bestimmenden "Kochbuchwissen", das zu großen Teilen aus Typisierungen besteht, eine sozialwissenschaftliche Methode?[30] Dieser Frage, mit der Alfred Schütz sich immer wieder beschäftigt hat, auch hierbei auf die Arbeiten Max Webers gründend, soll nun nachgegangen werden.[31]

Für Schütz ist erstes Ziel jeder Sozialwissenschaft "die maximale Verdeutlichung und Explizierung dessen, was gemeinhin von den in der Sozialwelt Lebenden über diese gedacht wird" (Aufbau, S. 315). Er verteidigt dieses Postulat des subjektiven Standpunktes, auch wenn er es ironisch als "mysteriösen und nicht allzu interessanten Tyrannen der Sozialwissenschaften" (GA II, S. 3) bezeichnet, gegen alle objektivistischen sozialwissenschaftlichen Theorienansätze. "Wer die soziale Welt untersucht, findet sich vor die unerbittliche Alternative gestellt, entweder den strengsten subjektiven Gesichtspunkt anzunehmen und deshalb Motive und Gedanken im Bewußtsein des Handelnden zu untersuchen, oder sich auf eine Beschreibung des offenkundigen Verhaltens beschränken zu müssen und damit den behavioristischen Lehrsatz der Unzugänglichkeit des fremden Bewußtseins und sogar den der Unverifizierbarkeit der Intelligenz des Anderen anzuerkennen" (GA II, S. 5). Der eigentliche Grund, sich - vor die so beschriebene Alternative gestellt - für die radikale Sicherung der Subjektivität des Handelnden zu entscheiden, ist darin zu sehen, daß nur auf diese Weise "die Welt der sozialen Wirklichkeit nicht durch eine fiktive, nicht existierende Welt ersetzt wird, die der wissenschaftliche Beobachter konstruiert" (GA II, S. 9). Die Frage danach, was die soziale Welt für den beobachteten Handelnden innerhalb dieser Welt bedeutet und was er selbst mit seinem Handeln für einen Sinn verbindet, muß den Bezugspunkt jeder sozialwissenschaftlichen Erkenntnis darstellen. Allerdings reicht das bloße

---

30 Schütz selbst verwendet den Begriff "Kochbuchwissen": "Ich möchte dieses Wissen und seine Organisation "Kochbuchwissen" nennen. Das Kochbuch hat Rezepte, Listen von Zutaten, Mischungsformeln und Anweisungen für die Zubereitung. Das ist alles, was wir brauchen, um mit den Routineangelegenheiten des täglichen Lebens zurechtzukommen" (GA II, S. 33).

31 Die Kritik von Schütz an Weber bezieht sich dabei vor allem auf den Begriff des "subjektiven Sinns", bzw. hinsichtlich der idealtypischen Konstruktion als sozialwissenschaftlicher Methode auf die Ineinanderüberführbarkeit von Kausal- und Sinnadäquanz. Ihr wird im Rahmen dieser Darstellung nicht weiter nachgegangen (vgl. dazu Aufbau, S. 307-349). Im übrigen ist Schütz der Ansicht, daß seine Ableitung des Idealtypus "in den späteren Schriften M. Webers bereits vorgebildet ist" (Aufbau, S. 343).

Formulieren dieses Postulats nicht hin; vielmehr muß es seine Bedeutung in der Antwort auf die Frage erweisen, wie denn "Wissenschaften vom subjektiven Sinnzusammenhang überhaupt möglich" (Aufbau, S. 317) sein können? Im Vorangegangenen konnte gezeigt werden, in welcher Weise im Alltagsdenken subjektive Sinnzusammenhänge mit Hilfe idealtypischer Konstruktionen von Vor- und Nachwelt erfaßt werden. Dieses Verfahren wird nun auch für die Sozialwissenschaften methodologisch produktiv. "Weil nun jede Sozialwissenschaft die Sozialwelt wesensmäßig nur als Mitwelt oder Vorwelt, niemals aber als Umwelt vorgegeben hat, kann sie die Sozialwelt stets nur *typisierend* (Hervorhebung d. V.) und zwar in materialen Ablaufstypen oder in personalen Idealtypen - erfassen, also immer nur mittelbar, niemals in der schlichten Selbsthabe der lebendigen Intentionalität. Als typisierende Erfahrung ist aber die sozialwissenschaftliche Erfahrung auch dann ein objektiver Sinnzusammenhang, wenn der Gegenstand der typisierenden Erfassung ein subjektiver Sinnzusammenhang (...) ist" (Aufbau, S. 317).

Allerdings unterscheidet sich die sozialwissenschaftliche Erfahrung - das ist in dieser Aussage bereits angedeutet - in wesentlichen Punkten von der Alltagserfahrung. Die Unterschiede beziehen sich vor allem auf drei Problemkreise: erstens die Position des Wissenschaftlers als Beobachter; zweitens das die Konstruktionen leitende Relevanzsystem und drittens schließlich spezifische - nämlich wissenschaftliche - Gesetze der Typenbildung.

In seiner *Funktion als Wissenschaftler* ist der Beobachter der sozialen Welt an ihr "nicht praktisch, sondern nur kognitiv" (GA II, S. 28) interessiert.[32] "Das bedeutet, daß wir in ihr nicht mit voller Verantwortlichkeit für die Konsequenzen handeln, sondern daß wir sie vielmehr mit demselben detachierten Gleichmut betrachten, wie der Physiker seine Experimente betrachtet" (GA II, S. 28). In einer wissenschaftlichen Funktion muß sich jeder Beobachter dazu entschließen, von sich selbst als Zentrum seiner Welt abzusehen "und einen anderen statt seiner selbst als das Zentrum der Welt zu setzen, nämlich die beobachtete Person" (GA II, S.41). Schütz vertritt die Ansicht, daß der Sozialwissenschaftler, sobald er mit den

[32] Diese Aussage von Schütz kann leicht zu Mißverständnissen Anlaß geben. Entscheidend ist der Hinweis auf die wissenschaftliche *Funktion*. Denn auch im Alltagsleben kann jeder die Rolle des Beobachters der sozialen Welt einnehmen, die aber eine andere ist als die des wissenschaftlichen Beobachters (vgl. dazu: Aufbau, S. 282ff.). Im übrigen versteht es sich von selbst, daß natürlich auch der Wissenschaftler in einer Fülle mit- und umweltlicher Wirkensbeziehungen steht.

in der Sozialwelt Handelnden in um-, bzw mitweltliche Wirkensbeziehungen eintritt, seine wissenschaftliche Einstellung aufgibt (vgl. GA II, S. 45).[33]
Diese radikale funktionale Einstellung des Sozialwissenschaftlers erfordert ein spezifisches Verfahren, dessen er sich beim Aufbau seines Begriffsschemas, in das die gesammelten Informationen über die soziale Welt eingeordnet werden können, bedient. Es besteht im Kern darin, so Schütz, "daß man die Menschenwesen, welche der Sozialwissenschaftler als Handelnde auf der sozialen Bühne beobachtet, durch Puppen, die er selbst schuf, ersetzt, mit anderen Worten, daß er Idealtypen der Handelnden konstruiert" (GA II, S. 19f.).[34]
Diese Puppen - Schütz nennt sie auch "Homunculi" - haben eigentlich "überhaupt keine Welt" (GA II, S. 43). Sie werden nicht geboren, wachsen nicht heran und werden nicht sterben; sie kennen weder Furcht noch Sorge noch Hoffnung; sie können nur innerhalb der Grenzen handeln - und sind insofern unfrei -, die der Sozialwissenschaftler ihnen gesetzt hat; sie können auch nicht irren, es sei denn, "irren sei (ihr) typisches Schicksal" (GA II, S. 43). Ohne Fähigkeit zur Spontaneität und ohne eigenen Willen ist der personale Idealtypus "durch die Gnade

---

[33] Der Verlockung, aus dieser phänomenologisch fundierten Perspektive die offensichtlich gerade für die pädagogische Forschung so attraktiven Ansätze der "Handlungsforschung" zu kritisieren, kann hier auf Grund der begrenzten Fragestellung nicht nachgegeben werden.

[34] "Der Sozialwissenschaftler beobachtet gewisse Ereignisse in der sozialen Welt als solche, die durch menschliche Tätigkeit verursacht wurden, und er beginnt, den Typus dieser Ereignisse herauszuarbeiten. Danach koordiniert er mit diesen typischen Handlungen typische Weil-Motive und Um-zu-Motive, die er im Bewußtsein eines imaginären Handelnden als invariabel annimmt. So konstruiert er...das Modell eines Handelnden, das er sich mit Bewußtsein begabt vorstellt. Aber dieses...ist ein Bewußtsein, das in seinem Inhalt nur auf alle jene Elemente beschränkt ist, die für die Ausübung der jeweiligen typischen Handlungen notwendig sind. Es enthält diese Elemente vollständig, aber nichts außerdem...Schließlich versieht er den Idealtypus mit solchen Segmenten des Lebensplanes und solchen Erfahrungsbeständen, wie sie für die imaginären Horizonte und Hintergründe der handelnden Puppe notwendig wären. (Er) stellt diese Typen in eine Umgebung, die alle jene sozialweltlichen Situationselemente enthält, welche für die Ausübung des fraglichen und typischen Handelns relevant sind. Darüber hinaus assoziiert er ihm andere personale Idealtypen mit Motiven, die auf das typische Handeln des ersten Idealtyps typische Reaktionen hervorrufen können. So kommt er zu einem Modell der sozialen Welt, oder besser zu einer Rekonstruktion" (GA II, S. 19f.).
Treffender erscheint mir die von Brauner gewählte Formulierung "Konstruktionen zweiten Grades", da es ja gerade im Schützschen Sinne keine wirklichen "Rekonstruktionen" geben kann (vgl. dazu: Hilmar Brauner: Die Phänomenologie Edmund Husserls und ihre Bedeutung für soziologische Theorien. Meisenheim am Glan 1978, S. 76f.).
Vgl. dazu auch R. Dahrendorf: Homo Sociologicus. Ein Versuch zur Geschichte, Bedeutung und Kritik der Kategorie der sozialen Rolle. Köln und Opladen 1964[4].

seines Konstrukteurs gerade mit so viel Wissen versehen, wie er braucht, um den Zweck zu erfüllen, um dessentwillen er in die wissenschaftliche Welt gesetzt wurde" (GA II, S. 43).[35]

Stellt man diese Beschreibung der Homunculi der von Schütz selbst aufgestellten Forderung gegenüber, die soziale Welt nicht durch eine fiktiv konstruierte Welt des Beobachters zu ersetzen, scheint sich ein Widerspruch zu erheben. Diese Ungereimtheit läßt sich aufklären, indem die Gesetze der Typenbildung betrachtet werden. Schütz hat an mehreren Stellen seines Werkes spezifische Postulate formuliert, die bei der Konstruktion von Idealtypen zu beachten sind, da sie allein die Wissenschaftlichkeit des Verfahrens garantieren können.[36]

1. Postulat der Relevanz

Es gibt keinen Idealtypus "als solchen", sondern "wir müssen das Bezugsschema angeben, innerhalb dessen dieser Idealtypus benützt werden kann, d.h. wir müssen das Problem nennen, um dessentwillen der Typus konstruiert wurde" (GA II, S. 44).Jeder Idealtypus muß demnach einen Index tragen, der den Bereich des Problems markiert und somit alle in diesem Kontext zu bildenden Typen determiniert. Jede Veränderung der Problemstellung impliziert auch eine "sorgfältige Modifizierung all der Begriffe und Typen" (GA II, S. 45), um die es dabei geht.

2. Postulat der subjektiven Auslegung:

Dieses Prinzip bezieht sich darauf, "was im Bewußtsein eines individuell Handelnden passiert, dessen Handeln zu einem bestimmten Phänomen geführt hat", genauer gesagt: "Der Wissenschaftler muß fragen, welcher Typus von individuellem Bewußtsein konstruiert werden kann und welche typischen Gedanken ihm zugeschrieben werden müssen, um die fragliche Tatsache als das Ergebnis von dessen Tätigkeit innerhalb einer verständlichen Relation zu erklären" (GA II, S. 46).

---

35 Diese plastische Darstellung erinnert an das Gedicht von Erich Kästner "Der synthetische Mensch" (E. Kästner: Gesammelte Schriften für Erwachsene, Bd. 1. Zürich 1969, S. 232-234).

36 Terminologie und Reihenfolge dieser Postulate sind in den verschiedenen Arbeiten von Schütz, die ja zum Teil auch Vorträge sind, nicht immer einheitlich. (Vgl. dazu: Aufbau, S. 325-334/GA I, S. 49f./GA II, S. 21/GA II, S. 44-48).

3. Postulat der Adäquanz:

Dieses Gesetz der Typenbildung ist dem vorhergehenden komplementär und bezieht sich darauf, daß "jeder Ausdruck, der in einem wissenschaftlichen System benutzt wird, das sich auf menschliches Handeln bezieht, so konstruiert werden (muß), daß eine innerhalb der Lebenswelt durch einen individuell Handelnden geleistete Handlung, und zwar so, wie es die typische Konstruktion anzeigt, sowohl für den Handelnden selbst als auch für seine Mitmenschen vernünftig und verstehbar ist" (GA II, S. 47).

4. Postulat der Rationalität:

Mit dieser Forderung meint Schütz, daß der Idealtypus als "Mittel-Zweck-Relation zusammen mit dem System der konstanten Motive und dem System der Lebenspläne" so konstruiert werden muß, daß er a) mit den Prinzipien der formalen Logik übereinstimmt, b) daß alle Elemente "in größter Klarheit und Deutlichkeit" erfaßt werden und schließlich c) daß nur "wissenschaftlich verifizierbare Annahmen ent(halten sind), die mit dem Gesamt unseres wissenschaftlichen Wissens voll verträglich sein müssen" (GA II, S. 48).

Diese Postulate belegen, daß die Gesetze idealtypischer Konstruktionen "sehr streng" sind und "der Zufalls-Spielraum des Sozialwissenschaftlers viel enger (ist), als man auf den ersten Blick glaubt" (GA II, S. 21). Außerdem gilt es, exakt zwischen der Konstruktion idealtypischer Schemata und der Verwendung dieser als "Deutungsschemata für reale, der Wissenschaft zur Deutung vorgegebene(r) Handlungsabläufe" (Aufbau, S. 322) zu unterscheiden. Jede Anwendung eines auch mit äußerster Präzision gebildeten Idealtypus hat nämlich für "künftiges Handeln eines realen alter ego...nur Chancencharakter" (Aufbau, S. 322). [37]

Die Vorteile derartiger Konstruktionen sieht Schütz - und hierin unterscheidet er sich in wesentlichen Punkten nicht von Max Weber - darin, daß sich erstens die Möglichkeit ergibt, Muster sozialer Wirkensbeziehungen zu konstruieren, in der für alle Beteiligten vorausgesetzt werden kann, daß sie rational handeln; zweitens

---

[37] In seiner Arbeit über "Typologisches Verstehen" weist H. Becker auf weitere mögliche Mißverständnisse hin: erstens auf die Tatsache, daß derartige Konstrukte erwartungsgemäß Ausnahmen produzieren müssen, zweitens auf den konditionalen Charakter der aus Konstruktionen abgeleiteten Schlußfolgerungen und drittens auf die typenspezifisch unterschiedlichen Grade der Allgemeingültigkeit (vgl. dazu H. Becker: Typologisches Verstehen, in: W. L. Bühl (Hg.): Verstehende Soziologie. Grundzüge und Entwicklungstendenzen. München 1972, S. 214-251).

können diese Verfahren benutzt werden, "um abweichendes Verhalten in der wirklichen Sozialwelt festzustellen" und es auf "problemtranszendierende Daten zu beziehen, das heißt auf nicht typisierte Elemente"; drittens können einzelne Elemente der Idealtypen variiert bzw. ganze Typengruppen miteinander verglichen werden (vgl. GA I, S. 51f.). Die hier von Schütz aufgeführten Vorteile verweisen auf einen weiteren wissenschaftstheoretisch äußerst bedeutsamen - und den bisherigen Gang der Argumentation in gewisser Weise überschreitenden - Vorzug idealtypischer Konstruktionen. Er besteht darin, daß die Idealtypen Schützscher Prägung weder rein phänomenologisch noch rein empirisch oder hermeneutisch gefaßt werden können, sondern - und darin in gewisser Weise selber "idealtypisch" - für eine inhaltliche, an der Sache orientierte Verbindung der genannten Methoden zumindest prinzipiell offen sind. "Es können sowohl 'empirische' ('Empirie' hier im Sinne eines Inbegriffs von Erfahrungen der Außenwelt gebraucht) als auch 'eidetische' (nämlich in Wesensschau erfaßte) Idealtypen gebildet werden , das Invariant-Gesetzte kann in jeder Weise der Abstraktion, der Generalisierung oder Normalisierung gewonnen werden, sofern nur das Prinzip der Sinnadäquanz (und die anderen, oben genannten Postulate, V. K.) gewahrt bleib(en)" (Aufbau, S. 343f.).[38] Gerade an dieser Stelle zeigt sich die Bedeutung der Arbeiten von Alfred Schütz. Sie besteht u.a. darin, daß er bei dem Versuch, die Phänomenologie Edmund Husserls für das Verstehen sozialer Gegebenheiten anzuwenden und einzusetzen, nicht in eine durch "Schau" und "Intuitionismus" gekennzeichnete "spekulative Theorie" (Scheler) zurückgefallen ist, sondern durch seine Überlegungen die Möglichkeit eröffnet und ansatzweise auch begründet hat, den entstehenden Gegensatz von "Verstehender Soziologie" auf der einen Seite und "empirischer Sozialforschung" auf der anderen produktiv zu überwinden.[39] Dies ist für die Entwicklung des symbolischen Interaktionismus, der Ethnomethodologie und der Phänomenologie nicht ohne Konsequenzen gewesen, was allerdings im Rahmen der vorliegenden Arbeit nicht zu behandeln ist.[40]

---

[38] Vgl. hierzu: "Die Methodologie ist nicht der Lehrmeister oder der Tutor des Wissenschaftlers. Sie ist immer sein Schüler, und es gibt keinen großen Meister seiner Wissenschaft, der nicht auch dem Methodologen etwas lehren könnte. Jedoch muß ein wirklich großer Lehrer stets auch von seinen Schülern lernen" (GA II, S. 50).

[39] Vgl. hierzu auch: Brauner: a.a.O., S. 89-108.

[40] Zu diesem Problemkreis vgl. die in dem von Bühl (s.o.) herausgegebenen Sammelband zusammengefaßten Aufsätze, vor allem: G. Psathas: Verstehen, Ethnomethodologie und

Im folgenden soll vielmehr nach der Bedeutung gefragt werden, die die - hier im Rückgriff auf die Arbeiten von Max Weber und Alfred Schütz dargestellte - idealtypische Konstruktion für die pädagogische Theoriebildung gewinnen kann.

3. Pädagogische Theoriebildung und idealtypische Konstruktion

Eine gründliche, von dem systematischen Interesse an einer Theorie der Erziehung geleitete Rezeption des Schützschen Konzeptes einer auf die Arbeit Max Webers gründenden und durch Rückgriff auf Edmund Husserl phänomenologisch fundierten Verstehenden Soziologie liegt noch nicht vor.[41] Eine solche Arbeit erscheint umso notwendiger als zu beobachten ist, daß einzelne Theorieelemente dieses Ansatzes - mehr oder minder reflektiert - Eingang in die pädagogische Theoriebildung gefunden haben.[42] Es wird dabei auf der einen Seite - von epistemologischen Interessen bestimmt - versucht, die Ansätze des symbolischen Interaktionismus, der Ethnomethodologie und der Verstehenden Soziologie Schützscher Prägung am Problem der Grundlegung der Pädagogik als Handlungswissenschaft zusammenzuführen.[43] Auf der anderen Seite finden sich durch große Praxisnähe gekennzeichnete Versuche, vor allem den Alltagsbegriff ohne große wissenschaftstheoretische Umwege für die pädagogische Praxis nutzbringend anzuwenden.[44] Die durch diese Positionen deutlich beschriebene Diskussion soll im folgenden nicht im Vordergrund stehen. Vielmehr möchte ich einige Argumente anführen und erläutern, die auf der Grundlage der bisherigen

---

Phänomenologie, in: Bühl: a.a.O., S. 284-303.

41 Vgl. dazu W. Loch: Phänomenologische Pädagogik, in: Enzyklopädie Erziehungswissenschaft Band 1: Theorien und Grundbegriffe der Erziehung und Bildung (hrsg. v. D. Lenzen u. K. Mollenhauer) Stuttgart 1983, S. 155-173.

42 Den Anfang dürfte hier gemacht haben Klaus Mollenhauer: Theorien zum Erziehungsprozeß, München 1972 (vgl. den Abschnitt "Lebenswelt", S. 32ff.).

43 Hinsichtlich der Rezeption der Arbeit von A. Schütz stellt diese Diskussion genau dar: M. Niessen: Zur Grundlegung der Pädagogik als Handlungswissenschaft. Das Problem der 'Alltagsorientierung' der Erziehungswissenschaft, in: Z. f. Päd., 25 (1979) 3, S. 331-344.

44 z.B. H. Thiersch: Alltagshandeln und Sozialpädagogik, in: Neue Praxis 8, 1978, S. 6-25. - Hoppe/Hespos/Stapelfeld: Alltag im Jugendclub. München 1979. - J. Burmeister/W.-D. Scholz: Alltagsbezogene Gruppenarbeit, in: Deutsche Jugend, 27, 1979, S. 27-32.

Darstellung die Bedeutung idealtypischer Konstruktionen für die Erarbeitung einer Theorie der Erziehung erkennen lassen. Dies hat allerdings die Beantwortung der Frage zur Voraussetzung, ob überhaupt, und wenn ja, in welcher Weise, der Begriff des "Idealtypus" in der gegenwärtigen erziehungswissenschaftlichen Öffentlichkeit thematisiert wird.

3.1 Die Verdecktheit idealtypischer Konstruktionen

Bei der Suche in einschlägigen erziehungswissenschaftlichen Nachschlagewerken und Handbüchern nach den hier in Rede stehenden Begriffen, ist festzustellen, daß sie nicht aufgeführt sind. Ein Blick in die Schlagwortregister ermöglicht allerdings, präzise die Leerstelle ausfindig zu machen, an der die Bedeutung idealtypischer Konstruktionen zur Geltung kommen müßte: Ideal, Idealismus,..., Ideologie. Auch in neueren Publikationen, die sich im weitesten Sinne als Einführungen in die Methoden der Erziehungswissenschaften verstehen, bleibt die Suche ergebnislos. Dabei macht es erstaunlicherweise keinen Unterschied, ob sich die Autoren als Empiriker oder als Geisteswissenschaftler verstehen.[45] Die methodologische, wenn auch nicht immer friedliche Koexistenz von Phänomenologie, Hermeneutik und Empirie scheint unangetastet zu sein.
In älteren Arbeiten hingegen wird der Begriff des "Idealtypus" so selbstverständlich benutzt, daß seine Verwendung offensichtlich keiner eingehenden Erörterung und Begründung bedurfte.[46]
Diese Feststellungen lassen mehrere Interpretationsmöglichkeiten zu: entweder ist

---

[45] Als Beispiel mögen dienen: K. Reich: Erziehung und Erkenntnis. Studien zur Methodologie der Erziehungswissenschaft. Stuttgart 1978. - H. Röhrs (Hg.) : Forschungsmethoden in der Erziehungswissenschaft. Stuttgart 1971. - L. Roth (Hg.): Methoden erziehungswissenschaftlicher Forschung. Stuttgart 1978. - W.S. Nicklis/H. Wehrmeyer: Erziehungswissenschaftliche Forschungsmethoden. Bad Heilbrunn 1976. - H. Danner: Methoden geisteswissenschaftlicher Pädagogik. München/Basel 1979. - Im weitverbreiteten Funkkolleg Erziehungswissenschaft wird der Begriff "Idealtypus" immerhin an zwei Stellen aufgeführt, wenn auch ohne Erläuterung (W. Klafki u.a. (Hg.): Funkkolleg Erziehungswissenschaft. Band 1, S. 88/Band 3, S. 46.).

[46] Als Beispiel mag dienen: E. Spranger: Lebensformen. Tübingen 1950 (erstmals veröffentlicht 1914): "Man halte sich gegenwärtig, daß die Grundtypen, die wir hier aufstellen werden, nicht etwa Photographien des wirklichen Lebens sind, sondern auf einer isolierenden und idealisierenden Methode beruhen. Es entstehen auf diese Weise zeitlose Idealtypen, die als Schemata oder Normalstrukturen an die Erscheinungen der historischen und gesellschaftlichen Wirklichkeit angelegt werden sollen" (S. 114). - Vgl. auch Ders.: Psychologie des Jugendalters. Heidelberg 1949[21] (erstmals erschienen 1924), S. 1-27 (Aufgabe und Methode).

das ehemals zum selbstverständlichen methodischen Rüstzeug geisteswissenschaftlicher Arbeit gehörende typologisierende Verfahren durch "moderne" wissenschaftliche Methoden überholt und eine kritische Beschäftigung von daher gegenstandslos geworden; oder der unter dem Begriff "Idealtypus" gefaßte Sachverhalt firmiert inzwischen unter anderen Etiketten, wobei dann zu fragen wäre, ob mit dem Wandel der Begriffe nicht auch eine Veränderung des damit Gemeinten verbunden ist.

Da in den vorangegangenen Abschnitten gezeigt werden konnte, daß Typisierungen als grundlegende Bestandteile jeder Wahrnehmungserfahrung angesehen werden müssen, liegt es auf der Hand, schon von daher der zweiten Interpretation den Vorzug zu geben. Denkt man beispielsweise an das Phänomen der Erziehungsstile, an die Variablen des Lehrer- und/oder Erzieherverhaltens, an die immer länger werdende Liste der Lern- und Verhaltensstörungen, an die Theorien und Modelle der Didaktik und Curriculumforschung, dann ist unschwer zu erkennen, daß diese Sachverhalte durchweg als idealtypische Konstruktionen beschrieben werden können. Die Tatsache jedoch, daß in diesen Zusammenhängen nicht von Idealtypen gesprochen wird, sondern in der Mehrzahl der Fälle von Modellen (oder in der spezifischen sozialpädagogischen Variante auch von Modellprojekten), macht auf einen grundlegenden und für die Pädagogik bedeutsamen Sachverhalt aufmerksam.[47] Der Modellbegriff, so lautet die hypothetische Behauptung, ist Ausdruck von Interessen, die weniger am Verstehen des subjektiven Sinns orientiert sind als am, polemisch zugespitzt, durch spezifische Verfahren zu sichernden Funktionieren des subjektiven Sinns, also an objektiven Sinnzusammenhängen. Es kommt hinzu, daß der Begriff des Modells eng mit dem der Übertragbarkeit assoziiert ist, was auf den ursprünglich technischen Zusammenhang verweist.[48]

Idealtypische Konstruktionen bleiben demgegenüber unter allen Umständen immer nur begründete Hypothesen. Die Gefahr, daß dieses wichtige Merkmal im

---

[47] Zum Begriff des Modells vgl.: H. Stachowiak: Gedanken zu einer allgemeinen Theorie der Modelle, in: Studium Generale 18, 1965, S. 432-463. - Ch. Salzmann: Die Bedeutung der Modelltheorie für die Unterrichtsplanung - unter besonderer Berücksichtigung hochschuldidaktischer Konsequenzen, in: Bildung und Erziehung, 28, 1975, 4, S. 258ff. - K. Schneider: Die Bedeutung 'didaktischer Modelle' in der Lehrerausbildung, in: W. Loch (Hg.): Modelle pädagogischen Verstehens. Essen 1978, S. 141-160.

[48] Auf diese Gefahr weist auch Salzmann in Zusammenhang mit Modellen der Unterrichtsplanung hin: Salzmann: a.a.O., S. 261.

Modellbegriff im Prozeß der Implementation pädagogischer Theorie in die ihr zugehörige Praxis verlorengeht, ist groß. Ließe sich diese hier angeführte Hypothese, wobei sich die Indizien allerdings nur auf einen Ausschnitt der erziehungswissenschaftlichen Theoriebildung beziehen, bestätigen, dann wäre als Konsequenz festzustellen, daß die Pädagogik einen teuren Preis für ihre vermeintliche Wende zur Erziehungswissenschaft bezahlt hätte: der Edukand als Subjekt der Erziehung wäre aus der ihm zukommenden Hauptrolle verdrängt und zum Statisten degradiert worden.

3.2 Idealtypische Konstruktion als Idealtypus pädagogischer Forschung

Zum Abschluß dieses Kapitels sollen nun - wie angekündigt - zusammenfassend diejenigen Gesichtspunkte herausgestellt werden, die die Produktivität idealtypischer Konstruktionen gerade für die Probleme der pädagogischen Theoriebildung erkennen lassen.

1. Idealtypische Konstruktionen sind *anschaulich*:
Angesichts des theoretischen Anspruches der wissenschaftstheoretischen Erörterungen innerhalb der Erziehungswissenschaft mag dieses, bezeichnenderweise von Max Weber eingeführte Argument recht schlicht erscheinen: unter idealtypischen Konstrukten kann man sich etwas Konkretes anschaulich, plastisch und nachvollziehbar vorstellen; Sinn und Zweck der theoretischen Überlegungen können so deutlicher dargestellt und der Gang der Hypothesenbildung präzisiert werden. Es entsteht bei der Betrachtung erziehungswissenschaftlicher Theorien häufig der Eindruck, als stände die theoretisch als unverzichtbar postulierte "Praxisrelevanz" in umgekehrt proportionalem Verhältnis zu der wirklichen Anschaulichkeit des Dargestellten. Die Trennschärfe dieses Argumentes ist daran zu ermessen, welche Schwierigkeiten entstehen, einzelne theoretisch deutlich voneinander unterschiedene und jeweils streng auf Abgrenzung bedachte erziehungswissenschaftliche Positionen idealtypisch zu veranschaulichen, indem z.B. versucht würde, ihre Aussagen in Regeln zu transformieren.

2. Idealtypische Konstruktionen sind *rational:*
Idealtypen sind - unter der Voraussetzung angemessener Konstruktion und Verwendung - in hohem Maße rational, d.h. durchgängig transparent und somit der

intersubjektiven Überprüfung und Diskussion ohne Einschränkung zugänglich.[49] Es mag tautologisch erscheinen, die Rationalität einer wissenschaftlichen Konstruktion besonders zu betonen. Denkt man jedoch an die Ideologieanfälligkeit pädagogischer Theorien, wird erkennbar, daß idealtypische Konstruktionen vor allem aufgrund ihres rationalen Charakters auch eine kritische Funktion übernehmen können. In welchem Maße Anschaulichkeit und Rationalität für eine produktive - deswegen allerdings nicht notwendig weniger kontroverse - öffentliche Diskussion von Erziehungsfragen notwendig sind, kann z.B. an dem schon einige Zeit in Anspruch nehmenden Streit um die Gesamtschulen abgelesen werden. Für eine Gesellschaft, in der aufgrund ihrer historischen Entwicklung der Zusammenhang von Menschenbild, Erziehung und Politik nicht mehr ungebrochen erscheint, sondern die in zunehmendem Maße in die Gefahr gerät, ihre Legitimationsprobleme durch 'Verfahren' zu lösen, ist die öffentliche Diskussion von Zielen und Organisationsformen der Erziehung von existentieller Bedeutung. Dies bedingt eine besondere Verantwortung der hiermit befaßten Wissenschaft.

3. Idealtypische Konstruktionen sind *praktisch*:
Idealtypen sind in einer doppelten Bedeutung des Wortes praktisch: Einmal - umgangssprachlich - erleichtern sie, wenn man sich ihrer zu bedienen versteht, die Arbeit. Die idealtypische Vorbereitung einer Unterrichtsstunde oder einer gruppenbezogenen Aktivität in einem Jugendheim ermöglicht, da sie immer im Hinblick auf bestimmte Probleme erfolgt und sich zugleich radikal an den Handelnden orientiert, eine rasche Reduktion von Komplexität. Sie dient in den konkreten Situationen selbst als Richtschnur des Handelns und erleichtert retrospektiv das Nachdenken über das, was sich ereignet hat. Zum anderen sind idealtypische Konstruktionen in der Hinsicht praktisch, daß solcherart konstruierte Theorien praktische Bedeutung haben: Als Erzieher kann ich beispielsweise versuchen, mein Verhalten an einem phänomenologisch erhellten, empirisch mehr oder weniger verifizierten Erziehungsstil zu orientieren. Eine idealtypisch gefaßte Theorie der Lernhemmungen ermöglicht mir etwa, das Verhalten eines vermeintlich "verstockten und unzugänglichen" Schülers besser zu verstehen. Die Kenntnis idealtypischer Grundformen der Erziehung in einem idealtypischen Lebenslauf enthält Hinweise darauf, was

[49] Der rationale Charakter bezieht sich, wie oben ausgeführt, auf die *Form*, nicht auf den Inhalt der Konstrukte.

einem Kind oder Jugendlichen in seiner Entwicklung gefehlt haben mag.

4. Idealtypische Konstruktionen sind *methodenübergreifend*:
Die eingehende Beschäftigung mit den Konzepten des Idealtypus in den Arbeiten von Max Weber und Alfred Schütz hat gezeigt, daß idealtypische Konstruktionen nicht mit einer Forschungsmethode, sei es Phänomenologie, Empirie oder Hermeneutik identifizierbar sein können, wenn auch der Phänomenologie hierbei eine führende Rolle zukommen dürfte. Vielmehr sind hermeneutische, empirische und phänomenologische Verfahren als notwendige, isoliert angewendet jedoch nie hinreichende Bedingungen idealtypischer Konstruktionen zu verstehen. Somit begründet der Idealtypus die Möglichkeit, den - häufig fruchtlosen - Streit um den angemessenen Zugang zur Erziehungswirklichkeit zu überwinden, das zu klärende Problem als "offene Frage" in den Mittelpunkt des Erkenntnisprozesses zu stellen und nicht umgekehrt, die Problemauswahl von der einmal getroffenen Entscheidung für eine Forschungsmethode abhängig zu machen Dies ist als eine Voraussetzung dafür anzusehen, daß die Pädagogik das Ausmaß ihrer Abhängigkeit von anderen Bezugswissenschaften, bzw. ihre Auslieferung an "erziehungsfremde Paradigmen" zu relativieren vermag.[50]

5. Idealtypische Konstruktionen sind *am Selbstverständnis der Handelnden orientiert:*
Max Weber hat in seiner grundlegenden Definition von Soziologie das deutende Verstehen und ursächliche Erklären des sozialen Handelns, d.h. des mit einem subjektiven Sinn verbundenen Handelns, verankert. Alfred Schütz hat die daran geknüpfte Frage, wie Wissenschaft vom subjektiven Sinn überhaupt möglich sein kann, aufgegriffen und durch seine Analysen der Alltagswelt weiter fundiert. Die Subjektivität des Handelnden hat in der Verstehenden Soziologie somit grundlegende Bedeutung. Dieses Grundpostulat der Subjektivität hat hingegen für die Pädagogik in bedenklichem Ausmaß an Geltung verloren. In diesem Zusammenhang kommt Loch "in einer die Verhältnisse bewußt zuspitzenden Beurteilung der gegenwärtigen Lage" zu dem Ergebnis: "Der Edukand scheint nur noch als abhängige Variable zugelassen, als Produkt von Faktoren, für die er nicht

---

[50] W. Loch: Curriculare Kompetenzen und pädagogische Paradigmen, in: Bildung und Erziehung 32, 1979, 3, S. 241f.

verantwortlich ist, als Objekt einer Vielzahl sozialer Einwirkungen, die mit der erzieherischen konkurrieren, aber weder im einzelnen noch zusammengenommen den anthropologischen Sinn der Erziehung erfüllen...Man hat in der Theorie weithin vergessen, was sich in der Praxis glücklicherweise nur unterdrücken, aber nicht ausschalten läßt: daß der Edukand das eigentliche Subjekt der Erziehung ist, die ihm zuteil wird, daß die erzieherische Intention überhaupt nur unter der Voraussetzung entstehen und realisiert werden kann, daß sie die Individuen, auf die sie sich richtet, als Mitwirkende mit eigenen Bedürfnissen und Erwartungen, Selbstkonzepten und Kompetenzen zur Geltung kommen läßt".[51] Anders ausgedrückt: es gibt zahlreiche Hinweise darauf, daß im Prozeß der Sozialisation das Recht auf Personalisation, d.h. die Bedingung der Möglichkeit, eine vernünftige Identität auszubilden und seinem Leben Sinn zu geben, im Zuge der gesellschaftlichen Entwicklung in wachsendem Maße Einschränkungen erfährt. So kann z.B. die offensichtliche Zunahme der Lernwiderstände und Lernhemmungen der Edukanden als Anzeichen dafür gewertet werden, daß Menschen sich gegen eine übermäßige Ausweitung gesellschaftlicher Kontrolle in den Bereich ihrer Individualität hinein zur Wehr setzen (etwa durch abweichendes Verhalten) oder dieser gesellschaftlichen Macht gegenüber sprachlos resignieren. In dieser Situation ist es nützlich, sich die Aussage Diltheys zu vergegenwärtigen, daß die Pädagogik - nach seiner Auffassung beispielhaft für das Verständnis der Geisteswissenschaften überhaupt - gerade dadurch den systematischen Zusammenhang der Wissenschaften vom Menschen und von der Gesellschaft erweist, indem sie methodologisch Biographie (Wissenschaft vom Einzelnen), Geistes-, Kultur- und Wissenschaftsgeschichte (Wissenschaft von dem System der Kultur) und Kulturgeschichte der geschichtlich-gesellschaftlichen Lebenswelt (Wissenschaft von der äußeren Organisation der Gesellschaft) so verbinden muß, daß sie in "unsicherer Mitte" zwischen ihnen steht.[52] Diese Aufgabe stellt sich der Pädagogik in historisch konkreten Situationen immer wieder aufs Neue. Dabei liegt die Schwierigkeit darin begründet, daß diese "Mitte" nie arithmetisch, sondern nur

---

[51] W. Loch: Curriculare Kompetenzen und pädagogische Paradigmen, a.a.O., S. 242.

[52] W. Dilthey: Einleitung in die Geisteswissenschaften. Leipzig und Berlin 1922, S. 38. Vgl. dazu: U. Herrmann: Die Pädagogik Wilhelm Diltheys. Göttingen 1971, S. 94. - Auf die Folgelasten dieses Gedankens für die Erziehungsforschung weist an anderer Stelle hin U. Herrmann: Pädagogik und Geschichtliches Denken, in: Thiersch/Ruprecht/Herrmann: Die Entwicklung der Erziehungswissenschaft. München 1978, S. 199.

ethisch im Horizont einer Anthropologie sinnvoll ermittelt werden kann.

Auf das oben berührte Problem der gegenwärtigen Verfassung pädagogischer Theoriebildung bezogen bedeutet dieser Gedanke Diltheys: Wenn unter derzeitigen gesellschaftlichen Bedingungen Konsens darüber hergestellt werden konnte, daß das Recht auf Personalisation, also auf Selbstverwirklichung des Menschen, trotz im Prozeß der Enkulturation sich nachweisbar erweiternder Möglichkeiten durch die Vergesellschaftung des Menschen so eingeschränkt wird, daß die anthropologische Grenze menschlichen Lernens erreicht und vielfach gar überschritten wird, dann kann die Pädagogik ihre gesellschaftliche Funktion nur erfüllen, wenn sie sich der subjektiven Dimension verpflichtet. Idealtypische Konstruktionen, die wesensmäßig am subjektiven Sinn der Handelnden, der Kinder wie der Eltern, der Lehrer wie der Schüler und der Erzieher wie der ihnen anvertrauten Kinder und Jugendlichen orientiert sind, haben daher, in diesem Zusammenhang betrachtet, mehr als nur methodologische Bedeutung. Die dargestellten Leistungen idealtypischer Konstruktionen lassen die Schlußfolgerung zu, dem Idealtypus in gewisser Weise einen "Universalitätsanspruch" zuzubilligen. Dies erscheint vor allem deswegen begründet - und daran zeigt sich, daß die Überschrift dieses Abschnittes mehr ist als nur eine rhetorische Pose -, weil die idealtypische Konstruktion - selbst als Idealtypus verstanden - zur Reflexion ihrer eigenen Grenzen herausfordert. Dann nämlich zeigt es sich, daß vor allem zwei Probleme idealtypisch zwar thematisierbar, aber nicht zu lösen sind: zum einen das Problem der Wert- und Sinnorientierung des erzieherischen Handelns - Ethik der Erziehung -, zum anderen das Problem des Verhältnisses pädagogischer Theorie zu ihrer Praxis. Die von Alfred Schütz gerade im Hinblick auf das Letztere pointiert vertretene Position, daß Leben und Denken zweierlei sei, und die Wissenschaft eine Angelegenheit des Denkens auch dort bleibe, wo ihr Thema das Leben in der Sozialwelt - in unserem Zusammenhang: die Erziehung in der Sozialwelt - sei (vgl. Aufbau, S. 339), stellt für die Grundlegung der Pädagogik als Handlungswissenschaft eine Herausforderung dar, der mit Sicherheit nicht allein durch eine rasche Inanspruchnahme des Begriffes der Alltagsorientierung begegnet werden kann. Denn: möglicherweise ließe es sich erweisen, daß die Pädagogik dem Primat der Praxis weitaus effizienter entsprechen könnte, wenn sie sich - sicherlich nie ausschließlich, aber doch in bewußter Kenntnis ihrer Grenzen - mehr auf die Angelegenheiten des Nachdenkens über Erziehung beschränkte. Idealtypische Konstruktionen, die gleicherweise Empathie, analytischen Verstand und konstruktive Phantasie erfordern, sind dabei hilfreich und von Nutzen.

4. Rousseaus "Emile" als idealtypische Konstruktion

Inwiefern kann der "Emile" Rousseaus als eine idelaltypische Konstruktion aufgefaßt werden? Mit dieser, diesen letzten Abschnitt leitenden Frage sollen die wissenschaftstheoretischen Ausführungen mit dem Gegenstand der vorangegangenen Arbeit verbunden werden. Es geht mit anderen Worten darum, das methodische Instrumentarium der Verstehenden Soziologie - einem Blatt Lackmuspapier, das in eine chemische Lösung getaucht wird, vergleichbar - so an den Erziehungsroman Rousseaus anzulegen, daß zum Vorschein kommen kann, in welcher Weise der "Emile" sozusagen als Konstruktion "reagiert".
Dem vorgegebenen Rahmen entsprechend kann dieses Vorhaben hier nicht in allen Einzelheiten durchgeführt werden. Ich beschränke mich daher auf eine skizzenhafte Erörterung von vier markanten Gesichtspunkten: 1. der systematischen Intention Rousseaus, 2. seines konstruktiven, Realität und Utopie wohl unterscheidenden Bewußtseins, 3. der Merkmale der Homunculi und schließlich 4. des Typischen der Typen, der Konstanz der Motive.

4.1 Die systematische Intention

Im sozialwissenschaftlichen Kontext gibt es keine Typisierungen als solche, sondern es kann nur problembezogene Typen geben. Diesen Sachverhalt hatte A. Schütz als "Postulat der Relevanz" in eine Regel gefaßt. Worin besteht also das Problem, um dessentwillen Rousseau den "Emile" geschaffen hat ?
In dem Vorwort zu seinem Werk - es fehlte übrigens in der ursprünglichen Fassung - gibt Rousseau hierauf folgende Antwort: die gegenwärtige Erziehung ist schlecht, eine gute Erziehung ist jedoch wichtig. Daher muß man über sie nachdenken, d.h. sich vor allem über die Kindheit Klarheit zu schaffen versuchen, denn nur wenn man diese wirklich kennt, kann "richtig" erzogen werden.[53] Diese ganz allgemeine Auskunft kann noch weiter präzisiert werden, denn Rousseau ist an der Erziehung in einer ganz bestimmten Hinsicht interessiert. Dies geht deutlich aus einem Brief hervor, den er am 13.8.1764 an Ph. Cramer schreibt. Dort heißt es: "Vous dites

[53] Im Vorwort heißt es: "Je parlerai peu de l'importance d'une bonne éducation; je ne m'arrêterai pas non plus à prouver que celle qui est en usage est mauvaise; mille autres l'ont fait avant moi, et je n'aime point à remplir un livre de choses que tout le monde sait"(Pl.IV, S. 241/UTB, S. 5). Und weiter: "On ne connoit point l'enfance: sur les fausses idées qu'on en a, plus on va, plus on s'égare" (ebd.).

très bien qu'il es impossible de faire un Emile. Mais je ne puis croire que vous preniez le Livre qui porte ce nom pour un vrai traitté d'Education. C'est un ouvrage assez philosophique sur ce principe avancé par l'Auteur dans d'autres ecrits *que l'homme est naturellement bon*. Pour accorder ce principe avec cette autre vérité non moins certaine que les hommes sont méchans, il faloit dans l'histoire du cœur humain montrer l'origine de tous les vices. C'est ce que j'ai fait dans ce Livre souvent avec justesse et quelquefois avec sagacité".[54] Es geht Rousseau also ums Prinzip, darum nämlich, daß der Mensch von Natur aus gut ist, die Menschen in der Gesellschaft hingegen schlecht sind, es geht ihm darum, die Ursprünge aller Fehler, die nur im Laufe der Entwicklung des einzelnen sichtbar werden, aufzuzeigen.

Die Erziehung wird für Rousseau demnach vor allem in moralischer Hinsicht zum Problem, seine Intention ist systematischer Natur, auf Allgemeinheit abzielend. Da allerdings die angeführten Textstellen allesamt erst nach Fertigstellung der ursprünglichen Fassung des "Emile" verfaßt worden sind, könnte eingewendet werden, daß es sich lediglich um nachträglich angefügte, der Rechtfertigung dienende Anmerkungen handele. Um dieses Argument zu entkräften, ist es notwendig, kurz die Ergebnisse der Manuskriptanalysen Jimacks zusammenzufassen, da sie die systematische Intention Rousseaus zu belegen vermögen. Wenn auch die ursprüngliche Konzeption Rousseaus nicht eindeutig zu bestimmen ist (vgl. Jimack a.a.O., S. 153), läßt die Analyse der Manuskripte doch folgendes wahrscheinlich erscheinen:

Rousseau hatte anfangs wohl die Absicht, in ganz allgemeiner Weise einen Traktat zu Erziehungsfragen zu verfassen, den er - der Anschaulichkeit wegen - mit zahlreichen Beispielen, die sowohl aus eigener Erfahrung als auch aus

---

[54] Th. Dufour (Hg.): Correspondance Générale de J.-J. Rousseau. Paris 1929, Band 11, S. 339, Nr. 2230. - Vgl. auch den dritten Dialog in "Rousseau juge de Jean Jacques: L'EMILE en particulier, ce livre tant lû, si peu entendu et si mal apprécié n'est qu'un traité de la bonté originelle de l'homme, destiné à montrer comment le vice et l'erreur, étrangers à sa constitution, s'y introduisent du dehors et l'altèrent insensiblement (Pl.I, S. 934). - Und im Brief an Beaumont: "Mein Buch hatte ich der Untersuchung gewidmet, wie man es anfangen müßte, die Menschen zu hindern, böse zu werden. Ich habe nicht behauptet, daß dies in dem jetzigen Zustand der Dinge durchaus möglich ist, ich habe aber behauptet und behaupte es noch, daß es, um dies zu bewerkstelligen, keine anderen Mittel gibt als die, welche ich vorgeschlagen habe" (Ritter I, S. 510/Pl.IV, S. 937).

Beobachtungen anderer stammten, anreichern wollte.[55] Im Fortgang der Arbeit hat er offenbar bemerkt, daß einerseits seine Ausführungen sich kaum mehr mit der Realität deckten, er sich andererseits jedoch zunehmend zur Veranschaulichung seiner Vorstellungen gezwungen fühlte. Dies mag dazu geführt haben, daß er selbst die Erzieherrolle übernahm, sich mehr und mehr mit dem zunächst völlig unbestimmten "gouverneur" identifizierend. Diese Identifikation dürfte es erschwert haben, in gleichbleibend allgemeiner Weise über "das" Kind zu sprechen. Vielmehr hat wohl dieses "ganz allgemeine Kind" für Rousseau in wachsendem Maße an Profil gewonnen: der Name "Emile" taucht im Manuskript Favre zum ersten Mal in der Mitte des dritten Buches auf.[56] Diesen Wechsel von der "unpersönlichen" zur "persönlichen" Methode, wie Jimack es nennt, hat Rousseau seiner Ansicht nach *unbewußt* vollzogen, ohne erkennbare, ausdrücklich erklärte Absicht.[57] Zahlreiche Ungereimtheiten in den ersten beiden Büchern erklären sich demnach dadurch, daß Rousseau diese später nicht noch einmal eingehend überarbeitet, sondern nur, seinem neugewonnenen Standpunkt entsprechend, das Nötigste knapp ergänzt hat. Für Jimack erscheint dieser Wechsel der Methode als der Punkt, von dem an die unpersönliche Abhandlung über Erziehung zu einem Roman wird, der "traité impersonel" zu einem "œuvre lyrique" (a.a.O., S. 247), und demgemäß wird von hier ab für ihn der "Emile" zu einem "caractère individuel" (a.a.O., S. 196).

Der hier leitenden Erkenntnisabsicht entsprechend kann diesem Urteil Jimacks nicht gefolgt werden. Während für den Literaturwissenschaftler die nachträglich eingefügten Bemerkungen als späte Rechtfertigungen für ein Verfahren erscheinen müssen, das Rousseau selbst im Prozeß der Anwendung nicht bewußt war, so

---

[55] Jimack (a.a.O., S. 38) zitiert einen Brief Rousseaus an Madame de Créqui vom Januar 1759, in dem er um konkrete Beobachtungen von Erziehungssituationen nachsucht. Er schreibt: "A propos d'éducation, j'aurais quelques idées sur ce sujet que je serais bien tenté de jeter sur le papier, si j'avais un peu d'aide; mais il faudrait avoir là-dessus les observations qui me manquent. Vous êtes mère, Madame...vous avez un fils; il n'en fallait pas tant pour vous faire penser. Si vous voulez jeter sur le papier... quelques réflexions sur cette matière...".

[56] Jimack schreibt zum Namensproblem: "Il faut avouer que rien n'indique pourquoi Rousseau a choisi le nom d'Emile plutôt qu'un autre" (S. 192); die Philologen diskutieren über zwei Möglichkeiten: "le portrait par La Bruyère de son élève, Emile, Prince de Condé, élève plein de génie et de talents naturels; et la Vie de Paul-Emile de Plutarque..." (S. 191).

[57] "Rousseau semble avoir été entrainé involontairement à s'identifier avec le gouverneur de ses exemples, d'où s'ensuivit naturellement la création d'un élève qui fût le sien propre" (Jimack, S. 195).

erscheinen sie dem sozialwissenschaftlich interessierten Leser eher als ein Hinweis darauf, daß Rousseau sich klargemacht haben dürfte, wenn auch "nur" im Rückblick, daß er eigentlich konstruiert hat.

So deutlich die Manuskripte Rousseaus systematische Intention erkennen lassen, so sicher ist auch, daß der "élève imaginaire" nicht dadurch zu einem individuellen Charakter wird, daß er von einem bestimmten Punkt an "Emile" genannt wird: er bleibt vielmehr, wie in den folgenden Abschnitten noch deutlicher gezeigt wird, ein Typus, wenn auch ein "erdichteter".

4.2 Realität und konstruktive Utopie

Die Weltfremdheit der konstruierten Idealtypen ist eine der Bedingungen dafür, daß sie als Deutungsschemata für reale Handlungsabläufe benutzt werden können. In diesem Sinne ist ein Idealtyp also ein Maßstab, mit dessen Hilfe die Wirklichkeit beurteilt werden kann.

Rousseau hat seinen "Emile" ganz ähnlich aufgefaßt. Gerade deshalb handelt es sich eben nicht um einen Traktat, der konkrete Anweisungen vermitteln will, es ist eben gerade kein Buch, das auf unmittelbare Anwendung abzielt. In dem fünften der "Briefe vom Berge", eine der Rechtfertigungen Rousseaus, die er mit Blick auf das Verbot des "Emile" in Genf abgefaßt hat, heißt es: "Ich weiß, daß Ihr Rat (gemeint ist der Kleine Rat der Stadt Genf, V.K.) in seinen Antworten vorschützt, daß nach der Meinung des Verfassers der Emile den Vätern und Müttern als Handbuch dienen soll, allein diese Behauptung ist nicht zu entschuldigen, denn ich habe in der Vorrede und in dem Buch selbst verschiedene Male eine ganz andere Gesinnung geäußert. Es geht hier um ein neues Erziehungssystem, dessen Plan ich der Untersuchung der Weisen vorlege, und nicht um eine Anleitung für Väter und Mütter, an die ich niemals gedacht habe. Wenn ich manchmal nach einer ganz gewöhnlichen Redefigur mich an die Väter und Mütter zu wenden scheine, so geschieht dies, um mich kürzer auszudrücken" (Ritter II, S. 117f./Pl.III, S. 783). Alle Versuche anderer, seine Erziehungskonzeption unmittelbar praktisch umzusetzen, haben Rousseau beunruhigt und ihn mit großer Sorge erfüllt.[58] Das

---

[58] Auf die Korrespondenz mit dem Prince de Wurtemberg, in der Rousseau die Differenz zwischen seiner Theorie und der Praxis betont, ist bereits in der Einleitung der Arbeit aufmerksam gemacht worden. In einem Brief vom Januar 1764 schreibt Rousseau u.a. dem Prinzen: "Vous m'inspirez pour M. et Mad^{e} de Gollowkin toute l'estime dont vous êtes pénétré pour eux; mais flatté de l'approbation qu'ils donnent à mes maximes je ne suis pas sans crainte que leur enfant ne soit peut être un jour le victime de mes erreurs" (Correspondance Générale, a.a.O., Band 10, Nr. 2006; S. 302).

apodiktische "Alles oder Nichts" ist ein Vorrecht des Erziehungstheoretikers Rousseau, das sich angesichts der Praxis rasch in einen realistischen Pragmatismus des "ungefähr so" verwandelt. In einem Brief an den Abbé Maydieu vom Februar 1770 kommt dies in aller Eindringlichkeit zum Ausdruck. Rousseau schreibt: "Dans un pareil système, il faut tout ou rien, et il vaudrait cent fois mieux reprendre le train des éducations ordinaires et faire un petit talon rouge que de suivre à demi celle-là pour ne faire qu'un homme manqué. Ce que j'appelle tout n'est pas de suivre servilement mes idées; au contraire, c'est souvent de les corriger, mais de s'attacher aux principes et d'en suivre exactement les conséquences avec les modifications qu'exige nécessairement toute application particulière."[59]
Rousseau hat demnach sehr genau zwischen der Welt seines Idealtypus Emile und der Wirklichkeit zu unterscheiden gewußt. Auch im 2. Buch ist dies deutlich erkennbar, und zwar im Kontext der Darstellung von Problemen, die notgedrungen mit der naturgemäßen Erziehung verbunden sind: "Ich zeige das erstrebenswerte Ziel, ich behaupte nicht, daß man es erreichen kann. Aber ich behaupte, daß der seine Aufgabe am besten gelöst hat, der ihm am nächsten kommt."[60] Die Verwendung des Idealtyps als Deutungsschema für das reale Erziehungsgeschehen, als Muster und Maßstab, die notwendig sind, um die Differenz zwischen Praxis und Theorie bewußt zu machen, genau dies erweist sich als die eigentliche Absicht. Bereits im 3. Brief des 5. Teils der "Nouvelle Heloise" ist diese Intention ersichtlich; auf eine längere Rede Julies läßt Rousseau St. Preux entgegnen: "Ist es nicht unendlich besser, ein vollkommenes Muster des vernünftigen und rechtschaffenen Menschen zu bilden und dann jedes Kind durch die Macht der Erziehung diesem Muster ähnlich zu machen, indem man das eine ermuntert, das andere zurückhält, die Leidenschaften unterdrückt, den Verstand

---

[59] Correspondance Générale, a.a.O., Band 19, Nr. 3889, S. 272.

[60] UTB, S. 74/Pl.IV, S. 325. - An anderer Stelle heißt es: "Da ich mich so stark von den allgemeinen Ansichten entferne, muß ich dauernd an sie denken:..Sooft sie mich abzuweichen nötigen, weiß ich aus Erfahrung, daß die Leser mich nicht nachahmen werden. Ich weiß, daß sie den jungen Mann, den ich darstelle, für ein phantastisches Luftgebilde (un être imaginaire et fantastique, V.K.) halten, da er von dem so verschieden ist, mit dem sie ihn vergleichen, und daß sie sich darauf versteifen, nur das für möglich zu halten, was sie sehen. Sie bedenken nicht, daß er sich doch unterscheiden muß, weil er ganz anders erzogen wurde...Es wäre daher weit überraschender, wenn er ihnen gliche, statt so zu sein, wie ich ihn annehme..." (UTB, S. 262/Pl.IV, S. 549).

vollkommener macht, die Natur verbessert...".[61]

4.3 "Konstruktionsgenetik": die Geburt der Homunculi

Um einen solchen "Mustermenschen" schaffen zu können, ist es erforderlich, daß der Konstrukteur die leibhaftigen Menschen, mit denen er unmittelbar zu tun hat, durch Puppen, durch Homunculi (Kunstmenschen) ersetzt, kurz: daß er Idealtypen der Handelnden konstruiert.

Rousseau verfährt im Grunde ganz im Sinne dieser von A. Schütz explizierten Technik. Im 2. Buch heißt es: "Ich habe mich also entschlossen, mir einen Zögling vorzustellen, mir selber aber Alter, Gesundheit, Kenntnisse und alle Gaben, die man zu seiner Erziehung braucht, anzudichten, um ihn von der Geburt bis zu der Stunde zu führen, wo er Mann und sein eigener Führer ist."[62] Dieser Homunculus weist einen entscheidenden Vorzug auf: er kann sich nur innerhalb der Grenzen bewegen und verhalten, denken und fühlen, die sein Erfinder abgesteckt hat. Diese Grenzziehung ist es, die den Unterschied zwischen Wirklichkeit und Utopie ausmacht: "Emil ist Waise. Er braucht weder Vater noch Mutter. Ich übernehme alle ihre Pflichten und alle ihre Rechte. Er muß seine Eltern ehren, aber nur mir gehorchen. Das ist meine erste und einzige Bedingung."[63] Die Eltern ehren, das ist

---

[61] Winkler, S. 592/Pl.II, S. 564: "Ne vaut-il pas infiniment mieux former un parfait modele de l'homme raisonable et de l'honnête homme; puis rapprocher chaque enfant de ce modele par la force de l'éducation, en excitant l'un, en retenant l'autre, en reprimant les passions, en perfectionnant la raison, en corrigeant la nature..."
Jimack (a.a.O., S. 152) weist auf den Einfluß der "Novelle Heloise" für die Gestaltung des "Emile" hin; er schreibt: "Mais l'influence la plus importante de La Novelle Heloïse s'exerça probablement sur la forme de l'Emile. Parce qu'il avait appliqué ses théories á l'éducation des enfants de Julie, l'idée vint peut-être à Rousseau de les illustrer par des exemples, plutôt que de se borner à un traité abstrait, comme presque tous ses devanciers."

[62] UTB, S. 25/Pl.IV S. 264 - Diese Stelle hat Rousseau erst in der zweiten Fassung eingefügt (vgl. Jimack, a.a.O., S. 194f.).

[63] Im Französischen kommt diese konstruktive Intention noch deutlicher zum Ausdruck: "Emile est orphelin. Il n'importe qu'il ait son pére et sa mére. Chargé de leurs devoirs, je succéde à tous leurs droits. Il doit honorer ses parens, mais il ne doit obéir qu'à moi. C'est ma prémiére ou plustôt ma seule condition" (Pl. IV, S. 267/UTB, S. 27). - Im 5. Buch hat Rousseau dann auch die Vaterschaft übernommen: "C'est moi qui suis le vrai pére d'Emile, c'est moi qui l'ai fait homme" (Pl.IV, S. 765/UTB, S. 445).
An anderer Stelle: "Man gebe mir also einen Zögling, der dieser Leute (Ärzte, Philosophen, Priester, V.K.) nicht bedarf, oder ich will ihn nicht haben. Ich will nicht, daß andere mein Werk verpfuschen. Ich will ihn allein erziehen, oder gar nichts damit zu tun haben" (UTB, S. 30/Pl.IV, S. 270f.).

sozusagen die Pflicht, die der Konstrukteur seinem Homunculus mit Blick auf die Wirklichkeit auferlegt, er wird, anders ausgedrückt, so konstruiert, daß er seine Eltern ehrt; nur mir gehorchen, das ist Utopie, notwendige Bedingung der Konstruktion. Mit dieser ersten Bedingung hängt eine zweite direkt zusammen: Erzieher und Zögling dürfen niemals getrennt werden, "außer mit unserer Einwilligung" (UTB, S. 27/Pl.IV, S. 267), wie Rousseau sagt, also nur dann, wenn es die Konstruktion, die Darstellung der Idee, der hypothetische Gang der Entwicklung verlangt.

Jeder Mensch hat einen Körper, dessen Konstitution er nicht zu bestimmen vermag. Er kann groß und stark oder klein und schmächtig sein, gesund und widerstandsfähig oder schwächlich und für Krankheiten anfällig. Gesundheit ist die Regel, Krankheit die Ausnahme. Aus diesem Grund ist der Homunculus Emile gesund, kräftig und frei von angeborenen Leiden und Gebrechen, denn ein krankes Kind zu erziehen, ist die Ausnahme und verlangt demgemäß andere Erziehungsformen.[64] Emile ist daher nur dann krank und verletzt, wenn es seine Aufgabe ist, eben dies ertragen zu lernen, denn das Leiden gehört zum Leben.[65]

Der Homunculus Emile ist weder Genie noch Dummkopf, sondern schlicht Mittelmaß, ein "Durchschnittsgeist", wie Rousseau sagt, denn "nur der Durchschnitt braucht Erziehung, und seine Erziehung dient als Beispiel für seinesgleichen."[66] Rousseau geht es um die Regeln, um das Typische jeder Erziehung, um die Grundformen und nicht um abweichendes Verhalten, um Sonderfälle und Ausnahmen: "Ich habe", so sagt er an anderer Stelle, "bei meinem

---

64 "Ich würde mich nicht mit einem kränklichen und siechen Kind belasten, und wenn es achtzig Jahre alt würde. Ich mag keinen Zögling, der sich selbst und anderen unnütz ist, der allein damit beschäftigt ist, sich am Leben zu erhalten, und dessen Leib der Erziehung der Seele schadet...Mag ein anderer sich dieses Krüppels annehmen" (UTB, S. 28/Pl.IV, S. 268f.).

65 "Weit davon entfernt, Emil vor jeder Verletzung zu behüten, würde ich es sehr bedauern, wenn er sich niemals verletzte und aufwüchse, ohne den Schmerz zu kennen. Leiden ist das erste, was er lernen und unbedingt kennen muß" (UTB, S. 54/Pl.IV, S. 300).

66 UTB, S. 26/Pl.IV, S. 266: "Quand je pourrois choisir, je ne prendrois qu'un esprit commun tel que je suppose mon élêve. On n'a besoin d'élever que les hommes vulgaires; leur éducation doit seule servir d'éxemple à celle de leurs semblables". Einerseits geht es Rousseau um einen durchschnittlichen Zögling, andererseits hätte er auch nichts dagegen, wenn dieser adlig wäre, womit dem Dünkel ein Opfer entrissen wäre (vgl. UTB, S. 27/Pl.IV, S. 267). Der eigentliche Grund dürfte wohl eher darin liegen, daß die Annahme adliger Lebensverhältnisse es Rousseau erspart, bei der Konstruktion auf materielle Voraussetzungen der Erziehung Rücksicht zu nehmen.

Zögling weder an ein überragendes Genie noch an einen Einfaltspinsel gedacht. Ich habe ein Kind von gewöhnlichen Geistesgaben gewählt, um zu zeigen, was die Erziehung über den Menschen vermag. Alle Ausnahmen stehen außerhalb der Regel."[67]

So konstruiert wie der Zögling, so konstruiert ist auch der Erzieher. Dieser "Kunstmann", mit dem Rousseau sich identifiziert, ist ein "Wundermensch" (UTB, S. 24/Pl.IV, S. 263), ausgestattet mit allen nur denkbaren guten Eigenschaften. Er ist selbst "richtig" erzogen und vereinigt in sich die Vorzüge der Jugend mit der Weisheit und Erfahrung des Alters. Dieser Erzieher ist von keinem anderen abhängig, er ist, so Rousseau, kein "Mietling" (UTB, S. 24/Pl.IV, S. 263). Bereits vor der Geburt des späteren Zöglings ist er am Platze, um alles sorgsam vorzubereiten. Nur aus einem einzigen Grund ist er auf der Welt, um nämlich einen anderen, Emile, zu erziehen. Alle Aufgaben der Erziehung obliegen ausschließlich ihm, und mit keinem anderen muß er seinen Einfluß teilen. All dies, so sagt Rousseau, "setze (ich) ...voraus, und setze voraus, daß ich sie (die guten Eigenschaften, V.K.) alle habe."[68]

4.4 Das Typische der Typen: Konstanz der Motive

Konstruierte Typen können nur in konstruierten Welten leben. Das besondere Merkmal dieser mundi homunculorum besteht darin, daß der Leser in sie so Einblick zu gewinnen vermag, als würde er in einem gläsernen Theater ein Schauspiel verfolgen, das Buch mit den Regieanweisungen auf den Knien. Alle Perspektiven einer Situation sind ihm unmittelbar verständlich, weil er nicht nur

---

67 UTB, S. 252/Pl.IV, S. 537. - Als Konstrukteur bestimmt Rousseau die Anlagen des Kindes *vor* der Geburt: "Diese Wahl kann sich weder auf die geistigen Anlagen noch auf den Charakter des Kindes stützen, das man doch erst am Ende der Erziehung kennt, und das ich ja vor seiner Geburt (que j'adopte avant qu'il soit né, V.K.) erwähle" (UTB, S. 26/Pl.IV, S. 266).

68 UTB, S. 25/Pl.IV, S. 265. - In seiner Darstellung einzelner Typen Rousseaus (l'homme naturel, l'homme du peuple, l'homme civil) macht Groethuysen darauf aufmerksam, was diese von den Konstruktionen anderer zeitgenössischer Denker unterscheidet: nämlich die Identifikation des Autors mit seinen Personen: "L'homme naturel de Rousseau ne serait donc qu'un fantôme issu de l'imagination constructive. Il arrive parfois que des fictions de ce genre remportent un certain succès de curiosité. Et la société du XVIIIe siècle, avide de paradoxes et d'originalité, devait faire bon accueil à un être aussi extraordinaire que celui créé par Rousseau. Mais il aurait disparu comme les autres, et la vie aurait continué comme auparavant sans être transformée par cette nouvelle vision, si un miracle ne s'était produit, si l'âme de Rousseau ne s'était emparée de ce corps abstrait et ne lui avait infusé de sa propre vie. Et c'est là ce qui distingue l'homme naturel de Rousseau des autres hommes naturels" (a.a.O., S. 16f.).

alle Handlungen beobachten und verfolgen kann, sondern zugleich Einsicht in alle Motive hat, von denen die Akteure auf der Bühne bewegt werden: nichts bleibt ihm verborgen. Nach diesem Muster sind die zahlreichen Episoden angelegt, die Rousseau zur Veranschaulichung eingefügt hat. In zwei auf Herrn Formey gemünzten Fußnoten, die die Geschichte mit dem Gaukler und der magnetischen Ente einfassen, zeigt Rousseau seine Arbeitsweise. Er schreibt: "Der geistvolle Herr Formey ist nicht auf den Gedanken gekommen, daß diese kleine Szene vorbereitet war und daß der Gaukler genau wußte, welche Rolle er zu spielen hatte. Das habe ich natürlich nicht erzählt (UTB, S. 165/Pl.IV, S. 1420)... Hätte ich annehmen sollen, daß es so einen dummen Leser gibt, der nicht bemerkt hätte, daß diese Tadelsrede Wort für Wort vom Erzieher diktiert war, um seinen Absichten zu dienen? Hat man mich für so unfähig gehalten, daß ich einem Schausteller diese Rede als seine natürliche Ausdrucksweise in den Mund gelegt hätte!" (UTB, S. 168/Pl.IV, S. 1421). Was für jede einzelne Episode zutrifft - die Transparenz der Perspektiven und die Konstanz der Motive - das gilt gleichermaßen für den "Emile" insgesamt. So wird der Erzieher nur von einem Motiv bewegt: den Emile richtig, d.h. naturgemäß zu erziehen. Auf welche Weise sich dieses Motiv in Handlungen Ausdruck verschafft, das ist allein abhängig vom - konstruiert-inszenierten - Gang der Entwicklung. Nur dadurch, daß Rousseau das Motiv des Erziehers konstant hält, vermag er überhaupt unterschiedliche Grundformen der Erziehung zu differenzieren. Alle anderen denkbaren Motive - darauf kommt es entscheidend an - sind völlig ausgeblendet: der Erzieher ist nie verstimmt oder gar schlechter Laune, er hat keine Sorgen, zweifelt nie wirklich an sich selbst und ist nie versucht, die übernommene Aufgabe abzugeben. In gleicher Weise Emil: wie ein offenes Buch liegt er vor dem Erzieher und damit auch vor dem Leser, ein Zögling ohne "geheime Örter" (Langeveld). Diesen für das Verständnis des "Emile" zentralen Gesichtspunkt hat P. Burgelin treffend formuliert: "On devrait presque dire qu'Emile n'a pas proprement d'histoire, mais simplement une évolution: il lui manque à peu près ces chocs avec le monde, ces recoupements avec d'autres aventures qui forment la trame d'une vie. C'est une existence sans rencontres" (a.a.O., S. 477). Emile hat eben "nur" eine Entwicklung, aber keine Geschichte. Daß dies so ist, zeigt sich deutlich dann, wenn ein Leser sich die Frage stellt: Was hat Emile eigentlich erlebt? Die Antwort kann nur lauten: er ist erzogen worden. Einen Menschen aber, der nur erzogen worden ist, einen Menschen ohne Geschichte, gibt es nicht. Emile bleibt daher ein künstlich geschaffener Mensch, ein Homunculus, "fantôme de l'imagination constructive" aus dem "laboratoire de la pensée abstraite" (Groethuysen, a.a.O., S. 13ff.), allein zu dem Zweck erfunden, sich "richtig" zu entwickeln.

B. DIDAKTISCHES SCHEMA

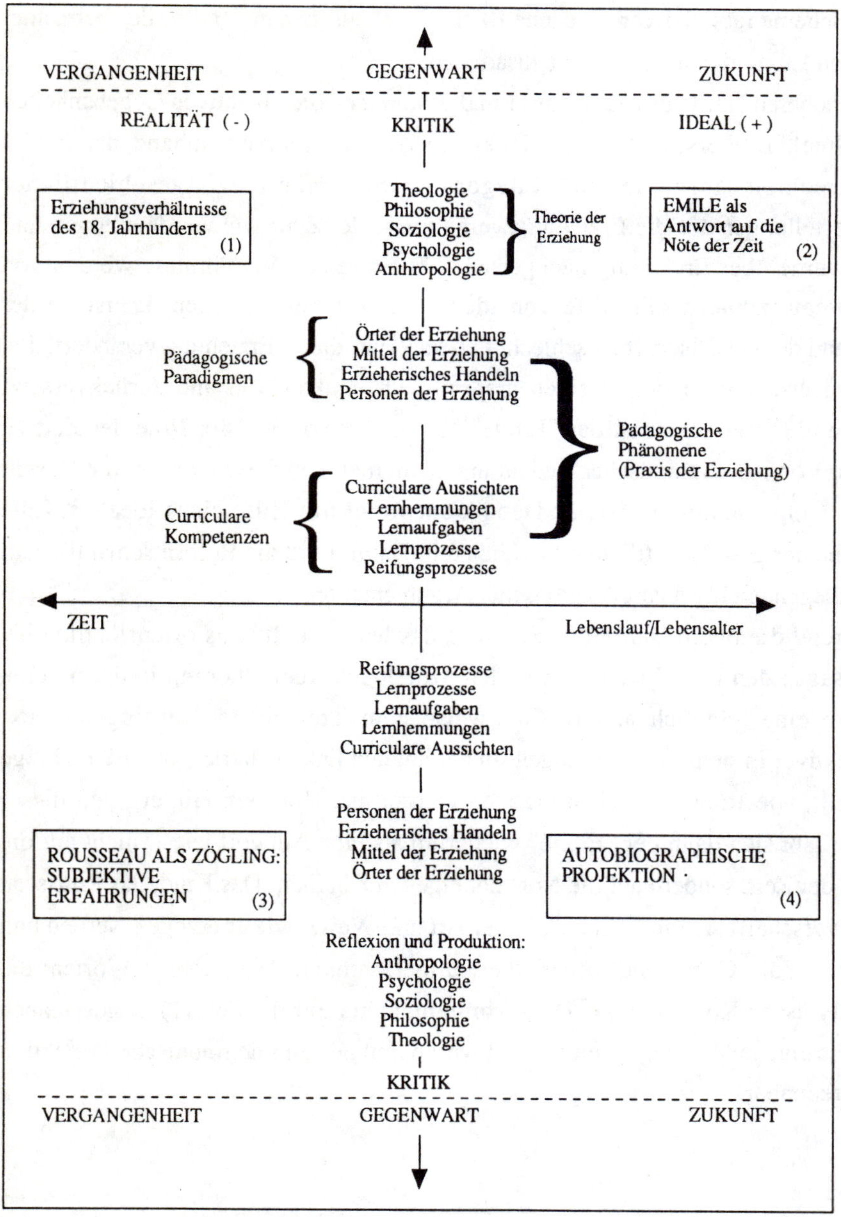

"EMILE": PERSPEKTIVEN DER INTERPRETATION

Das Schema faßt vier verschiedene Blickwinkel, aus denen der "Emile" betrachtet werden kann, in einer Übersicht zusammen.

In der oberen Hälfte des Schemas (1 und 2) kommen die objektiven Gegebenheiten ins Spiel. Der erste Block (1) lenkt die Aufmerksamkeit anhand der in der Senkrechten aufgeführten Kategorien im Sinne sozialgeschichtlicher Fragestellungen auf die Erziehungsverhältnisse der Zeit: wie wurde erzogen und wie wurde über Erziehung nachgedacht? Diese realen Verhältnisse werden von Rousseau, zumeist mit Hilfe von Ideen aus früheren Epochen, kritisiert: der Zustand der Gesellschaft ist schlecht und kann nur durch Erziehung verändert, d.h. verbessert, d.h. wieder in einen ursprünglich intakten Zustand zurückversetzt werden. So betrachtet ist der "Emile" (2) als Antwort auf die Nöte der Zeit zu lesen. Von paradigmatischer Bedeutung ist hierbei, daß diese Antwort die Gestalt einer Utopie annimmt. Die Pädagogik antwortet mit Hilfe eines Ideals auf die Brüche der gesellschaftlichen Wirklichkeit. Damit wird die Reformsemantik zum grundlegenden Inventar pädagogischer Argumentation.

Während die obere Hälfte des Schemas das herausstellt, was offensichtlich ist, sozusagen den manifesten Text in den Mittelpunkt rückt, kommt in der unteren Hälfte eine gänzlich andere Sichtweise zum Tragen: der verborgene Text subjektiver Erziehungserfahrungen. In der unteren linken Hälfte (3) wird die Frage gestellt, wie Rousseau selbst erzogen worden ist. Vor dem Hintergrund dieser Frage läßt sich dann der "Emile" wiederum als eine Antwort lesen: nicht auf die Nöte der Zeit, sondern auf die Nöte der eigenen Kindheit. Das Kind, das Rousseau war, verschafft sich im "Emile", in der Art und Weise, wie er erzogen werden und werden soll, Gehör und öffentliche Aufmerksamkeit. Mit anderen Worten: die idealtypische Konstruktion (2) antwortet nicht nur auf die Zeit (1), sondern auch auf die eigene Vergangenheit (3) und wird damit als autobiographische Projektion (4) erkennbar.

LITERATURVERZEICHNIS

I. WERKAUSGABEN UND DEUTSCHE ÜBERSETZUNGEN

ROUSSEAU, J.-J.: Œuvres complètes, éd. GAGNEBIN, B./ RAYMOND, M. (Bibliothèque de la Pléiade).

- Vol. I. Les Confessions, Autres textes autobiographiques. Paris 1959 (*abgekürzt: Pl. I*).
- Vol. II. La Nouvelle Héloise, Théâtre - Poésies, Essais littéraires. Paris 1964 (*abgekürzt: Pl. II*).
- Vol III. Du contrat social. Écrits politiques. Paris 1964 (*abgekürzt: Pl. III*).
- Vol. IV. Émile. Éducation - Morale - Botanique. Paris 1969 (*abgekürzt: Pl. IV*).

ROUSSEAU, J.-J.: Correspondance Générale, éd. DUFOUR, TH. 20 Bde., Paris 1924 - 1934 (*abgekürzt: C.G.*).

ROUSSEAU, J.-J.: Emil oder über die Erziehung. Vollständige Ausgabe, in deutscher Fassung besorgt von L. Schmidts. Paderborn 1978[4] (*abgekürzt: UTB*).

ROUSSEAU, J.-J.: Preisschriften und Erziehungsplan, hrsg. von RÖHRS, H. Bad Heilbrunn/Obb. 1976[2].

ROUSSEAU, J.-J.: Schriften zur Kulturkritik. Die zwei Diskurse von 1750 und 1755, eingeleitet, übersetzt und herausgegeben von WEIGAND, K. Hamburg 1978[3] *(abgekürzt: Meiner)*.

ROUSSEAU, J.-J.: Schriften. Zwei Bände. Hrsg. von RITTER, H. Frankfurt/M., Berlin, Wien 1981 (*abgekürzt: Ritter I, Ritter II*).

ROUSSEAU, J.-J.: Politische Schriften. Band 1. Abhandlung über die politische Ökonomie, Vom Gesellschaftsvertrag, Politische Fragmente, übers. v. L. Schmidts. Paderborn 1977 (*abgekürzt: UTB, Pol. I*).

ROUSSEAU, J.-J.: Die Bekenntnisse. Die Träumereien des einsamen Spaziergängers. München (Winkler) 1978.

ROUSSEAU, J.-J.: Julie oder Die Neue Heloise. Briefe zweier Liebenden aus einer kleinen Stadt am Fuße der Alpen. München (Winkler) 1978.

ROUSSEAU, J.-J.: Emile oder Von der Erziehung. Emile und Sophie oder die Einsamen. München (Winkler) 1979.

ROUSSEAU, J.-J.: Sozialphilosophische und Politische Schriften. Übers. v. E. Koch. München (Winkler) 1981.

II. SEKUNDÄRLITERATUR (A: ZU ROUSSEAU)

BARTH, H.: Über die Idee der Selbstentfremdung des Menschen bei Rousseau. In: Z.f. philosoph. Forschung 13, 1959, 1, S. 16-35.

BEERLING, R.F.: Jean Jacques und Jean Paul. Rousseau, Sartre und die Zwangsidee der vollkommenen Transparenz. In: WALDENFELS, B./ BROEKMAN, J.M./ PAZANIN, A.: Phänomenologie und Marxismus. Bd.2. Praktische Philosophie. Frankfurt/M. 1977, S. 178-199.

BLOOM, A.: The Education of Democratic Man: Emile. In: Daedalus. Journal of the American Academy of Arts and Sciences 107, 1978, S. 135-153.

BOLLE, R.: Jean-Jacques Rousseau. Das Prinzip der Vervollkommnung des Menschen durch Erziehung und die Frage nach dem Zusammenhang von Freiheit, Glück und Identität. Münster / New York 1995.

BRÉHIER, E.: Les Lectures malebranchistes de J.-J. Rousseau. In: Revue internationale de philosophie 10, 1938, S. 98-120.

BRUPPACHER, M.: Selbstverlust und Selbstverwirklichung. Die geistige Entwicklung des Menschen bei J.-J. Rousseau. Frankfurt/M. 1972.

BUCK, G.: Die systematische Stellung des "Emile" im Werke Rousseaus, in: Ders.: Rückwege aus der Entfremdung. München / Paderborn 1984, S. 91-134.

BURGELIN, P.: La Philosophie De L'Existence De J.-J. Rousseau. Paris 1952.

CASSIRER, E.: Das Problem Jean Jacques Rousseau. In: Archiv für Geschichte der Philosophie XLI, 1932, S. 177-213 u. S. 479-513.

CASSIRER, E., STAROBINSKI, J., DARNTON, R.: Drei Vorschläge, Rousseau zu lesen. Frankfurt/M. 1989.

CHAPMAN, J.W.: Rousseau - Totalitarian or Liberal. New York 1968.

CLÉMENT, P.-P.: Jean-Jacques Rousseau - de l'éros coupable à l'éros glorieux. Neuchâtel 1976.

COOK, T.E.: Rousseau: Education and Politics. In: The Journal of Politics 37, 1975, S. 108-128.

COULET, H.: Le pacte pédagogique dans EMILE. In: Université de Neuchâtel (Hg.): Jean-Jacques Rousseau. Neuchâtel 1978, S. 69-93.

DANNER, H.: Das erzieherische Verhältnis in Rousseau's Emile. In: Paedagogica historica. Bd. XVIII, 1978, S. 84-118.

DEBESSE, M.: L'influence pédagogique de l'EMILE depuis deux siècles. Ses formes, son évolution. In: Jean-Jacques Rousseau et son oeuvre. Problèmes et Recherches. Paris 1964 (Actes et Colloques), S. 205-217.

DÉRATHÉ, R.: Le Rationalisme de Jean-Jacques Rousseau. Paris 1948.

DÉRATHÉ, R.: Les rapports de la morale et de la religion chez Jean-Jacques Rousseau. In: Revue philosophique 74, 1949, S. 143-173.

EIGELDINGER, M.: Jean Jacques Rousseau et la réalité de l'imaginaire. Neuchâtel 1962.

ERDMANN, K.D.: Das Verhältnis von Staat und Religion nach der Sozialphilosophie Rousseaus. Berlin 1935.

FABRE, J.: Réalité et Utopie dans la Pensée Politique de Rousseau. In: Annales de la Société Jean-Jacques Rousseau 35, 1959-1962, S. 181-216.

FEATHERSTONE, J.: Rousseau and Modernity. In: Daedalus 107, 1978, 3, S. 167-192.

FETSCHER, I.: Rousseaus politische Philosophie. Zur Geschichte des demokratischen Freiheitsbegriffs. Frankfurt/M. 1978.

FETSCHER, I., FIGAL, G., STAROBINSKI, J.: Rousseau und die Folgen. Göttingen 1989.

FEUCHTWANGER, L.: Narrenweisheit oder Tod und Verklärung des J.-J. Rousseau. Frankfurt/M. 1978 (1952).

GROETHUYSEN, B.: J.-J. Rousseau. Paris 1949.

HANSMANN, O. (Hg.): Seminar: Der pädagogische Rousseau. Band I: Materialien. Weinheim 1993.

HANSMANN, O. (Hg.): Seminar: Der pädagogische Rousseau. Band II: Kommentare, Interpretationen, Wirkungsgeschichte. Weinheim 1996.

HENDEL, CH.W.: Jean-Jacques Rousseau Moralist. 2 Bde. London/New York 1934.

HERRMANN, U.: Können wir Kinder verstehen? Rousseau und die Folgen, in: Zeitschrift für Pädagogik 43, 1997, 2, S. 187-196.

HIRSCH, G.: "Sophie" – experimentum crucis der "éducation naturelle". In: Zeitschrift für Pädagogik 38, 1992, 1, S. 27-46.

HIRSCHFELD, H.: Jean Jacques Rousseau und Alexander Sutherland Neill. Fortschritt, Stagnation oder Rückschritt? Autopsie zweier pädagogischer Idole. Frankfurt/M. / Bern 1987.

HOEFFDING, H.: Rousseaus Einfluß auf die definitive Form der Kantischen Ethik. In: Kantstudien 2, 1898, S. 11-21.

HOLMSTEN, G.: Jean-Jacques Rousseau in Selbstzeugnissen und Bilddokumenten. Reinbek bei Hamburg 1979.

JACOBI, J.: "Wer ist Sophie?" in: Pädagogische Rundschau 44, 1990, 3, S. 303-319.

JAUMANN, H. (Hg.): Rousseau in Deutschland. Neue Beiträge zur Erforschung seiner Rezeption. Berlin / New York 1995.

JIMACK, P.D.: La Genèse et la rédaction de L'EMILE de J.-J. Rousseau. Etude sur l'histoire de l'ouvrage jusqu'à sa parution (Studies on Voltaire and the Eighteenth Century, Vol. 13). Genf 1960.

KESSEN, W.: Rousseau's children. In: Daedalus 107, 1978, 3, S. 155-166.

KOFMAN, S.: Rousseau und die Frauen. Tübingen 1986.

KRAFT, V.: Erziehung durch die Dinge. Ein-Blick in das "Emilische System" der Erziehung. In: SPANHEL, D.(Hg.): Curriculum vitae. Beiträge zu einer biographischen Erziehungstheorie. Werner Loch zum 60.Geburtstag gewidmet. Essen 1988, S. 48-59.

LAFORGUE, R.: Jean Jacques Rousseau. Eine psychoanalytische Studie. Wien 1930.

LÉVI-STRAUSS, C.: Jean-Jacques Rousseau. Fondateur Des Sciences De L'Homme. Neuchâtel 1962.

LOCH, W. : Benjamin Franklin und Jean-Jacques Rousseau. Zur politischen Bildung des bürgerlichen Subjekts. In: Geschichte in Wissenschaft und Unterricht 40, 1989, 7, S. 420-434.

MAIER, R.E.: Sozialität und Erziehung bei J.-J. Rousseau. In: Vierteljahresschrift für wissenschaftliche Pädagogik 58, 1982, 1, S. 88-109.

MASSON, P.-M.: La religion de Jean-Jacques Rousseau. Genf 1970 (Paris 1916).

MAUGRAS, G.: Philosophenzwist. Voltaire und J.-J. Rousseau. Wien 1895.

MERCKEN-SPAAS, G.: The social anthropology of Rousseau's Emile. In: Studies on Voltaire and the Eighteenth Century 132, 1975, S. 137-181.

MERQUIOR, J.G.: Rousseau and Weber. Two studies in the theory of legitimacy. London/Boston/ Henley 1980.

NIEMEYER, Chr.: Der moderne Mensch und seine vormoderne Utopie. Zum Verhältnis von Autobiographie und literarischer Ausgestaltung bei Rousseau, dem Sozialpädagogen. In: HOFFMANN, D./ LANGEWAND, A./ NIEMEYER, CHR. (Hg.): Begründungsformen der Pädagogik in der 'Moderne'. Weinheim 1992, S. 193-232.

NIEMEYER, Chr.: Rousseau auf der Couch. In: Psyche 47, 1993, 5, S. 441-463.

OELKERS, J.: Rousseau und die Entwicklung des Unwahrscheinlichen im pädagogischen Denken. In: Zeitschrift für Pädagogik 29, 1983, 5, S. 801-816.

PARODI, D.: La philosophie religieuse de J.J. Rousseau. In: Revue de Métaphysique et de Morale XX, 1912, S. 295-320.

PETERS, R.S.: The Paradoxes in Rousseau's Emile. In: PETERS, R.S.: Essays on Educators. London 1981, S. 15-31.

PICHOIS, C./PINTARD, R.: Jean Jacques entre Socrate et Caton. Textes inédits de Jean Jacques Rousseau (1750-1753). Paris 1972.

PIRE, G.: Jean-Jacques Rousseau et Robinson Crusoe. In: Revue de littérature comparée 12, 1956, S. 479-496.

PIRE, G.: J.-J. Rousseau. Lecteur de Pierre Charron. In: Revue de littérature comparée 36, 1962, S. 481-494.

PLANCKE, R.L./VERHOFSTADT, E.: Beiträge zum Studium von Rousseaus Widerhall im Belgischen Geistesleben des 18. Jahrhunderts. In: Paedagogica Historica. Gent 1962, S. 481-515.

RANG, M.: Rousseaus Lehre vom Menschen. Göttingen 1965² (1959).

RANG, M.: Jean Jacques Rousseau. In: SCHEUERL, H. (Hg.): Klassiker der Pädagogik. Bd.1. München 1991, S. 116-134.

RAVIER, A.: L'éducation de l'homme nouveau. Essai historique et critique sur le livre de l'Emile de J.-J. Rousseau. Lyon 1941.

REICH, K.: Rousseau und Kant. Tübingen 1936.

REICHENBURG, M.: Essai sur les lectures de Rousseau. Philadelphia 1932.

RITTER, H.H.: Claude Lévi-Strauss als Leser Rousseaus. Exkurse zu einer Quelle ethnologischer Reflexion. In: LEPENIES, W./RITTER, H.H. (Hg.): Orte des wilden Denkens. Zur Anthropologie von Claude Lévi-Strauss. Frankfurt/M. 1970, S. 113-159.

RÖHRS, H.: Jean-Jacques Rousseau. Vision und Wirklichkeit. Köln 1993³ .

RUDER, G.: Der Wunsch vom Ende der Erziehung und der Mythos vom Paradies. Zum Rousseauismus in der Begründung radikaler Erziehungskritik. In: Zeitschrift für Pädagogik 35, 1989, 4, S. 575-594.

SCHÄFER, A.: Verhinderte Erfahrung. Zum Ausgangspunkt der Bildungskonzeptionen Rousseaus und Adornos. In: HANSMANN, O./ MAROTZKI, W. (Hg.): Diskurs Bildungstheorie. Rekonstruktion der Bildungstheorie unter Bedingungen der gegenwärtigen Gesellschaft. (Bd. 2: Problemgeschichtliche Orientierungen). Weinheim 1989, S. 43-65.

SCHÄFER, A.: Rousseau: Pädagogik und Kritik. Weinheim 1992.

SCHINZ, A.: La pensée religieuse de Rousseau et ses récents interprètes. Northhampton, Mass./Paris 1928 (Smith College Studies in Modern Languages, Vol. X).

SCHINZ, A.: La pensée de J.J. Rousseau. Paris 1929.

SCHMID, P.: Rousseau Revisited. Geschlecht als Kategorie in der Geschichte der Erziehung. In: Zeitschrift für Pädagogik 38, 1992, 6, S. 839-854.

SCHWARTZ, B.J.: The Rousseau Strain in the Contemporary World. In: Daedalus 107, 1978, 3, S. 193-206.

SHKLAR, J.N.: Rousseau's Two Models: Sparta and the Age of Gold. In: Political Science Quarterly 81, 1966, S. 25-51.

SILVERTHORNE, M.J.: Rousseau's Plato. In: Studies on Voltaire and the Eighteenth Century. Vol. 116. Oxfordshire 1973, S. 235-249.

SOETARD, M.: Jean-Jacques Rousseau. Philosoph – Pädagoge. Zerstörer der alten Ordnung. Eine Bildbiographie. Zürich 1989.

SPAEMANN, R.: Zur Vorgeschichte von Rousseaus Naturbegriff. In: Archiv für Begriffsgeschichte XI, 1967, 1, S. 59-74.

SPAEMANN, R.: Rousseaus "Emile": Traktat über Erziehung oder Träume eines Visionärs? Zum 200. Todestag von Jean-Jacques Rousseau. In: Zeitschrift für Pädagogik 24, 1978, 6, S. 823-834.

SPAEMANN, R.: Rousseau - Bürger ohne Vaterland. München 1980.

SPRANGER, E.: Jean-Jacques Rousseau. In: SPRANGER, E.: Gesammelte Schriften. Band 11. Hrsg. v. O. DÜRR. Heidelberg 1972, S. 39-63.

STAROBINSKI, J.: Rousseau. Eine Welt von Widerständen. München 1988.

STEKEL, W.: Jean Jacques Rousseau. Analyse eines Exhibitionisten. In: Störungen des Trieb- und Affektlebens (Bd.V: Psychosexueller Infantilismus). Wien 1922, S. 490-564.

TROUSSON, R.: Socrate devant Voltaire, Diderot et Rousseau. La conscience en face du mythe. Paris 1967.

WOKLER, R.: Perfectible Apes in Decadent Cultures: Rousseau's Anthropology Revisited. In: Daedalus 107, 1978, S. 107-134.

III. SEKUNDÄRLITERATUR (B)

ADORNO, TH.W: Erziehung zur Mündigkeit. Vorträge und Gespräche mit Hellmut Becker 1959-1969. Frankfurt/M. 1970.

ARIÈS, PH.: Geschichte der Kindheit. München/Wien 1975 (Paris 1960).

ARISTOTELES: Nikomachische Ethik. Hrsg. v. G. BIEN. Hamburg 1972.

AUSUBEL, D.P.: Das Jugendalter. München 1971 (New York 1954).

BANDURA, A.: Lernen am Modell. Stuttgart 1976 (New York 1971).

BARROW, R.: Radical Education. A Critique of Freeschooling and Deschooling. London 1978.

BARTH, K.: Die protestantische Theologie im 19. Jahrhundert. Ihre Vorgeschichte und ihre Geschichte. Zürich 1947.

BECKER, H.: Typologisches Verstehen. In: BÜHL,W.L. (Hg.): Verstehende Soziologie. Grundzüge und Entwicklungstendenzen. München 1972, S. 214-251.

BENEDICT, H.-J.: Religionsverlust und Sinnstiftung in der Jugendphase als Herausforderung an die Religionspädagogik. In: Der evangelische Erzieher. Z.f. Pädagogik und Ethik 31, 1979, S. 2-22.

BENNER, D.: Hauptströmungen der Erziehungswissenschaft. Eine Systematik traditioneller und moderner Theorien. München 1973.

BERGER, P.L.: Auf den Spuren der Engel. Die moderne Gesellschaft und die Wiederentdeckung der Transzendenz. Frankfurt/M. 1970 (New York 1969).

BERGER, P.L./LUCKMANN, TH.: Die gesellschaftliche Konstruktion der Wirklichkeit. Eine Theorie der Wissenssoziologie. Frankfurt/M. 1974 (New York 1966).

BESTERMANN, TH. (Hg.): Voltaire's Correspondence. Bd. XXVII. Genf 1957.

BIRKNER, H.-J.: Natürliche Theologie und Offenbarungstheologie. Ein theologiegeschichtlicher Überblick. In: Neue Zeitschrift für Systematische Theologie 3, 1961, S. 279-295.

BLANKERTZ, H.: Die Geschichte der Pädagogik. Von der Aufklärung bis zur Gegenwart. Wetzlar 1982.

BLUMENBERG, H.: Selbsterhaltung und Beharrung. Zur Konstitution der neuzeitlichen Rationalität. In: EBELING, H. (Hg.): Subjektivität und Selbsterhaltung. Frankfurt 1976, S. 144-207.

BODER, W.: Die sokratische Ironie in den platonischen Frühdialogen. Amsterdam 1973.

BOROWSKI, L.E./JACHMANN, R.B./WASIANSKI, E.A.C.: Immanuel Kant. Sein Leben in Darstellungen von Zeitgenossen. Berlin 1912.

BRAUNER, H.: Die Phänomenologie Edmund Husserls und ihre Bedeutung für soziologische Theorien. Meisenheim am Glan 1978.

BRAUNMÜHL, E.v.: Antipädagogik. Studien zur Abschaffung der Erziehung. Weinheim/Basel 1975.

BRONFENBRENNER, U.: Die Ökologie der menschlichen Entwicklung. Natürliche und geplante Experimente. Stuttgart 1981 (London 1979).

BRUNER, J.S.: Wie das Kind lernt, sich sprachlich zu verständigen. In: Zeitschrift für Pädagogik 23, 1979, 6, S. 829-845.

BUCK, G.: Hermeneutik und Bildung. Elemente einer verstehenden Bildungslehre. München 1981.

BURMEISTER, J. / SCHOLZ, W.-D.: Alltagsbezogene Gruppenarbeit. In: Deutsche Jugend 27, 1979, S. 27-32.

CAMPE, J.H. (Hg.): Allgemeine Revision des gesamten Schul- und Erziehungswesens von einer Gesellschaft praktischer Erzieher. 1.-16. Theil. Wien und Braunschweig 1789-1792.

CASSIRER, E.: Kants Leben und Lehre. Berlin 1918.

CLAPARÈDE, E.: L'éducation fonctionelle. Neuchâtel/Paris 1946.

CLAUSEN, L.: Jugendsoziologie. Stuttgart 1976.

DAHRENDORF, R.: Homo sociologicus. Köln und Opladen 1964.

DANNER, H.: Methoden geisteswissenschaftlicher Pädagogik. München/Basel 1979.

DILTHEY, W.: Einleitung in die Geisteswissenschaften. Leipzig und Berlin 1922.

DÖBERT, R.: Sinnstiftung und Sinnsystem. In: FISCHER, W. / MARHOLD, W. (Hg.): Religionssoziologie als Wissenssoziologie. Stuttgart 1978, S. 52-72.

DÖRING, W.: Zur pädagogischen Problematik des Begriffs des Klassischen. Berlin/ Leipzig 1934.

DREITZEL, H.P.: Die gesellschaftlichen Leiden und das Leiden an der Gesellschaft. Vorstudien zu einer Pathologie des Rollenverhaltens. Stuttgart 1972.

DUX, G.: Ursprung, Funktion und Gehalt der Religion. In: Internationales Jahrbuch für Religionssoziologie. Band VIII. Opladen 1973, S. 7-67.

EBELING , H. (Hg.): Subjektivität und Selbsterhaltung. Beiträge zur Diagnose der Moderne. Frankfurt/M. 1976.

EBELING, H.: Selbsterhaltung und Selbstbewußtsein. München 1981.

ELZER, H.M.: Bildungsgeschichte als Kulturgeschichte. 2 Bände. Ratingen 1965/1967.

ERIKSON, E.H.: Identität und Lebenszyklus. Frankfurt/M. 1980[6].

ERIKSON, E.H.: Kindheit und Gesellschaft. Stuttgart 1979.

FEUERBACH, L.: Kleine Schriften. Frankfurt/M. 1966.

FISCHER, W./MARHOLD, W. (Hg.): Religionssoziologie als Wissenssoziologie. Stuttgart 1978.

FLITNER, A.: Konrad, sprach die Frau Mama: Über Erziehung und Nicht-Erziehung. Berlin 1982.

FOUCAULT, M.: Wahnsinn und Gesellschaft. Eine Geschichte des Wahns im Zeitalter der Vernunft. Frankfurt/M. 1969 (Paris 1961).

FRAAS, H.-J.: Religiöse Erziehung und Sozialisation im Kindesalter. Göttingen 1978.

FREUD, S.: Massenpsychologie und Ich-Analyse. Frankfurt/M. 1967.

GEHLEN, A.: Moral und Hypermoral. Eine pluralistische Ethik. Wiesbaden 1981.

GENNEP, A. van: The Rites of Passage. Chicago 1969 (Paris 1909).

GESTRICH, C.: Die unbewältigte natürliche Theologie. In: Zeitschrift für Theologie und Kirche 68, 1971, S. 82-120.

GESTRICH, C.: Neuzeitliches Denken und die Spaltung der dialektischen Theologie. Zur Frage der natürlichen Theologie. Tübingen 1977.

GOFFMAN, E.: Wir alle spielen Theater. Die Selbstdarstellung im Alltag. München 1973 (The Presentation of Self in Everyday Life. New York 1959).

GOFFMAN, E.: Das Individuum im öffentlichen Austausch. Frankfurt/M. 1974 (New York 1971).

GROTE, A.: Die Welt der Dinge. Eine Phänomenologie ihrer formalen Struktur. Hamburg 1948.

GROTH, G.: Die pädagogische Dimension im Werke von Karl Marx. Neuwied/Darmstadt 1978.

HABERMAS, J.: Arnold Gehlen. Nachgeahmte Substantialität. In: HABERMAS, J.: Philosophisch-politische Profile. Frankfurt/M. 1973, S. 200-221.

HABERMAS, J.: Stichworte zu einer Theorie der Sozialisation. In: HABERMAS, J.: Kultur und Kritik. Verstreute Aufsätze. Frankfurt/M. 1973, S. 118-194.

HAHN, A.: Religion und der Verlust der Sinngebung. Identitätsprobleme in der modernen Gesellschaft. Frankfurt/M./New York 1974.

HEGEL, G.W.F.: Phänomenologie des Geistes, hrsg. v. J. HOFFMEISTER. Hamburg 1952.

HEGEL, G.W.F.: Vorlesungen über die Geschichte der Philosophie (Theorie Werkausgabe, Bd. 18). Frankfurt/M. 1971.

HEIDEGGER, M.: Die Frage nach dem Ding. Zu Kants Lehre von den transzendentalen Grundsätzen. Tübingen 1975.

HERBART, J.F.: Kleine pädagogische Schriften (besorgt von A. BRÜCKMANN). Band I u. II. Paderborn 1968.

HERMANN, K./RIECK, H. (Hg.): Christiane F. Wir Kinder vom Bahnhof Zoo. Hamburg 1979.

HERRMANN, U.: Die Pädagogik Wilhelm Diltheys. Göttingen 1977.

HERRMANN U.: Pädagogik und Geschichtliches Denken. In: THIERSCH, H./ RUPRECHT, H./HERRMANN, U.: Die Entwicklung der Erziehungswissenschaft. München 1978, S. 173-238.

HERRMANN, U.: Die Pädagogik der Philanthropen. In: SCHEUERL, H. (Hg.): Klassiker der Pädagogik. Bd. 1. München 1991[2], S. 135-158.

HOFFMEISTER, J.: Wörterbuch der philosophischen Begriffe. Hamburg 1955.

HOPPE, J.R./HESPOS, M./STAPELFELD, H.: Alltag im Jugendclub. München 1979.

HUSSERL, E.: Erfahrung und Urteil. Untersuchungen zur Genealogie der Logik. Redigiert und herausgegeben von LUDWIG LANDGREBE. Hamburg 1976[5].

HUSSERL, E.: Formale und transzendentale Logik. Halle 1929.

JANCKE, R.: Das Wesen der Ironie. Leipzig 1929.

JANOSKA-BENDL, J.: Methodologische Aspekte des Idealtypus. Max Weber und die Soziologie der Geschichte. Berlin 1965.

KAFKA, F.: Sämtliche Erzählungen, hrsg. von P. RAABE. Frankfurt/M. und Hamburg 1970.

KANT, I.: Werke, hrsg. von W. WEISCHEDEL. 12 Bde. Frankfurt/M. 1978.

KARG-GASTERSTÄDT, E.: Althochdeutsch Thing - Neuhochdeutsch Ding. Geschichte eines Wortes. In: Berichte über die Verhandlungen der Sächsischen Akademie der Wissenschaften zu Leipzig. Bd. 104/2. Berlin 1958.

KÄSTNER, E.: Gesammelte Schriften für Erwachsene. Bd. l. Zürich 1969.

KELLER, H.: Die Geschichte meines Lebens. Stuttgart o. J.

KELLNER, L.: Erziehungsgeschichte in Skizzen und Bildern. Erster Band. Essen 1880.

KLAFKI, W. u.a. (Hg.): Funkkolleg Erziehungswissenschaft. 3 Bände. Frankfurt/M. 1970.

KLUGE, F.: Etymologisches Wörterbuch der deutschen Sprache. Berlin 1957.

KOCH, F.: Negative und positive Sexualerziehung. Eine Analyse katholischer, evangelischer und überkonfessioneller Aufklärungsschriften. Heidelberg 1971.

KOSELLECK, R.: Vergangene Zukunft. Zur Semantik geschichtlicher Zeiten. Frankfurt/M. 1979.

KRAFT, V.: Pestalozzi oder Das pädagogische Selbst. Eine Studie zur Psychoanalyse pädagogischen Denkens. Bad Heilbrunn 1996.

KRAUSS, W.: Zur Anthropologie des 18. Jahrhunderts. Die Frühgeschichte der Menschheit im Blickpunkt der Aufklärung. München/Wien 1979.

LANGEVELD, M.J.: Das Ding in der Welt des Kindes. In: FATKE, R. (Hg.): Pädagogische Impulse 1955-1980. Fünfundzwanzig Jahre "Zeitschrift für Pädagogik". Eine Auswahl wichtiger Beiträge zur erziehungswissenschaftlichen Diskussion. Weinheim und Basel 1981, S. 131-145.

LENK, H. (Hg.): Handlungstheorien - interdisziplinär. 4 Bde. München 1977-1981.

LEPENIES, W.: Das Ende der Naturgeschichte. Frankfurt/M. 1978.

LEVINE, S. V.: Youth and religious cults: a societal and clinical dilemma. In: Adolescent Psychiatry Vol. VI, Chicago 1978, S. 75-89.

LINDESMITH, A.R./STRAUSS, A.L.: Symbolische Bedingungen der Sozialisation. Teil 1. Düsseldorf 1974.

LOCH, W.: Redekunst und Unterricht. Zur pädagogischen Theorie in Quintilians "Institutio oratoria". In: Bildung und Erziehung 19, 1966, S. 112-134.

LOCH, W.: Sprache. In: SPECK, J./WEHLE, G. (Hg.): Handbuch pädagogischer Grundbegriffe. Bd. II. München 1970, S. 481-528.

LOCH, W.: Lebenslauf und Erziehung. Essen 1979.

LOCH, W.: Curriculare Kompetenzen und pädagogische Paradigmen. Zur anthropologischen Grundlegung einer biographischen Erziehungstheorie. In: Bildung und Erziehung 32, 1979, 3, S. 241-266.

LOCH, W.: Anfänge der Erziehung - Zwei Kapitel aus einem verdrängten Curriculum. In: MAURER, F. (Hg.): Lebensgeschichte und Identität. Beiträge zu einer biographischen Anthropologie. Frankfurt/M. 1981, S. 31-83.

LOCH, W.: Die Funktion der Achtung im pädagogischen Bezug. In: GROTH, G. (Hg.): Horizonte der Erziehung. Zu aktuellen Problemen von Bildung, Erziehung und Unterricht. Festgabe für Theodor Wilhelm zum 75. Geburtstag. Stuttgart 1981, S. 23-50.

LOCH, W.: Zur Anthropologie der Lernhemmung. In: KLEIN, G./MÖCKEL, A./THALHAMMER, M. (Hg.): Heilpädagogische Perspektiven in Erziehungsfeldern. Heidelberg 1982, S. 20-42.

LOCH, W.: Stufen kindlichen Lernens als Aufgaben der Erziehung. In: LOCH, W. (Hg.): Lebensform und Erziehung. Essen 1983, S. 47-59.

LOCH, W.: Phänomenologische Pädagogik. In: LENZEN, D./MOLLENHAUER, K. (Hg.): Enzyklopädie Erziehungswissenschaft. Bd. 1. Theorien und Grundbegriffe der Erziehung und Bildung. Stuttgart 1983, S. 155-173.

LORENTZER, A./GÖRLICH, B.: Lebensgeschichte und Persönlichkeitsentwicklung im Spannungsfeld von Sinnlichkeit und Bewußtsein. In: MAURER, F. (Hg.). Lebensgeschichte und Identität. Beiträge zu einer biographischen Anthropologie. Frankfurt/M. 1981, S. 84-104.

LOWEN, A.: Bioenergetics. New York 1975.

LUCKMANN, TH.: Das Problem der Religion in der modernen Gesellschaft. Institution, Person und Weltanschauung. Freiburg 1963.

LUCKMANN, TH.: Religion in der modernen Gesellschaft. In: WÖSSNER, J. (Hg.): Religion im Umbruch. Soziologische Beiträge zur Situation von Religion und Kirche in der gegenwärtigen Gesellschaft. Stuttgart 1972, S. 3-15.

LUHMANN, N.: Formen des Helfens im Wandel gesellschaftlicher Bedingungen. In: OTTO, H.-U./SCHNEIDER, S. (Hg.): Gesellschaftliche Perspektiven der Sozialarbeit. Bd. l. Neuwied und Berlin 1973, S. 21-43.

LUHMANN, N. / SCHORR, K.-E.: Reflexionsprobleme im Erziehungssystem. Stuttgart 1979.

LUTHER, M.: D. Martin Luthers Werke (Kritische Gesamtausgabe). 56. Bd. Weimar 1938.

MALINOWSKI, B.: Geschlecht und Verdrängung in primitiven Gesellschaften. Hamburg l962 (London 1953).

MANN, TH.: Leiden und Größe der Meister. Frankfurt/M./Hamburg 1957.

MANNONI, M.: "Scheißerziehung". Von der Antipsychiatrie zur Antipädagogik. Frankfurt/M. 1976 (Education impossible, Paris 1973).

MANNONI, M.: Ein Ort zum Leben. Die Kinder von Bonneuil. Frankfurt/M. 1978 (Paris 1976).

MARROU, H.I.: Geschichte der Erziehung im klassischen Altertum. München 1977 (Paris 1948).

MARSHALL, E./HAMPLE, S.: Kinderbriefe an den lieben Gott. Gütersloh 1981.

MARTEN, R.: Versuch über die philosophische Bestimmung des Gewissens. In: HOLZHEY, H. (Hg.): Gewissen? Basel/Stuttgart 1975, S. 119-133.

MÄRZ, F.: Problemgeschichte der Pädagogik. 2 Bde. Bad Heilbrunn 1978-1980.

MAUZI, R.: L'idée du bonheur dans la littérature et la pensée française au XVIIIe siècle. Paris 1960.

MEAD, G.H.: Geist, Identität und Gesellschaft aus der Sicht des Sozialbehaviorismus. Frankfurt/M. 1968 (Mind, Self and Society. From the standpoint of a social behaviorist. Chicago 1934).

MEAD, G.H.: The Philosophy of the Present. La Salle / Illinois 1959.

MEAD, G.H.: The Philosophy of the Act. Chicago 1959.

MEAD, G.H.: Philosophie der Sozialität. Aufsätze zur Erkenntnisanthropologie. Frankfurt/M. 1969.

MEAD, M.: Jugend und Sexualität in primitiven Gesellschaften. 3 Bde. München 1970 (New York 1928-1935).

MERCIER, R.: L'enfant dans la société du XVIIIe siècle. Paris 1961.

MEYER, J.: Das Verhältnis des Robinson zur Pädagogik. In: Vierteljahresschrift für philosophische Pädagogik 2, 1918/19, S. 188-192.

MILDENBERGER, M.: Die religiöse Revolte. Jugend zwischen Flucht und Aufbruch. Frankfurt/M. 1979.

MITTELSTRASS, J.: Wissenschaft als Lebensform. Reden über philosophische Orientierungen in Wissenschaft und Universität. Frankfurt/M. 1982.

MÖRTH, I.: Die gesellschaftliche Wirklichkeit von Religion. Grundlegung einer allgemeinen Religionstheorie. Stuttgart 1978.

MOLLENHAUER, K.: Theorien zum Erziehungsprozeß. München 1972.

MOORE, O.K./ANDERSON, A.R.: Einige Prinzipien zur Gestaltung von Erziehungsumwelten selbstgesteuerten Lernens. In: LEHMANN, J./PORTELE, G. (Hg.): Simulationsspiele in der Erziehung. Weinheim und Basel 1976, S. 29-73.

NICKLIS, W.S./WEHRMEYER, H.: Erziehungswissenschaftliche Forschungsmethoden. Bad Heilbrunn 1976.

NIESSEN, M.: Zur Grundlegung der Pädagogik als Handlungswissenschaft. Das Problem der 'Alltagsorientierung' der Erziehungswissenschaft. In: Zeitschrift für Pädagogik 25, 1979, S. 331-344.

NOHL, H.: Erziehergestalten. Göttingen 1963.

OELKERS, J./LEHMANN, TH.: Antipädagogik: Herausforderung und Kritik. Braunschweig 1983.

OLBRICH, E.: Normative Ubergänge im menschlichen Lebenslauf. In: FILIPP, S.-H. (Hg.): Kritische Lebensereignisse. München/Wien/Baltimore 1981, S. 123-138.

OURSLER, F. u. W.: Pater Flanagan von Boys Town. Zürich 1961.

PANNENBERG, W.: Natürliche Theologie. In: HÖFER, J./RAHNER, K. (Hg.): Lexikon für Theologie und Kirche. Bd. 7. Freiburg 1962, S. 816 f.

PASCHEN, H.: Logik der Erziehungswissenschaft. Düsseldorf 1979.

PECCEI, A.: Die Zukunft in unserer Hand. Gedanken und Reflexionen des Präsidenten des Club of Rome. Wien - München - Zürich - New York 1981.

PIAGET, J.: Psychologie der Intelligenz. Olten/Freiburg 1971.

PIAGET, J.: Das moralische Urteil beim Kinde. Frankfurt/M. 1973 (Paris 1954).

PIAGET, J.: Jean Piaget über Jean Piaget (Hrsg. und mit einer Einführung von R. FATKE). München 1981.

PICHT, G.: Die Ironie des Sokrates. In: Probleme biblischer Theologie. G. v. Rad zum 70. Geburtstag. München 1971, S. 383-401.

PINLOCHE, A.: Kant et Fichte et le problème de l'éducation. In: Kantstudien 1, 1897, S. 108-116.

PRANGE, K.: Pädagogik als Erfahrungsprozeß. Bd. I: Der pädagogische Aufbau der Erfahrung. Stuttgart 1978.

PRANGE, K.: Pädagogik als Erfahrungsprozeß. Bd. II: Die Epochen der Erfahrung. Stuttgart 1979.

PRANGE, K.: Pädagogik als Erfahrungsprozeß. Bd. III: Die Pathologie der Erfahrung. Stuttgart 1981.

PSATHAS, G.: Verstehen, Ethnomethodologie und Phänomenologie. In: BÜHL, W.L. (Hg.): Verstehende Soziologie. Grundzüge und Entwicklungstendenzen. München 1972, S. 284-303.

REICH, K.: Erziehung und Erkenntnis. Studien zur Methodologie der Erziehungswissenschaft. Stuttgart 1978.

RENGGLI, F.: Angst und Geborgenheit. Soziokulturelle Folgen der Mutter-Kind-Beziehung im ersten Lebensjahr. Reinbek 1976.

ROBERTSON, P.: Das Heim als Nest: Mittelschichten-Kindheit in Europa im neunzehnten Jahrhundert. In: de MAUSE, L. (Hg.): Hört Ihr die Kinder weinen. Eine psychogenetische Geschichte der Kindheit. Frankfurt/M. 1977, S. 565-600.

ROGERS, C.: Lernen in Freiheit. Zur Bildungsreform in Schule und Universität. München 1974.

RÖHRS, H. (Hg.): Forschungsmethoden in der Erziehungswissenschaft. Stuttgart 1977.

ROTH, L. (Hg.): Methoden erziehungswissenschaftlicher Forschung. Stuttgart 1978.

RUSSELL, B.: Philosophie des Abendlandes. Frankfurt/M. 1950 (London 1946).

RUTSCHKY, K. (Hg.): Schwarze Pädagogik. Quellen zur Naturgeschichte der bürgerlichen Erziehung. Frankfurt/M. - Berlin - Wien 1977.

SAILER, J.M.: Über Erziehung für Erzieher. Hamburg 1947.

SALZMANN, CH.: Die Bedeutung der Modelltheorie für die Unterrichtsplanung - unter besonderer Berücksichtigung hochschuldidaktischer Konsequenzen. In: Bildung und Erziehung 28, 1975, 4, S. 258-279.

SAUER, K.: Der utopische Zug in der Pädagogik. Weinheim 1964.

SCHEIBE, W.: Die Strafe als Problem der Erziehung. Eine historische und systematische Untersuchung. Weinheim und Berlin 1967.

SCHELTEMA, F.A. van: Die geistige Wiederholung. Der Weg des Einzelnen und seiner Ahnen. Bern 1954.

SCHELTING, A. v.: Die logische Theorie der historischen Kulturwissenschaft von Max Weber und im besonderen sein Begriff des Idealtypus. In: Archiv für Sozialwissenschaft und Sozialpolitik 49, 1922, S. 623-752.

SCHLEIERMACHER, F.: Pädagogische Schriften. Unter Mitwirkung v. Th. Schulze hrsg. v. E. WENIGER. Düsseldorf/München 1957.

SCHNEIDER, K.: Die Bedeutung 'didaktischer Modelle' in der Lehrerausbildung. In: LOCH, W. (Hg.): Modelle pädagogischen Verstehens. Essen 1978, S. 141-160.

SCHÜTZ, A.: Gesammelte Aufsätze. 3 Bde. Den Haag 1971.

SCHÜTZ, A.: Das Problem der Relevanz. Frankfurt/M. 1971.

SCHÜTZ, A.: Der sinnhafte Aufbau der sozialen Welt. Eine Einleitung in die verstehende Soziologie. Frankfurt/M. 1974.

SCHÜTZ, A./LUCKMANN, TH.: Strukturen der Lebenswelt. Bd. 1. Frankfurt/M. 1979.

SCHULZ, W.: Philosophie in der veränderten Welt. Pfullingen 1980.

SHKLAR, J.N.: The Political Theory of Utopia: From Melancholy to Nostalgia. In: Daedalus 94, 1965, S. 367-381.

SIEBECK, H.: Über die Entstehung der Termini natura naturans und natura naturata. In: Archiv für Geschichte der Philosophie III, 1890, S. 370-378.

SNYDERS, G.: Die große Wende der Pädagogik. Die Entdeckung des Kindes und die Revolution der Erziehung im 17. und 18. Jahrhundert in Frankreich. Paderborn 1971 (Paris 1965).

SÖLLE, D.: Der Wunsch, ganz zu sein. Gedanken zur neuen Religiosität. In: RIEDEL, J. (Hg.): Der unverbrauchte Gott. Neue Wege der Religiosität. Bern/München/Wien 1976.

SOMMER, M.: Übergangsschwierigkeiten - Zur Konstitution und Prätention moralischer Identität. In: MARQUARD, 0./STIERLE, K.H. (Hg.): Identität. München 1979, S. 435-461.

SOMMER, M.: Selbsterhaltung der Vernunft. Stuttgart/Bad Cannstatt 1982.

SPAEMANN, R.: Reflexion und Spontaneität. Studien über Fénelon. Stuttgart 1963.

SPRANGER, E.: Psychologie des Jugendalters. Heidelberg 1949 (1924).

SPRANGER, E.: Lebensformen. Tübingen 1950 (1914).

STACHOWIAK, H.: Gedanken zu einer allgemeinen Theorie der Modelle. In: Studium Generale 18, 1965, S. 432-463.

STRAUSS, A.: Spiegel und Masken. Die Suche nach Identität. Frankfurt/M. 1968 (1959).

TENBRUCK, F.H.: Die Genesis der Methodologie Max Webers. In: Kölner Zeitschrift für Soziologie und Sozialpsychologie 11, 1959, S. 573-630.

THEUNISSEN, M.: Selbstverwirklichung und Allgemeinheit. Zur Kritik des gegenwärtigen Bewußtseins. Berlin/New York 1982.

THIERSCH, H.: Alltagshandeln und Sozialpädagogik. In: Neue Praxis 8, 1978, S. 6-25.

TRILLING, L.: Das Ende der Aufrichtigkeit. München/Wien 1982.

WALDE, A./ HOFFMANN, J.B.: Lateinisches Etymologisches Wörterbuch. Band 1. Heidelberg 1938.

WALTHER, A.: Max Weber als Soziologe. In: SALOMON, G.: Jahrbuch für Soziologie. 2. Bd. Karlsruhe 1926, S. 37-44.

WEBER, M.: Gesammelte Aufsätze zur Wissenschaftslehre. Hrsg. v. WINCKELMANN, J., Tübingen 1968.

WEBER, M.: Wirtschaft und Gesellschaft. Grundriß der Verstehenden Soziologie. Besorgt von Johannes Winckelmann. Tübingen 1976^{5} (Studienausgabe).

WEISSKOPF, T.: Immanuel Kant und die Pädagogik. Beiträge zu einer Monographie. Zürich 1970.

WELLENDORF, F.: Schulische Sozialisation und Identität. Zur Sozialpsychologie der Schule als Institution. Weinheim und Basel 1973.

WENDORFF, R.: Zeit und Kultur. Geschichte des Zeitbewußtseins in Europa. Wiesbaden 1980.

WHITE, B.L./WATTS, J.C.: Experience and Environment. Major Influences of the Development of the Young Child. Volume 1. Englewood Cliffs 1973.

WIELAND, W.: Platon und die Formen des Wissens. Göttingen 1982.

WINNICOTT, D.W.: Übergangsobjekte und Übergangsphänomene. In: Psyche 23, 1969, S. 666-682.